기본편

파이썬 코스

KB092379

누적 판매 150만 부 기록! 파이썬 분야 글로벌 1위 베스트셀러

에릭 마테스 지음 / **한선용** 옮김

파이썬 기초 +
코드 테스트
작성법 수록

no starch
press

HB 한빛미디어
Hanbit Media, Inc.

기본편

파이썬 크래시 코스

누적 판매 150만 부 기록! 파이썬 분야 글로벌 1위 베스트셀러

파이썬 크래시 코스 (3판)

누적 판매 150만 부 기록! 파이썬 분야 글로벌 1위 베스트셀러

초판 1쇄 발행 2017년 5월 1일
개정2판 1쇄 발행 2020년 7월 1일
개정3판 1쇄 발행 2023년 8월 3일

지은이 에릭 마테스 / **옮긴이** 한선용 / **펴낸이** 김태헌
펴낸곳 한빛미디어(주) / **주소** 서울시 서대문구 연희로2길 62 한빛미디어(주) IT출판2부
전화 02-325-5544 / **팩스** 02-336-7124
등록 1999년 6월 24일 제25100-2017-000058호 / **ISBN** 979-11-6921-127-7 93000

총괄 송경석 / **책임편집** 박민아 / **기획·편집** 김종찬
디자인 이아란 / **전산편집** 백지선
영업 김형진, 장경환, 조유미 / **마케팅** 박상용, 한종진, 이행은, 김선아, 고광일, 성화정, 김한솔 / **제작** 박성우, 김정우

이 책에 대한 의견이나 오탈자 및 잘못된 내용에 대한 수정 정보는 한빛미디어(주)의 홈페이지나 아래 이메일로
알려주십시오. 잘못된 책은 구입하신 서점에서 교환해드립니다. 책값은 뒤표지에 표시되어 있습니다.
한빛미디어 홈페이지 www.hanbit.co.kr / 이메일 ask@hanbit.co.kr

지금 하지 않으면 할 수 없는 일이 있습니다.
책으로 펴내고 싶은 아이디어나 원고를 메일(writer@hanbit.co.kr)로 보내주세요.
한빛미디어(주)는 여러분의 소중한 경험과 지식을 기다리고 있습니다.

기본편

파이썬 크래시 코스

누적 판매 150만 부 기록! 파이썬 분야 글로벌 1위 베스트셀러

에릭 마테스 지음 / 한선용 옮김

HB 한빛미디어
Hanbit Media, Inc.

파이썬은 현재 전 세계적으로 가장 인기 있는 프로그래밍 언어입니다. 배우기 쉽고, 다재다능하며, 활발한 커뮤니티 등의 장점 덕분에 프로그래밍이나 인공지능을 처음 공부하는 분들이 가장 먼저 배우는 언어입니다. 이러한 파이썬의 인기 덕에 다양한 파이썬 교육 서적들이 매년 새롭게 출간되고 있습니다. 수많은 파이썬 입문 서적들 중에서 선택을 고민하고 계시는 분께 『파이썬 크래시 코스(3판)』를 추천합니다.

이 책은 입문자를 위한 기본적인 파이썬 문법부터 중급자를 위한 코드 테스트, 게임 개발, 데이터 시각화, 웹 애플리케이션 개발까지 파이썬으로 할 수 있는 대부분의 개발 영역을 체계적인 커리큘럼으로 다룹니다. 친절한 설명과 상세한 실습 코드를 제공하고 있어서 파이썬을 처음 배우는 입문자도 완독 후에는 중급자로 레벨업할 수 있을 거라 생각합니다.

기본편에서는 파이썬의 기본적인 프로그래밍 개념을 체계적으로 배울 수 있습니다. 이는 리스트, 딕셔너리와 같은 기본 데이터 구조부터, 조건문, 루프, 함수, 클래스와 같은 제어 구조까지 다룹니다. 또한, 코드 테스트 작성 방법을 배움으로써 코드의 안정성을 높이고, 유지 보수를 용이하게 하는 실용적인 기법까지 배울 수 있습니다.

실습편에서는 먼저 게임 개발을 통해 기본편에서 배운 기본 개념들을 실제로 적용해 보는 기회를 얻을 수 있고, 두 번째로 데이터 시각화 프로젝트를 통해 파이썬을 활용한 데이터 과학의 세계를 탐험할 수 있습니다. 마지막으로 웹 애플리케이션 개발 프로젝트는 웹 개발 세계로의 파이썬 활용을 안내하며 사용자들이 실제로 작동하는 웹 애플리케이션을 구축하고 배포하는 과정을 경험하게 됩니다.

이 책은 단순히 파이썬 언어에 대한 지식을 습득하는 것 이상으로 현실에서의 문제를 해결하고 기술을 적용하는 방법을 학습하는 데 깊이 있는 가이드를 제공합니다. 그리고 그 과정에서 독자들은 단순히 개념을 이해하는 것을 넘어 현실 문제에 적용 가능한 소프트 스킬을 획득하게 됩니다. 이 책은 파이썬 프로그래밍을 처음 접하는 초보자부터 기술을 향상시키고 싶어하는 중급자까지 모두에게 유용할 것이라 생각합니다. 여러분의 파이썬 여행을 더욱 풍요롭게 만들어 줄 『파이썬 크래시 코스(3판)』를 추천합니다!

— 포스코이앤씨 AI 연구원 조우철

파이썬 언어의 문법과 특징을 쉽게 설명한 도서입니다. 이 책을 통해 개념을 학습하고 예제로 실력을 업그레이드하면 프로그래밍의 세계로 발을 딛으실 수 있을 것입니다.

— 한국폴리텍대학 데이터융합SW과 교수 김규석

친절한 제품 설명서처럼 파이썬으로 쉽고 빠르게 프로그램을 만들어 볼 수 있게 도와주는 실용적인 책입니다. 문법 공부에 지쳐 프로그래밍 언어 학습을 도중에 중단한 경험이 있는 분들에게 이 책은 프로그래밍을 다시 시작할 수 있는 좋은 기회가 될 거라고 생각합니다. 이 책을 읽으며 상상했던 프로그램을 직접 만들어 보고 프로그래밍의 즐거움을 다시 느껴보세요.

— 네이버 데이터 엔지니어 이동규

『파이썬 크래시 코스(3판)』는 파이썬 프로그래밍의 즐거움과 무한한 가능성을 경험할 수 있는 교재가 될 것입니다. 초보자에게는 파이썬 언어의 기본 개념과 문법을 쉽게 이해할 수 있도록 자세한 설명과 함께 예시 코드를 제공하고 중급자에게는 연습문제와 심화 내용을 통해 자신의 실력을 더욱 향상시킬 수 있게 자기주도적 학습의 기회를 제공합니다. 또한, 기초부터 심화까지 학습할 수 있도록 게임 개발, 데이터 분석, 웹 개발 등 파이썬의 다양한 분야에서의 예제와 실습을 담았습니다. 이 책은 전반적인 프로그래밍을 위한 가이드북으로 파이썬의 세계로 향하는 걸음을 응원하며 다양한 프로그래밍 언어와 프로젝트에 도전할 수 있는 자신감을 줄 것입니다.

— NOLCO(SW융합교육) 대표 이경심

프로그래밍 언어는 직접 무언가를 만들며 배우는 것이 가장 좋습니다. 이 책은 아주 간단하고 작은 파이썬 프로그램 작성부터 시작해서, 전 세계의 누구나 접속해서 함께 사용할 수 있는 웹 프로그램을 직접 만들고 배포해 보는 단계로 구성되어 있습니다. 한 단계씩 따라가면서 파이썬이라는 언어에 대해 알아가고 눈에 보이는 결과물도 만들어 가며 즐겁게 공부하실 수 있을 것이라 확신합니다. 『파이썬 크래시 코스(3판)』와 함께 파이썬의 유연함과 프로그래밍의 재미를 알아가는 시간을 보내시길 바랍니다.

— 카카오 백엔드 개발자 김태홍

파이썬 프로그래밍을 처음 시작하는 사람들에게 필수 개념을 친절하게 가르쳐 주는 이상적인 책입니다. 또한 이론적인 부분뿐만 아니라 실전 예제들을 통해 학습자들이 코드를 직접 작성하고 실행하며 실전 경험을 쌓을 수 있도록 구성되어 있습니다. 이 책을 통해 파이썬 프로그래밍을 배우고 싶은 모든 분이 파이썬 프로그래밍 기초를 탄탄히 다질 수 있게 되길 기대합니다.

— LG CNS 이영은

『파이썬 크래시 코스(3판)』는 파이썬을 배우려는 초보자에게 매우 유익한 책입니다. 설명이 세밀하게 구성되어 있고, 코드를 한 줄 한 줄 설명하고 있어 독자가 복잡한 코드를 쉽게 이해할 수 있도록 돕습니다. 이 책은 이론과 실습이 잘 연결되어 있고, 파이썬의 기초부터 실질적인 프로그램 구현까지 체계적으로 배울 수 있어 코딩 실무에 큰 도움이 됩니다.

— 이스토닉 대표, 전 LG CNS 시스템 엔지니어 고지현

지은이 · 옮긴이 소개

지은이 **에릭 마테스** Eric Matthes

전업 작가이자 프로그래머. 25년 동안 고등학교에서 수학과 과학을 가르쳤고 학생들에게 필요한 수준의 파이썬 코드 역시 가르쳤습니다. 산맥 지역의 산사태 예측을 돕는 프로젝트, Django 배포 절차를 단순화하는 프로젝트 등 여러 오픈 소스 프로젝트에 참여하고 있습니다. 글을 쓰거나 프로그래밍하지 않는 여가 시간에는 등산을 하거나 가족과 시간을 보냅니다.

옮긴이 **한선용** kipenzam@gmail.com

자바스크립트에 관심 많은 번역가. 2008년부터 웹 관련 일을 해 왔으며, 'HTML5 명세', 'WCAG 2.0을 위한 일반적 테크닉' 등의 문서를 번역해 웹에 게시했습니다. 번역서로는 『프론트엔드 개발자를 위한 자바스크립트 프로그래밍』, 『처음 배우는 jQuery』, 『HTML5 & CSS3』, 『에릭 마이어의 CSS 노하우』, 『한 권으로 끝내는 Node & Express (개정판)』, 『나의 첫 파이썬(2판)』, 『파이썬으로 웹 크롤러 만들기(2판)』, 『자바스크립트를 말하다』, 『데이터 시각화를 위한 데이터 인사이트』, 『모던 웹을 요리하는 초간편 HTML5 Cookbook』, 『Head First jQuery』, 『jQuery Mobile』, 『자바스크립트 성능 최적화』, 『CSS 완벽 가이드』, 『CSS 핵심 실용 가이드』 등이 있습니다.

기술 리뷰어 **케네스 러브** Kenneth Love

파이썬 프로그래머. 오랫동안 파이썬 프로그래머로 활동하면서 여러 가지 오픈 소스 프로젝트에 참여하고 파이썬을 가르치거나 콘퍼런스에서 강연하기도 했습니다. 태평양 북서부에서 고양이를 키우며 가족과 함께 살고 있습니다.

Life is short, you need Python.

이 책을 읽는 여러분은 대개 프로그래밍이 처음인 분이겠죠? 정말 축하합니다. 파이썬처럼 쉽고 직관적이면서도 다양한 분야에 사용되는 언어는 많지 않습니다. 다른 언어로 프로그래밍을 시작했다면 어려운 문법과 추상적인 개념에 머리를 싸매다가 포기하거나, 할 수 있는 일이 그리 많지 않아서 또 다른 언어로 넘어가야 하는 단계가 금방 올 수도 있습니다.

파이썬은 그렇지 않습니다. 파이썬은 매우 쉽고 직관적이어서, 중학생 수준의 영어만 알아도 딱 보면 무슨 뜻인지 짐작이 되는 코드 구조가 아주 많습니다.

```python
if 4 in [1, 2, 3, 4]:
print("4가 있습니다.")
```

만약(if) [1, 2, 3, 4] 안에(in) 4가 있으면 "4가 있습니다."를 출력(print)하세요.

무슨 뜻인지 금방 알 수 있지 않습니까? 이렇게 쉽고, 사람의 생각과 비슷한 문법을 쓰기 때문에 파이썬으로 프로그램을 만들면 하고 싶은 일을 금방 완성할 수 있습니다. 그 외에도 파이썬의 매력은 정말 많지만, 서문에는 이 정도만 적겠습니다. 이 책은 국내에 2017년 발행된 초판을 시간이 흐르면서 널리 쓰이게 된 새로운 문법에 맞게 고치고, 파이썬 3.9 버전에 맞게 수정한 3판입니다. **책을 순서대로 읽어서도 좋지만, 12장의 게임 프로젝트가 파이썬이 처음인 분들에겐 어려울 수 있습니다. 진행하기 어렵다면 좀 더 쉬운 15~17장의 예제를 먼저 따라해 보고, 파이썬에 더 익숙해진 상태에서 12~14장을 읽길 권합니다. 18~20장의 프로젝트는 가장 어려우므로 마지막에 읽어보세요.** 프로그래밍 책은 대개 개발자가 집필하는 편이지만, 이 책을 쓴 에릭 마테스는 과학과 수학을 가르치는 고등학교 교사입니다. 직업이 교사여서 그런지 이해하기 쉽고 체계적으로 잘 썼습니다. 첫 언어로 파이썬을 택하신 것, 그리고 이 책을 택하신 것 모두 축하합니다. 좋은 책을 맡겨준 한빛미디어, 꼼꼼하게 원고를 수정해주신 김종찬 편집자님께 감사합니다. 모든 일에 대해 부모님께 감사합니다. 즐겁고 보람 있게 읽으시길 바랍니다.

한선용

『파이썬 크래시 코스(구, 나의 첫 파이썬)』1판과 2판은 큰 사랑을 받았습니다. 10개 이상의 언어로 번역되어 150만 부 이상이 판매됐습니다. 필자는 열 살밖에 되지 않은 독자부터 퇴직 후 프로그래밍을 배우는 독자까지 정말 다양한 사람들에게 편지와 이메일을 받았습니다. 『파이썬 크래시 코스』는 전 세계의 중고등학교는 물론 대학에서도 교재로 사용되고 있습니다. 더 전문적인 책을 교과서로 공부하는 학생들도 『파이썬 크래시 코스』를 부교재로 사용하기도 합니다. 많은 사람이 이 책을 통해 현재 직업에 도움을 받거나, 다른 직업으로 변경하거나, 자신만의 프로젝트를 시작하기도 합니다. 즉, 필자가 생각했던 것보다 훨씬 많은 곳에서 이 책이 활용되고 있습니다.

책의 3판을 쓸 수 있게 되어서 정말 즐겁습니다. 파이썬은 성숙한 언어이지만 모든 언어가 그렇듯 계속 발전하고 있습니다. 필자가 3판에서 목표한 건 파이썬 입문 과정을 좀 더 짜임새 있게 구성하는 것이었습니다. 책을 읽고 나면 자신만의 프로젝트를 시작할 수도 있을 테고, 이후 스스로 공부하기 위한 기초가 단단히 확립될 겁니다. 3판에서는 파이썬을 더 단순하고 효율적으로 사용하는 새로운 방식을 도입했습니다. 또한 파이썬을 아주 명확하게 설명하지 못했던 부분도 보완했습니다. 잘 관리되고 인기 있는 라이브러리를 사용하도록 프로젝트를 완전히 업데이트했으므로 독자 여러분이 잘 따라 할 수 있을 겁니다.

3판에서 바뀐 내용은 다음과 같습니다.

3판 변경 내용

CHAPTER 1	비주얼 스튜디오 코드를 설명합니다. 비주얼 스튜디오 코드는 초보자나 전문 프로그래머 모두에게 널리 쓰이며, 모든 운영체제에서 잘 동작하는 텍스트 에디터입니다.
CHAPTER 2	파일과 URL을 다룰 때 유용한 새 메서드 removeprefix()와 removesuffix()를 추가했습니다. 또한 개선된 에러 메시지에 대해 설명합니다. 개선된 에러 메시지는 전보다 훨씬 더 구체적인 정보를 제공하므로 문제 해결에 큰 도움이 됩니다.
CHAPTER 10	파일 작업에 유용한 pathlib 모듈을 추가했습니다. 이 모듈은 파일을 훨씬 간단히 읽고 쓸 수 있습니다.

CHAPTER 11	pytest를 사용해 코드를 자동으로 테스트합니다. pytest 라이브러리는 이제 파이썬에서 테스트를 작성하는 표준입니다. pytest는 초보자도 사용할 수 있을 만큼 쉬우면서도 전문 프로그래머에게 필요한 기능도 충분히 제공합니다.
CHAPTER 12~14	'외계인 침공' 프로젝트에는 다양한 운영체제에서 게임을 더 일관성 있게 실행할 수 있도록 프레임 속도를 제어하는 설정을 추가했습니다. 외계인 함대를 만드는 과정을 더 단순화했고, 프로젝트의 전체적인 형태도 더 명확하게 개선했습니다.
CHAPTER 15~17	데이터 시각화 프로젝트에서는 Matplotlib, Plotly의 최신 기능을 사용하도록 개선했습니다. Matplotlib 시각화는 스타일 설정을 업데이트했습니다. 랜덤 워크 프로젝트는 그래프의 정확도를 높이게끔 개선했습니다. 실행할 때마다 더 다양한 패턴이 등장할 겁니다. Plotly를 사용하는 프로젝트는 모두 Plotly Express 모듈을 사용하게끔 변경했습니다. 이 모듈을 사용하면 단 몇 줄의 코드로 시각화를 시작할 수 있습니다. 그래프 타입을 확정하기 전에 다양한 시각화를 미리 볼 수 있고, 타입을 확정한 다음에도 다양한 방식으로 그래프의 개별 요소를 개선할 수 있습니다.
CHAPTER 18~20	학습 로그 프로젝트는 Django 최신 버전을 사용하게끔 개선했고, 스타일 역시 부트스트랩 최신 버전을 사용합니다. 프로젝트의 전체 구성을 더 쉽게 이해할 수 있도록 이름을 일부 변경했습니다. 프로젝트 배포는 Django의 최신 호스팅 서비스인 platform.sh를 사용합니다. YAML 설정 파일에 따라 배포 절차가 이루어지므로 프로젝트 배포 방식을 더 세밀히 제어할 수 있습니다. 전문 프로그래머들은 모두 이런 방식으로 최신 Django 프로젝트를 배포합니다.
APPENDIX	부록 A는 모든 주요 운영체제에 파이썬을 설치하는 모범 사례를 따르도록 완전히 업데이트했습니다. 부록 B에서는 비주얼 스튜디오 코드 설정을 자세히 설명했고, 현재 널리 쓰이는 주요 텍스트 에디터와 IDE도 간단히 소개합니다. 부록 C는 도움이 필요한 독자가 참고할 수 있는 온라인 자료입니다. 부록 D는 버전 관리를 위해 깃을 사용하는 방법을 설명합니다. 부록 E는 3판에 추가된 부록입니다. 필자는 여러분이 만든 애플리케이션을 배포할 수 있게끔 최선을 다해 설명했지만, 그럼에도 여러 문제가 발생할 수 있습니다. 부록 E는 배포 과정에서 문제가 생겼을 때 시도할 수 있는 문제 해결 가이드입니다.
INDEX	찾아보기 역시 철저히 업데이트했으므로 독자 여러분이 향후 파이썬 프로젝트를 만들 때 이 책을 더 잘 활용할 수 있습니다.

이 책을 선택해 주셔서 감사합니다. 피드백이나 질문이 있다면 언제든 필자에게 트위터 @ehmatthes로 연락하세요.

프로그래머라면 누구나 첫 번째 프로그램을 만든 과정을 선명하게 기억할 겁니다. 필자는 아버지가 DEC에서 근무하던 시절에 프로그래밍을 시작했습니다. 필자가 첫 번째 프로그램을 만들 당시 사용한 컴퓨터는 아버지가 집에서 직접 만든 것이었습니다. 컴퓨터는 심지어 케이스도 없이 메인보드에 키보드가 직접 연결된 형태였고, 모니터 역시 케이스도 없는 브라운관에 불과했습니다. 필자가 처음 만든 프로그램은 다음과 같이 숫자를 맞히는 단순한 게임이었습니다.

```
I'm thinking of a number! Try to guess the number I'm thinking of: 25
Too low! Guess again: 50
Too high! Guess again: 42
That's it! Would you like to play again? (yes/no) no
Thanks for playing!
```

가족들이 이 게임을 하면서 즐거워하던 모습을 평생 잊지 못할 겁니다.

이 경험은 필자에게 지금까지 계속 영향을 미쳤습니다. 목적을 가지고 무언가를 만들어 문제를 해결하는 과정은 정말 만족스러웠습니다. 현재는 훨씬 중요한 소프트웨어를 만들고 있긴 하지만, 작성한 프로그램이 생각대로 동작하는 걸 볼 때 느끼는 만족감은 처음과 크게 달라지지 않았습니다.

대상 독자

이 책의 목표는 파이썬으로 게임이나 데이터 시각화, 웹 애플리케이션 같은 프로그램을 가능한 한 빨리 만들어 보는 겁니다. 이 과정에서 배운 프로그래밍 지식은 여러분의 삶 전체에 영향을 미칠 겁니다. 독자의 나이나 경험은 상관없습니다. 프로그래밍 기본을 빠르게 배워서 더 흥미로운 프로젝트에 참가하고 싶은 사람, 문제를 해결하면서 새로운 컨셉을 이해했는지 확인하고 싶은 사람이라면 누구든 이 책을 읽어 보세요. 또한 프로젝트를 진행하면서 학생들에게 프로그래밍을 소개하고 싶은 교사나 교수에게도 적합합니다. 주 교재가 어렵게 느껴지는 대학생이라면 이 책을 더 쉬운 보조 교재로 활용할 수 있습니다. 다른 직업을 찾고 있다면 이 책을 읽고 더 만족스러운 직업으로 이직할 수도 있습니다. 이 책은 이미 다양한 목적을 가진 다양한 독자들에게 도움이 됐으며, 지금도 계속 도움이 되고 있습니다.

책의 구성

이 책의 목적은 다재다능하고 훌륭한 파이썬 프로그래머가 되는 것이고, 더 나아가 좋은 프로그래머가 되는 것입니다. 여러분은 책을 읽으면서 일반적인 프로그래밍 개념의 기초를 튼튼히 하고, 동시에 효율적이고 좋은 습관을 익히게 될 겁니다. 책을 읽고 나면 파이썬의 고급 기술을 익힐 준비가 되고, 다른 프로그래밍 언어를 새롭게 접할 때도 더 쉽게 배울 수 있을 겁니다.

기본편에서는 파이썬 프로그램을 작성할 때 알아야 할 **기본적인 프로그래밍 개념**을 배웁니다. 여기서 설명하는 개념은 거의 모든 프로그래밍 언어에 해당됩니다. 그리고 여러 종류의 데이터에 대해 배우고 프로그램에서 데이터를 저장하는 방식을 알아봅니다. 리스트와 딕셔너리 같은 데이터 컬렉션을 살펴보고 이런 컬렉션을 효율적으로 다루는 법을 배웁니다. 또한 while 루프와 if 문을 써서 조건에 따라 코드의 일부를 실행하고 다른 일부는 건너뛰는 방법을 배웁니다. 이 방법으로 여러 가지 절차를 자동화할 수 있습니다.

사용자의 입력을 받는 대화형 프로그램을 만들고 사용자가 원하는 만큼 프로그램이 계속 실행되게 하는 방법, 프로그램의 일부분을 재사용 가능하게 만드는 함수에 대해서도 배웁니다. 함수를 사용하면 코드 블록을 한 번만 작성해도 필요한 만큼 계속 사용할 수 있습니다. 이 개념을 클래스로 확장하면 아주 단순한 프로그램을 여러 가지 상황에 응용할 수 있습니다. 자주 일어나는 에러를 말끔하게 처리하는 방법도 배웁니다. 이들은 모두 기본적인 개념이지만, 이들을 활용해 더 복잡한 프로그램을 만들 수 있게 됩니다. 마지막으로, 테스트를 작성하는 방법을 배웁니다. 테스트를 작성하면 새로운 버그가 생길 걸 걱정하지 않고 프로그램을 계속 개발할 수 있습니다. 기본편에서 배우는 모든 것은 더 크고 복잡한 프로젝트를 위한 기초입니다.

실습편에서는 기본편에서 배운 내용을 응용해 **세 가지 프로젝트**를 진행합니다. **이 프로젝트들은 순서와 관계 없이 여러분 수준에 맞게 골라서 진행해도 좋습니다.**

12~14장에서는 첫 번째 프로젝트인 **슈팅 게임 '외계인 침공'**을 만듭니다. 이 프로젝트를 마치고 나면 여러분은 2차원 게임을 개발할 수 있을 겁니다. 게임 프로그래머가 될 생각이 없더라도, 이 프로젝트를 통해 기본편에서 배운 기초들을 즐겁게 하나로 엮을 수 있습니다.

15~17장의 두 번째 프로젝트는 **데이터 시각화**입니다. 데이터 과학자들은 다양한 시각화 기술을 사용해 방대한 정보를 탐구합니다. 여러분은 데이터 집합을 코드에서 생성하거나, 온라인에서 직접 내려받거나, 프로그램이 자동으로 내려받게 하는 법을 배웁니다. 이 프로젝트를 마치고 나면 거대한 데이터 집합을 이동하면서 다양한 정보를 시각화하는 방법을 알게 됩니다.

18~20장의 세 번째 프로젝트는 **'학습 로그'**라는 작은 **웹 애플리케이션**을 만드는 프로젝트입니다. 이 프로젝트는 여러분이 특정 주제에 대해 배운 내용을 체계적으로 기록하는 프로젝트입니다. 각각의 주제마다 로그를 만들고, 다른 사람들도 학습 로그에 계정을 만들어 자신만의 기록을 유지할 수 있습니다. 또한 세계 어디에서나 프로그램에 온라인으로 접근할 수 있도록 배포하는 방법도 배웁니다.

온라인 자료

이 책의 정보는 노 스타치 홈페이지에서도 확인할 수 있습니다.

- *https://nostarch.com/python-crash-course-3rd-edition*

또한 필자의 홈페이지에서 다음과 같은 자료를 제공합니다.

- *https://ehmatthes.github.io/pcc_3e*
- **설치 정보**: 온라인에서 제공하는 설치 방법은 책의 내용과 같지만, 링크가 포함되어 있으므로 사용하기 쉽습니다. 프로그램 설치에 문제가 있다면 이 자료를 참고하세요.

- **업데이트**: 다른 언어와 마찬가지로 파이썬도 꾸준히 발전하고 있습니다. 필자는 업데이트 관련 자료를 철저히 관리하고 있으므로 문제가 있다면 이 자료를 확인하세요.

- **연습문제 해답**: 연습문제는 시간을 들여 스스로 풀어야 합니다. 하지만 막혀서 도저히 모르겠다면, 이 자료를 참고하세요.

- **치트 시트**: 중요 개념을 빠르게 참조할 수 있는 치트 시트도 있습니다. 한국어판은 한빛미디어 자료실 (*https://www.hanbit.co.kr/src/11127*)에서 제공합니다.

파이썬을 선택해야 하는 이유

필자는 해가 바뀔 때마다 파이썬을 계속 사용할지, 아니면 최신 언어로 전환할지 고민합니다. 하지만 여러 이유로 결국 파이썬을 계속 사용하게 됩니다. 파이썬은 대단히 효율적인 언어입니다. 다른 언어보다 훨씬 적은 코드로 더 많은 일을 할 수 있습니다. 또한 파이썬 문법은 코드가 더 깔끔하고 명확해지도록 유도합니다. 파이썬 코드는 다른 언어보다 읽기 쉽고, 디버그하기 쉽고, 확장하기 쉽습니다.

이런 이유로 많은 사람이 파이썬을 사용해 게임이나 웹 애플리케이션을 만들고, 비즈니스 문제 까지도 해결합니다. 업무에 파이썬을 사용하는 회사도 정말 많습니다. 또한 파이썬은 과학 분 야의 연구나 응용 작업에서도 많이 사용됩니다.

필자가 파이썬을 고집하는 가장 중요한 이유는 파이썬 커뮤니티입니다. 파이썬 커뮤니티는 대 단히 다재다능하고 친절한 사람들로 가득 차 있습니다. 프로그래밍은 혼자 할 수 없는 일이며 커뮤니티는 프로그래머에게 대단히 중요합니다. 경험 많은 프로그래머라도 지금 겪는 문제에 대해 이미 해결한 다른 사람의 도움이 절실할 때가 있습니다. 이런 난감한 상황을 해결하기 위 해서는 활발하고 친절한 커뮤니티의 도움이 꼭 필요합니다. 파이썬 커뮤니티는 새롭게 파이썬 을 배우는 사람에게 아주 친절합니다.

파이썬은 꼭 배워 볼 만한 훌륭한 언어입니다. 이제 시작합시다!

목차

추천사 ·· 4

지은이 · 옮긴이 소개 ·· 7

옮긴이의 말 ··· 8

3판 서문 ··· 9

이 책에 대하여 ·· 11

Part 1 기본편

CHAPTER 1 시작하기

1.1 프로그래밍 환경 만들기 ·· 39

  1.1.1 파이썬 버전 ··· 39

  1.1.2 파이썬 코드 실행하기 ·· 39

  1.1.3 비주얼 스튜디오 코드 ·· 40

1.2 다양한 운영체제와 파이썬 ·· 41

  1.2.1 윈도우에 파이썬 설치하기 ··· 41

  1.2.2 macOS에 파이썬 설치하기 ··· 43

  1.2.3 리눅스에 파이썬 설치하기 ··· 45

1.3 Hello World 프로그램 실행하기 ··· 46

  1.3.1 비주얼 스튜디오 코드에 파이썬 애드온 설치하기 ································ 46

  1.3.2 hello_world.py 실행하기 ··· 47

1.4 문제 해결 ·· 48

1.5 터미널에서 파이썬 프로그램 실행하기 ·· 49

  1.5.1 윈도우에서 실행하기 ·· 49

  1.5.2 macOS와 리눅스에서 실행하기 ·· 50

1.6 요약 정리 ·· 51

CHAPTER 2 변수와 단순한 데이터 타입

2.1 hello_world.py를 실행할 때 일어나는 일 ································· 53

2.2 변수 ·· 54

　2.2.1 변수 이름 짓기 및 사용하기 ································ 55

　2.2.2 변수를 사용할 때 이름 에러 피하기 ······················ 56

　2.2.3 변수는 일종의 이름표입니다 ······························ 57

2.3 문자열 ·· 58

　2.3.1 메서드를 이용해 대소문자 변경하기 ······················ 59

　2.3.2 문자열 안에서 변수 사용하기 ····························· 60

　2.3.3 탭이나 줄바꿈으로 문자열에 공백 추가하기 ············· 61

　2.3.4 공백 없애기 ··· 62

　2.3.5 접두사 없애기 ··· 63

　2.3.6 문자열의 문법 에러 피하기 ······························ 64

2.4 숫자 ·· 66

　2.4.1 정수 ·· 66

　2.4.2 부동 소수점 숫자 ··· 67

　2.4.3 정수와 부동 소수점 숫자 ································· 68

　2.4.4 숫자의 밑줄 ··· 69

　2.4.5 다중 할당 ··· 69

　2.4.6 상수 ·· 70

2.5 주석 ·· 70

　2.5.1 주석을 쓰는 방법 ··· 71

　2.5.2 주석에 써야 할 내용 ······································ 71

2.6 파이썬의 선(禪) ·· 72

2.7 요약 정리 ··· 74

CHAPTER **3** **리스트 소개**

3.1 리스트의 개념 ·· **75**

　3.1.1 리스트 요소에 접근하기 ···································· **76**

　3.1.2 인덱스는 0에서 시작합니다 ···························· **76**

　3.1.3 리스트에서 개별 요소 사용하기 ···················· **77**

3.2 요소 수정, 추가, 제거 ··· **78**

　3.2.1 리스트 요소 수정하기 ······································· **79**

　3.2.2 리스트에 요소 추가하기 ··································· **79**

　3.2.3 리스트에서 요소 제거하기 ······························ **81**

3.3 리스트 정리하기 ·· **86**

　3.3.1 리스트를 영구히 정렬하는 sort() 메서드 ······· **87**

　3.3.2 임시로 정렬하는 sorted() 함수 ····················· **87**

　3.3.3 역순으로 리스트 출력하기 ······························ **88**

　3.3.4 리스트의 길이 확인하기 ··································· **89**

3.4 인덱스 에러 피하기 ··· **91**

3.5 요약 정리 ··· **92**

CHAPTER **4** **리스트 다루기**

4.1 전체 리스트 순회하기 ··· **93**

　4.1.1 루프 분석하기 ·· **94**

　4.1.2 루프 작업 늘리기 ·· **95**

　4.1.3 for 루프 다음에 동작하기 ······························· **97**

4.2 들여쓰기 에러 피하기 ··· **98**

　4.2.1 들여쓰기를 잊었을 때 ······································· **98**

　4.2.2 일부 행을 들여 쓰지 않았을 때 ····················· **99**

　4.2.3 불필요한 들여쓰기를 했을 때 ························· **99**

　4.2.4 루프 다음에 불필요한 들여쓰기를 했을 때 ····· **100**

　4.2.5 콜론을 잊었을 때 ··· **101**

4.3 숫자 리스트 만들기 **102**

    4.3.1 range() 함수 사용하기 **103**

    4.3.2 range()로 숫자 리스트 생성하기 **104**

    4.3.3 숫자 리스트와 단순한 통계 **106**

    4.3.4 리스트 내포 **106**

4.4 리스트 일부분 다루기 **108**

    4.4.1 슬라이스 만들기 **108**

    4.4.2 슬라이스 순회하기 **110**

    4.4.3 리스트 복사하기 **110**

4.5 튜플 **114**

    4.5.1 튜플 정의하기 **114**

    4.5.2 튜플 순회하기 **115**

    4.5.3 튜플 덮어쓰기 **116**

4.6 코드 스타일 **117**

    4.6.1 스타일 가이드 **117**

    4.6.2 들여쓰기 **118**

    4.6.3 행 길이 **118**

    4.6.4 빈 줄 **119**

    4.6.5 다른 스타일 가이드 **119**

4.7 요약 정리 **120**

CHAPTER 5   **if 문**

5.1 간단한 예제 **121**

5.2 조건 테스트 **122**

    5.2.1 동일성 확인하기 **122**

    5.2.2 동일성을 체크할 때 대소문자 무시하기 **123**

    5.2.3 불일치 확인하기 **124**

    5.2.4 숫자 비교하기 **125**

5.2.5 여러 조건 확인하기 ································· **126**

5.2.6 값이 리스트에 있는지 확인하기 ··················· **127**

5.2.7 값이 리스트에 없는지 확인하기 ··················· **128**

5.2.8 불리언 표현식 ································· **128**

5.3 if 문 ·· **129**

5.3.1 단순한 if 문 ································· **130**

5.3.2 if-else 문 ································· **131**

5.3.3 if-elif-else 문 ································· **132**

5.3.4 여러 개의 elif 블록 쓰기 ····················· **133**

5.3.5 else 블록 생략하기 ························· **134**

5.3.6 여러 조건 테스트하기 ························· **135**

5.4 리스트와 if 문 ·································· **138**

5.4.1 특별한 요소 확인하기 ························· **138**

5.4.2 리스트가 비어 있지 않은지 확인하기 ············· **140**

5.4.3 여러 개의 리스트 다루기 ····················· **140**

5.5 if 문 스타일 ·································· **143**

5.6 요약 정리 ·· **144**

CHAPTER **6** **딕셔너리**

6.1 단순한 딕셔너리 ································· **145**

6.2 딕셔너리 사용하기 ······························ **146**

6.2.1 딕셔너리 값에 접근하기 ····················· **147**

6.2.2 키-값 쌍 추가하기 ························· **148**

6.2.3 빈 딕셔너리로 시작하기 ····················· **148**

6.2.4 딕셔너리 값 수정하기 ························· **149**

6.2.5 키-값 쌍 제거하기 ························· **151**

6.2.6 비슷한 객체의 딕셔너리 ····················· **152**

6.2.7 get()으로 값에 접근하기 ····················· **153**

6.3 딕셔너리 순회하기 ··· 155

    6.3.1 키-값 쌍 순회하기 ··· 155

    6.3.2 딕셔너리 키 순회하기 ··· 157

    6.3.3 딕셔너리 키를 순서에 따라 순회하기 ····························· 159

    6.3.4 딕셔너리의 값 순회하기 ··· 160

6.4 중첩 ·· 163

    6.4.1 딕셔너리 리스트 ··· 163

    6.4.2 리스트를 담은 딕셔너리 ··· 166

    6.4.3 딕셔너리 속의 딕셔너리 ··· 168

6.5 요약 정리 ··· 171

CHAPTER 7   **사용자 입력과 while 루프**

7.1 input() 함수의 동작 방식 ·· 173

    7.1.1 명확한 프롬프트 작성하기 ··· 174

    7.1.2 int()를 사용해서 숫자 입력 받기 ····································· 175

    7.1.3 나머지 연산자 ··· 177

7.2 while 루프 소개 ·· 178

    7.2.1 while 루프 사용하기 ·· 179

    7.2.2 사용자가 종료 시점을 선택할 수 있도록 만들기 ···················· 180

    7.2.3 플래그 사용하기 ··· 182

    7.2.4 break 문으로 루프 빠져나가기 ······································· 183

    7.2.5 루프에서 continue 문 사용하기 ····································· 184

    7.2.6 무한 루프 피하기 ··· 185

7.3 리스트, 딕셔너리와 함께 while 루프 사용하기 ························· 187

    7.3.1 리스트에서 다른 리스트로 요소 옮기기 ····························· 187

    7.3.2 리스트에서 특정 값 모두 제거하기 ·································· 188

    7.3.3 사용자가 입력한 값으로 딕셔너리 채우기 ··························· 189

7.4 요약 정리 ··· 191

CHAPTER **8**   **함수**

8.1 함수 정의하기 ·· **193**

  8.1.1 함수에 정보 전달하기 ··· **194**

  8.1.2 인수와 매개변수 ·· **195**

8.2 인수 전달하기 ··· **196**

  8.2.1 위치 인수 ··· **196**

  8.2.2 키워드 인수 ·· **198**

  8.2.3 기본 값 ··· **199**

  8.2.4 동등한 함수 호출하기 ··· **200**

  8.2.5 인수 에러 피하기 ·· **201**

8.3 반환 값 ·· **202**

  8.3.1 단순한 값 반환하기 ·· **203**

  8.3.2 인수를 옵션으로 만들기 ··· **204**

  8.3.3 딕셔너리 반환하기 ··· **205**

  8.3.4 while 루프와 함수 ··· **206**

8.4 함수에 리스트 전달하기 ·· **209**

  8.4.1 함수 내부에서 리스트 수정하기 ·· **210**

  8.4.2 함수가 리스트를 수정하지 못하게 하기 ·· **213**

8.5 인수를 임의의 개수로 전달하기 ·· **214**

  8.5.1 위치 인수와 임의의 인수 같이 쓰기 ·· **215**

  8.5.2 임의의 키워드 인수 사용하기 ··· **216**

8.6 함수를 모듈에 저장하기 ··· **218**

  8.6.1 전체 모듈 임포트하기 ·· **219**

  8.6.2 특정 함수 임포트하기 ·· **220**

  8.6.3 as로 함수에 별칭 부여하기 ·· **221**

  8.6.4 as로 모듈에 별칭 부여하기 ·· **221**

  8.6.5 모듈의 함수를 모두 임포트하기 ··· **222**

8.7 함수 스타일 ··· **223**

8.8 요약 정리 ·· **224**

CHAPTER **9** 클래스

9.1 클래스를 만들고 사용하기 ··· **228**

   9.1.1 Dog 클래스 만들기 ··· **228**

   9.1.2 __init__() 메서드 ··· **229**

   9.1.3 클래스에서 인스턴스 만들기 ·· **230**

9.2 클래스와 인스턴스 사용하기 ·· **233**

   9.2.1 Car 클래스 ·· **233**

   9.2.2 속성의 기본 값 설정하기 ·· **234**

   9.2.3 속성 값 수정하기 ··· **235**

9.3 상속 ··· **239**

   9.3.1 자식 클래스의 __init__() 메서드 ·· **240**

   9.3.2 자식 클래스의 속성과 메서드 정의하기 ································· **242**

   9.3.3 부모 클래스의 메서드 오버라이드 ·· **243**

   9.3.4 인스턴스 속성 ··· **243**

   9.3.5 현실의 객체 모델링 ·· **246**

9.4 클래스 임포트 ·· **247**

   9.4.1 단일 클래스 임포트하기 ·· **248**

   9.4.2 모듈에 여러 클래스 저장하기 ··· **249**

   9.4.3 모듈에서 여러 클래스 임포트하기 ··· **251**

   9.4.4 전체 모듈 임포트하기 ··· **252**

   9.4.5 모듈에서 모든 클래스 임포트하기 ··· **252**

   9.4.6 모듈에서 모듈 임포트하기 ·· **253**

   9.4.7 별칭 사용하기 ··· **254**

   9.4.8 자신만의 워크플로 찾기 ·· **255**

9.5 파이썬 표준 라이브러리 ··· **256**

9.6 클래스 스타일 ·· **257**

9.7 요약 정리 ··· **258**

CHAPTER 10 파일과 예외

10.1 파일 읽기 ·· **259**

    10.1.1 파일 콘텐츠 읽기 ·· **260**

    10.1.2 상대 경로와 절대 경로 ···································· **262**

    10.1.3 행 단위로 접근하기 ······································ **263**

    10.1.4 파일 콘텐츠 다루기 ······································ **264**

    10.1.5 백만 단위의 큰 콘텐츠 다루기 ····························· **265**

    10.1.6 원주율 속에 생일이 있을까? ······························ **266**

10.2 파일에 저장하기 ·· **268**

    10.2.1 한 행 저장하기 ·· **268**

    10.2.2 여러 행 저장하기 ·· **269**

10.3 예외 ··· **270**

    10.3.1 ZeroDivisionError 예외 처리 ····························· **270**

    10.3.2 try–except 문 ··· **271**

    10.3.3 예외 처리로 충돌 피하기 ·································· **272**

    10.3.4 else 블록 ·· **273**

    10.3.5 FileNotFoundError 예외 처리 ····························· **274**

    10.3.6 텍스트 분석하기 ·· **276**

    10.3.7 여러 파일 다루기 ·· **277**

    10.3.8 조용히 실패하기 ·· **279**

    10.3.9 보고할 에러 결정하기 ···································· **279**

10.4 데이터 저장하기 ·· **281**

    10.4.1 json.dumps()와 json.loads() ······························ **282**

    10.4.2 사용자의 데이터를 저장하고 읽기 ··························· **283**

    10.4.3 리팩터링 ·· **285**

10.5 요약 정리 ··· **289**

CHAPTER **11** **코드 테스트**

11.1 pip로 pytest 설치하기 ·· **292**

11.1.1 pip 업데이트하기 ·· **292**

11.1.2 pytest 설치하기 ·· **293**

11.2 함수 테스트 ·· **293**

11.2.1 단위 테스트와 테스트 케이스 ·· **295**

11.2.2 통과하는 테스트 ·· **295**

11.2.3 테스트 실행하기 ·· **296**

11.2.4 실패하는 테스트 ·· **298**

11.2.5 실패한 테스트에 대응하기 ·· **299**

11.2.6 새 테스트 추가하기 ·· **300**

11.3 클래스 테스트 ·· **302**

11.3.1 여러 가지 어서션 ·· **302**

11.3.2 테스트할 클래스 ·· **303**

11.3.3 AnonymousSurvey 클래스 테스트 ·· **305**

11.3.4 픽스처 기능 사용하기 ·· **307**

11.4 요약 정리 ·· **309**

Part 2 실습편

CHAPTER **12** '외계인 침공': 불을 뿜는 우주선

12.1 프로젝트 계획하기 ·· **316**

12.2 파이게임 설치하기 ·· **316**

12.3 게임 프로젝트 시작하기 ·· **317**

    12.3.1 파이게임 창을 만들어서 사용자 입력에 응답하기 ············· **317**

    12.3.2 프레임 속도 제어하기 ·· **319**

    12.3.3 배경색 설정하기 ··· **320**

    12.3.4 Settings 클래스 만들기 ·· **321**

12.4 우주선 이미지 추가하기 ·· **323**

    12.4.1 Ship 클래스 만들기 ·· **324**

    12.4.2 화면에 우주선 그리기 ·· **325**

12.5 리팩터링: _check_events(), _update_screen() 메서드 ············· **327**

    12.5.1 _check_events() 메서드 ·· **327**

    12.5.2 _update_screen() 메서드 ······································ **328**

12.6 우주선 조종하기 ·· **330**

    12.6.1 키 입력에 응답하기 ··· **330**

    12.6.2 연속적으로 움직이기 ··· **331**

    12.6.3 좌우로 움직이기 ··· **333**

    12.6.4 우주선 속도 조정하기 ··· **335**

    12.6.5 우주선의 이동 범위 정하기 ······································· **337**

    12.6.6 _check_events() 리팩터링 ······································ **337**

    12.6.7 Q를 눌러 종료하기 ·· **338**

    12.6.8 전체 화면 모드에서 게임 실행하기 ······························· **339**

12.7 탄환을 쏘기 전 빠른 준비 ·· **340**

    12.7.1 alien_invasion.py ··· **340**

    12.7.2 settings.py ··· **341**

    12.7.3 ship.py ··· **341**

12.8 탄환 발사하기 ·· **341**

　　12.8.1 탄환 설정 추가하기 ·· **342**

　　12.8.2 Bullet 클래스 만들기 ·· **342**

　　12.8.3 탄환을 그룹에 저장하기 ··· **344**

　　12.8.4 탄환 발사하기 ·· **345**

　　12.8.5 창을 벗어난 탄환 제거하기 ······································· **347**

　　12.8.6 탄환 수 제한하기 ·· **348**

　　12.8.7 _update_bullets() 메서드 ·· **349**

12.9 요약 정리 ·· **350**

CHAPTER **13** '외계인 침공': 외계인!

13.1 프로젝트 검토하기 ·· **351**

13.2 첫 번째 외계인 만들기 ··· **352**

　　13.2.1 Alien 클래스 만들기 ·· **352**

　　13.2.2 Alien 인스턴스 만들기 ··· **353**

13.3 외계인 함대 만들기 ·· **356**

　　13.3.1 외계인 한 줄 만들기 ·· **356**

　　13.3.2 _create_fleet() 리팩터링 ·· **358**

　　13.3.3 줄 추가하기 ·· **358**

13.4 함대 움직이기 ·· **361**

　　13.4.1 외계인을 오른쪽으로 움직이기 ··································· **361**

　　13.4.2 함대 방향 설정하기 ·· **363**

　　13.4.3 외계인이 경계에 닿았는지 확인하기 ···························· **364**

　　13.4.4 아래로 내리고 방향을 반대로 바꾸기 ··························· **365**

13.5 외계인 격추하기 ··· **366**

　　13.5.1 탄환 적중 감지하기 ·· **366**

　　13.5.2 더 큰 탄환으로 빠르게 테스트하기 ····························· **368**

　　13.5.3 함대 다시 생성하기 ·· **369**

13.5.4 탄환 속도 올리기 · **370**

13.5.5 _update_bullets() 리팩터링 · **370**

13.6 게임 종료하기 · **371**

13.6.1 외계인과 우주선의 충돌 감지하기 · **372**

13.6.2 외계인과 우주선 충돌에 반응하기 · **372**

13.6.3 외계인이 화면 하단에 도달했을 때 반응하기 · · · · · · · · · · · · · · · **376**

13.6.4 게임 오버 · **377**

13.6.5 게임의 부분 실행 타이밍 결정하기 · **378**

13.7 요약 정리 · **379**

CHAPTER 14 '외계인 침공': 점수 매기기

14.1 [플레이] 버튼 추가하기 · **381**

14.1.1 Button 클래스 만들기 · **382**

14.1.2 화면에 버튼 그리기 · **384**

14.1.3 게임 시작하기 · **385**

14.1.4 게임 초기화하기 · **386**

14.1.5 [플레이] 버튼 비활성화하기 · **387**

14.1.6 마우스 커서 숨기기 · **388**

14.2 레벨업 · **389**

14.2.1 속도 설정 수정하기 · **389**

14.2.2 속도 초기화하기 · **391**

14.3 점수 · **392**

14.3.1 점수 표시하기 · **393**

14.3.2 점수판 만들기 · **395**

14.3.3 외계인을 격추할 때 점수 업데이트하기 · **396**

14.3.4 점수 초기화하기 · **397**

14.3.5 모든 점수를 제대로 확인하기 · **398**

14.3.6 난이도에 따라 점수 늘리기 · **399**

14.3.7 점수 반올림하기 ·· **400**

14.3.8 최고 점수 표시하기 ··· **401**

14.3.9 레벨 표시하기 ··· **404**

14.3.10 남은 우주선 숫자 표시하기 ·· **407**

14.4 요약 정리 ··· **411**

CHAPTER **15** **데이터 시각화: 데이터 생성하기**

15.1 Matplotlib 설치하기 ·· **414**

15.2 단순한 직선 그래프 그리기 ·· **414**

15.2.1 이름표 타입과 선 두께 변경하기 ··································· **415**

15.2.2 그래프 수정하기 ·· **417**

15.2.3 내장 스타일 사용하기 ·· **418**

15.2.4 scatter()를 사용한 산포도 ·· **419**

15.2.5 자동으로 데이터 계산하기 ··· **422**

15.2.6 눈금 이름표 커스텀하기 ··· **423**

15.2.7 색깔 지정하기 ··· **424**

15.2.8 컬러맵 사용하기 ·· **424**

15.2.9 자동으로 그래프 저장하기 ··· **426**

15.3 랜덤 워크 ··· **426**

15.3.1 RandomWalk 클래스 만들기 ·· **427**

15.3.2 방향 결정하기 ··· **427**

15.3.3 랜덤 워크 그래프 그리기 ·· **429**

15.3.4 여러 개의 랜덤 워크 만들기 ·· **430**

15.3.5 랜덤 워크에 스타일 적용하기 ······································· **431**

15.4 Plotly와 주사위 ·· **436**

15.4.1 Plotly 설치하기 ·· **437**

15.4.2 Die 클래스 만들기 ··· **437**

15.4.3 주사위 굴리기 ··· **438**

15.4.4 결과 분석하기 ···································· **439**

15.4.5 히스토그램 만들기 ······························· **440**

15.4.6 그래프 커스텀하기 ······························· **441**

15.4.7 주사위 두 개 굴리기 ···························· **442**

15.4.8 추가 설정하기 ·································· **444**

15.4.9 다양한 주사위 굴리기 ·························· **444**

15.4.10 결과 저장하기 ································· **446**

15.5 요약 정리 ·· **447**

CHAPTER **16** 데이터 시각화: 데이터 내려받기

16.1 CSV 파일 형식 ···································· **449**

16.1.1 CSV 파일 헤더 분석하기 ······················· **450**

16.1.2 헤더와 위치 출력하기 ·························· **451**

16.1.3 데이터 추출과 읽기 ···························· **452**

16.1.4 기온 그래프 그리기 ···························· **453**

16.1.5 datetime 모듈 ································· **454**

16.1.6 그래프에 날짜 추가하기 ························ **455**

16.1.7 더 긴 기간 그리기 ····························· **457**

16.1.8 두 번째 데이터 추가하기 ······················· **458**

16.1.9 그래프 영역 음영 처리하기 ····················· **459**

16.1.10 에러 확인하기 ································· **460**

16.1.11 데이터 직접 내려받기 ·························· **464**

16.2 전 세계 지진 데이터로 지도 만들기: GeoJSON 형식 ····· **465**

16.2.1 지진 데이터 내려받기 ·························· **466**

16.2.2 GeoJSON 데이터 구조 확인하기 ················· **466**

16.2.3 전체 지진 리스트 만들기 ······················· **469**

16.2.4 지진 규모 추출하기 ···························· **470**

16.2.5 위치 데이터 추출하기 ·························· **470**

16.2.6 세계 지도 그리기 · **471**

16.2.7 지진 규모 표현 추가하기 · **473**

16.2.8 색깔 설정하기 · **474**

16.2.9 여러 가지 색깔 스케일 · **475**

16.2.10 텍스트 추가하기 · **476**

16.3 요약 정리 · **478**

CHAPTER 17 데이터 시각화: API 사용하기

17.1 웹 API 사용하기 · **479**

17.1.1 깃과 깃허브 · **479**

17.1.2 API 호출로 데이터 요청하기 · **480**

17.1.3 requests 설치하기 · **481**

17.1.4 API 응답 처리하기 · **481**

17.1.5 응답 딕셔너리 다루기 · **483**

17.1.6 상위 저장소 요약하기 · **486**

17.1.7 API 속도 제한 확인하기 · **487**

17.2 Plotly로 저장소 시각화하기 · **488**

17.2.1 그래프 스타일 지정하기 · **490**

17.2.2 그래프에 툴팁 추가하기 · **491**

17.2.3 그래프에 링크 추가하기 · **493**

17.2.4 그래프 색깔 설정하기 · **494**

17.2.5 Plotly와 깃허브 API · **494**

17.3 해커 뉴스 API · **495**

17.4 요약 정리 · **500**

18.1 프로젝트 만들기 ·· **501**

18.1.1 명세 작성하기 ·· **502**

18.1.2 가상 환경 만들기 ··· **502**

18.1.3 가상 환경 활성화하기 ·· **503**

18.1.4 Django 설치하기 ·· **503**

18.1.5 Django에서 프로젝트 생성하기 ·· **504**

18.1.6 데이터베이스 생성하기 ··· **505**

18.1.7 프로젝트 확인하기 ··· **506**

18.2 애플리케이션 시작하기 ··· **508**

18.2.1 모델 정의하기 ·· **508**

18.2.2 모델 활성화하기 ··· **510**

18.2.3 Django 관리자 사이트 ·· **511**

18.2.4 Entry 모델 정의하기 ·· **514**

18.2.5 Entry 모델 마이그레이션하기 ·· **515**

18.2.6 관리자 사이트에서 항목 등록하기 ·· **516**

18.2.7 Django 셸 ·· **517**

18.3 학습 로그 홈페이지 만들기 ·· **520**

18.3.1 URL 매핑하기 ··· **520**

18.3.2 뷰 작성하기 ·· **522**

18.3.3 템플릿 작성하기 ··· **523**

18.4 다른 페이지 만들기 ·· **525**

18.4.1 템플릿 상속하기 ·· **525**

18.4.2 주제 리스트 페이지 만들기 ··· **528**

18.4.3 개별 주제 페이지 만들기 ·· **532**

18.5 요약 정리 ·· **536**

CHAPTER 19 학습 로그: 사용자 계정

19.1 사용자가 데이터를 입력할 수 있게 만들기 ···································· **537**

　19.1.1 새 주제 추가하기 ·· **537**

　19.1.2 새 항목 추가하기 ·· **543**

　19.1.3 항목 수정하기 ··· **547**

19.2 사용자 계정 설정하기 ··· **552**

　19.2.1 accounts 애플리케이션 만들기 ·· **552**

　19.2.2 로그인 페이지 만들기 ·· **553**

　19.2.3 로그아웃하기 ·· **557**

　19.2.4 등록 페이지 만들기 ··· **558**

19.3 사용자 데이터 지정하기 ·· **562**

　19.3.1 @login_required로 접근 제한하기 ···································· **562**

　19.3.2 사용자와 데이터 연결하기 ··· **564**

　19.3.3 소유자에게만 주제 접근 허용하기 ······································ **568**

　19.3.4 사용자의 주제 보호하기 ·· **569**

　19.3.5 edit_entry 페이지 보호하기 ·· **570**

　19.3.6 새 주제를 현재 사용자와 연결하기 ····································· **570**

19.4 요약 정리 ··· **572**

CHAPTER 20 학습 로그: 애플리케이션 스타일과 배포

20.1 학습 로그에 스타일 적용하기 ··· **573**

　20.1.1 django-bootstrap5 애플리케이션 ····································· **574**

　20.1.2 부트스트랩으로 학습 로그에 스타일 지정하기 ························· **575**

　20.1.3 base.html 수정하기 ··· **575**

　20.1.4 점보트론으로 홈페이지에 스타일 적용하기 ···························· **582**

　20.1.5 로그인 페이지에 스타일 적용하기 ······································· **584**

20.1.6 주제 페이지에 스타일 적용하기 ···························· **585**

20.1.7 개별 주제 페이지에 스타일 적용하기 ······················· **586**

20.2 학습 로그 배포하기 ····································· **589**

20.2.1 platform.sh 계정 만들기 ····························· **589**

20.2.2 platform.sh CLI 설치하기 ···························· **590**

20.2.3 platformshconfig 설치하기 ························· **590**

20.2.4 requirements.txt 파일 생성하기 ······················ **590**

20.2.5 배포 환경 추가하기 ································· **591**

20.2.6 설정 파일 추가하기 ································· **592**

20.2.7 platform.sh를 위한 settings.py 수정하기 ················· **596**

20.2.8 깃과 프로젝트 파일 추적하기 ··························· **597**

20.2.9 platform.sh에 프로젝트 생성하기 ······················ **600**

20.2.10 platform.sh로 푸시하기 ···························· **602**

20.2.11 라이브 프로젝트 열기 ······························ **603**

20.2.12 platform.sh 배포 개선하기 ·························· **603**

20.2.13 커스텀 에러 페이지 만들기 ··························· **607**

20.2.14 지속적인 개발하기 ································· **609**

20.2.15 platform.sh에서 프로젝트 제거하기 ···················· **609**

20.3 요약 정리 ··· **611**

APPENDIX A **설치와 문제 해결**

A.1 윈도우에 파이썬 설치하기 ······························ **613**

A.2 macOS에 파이썬 설치하기 ····························· **614**

A.3 리눅스에 파이썬 설치하기 ····························· **615**

A.4 사용 중인 파이썬 버전 확인하기 ························· **616**

A.5 파이썬 키워드와 내장 함수 ···························· **617**

APPENDIX B **텍스트 에디터와 IDE**

B.1 비주얼 스튜디오 코드로 효율적으로 작업하기 ·········· 620

B.2 다른 텍스트 에디터와 IDE ·········· 625

APPENDIX C **도움 얻기**

C.1 스스로 해 보기 ·········· 629

C.2 온라인에서 검색하기 ·········· 631

C.3 디스코드 ·········· 633

C.4 슬랙 ·········· 633

APPENDIX D **깃을 활용해 버전 관리하기**

D.1 깃 설치하기 ·········· 635

D.2 프로젝트 만들기 ·········· 636

D.3 일부 파일 무시하기 ·········· 637

D.4 저장소 초기화하기 ·········· 637

D.5 상태 확인하기 ·········· 638

D.6 저장소에 파일 추가하기 ·········· 638

D.7 커밋하기 ·········· 639

D.8 로그 확인하기 ·········· 640

D.9 두 번째 커밋 ·········· 640

D.10 변경 내용 복원하기 ·········· 642

D.11 이전 커밋 체크아웃하기 ·········· 643

D.12 저장소 제거하기 ·········· 645

APPENDIX E   배포 문제 해결하기

E.1 배포 절차 이해하기 ·· **649**

E.2 기본적인 문제 해결하기 ·· **650**

E.3 운영체제별 문제 해결하기 ·· **653**

E.4 다른 배포 방식 ·· **657**

찾아보기 ·· **659**

CHAPTER 1. 시작하기

CHAPTER 2. 변수와 단순한 데이터 타입

CHAPTER 3. 리스트 소개

CHAPTER 4. 리스트 다루기

CHAPTER 5. if 문

CHAPTER 6. 딕셔너리

CHAPTER 7. 사용자 입력과 while 루프

CHAPTER 8. 함수

CHAPTER 9. 클래스

CHAPTER 10. 파일과 예외

CHAPTER 11. 코드 테스트

기본편

기본편은 파이썬 프로그램을 작성하는 데 필요한 기본 개념에 관한 내용을 다룹니다. 기본편에서 설명하는 개념은 전반적인 프로그래밍 언어 대부분에 해당하므로 프로그래머로 살아가는 동안 계속 유용하게 쓸 수 있습니다.

1장에서는 컴퓨터에 파이썬을 설치하고 첫 번째 프로그램을 실행해 Hello world! 메시지를 화면에 출력합니다.

2장에서는 변수에 정보를 할당하는 방법, 텍스트와 숫자 값을 다루는 방법을 배웁니다.

3장과 4장에서는 리스트를 설명합니다. 리스트는 원하는 만큼 정보를 저장할 수 있으므로 데이터를 효율적으로 조작할 수 있습니다. 몇 행의 코드로 수백, 수천, 심지어 수백만 개의 값을 조작할 수 있습니다.

5장에서는 조건을 테스트하고 그 결과에 따라 다르게 반응하는 if 문에 대해 배웁니다.

6장에서는 서로 다른 정보를 연결하는 딕셔너리에 대해 배웁니다. 리스트와 마찬가지로 딕셔너리에도 정보를 필요한 만큼 저장할 수 있습니다.

7장에서는 사용자의 입력을 받는 대화형 프로그램을 만듭니다. 조건을 만족하는 한 코드 블록을 반복적으로 실행하는 while 루프[1]에 대해서도 배웁니다.

8장에서는 함수를 만듭니다. 함수는 필요할 때마다 특정 작업을 실행하는 이름을 가진 코드 블록입니다.

9장에서는 클래스를 배웁니다. 클래스는 개, 고양이, 사람, 자동차, 로켓처럼 현실의 객체 혹은 상상할 수 있는 모든 객체를 모델링할 수 있습니다.

10장에서는 파일을 다루는 방법, 프로그램이 예기치 않게 충돌하지 않도록 막는 에러 처리 방법, 프로그램을 종료하기 전에 데이터를 저장하고 프로그램을 다시 실행할 때 데이터를 불러오는 방법을 배웁니다. 그리고 예상되는 에러를 매끄럽게 처리하는 예외exception에 대해서도 배웁니다.

11장에서는 프로그램이 원하는 대로 동작하는지 확인하는 테스트를 작성합니다. 테스트를 잘 만들면 프로그램을 확장하며 생길 수 있는 새로운 버그에 대한 걱정을 덜 수 있습니다. 그러므로 코드 테스트는 초보자를 넘어 중급 프로그래머가 되기 위한 첫걸음이나 다름없습니다.

---

1   옮긴이_ 혹은 while 반복문으로도 많이 부릅니다. 이 책에서는 while 루프로 통일했습니다.

시작하기

이 장에서는 첫 번째 파이썬 프로그램인 `hello_world.py`를 만들어 봅니다. 먼저 컴퓨터에 파이썬 최신 버전이 설치되어 있는지 확인하고, 그렇지 않다면 최신 버전으로 설치합니다. 또한 파이썬 프로그램을 만들 때 사용할 텍스트 에디터도 설치합니다. 텍스트 에디터는 파이썬 코드를 인식하고 작성 과정에서 코드의 중요한 부분을 강조 표시하므로 코드 구조를 쉽게 이해할 수 있게 합니다.

1.1 프로그래밍 환경 만들기

파이썬은 운영체제에 따라 조금씩 다르므로 몇 가지 염두에 둘 점이 있습니다. 먼저 파이썬 설치 여부와 설치가 되어 있다면 설치된 버전이 무엇인지 확인해야 합니다.

1.1.1 파이썬 버전

프로그래밍 언어는 새로운 아이디어와 기술의 등장과 함께 발전합니다. 파이썬 또한 계속해서 발전해 왔습니다. 이 글을 쓰는 시점에서 최신 버전은 파이썬 3.11이지만, 책의 내용은 파이썬 3.9를 기준으로 합니다. 이 절에서는 파이썬이 이미 컴퓨터에 설치되어 있는지 확인하고, 더 새로운 버전을 설치해야 하는지 확인합니다. 주요 운영체제에 파이썬 최신 버전을 설치하는 방법은 부록 A '설치와 문제 해결'에서 자세히 설명합니다.

1.1.2 파이썬 코드 실행하기

프로그램을 작성하지 않고도 터미널에서 파이썬 인터프리터를 통해 약간의 파이썬 코드를 실행할 수 있습니다.

이 책을 보는 동안 다음과 같은 예제가 자주 보일 겁니다.

```
>>> print("Hello Python interpreter!")
Hello Python interpreter!
```

>>>는 **파이썬 프롬프트**라고 부릅니다. 프롬프트는 터미널에서 실행해야 한다는 뜻입니다. 첫 번째 줄의 텍스트는 입력한 다음 Enter 키를 눌러 실행하는 코드입니다. 이 책의 예제 대부분은 터미널이 아니라 텍스트 에디터에서 실행하는 것이 더 편할 겁니다. 하지만 때로는 파이썬 터미널을 통해 일련의 코드를 실행하는 편이 더 이해하기 쉬울 수도 있습니다. 코드 예제에 파이썬 프롬프트(>>>)가 있다면 터미널에서 직접 코드를 실행하고 결과를 바로 확인하길 권합니다.

이제 텍스트 에디터를 써서 프로그램을 만들어 볼 겁니다. 프로그래밍 세계에서는 새로운 언어를 배울 때는 "Hello world!" 메시지를 화면에 표시하는 전통이 있습니다. 아주 단순한 프로그램이지만, 그만큼 목적은 꽤나 합리적입니다. 이 프로그램이 제대로 실행된다면 여러분이 작성하는 파이썬 프로그램도 정확히 실행될 겁니다.

1.1.3 비주얼 스튜디오 코드

비주얼 스튜디오 코드(VS Code)는 전문가에게도 부족함 없는 강력한 기능을 제공하면서, 동시에 초보자도 쓰기 쉬운 무료 텍스트 에디터입니다. 비주얼 스튜디오 코드는 단순한 프로젝트에도, 크고 복잡한 프로젝트에도 잘 어울립니다. 파이썬을 배우면서 비주얼 스튜디오 코드에도 익숙해지면 더 크고 복잡한 프로젝트에도 계속 사용할 수 있습니다. 비주얼 스튜디오 코드는 모든 최신 운영체제에서 사용할 수 있고, 파이썬을 포함한 대부분의 프로그래밍 언어를 지원합니다.

부록 B '텍스트 에디터와 IDE'에는 다른 텍스트 에디터에 관한 정보도 있습니다. 다른 에디터가 궁금하다면 지금 바로 부록 B를 훑어봐도 좋습니다. 그러나 프로그래밍을 빨리 시작해 보고 싶다면 비주얼 스튜디오 코드로 시작하세요. 그리고 프로그래머로 경험이 쌓이면 다른 에디터를 고려해 보면 됩니다. 1장에서는 비주얼 스튜디오 코드를 설치하는 방법을 설명합니다.

1.2 다양한 운영체제와 파이썬

파이썬은 주요 운영체제에서 모두 실행되는 대표적인 크로스 플랫폼 프로그래밍 언어입니다. 파이썬이 설치된 컴퓨터가 고장만 안 났다면 파이썬 프로그램은 모두 실행됩니다. 하지만 운영체제마다 파이썬을 설치하는 방법은 조금씩 다릅니다.

이 절에서는 컴퓨터에 파이썬을 설치해 보겠습니다. 이미 파이썬이 설치되어 있다면 최신 버전인지 확인하고, 최신 버전이 아니라면 다시 설치합니다. 그런 다음 비주얼 스튜디오 코드를 설치하세요. 여러분이 어떤 운영체제를 사용하더라도, 이 두 단계를 제외하면 나머지는 모두 같습니다.

그런 다음에는 hello_world.py를 실행하고, 동작하지 않는다면 문제를 해결하는 방법에 대해 알아봅니다. 운영체제별로 이 과정을 모두 안내할 테니 어떤 운영체제를 사용하더라도 안심하세요.

1.2.1 윈도우에 파이썬 설치하기

윈도우에는 기본적으로 파이썬이 설치되어 있지 않으므로 파이썬과 비주얼 스튜디오 코드를 모두 설치해야 합니다.

파이썬 설치하기

먼저 파이썬이 시스템에 설치되어 있는지 확인합니다. 시작 메뉴에서 '명령'을 입력하고 **명령 프롬프트**Command Prompt를 클릭해 터미널을 엽니다.[1] 터미널이 열리면 소문자 python을 입력합니다. 파이썬 프롬프트(>>>)가 보인다면 컴퓨터에 파이썬이 설치되어 있는 겁니다. 파이썬을 실행할 수 없다는 에러 메시지가 표시되거나 마이크로소프트 스토어가 열린다면 파이썬이 설치

---

1 옮긴이_ ⊞+ⓇR를 누르고 'cmd'를 입력 후 [확인]을 클릭해도 터미널을 열 수 있습니다.

되지 않은 겁니다. 마이크로소프트 스토어가 열려 있다면 닫습니다. 파이썬은 마이크로소프트 스토어보다 공식 설치 파일을 사용하는 편이 좋습니다.

컴퓨터에 파이썬이 설치되어 있지 않거나 표시되는 버전이 3.9 미만이라면 윈도우용 파이썬 설치 파일을 내려받아야 합니다. *https://python.org*에서 [**Downloads**] 링크 위에 마우스를 올리면 파이썬 최신 버전을 내려받을 수 있는 버튼([Download Python 3.x.x])이 보일 겁니다. 버튼을 클릭하면 컴퓨터에 호환되는 설치 파일을 자동으로 내려받습니다. 내려받기가 끝나면 설치 파일을 실행합니다. 설치할 때는 [그림 1-1]을 참고해서 '**Add Python to PATH**' 옵션을 꼭 체크하세요.[2]

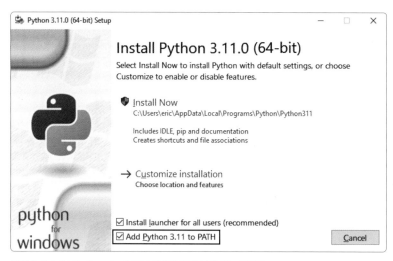

그림 1-1 Add Python to PATH 옵션을 반드시 꼭 체크하세요.

터미널에서 파이썬 실행하기

터미널에서 소문자 **python**을 입력하세요. 윈도우에서 지금 막 설치한 파이썬 버전을 인식했다는 증거인 파이썬 프롬프트(>>>)가 보일 겁니다.

```
C:\> python
Python 3.x.x (main, Jun . . . , 13:29:14) [MSC v.1932 64 bit (AMD64)] on win32
```

---

2   옮긴이_ 만약 체크를 안하고 진행했다면, 터미널에서 작업을 할 수 없습니다. 이럴 경우 파이썬을 삭제하고 재설치하면 됩니다. 해당 과정은 부록 A '설치와 문제 해결'에서 자세히 다룹니다.

```
Type "help", "copyright", "credits" or "license" for more information.
>>>
```

> **NOTE** 프롬프트가 보이지 않는다면 부록 A '설치와 문제 해결'을 참고하세요.

파이썬 세션에 다음과 같이 입력합니다.

```
>>> print("Hello Python interpreter!")
Hello Python interpreter!
>>>
```

화면에 'Hello Python interpreter!'가 보일 겁니다. 언제든지 터미널을 열고 파이썬 터미널에서 파이썬 코드를 실행할 수 있습니다. 터미널을 닫으려면 ctrl + Z를 누른 다음 Enter 키를 누르거나 **exit()** 명령을 사용하세요.

비주얼 스튜디오 코드 설치하기

*https://code.visualstudio.com*에서 비주얼 스튜디오 코드 설치 파일을 내려받을 수 있습니다. [**Download for Windows**] 버튼을 클릭하고 내려받은 설치 파일을 실행하세요. 다른 운영체제의 설치 과정이 필요 없다면 1.3 'Hello World 프로그램 실행하기'까지 건너뛰세요.

1.2.2 macOS에 파이썬 설치하기

최신 버전의 macOS에는 파이썬이 포함되지 않으므로 아직 설치하지 않았다면 설치해야 합니다. 다음을 참고하여 파이썬과 비주얼 스튜디오 코드 최신 버전을 설치하세요.

> **NOTE** 구버전의 macOS에는 기본적으로 파이썬 2가 포함되어 있는데, 파이썬 3 사용을 권장합니다.

파이썬 3 설치 여부 확인하기

[**LaunchPad**] → [**Utilities**] → [**터미널**] 순서로 클릭해 터미널을 엽니다. ⌘ + space 를 누른 다음 **터미널**을 입력하고 Enter 키를 눌러도 됩니다. **python3**를 입력하면 파이썬 최신 버전이 설치됐는지 확인할 수 있습니다. 아마 **명령행 개발자 도구**command line developer tools를 설치하라

는 메시지가 표시될 겁니다. 이 도구는 파이썬을 설치한 다음 설치하는 게 좋습니다. 이 메시지가 나타나면 팝업을 닫으세요.

파이썬 3.9나 그 이후 버전이 설치됐다는 화면이 표시되면 1.5 '터미널에서 파이썬 프로그램 실행하기'까지 건너뛰세요. 이전 버전이 설치됐다는 화면이 보이면 다음과 같이 최신 버전을 설치하세요.

여러분이 macOS를 사용한다면, 이 책에 있는 python 명령 대신 python3 명령어를 사용해야 합니다. 대부분의 macOS 컴퓨터에서 python 명령어는 시스템 내부에서 사용하는 오래된 파이썬을 가리키거나 에러 메시지를 표시합니다.

파이썬 최신 버전 설치하기

*https://python.org*에서 파이썬 설치 파일을 받을 수 있습니다. [**Download**] 버튼 위에 마우스를 올리면 파이썬 최신 버전을 내려받을 수 있는 버튼이 나타납니다. 버튼을 클릭하면 컴퓨터에 알맞은 설치 파일을 자동으로 내려받습니다. 파일을 내려받은 후 실행합니다.

설치 파일의 실행이 끝나면 파인더 윈도우가 나타납니다. '**Install Certificates.command**' 파일을 더블 클릭하세요. 이 파일을 실행하면 책의 후반에서 설명하는 프로젝트를 포함해, 실제 프로젝트에 필요한 추가 라이브러리를 쉽게 설치할 수 있습니다.

터미널에서 파이썬 실행하기

이제 터미널을 열고 **python3**를 입력하면 파이썬 코드를 실행할 수 있습니다.

```
$ python3
Python 3.x.x (v3.11.0:eb0004c271, Jun . . . , 10:03:01)
[Clang 13.0.0 (clang-1300.0.29.30)] on darwin
Type "help", "copyright", "credits" or "license" for more information.
>>>
```

이 명령은 파이썬 터미널을 시작합니다. macOS는 여러분이 설치한 파이썬을 확인하고 파이썬 프롬프트(>>>)를 표시합니다.

터미널에 다음 명령을 입력하세요.

```
>>> print("Hello Python interpreter!")
```

```
Hello Python interpreter!
>>>
```

현재 터미널에 "Hello Python interpreter!" 메시지가 보일 겁니다. `ctrl`+`D`를 누르거나 exit() 명령어를 사용해 파이썬 인터프리터를 종료할 수 있습니다.

> **NOTE** 최신 macOS에서는 터미널 프롬프트에 달러 기호($) 대신 퍼센트 기호(%)를 사용합니다.

비주얼 스튜디오 코드 설치하기

*https://code.visualstudio.com*에서 [**Download**] 버튼을 클릭하여 내려받은 후 다운로드 폴더에서 찾아 더블 클릭하여 실행합니다.

다른 설치 과정이 필요 없다면 1.3 'Hello World 프로그램 실행하기'까지 건너뛰세요.

1.2.3 리눅스에 파이썬 설치하기

리눅스는 프로그래밍을 위해 설계된 운영체제이므로 대부분의 리눅스 컴퓨터에는 파이썬이 이미 설치되어 있습니다. 리눅스를 개발하고 관리하는 사람들은 여러분이 언제든 프로그래밍을 시작할 수 있도록 운영체제를 설계했습니다. 따라서 리눅스에는 따로 설치할 것이 거의 없고, 몇 가지 설정만 바꾸면 됩니다.

파이썬 버전 확인하기

터미널 애플리케이션을 실행합니다(우분투에서는 `ctrl`+`alt`+`T`를 누르면 됩니다). 소문자 **python3**를 입력해 파이썬 버전을 확인하세요. 파이썬이 설치되어 있으면 파이썬 인터프리터가 시작됩니다. 설치된 파이썬 버전이 화면에 나타날 겁니다. 또한 다음과 같이 파이썬 프롬프트(>>>)도 표시됩니다.

```
$ python3
Python 3.10.4 (main, Apr  . . . , 09:04:19) [GCC 11.2.0] on linux
Type "help", "copyright", "credits" or "license" for more information.
>>>
```

이 결과는 현재 이 컴퓨터에 파이썬 3.10.4가 설치되어 있다는 뜻입니다. 결과를 확인했으면 ⌜ctrl⌟+Ⓓ를 누르거나 exit() 명령으로 파이썬 프롬프트를 종료합니다.

이 책의 코드를 실행하려면 파이썬 3.9 이상이 필요합니다. 컴퓨터에 설치된 파이썬 버전이 3.9 이전 버전이라면 부록 A '설치와 문제 해결'을 참고하여 업데이트하세요.

터미널에서 파이썬 실행하기

버전을 확인했을 때와 마찬가지로, 터미널을 열고 python3를 입력해 파이썬 코드를 실행할 수 있습니다. 터미널에 다음 명령을 입력하세요.

```
>>> print("Hello Python interpreter!")
Hello Python interpreter!
>>>
```

터미널에 이와 같은 메시지가 나타날 겁니다. 파이썬 인터프리터를 종료할 때는 ⌜ctrl⌟+Ⓓ를 누르거나 exit() 명령을 사용하세요.

비주얼 스튜디오 코드 설치하기

우분투 리눅스를 사용한다면 우분투 소프트웨어 센터에서 비주얼 스튜디오 코드를 설치할 수 있습니다. 메뉴에서 우분투 소프트웨어 아이콘을 클릭하고 vscode를 검색하세요. 'Visual Studio Code'('code'라고 표시될 수도 있습니다) 애플리케이션을 클릭하고 설치를 클릭합니다. 설치가 끝나면 **비주얼 스튜디오 코드**를 검색해 실행할 수 있습니다.

1.3 Hello World 프로그램 실행하기

파이썬과 비주얼 스튜디오 코드 최신 버전을 설치했다면 텍스트 에디터에서 첫 번째 파이썬 프로그램을 작성하고 실행할 준비가 거의 끝난 겁니다. 마지막으로 비주얼 스튜디오 코드에 파이썬 애드온을 설치합시다.

1.3.1 비주얼 스튜디오 코드에 파이썬 애드온 설치하기

비주얼 스튜디오 코드는 다양한 프로그래밍 언어를 지원합니다. 파이썬 프로그래머가 비주얼 스튜디오 코드를 최대한 활용하려면 파이썬 애드온을 설치하는 게 좋습니다. 이 애드온을 추가하면 파이썬 프로그램 작성, 편집, 실행이 더 쉬워집니다.

비주얼 스튜디오 코드의 왼쪽 아래에 있는 톱니바퀴 모양 아이콘을 클릭하세요. 메뉴가 나타나면 [**확장**]을 클릭하고 검색 박스에 python을 입력한 다음 [**Python**]을 클릭하세요(애드온이 두 개 이상 표시된다면 마이크로소프트에서 제공하는 애드온을 선택하면 됩니다). 설치를 클릭하고, 그 과정에서 다른 도구가 필요하다는 메시지가 표시되면 그 도구도 설치하세요. 파이썬을 설치해야 한다는 메시지가 보이면, 이미 설치했으므로 무시해도 됩니다.

> **NOTE** macOS를 사용 중이고 명령행 개발자 도구를 설치하라는 팝업이 나타나면 설치를 클릭하세요. 설치 시간이 아주 오래 걸릴 거라는 메시지가 표시될 수도 있지만, 인터넷 연결이 제대로 되었다면 10분에서 20분 정도면 완료됩니다.

1.3.2 hello_world.py 실행하기

프로그램을 작성하기 전에, 바탕화면에 python_work 폴더를 만드세요. 파일과 폴더 이름은 항상 소문자만 쓰고, 공백이 필요하다면 밑줄을 사용하는 게 좋습니다. 이는 파이썬에서 권장하는 규칙입니다.

비주얼 스튜디오 코드를 열고, 시작하기 탭이 열려 있다면 닫으세요. [**파일**] → [**새 파일**]을 클릭하거나 ctrl + N (macOS에서는 ⌘ + N)을 눌러 파일을 새로 만듭니다. 파일을 python_work 폴더 안에 hello_world.py라는 이름으로 저장합니다. 비주얼 스튜디오 코드는 확장자 .py를 통해 파일이 파이썬 프로그램이라는 것을 인식하고, 이를 정확하게 실행할 뿐 아니라 텍스트를 강조 표시하는 기능도 제공합니다.

파일을 저장하고 다음 행을 입력합니다.

hello_world.py

```
print("Hello Python world!")
```

[**실행**] → [**디버깅 없이 실행**]을 클릭하거나 [ctrl] + [F5]를 눌러 프로그램을 실행합니다. 비주얼 스튜디오 코드 하단에 터미널이 나타나면서 프로그램의 출력을 표시합니다.

```
Hello Python world!
```

이외에도 어떤 파이썬 인터프리터를 사용했는지 나타내는 정보가 추가로 표시될 수 있습니다. 결과를 단순화해서 프로그램의 출력만 표시되게 하는 방법은 부록 B '텍스트 에디터와 IDE'에 있습니다. 또한, 부록 B에는 비주얼 스튜디오 코드를 더 효율적으로 사용하는 방법도 있습니다.

만약 프로그램의 출력이 표시되지 않는다면 문제가 있는 겁니다. 모든 글자를 확인하세요. 실수로 print를 대문자로 입력하지 않았나요? 따옴표나 괄호 중 잊어버린 건 없습니까? 프로그래밍 언어는 아주 구체적인 문법을 요구하며, 이를 따르지 않으면 에러가 납니다. 프로그램이 계속 실행되지 않는다면 다음 절을 읽어 보세요.

1.4 문제 해결

hello_world.py가 제대로 실행되지 않는다면 다음 제안을 참고하세요. 이 제안은 모든 프로그래밍 문제에 대한 일반적인 해결책이기도 합니다.

- 프로그램에 심각한 에러가 있다면 에러 보고서인 트레이스백^{traceback}이 표시됩니다. 파이썬은 파일을 살펴보고 어디에 문제가 있는지 찾습니다. 트레이스백을 살펴보면 프로그램 실행을 방해하는 문제의 원인을 찾을 수 있습니다.
- 컴퓨터에서 잠시 떨어져 쉬었다가 다시 시도하세요. 프로그래밍에서는 문법이 아주 중요하므로, 따옴표나 괄호의 짝이 맞지 않는 것 같은 사소한 실수로도 프로그램은 정상적으로 실행되지 않습니다. 이 장의 관련 내용을 다시 읽고, 코드를 살펴보면서 실수를 찾으세요.
- 다시 시작해 보세요. 소프트웨어 자체를 다시 설치할 필요는 없습니다. hello_world.py 파일을 제거하고 처음부터 다시 만들어 보세요.
- 다른 사람에게 이 장의 내용을 따라하도록 부탁한 뒤 그가 어떻게 하는지 주의 깊게 지켜보세요. 여러분이 놓친 아주 작은 부분을 발견할 수도 있습니다.
- 부록 A '설치와 문제 해결'를 참고하세요. 부록에 포함된 세부 사항이 도움이 될 수 있습니다.
- 파이썬을 아는 사람을 찾아 설치를 도와달라고 부탁하세요. 주변에 여러분이 몰랐던 파이썬 사용자가

있을 수도 있습니다.

- 이 장의 설명을 책의 웹사이트 *https://ehmatthes.github.io/pcc_3e*에서도 볼 수 있습니다. 온라인 버전에서는 코드를 복사해 붙여넣을 수도 있고 자료 링크도 있으므로 실수할 가능성을 낮출 수 있습니다.
- 온라인으로 도움을 요청하세요. 부록 C '도움 얻기'에 있는 포럼이나 커뮤니티 사이트에서 여러분이 겪고 있는 문제를 이미 해결한 사람에게 질문할 수 있습니다.

경험 많은 프로그래머를 번거롭게 만든다고 걱정할 필요 없습니다. 프로그래머는 누구나 해결하기 힘든 벽에 막힌 경험이 있습니다. 같은 이유로 고생하는 여러분을 기꺼이 도와줄 겁니다. 뭘 하려 했고, 뭘 시도했고, 어떤 결과가 나왔는지 명확하게 설명할 수만 있다면 분명 누군가가 여러분을 도울 겁니다. 앞에서 언급했듯 파이썬 커뮤니티는 초보자에게 아주 친절합니다.

파이썬은 모든 컴퓨터에서 잘 실행됩니다. 설치나 초기 설정 같은 문제가 당황스러울 수 있지만 충분히 해결할 수 있습니다. 일단 hello_world.py의 실행에 성공하고 나면 계속해서 파이썬을 배울 수 있고, 프로그래밍이 점점 흥미롭고 만족스러워질 겁니다.

1.5 터미널에서 파이썬 프로그램 실행하기

대부분의 프로그램을 텍스트 에디터에서 직접 실행할 수 있습니다. 하지만 기존 프로그램을 수정하지 않고 실행만 하려 할 때처럼 터미널에서 프로그램을 실행하는 게 더 편리할 때도 있습니다.

프로그램 파일이 저장된 폴더에 접근하는 방법만 알면, 파이썬이 설치된 모든 컴퓨터에서 터미널에서 파이썬 프로그램을 실행할 수 있습니다. 다음 설명은 hello_world.py 파일을 바탕화면의 python_work 폴더에 저장했다고 가정합니다.

1.5.1 윈도우에서 실행하기

터미널 명령어 cd는 **change directory**의 약어이며 터미널에서 파일시스템을 이동할 때 사용합니다. 명령어 dir은 **directory**의 약자이며 현재 폴더의 파일을 모두 보여 줍니다.

새 터미널을 열고 다음 명령어를 입력해 hello_world.py를 실행합니다.

```
C:\> cd Desktop\python_work
C:\Desktop\python_work> dir
hello_world.py
C:\Desktop\python_work> python hello_world.py
Hello Python world!
```

예제는 먼저 cd 명령으로 바탕화면에 있는 python_work 폴더로 이동합니다. 그리고 dir 명령어를 써서 이 폴더에 hello_world.py가 있는지 확인합니다. 그런 다음 python hello_world.py 명령으로 파일을 실행합니다.

대부분의 프로그램은 에디터에서 직접 실행해도 잘 실행됩니다. 하지만 프로그램이 복잡해지면 터미널에서 실행하는 게 더 좋을 때도 있습니다.

1.5.2 macOS와 리눅스에서 실행하기

리눅스와 macOS도 거의 비슷합니다. 터미널에서 파일시스템을 이동할 때는 cd 명령어를 사용합니다. 현재 폴더의 파일을 보여 주는 명령어 ls는 **list segment**의 약어입니다.

새 터미널을 열고 다음 명령어를 입력해 hello_world.py를 실행합니다.

```
~$ cd Desktop/python_work/
~/Desktop/python_work$ ls
hello_world.py
~/Desktop/python_work$ python3 hello_world.py
Hello Python world!
```

예제는 먼저 cd 명령어로 바탕화면에 있는 python_work 폴더로 이동합니다. 그런 다음 ls 명령어를 써서 이 폴더에 hello_world.py가 있는지 확인합니다. 마지막으로 python3 hello_world.py 명령으로 파일을 실행합니다.

대부분의 프로그램은 에디터에서 직접 실행해도 잘 실행됩니다. 하지만 프로그램이 복잡해지면 터미널에서 실행하는 게 더 좋을 때도 있습니다.

이 장의 연습문제는 문제라고 할 수 없습니다. 2장부터는 책에서 배운 내용을 이용해 풀어야 하는 문제가 제공됩니다.

1-1 python.org
파이썬 홈페이지(*https://python.org*)에서 흥미로운 주제를 찾아 보세요. 파이썬에 익숙해지면 점점 더 다양한 내용에 흥미가 생길 겁니다.

1-2 Hello World 오타
방금 만든 hello_world.py 파일을 열어 보세요. 에러가 생기도록 아무 곳에나 오타를 만들고 프로그램을 다시 실행하세요. 에러 메시지는 무슨 뜻일까요? 이번엔 오타가 있어도 에러가 일어나지 않게 해 보세요. 왜 이번에는 에러가 일어나지 않았을까요?

1-3 더 나아가기
프로그래밍 전문가가 된다면 어떤 프로그램을 만들지 생각해 보세요. 여러분은 이제 프로그램을 배우기 시작했습니다. 목표가 뚜렷하다면 새로 배운 내용을 바로 시험해 볼 수 있습니다. 그러니 지금부터 어떤 프로그램을 만들어 보고 싶은지 미리 생각해 보면 큰 도움이 됩니다. 항상 아이디어를 노트에 기록했다가 새로운 프로젝트를 시작할 때 참고하는 것은 매우 좋은 습관입니다. 만들어 보고 싶은 프로그램을 세 가지 정도 떠올려 보세요.

1.6 요약 정리

이 장에서는 파이썬에 대해 알아보았고, 컴퓨터에 파이썬이 설치되지 않았을 때 설치하는 방법을 배웠습니다. 또한 파이썬 코드를 더 쉽게 작성할 수 있는 텍스트 에디터도 설치했습니다. 그리고 터미널에서 파이썬 코드를 실행해 봤으며, 첫 번째 프로그램인 hello_world.py를 만들어 보면서 문제 해결에 대해서도 조금 배웠습니다.

다음 장에서는 파이썬 프로그램에서 사용할 수 있는 데이터에 대해 배우고, 변수에 대해서도 알아봅니다.

변수와 단순한 데이터 타입

이 장에서는 파이썬 프로그램에 사용할 수 있는 데이터에 대해 배우고 프로그램에서 변수를 사용하는 방법도 배웁니다.

2.1 hello_world.py를 실행할 때 일어나는 일

hello_world.py를 실행할 때 파이썬이 정확히 어떤 일을 하는지 알아봅시다. 파이썬은 아주 단순한 프로그램을 실행할 때도 여러 가지 일을 수행합니다.

hello_world.py

```
print("Hello Python world!")
```

코드를 실행하면 다음과 같은 결과가 표시됩니다.

```
Hello Python world!
```

hello_world.py 파일의 마지막에 있는 .py는 이 파일이 파이썬 프로그램이라는 뜻입니다. 그러면 에디터는 **파이썬 인터프리터**를 실행하면서 파이썬 인터프리터가 프로그램을 읽고 프로그램의 각 단어가 어떤 의미인지 파악합니다. 예를 들어 인터프리터는 print 뒤에 붙은 괄호를 보면 괄호 안의 내용을 화면에 출력합니다.

에디터는 여러분이 프로그램을 작성하는 동안 프로그램의 여러 부분을 다양한 방식으로 구분합니다. 예를 들어 print()가 함수 이름임을 인식하고 이 단어를 눈에 띄는 색깔로 표시합니다. 에디터는 "Hello Python world!"가 파이썬 코드가 아니라는 사실을 인식하고, 이 구절을 함수와 다른 색깔로 표시합니다. 이런 기능을 **문법 강조**syntax highlighting라 부르며, 직접 프로그램을 작성할 때 아주 유용한 기능입니다.

2.2 변수

hello_world.py에서 변수를 사용해 봅시다. 파일을 다음과 같이 수정합니다.

hello_world.py

```
message = "Hello Python world!"
print(message)
```

프로그램을 실행하고 결과를 확인하세요. 이전과 같은 결과가 표시될 겁니다.

```
Hello Python world!
```

코드에 message라는 **변수**variable를 추가했습니다. 변수는 **값**value과 연결됩니다. 여기서 값은 "Hello Python world!"라는 텍스트입니다.

변수를 사용하면 파이썬 인터프리터가 하는 일이 조금 늘어납니다. 인터프리터는 첫 행을 실행하면서 message 변수와 "Hello Python world!" 텍스트를 연결합니다. 두 번째 행에서는 message와 연결된 값을 화면에 출력합니다.

이번에는 hello_world.py가 두 번째 메시지를 출력하도록 프로그램을 수정해 봅시다. hello_world.py를 다음과 같이 수정하세요.

```
message = "Hello Python world!"
print(message)

message = "Hello Python Crash Course world!"
print(message)
```

이제 hello_world.py를 실행하면 다음과 같이 결과가 두 개 표시됩니다.

```
Hello Python world!
Hello Python Crash Course world!
```

변수의 값은 언제든 바꿀 수 있습니다. 파이썬은 항상 변수의 현재 값을 추적합니다.

2.2.1 변수 이름 짓기 및 사용하기

파이썬에서 변수를 사용할 때는 지켜야 할 몇 가지 규칙과 가이드가 있습니다. 가이드를 따르면 코드를 읽고 이해하기 쉬워지고 규칙을 어기면 에러가 일어날 수 있으므로 두 가지 모두 항상 염두에 두는 것이 좋습니다. 다음은 변수를 사용할 때 지켜야 할 규칙입니다.

- 변수 이름에는 문자, 숫자, 밑줄만 사용할 수 있습니다. 변수 이름 맨 앞에는 문자나 밑줄만 쓸 수 있고 숫자는 쓸 수 없습니다. 예를 들어 message_1은 가능하지만 1_message는 불가능합니다.
- 변수 이름에는 공백을 쓸 수 없습니다. 공백이 필요하다면 밑줄을 대신 사용하세요. 예를 들어 greeting_message는 올바른 변수 이름이지만 greeting message는 에러를 일으킵니다.
- 파이썬 키워드와 내장 함수 이름을 변수 이름으로 사용하지 마세요. 예를 들어 print처럼 파이썬이 이미 예약한 단어는 변수 이름으로 쓸 수 없습니다(A.5 '파이썬 키워드와 내장 함수'를 참고하세요).
- 변수 이름은 짧으면서도 의미가 분명해야 합니다. 예를 들어 n 보다는 name이, s_n 보다는 student_name이, length_of_persons_name 보다는 name_length가 더 좋습니다.
- 소문자 l은 숫자 1, 대문자 O는 숫자 0과 혼동하기 쉬우므로 주의하세요.

변수 이름을 잘 만들기 위해서는 경험이 필요합니다. 프로그램이 복잡해질수록 변수 이름의 중요성이 더 커집니다. 프로그램을 많이 만들어 보고 다른 사람의 코드를 읽다 보면 간결하고 의미가 분명한 이름을 만들기 쉬워질 겁니다.

> **NOTE** 이 시점에서는 변수에 소문자만 사용해야 합니다. 대문자를 써도 에러가 일어나지는 않지만, 변수 이름에 있는 대문자에는 특별한 의미가 있으며 이에 대해서는 나중에 설명하겠습니다.

2.2.2 변수를 사용할 때 이름 에러 피하기

프로그래머는 모두 실수합니다. 심지어 대부분은 매일 실수합니다. 하지만 훌륭한 프로그래머는 실수를 하더라도 효율적으로 대응합니다. 초보자일 때 일으키기 쉬운 에러를 살펴보고, 이를 어떻게 해결하는지 알아봅시다.

의도적으로 에러를 일으키는 코드를 작성할 겁니다. 다음 예제를 보세요. mesage는 의도적으로 낸 오타입니다.

```
message = "Hello Python Crash Course reader!"
print(mesage)
```

프로그램에서 에러가 일어나면 파이썬 인터프리터는 여러분이 문제를 쉽게 파악할 수 있도록 최선을 다해 돕습니다. 프로그램이 성공적으로 실행되지 않을 때는 트레이스백을 표시합니다. **트레이스백**은 인터프리터가 코드를 실행하다가 어디서 문제가 생겼는지 기록한 보고서입니다. 실수로 변수 이름을 잘못 입력하면 파이썬은 다음과 같은 트레이스백을 표시합니다.

```
Traceback (most recent call last):
  File "hello_world.py", line 2, in <module>      # ❶
    print(mesage)                                 # ❷
          ^^^^^^
NameError: name 'mesage' is not defined. Did you mean: 'message'?  # ❸
```

❶은 hello_world.py 파일의 2행에서 에러가 일어났다는 뜻입니다. ❷는 에러를 일으킨 2행의 내용이며, ❸은 인터프리터가 찾아낸 에러에 대한 설명입니다. 여기서는 출력하려 한 변수 mesage가 정의되지 않은 이름 에러[name error]를 발견했습니다. 파이썬은 mesage라는 변수 이름을 찾지 못한 겁니다. 이름 에러는 보통 변수를 사용하기 전에 값을 설정하지 않았거나, 변수 이름에 실수가 있을 때 일어납니다. 파이썬은 이해하지 못한 변수 이름과 비슷한 이름을 찾으면 ❸과 같이 제안하기도 합니다.

이 예제에서는 두 번째 행의 변수 이름 message에서 s를 고의로 누락했습니다. 파이썬 인터프리터는 코드의 문법이나 철자를 검사하지는 않지만, 변수 이름을 일관성 있게 사용했는지 확인합니다. 예를 들어 1행에서도 message에 오타가 있는 다음 예제를 보세요.

```
mesage = "Hello Python Crash Course reader!"
print(mesage)
```

이 예제는 성공적으로 실행됩니다.

```
Hello Python Crash Course reader!
```

변수 이름이 일치하므로 파이썬은 이를 문제라고 생각하지 않습니다. 프로그래밍 언어는 엄격하지만 철자는 신경쓰지 않습니다. 즉, 변수 이름을 만들 때 '영어'의 문법은 생각하지 않아도 됩니다.

프로그래밍 에러 중 상당수는 문자 한 글자 정도의 오타입니다. 고작 이런 오타 때문에 자신이 고생하고 있다고 부끄러워하지 마세요. 경험 많고 재능 있는 프로그래머조차 이런 사소한 에러 때문에 몇 시간을 허비하기도 합니다. 프로그래밍하는 동안 계속 일어날 일입니다. 피식 웃고 넘어가는 게 좋습니다.

2.2.3 변수는 일종의 이름표입니다

변수를 설명할 때 값을 저장하는 박스라고 비유할 때가 많습니다. 이런 비유는 변수를 처음 사용할 때는 도움이 되지만, 파이썬이 내부적으로 변수를 어떻게 사용하는지를 정확히 설명하지는 못합니다. 변수는 값에 할당할 수 있는 이름표라고 생각하는 게 더 좋습니다. 변수가 값을 참조한다고 표현해도 됩니다.

초보자 시절에는 이런 구분이 별로 중요하지 않을 수도 있지만, 그래도 미리 알아두는 게 좋습니다. 언젠가 여러분은 변수가 예상하지 못한 방식으로 동작하는 걸 목격하게 될 텐데. 변수가 동작하는 방식을 정확히 이해하고 있다면 왜 문제가 생겼는지 파악하는 데 도움이 됩니다.

> **NOTE** 새로운 프로그래밍 개념을 이해하는 가장 좋은 방법은 그 개념을 프로그램에서 직접 사용해 보는 것입니다. 책의 연습문제를 풀다가 막히면 잠시 휴식을 취해 보세요. 휴식을 취한 뒤에도 여전히 막힌다면 해당 장의 관련 내용을 한 번 더 읽어 보세요. 그래도 이해가 안 된다면 부록 C '도움 얻기'를 참고하세요.

다음 연습문제는 별도의 프로그램으로 작성하세요. 프로그램을 저장할 때는 simple_message.py, simple_messages.py처럼 소문자와 밑줄만 사용하는 파이썬의 파일 이름 가이드를 지키세요.

2-1 단순한 메시지
변수에 메시지를 할당한 다음 출력하세요.

2-2 단순한 메시지들
변수에 메시지를 할당하고 출력하세요. 그런 다음 변수의 값을 바꾸고 새 메시지를 출력하세요.

2.3 문자열

프로그램은 모두 데이터를 사용합니다. 따라서 데이터 타입을 분류하는 게 좋습니다. 우리가 살펴볼 첫 번째 데이터 타입은 문자열입니다. 문자열은 언뜻 보기엔 아주 단순하지만, 다양한 분야에서 활용할 수 있습니다.

문자열string은 연속적인 문자입니다. 파이썬에서 따옴표로 둘러싼 건 모두 문자열입니다. 문자열을 만들 때는 다음과 같이 큰따옴표 또는 작은따옴표를 쓸 수 있습니다.

```
"This is a string."
'This is also a string.'
```

따라서 다음과 같이 문자열 안에 따옴표나 아포스트로피를 쓸 수 있습니다.

```
'I told my friend, "Python is my favorite language!"'
"The language 'Python' is named after Monty Python, not the snake."
"One of Python's strengths is its diverse and supportive community."
```

문자열을 사용하는 몇 가지 방법에 대해 알아봅시다.

2.3.1 메서드를 이용해 대소문자 변경하기

문자열로 할 수 있는 가장 단순한 작업은 대소문자를 바꾸는 겁니다. 다음 코드를 보고 결과를 예상해 보세요.

name.py

```
name = "ada lovelace"
print(name.title())
```

이 파일을 name.py로 저장하고 실행하세요. 다음과 같은 결과가 보일 겁니다.

```
Ada Lovelace
```

이 예제의 변수 name은 소문자 "ada lovelace"를 가리킵니다. print()를 호출하면서 변수 뒤에 title() 메서드를 붙였습니다. **메서드**method는 파이썬이 데이터에서 수행할 수 있는 동작이라고 생각하면 됩니다. name.title()에서 name 뒤에 있는 점(.)은 name 변수에서 title() 메서드를 실행하라는 뜻입니다. 대부분의 메서드는 동작을 위해 추가 정보가 필요하므로 메서드 뒤에는 항상 괄호를 씁니다. 메서드에 필요한 추가 정보를 괄호 안에 씁니다. title() 메서드는 추가 정보가 필요하지 않으므로 빈 괄호를 썼습니다.

title() 메서드는 문자열의 각 단어 첫 글자를 대문자로 바꿉니다. 이름은 대개 일종의 정보로 생각하므로 이런 데이터를 다룰 때 이 메서드는 상당히 유용합니다. 예를 들어 프로그램이 Ada, ADA, ada를 모두 Ada로 인식하게 할 수 있습니다.

대소문자를 변경하는 메서드는 이 외에도 더 있습니다. 예를 들어 다음과 같이 문자열 전체를 대문자나 소문자로 바꿀 수 있습니다.

```
name = "Ada Lovelace"
print(name.upper())
print(name.lower())
```

결과는 다음과 같습니다.

```
ADA LOVELACE
ada lovelace
```

lower() 메서드는 데이터를 저장할 때 특히 유용합니다. 사용자들은 정보를 입력할 때 대소문자를 틀리는 경우가 많으므로, 사용자가 입력한 문자열을 전부 소문자로 변환해서 저장한 다음, 그 정보를 표시할 때 각 문자열에 알맞는 방법으로 대소문자를 바꿔서 표시하면 됩니다.

2.3.2 문자열 안에서 변수 사용하기

문자열 안에서 변수를 사용해야 할 때도 있습니다. 예를 들어 두 개의 변수에 각각 이름과 성을 저장한 다음, 이들을 조합해 전체 이름을 만들 수 있습니다.

full_name.py

```
first_name = "ada"
last_name = "lovelace"
full_name = f"{first_name} {last_name}"       # ❶
print(full_name)
```

문자열 안에 변수를 사용할 때는 ❶과 같이 여는 따옴표 바로 앞에 f를 씁니다. 그리고 문자열 안에 사용하려는 변수 이름을 중괄호로 묶습니다. 그러면 문자열이 표시될 때 파이썬이 각 변수를 값으로 표시합니다.

이런 문자열을 **f–문자열**^{f-strings}이라고 합니다. f–문자열의 f는 **format**을 뜻합니다. 예제의 결과는 다음과 같습니다.

```
ada lovelace
```

f–문자열로 할 수 있는 일은 아주 다양합니다. 다음과 같이 f–문자열과 변수를 함께 사용해서 완전한 메시지를 만들 수 있습니다.

```
first_name = "ada"
last_name = "lovelace"
full_name = f"{first_name} {last_name}"
print(f"Hello, {full_name.title()}!")         # ❶
```

사용자를 환영하는 문장에 전체 이름을 썼고, 여기에 title() 메서드를 적용해 대소문자를 알맞게 바꿨습니다(❶). 코드는 단순하지만 다음과 같이 멋진 인사말을 반환합니다.

```
Hello, Ada Lovelace!
```

f—문자열을 사용해 조합한 메시지도 변수에 할당할 수 있습니다.

```
first_name = "ada"
last_name = "lovelace"
full_name = f"{first_name} {last_name}"
message = f"Hello, {full_name.title()}!"    # ❶
print(message)                              # ❷
```

이 코드도 마찬가지로 "Hello, Ada Lovelace!" 메시지를 표시하지만, ❶에서 변수에 메시지를 할당했으므로 실제로 결과를 출력하는 print() (❷)가 훨씬 단순해졌습니다.

2.3.3 탭이나 줄바꿈으로 문자열에 공백 추가하기

프로그래밍에서 **공백**whitespace은 탭, 줄바꿈 문자처럼 눈에 보이지 않는 문자를 말합니다. 공백을 적절히 사용하면 사용자가 결과를 더 쉽게 이해할 수 있습니다.

탭을 추가할 때는 \t 문자를 사용합니다.

```
>>> print("Python")
Python
>>> print("\tPython")
    Python
```

줄바꿈을 추가할 때는 \n을 사용합니다.

```
>>> print("Languages:\nPython\nC\nJavaScript")
Languages:
Python
C
JavaScript
```

문자열 하나 안에 탭과 줄바꿈을 모두 쓸 수도 있습니다. "\n\t"는 먼저 줄을 바꿔 다음 행으로 이동해서 탭을 입력하라는 뜻입니다. 다음 예제는 문자열 하나를 4행으로 바꾸고 보기 좋게 만듭니다.

```
>>> print("Languages:\n\tPython\n\tC\n\tJavaScript")
Languages:
    Python
    C
    JavaScript
```

3장과 4장에서 간단한 코드로 몇 행의 결과를 만들어내는 연습을 할 때 탭과 줄바꿈이 아주 유용합니다.

2.3.4 공백 없애기

여분의 공백은 프로그램을 혼란스럽게 만들 수 있습니다. 프로그래머에게 'python'과 'python '은 상당히 비슷해 보입니다. 하지만 프로그램은 이들을 전혀 다른 문자열로 인식합니다. 파이썬은 'python '에 포함된 공백을 다른 글자와 똑같이 취급하기 때문입니다.

문자열 두 개를 비교해 같은 문자열인지 판단해야 할 때가 많으므로 공백에 대해 항상 염두에 둬야 합니다. 예를 들어 웹사이트에 로그인하는 사람의 사용자 이름을 체크할 때 여분의 공백은 단순한 상황도 훨씬 혼란스럽게 만들 수 있습니다. 다행히 파이썬에는 문자열에서 공백을 쉽게 제거하는 메서드가 있습니다.

파이썬은 문자열의 왼쪽과 오른쪽에서 여분의 공백을 찾을 수 있습니다. 문자열 오른쪽에 있는 공백을 제거할 때는 rstrip() 메서드를 사용합니다.

```
>>> favorite_language = 'python '      # ❶
>>> favorite_language                  # ❷
'python '
>>> favorite_language.rstrip()         # ❸
'python'
>>> favorite_language                  # ❹
'python '
```

❶에는 favorite_language에 연결된 문자열 값 마지막에 여분의 공백이 있습니다. 값을 확인하면 ❷ 값 마지막에 공백이 있는 걸 볼 수 있습니다. ❸에서 favorite_language 변수에 rstrip() 메서드를 실행하면 여분의 공백이 제거됩니다. 하지만 이는 임시로 제거됐을 뿐입니다. ❹에서 favorite_language의 값을 다시 확인하자 여분의 공백이 포함된 문자열이 표

시뤘습니다.

문자열에서 공백을 완전히 제거하려면 공백이 제거된 값을 다시 변수 이름에 할당해야 합니다.

```
>>> favorite_language = 'python '
>>> favorite_language = favorite_language.rstrip()    # ❶
>>> favorite_language
'python'
```

❶에서는 오른쪽 공백을 제거한 문자열을 변수에 다시 할당했습니다. 프로그래밍하다 보면 변수의 값을 바꿀 때가 많습니다. 프로그램을 실행하면서 값이 바뀌거나 사용자의 입력을 받아 변수 값을 업데이트할 때 이런 식으로 할당합니다.

lstrip() 메서드는 문자열의 왼쪽에서 공백을 제거하고, strip()은 한 번에 양쪽 공백을 모두 제거합니다.

```
>>> favorite_language = ' python '    # ❶
>>> favorite_language.rstrip()        # ❷
' python'
>>> favorite_language.lstrip()        # ❸
'python '
>>> favorite_language.strip()         # ❹
'python'
```

❶은 양쪽에 공백이 있는 문자열입니다. ❷에서는 오른쪽, ❸에서는 왼쪽, ❹에서는 양쪽의 공백을 제거했습니다. 공백을 제거하는 메서드를 연습하다 보면 문자열 조작에 익숙해질 겁니다. 실무에서 공백 제거 기능은 사용자의 입력을 저장하기 전에 가장 많이 사용합니다.

2.3.5 접두사 없애기

문자열을 사용하다 보면 접두사를 제거해야 할 때도 종종 있습니다. URL은 보통 https://로 시작합니다. 이런 접두사를 제거하면 사용자가 주소 표시줄에 실제로 입력하는 부분에만 집중할 수 있습니다. 다음 예제를 보세요.

```
>>> nostarch_url = 'https://nostarch.com'
>>> nostarch_url.removeprefix('https://')
'nostarch.com'
```

변수 이름 뒤에 점을 붙이고 removeprefix() 메서드[1]를 연결합니다. 괄호 안에는 원래 문자열에서 제거하고 싶은 접두사를 입력합니다.

공백을 제거하는 메서드와 마찬가지로, removeprefix()는 원래 문자열을 변경하지 않습니다. 접두사가 제거된 값을 원래 변수에 다시 할당하거나 새 변수에 할당합니다.

```
>>> simple_url = nostarch_url.removeprefix('https://')
```

평상시에 보는 브라우저 주소 표시줄에 표시되는 URL에 https:// 같은 부분이 없다면 해당 브라우저는 내부적으로 removeprefix()와 비슷한 방법을 사용하고 있을 겁니다.

2.3.6 문자열의 문법 에러 피하기

문법 에러는 자주 일어나는 에러 중 하나입니다. **문법 에러**syntax error는 파이썬이 프로그램 일부분을 유효한 파이썬 코드가 아니라고 판단할 때 일어납니다. 예를 들어 작은따옴표로 둘러싼 문자열 안에 아포스트로피를 쓰면 에러가 일어납니다. 이는 파이썬이 첫 번째 작은따옴표 다음에 있는 아포스트로피를 작은따옴표로 해석하고, 그 위치에서 문자열이 끝난다고 판단하기 때문입니다. 따라서 나머지 텍스트를 파이썬 코드로 해석하려 시도하는데, 이는 올바른 파이썬 코드가 아니므로 에러가 일어납니다.

따옴표를 정확히 사용하는 방법은 다음과 같습니다. 다음 코드를 apostrophe.py로 저장하고 실행하세요.

apostrophe.py

```
message = "One of Python's strengths is its diverse community."
print(message)
```

이 문자열은 큰따옴표로 감쌌으므로 파이썬 인터프리터는 아포스트로피에서 문자열을 종료하지 않고 정확히 해석합니다.

```
One of Python's strengths is its diverse community.
```

----
1   옮긴이_ 파이썬 3.9 버전 이상에서만 제공되는 메서드입니다.

하지만 작은따옴표를 사용하면 파이썬은 작은따옴표와 아포스트로피를 혼동하므로 문자열이 어디서 끝나는지 정확히 판단하지 못합니다.

```
message = 'One of Python's strengths is its diverse community.'
print(message)
```

코드의 결과는 다음과 같습니다.

```
File "apostrophe.py", line 1
    message = 'One of Python's strengths is its diverse community.'
                         ^ # ❶
SyntaxError: unterminated string literal (detected at line 1)
```

❶을 보면 마지막 작은따옴표 바로 뒤에서 에러가 일어났다고 알려줍니다. 이 에러는 인터프리터가 코드 일부를 유효한 파이썬 코드가 아니라고 판단했으며, 따옴표를 정확히 사용하지 않은 게 문제의 원인일 수 있다고 판단한다는 뜻입니다. 에러의 원인은 다양합니다. 책을 진행하면서 자주 일어나는 에러를 하나씩 알아볼 겁니다. 문법을 배우는 과정에는 문법 에러를 자주 볼 수 있습니다. 또한 문법 에러는 가장 포괄적인 에러 타입이므로 정확히 찾아서 수정하기 어려운 편입니다. 해결하기 어려운 에러가 일어나면 부록 C '도움 얻기'를 참고하세요.

> **NOTE** 에디터의 문법 강조 기능에 익숙해지면 프로그램을 작성하면서 몇 가지 문법 에러를 빠르게 확인할 수 있습니다. 파이썬 코드가 텍스트처럼 표시되거나, 텍스트를 입력하고 있는데 파이썬 코드처럼 강조 표시된다면 파일 어딘가에서 따옴표의 짝이 맞지 않았을 가능성이 있습니다.

연습문제

다음 각 연습문제를 name_cases.py 같은 파일로 구분해 저장하세요. 문제를 풀다가 막히면 잠시 쉬거나 부록 C '도움 얻기'를 참고하세요.

2-3 개별 메시지
변수에 사람 이름을 저장하고 그 사람에게 보내는 메시지를 출력하세요. 메시지는 "안녕하세요. 에릭, 오늘 파이썬 배워 보는 게 어떨까요?" 같은 단순한 형태로 만드세요.

2-4 이름의 대소문자
변수에 사람 이름을 저장한 다음 그 이름을 대문자, 소문자, 첫 글자만 대문자로 출력하세요.

2-5 명언

존경하는 위인이 남긴 명언을 찾아 보세요. 위인의 이름과 명언을 출력하세요. 결과는 다음과 같은 형태여야 하며 따옴표도 포함되어야 합니다.

알베르트 아인슈타인, "한 번도 실수한 적이 없는 사람은 한 번도 새로운 것에 도전해 본 적이 없는 사람이다.

2-6 명언 2

[연습문제 2-5]를 반복하되, 이번에는 위인의 이름을 famous_person 변수에 저장하세요. 그리고 메시지를 새 변수 message에 저장하고 메시지를 출력하세요.

2-7 이름에서 공백 제거

변수에 사람 이름을 저장하되 이름 앞뒤에 공백을 몇 글자 넣으세요. "\t"와 "\n"을 최소 한 번 이상은 사용해야 합니다.

추가로 이름 주위에 공백이 표시되도록 출력하세요. 그리고 lstrip(), rstrip(), strip()을 각각 사용해 이름을 출력하세요.

2-8 파일 확장자

파이썬에는 removeprefix()와 똑같이 동작하는 removesuffix() 메서드가 있습니다. filename 변수에 'python_notes.txt'를 할당하세요. 그리고 removesuffix() 메서드를 사용해 파일 확장자 없이 파일 이름을 출력하세요.

2.4 숫자

숫자는 게임 점수를 저장하고, 시각화에서 데이터를 표현하고, 웹 애플리케이션에서 정보를 저장하는 등 프로그래밍에서 아주 자주 사용됩니다. 파이썬은 숫자를 사용 방법에 따라 다양한 방식으로 다룹니다. 먼저 가장 단순한 정수부터 알아봅시다.

2.4.1 정수

파이썬에서 정수를 더하고(+), 빼고(-), 곱하고(*), 나눌(/) 수 있습니다.

```
>>> 2 + 3
5
>>> 3 - 2
1
>>> 2 * 3
6
>>> 3 / 2
1.5
```

터미널에서는 계산 결과가 바로 표시됩니다. 제곱 계산은 다음과 같이 곱셈 기호 두 개를 사용합니다.

```
>>> 3 ** 2
9
>>> 3 ** 3
27
>>> 10 ** 6
1000000
```

파이썬은 계산 순서도 지원하므로 표현식 하나에서 여러 가지 계산을 수행할 수 있습니다. 또한 괄호를 사용해 표현식의 계산 순서를 직접 지정할 수 있습니다. 다음 예제를 보세요.

```
>>> 2 + 3*4
14
>>> (2 + 3) * 4
20
```

이 예제의 공백은 결과에 아무 영향도 없지만, 계산 순서를 한눈에 파악하는 데 도움이 됩니다.

2.4.2 부동 소수점 숫자

파이썬은 소수점이 있는 숫자를 모두 부동 소수점floating point 숫자로 취급합니다. 대부분의 프로그래밍 언어에서 부동 소수점 숫자라는 용어를 사용합니다. 여기서 '부동'은 떠다닌다는 뜻으로, 소수점의 위치가 정해지지 않았다는 의미입니다. 모든 프로그래밍 언어는 소수점의 위치와 상관없이 숫자가 정상적으로 동작하도록 설계됩니다.

따라서 부동 소수점 숫자를 조작할 때 특별히 주의하지 않아도 원하는 숫자를 사용하기만 하면
파이썬은 여러분의 의도대로 동작합니다.

```
>>> 0.1 + 0.1
0.2
>>> 0.2 + 0.2
0.4
>>> 2 * 0.1
0.2
>>> 2 * 0.2
0.4
```

하지만 때때로 이상한 결과가 나올 때도 있습니다.

```
>>> 0.2 + 0.1
0.30000000000000004
>>> 3 * 0.1
0.30000000000000004
```

이런 현상은 모든 언어에서 발생하며 크게 신경 쓸 필요는 없습니다. 파이썬은 계산 결과를 가
능한 한 정확히 표현하려 하지만, 컴퓨터가 내부적으로 숫자를 다루는 방식 때문에 불가능한
경우도 있습니다. 지금은 이상한 결과를 무시하세요. 실습편에서 프로젝트를 진행할 때 부동
소수점 숫자를 정확히 처리하는 방법을 알 수 있습니다.

2.4.3 정수와 부동 소수점 숫자

나눗셈은 제수(분모)와 피제수(분자)가 모두 정수라 하더라도 결과는 항상 부동 소수점 숫자
입니다.

```
>>> 4/2
2.0
```

다른 계산에서는 정수와 부동 소수점 숫자를 섞을 때만 결과가 부동 소수점 숫자입니다.

```
>>> 1 + 2.0
3.0
```

```
>>> 2 * 3.0
6.0
>>> 3.0 ** 2
9.0
```

파이썬은 계산에 부동 소수점 숫자가 포함되면 설령 결과가 정수더라도 기본적으로 부동 소수점 숫자로 표현합니다.

2.4.4 숫자의 밑줄

아주 큰 숫자를 사용할 때는 밑줄을 써서 읽기 쉽게 만들 수 있습니다.

```
>>> universe_age = 14_000_000_000
```

숫자를 할당할 때 밑줄을 사용하더라도 출력할 때는 밑줄이 출력되지 않습니다.

```
>>> print(universe_age)
14000000000
```

파이썬은 이런 값을 저장할 때 밑줄을 제거하고 저장합니다. 꼭 천 단위로 밑줄을 써야 하는 것도 아닙니다. 파이썬의 입장에서는 1000이나 1_000이나 10_00이나 같은 숫자입니다. 이 기능은 정수와 부동 소수점 숫자 모두 사용할 수 있습니다.

2.4.5 다중 할당

코드 한 행에서 여러 변수에 값을 할당할 수 있습니다. 이렇게 하면 프로그램의 길이가 짧아지고 읽기도 쉬워집니다. 이 표기법은 주로 숫자 여러 개를 변수에 저장할 때 가장 자주 사용합니다.

예를 들어 다음 코드는 x, y, z를 모두 0으로 초기화합니다.

```
>>> x, y, z = 0, 0, 0
```

이런 문법을 쓸 때는 각 변수 이름을 콤마로 구분하고, 값 역시 콤마로 구분합니다. 그러면 파이썬이 문법을 인식하고 각 값을 변수에 정확히 할당합니다. 값의 개수와 변수의 개수가 일치하기만 하면 됩니다.

2.4.6 상수

상수^{constant}는 프로그램이 실행되는 동안 같은 값을 유지하는 변수입니다. 파이썬이 공식적으로 상수를 지원하지는 않지만, 파이썬 프로그래머들은 절대 변하지 않는 변수를 사용할 때 이름을 전부 대문자로 씁니다.

```
MAX_CONNECTIONS = 5000
```

변하지 않는 값을 저장할 때는 변수 이름을 모두 대문자로 작성하세요.

연습문제

2-9 숫자 8
덧셈, 뺄셈, 곱셈, 나눗셈의 결과가 모두 8이 되게 하세요. 계산을 print()로 감싸서 결과를 확인하세요. 다음과 같은 코드 네 줄로 이루어져야 합니다.

```
print(5+3)
```

2-10 좋아하는 숫자
좋아하는 숫자를 변수에 저장하세요. 그리고 그 변수를 사용해서 여러분이 어떤 숫자를 좋아하는지 나타내는 메시지를 만드세요. 그 메시지를 출력하세요.

2.5 주석

주석은 대부분의 프로그래밍 언어에서 가장 유용한 기능입니다. 지금까지는 프로그램에서 간단한 파이썬 코드만 사용했습니다. 하지만 프로그램이 더 길고 복잡해지면, 문제를 어떤 방식으로 해결하는지 요약하는 노트를 프로그램에 추가해야 합니다. **주석**^{comment}은 여러분이 일상에서 쓰는 언어를 프로그램에 남기는 방법입니다.

2.5.1 주석을 쓰는 방법

파이썬에서는 해시 기호(#)로 주석을 나타냅니다. 파이썬 인터프리터는 해시 기호 다음에 있는 내용은 모두 무시합니다. 예를 들어 다음 예제를 보세요.

comment.py

```
# Say hello to everyone.
print("Hello Python people!")
```

파이썬은 코드의 첫 번째 행을 무시하고 두 번째 행만 실행합니다.

```
Hello Python people!
```


2.5.2 주석에 써야 할 내용

주석을 쓰는 주된 이유는 코드가 어떤 일을 하는지, 어떻게 하는지 설명하는 겁니다. 프로젝트를 한창 진행하고 있을 때는 각 부분이 어떻게 서로 연결되는지 쉽게 알 수 있습니다. 하지만 시간이 지나서 프로젝트를 다시 살펴봐야 할 때는 상당 부분이 기억나지 않을 겁니다. 물론 시간을 투자해서 코드를 살펴본다면 다시 이해할 수 있겠지만, 주석을 잘 만들어 두면 그 시간을 절약할 수 있습니다.

전문 프로그래머가 되고 싶거나 다른 프로그래머와 협업하고 싶다면 의미가 분명한 주석을 남길 수 있어야 합니다. 최근에는 거의 모든 소프트웨어를 공동으로 만듭니다. 같은 회사에 다니는 직원들이 협력할 수도 있고, 오픈 소스 프로젝트에서 전혀 모르는 사람과 협업할 수도 있습니다. 협업에 익숙한 프로그래머는 주석이 없는 코드를 형편없다고 생각할 수도 있습니다. 그래서 초보자 시절부터 좋은 주석을 다는 습관을 만드는 게 좋습니다. 코드에 명확하고 간결한 주석을 작성하는 건 초보 프로그래머가 익힐 수 있는 가장 유익한 습관입니다.

문제가 생겼을 경우, 해결책을 결정하기 전에 여러 가지 접근법을 고려해 보세요. 그리고 결정한 해결책에 관한 주석을 남기세요. 간결한 주석을 추구했다가 나중에 다시 설명을 추가하는 것보다는, 처음에 조금 더 자세하게 작성했다가 나중에 불필요한 주석을 제거하는 편이 훨씬 쉽습니다. 지금부터는 코드를 이해하기 쉽도록 예제에 주석을 추가할 겁니다.

연습문제

2-11 주석 추가하기
여러분이 작성한 프로그램 중 두 개를 선택해 주석을 추가하세요. 이 시점에서는 프로그램이 너무 단순해 주석으로 쓸 내용이 없을 수도 있습니다. 그런 경우에는 프로그램 맨 위에 여러분의 이름과 현재 날짜를 쓰세요. 다음 행에는 프로그램이 하는 일을 한 문장으로 간추리세요.

2.6 파이썬의 선(禪)

경험 많은 파이썬 프로그래머는 가능한 한 복잡하지 않고 단순한 해결책을 목표로 합니다. 이런 파이썬 커뮤니티의 철학은 팀 피터^{Tim Peters}가 만든 「파이썬의 선^{The Zen of Python}」에 잘 나타나 있습니다. 인터프리터에서 import this를 입력하면 이 원칙을 읽어 볼 수 있습니다. 여기서 파이썬의 선 전체를 나열하지는 않겠지만, 초보 파이썬 프로그래머에게 중요한 몇 가지는 소개하겠습니다.

```
>>> import this
The Zen of Python, by Tim Peters
Beautiful is better than ugly.
```

파이썬 프로그래머는 코드 자체가 아름답고 우아할 수 있다고 생각합니다. 사람들은 문제를 해결하기 위해 프로그램을 작성합니다. 여기서 좋은 프로그래머는 항상 잘 설계되고 효율적이며 심지어 아름다운 해결책을 추구합니다. 파이썬에 대해 많이 배우고, 파이썬의 선을 항상 염두에 두면서 코드를 작성하면 언젠가 누군가가 여러분의 코드를 보고 정말 아름다운 코드라고 말할 때가 올 겁니다.

```
Simple is better than complex.
```

단순한 해결책과 복잡한 해결책이 있고, 둘 다 이상 없이 동작한다면 단순한 해결책을 선택하세요. 단순한 코드는 유지 관리가 쉽고, 나중에 더 쉽게 확장할 수 있습니다.

```
Complex is better than complicated.
```

실무는 복잡하며 단순한 해결책을 찾는 게 불가능할 때도 있습니다. 이럴 때는 가능한 해결책 중 가장 단순한 걸 택하세요.

```
Readability counts.
```

코드가 복잡하다면 우선 읽기라도 쉽게 만들어야 합니다. 복잡한 코드를 피할 수 없다면 주석을 달아서 이해하기 쉽게 만드세요.

```
There should be one-- and preferably only one --obvious way to do it.
```

파이썬 프로그래머가 두 명 있고 이들에게 같은 문제를 제시한다면 두 명이 선택하는 해결책은 비슷해야 합니다. 이것이 프로그래밍에 창의성의 여지가 없다는 말은 아닙니다. 오히려 그 반대입니다. 프로그래밍은 창의성을 요구하는 작업입니다. 하지만 프로그래밍은 보통 더 작고 일반적인 해결책들을 모아서 더 크고 창의적인 프로젝트로 쌓아 올리는 과정입니다. 프로그램을 구성하는 작은 부분들은 다른 파이썬 프로그래머가 쉽게 납득할 수 있어야 합니다.

```
Now is better than never.
```

파이썬을 완전히 마스터하고, 프로그래밍 전반을 깊게 공부한 다음 프로젝트에 도전하려 하지 마세요. 그것은 평생을 바쳐도 이룰 수 없는 일입니다. 완벽한 코드에 집착하지 마세요. 우선 어떻게든 문제를 해결하는 코드를 작성한 다음 코드를 개선하거나 새로운 프로젝트에 도전하세요.

다음 장으로 넘어가기 전에 단순함과 명쾌함이라는 철학이 몸에 배게 해야 합니다. 이렇게 하면 경험 많은 프로그래머가 여러분의 코드를 더 존중하고, 기꺼이 피드백을 제공하며 흥미로운 프로젝트에서 여러분과 협업하려 할 겁니다.

파이썬 터미널에 import this를 입력하고 이 장에서 소개하지 않은 원칙을 읽어 보세요.

2.7 요약 정리

이 장에서는 변수를 사용하는 방법을 알아보았습니다. 뜻이 분명한 변수 이름을 만들고, 이름 에러나 문법 에러가 일어날 때 해결하는 방법과 문자열이 무엇인지 배웠고 소문자와 대문자로 바꾸거나 첫 글자만 대문자로 바꾸는 방법을 배웠습니다. 그리고 공백을 사용 결과를 보기 쉽게 정리하는 방법을 알아보았고, 문자열에서 여분의 공백을 제거하는 방법도 알아보았죠. 정수와 부동 소수점 숫자를 사용해 봤고, 숫자 데이터를 사용하는 몇 가지 방법도 배웠습니다. 추가로 코드를 더 읽기 쉽도록 주석을 작성하는 방법도 살펴봤습니다. 마지막으로, 코드를 가능한 한 단순하게 만드는 철학에 대해서도 배웠습니다.

3장에서는 **리스트**라는 데이터 구조에 데이터를 저장하는 방법을 배웁니다. 리스트를 조작하는 방법, 리스트에 포함된 정보를 조작하는 방법도 함께 살펴보겠습니다.

CHAPTER 3

리스트 소개

이 장과 다음 장에서는 리스트가 무엇인지, 리스트 요소는 어떻게 조작하는지 배웁니다. 리스트는 정보를 개수 제한 없이 하나로 모을 수 있습니다. 리스트는 파이썬의 가장 강력한 기능이고 프로그래밍의 여러 가지 중요 개념들을 하나로 묶는 핵심 개념이며 초보 프로그래머도 쉽게 접근할 수 있을 만큼 쉽습니다.

3.1 리스트의 개념

리스트^{list}는 일종의 요소들을 순서에 따라 모은 컬렉션입니다. 알파벳 글자들, 0부터 9까지의 숫자, 가족의 이름 등 여러 가지를 리스트에 저장할 수 있습니다. 원하는 요소는 뭐든 리스트에 저장할 수 있고, 리스트의 요소 사이에 어떤 관계가 있을 필요도 없습니다. 리스트에는 보통 둘 이상의 요소가 포함되므로 리스트 이름은 letters, digits, names처럼 복수형으로 짓는 게 좋습니다.

파이썬 리스트는 대괄호([])로 표현하며, 각 요소는 콤마로 구분합니다. 다음 코드는 몇 가지 자전거 브랜드를 나열한 리스트입니다.

bicycles.py

```
bicycles = ['trek', 'cannondale', 'redline', 'specialized']
print(bicycles)
```

파이썬에서 리스트를 출력하면 다음과 같이 대괄호가 포함된 형태로 출력됩니다.

```
['trek', 'cannondale', 'redline', 'specialized']
```

사용자에게 이런 결과를 보여 줄 수는 없으므로 리스트의 개별 요소에 접근하는 방법을 알아봅시다.

3.1.1 리스트 요소에 접근하기

리스트는 순서가 있으므로 원하는 요소의 **인덱스**index, 즉 위치를 통해 접근할 수 있습니다. 리스트 요소에 접근할 때는 리스트 이름 뒤에 대괄호를 쓰고, 그 안에 인덱스를 씁니다.

예를 들어 bicycles 리스트의 첫 번째 요소에 접근하는 다음 예제를 보세요.

```
bicycles = ['trek', 'cannondale', 'redline', 'specialized']
print(bicycles[0])
```

이렇게 리스트 요소 하나에 접근할 때는 대괄호는 반환되지 않습니다.

```
trek
```

사용자에게는 이렇게 정돈된 결과를 보여 줘야 합니다.

이 리스트의 요소에는 2장에서 배운 문자열 메서드를 사용할 수 있습니다. 예를 들어 trek 요소에 title() 메서드를 적용해 더 보기 좋게 만들 수 있습니다.

```
bicycles = ['trek', 'cannondale', 'redline', 'specialized']
print(bicycles[0].title())
```

이 예제의 결과는 Trek의 첫 글자가 대문자라는 점을 제외하면 이전 예제와 일치합니다.

3.1.2 인덱스는 0에서 시작합니다

파이썬에서 리스트의 첫 번째 요소의 인덱스는 1이 아니라 0입니다. 이는 대부분의 프로그래밍 언어가 공유하는 상식이며, 0으로 시작하는 이유는 컴퓨터의 메모리 주소가 0부터 시작하므로, 수를 0부터 세기 때문입니다. 간단하지만 실수하기 쉬운 부분이니 꼭 기억하세요.

당연히 두 번째 요소의 인덱스는 1입니다. 즉, 원하는 위치에서 1을 뺀 결과가 인덱스입니다.

마찬가지로 리스트의 네 번째 요소에 접근할 때는 인덱스 3을 사용합니다.

다음 예제는 bicycles의 인덱스 1과 3에 접근합니다.

```
bicycles = ['trek', 'cannondale', 'redline', 'specialized']
print(bicycles[1])
print(bicycles[3])
```

따라서 다음과 같이 두 번째와 네 번째 자전거가 출력됩니다.

```
cannondale
specialized
```

파이썬에는 리스트의 마지막 요소에 쉽게 접근하는 특별한 문법이 있습니다. 인덱스 -1을 요청하면 파이썬은 항상 리스트의 마지막 요소를 반환합니다.

```
bicycles = ['trek', 'cannondale', 'redline', 'specialized']
print(bicycles[-1])
```

예제는 specialized를 반환합니다. 리스트의 길이를 정확히 알지 못하는 상태에서 마지막 요소에 접근하는 경우가 많기 때문에 이 문법은 아주 유용합니다. 이 문법을 더 확장해 여러 가지 마이너스 인덱스를 쓸 수 있습니다. 인덱스 -2는 리스트의 마지막에서 두 번째 요소를, 인덱스 -3은 마지막에서 세 번째 요소를 반환하는 식입니다.

3.1.3 리스트에서 개별 요소 사용하기

리스트 요소도 다른 변수와 마찬가지로 사용할 수 있습니다. 예를 들어 f-문자열과 리스트 요소를 함께 사용할 수 있습니다.

리스트의 첫 번째 자전거가 포함된 메시지를 만들어 봅시다.

```
bicycles = ['trek', 'cannondale', 'redline', 'specialized']
message = f"My first bicycle was a {bicycles[0].title()}."

print(message)
```

예제는 bicycles[0]의 값으로 문장을 만들고 이를 message 변수에 할당했습니다. 결과는 리스트의 첫 번째 자전거가 포함된 단순한 문장입니다.

```
My first bicycle was a Trek.
```

연습문제

간단한 프로그램을 만들어 리스트를 연습해 봅시다. 각 장의 연습문제를 별도의 폴더에 정리하는 것도 좋습니다.

3-1 이름

친구의 이름 몇 가지를 names 리스트에 저장하세요. 리스트의 각 요소를 한 번에 하나씩 접근하면서 친구 이름을 출력하세요.

3-2 인사말

[연습문제 3-1]의 리스트를 사용해 친구 이름이 들어간 메시지를 출력하세요. 각 메시지의 텍스트는 모두 같고 친구 이름만 달라야 합니다.

3-3 나만의 리스트

오토바이나 자동차 같은, 좋아하는 교통수단을 리스트에 저장하세요. 이 리스트를 써서 "나는 혼다 오토바이를 갖고 싶습니다." 같은 일련의 문장을 출력하세요.

3.2 요소 수정, 추가, 제거

리스트는 동적인 컬렉션입니다. 이 말은 리스트를 만든 다음 프로그램 안에서 그 리스트에 요소를 추가하거나 제거할 수 있다는 뜻입니다. 예를 들어 플레이어가 하늘에 있는 외계인을 격추하는 게임을 만들고 싶다고 합시다. 이럴 때는 처음에 생성되는 외계인을 리스트에 저장했다가, 플레이어가 외계인을 격추할 때마다 리스트에서 제거하는 방식을 쓸 수 있습니다. 그리고 새로운 외계인이 화면에 나타날 때마다 이를 다시 리스트에 추가합니다. 외계인 리스트는 게임을 진행하는 동안 계속해서 길이가 바뀔 겁니다.

3.2.1 리스트 요소 수정하기

리스트 요소를 수정하는 문법은 요소에 접근하는 문법과 비슷합니다. 요소를 변경할 때는 리스트 이름 다음에 대괄호와 인덱스를 쓰고, 새 값을 할당하면 됩니다.

예를 들어 오토바이 리스트가 있고 그 첫 번째 요소가 honda라고 합시다. 다음과 같이 이 리스트의 첫 번째 요소의 값을 바꿀 수 있습니다.

motorcycles.py

```
motorcycles = ['honda', 'yamaha', 'suzuki']
print(motorcycles)

motorcycles[0] = 'ducati'
print(motorcycles)
```

예제는 첫 번째 요소가 honda인 motorcycles 리스트를 정의합니다. 그런 다음 첫 번째 요소의 값을 ducati로 바꿨습니다. 출력 결과를 이전 결과와 같이 보면 첫 번째 요소만 변했고 나머지 요소는 그대로입니다.

```
['honda', 'yamaha', 'suzuki']
['ducati', 'yamaha', 'suzuki']
```

첫 번째 요소뿐만 아니라 원하는 요소는 무엇이든 값을 바꿀 수 있습니다.

3.2.2 리스트에 요소 추가하기

리스트에 새 요소를 추가해야 할 때가 있습니다. 게임에 새 외계인이 출현하거나, 시각화에 데이터를 추가하거나, 웹사이트에 사용자를 등록하는 경우 등이 이에 해당합니다. 파이썬에서는 여러 가지 방법으로 기존 리스트에 새 데이터를 추가할 수 있습니다.

append()로 리스트 마지막에 요소 추가하기

리스트에 새 요소를 추가하는 가장 간단한 방법은 **덧붙임**append입니다. 덧붙인다는 말은 리스트의 마지막에 추가한다는 뜻입니다. 이전 예제의 마지막에 ducati를 추가해 봅시다.

```
motorcycles = ['honda', 'yamaha', 'suzuki']
print(motorcycles)

motorcycles.append('ducati')
print(motorcycles)
```

예제의 append() 메서드는 리스트의 다른 요소에는 영향을 주지 않고 마지막에 ducati를 추가하기만 합니다.

```
['honda', 'yamaha', 'suzuki']
['honda', 'yamaha', 'suzuki', 'ducati']
```

append() 메서드를 사용하면 리스트를 쉽게 동적으로 만들 수 있습니다. 예를 들어 빈 리스트로 시작한 다음 append()를 여러 번 호출해 요소를 추가하는 겁니다. 빈 리스트로 시작해서 honda, yamaha, suzuki를 추가하는 다음 예제를 살펴보세요.

```
motorcycles = []

motorcycles.append('honda')
motorcycles.append('yamaha')
motorcycles.append('suzuki')

print(motorcycles)
```

결과는 이전 예제의 리스트와 똑같습니다.

```
['honda', 'yamaha', 'suzuki']
```

프로그램 사용자가 어떤 데이터를 저장하려 할지 미리 알 수 없으므로 리스트를 이런 방식으로 만드는 건 아주 흔한 일입니다. 먼저 사용자의 데이터를 담을 빈 리스트를 정의합니다. 그리고 새 값이 들어올 때마다 이를 리스트에 덧붙입니다.

insert()로 원하는 위치에 요소 삽입하기

insert() 메서드는 리스트의 원하는 위치에 요소를 삽입합니다. 다음과 같이 원하는 인덱스와 새 값을 지정하면 됩니다.

```
motorcycles = ['honda', 'yamaha', 'suzuki']

motorcycles.insert(0, 'ducati')
print(motorcycles)
```

이 예제에서는 리스트의 맨 앞에 **ducati**를 삽입했습니다. insert() 메서드는 인덱스 0에 공간을 만들고 거기에 **ducati**를 저장합니다.

```
['ducati', 'honda', 'yamaha', 'suzuki']
```

insert()를 사용하면 다른 값들은 모두 오른쪽으로 하나씩 이동합니다.

3.2.3 리스트에서 요소 제거하기

리스트에서 하나 이상의 요소를 제거하는 경우도 많습니다. 예를 들어 플레이어가 외계인을 격추하면 살아있는 외계인 리스트에서 이 외계인을 제거해야 합니다. 또는 사용자가 웹 애플리케이션에서 탈퇴하는 경우에도 사용자 리스트에서 해당 사용자를 제거해야 합니다. 요소를 제거할 때는 위치를 기준으로도, 값을 기준으로도 가능합니다.

del 문으로 요소 제거하기

제거할 요소의 인덱스를 알고 있다면 다음과 같이 **del** 문을 사용합니다.

```
motorcycles = ['honda', 'yamaha', 'suzuki']
print(motorcycles)

del motorcycles[0]
print(motorcycles)
```

예제는 **del** 문으로 리스트의 첫 번째 요소인 **honda**를 제거했습니다.

```
['honda', 'yamaha', 'suzuki']
['yamaha', 'suzuki']
```

인덱스만 알고 있으면 어떤 요소든 **del** 문으로 제거할 수 있습니다. 두 번째 요소인 **yamaha**를 제거하는 다음 예제를 보세요.

```
motorcycles = ['honda', 'yamaha', 'suzuki']
print(motorcycles)

del motorcycles[1]
print(motorcycles)
```

두 번째 오토바이가 리스트에서 제거됩니다.

```
['honda', 'yamaha', 'suzuki']
['honda', 'suzuki']
```

일단 **del** 문을 사용하면 리스트에서 제거된 값에 더는 접근할 수 없습니다.

pop()으로 요소 제거하기

리스트에서 요소를 제거함과 동시에 그 값을 사용해야 할 때도 있습니다. 예를 들어 방금 격추한 외계인의 좌표를 가져와 그 위치에 외계인이 폭발하는 모습을 그릴 수 있습니다. 웹 애플리케이션이라면 탈퇴한 사용자를 활성 사용자 리스트에서 비활성 사용자 리스트로 이동할 수 있습니다.

pop() 메서드는 리스트의 마지막 요소를 제거하는 동시에 해당 요소를 반환합니다. **pop**이라는 용어는 리스트를 요소가 쌓여 있는 탑 구조, 스택^{stack}이라 생각하고 맨 위에서 꺼낸다는 발상에서 만들어졌습니다. 이렇게 생각하면 스택의 맨 위에는 마지막에 추가한 요소가 있습니다.

오토바이 리스트에서 오토바이를 꺼내 봅시다.

```
motorcycles = ['honda', 'yamaha', 'suzuki'] # ❶
print(motorcycles)

popped_motorcycle = motorcycles.pop() # ❷
print(motorcycles) # ❸
print(popped_motorcycle) # ❹
```

❶에서는 **motorcycles** 리스트를 정의하고 출력했습니다. ❷에서는 리스트에서 값을 꺼내 이를 **popped_motorcycle** 변수에 할당했습니다. ❸에서는 리스트를 출력해서 값이 제거된 걸

확인했습니다. ❹에서는 제거한 값을 출력해, 그 값에 여전히 접근할 수 있음을 확인했습니다.

```
['honda', 'yamaha', 'suzuki']
['honda', 'yamaha']
suzuki
```

결과를 보면 리스트의 마지막에 있던 suzuki 값이 제거됐고, popped_motorcycle 변수에 할당된 걸 볼 수 있습니다.

pop() 메서드를 어떻게 더 활용할 수 있을까요? 리스트에 오토바이를 구입한 시간 순서로 저장했다고 합시다. 그러면 pop() 메서드를 사용해서 다음과 같이 마지막으로 구입한 오토바이에 대한 문장을 만들 수 있습니다.

```
motorcycles = ['honda', 'yamaha', 'suzuki']

last_owned = motorcycles.pop()
print(f"The last motorcycle I owned was a {last_owned.title()}.")
```

결과는 마지막에 구입한 오토바이에 대한 한 문장입니다.

```
The last motorcycle I owned was a Suzuki.
```

임의의 위치에서 요소 꺼내기

pop()의 괄호에 인덱스를 사용하면 원하는 위치에서 요소를 제거할 수 있습니다.

```
motorcycles = ['honda', 'yamaha', 'suzuki']

first_owned = motorcycles.pop(0)
print(f"The first motorcycle I owned was a {first_owned.title()}.")
```

예제는 리스트의 첫 번째 오토바이를 꺼낸 다음 그 오토바이에 대한 메시지를 출력합니다. 결과는 처음에 구입한 오토바이에 대한 단순한 문장입니다.

```
The first motorcycle I owned was a Honda.
```

pop()을 사용하면 대상 요소는 리스트에 더는 존재하지 않는다는 걸 기억하세요.

del 문과 pop() 메서드 중 무엇을 사용할지 잘 모르겠다면 이렇게 결정하면 됩니다. 리스트에서 요소를 제거하고 그 요소를 쓸 일이 더는 없다면 del 문을 사용하세요. 제거한 요소를 사용할 생각이라면 pop() 메서드를 사용하세요.

값을 기준으로 요소 제거하기

리스트에서 제거할 값의 위치를 모를 때도 있습니다. 제거할 요소의 값만 알고 있다면 remove() 메서드를 사용하세요.

예를 들어 오토바이 리스트에서 ducati 값을 제거한다고 합시다.

```
motorcycles = ['honda', 'yamaha', 'suzuki', 'ducati']
print(motorcycles)

motorcycles.remove('ducati')
print(motorcycles)
```

예제는 remove() 메서드를 써서 리스트에서 ducati의 위치를 파악해 해당 요소를 제거합니다.

```
['honda', 'yamaha', 'suzuki', 'ducati']
['honda', 'yamaha', 'suzuki']
```

remove() 메서드 역시 제거한 값을 반환합니다. ducati를 제거하고, 이를 리스트에서 제거한 이유를 문장으로 만들어 봅시다.

```
motorcycles = ['honda', 'yamaha', 'suzuki', 'ducati'] # ❶
print(motorcycles)

too_expensive = 'ducati' # ❷
motorcycles.remove(too_expensive) # ❸
print(motorcycles)
print(f"\nA {too_expensive.title()} is too expensive for me.") # ❹
```

❶에서는 리스트를 정의했고, ❷에서는 too_expensive 변수에 ducati를 할당했습니다. 그리고 ❸에서는 이 변수를 사용해 리스트에서 값을 제거했습니다. ducati 값은 리스트에서 제거

됐지만 too_expensive 변수를 통해 접근할 수 있으므로, ❹를 통해 ducati를 오토바이 리스트에서 제거한 이유를 출력할 수 있습니다.

```
['honda', 'yamaha', 'suzuki', 'ducati']
['honda', 'yamaha', 'suzuki']

A Ducati is too expensive for me.
```

NOTE remove() 메서드는 지정한 값과 일치하는 첫 번째 요소만 제거합니다. 해당 값이 리스트 두 개 이상 존재할 가능성이 있다면 루프를 사용해야 합니다. 루프는 7장에서 설명합니다.

연습문제

다음 연습문제는 2장의 연습문제보다 좀 더 복잡하지만, 리스트에 대해 설명한 내용을 모두 연습할 수 있습니다.

3-4 손님 리스트
일단 참여 여부와 무관하게 누군가 저녁 식사에 초대할 수 있다면 누구를 초대하겠습니까? 저녁 식사에 초대하고 싶은 사람이 셋 이상 포함된 리스트를 만드세요. 그리고 리스트를 사용해 각 사람을 저녁 식사에 초대하는 메시지를 출력하세요.

3-5 손님 리스트 변경
손님 중 한 명이 저녁 식사에 참여할 수 없다고 했으므로 다른 사람에게 초대장을 보내 다시 초대해야 합니다.

- [연습문제 3-4]에서 시작합니다. 프로그램 마지막에 print() 함수를 추가해서, 참가하지 못한 손님 이름을 출력하세요.
- 리스트를 수정해서 참가하지 못한 손님 이름을 새로 초대하는 손님 이름으로 바꾸세요.
- 리스트의 각 손님에 대해 두 번째 초대장을 출력하세요.

3-6 더 많은 손님

더 큰 저녁 식사 테이블을 찾았으므로 손님을 더 초대할 수 있습니다. 추가로 초대 손님 세 명을 정하세요.

- [연습문제 3-4]나 [연습문제 3-5]에서 시작합니다. 프로그램 마지막에 print() 함수를 추가해서, 손님들에게 더 큰 테이블을 찾았다고 알립니다.
- insert()를 사용해서 리스트 처음에 새 손님을 추가하세요.
- insert()를 사용해서 리스트 중간에 새 손님을 추가하세요.
- append()를 사용해서 리스트 마지막에 새 손님을 추가하세요.
- 각 손님에 대해 새로운 초대장을 출력하세요.

3-7 배송 지연

주문한 테이블이 저녁 식사 시간까지 도착하지 않는다고 합니다. 불행히도 손님 두 명만 앉을 수 있습니다.

- [연습문제 3-6]에서 시작합니다. 저녁 식사에 손님 두 명만 초대할 수 있다는 메시지를 추가합니다.
- pop()을 사용해서 손님을 한 명씩 제거합니다. 두 명만 남을 때까지 계속하세요. 리스트에서 손님 이름을 제거할 때마다 저녁 식사에 초대할 수 없게 되어 미안하다는 메시지를 출력하세요.
- 아직 리스트에 있는 두 손님에게 초대가 취소되지 않았다는 메시지를 출력합니다.
- del 문을 써서 리스트의 두 손님을 제거해 빈 리스트로 바꾸세요. 프로그램의 마지막에서 리스트를 출력해, 리스트가 실제로 비어 있는지 확인하세요.

3.3 리스트 정리하기

사용자가 데이터를 제공하는 순서를 예측할 수 없을 때가 대부분이므로, 리스트의 순서 역시 대부분 예측할 수 없습니다. 그럼에도 데이터를 순서에 맞게 정리해야 할 때는 반드시 옵니다. 리스트의 원래 순서를 유지하는 게 좋을 수도 있고 순서를 바꾸는 게 좋을 수도 있습니다. 파이썬에는 상황에 맞게 리스트를 정리하는 여러 가지 방법이 존재합니다.

3.3.1 리스트를 영구히 정렬하는 sort() 메서드

sort() 메서드는 비교적 쉽게 리스트를 정렬하는 방법입니다. 자동차 리스트(cars)가 있고 이를 알파벳 순으로 정렬한다고 합시다. 단순함을 위해 모든 값이 소문자라고 가정합니다.

cars.py

```
cars = ['bmw', 'audi', 'toyota', 'subaru']
cars.sort()
print(cars)
```

sort() 메서드는 리스트의 순서를 영구히 변경합니다. 자동차는 이제 알파벳 순서로 정렬됐고 다시 원래 순서로 돌아갈 수는 없습니다.

```
['audi', 'bmw', 'subaru', 'toyota']
```

sort() 메서드에 reverse=True 인수를 넘기면 리스트가 알파벳 순서의 역순으로 정렬됩니다. 다음 예는 자동차 리스트를 알파벳 역순으로 정렬합니다.

```
cars = ['bmw', 'audi', 'toyota', 'subaru']
cars.sort(reverse=True)
print(cars)
```

이번에도 리스트 순서는 영구히 바뀝니다.

```
['toyota', 'subaru', 'bmw', 'audi']
```

3.3.2 임시로 정렬하는 sorted() 함수

sorted() 함수는 리스트의 원래 순서를 유지하면서 임시로 정렬합니다. sorted() 함수는 리스트를 원하는 순서로 표시하지만, 실제 순서는 바뀌지 않습니다.

자동차 리스트에서 이 함수를 연습해 봅시다.

```
cars = ['bmw', 'audi', 'toyota', 'subaru']

print("Here is the original list:") # ❶
print(cars)

print("\nHere is the sorted list:") # ❷
print(sorted(cars))

print("\nHere is the original list again:") # ❸
print(cars)
```

❶에서는 리스트를 원래 순서대로, ❷에서는 알파벳 순서로 출력합니다. 리스트를 알파벳 순서로 출력한 뒤, ❸에서 다시 리스트를 출력해 원래 순서가 유지되고 있음을 확인합니다.

```
Here is the original list:
['bmw', 'audi', 'toyota', 'subaru']

Here is the sorted list:
['audi', 'bmw', 'subaru', 'toyota']

Here is the original list again: # ❶
['bmw', 'audi', 'toyota', 'subaru']
```

sorted() 함수를 사용했지만 ❶에서 리스트가 원래 순서대로 출력된 걸 보세요. sorted() 함수 역시 reverse=True 인수를 받고 알파벳 역순으로 정렬할 수 있습니다.

> **NOTE** 모든 요소가 소문자가 아닐 때는 알파벳 순으로 정렬하는 게 조금 더 복잡합니다. 정렬 순서를 결정할 때 대문자는 여러 가지 방법으로 해석할 수 있으므로, 이 단계에서 정확히 이해하기엔 조금 복잡합니다. 하지만 대부분의 정렬 방식은 이 절에서 배우는 내용을 바탕으로 합니다.

3.3.3 역순으로 리스트 출력하기

reverse() 메서드는 리스트의 원래 순서를 거꾸로 만듭니다. 자동차 리스트가 원래 구입 시간 순서로 정렬되어 있었다면, 마지막에 구입한 자동차가 맨 처음에 오게 하는 것과 같습니다.

```
cars = ['bmw', 'audi', 'toyota', 'subaru']
print(cars)

cars.reverse()
print(cars)
```

reverse()는 알파벳 역순으로 정렬하는 게 아니라 리스트의 현재 순서를 반대로 바꿉니다.

```
['bmw', 'audi', 'toyota', 'subaru']
['subaru', 'toyota', 'audi', 'bmw']
```

reverse() 메서드 역시 리스트의 순서를 영구히 바꾸지만, reverse()를 다시 호출하면 원래 순서로 돌아갈 수 있습니다.

3.3.4 리스트의 길이 확인하기

len() 함수는 리스트의 길이를 반환합니다. 다음 예제의 리스트에는 요소가 네 개 있으므로 길이는 4입니다.

```
>>> cars = ['bmw', 'audi', 'toyota', 'subaru']
>>> len(cars)
4
```

len() 함수는 여러 상황에서 유용하게 사용할 수 있습니다. 우리가 뒤에서 진행할 프로젝트에서는 격추해야 할 외계인 숫자, 시각화에서 관리해야 할 데이터 숫자, 웹사이트에 등록한 사용자 숫자 등을 파악할 때 유용합니다.

> **NOTE** 리스트의 길이는 인덱스와 달리 1에서 시작합니다.

3-8 세상 구경

여행하고 싶은 곳을 5개 이상 생각하세요.

- 리스트에 각 장소를 저장하세요. 리스트를 알파벳 순서로 만들지 않고 무작위로 만들어야 합니다.
- 리스트를 원래 순서대로 출력하세요. 여기서는 깔끔하게 출력하려고 노력할 필요는 없습니다. 그냥 파이썬 리스트의 원형 그대로 출력해도 됩니다.
- sorted()를 사용해서 리스트의 순서를 바꾸지 않은 채 알파벳 순서로 출력하세요.
- 리스트를 다시 출력해서 원래 순서가 바뀌지 않은 걸 확인하세요.
- 이번에는 sorted()를 써서 알파벳 역순으로 출력하세요.
- 리스트를 다시 출력해서 여전히 원래 순서가 유지되는 걸 확인하세요.
- reverse()를 사용해서 리스트 순서를 뒤집고 리스트를 출력해서 바뀐 순서를 확인하세요.
- reverse()를 다시 사용해서 리스트 순서를 처음으로 되돌리고 리스트를 출력해서 원래 순서 임을 확인하세요.
- sort()를 사용해서 리스트를 알파벳 순서로 정렬하고 리스트를 출력해서 바뀐 순서를 확인하세요.
- 이번에는 sort()를 사용해서 알파벳 역순으로 정렬하고 리스트를 출력해서 바뀐 순서를 확인하세요.

3-9 저녁 식사 손님

[연습 문제 3-4]부터 [연습 문제 3-7]까지 중 하나를 골라, len()을 이용해서 저녁 식사에 몇 명을 초대하는지 나타내는 메시지를 출력하세요.

3-10 함수 연습

리스트에 저장할 수 있는 데이터를 생각해 보세요. 예를 들어 산, 강, 국가, 도시, 언어, 기타 원하는 종류로 리스트를 만들 수 있습니다. 여러분이 생각한 요소를 포함하는 리스트를 만들고, 이 장에서 배운 함수와 메서드를 최소 한 번 이상 사용하세요.

3.4 인덱스 에러 피하기

리스트를 처음 사용할 때 자주 일어나는 에러가 하나 있습니다. 세 개의 요소로만 구성된 리스트가 있는데, 다음과 같이 네 번째 요소에 접근하려 한다고 합시다.

motorcycles.py

```
motorcycles = ['honda', 'yamaha', 'suzuki']
print(motorcycles[3])
```

이 예제는 다음과 같이 **인덱스 에러**index error를 일으킵니다.

```
Traceback (most recent call last):
  File "motorcycles.py", line 2, in <module>
    print(motorcycles[3])
          ~~~~~~~~~~~^^^
IndexError: list index out of range
```

파이썬은 인덱스 3에 있는 요소에 접근하려 합니다. 하지만 motorcycles 리스트에는 인덱스 3에 해당하는 요소가 없습니다. 리스트는 0에서 시작하므로 이런 실수를 하는 경우가 많습니다. 사람들은 보통 1부터 세기 때문에 세 번째의 인덱스가 3이라고 생각합니다. 하지만 파이썬 인덱스는 0부터 시작하므로 인덱스 3의 접근하려면 2를 입력해야 합니다.

인덱스 에러는 파이썬이 해당 인덱스의 요소를 발견하지 못했다는 뜻입니다. 프로그램에서 인덱스 에러가 일어나면 요청하는 인덱스를 1씩 조정해 보세요. 그리고 프로그램을 다시 실행해 원하는 결과가 나왔는지 확인하세요.

리스트의 마지막 요소에 접근할 때는 인덱스 -1을 쓸 수 있다는 걸 잊지 마세요. 이 문법은 리스트의 크기가 바뀌더라도 항상 동작합니다.

```
motorcycles = ['honda', 'yamaha', 'suzuki']
print(motorcycles[-1])
```

인덱스 -1은 항상 리스트의 마지막 요소를 반환합니다. 여기서는 suzuki입니다.

```
suzuki
```

만약 이 문법 때문에 에러가 일어난다면 빈 리스트에서 마지막 요소에 접근하는 경우뿐입니다.

```
motorcycles = []
print(motorcycles[-1])
```

motorcycles에 요소가 없으므로 인덱스 에러가 일어납니다.

```
Traceback (most recent call last):
  File "motorcyles.py", line 2, in <module>
    print(motorcycles[-1])
          ~~~~~~~~~~~^^^^
IndexError: list index out of range
```

인덱스 에러가 일어났는데 원인을 모르겠다면 리스트를 출력하거나 리스트 길이를 출력해 보세요. 리스트의 실제 형태가 생각과 다를 수 있으며, 특히 프로그램에서 리스트를 동적으로 수정할 때 이런 일이 자주 생깁니다. 실제 리스트를 보거나 길이를 정확히 파악하면 어디서 문제가 생겼는지 찾는 데 도움이 됩니다.

연습문제

3-11 의도적 에러
이 장의 연습문제에서 아직 인덱스 에러가 일어난 적이 없다면 일어나게 해 보세요. 프로그램 중 하나의 인덱스를 바꿔서 인덱스 에러를 일으켜 보세요. 에러를 확인한 뒤 수정하는 걸 잊지 마세요.

3.5 요약 정리

이 장에서는 리스트가 무엇인지, 리스트의 각 요소를 어떻게 조작하는지 배운 다음 리스트를 정의하는 방법, 요소를 추가하고 제거하는 방법을 배웠습니다. 그리고 리스트를 영구히 정렬하는 방법, 표시를 위해 임시로 정렬하는 방법도 함께 살펴봤습니다. 마지막으로 리스트의 길이를 얻는 방법, 인덱스 에러를 방지하는 방법까지 배웠습니다.

4장에서는 리스트를 더 효율적으로 사용하는 방법을 배웁니다. 몇 줄의 코드로 리스트를 순회하며 리스트에 요소가 수천, 수백만 개나 되더라도 효율적으로 작업할 수 있습니다.

CHAPTER 4

리스트 다루기

3장에서는 간단하게 리스트를 만드는 방법, 리스트의 개별 요소를 조작하는 방법을 배웠습니다. 이 장에서는 리스트의 길이에 관계없이 몇 줄의 코드로 리스트 전체를 순회하는 방법을 배웁니다. **루프**[loop]란 리스트의 모든 요소에 순서대로 접근하는 것을(순회하는 것을) 말하며, 이 과정에서 모든 요소에 같은 동작을 수행할 수 있습니다. 따라서 리스트의 길이에 관계없이 효율적으로 작업할 수 있습니다.

4.1 전체 리스트 순회하기

리스트의 요소 전체에 대해 같은 작업을 수행해야 할 때가 많습니다. 예를 들어 게임을 만든다면 화면에 있는 요소를 모두 일정 거리만큼 이동해야 할 때가 있습니다. 숫자로 이루어진 리스트의 모든 요소에 대해 통계 계산을 수행할 때도 있습니다. 또는 웹사이트의 기사 목록에서 제목만 뽑아 표시해야 할 때도 있습니다. 리스트의 모든 요소에 같은 행동을 반복할 때는 for 루프를 사용합니다.

마술사(magicians) 이름으로 구성된 리스트가 있고 이 리스트의 각 이름을 출력한다고 합시다. 리스트의 이름에 개별적으로 접근할 수도 있겠지만, 이런 방법에는 여러 가지 문제가 있습니다. 간단히 생각해 봐도, 리스트가 길다면 너무 반복적입니다. 또한 리스트가 변경될 때마다 코드를 수정해야 합니다. for 루프를 사용하면 파이썬이 스스로 이런 문제를 해결합니다.

for 루프를 써서 마술사 리스트의 이름을 출력해 봅시다.

magicians.py

```
magicians = ['alice', 'david', 'carolina']
```

```
for magician in magicians:
    print(magician)
```

3장에서 했던 것과 마찬가지로 먼저 리스트를 정의했습니다. 그런 다음 for 루프를 사용합니다. 2행은 magicians 리스트에서 이름을 하나 꺼내 이를 magician 변수에 할당하라는 뜻입니다. 3행에서는 magician에 할당된 이름을 출력합니다. 그러면 파이썬은 리스트의 모든 이름에 대해 2행과 3행을 반복합니다. 이 코드는 '마술사 리스트의 모든 마술사 이름을 출력하라'의 의미입니다. 결과에는 리스트의 이름이 모두 포함됩니다.

```
alice
david
carolina
```

4.1.1 루프 분석하기

루프는 컴퓨터가 반복적인 작업을 자동화할 때 가장 널리 쓰이는 중요한 개념입니다. magicians.py의 루프에서 파이썬은 먼저 루프의 첫 행을 읽습니다.

```
for magician in magicians:
```

이 행은 magicians 리스트의 첫 번째 값을 읽고 이를 magician 변수에 할당하라는 뜻입니다. 첫 번째 값은 alice입니다. 파이썬은 다음 행으로 넘어갑니다.

```
    print(magician)
```

파이썬은 magician의 현재 값인 alice를 출력합니다. 리스트에는 아직 값이 남아 있으므로 파이썬은 루프의 첫 행으로 돌아갑니다.

```
for magician in magicians:
```

파이썬은 리스트의 다음 이름인 david를 읽고 이 값을 magician 변수에 할당합니다. 그리고 다시 2행을 실행합니다.

```
print(magician)
```

파이썬은 magician의 현재 값인 david를 출력합니다. 파이썬은 리스트의 마지막 값인 carolina까지 이 과정 전체를 반복합니다. 그리고 나면 리스트에 남은 값이 없으므로 파이썬은 프로그램의 다음 행으로 넘어갑니다. 이 파일에는 for 루프 다음에 아무것도 없으므로 프로그램은 여기서 끝납니다.

루프를 처음 사용할 때는 리스트에 아무리 많은 요소가 있더라도 각 요소에 대해 각 단계를 모두 반복한다는 걸 기억하세요. 리스트에 요소가 백만 개 있다면 파이썬은 이 단계를 백만 번 반복합니다. 그리고 이는 보통 아주 빠르게 끝납니다.

또한 for 루프를 만들 때 리스트의 각 값이 할당될 임시 변수의 이름은 여러분 마음대로 만들어도 되지만, 가능하면 리스트 요소를 잘 표현할 수 있는 의미가 분명한 이름을 선택하길 권합니다. 예를 들어 각각 고양이, 개, 일반적인 아이템이 들어 있는 리스트에 for 루프를 사용한다면 다음과 같은 변수 이름이 좋습니다.

```
for cat in cats:
for dog in dogs:
for item in list_of_items:
```

이름을 이렇게 사용하면 for 루프 안에서 각 요소에 어떤 동작을 수행하는지 더 쉽게 이해할 수 있습니다. 단수형 이름과 복수형 이름을 구별해서 사용하면 코드가 개별 요소에 대한 것인지, 아니면 리스트 전체에 대한 것인지 쉽게 구분할 수 있습니다.

4.1.2 루프 작업 늘리기

for 루프 안에서 할 수 있는 동작에는 거의 제한이 없습니다. 앞 예제를 좀 더 확장해, 각 마술사에게 훌륭한 공연이었다는 메시지를 출력해 봅시다.

magicians.py

```
magicians = ['alice', 'david', 'carolina']
for magician in magicians:
```

```
print(f"{magician.title()}, that was a great trick!")
```

이 코드에서 달라진 점은 각 마술사의 이름으로 시작하는 메시지를 만들었다는 것뿐입니다. 루프를 처음 실행할 때 magician의 값은 alice이므로 첫 번째 메시지는 Alice로 시작합니다. 두 번째 메시지는 David로, 세 번째 메시지는 Carolina로 시작합니다.

따라서 다음과 같이 리스트의 각 마술사 이름으로 시작하는 메시지가 출력됩니다.

```
Alice, that was a great trick!
David, that was a great trick!
Carolina, that was a great trick!
```

for 루프 안에 쓸 수 있는 코드의 양에도 제한이 없습니다. for magician in magicians 다음에 있는 들여 쓴 행은 모두 **루프 블록**loop block으로 간주하며, 리스트의 각 값에 대해 이들을 모두 실행합니다. 이를 통해 리스트의 모든 값에 대해 원하는 만큼 동작을 수행할 수 있습니다.

이번에는 각 마술사에게 다음 공연을 기대한다는 두 번째 메시지를 추가해 봅시다.

```
magicians = ['alice', 'david', 'carolina']
for magician in magicians:
    print(f"{magician.title()}, that was a great trick!")
    print(f"I can't wait to see your next trick, {magician.title()}.\n")
```

print()가 포함된 두 행을 모두 들여 썼으므로 리스트의 마술사 전체에 대해 두 행이 모두 실행됩니다. 두 번째 print()의 줄바꿈("\n")은 루프 블록이 바뀔 때마다 빈 줄을 삽입합니다. 따라서 다음과 같이 각 마술사마다 메시지가 그룹으로 묶입니다.

```
Alice, that was a great trick!
I can't wait to see your next trick, Alice.

David, that was a great trick!
I can't wait to see your next trick, David.

Carolina, that was a great trick!
I can't wait to see your next trick, Carolina.
```

for 루프 안에는 코드를 원하는 만큼 쓸 수 있습니다. 실제로 for 루프를 사용할 때는 리스트의 각 요소에 대해 다양한 동작을 수행하는 게 편리할 때가 많습니다.

4.1.3 for 루프 다음에 동작하기

for 루프 실행이 끝나면 어떻게 될까요? 보통은 루프 안에서 실행한 작업을 정리하거나, 프로그램이 실행해야 하는 다른 작업으로 넘어갈 겁니다.

for 루프 다음에 있는 행을 들여 쓰지 않으면 이들은 반복되지 않고 한 번씩만 실행됩니다. 마술사 전체에게 멋진 공연에 감사한다는 메시지를 만들어 봅시다. 이 그룹 메시지는 각 마술사에 대한 메시지를 모두 출력한 다음 한 번만 실행하므로, for 루프 다음은 들여쓰기 없이 작성합니다.

```python
magicians = ['alice', 'david', 'carolina']
for magician in magicians:
    print(f"{magician.title()}, that was a great trick!")
    print(f"I can't wait to see your next trick, {magician.title()}.\n")

print("Thank you, everyone. That was a great magic show!")
```

3행과 4행의 print()는 이전 예제와 마찬가지로 각 마술사에서 반복됩니다. 하지만 마지막 행은 들여 쓰지 않았으므로 한 번만 출력됩니다.

```
Alice, that was a great trick!
I can't wait to see your next trick, Alice.

David, that was a great trick!
I can't wait to see your next trick, David.

Carolina, that was a great trick!
I can't wait to see your next trick, Carolina.

Thank you, everyone. That was a great magic show!
```

for 루프에서 데이터를 처리할 때는 이런 식으로 반복을 정리하는 과정이 들어가는 게 좋습니다. 예를 들어 for 루프를 사용해 캐릭터 리스트를 순회하면서 각 캐릭터를 화면에 표시하는 초기화를 마쳤다고 합시다. 그러면 이 루프 다음에는 [**지금 실행**] 버튼을 화면에 표시하는 코드가 필요할 겁니다.

4.2 들여쓰기 에러 피하기

파이썬은 들여쓰기를 사용해 프로그램의 각 부분을 구분합니다. 앞 예제에서는 개별 마술사에게 메시지를 출력하는 부분을 들여 썼으므로 이들은 for 루프의 일부로 인식됩니다. 이렇게 기본적으로 들여쓰기를 강제하는 규칙 덕분에 파이썬 코드는 아주 읽기 쉽습니다. 이해하기 편하게 들여 쓴 구조가 바로 문법이 되므로 일석이조인 셈입니다. 파이썬 프로그램이 길어지면 코드를 몇 단계로 들여 쓰는 경우도 있습니다. 여러 단계로 나뉜 들여쓰기를 보면 프로그램의 전체적인 구조를 더 쉽게 파악할 수 있습니다.

파이썬의 들여쓰기 규칙을 알게 되었으니, 이제는 자주 일어나는 **들여쓰기 에러**^{indentation error}에 주의해야 합니다. 들여 쓰지 말아야 할 코드를 들여 쓰거나, 반대로 들여 써야 할 코드를 들여 쓰지 않는 경우가 종종 있습니다. 지금 이런 에러의 사례를 봐 두면 나중에 에러를 방지할 수 있고, 실수하더라도 쉽게 바로잡을 수 있습니다.

자주 일어나는 들여쓰기 에러 몇 가지를 살펴봅시다.

4.2.1 들여쓰기를 잊었을 때

루프의 for가 들어 있는 행 다음에는 항상 들여 씁니다. 이를 잊어버리면 파이썬이 알려줍니다.

magicians.py

```
magicians = ['alice', 'david', 'carolina']
for magician in magicians:
print(magician) # ❶
```

❶의 print()는 들여 써야 하지만 들여 쓰지 않았습니다. 파이썬은 들여 쓴 블록을 예상하는 곳에서 들여쓰기를 발견하지 못하면 몇 행에서 문제가 일어났는지 알려줍니다.

```
File "magicians.py", line 3
    print(magician)
    ^
IndentationError: expected an indented block after 'for' statement on line 2
```

이런 종류의 들여쓰기 에러는 보통 for 문 바로 다음에 있는 행(들)을 들여써서 해결할 수 있습니다.

4.2.2 일부 행을 들여 쓰지 않았을 때

때때로 에러 없이 루프가 실행되지만 결과가 예상과 다를 때도 있습니다. 이는 루프 안에서 여러 가지 작업을 수행해야 하는데 그중 일부를 들여 쓰지 않았을 때 발생합니다.

예를 들어 각 마술사에게 다음 공연을 기대한다는 메시지를 출력하는 두 번째 행에서 들여쓰기를 잊었다고 합시다.

```
magicians = ['alice', 'david', 'carolina']
for magician in magicians:
    print(f"{magician.title()}, that was a great trick!")
print(f"I can't wait to see your next trick, {magician.title()}.\n") # ❶
```

의도대로라면 ❶도 들여 써야 하지만, 파이썬은 for 문 다음에 들여 쓴 행을 하나 찾았으므로 이를 에러로 간주하지 않습니다. 결과적으로 첫 번째 print()는 리스트의 각 이름에 대해 실행됩니다. 하지만 두 번째 print()는 들여 쓰지 않았으므로 루프 실행이 끝난 뒤 한 번만 실행됩니다. magician에 할당된 마지막 값이 carolina이므로 다음 공연을 기대한다는 의미의 "I can't wait to see your next trick" 메시지는 carolina 다음에만 출력됩니다.

```
Alice, that was a great trick!
David, that was a great trick!
Carolina, that was a great trick!
I can't wait to see your next trick, Carolina.
```

이는 **논리 에러**logical error입니다. 유효한 파이썬 문법을 지켰지만, 그 로직에 문제가 있으므로 원하는 결과와 달라졌습니다. 리스트의 각 요소에서 반복하려 한 동작이 단 한 번만 실행됐다면 들여 써야 할 행 일부만 들여 썼을 가능성이 높습니다.

4.2.3 불필요한 들여쓰기를 했을 때

들여 쓸 필요가 없는 행을 실수로 들여 쓰면 파이썬이 예상하지 못한 들여쓰기에 대해 알립니다.

hello_world.py

```
message = "Hello Python world!"
    print(message)
```

2행의 print()는 루프의 일부분이 아니므로 들여 쓸 필요가 없습니다. 따라서 파이썬은 이 에러에 대해 알려줍니다.

```
File "hello_world.py", line 2
    print(message)
IndentationError: unexpected indent
```

들여 써야 할 이유가 분명한 행만 들여 쓰면 예상하지 못한 들여쓰기 에러를 방지할 수 있습니다. 이 시점에서 여러분이 들여 써야 할 코드는 for 루프의 각 요소에서 반복해야 할 동작뿐입니다.

4.2.4 루프 다음에 불필요한 들여쓰기를 했을 때

루프가 끝난 후에 실행할 코드를 실수로 들여 썼다면 이 코드는 리스트의 각 요소마다 반복될 겁니다. 파이썬이 이를 에러로 판단하고 보고할 때도 있지만, 대개는 논리 에러로 마무리됩니다.

예를 들어 마술사 모두에게 멋진 공연이었다고 감사하는 부분을 실수로 들여 썼다면 어떻게 되는지 봅시다.

magicians.py

```
magicians = ['alice', 'david', 'carolina']
for magician in magicians:
    print(f"{magician.title()}, that was a great trick!")
    print(f"I can't wait to see your next trick, {magician.title()}.\n")

    print("Thank you everyone, that was a great magic show!") # ❶
```

❶의 마지막 행을 들여 썼으므로 리스트의 모든 마술사에 대해 이 행이 실행됩니다.

```
Alice, that was a great trick!
I can't wait to see your next trick, Alice.

Thank you everyone, that was a great magic show!
David, that was a great trick!
```

```
I can't wait to see your next trick, David.

Thank you everyone, that was a great magic show!
Carolina, that was a great trick!
I can't wait to see your next trick, Carolina.

Thank you everyone, that was a great magic show!
```

이는 4.2.2 '일부 행을 들여쓰지 않았을 때'와 비슷한 논리 에러입니다. 파이썬은 여러분의 의도를 읽을 수는 없으므로 유효한 문법으로 판단하는 코드는 모두 실행합니다. 한 번만 실행해야 하는 동작이 여러 번 반복된다면 그 부분의 들여쓰기를 취소해야 할 가능성이 높습니다.

4.2.5 콜론을 잊었을 때

for 문 마지막의 콜론(:)은 다음 행에서 루프가 시작된다는 중요한 기호입니다.

```
magicians = ['alice', 'david', 'carolina']
for magician in magicians # ❶
    print(magician)
```

코드의 ❶은 실수로 콜론을 누락했습니다. 파이썬은 여러분이 원하는 걸 정확히 파악할 수 없으므로 문법 에러를 일으킵니다.

```
File "magicians.py", line 2
    for magician in magicians
                             ^
SyntaxError: expected ':'
```

파이썬은 여러분이 실수로 콜론을 누락한 건지, 아니면 더 복잡한 루프를 작성하려 하는 건지 알 수 없습니다. 하지만 인터프리터는 코드를 살펴보고 문제로 짐작되는 부분을 알려 줍니다. 여기서 expected ':'는 콜론을 누락한 것 같다는 뜻입니다. 파이썬 트레이스백을 잘 살펴보면 몇 가지 에러를 쉽게 찾고 해결책도 비교적 뚜렷이 알 수 있습니다. 하지만 트레이스백에 나오지 않는 사소한 문제일수록 찾기 어렵습니다. 딱 한 글자 틀린 걸 몇 시간 동안 찾지 못했다고 화를 낼 필요는 없습니다. **여러분만 그러는 게 아니니까요.**

4-1 피자

좋아하는 피자를 세 가지 생각하세요. 피자 이름을 리스트에 저장하고, for 루프를 써서 각 피자의 이름을 출력하세요.

- 그저 피자 이름만 출력하지 말고, for 루프를 수정해서 피자 이름이 들어간 문장을 만들어 보세요. 각 피자에 대해 "나는 페퍼로니 피자가 좋습니다." 같은 문장을 출력하세요.
- for 루프 외부, 프로그램 마지막에 여러분이 피자를 얼마나 좋아하는지 출력하는 코드를 추가하세요. 최종 결과는 여러분이 좋아하는 피자 각각에 대해 한 줄씩, 그리고 "나는 정말 피자를 사랑합니다." 같은 마무리 문구가 포함되어야 합니다.

4-2 동물

한 가지 특징을 공유하는 동물을 세 가지 이상 생각하세요. 동물 이름을 리스트에 저장하고 for 루프를 써서 각 동물의 이름을 출력하세요.

- 프로그램을 수정해서 각 동물 이름이 포함된 문장으로 바꾸세요. 예를 들어 "(이름)은 정말 훌륭한 반려 동물입니다." 같은 문장이면 됩니다.
- 프로그램 마지막에 이 동물들이 공유하는 특징을 나타내는 문장을 출력하세요. "이 동물들은 모두 훌륭한 꼬리를 가졌습니다." 같은 문장이면 충분합니다.

4.3 숫자 리스트 만들기

프로그램을 만들다 보면 숫자 집합을 저장해야 할 때가 많습니다. 예를 들어 게임의 캐릭터 위치를 추적하거나, 플레이어의 최고 점수 같은 것도 추적할 수 있습니다. 데이터 시각화에서는 거의 항상 기온, 거리, 인구, 위도와 경도 같은 숫자 집합을 다룹니다.

리스트는 특히 숫자 집합을 저장할 때 이상적입니다. 파이썬에는 숫자 리스트를 효율적으로 다룰 수 있는 도구가 많이 있습니다. 이런 도구를 효율적으로 사용하는 법을 익히면 수백만 개의 요소가 포함된 리스트도 에러 없이 잘 다룰 수 있습니다.

4.3.1 range() 함수 사용하기

range() 함수를 사용하면 일련의 숫자를 쉽게 만들 수 있습니다. 예를 들어 다음과 같이 일련의 숫자를 출력할 수 있습니다.

first_numbers.py

```
for value in range(1, 5):
    print(value)
```

이 코드는 숫자 1부터 5까지 출력할 것처럼 보이지만 5는 출력하지 않습니다.

```
1
2
3
4
```

이 예제의 range()는 1부터 4까지의 숫자만 반환했습니다. 이는 프로그래밍 언어에서 종종 마주치는 '1을 빼는' 동작 방식 때문입니다. range() 함수는 첫 번째 인수에서 시작하고 두 번째 인수에서 중지합니다. 두 번째 인수에서 중지하기 때문에 두 번째 인수(여기서는 5)는 포함되지 않습니다.

1부터 5까지의 숫자가 필요하면 range(1, 6)을 사용해야 합니다.

```
for value in range(1, 6):
    print(value)
```

이번에는 1부터 5까지의 숫자를 출력합니다.

```
1
2
3
4
5
```

range()를 사용할 때 결과가 예상과 다르다면 두 번째 인수를 1씩 조절해 보세요.

range()에 인수 하나만 넘기면 0에서 시작해 그 인수에서 멈춥니다. 예를 들어 range(6)은 0

에서 5까지의 숫자를 반환합니다.

4.3.2 range()로 숫자 리스트 생성하기

range()와 list() 함수를 조합해 숫자 리스트를 쉽게 만들 수 있습니다. list() 안에 range() 함수를 쓰기만 하면 됩니다.

앞 절의 예제에서는 일련의 숫자를 출력했습니다. list()를 사용하면 그 숫자들을 리스트로 변환합니다.

```
numbers = list(range(1, 6))
print(numbers)
```

결과는 다음과 같습니다.

```
[1, 2, 3, 4, 5]
```

또한 range() 함수는 주어진 범위의 숫자를 건너뛰는 용도로 쓸 수도 있습니다. range() 함수에 세 번째 인수를 전달하면 파이썬은 그 값을 일종의 건너뛰는 '단계'로 사용합니다.

예를 들어 1에서 10까지의 짝수 리스트는 다음과 같이 만듭니다.

even_numbers.py

```
even_numbers = list(range(2, 11, 2))
print(even_numbers)
```

이 예제의 range() 함수는 2에서 시작하고 그 값에 2를 더합니다. 마지막 값인 11에 도달하거나 통과할 때까지 계속 2를 더하므로 결과는 다음과 같습니다.

```
[2, 4, 6, 8, 10]
```

range() 함수로 만들지 못하는 숫자 리스트는 거의 없습니다. 예를 들어 1부터 10까지 숫자의 제곱square을 만든다고 합시다. 파이썬에서 제곱은 별 두 개(**)로 표현합니다. 1부터 10까지의 제곱 리스트는 다음과 같이 만듭니다.

```
squares = []
for value in range(1, 11):
    square = value ** 2  # ❶
    squares.append(square) # ❷

print(squares)
```

먼저 빈 리스트 squares로 시작합니다. 그리고 range() 함수를 써서 1에서 10까지의 숫자를 만듭니다. 루프 안에서 현재 값의 제곱을 구해 이를 square 변수에 할당합니다(❶). square 의 새 값을 squares 리스트에 추가합니다(❷). 마지막으로, 루프가 끝나면 제곱 리스트를 출력합니다.

```
[1, 4, 9, 16, 25, 36, 49, 64, 81, 100]
```

다음과 같이 임시 변수 square를 쓰지 않고 새 값을 리스트에 바로 추가하면 코드가 더 간결해집니다.

```
squares = []
for value in range(1,11):
    squares.append(value**2)

print(squares)
```

이 행은 이전 예제의 for 루프 블록과 같은 일을 하지만, 각 값을 제곱한 다음 임시 변수를 거치지 않고 바로 리스트에 추가합니다.

복잡한 리스트를 만들 때는 앞서 설명한 두 방법 중 하나를 쓸 수 있습니다. 임시 변수를 쓰면 코드를 더 쉽게 읽을 수 있지만, 그만큼 코드가 길어집니다. 먼저 목적을 잘 수행하면서도 명확하게 이해할 수 있는 코드 작성에 초점을 맞추세요. 그리고 나중에 코드를 검토할 때 더 효율적인 코드로 개선하세요.

4.3.3 숫자 리스트와 단순한 통계

숫자 리스트를 사용할 때 유용한 함수가 몇 가지 있습니다. 예를 들어 다음과 같이 숫자 리스트의 최소 값, 최대 값, 합계를 쉽게 구할 수 있습니다.

```
>>> digits = [1, 2, 3, 4, 5, 6, 7, 8, 9, 0]
>>> min(digits)
0
>>> max(digits)
9
>>> sum(digits)
45
```

NOTE 이 절에서는 책의 페이지를 고려해 짧은 리스트만 사용하지만, 리스트에 숫자가 수백만 개 있더라도 똑같이 동작합니다.

4.3.4 리스트 내포

바로 앞에서는 3~4행의 코드를 사용해 squares 리스트를 만들었습니다. **리스트 내포**list comprehension는 단 한 줄의 코드로 똑같은 리스트를 생성하는 파이썬 문법입니다. for 루프와 요소 생성 코드를 한 행에 조합하는 문법이며, 새로 생성된 요소를 자동으로 추가합니다. 일반적으로 초보자에게 리스트 내포를 설명하는 교재는 많지 않지만, 여러분이 다른 사람의 코드를 보기 시작하면 아마 항상 리스트 내포를 보게 될 테니 여기서 설명하겠습니다.

다음 예제는 이전 예제와 마찬가지로 제곱 리스트를 생성하지만, 이번에는 리스트 내포를 사용합니다.

squares.py

```
squares = [value**2 for value in range(1, 11)]
print(squares)
```

리스트 내포 문법은 먼저 squares 같은, 뜻이 분명한 리스트 이름으로 시작합니다. 다음에는 대괄호를 열고, 새 리스트에 저장할 값의 표현식을 씁니다. 이 예제에서는 값의 제곱인

value**2를 표현식으로 썼습니다. 그런 다음 표현식에 사용할 숫자를 생성하는 for 루프를 쓰고 대괄호를 닫습니다. 이 예제의 for value in range(1, 11)는 1에서 10까지의 숫자를 만들어 value**2에 전달합니다. 리스트 내포 문법에서는 for 문 마지막에 콜론을 쓰지 않습니다.

결과는 이전과 같은 제곱 리스트입니다.

```
[1, 4, 9, 16, 25, 36, 49, 64, 81, 100]
```

리스트 내포에 익숙해지려면 연습이 필요하지만 충분히 그럴 가치가 있습니다. 리스트를 작성하기 위해 3~4 행의 코드를 쓰는 게 번거롭게 느껴진다면 리스트 내포를 연습해 보세요.

연습문제

4-3 20까지 세기
for 루프를 사용해 1에서 20까지의 숫자를 출력하세요.

4-4 백만
1에서 백만까지의 숫자 리스트를 만들고, for 루프를 써서 출력하세요(잘 되고 있다는 확신이 들면 ⌈ctrl⌋+⌈C⌋를 누르거나 윈도우를 닫아서 중지해도 됩니다).

4-5 백만까지 더하기
1에서 백만까지의 숫자 리스트를 만들고, min()과 max()를 써서 리스트가 실제로 1에서 시작하고 백만에서 끝나는지 확인하세요. 그리고 sum() 함수를 써서 파이썬이 이들을 얼마나 빨리 더하는지 보세요.

4-6 홀수
range() 함수의 세 번째 인수를 써서 1에서 20까지의 홀수 리스트를 만드세요. for 루프를 써서 각 숫자를 출력하세요.

4-7 333
3에서 30까지 3의 배수 리스트를 만드세요. for 루프를 써서 각 숫자를 출력하세요.

4-8 세제곱
자신을 세 번 곱한 숫자를 세제곱cube라고 부릅니다. 2의 세제곱은 2**3으로 계산합니다. 1에서 10까지의 정수 세제곱을 리스트로 만들고, for 루프를 써서 각 값을 출력하세요.

4-9 세제곱 내포
[연습문제 4-8]을 리스트 내포 문법으로 만들어 보세요.

4.4 리스트 일부분 다루기

3장에서는 리스트의 요소 하나에 접근하는 방법을 배웠고, 이 장에서는 리스트의 모든 요소를 순회하는 방법을 배웠습니다. 더 나아가서 파이썬은 리스트의 일부분만 다루는 문법도 제공합니다. 이런 부분집합을 **슬라이스**slice라 부릅니다.

4.4.1 슬라이스 만들기

슬라이스를 만들 때는 그 범위의 인덱스를 지정하면 됩니다. range() 함수와 마찬가지로, 슬라이스 역시 두 번째 인수는 포함되지 않습니다. 예를 들어 리스트의 처음 세 요소를 슬라이스로 만들 때는 0과 3으로 지정하고, 이들은 인덱스 0, 1, 2에 일치합니다.

다음 예제는 팀의 플레이어(players) 리스트입니다.

players.py

```
players = ['charles', 'martina', 'michael', 'florence', 'eli']
print(players[0:3])
```

이 코드는 리스트 슬라이스를 출력합니다. 이 슬라이스는 리스트의 순서를 유지하면서 처음 세 명의 플레이어를 포함합니다.

```
['charles', 'martina', 'michael']
```

리스트의 어떤 부분이든 슬라이스로 만들 수 있습니다. 예를 들어 리스트의 두 번째, 세 번째, 네 번째 요소를 포함한 슬라이스를 만들 때는 인덱스 1과 4를 지정하면 됩니다.

```
players = ['charles', 'martina', 'michael', 'florence', 'eli']
print(players[1:4])
```

이 슬라이스는 martina로 시작해 florence로 끝납니다.

```
['martina', 'michael', 'florence']
```

슬라이스의 첫 번째 인덱스를 생략하면 파이썬이 자동으로 0을 사용합니다.

```
players = ['charles', 'martina', 'michael', 'florence', 'eli']
print(players[:4])
```

첫 번째 인덱스가 없으므로 인덱스 0에서 시작했습니다.

```
['charles', 'martina', 'michael', 'florence']
```

리스트의 끝까지 포함하는 슬라이스를 만들 때도 비슷한 문법을 사용합니다. 예를 들어 세 번째 요소부터 마지막까지 모든 요소를 포함하는 슬라이스를 만들 때는 인덱스 2에서 시작하고 두 번째 인덱스는 생략합니다.

```
players = ['charles', 'martina', 'michael', 'florence', 'eli']
print(players[2:])
```

다음과 같이 세 번째부터 마지막의 모든 요소가 출력됩니다.

```
['michael', 'florence', 'eli']
```

이 문법은 리스트의 길이와 관계없이 사용할 수 있습니다. 슬라이스에는 마이너스 인덱스도 사용할 수 있습니다. 예를 들어 마지막 세 명의 플레이어를 출력하고 싶다면 players[-3:] 슬라이스를 사용하면 됩니다.

```
players = ['charles', 'martina', 'michael', 'florence', 'eli']
print(players[-3:])
```

예제는 리스트의 크기와 상관없이 항상 마지막 세 명의 플레이어를 출력합니다.

> NOTE 슬라이스 문법은 세 번째 인수도 받을 수 있습니다. 세 번째 인수는 range() 함수와 마찬가지로 건너뛰는 단계를 지정합니다.

4.4.2 슬라이스 순회하기

슬라이스도 리스트와 마찬가지로 for 루프로 순회할 수 있습니다. 다음 예제는 리스트의 처음 세 명의 플레이어 이름을 출력합니다.

```
players = ['charles', 'martina', 'michael', 'florence', 'eli']

print("Here are the first three players on my team:")
for player in players[:3]: # ❶
    print(player.title())
```

예제의 ❶은 플레이어 리스트 전체가 아니라 처음 세 명의 이름만 순회합니다.

```
Here are the first three players on my team:
Charles
Martina
Michael
```

슬라이스는 다양한 상황에서 아주 유용합니다. 예를 들어 게임을 만든다면, 플레이어가 게임을 끝낼 때마다 최종 점수를 리스트에 추가합니다. 그런 다음 이 리스트를 큰 숫자부터 정렬하고, 처음 세 개의 슬라이스만 꺼내서 3위까지의 점수를 쉽게 알 수 있습니다. 데이터 집합을 다룰 때는 일정 크기로 잘라내서 분석할 수 있습니다. 웹 애플리케이션을 만들 때는 슬라이스를 써서 각 페이지에 표시될 정보의 양을 적절히 조절할 수 있습니다.

4.4.3 리스트 복사하기

기존 리스트를 기반으로 완전히 새로운 리스트를 만들어야 할 때가 자주 있습니다. 리스트를 복사하는 방법에 대해 알아보고, 리스트 복사가 유용한 상황도 살펴보겠습니다.

인덱스를 모두 생략하는 슬라이스([:]) 문법으로 리스트를 쉽게 복사할 수 있습니다. 이 슬라이스는 첫 번째 요소에서 시작해 마지막 요소에서 끝나므로 원래 리스트의 사본이나 마찬가지입니다.

좋아하는 음식 리스트를 기반으로, 친구가 좋아하는 음식 리스트를 만든다고 합시다. 이 친구는 우리가 좋아하는 리스트에 있는 음식을 전부 좋아하므로, 먼저 리스트를 복사해서 시작합시다.

foods.py

```
my_foods = ['pizza', 'falafel', 'carrot cake']
friend_foods = my_foods[:] # ❶

print("My favorite foods are:")
print(my_foods)

print("\nMy friend's favorite foods are:")
print(friend_foods)
```

먼저 좋아하는 음식 리스트 my_foods를 만듭니다. ❶에서는 인덱스 없이 슬라이스를 만드는 방식으로 my_foods의 사본을 만들어 friend_foods에 할당했습니다. 각 리스트를 출력하면 같은 음식이 포함된 걸 확인할 수 있습니다.

```
My favorite foods are:
['pizza', 'falafel', 'carrot cake']

My friend's favorite foods are:
['pizza', 'falafel', 'carrot cake']
```

다음과 같이 각 리스트에 새 음식을 추가해 보면 두 리스트가 별도의 리스트인 걸 알 수 있습니다.

```
my_foods = ['pizza', 'falafel', 'carrot cake']
friend_foods = my_foods[:] # ❶

my_foods.append('cannoli') # ❷
friend_foods.append('ice cream') # ❸

print("My favorite foods are:")
print(my_foods)

print("\nMy friend's favorite foods are:")
print(friend_foods)
```

❶에서는 이전 예제와 마찬가지로 my_foods의 사본을 만들어 friend_foods 리스트에 할당했습니다. ❷에서는 my_foods에 cannoli를 추가했고, ❸에서는 friend_foods에 ice cream을 추가했습니다. 그리고 두 리스트를 출력해서 음식이 의도대로 추가됐는지 확인합니다.

```
My favorite foods are:
['pizza', 'falafel', 'carrot cake', 'cannoli']

My friend's favorite foods are:
['pizza', 'falafel', 'carrot cake', 'ice cream']
```

이제 좋아하는 음식 리스트에 cannoli가 추가됐지만, ice cream은 추가되지 않았습니다. 또한 친구의 리스트에는 ice cream만 있고 cannoli는 없습니다. 단순히 friend_foods를 my_foods와 같은 리스트로 설정했다면 이렇게 따로 동작하지 않았을 겁니다. 예를 들어 슬라이스를 사용하지 않고 리스트를 복사한 다음 예제를 보세요.

```
my_foods = ['pizza', 'falafel', 'carrot cake']

# 예상과 다르게 동작합니다
friend_foods = my_foods

my_foods.append('cannoli')
friend_foods.append('ice cream')

print("My favorite foods are:")
print(my_foods)

print("\nMy friend's favorite foods are:")
print(friend_foods)
```

예제는 friend_foods에 my_foods의 사본을 할당하는 게 아니라 둘을 같게 설정합니다. 새 변수 friend_foods에 이미 my_foods에 할당된 리스트를 할당하므로, 두 변수가 같은 리스트를 가리키게 됩니다. 결과적으로 cannoli를 my_foods에 추가하면 friend_foods에도 추가됩니다. 마찬가지로, ice cream은 friend_foods에만 추가하는 걸로 보이지만 사실 두 리스트에 모두 추가됩니다.

결과를 보면 두 리스트가 동일함을 알 수 있습니다. 이것은 우리가 원하는 결과가 아닙니다.

```
My favorite foods are:
['pizza', 'falafel', 'carrot cake', 'cannoli', 'ice cream']

My friend's favorite foods are:
['pizza', 'falafel', 'carrot cake', 'cannoli', 'ice cream']
```

연습문제

4-10 슬라이스

이 장에서 만든 프로그램 중 하나에 코드를 추가해 다음과 같은 일을 해 보세요.

- 메시지 "리스트의 첫 세 항목은:"을 출력하세요. 그런 다음 슬라이스를 써서 해당 프로그램의 리스트 처음 세 요소를 출력하세요.
- 메시지 "리스트의 중간 세 항목은:"을 출력하세요. 그런 다음 슬라이스를 써서 리스트 중간에 있는 세 요소를 출력하세요.
- 메시지 "리스트의 마지막 세 항목은:"을 출력하세요. 그런 다음 슬라이스를 사용해 리스트의 마지막 세 요소를 출력하세요.

4-11 피자

[연습문제 4-1]에서 시작합니다. 피자 리스트를 복사해서 friend_pizzas에 할당하고 다음과 같이 하세요.

- 원래 리스트에 새 피자를 추가하세요.
- friend_pizzas 리스트에 다른 피자를 추가하세요.
- 리스트 두 개가 별개임을 확인하세요. 메시지 "내가 좋아하는 피자는:"을 출력한 다음 for 루프를 사용해 첫 번째 리스트를 출력하세요. 메시지 "내 친구가 가장 좋아하는 피자는:"을 출력한 다음 for 루프를 써서 두 번째 리스트를 출력하세요. 새로 추가한 피자가 리스트에 추가됐는지 확인하세요.

4-12 루프 연습

이 절의 foods.py는 for 루프를 사용하지 않았습니다. foods.py를 하나 고르고, for 루프 두 개를 써서 리스트를 출력하세요.

---

1 옮긴이_ friend_foods = my_foods를 Friend_foods = my_foods[:]로 수정했던 예제 참고

4.5 튜플

리스트는 프로그램이 실행되는 동안 변할 수 있는 컬렉션을 저장하기에 적합합니다. 웹사이트의 사용자, 게임의 캐릭터를 관리할 때는 리스트의 동적인 성질이 중요합니다. 하지만 때때로 변해서는 안 되는 리스트가 필요할 때가 있습니다. 이런 용도에는 튜플을 사용합니다. **불변** immutable은 변하지 않는다는 뜻이며, 파이썬에는 불변 리스트인 **튜플** tuple이 있습니다.

4.5.1 튜플 정의하기

튜플은 정의할 때 대괄호 대신 괄호를 사용한다는 점을 제외하면 리스트와 똑같습니다. 튜플을 정의하면 리스트와 마찬가지로 인덱스를 통해 개별 요소에 접근할 수 있습니다.

예를 들어 크기가 일정해야 하는 사각형이 있다면, 다음과 같이 가로 세로를 튜플에 담아 크기를 일정하게 유지할 수 있습니다.

dimensions.py

```
dimensions = (200, 50)
print(dimensions[0])
print(dimensions[1])
```

먼저 대괄호 대신 괄호를 써서 튜플 `dimensions`를 정의합니다. 그런 다음 리스트의 개별 요소에 접근한 것과 마찬가지로 문법을 써서 튜플의 각 요소를 출력합니다.

```
200
50
```

`dimensions` 튜플의 요소를 변경해 봅시다.

```
dimensions = (200, 50)
dimensions[0] = 250
```

이 코드는 튜플의 첫 번째 값을 변경하려 하지만 파이썬은 타입 에러를 일으킵니다. 이 코드는 튜플을 수정하려 하지만, 튜플은 불변 객체이므로 다음과 같이 할당이 불가능하다고 알립니다.

```
Traceback (most recent call last):
  File "dimensions.py", line 2, in <module>
    dimensions[0] = 250
    ~~~~~~~~~~^^^
TypeError: 'tuple' object does not support item assignment
```

바꿔서는 안 되는 걸 바꾸려 할 때 에러가 나는 것은 실수를 만회할 기회를 주는 것이므로 여러 모로 좋습니다.

> **NOTE** 엄밀히 말해 튜플은 콤마로 정의하며, 튜플을 감싼 괄호는 읽기 쉽게 만드는 수단입니다. 요소가 하나뿐인 튜플을 정의하고 싶을 때는 다음과 같이 콤마로 끝나는 표현식이 필요합니다.

```
my_t = (3,)
```

요소가 하나뿐인 튜플을 만들 일은 거의 없겠지만, 자동으로 생성하다 보면 이런 일이 생길 수 있습니다.

4.5.2 튜플 순회하기

리스트와 마찬가지로 for 루프를 써서 튜플의 값을 순회할 수 있습니다.

```
dimensions = (200, 50)
for dimension in dimensions:
    print(dimension)
```

파이썬은 리스트와 마찬가지로 튜플의 모든 요소를 반환합니다.

```
200
50
```

4.5.3 튜플 덮어쓰기

튜플을 변경하는 건 불가능하지만, 튜플을 가리키는 변수에 새 값을 할당하는 건 가능합니다.
예를 들어 불변인 사각형의 크기를 바꿀 때는 튜플 전체를 재정의하면 됩니다.

```python
dimensions = (200, 50)
print("Original dimensions:")
for dimension in dimensions:
    print(dimension)

dimensions = (400, 100)
print("\nModified dimensions:")
for dimension in dimensions:
    print(dimension)
```

처음 네 줄은 튜플을 정의하고 크기의 초기 값을 출력합니다. 그런 다음 dimensions 변수에
새 튜플을 할당하고, 새 값을 출력했습니다. 변수에 값을 다시 할당하는 건 유효한 문법이므로
이번에는 에러가 일어나지 않습니다.

```
Original dimensions:
200
50

Modified dimensions:
400
100
```

튜플은 리스트보다 단순한 데이터 구조입니다. 프로그램이 실행되는 동안 바뀌면 안 되는 값은
튜플에 저장하세요.

4-13 뷔페

다섯 가지 기본적인 음식만 제공하는 레스토랑이 있습니다. 다섯 가지 음식을 튜플에 저장하세요.

- for 루프를 써서 레스토랑의 음식을 출력하세요.

- 음식 중 하나를 수정하고 에러가 생기는지 확인하세요.

- 레스토랑이 기본 메뉴를 변경해서 음식 두 가지를 다른 음식으로 교체했습니다. 튜플에 재할당하는 코드를 추가하고, for 루프를 써서 변경된 메뉴를 출력하세요.

4.6 코드 스타일

작성하는 프로그램이 길어질수록 일관성 있는 코드 스타일을 익히는 게 좋습니다. 코드는 가능한 한 읽기 쉽게 만드는 게 좋습니다. 코드를 읽기 쉬우면 프로그램이 무슨 일을 하는지도 알기 쉽고, 다른 사람들도 여러분의 코드를 쉽게 이해할 수 있습니다.

파이썬 프로그래머들은 서로가 코드를 읽기 쉽게 몇 가지 코드 스타일 가이드를 만들었습니다. 모든 사람이 동일한 가이드를 따른다면, 누구의 코드인지 상관없이 더 쉽게 서로의 코드를 이해할 수 있습니다. 언젠가 전문 프로그래머가 되고 싶다면 가능한 한 빨리 이 가이드를 숙지하고 좋은 습관을 몸에 익히세요.

4.6.1 스타일 가이드

파이썬을 개선하고 싶은 아이디어는 **파이썬 개선 제안**Python Enhancement Proposal(PEP)으로 모입니다. **PEP 8**은 가장 오래된 PEP로 코드 스타일에 관한 가이드입니다. PEP 8은 아주 길지만, 이미 우리가 앞에서 봤던 코드 구조가 조금 복잡해졌을 뿐입니다.

파이썬 스타일 가이드는 코드를 작성하는 시간보다 이를 읽고 이해하는 데 걸리는 시간이 더 길다는 사실을 바탕으로 만들어졌습니다. 코드 작성은 한 번이지만, 스스로 디버깅을 하면서 코드를 다시 읽고 프로그램에 기능을 추가할 때도 다시 읽어야 합니다. 심지어 코드를 여러 사람과 공유하며 작업한다면, 더욱더 읽기 좋아야 합니다.

작성하기 편한 코드와 읽기 쉬운 코드 중에서 하나를 고르라고 하면, 파이썬 프로그래머는 거의 항상 읽기 쉬운 코드를 선택합니다. 다음 가이드를 잘 기억하면 처음부터 더 명확한 코드를 작성할 수 있습니다.

4.6.2 들여쓰기

PEP 8은 들여쓰기를 공백 네 칸으로 정했습니다. 공백 네 칸은 들여쓰기가 더 필요할 때를 대비해 공간을 남겨 두면서도 가독성이 개선됩니다.

워드 프로세서를 사용할 때는 대개 [Space] 보다 [Tab]을 많이 사용합니다. 워드 프로세서에서는 아무 문제 없지만, 파이썬에서 탭과 공백을 섞어 쓰면 파이썬 인터프리터가 여러분의 의도를 정확히 파악하지 못합니다. 대부분의 텍스트 에디터는 [Tab]을 눌렀을 때 이를 일정한 공백으로 변환하는 기능을 제공합니다. [Space]를 네 번 누르는 것보다는 [Tab]을 한 번 누르는 게 훨씬 생산적이므로 이 기능을 에디터 설정에서 확인해 탭 대신 공백이 삽입되도록 하세요.

4.6.3 행 길이

대부분의 파이썬 프로그래머는 각 행의 길이가 80자 미만이어야 한다고 권합니다. 사실 이 가이드는 대부분의 컴퓨터가 터미널의 한 행에 79자만 표시할 수 있었던 과거에 확립됐습니다. 최근 컴퓨터는 한 행에 훨씬 많은 글자를 표시할 수 있지만, 79자의 표준을 고수해야 하는 다른 이유가 있습니다.

전문 프로그래머는 한 화면에 여러 개의 파일을 열어 두고 작업할 때가 많습니다. 행 길이 표준을 지키면 파일 두세 개를 한 화면에서 비교할 수 있습니다. PEP 8은 또한 모든 주석 행을 72자로 제한하길 권합니다. 큰 프로젝트에서 자동으로 문서를 생성하는 도구들이 주석 처리된 행의 시작 부분에 특수 문자를 추가하는 방식으로 동작하기 때문입니다.

PEP 8 가이드가 한 행의 길이를 무조건 79자 이하로 제한하라고 강요하는 건 아닙니다. 이건 가이드일 뿐이며, 99자를 선호하는 팀도 있습니다. 배우는 동안에는 한 행의 길이에 너무 얽매지 않아도 됩니다. 다만, 협업하는 사람들은 대부분 PEP 8 가이드를 따른다는 것만 기억해 두세요. 대부분의 에디터는 이런 행 길이 제한을 세로 줄 형태의 단서로 제공하는 기능이 있습니다.

NOTE 부록 B '텍스트 에디터와 IDE'에서 `Tab` 을 누를 때마다 공백 네 칸을 삽입하고, 79자 제한을 준수하는 데 필요한 세로선을 설정하는 법을 설명합니다.

4.6.4 빈 줄

빈 줄을 사용해 프로그램을 그룹처럼 보이게 만들 수 있습니다. 빈 줄을 사용해 파일을 정돈하는 게 좋지만, 과하지 않게 해야 합니다. 이 책에서 제시하는 예제를 보면 적절한 균형을 찾을 수 있을 겁니다. 예를 들어 리스트를 만드는 다섯 줄의 코드가 있고, 그 리스트를 사용하는 다른 세 줄의 코드가 있다면 그 사이에 빈 줄을 삽입하는 게 적절합니다. 빈 줄을 한 줄이 아닌 서너 줄을 넣는 것은 오히려 가독성을 떨어뜨립니다.

빈 줄은 코드 실행에는 아무 영향이 없지만, 코드의 가독성을 높일 수 있습니다. 파이썬 인터프리터는 들여쓰기를 통해 코드의 의미를 해석하지만 빈 줄은 무시합니다.

4.6.5 다른 스타일 가이드

PEP 8에는 이 외에도 여러 가지 스타일 가이드가 있지만, 이 시점에서 배우지 않은 내용에 관한 것들입니다. 더 복잡한 파이썬 프로그램을 만들게 되면 PEP 8의 관련 가이드도 함께 소개하겠습니다.

연습문제

4-14 PEP 8

*https://python.org/dev/peps/pep-0008*에 있는 PEP 8 스타일 가이드를 훑어보세요. 지금 당장은 별 연관이 없지만, 한번 훑어보면 흥미로운 부분도 있을 겁니다.

4-15 코드 리뷰

이 장에서 만든 프로그램 중 세 개를 골라 PEP 8을 준수하도록 수정하세요.

- 들여쓰기는 공백 네 칸으로 통일하세요. `Tab` 을 누를 때마다 공백 네 칸을 삽입하도록 텍스트 에디터를 설정하면 됩니다. 부록 B '텍스트 에디터와 IDE'를 참고하세요.
- 각 행에 80자 미만의 코드만 사용하고, 80번째 글자에 세로선이 표시되도록 에디터를 설정하세요.
- 프로그램 안에서 빈 줄을 과도하게 사용하지 마세요.

4.7 요약 정리

이 장에서는 리스트 요소를 효율적으로 다루는 방법을 배웠습니다. for 루프를 통해 리스트를 순회하는 방법, 파이썬이 들여쓰기를 통해 프로그램 구조를 인식한다는 사실과 자주 일어나는 들여쓰기 에러를 방지하는 방법을 배웠습니다. 그리고 간단한 숫자 리스트를 만드는 법을 알아보았고, 숫자 리스트에 쓸 수 있는 계산도 몇 가지 알아보았습니다. 또한 슬라이스를 써서 리스트의 일부를 추출하는 방법, 슬라이스를 사용해 리스트를 복사하는 방법을 살펴봤습니다. 마지막으로 변경해선 안 되는 값을 일정 수준까지는 보호하는 튜플에 대해 배웠고, 점점 복잡해지는 코드를 읽기 쉽게 만드는 스타일 가이드에 대해서도 배웠습니다.

5장에서는 if 문을 사용해 조건에 따라 동작하는 방법을 배웁니다. 조건 테스트를 연결해서 상황이나 정보에 맞게 동작하는 프로그램을 만듭니다. 또한 if 문을 루프와 함께 사용하는 방법도 배웁니다.

if 문

프로그래밍에서는 여러 조건을 체크하고 그 조건에 따라 어떤 행동을 취할지 결정할 때가 많습니다. 이제 if 문을 사용해 볼 차례입니다.

이 장에서는 조건 테스트(if 문)에 대해 배웁니다. 단순한 if 문을 만드는 법, if 문을 연결해 원하는 조건을 정확히 판단하는 법을 배웁니다. 그리고 이 개념을 리스트에 적용해, 보통 한 가지 방식으로만 처리했던 리스트에서 특정 요소를 다른 방식으로 처리하는 방법을 배웁니다.

5.1 간단한 예제

다음 예제는 if 문을 사용해 상황에 맞게 대응하는 예제입니다. 자동차 리스트가 있고 각 자동차 이름을 출력하고 싶다고 합시다. 자동차 이름은 고유명사이므로 대부분의 자동차 이름은 첫 글자만 대문자로 출력해야 하지만, BMW는 예외로 전체를 대문자로 출력해야 합니다. 다음 코드는 자동차 이름 리스트(cars)를 순회하면서 값이 bmw인지 확인하고 값이 bmw이면 전체를 대문자로 출력합니다.

cars.py

```
cars = ['audi', 'bmw', 'subaru', 'toyota']

for car in cars:
    if car == 'bmw':   # ❶
        print(car.upper())
    else:
        print(car.title())
```

이 예제의 루프는 먼저 car의 현재 값이 bmw인지 체크하고(❶), 그렇다면 값을 대문자로 출력합니다. car의 값이 bmw가 아니라면 첫 글자만 대문자로 출력합니다.

```
Audi
BMW
Subaru
Toyota
```

이 예제에는 이 장에서 배울 여러 개념이 조합되어 있습니다. 프로그램에서 조건을 체크하기 위해 사용할 테스트에 어떤 것들이 있는지부터 알아봅시다.

5.2 조건 테스트

if 문의 핵심은 True 또는 False로 평가되는 표현식이며, 이를 **조건 테스트**conditional test라고도 부릅니다. 파이썬은 그 값인 True나 False에 따라 if 문 내부의 코드를 실행할지 결정합니다. 조건 테스트가 True로 평가되면 if 문 다음에 있는 코드를 실행합니다. 테스트가 False로 평가되면 if 문 다음의 코드를 무시합니다.

5.2.1 동일성 확인하기

대부분의 조건 테스트는 변수의 현재 값을 특정 값과 비교합니다. 가장 단순한 조건 테스트는 다음과 같이 변수 값이 어떤 값과 동일한지 확인하는 형태입니다.

```
>>> car = 'bmw'
>>> car == 'bmw'
True
```

첫 행은 등호 하나만 써서 car에 bmw를 할당합니다. 이미 많이 본 문법입니다. 다음 행은 등호 두 개(==)를 써서 car의 값이 bmw인지 확인합니다. 이 **동등 연산자**equality operator는 연산자의 왼쪽과 오른쪽 값이 일치하면 True를 반환하고, 그렇지 않으면 False를 반환합니다. 이 예제에서는 두 값이 일치하므로 True를 반환합니다.

car의 값이 bmw가 아니면 False를 반환합니다.

```
>>> car = 'audi'
>>> car == 'bmw'
False
```

등호 하나는 하나의 문장이나 다름없습니다. 예제의 첫 행은 'car의 값을 audi로 정한다'는 뜻입니다. 반면 등호 두 개는 'car의 값이 bmw와 같은가?'라는 질문입니다. 대부분의 프로그래밍 언어는 등호를 이런 식으로 사용합니다.

5.2.2 동일성을 체크할 때 대소문자 무시하기

파이썬은 동일성을 확인할 때 대소문자를 구분하므로, 철자가 같아도 대소문자 구성이 다른 값은 일치하지 않는다고 판단합니다.

```
>>> car = 'Audi'
>>> car == 'audi'
False
```

대개는 대소문자 구분이 중요하므로 이런 방식이 좋습니다. 하지만 대소문자 구분이 중요하지 않은 경우에는 다음과 같이 비교하기 전에 변수의 값을 소문자로 변환할 수 있습니다.

```
>>> car = 'Audi'
>>> car.lower() == 'audi'
True
```

이 테스트의 비교 대상은 모두 소문자이므로, Audi의 대소문자 구성과 상관없이 True를 반환합니다. lower() 메서드는 car에 원래 저장된 바꾸지 않아 유용하게 사용할 수 있습니다.

```
>>> car = 'Audi'
>>> car.lower() == 'audi'
True
>>> car
'Audi'
```

예제는 먼저 변수 car에 문자열 Audi를 할당합니다. 그런 다음 car의 값을 소문자로 바꾸고,

마찬가지로 소문자인 문자열 audi와 비교합니다. 두 문자열이 일치하므로 파이썬은 True를 반환합니다. 그리고 예제를 통해 car에 저장된 실제 값이 lower() 메서드로 변하지 않는다는 것도 확인했습니다.

웹사이트는 이와 비슷한 방식을 써서 사용자가 입력하는 데이터를 일관적으로 관리합니다. 예를 들어 이와 비슷한 조건 테스트를 써서, 모든 사용자가 완전히 고유한 사용자 이름을 갖게 하고 대소문자 조합이 일치하는 비슷한 사용자 이름은 쓸 수 없게 만듭니다. 사용자가 사용자 이름을 전송하면, 새 사용자 이름을 소문자로 변환해서 기존 사용자 이름의 소문자 버전 전체와 비교합니다. 따라서 사용자 이름 john이 이미 있다면 John은 거부됩니다.

5.2.3 불일치 확인하기

두 값이 다른지 확인할 때는 **불일치 연산자**inequality operator인 !=를 사용합니다. 이번에는 불일치 연산자를 사용하는 if 문을 만들어 봅시다. 주문받은 피자 토핑(topping)을 변수에 저장하고 고객이 안초비를 주문했는지 확인하는 메시지를 출력합니다.

toppings.py

```
requested_topping = 'mushrooms'

if requested_topping != 'anchovies':
    print("Hold the anchovies!")
```

이 코드는 requested_topping의 값을 anchovies와 비교합니다. 두 값이 일치하지 않으면 파이썬은 조건을 True로 평가하고 if 문 다음의 코드를 실행합니다. 두 값이 일치하면 조건을 False로 평가하고 if 문 다음의 코드를 무시합니다.

requested_topping의 값이 anchovies가 아니므로 print() 함수를 실행합니다.

```
Hold the anchovies!
```

대부분의 조건 표현식은 일치하는지 확인하지만, 때때로 일치하지 않는지 확인하는 게 더 효율적일 수도 있습니다.

5.2.4 숫자 비교하기

숫자 값 비교는 아주 단순합니다. 다음 코드는 나이(age) 18세인지 확인합니다.

```
>>> age = 18
>>> age == 18
True
```

두 숫자가 서로 다른지도 확인할 수 있습니다. 예를 들어 다음 코드는 답(answer)이 틀렸을 경우 메시지를 출력합니다.

magic_number.py

```
answer = 17
if answer != 42:
    print("That is not the correct answer. Please try again!")
```

answer의 값 17은 42와 다르므로 조건 테스트를 통과합니다. 테스트를 통과했으므로 들여 쓴 코드 블록이 실행됩니다.

```
That is not the correct answer. Please try again!
```

이상, 이하, 미만, 초과 같은 조건도 테스트할 수 있습니다.

```
>>> age = 19
>>> age < 21
True
>>> age <= 21
True
>>> age > 21
False
>>> age >= 21
False
```

각 연산자는 if 문의 일부로 사용해 조건을 정확히 테스트할 수 있습니다.

5.2.5 여러 조건 확인하기

동시에 여러 가지 조건을 확인하고 싶을 때도 있습니다. 두 가지 조건이 모두 True일 때만 동작을 수행하거나, 둘 중 하나만 True여도 동작을 수행해야만 할 때가 있습니다. 이런 상황에 and, or를 쓸 수 있습니다.

모두 만족해야 하는 and

and 키워드와 조건 테스트를 조합하면 두 조건이 모두 True인지 확인할 수 있습니다. 두 조건이 모두 통과하면 전체 표현식이 True로 평가됩니다. 두 조건 중 하나라도 실패하면 표현식은 False로 평가됩니다.

예를 들어 다음 테스트는 두 사람이 모두 21세 이상인지 확인합니다.

```
>>> age_0 = 22
>>> age_1 = 18
>>> age_0 >= 21 and age_1 >= 21 # ❶
False
>>> age_1 = 22 # ❷
>>> age_0 >= 21 and age_1 >= 21
True
```

먼저 두 가지 나이 age_0과 age_1을 정의합니다. 그리고 ❶에서 두 나이가 모두 21보다 큰지 확인합니다. 왼쪽 테스트는 통과하지만 오른쪽 테스트는 실패하므로, 전체 조건 표현식은 False로 평가됩니다. 그런 다음 ❷에서 age_1을 22로 바꿉니다. 이제 age_1의 값이 21 이상이므로 개별 테스트가 모두 통과하고, 따라서 전체 조건 표현식도 True로 평가됩니다.

가독성을 높이기 위해 개별 테스트 주위에 괄호를 사용할 수 있지만 필수는 아닙니다. 괄호를 사용한 테스트는 다음과 같은 모습입니다.

```
(age_0 >= 21) and (age_1 >= 21)
```

하나만 만족해도 되는 or

or 키워드 역시 여러 조건을 한 번에 테스트하지만, 개별 테스트 중 하나만 통과해도 전체 테스트가 통과합니다. or 표현식은 두 테스트가 모두 실패할 때만 실패합니다.

이번에는 둘 중 하나라도 21세 이상인지 체크합니다.

```
>>> age_0 = 22
>>> age_1 = 18
>>> age_0 >= 21 or age_1 >= 21 # ❶
True
>>> age_0 = 18
>>> age_0 >= 21 or age_1 >= 21 # ❷
False
```

이번에도 나이 변수 두 개를 정의합니다. ❶에서는 age_0이 통과했으므로 전체 표현식이 True로 평가됩니다. 그런 다음 age_0을 18로 낮춥니다. ❷의 마지막 테스트에서는 두 테스트가 모두 실패했으므로 전체 표현식이 False로 평가됩니다.

5.2.6 값이 리스트에 있는지 확인하기

어떤 값이 리스트에 들어 있는지 확인해야 할 때도 있습니다. 예를 들어 웹사이트에서는 사용자 이름을 등록하기 전에 그 이름이 현재 사용자 이름 리스트에 이미 존재하는지 확인해야 합니다. 지도 프로젝트라면 제출된 위치가 이미 알고 있는 위치와 중복인지 확인해야 합니다.

값이 리스트에 존재하는지 확인할 때는 in 키워드를 사용합니다. 피자 전문점에서 사용할 법한 코드를 만들어 봅시다. 고객이 요청한 토핑 리스트(requested_toppings)를 만든 다음, 특정 토핑이 리스트에 있는지 확인합니다.

```
>>> requested_toppings = ['mushrooms', 'onions', 'pineapple']
>>> 'mushrooms' in requested_toppings
True
>>> 'pepperoni' in requested_toppings
False
```

예제의 in 키워드는 requested_toppings 리스트에 mushrooms와 pepperoni가 존재하는지 확인합니다. 핵심적인 값 리스트를 만들어 둔 다음 빠진 값이 있는지 확인할 때 이런 방법을 쓸 수 있습니다.

5.2.7 값이 리스트에 없는지 확인하기

반대의 경우에는 not 키워드를 사용합니다. 예를 들어 포럼에 글을 올리지 못하게 차단된 사용자 리스트(banned_users)가 있다고 합시다. 사용자가 글을 올리기 전에 해당 사용자가 차단됐는지 다음과 같이 확인할 수 있습니다.

banned_users.py

```
banned_users = ['andrew', 'carolina', 'david']
user = 'marie'
if user not in banned_users:
    print(f"{user.title()}, you can post a response if you wish.")
```

user의 값이 banned_users 리스트에 없으면 파이썬은 들여 쓴 코드를 실행합니다.

사용자 marie는 banned_users 리스트에 들어 있지 않으므로 글을 올릴 수 있다는 응답을 받습니다.

```
Marie, you can post a response if you wish.
```

5.2.8 불리언 표현식

프로그래밍을 배우다 보면 언젠가 **불리언 표현식**boolean expression이라는 용어를 듣게 될 겁니다. 불리언 표현식은 사실 조건 테스트와 같은 뜻입니다. **불리언 값**boolean value은 조건 표현식의 평가 결과와 마찬가지로 True 또는 False입니다.

불리언 값은 게임이 실행 중인지 확인하거나, 웹사이트에서 사용자가 콘텐츠를 편집할 권한이 있는지 같은 조건을 저장할 때 자주 사용합니다.

```
game_active = True
can_edit = False
```

불리언 값을 활용하면 프로그램에서 중요한 상태나 조건을 효율적으로 관리할 수 있습니다.

연습문제

5-1 조건 테스트

조건 테스트를 만듭니다. 각 테스트에 대해 설명하고, 결과를 예측하는 문장을 만드세요. 코드는 다음과 같은 형태여야 합니다.

```
car = 'subaru'
print("Is car == 'subaru'? I predict True.")
print(car == 'subaru')

print("\nIs car == 'audi'? I predict False.")
print(car == 'audi')
```

- 결과를 자세히 보고, 각 행이 True 또는 False로 평가된 이유를 정확히 이해하세요.
- 테스트를 최소 10개 이상 만드세요. True로 평가되는 테스트가 최소 5개, False로 평가되는 테스트가 최소 5개 있어야 합니다.

5-2 더 많은 조건 테스트

테스트 10개로 만족하지 마세요. 비교를 더 연습해 보고 싶으면 테스트를 더 많이 만들어 conditional_tests.py에 추가하세요. 다음 각각에 대해 True와 False가 최소 하나씩은 있어야 합니다.

- 문자열에 대한 동일성 테스트와 비동일성 테스트
- lower() 메서드를 사용한 테스트
- 일치, 불일치, 이상, 이하, 초과, 미만이 모두 포함된 산술 비교 테스트
- and 키워드와 or 키워드를 사용한 테스트
- 요소가 리스트에 있는지 확인하는 테스트
- 요소가 리스트에 없는지 확인하는 테스트

5.3 if 문

조건 테스트에 대해 이해했다면 이제 if 문을 배울 차례입니다. if 문은 여러 종류가 있으며, 그중 뭘 사용할지는 여러분이 테스트하려는 조건에 따라 다릅니다. 조건 테스트에 대해 설명하면서 여러 가지 if 문을 봤지만, 이제 좀 더 깊이 알아봅시다.

5.3.1 단순한 if 문

if 문의 가장 단순한 형태는 다음과 같이 테스트 하나, 행동 하나입니다.

```
if conditional_test:
    do something
```

첫 행에는 어떤 조건 테스트라도 넣을 수 있고, 테스트 다음의 들여 쓴 블록에는 거의 모든 코드를 쓸 수 있습니다. 조건 테스트가 True로 평가되면 파이썬은 if 문 다음의 코드를 실행합니다. 테스트가 False로 평가되면 if 문 다음의 코드를 무시합니다.

한 사람의 나이를 나타내는 변수가 있고, 그 사람이 투표할 수 있는 나이인지 알고 싶다고 합시다. 다음 코드는 그 사람이 투표할 수 있는지 테스트합니다.

voting.py

```
age = 19
if age >= 18:
    print("You are old enough to vote!")
```

예제는 age의 값이 18 이상인지 확인합니다. 18 이상이라면 들여 쓴 print()를 호출합니다.

```
You are old enough to vote!
```

for 루프와 마찬가지로 if 문에서도 들여쓰기가 중요합니다. 테스트가 통과하면 if 문 다음에 들여 쓴 행이 모두 실행되고, 테스트가 실패하면 들여 쓴 행을 모두 무시합니다.

if 문 다음의 블록에는 코드를 원하는 만큼 쓸 수 있습니다. 이번에는 투표할 수 있는 나이가 된 사람에게 투표에 등록했는지 묻는 출력을 추가해 봅시다.

```
age = 19
if age >= 18:
    print("You are old enough to vote!")
    print("Have you registered to vote yet?")
```

조건 테스트가 통과했고 print()는 모두 들여 썼으므로 두 행이 모두 출력됩니다.

```
You are old enough to vote!
Have you registered to vote yet?
```

여기서 **age**의 값이 18보다 작았다면 아무것도 출력되지 않습니다.

5.3.2 if—else 문

조건 테스트의 통과 여부에 따라 두 상황 모두 동작해야 할 때가 있습니다. 이럴 때는 **if-else** 문을 사용합니다. **if-else** 문은 단순한 **if** 문과 비슷하며, **else** 블록을 써서 조건 테스트가 실패했을 때 할 행동을 지정합니다.

투표할 나이가 된 사람에게는 똑같은 메시지를 출력하고, 아직 투표할 나이가 되지 않은 사람에게는 다른 메시지를 출력하겠습니다.

```
age = 17
if age >= 18: # ❶
    print("You are old enough to vote!")
    print("Have you registered to vote yet?")
else: # ❷
    print("Sorry, you are too young to vote.")
    print("Please register to vote as soon as you turn 18!")
```

조건 테스트가 통과하면 ❶ 들여 쓴 첫 번째 블록이 실행됩니다. 테스트가 False로 평가되면 ❷의 else 블록이 실행됩니다. 이번에는 **age**가 18 미만이므로 조건 테스트가 실패하고 else 블록이 실행됩니다.

```
Sorry, you are too young to vote.
Please register to vote as soon as you turn 18!
```

이 코드는 경우의 수가 단 둘뿐이므로 항상 예상대로 동작합니다. 사람은 18세 이상이거나 18세 미만일 뿐, 다른 경우는 없습니다. 이렇게 경우의 수가 단 둘뿐일 때는 **if-else** 문이 잘 동작합니다.

5.3.3 if-elif-else 문

경우의 수가 셋 이상일 때도 있으며, 이럴 때는 if-elif-else 문을 사용합니다. 파이썬은 if-elif-else 문의 블록 중 단 하나만 실행합니다. 파이썬은 각 조건 테스트를 순서대로 실행하며 통과하는 테스트가 있을 때까지 계속합니다. 테스트가 통과하면 해당 테스트 다음의 코드를 실행하고 나머지 테스트는 건너뜁니다.

실제 현실에서 일어나는 상황에서는 경우의 수가 여럿 있을 때가 많습니다. 예를 들어 나이에 따라 입장료가 다른 놀이공원이 있다고 합시다.

- 4세 미만은 무료입니다.
- 4세 이상 18세 미만은 25달러입니다.
- 18세 이상은 40달러입니다.

이럴 경우 if 문을 어떻게 사용해야 입장료를 책정할 수 있을까요? 손님의 나이를 확인하고 그에 맞는 입장료를 출력해 봅시다.

amusement_park.py

```
age = 12
if age < 4: # ❶
    print("Your admission cost is $0.")
elif age < 18: # ❷
    print("Your admission cost is $25.")
else: # ❸
    print("Your admission cost is $40.")
```

❶의 if는 먼저 손님이 4세 미만인지 테스트합니다. 테스트가 통과하면 메시지를 출력하고 나머지 테스트는 건너뜁니다. ❷의 elif는 사실 if와 다를 바가 없지만, 앞에 테스트가 실패할 때만 실행된다는 점이 다릅니다. 첫 번째 테스트가 실패했으므로 이 시점에서 그 손님은 최소 4세 이상입니다. 손님이 18세 미만이면 그에 맞는 메시지를 출력하고 else 블록은 건너뜁니다. if와 elif가 모두 실패하면 ❸의 else 블록을 실행합니다.

이 예제에서 ❶의 if 테스트는 False로 평가되므로 해당 코드 블록은 실행되지 않습니다. 하지만 12는 18 미만이므로 elif 테스트는 True로 평가되어 해당 코드가 실행됩니다. 결과는 다음과 같이 입장료를 안내하는 문장입니다.

```
Your admission cost is $25.
```

17세를 초과하는 손님은 첫 번째와 두 번째 테스트가 실패합니다. 이런 경우 else 블록이 실행되어 40달러의 입장료를 안내합니다.

if-elif-else 문 안에서 입장료를 출력하는 것보다는, 다음과 같이 if-elif-else 문 안에서는 입장료를 저장만 하고, 평가가 끝난 후 print()를 하나만 쓰는 편이 더 간결합니다.

```
age = 12

if age < 4:
    price = 0
elif age < 18:
    price = 25
else:
    price = 40

print(f"Your admission cost is ${price}.")
```

들여 쓴 행은 손님의 나이에 따라 price의 값을 결정합니다. if-elif-else 문 안에서 입장료를 결정한 다음 들여 쓰지 않은 print()를 호출해 손님의 입장료를 출력합니다.

이 코드는 이전 예제와 같은 결과를 출력하지만 if-elif-else 문이 하는 일을 단순하게 만들었습니다. 이제 입장료를 결정하고 메시지를 출력하는 두 가지 일을 하는 게 아니라 입장료를 결정하기만 합니다. 수정한 코드는 더 효율적일 뿐만 아니라, 원래 코드보다 수정하기도 더 쉽습니다. 메시지를 바꾸고 싶으면 if-elif-else 안에서 print()를 세 번 바꿀 필요 없이 마지막에 있는 print()만 바꾸면 됩니다.

5.3.4 여러 개의 elif 블록 쓰기

elif 블록은 원하는 만큼 사용할 수 있습니다. 예를 들어 놀이공원에서 고령자에게 입장료를 인하한다고 하면, 손님이 고령자인지 확인하는 조건 테스트를 추가하기만 하면 됩니다. 65세 이상이면 입장료를 절반으로 할인한다고 합시다.

```
age = 12

if age < 4:
    price = 0
elif age < 18:
    price = 25
elif age < 65:
    price = 40
else:
    price = 20

print(f"Your admission cost is ${price}.")
```

바뀐 부분은 거의 없습니다. 두 번째 elif 블록은 손님에게 성인 입장료인 40달러를 책정하기 전에 65세 미만인지 체크합니다. 이번에는 else 블록에서 책정하는 입장료가 20달러로 바뀌었습니다. 여기까지 내려왔다면 손님은 65세 이상이기 때문입니다.

5.3.5 else 블록 생략하기

if-elif 문 마지막에 꼭 else 블록을 써야 하는 건 아닙니다. else 블록이 유용할 때도 있지만, elif 블록이 코드의 의미를 더 잘 표현할 수도 있습니다.

```
age = 12

if age < 4:
    price = 0
elif age < 18:
    price = 25
elif age < 65:
    price = 40
elif age >= 65:
    price = 20

print(f"Your admission cost is ${price}.")
```

이 코드의 마지막 elif 블록은 손님이 65세 이상일 때 입장료를 20달러로 책정합니다. 이 코드는 이전 예제보다 의도가 더 명확히 드러납니다. 또한 모든 코드 블록이 특정 테스트를 통과해야만 실행되게 바뀌었습니다.

else 블록은 말하자면 폴백catch-all 문입니다. else 블록은 특정한 if나 elif 조건에 맞지 않는 모든 경우에 실행되는데, 이렇게 할 경우 유효하지 않은 데이터가 들어오거나 심지어 악의적인 데이터가 들어올 수도 있습니다. 테스트할 마지막 조건이 있다면 else 블록 대신 elif 블록으로 끝내는 게 좋습니다. 이렇게 하면 코드가 정확한 조건으로만 실행되게 만들 수 있습니다.

5.3.6 여러 조건 테스트하기

if-elif-else 문은 강력하지만, 통과할 테스트가 단 하나일 경우에 적합합니다. 파이썬은 if-elif-else 문에서 통과하는 테스트를 찾는 즉시 나머지 테스트를 건너뜁니다. 이런 동작 방식은 효율적이기도 하고, 원하는 조건을 정확히 테스트한다는 장점도 있습니다.

하지만 때로는 여러 조건을 모두 체크하는 게 중요할 때도 있습니다. 이럴 때는 elif나 else 블록 없이 if 문을 연속해서 써야 합니다. 이 방식은 둘 이상의 조건이 통과할 수 있고, 통과하는 모든 조건에 맞게 행동하려는 경우에 적합합니다.

피자 전문점 예제를 다시 활용해 봅시다. 손님이 토핑 두 가지를 요청하면 피자에 두 토핑을 모두 넣어야 합니다.

toppings.py

```
requested_toppings = ['mushrooms', 'extra cheese']

if 'mushrooms' in requested_toppings:
    print("Adding mushrooms.")
if 'pepperoni' in requested_toppings: # ❶
    print("Adding pepperoni.")
if 'extra cheese' in requested_toppings:
    print("Adding extra cheese.")

print("\nFinished making your pizza!")
```

먼저 토핑 리스트를 만듭니다. 첫 번째 if 문은 손님이 토핑으로 버섯(mushrooms)을 주문했는지 확인합니다. 버섯을 주문했다면 해당 토핑을 확인하는 메시지를 출력합니다. ❶에서 페퍼로니(pepperoni)를 확인하는 if 문은 elif나 else 블록이 있지 않으므로, 첫 번째 테스트의 통과 여부에 관계없이 실행됩니다. 마지막 if 문 역시 첫 번째와 두 번째 테스트의 결과와 관계없이 손님이 추가 치즈(extra cheese)를 주문했는지 확인합니다. 이 세 가지 테스트는 이 프로그램을 실행할 때마다 독립적으로 실행됩니다.

이 예제의 피자는 버섯과 추가 치즈가 올라갑니다.

```
Adding mushrooms.
Adding extra cheese.

Finished making your pizza!
```

만약 if-elif-else 문을 사용했다면 테스트 하나가 통과하는 즉시 실행을 멈췄을 테니 의도대로 동작하지 않습니다. if-elif-else 문을 사용했을 경우는 다음 코드로 확인해 봅시다.

```
requested_toppings = ['mushrooms', 'extra cheese']

if 'mushrooms' in requested_toppings:
    print("Adding mushrooms.")
elif 'pepperoni' in requested_toppings:
    print("Adding pepperoni.")
elif 'extra cheese' in requested_toppings:
    print("Adding extra cheese.")

print("\nFinished making your pizza!")
```

첫 번째 테스트는 mushrooms를 확인합니다. 이 테스트는 통과하므로 버섯이 토핑에 추가됩니다. 하지만 if-elif-else의 첫 번째 테스트가 통과했으므로 파이썬은 나머지 테스트를 실행하지 않고, 따라서 extra cheese와 pepperoni는 체크조차 하지 않습니다. 고객이 주문한 첫 번째 토핑은 피자에 추가됐지만 나머지 토핑은 모두 누락됐습니다.

```
Adding mushrooms.

Finished making your pizza!
```

요약하자면, 실행할 코드 블록이 하나일 때는 if-elif-else 문을 사용하세요. 실행할 코드 블록이 둘 이상일 때는 일련의 독립적인 if 문을 사용하세요.

5-3 외계인 색깔 #1

게임에서 외계인을 격추했다고 합시다. `alien_color` 변수를 만들고 이 변수에 `green`, `yellow`, `red` 중 하나의 값을 할당합니다.

- 외계인이 녹색인지 확인하는 `if` 문을 만드세요. 외계인이 녹색이라면 플레이어가 5점을 획득했다는 메시지를 출력하세요.
- 이 프로그램을 `if` 테스트를 통과하는 버전, 실패하는 버전으로 각각 만드세요(실패하는 버전에서는 아무것도 출력되지 않습니다).

5-4 외계인 색깔 #2

[연습문제 5-3]과 마찬가지로 외계인 색깔을 선택하고 `if-else` 문을 만듭니다.

- 외계인이 녹색이면 플레이어가 5점을 획득했다는 메시지를 출력하세요.
- 외계인이 녹색이 아니면 플레이어가 10점을 획득했다는 메시지를 출력하세요.
- 이 프로그램은 `if` 블록만 사용하는 버전, `else` 블록을 사용하는 버전으로 만드세요.

5-5 외계인 색깔 #3

[연습문제 5-4]의 `if-else` 문을 `if-elif-else` 문으로 바꿉니다.

- 외계인이 녹색이면 플레이어가 5점을 획득했다는 메시지를 출력하세요.
- 외계인이 노란색이면 플레이어가 10점을 획득했다는 메시지를 출력하세요.
- 외계인이 빨간색이면 플레이어가 15점을 획득했다는 메시지를 출력하세요.
- 이 프로그램은 세 가지 버전으로 만들어, 외계인의 색깔 맞는 메시지가 출력되는지 확인하세요.

5-6 삶의 단계

`if-elif-else` 문을 써서 사용자의 삶의 단계를 한 단어로 표현해 봅시다. 변수 `age`에 값을 할당하고 다음 작업을 해 보세요.

- 2세 미만이라면 영아(baby)라는 메시지를 출력하세요.
- 2세 이상 4세 미만인 경우 유아(toddler)라는 메시지를 출력하세요.
- 4세 이상 13세 미만인 경우 어린이(kid)라는 메시지를 출력하세요.
- 13세 이상 20세 미만인 경우 십대(teenager)라는 메시지를 출력하세요.
- 20세 이상 65세 미만인 경우 성인(adult)이라는 메시지를 출력하세요.
- 65세 이상인 경우 노인(elder)이라는 메시지를 출력하세요.

5-7 좋아하는 과일

좋아하는 과일 리스트를 만들고, 독립적인 일련의 if 문을 써서 과일이 그 리스트에 있는지 확인하세요.

- 좋아하는 과일 세 가지를 favorite_fruits 리스트에 저장하세요.

- if 문 다섯 개를 만듭니다. 각 if 문은 특정 과일이 리스트에 있는지 체크해야 합니다. 과일이 리스트에 있는 경우 if 블록은 "당신은 정말 바나나를 좋아하네요!" 같은 메시지를 출력해야 합니다.

5.4 리스트와 if 문

리스트와 if 문을 조합해 여러 가지 흥미로운 일을 할 수 있습니다. 리스트의 특정 값을 다른 값과 다르게 처리할 수 있습니다. 시간대에 따라 변하는 레스토랑 메뉴 같은 조건을 효율적으로 관리할 수 있습니다. 또한 가능한 모든 상황에서 여러분의 코드가 예상대로 동작하는 걸 확인할 수 있습니다.

5.4.1 특별한 요소 확인하기

이 장 초반에서 리스트에 포함된 bmw를 다른 값과는 다르게 처리하는 간단한 예제를 설명했습니다. 이제 조건 테스트와 if 문의 기본을 이해했으니 리스트의 특정 값을 찾고 적절히 처리하는 방법을 알아봅시다.

피자 전문점 예제를 계속 사용하겠습니다. 피자 전문점 예제에서는 피자에 토핑을 추가할 때마다 메시지를 표시했습니다. 이 코드는 고객이 요청한 토핑 리스트를 만들고 루프를 이용해 토핑을 피자에 추가할 때마다 알리는 방식을 쓰면 훨씬 효율적으로 만들 수 있습니다.

toppings.py

```python
requested_toppings = ['mushrooms', 'green peppers', 'extra cheese']

for requested_topping in requested_toppings:
    print(f"Adding {requested_topping}.")
```

```
print("\nFinished making your pizza!")
```

이 코드는 단순한 for 루프이므로 결과는 단순합니다.

```
Adding mushrooms.
Adding green peppers.
Adding extra cheese.

Finished making your pizza!
```

하지만 피망(green pepper) 재고가 없다면 어떨까요? for 루프 안에 if 문을 넣어서 이런 상황에 대응할 수 있습니다.

```
requested_toppings = ['mushrooms', 'green peppers', 'extra cheese']

for requested_topping in requested_toppings:
    if requested_topping == 'green peppers':
        print("Sorry, we are out of green peppers right now.")
    else:
        print(f"Adding {requested_topping}.")

print("\nFinished making your pizza!")
```

이번에는 요청된 토핑을 피자에 추가하기 전에 먼저 확인합니다. 이 if 문은 고객이 피망을 요청했는지 확인합니다. 피망을 요청했다면, 왜 피망을 토핑에 추가하지 못했는지 알리는 메시지를 표시합니다. else 블록을 사용했으므로 다른 토핑은 모두 피자에 추가됩니다.

결과를 보면 모든 토핑이 적절히 처리된 걸 알 수 있습니다.

```
Adding mushrooms.
Sorry, we are out of green peppers right now.
Adding extra cheese.

Finished making your pizza!
```

5.4.2 리스트가 비어 있지 않은지 확인하기

지금까지는 리스트에 최소 하나의 요소가 들어 있다는 가정하에 설명했습니다. 하지만 이제 곧 사용자가 제공하는 정보를 통해 리스트를 만들 텐데, 이런 경우에는 루프를 실행하는 순간, 그 리스트에 반드시 어떤 요소가 존재한다고 확신할 수 없습니다. 이런 상황에서는 for 루프를 실행하기 전에 빈 리스트인지 먼저 확인하는 게 좋습니다.

피자를 만들기 전에 토핑 리스트가 비어 있는지 확인해 봅시다. 리스트가 비어 있다면 사용자에게 알리고, 플레인 피자를 주문하는 게 맞는지 확인합니다. 리스트가 비어 있지 않다면 이전 예제와 마찬가지로 피자를 만듭니다.

```python
requested_toppings = []

if requested_toppings:
    for requested_topping in requested_toppings:
        print(f"Adding {requested_topping}.")
    print("\nFinished making your pizza!")
else:
    print("Are you sure you want a plain pizza?")
```

이번에는 비어 있는 토핑 리스트로 시작합니다. for 루프로 바로 들어가지 않고 먼저 간단한 테스트를 진행합니다. 파이썬은 if 문에서 리스트 이름을 체크할 때, 리스트에 최소 한 개의 요소가 있다면 True를 반환하고 리스트가 비어 있다면 False를 반환합니다. requested_toppings가 이 조건 테스트를 통과하면 이전 예제와 마찬가지 for 루프를 실행합니다. 조건 테스트가 실패하면 고객에게 정말로 토핑이 없는 플레인 피자를 원하는지 묻는 메시지를 출력합니다.

이번에는 리스트가 비어 있으므로 사용자에게 정말 플레인 피자를 원하는지 묻습니다.

```
Are you sure you want a plain pizza?
```

리스트가 비어 있지 않았다면 요청한 토핑을 피자에 추가하는 메시지가 출력됐을 겁니다.

5.4.3 여러 개의 리스트 다루기

어딜 가나 특이한 사람들이 있고 피자 토핑도 예외는 아닙니다. 토핑으로 감자 튀김(french fries)을 원하는 고객이 있다면 어떨까요? 다른 리스트와 if 문을 조합해서 피자 조리에 들어가기 전에 토핑이 가능한 토핑인지 확인해 봅시다.

피자를 만들기 전에 특이한 토핑 요청이 있는지 확인합니다. 다음 예제는 리스트 두 개를 사용합니다. 첫 번째 리스트는 피자 전문점에서 취급하는 토핑 리스트이고, 두 번째는 고객이 요청한 토핑 리스트입니다. 이번에는 `requested_toppings`의 각 요소를 피자에 추가하기 전에 먼저 사용할 수 있는 토핑인지 확인합니다.

```python
available_toppings = ['mushrooms', 'olives', 'green peppers',
                      'pepperoni', 'pineapple', 'extra cheese']

requested_toppings = ['mushrooms', 'french fries', 'extra cheese'] # ❶

for requested_topping in requested_toppings:
    if requested_topping in available_toppings: # ❷
        print(f"Adding {requested_topping}.")
    else: # ❸
        print(f"Sorry, we don't have {requested_topping}.")

print("\nFinished making your pizza!")
```

먼저 피자 전문점에서 취급하는 토핑 리스트를 만듭니다. 피자 전문점에서 취급하는 토핑이 일정하다면 리스트 대신 튜플을 써도 됩니다. 그런 다음 고객이 요청한 토핑 리스트를 만듭니다. 이 예제에는 특이한 토핑 요청 `french fries`가 있습니다(❶). 다음에는 요청된 토핑 리스트를 순회합니다. 루프 내부에서는 요청된 토핑이 사용할 수 있는 토핑 리스트 안에 있는지 확인합니다(❷). 존재한다면 토핑을 추가합니다. 요청된 토핑이 매장에서 취급하는 토핑 리스트에 없다면 ❸의 else 블록을 실행합니다. else 블록은 사용자에게 해당 토핑을 사용할 수 없다고 알립니다.

이제 다음과 같이 명확한 결과를 볼 수 있습니다.

```
Adding mushrooms.
Sorry, we don't have french fries.
Adding extra cheese.

Finished making your pizza!
```

단 몇 줄의 코드로 실제로 일어날 수 있는 상황에 효율적으로 대처했습니다.

5-8 관리자

다섯 명 이상의 사용자 이름이 포함된 리스트를 만드세요. admin이라는 이름이 포함되어야 합니다. 웹사이트에 로그인하는 사용자를 환영하는 코드를 만든다고 합시다. 리스트를 순회하면서 각 사용자에게 인사말을 출력하세요.

- 사용자 이름이 admin인 경우 "관리자님 안녕하세요.상태 보고서를 보시겠습니까?" 같은 특별한 인사말을 출력합니다.

- 그렇지 않다면 "제이든 님 안녕하세요, 다시 로그인해 주셔서 감사합니다." 같은 범용 인사말을 출력합니다.

5-9 사용자 없음

hello_admin.py에 사용자 리스트가 비어 있는지 확인하는 if 테스트를 추가하세요.

- 리스트가 비어 있다면 "사용자가 있어야 합니다."라는 메시지를 출력하세요.

- 리스트의 사용자 이름을 모두 제거한 후 정확한 메시지가 출력되는지 확인하세요.

5-10 사용자 이름 체크

프로그램을 만들어 웹사이트의 모든 사용자가 고유한 이름을 사용하는지 확인하세요.

- 사용자 이름이 다섯 개 이상 들어간 current_users 리스트를 만드세요.

- 사용자 이름이 다섯 개 들어간 다른 리스트 new_users를 만드세요. 새 사용자 이름 중 한두개는 current_users 리스트와 중복이어야 합니다.

- new_users 리스트를 순회하면서 각 사용자 이름이 이미 사용되고 있는지 확인하세요. 중복이라면 새 사용자 이름을 입력하라는 메시지를 출력하세요. 중복이 아니라면 해당 사용자 이름을 사용할 수 있다는 메시지를 출력하세요.

- 비교할 때는 대소문자를 구분하지 않아야 합니다. John이 이미 사용자 리스트에 있다면 JOHN은 중복으로 판단해야 합니다(이렇게 하려면 current_users의 소문자 버전이 포함된 사본을 만들어야 합니다).

5-11 서수

서수란 1st, 2nd처럼 순서를 나타내는 숫자입니다. 1, 2, 3을 제외한 대부분의 서수는 th로 끝납니다.

- 1에서 9까지의 숫자를 리스트에 저장하세요.

리스트를 순회합니다.

- 루프 안에서 if-elif-else 문을 사용해 각 숫자에 맞는 서수 접미사(st, nd, rd, th)를 출력 하세요. 결과는 1st 2nd 3rd 4th 5th 6th 7th 8th 9th이어야 하며 이들은 별도의 행으로 출력되어야 합니다.

5.5 if 문 스타일

이 장의 예제는 모두 좋은 스타일 습관에 맞게 작성했습니다. PEP 8에서 조건 테스트에 관한 가이드는 ==, >=, <= 같은 비교 연산자 주위에 공백 한 칸을 사용하라는 것뿐입니다. 예를 들어 다음 예제를 보세요.

```
if age < 4:
```

이 코드는 다음 코드보다 좋습니다.

```
if age<4:
```

두 코드는 똑같이 동작하지만, 전자가 더 읽기 쉽습니다.

연습문제

5-12 if 문 스타일
이 장에서 만든 프로그램을 읽어 보면서 우리가 배운 조건 테스트에 적절한 스타일인지 확인하세요.

5-13 여러분의 아이디어
이제 여러분은 이 책을 처음 시작했을 때보다 더 나은 프로그래머가 됐습니다. 실제로 일어나는 상황을 프로그램에서 어떻게 나타내는지 더 잘 이해했으니, 스스로 프로그램을 만들어 어떤 문제를 해결할 수 있을지 생각해 볼 단계입니다. 프로그래밍 기술이 더 좋아지면 어떤 일을 할 수 있을지 아이디어를 내서 기록해 보세요. 만들고 싶은 게임이나 웹 애플리케이션, 살펴보고 싶은 데이터 집합 등을 생각해 보세요.

5.6 요약 정리

이 장에서는 항상 True나 False 중 하나로 평가되는 조건 테스트를 배웠고, 단순한 if 문, if-else 문, if-elif-else 문을 만들어 보았습니다. 이들을 사용해 특정 조건을 테스트하는 방법을 배우고, 프로그램 안에서 이 조건을 통과하는지 확인하는 방법도 배웠습니다. 그리고 for 루프를 효율적으로 사용해 리스트의 특정 요소는 다른 요소와 다르게 처리하는 방법을 살펴봤습니다. 추가로 파이썬의 스타일 가이드를 다시 확인해, 프로그램이 점점 복잡해지더라도 비교적 읽고 이해하기 쉽게 작성하는 방법도 익혔습니다.

6장에서는 파이썬 딕셔너리에 대해 배웁니다. 딕셔너리는 리스트와 비슷하지만, 정보를 연결한 형태로 저장합니다. 딕셔너리를 만드는 방법, 순회하는 방법, 리스트와 if 문을 딕셔너리와 함께 사용하는 방법을 배웁니다. 딕셔너리에 대해 배우면 더 다양한 현실의 상황을 프로그램에서 다룰 수 있습니다.

CHAPTER
6

딕셔너리

이 장에서는 정보를 연결해 저장하는 파이썬 **딕셔너리**dictionary에 대해 배웁니다. 딕셔너리에 있는 정보에 어떻게 접근하는지, 어떻게 수정하는지 차근차근 알아보겠습니다. 그리고 딕셔너리는 거의 무제한으로 정보를 저장할 수 있으므로 딕셔너리의 데이터를 순회하는 방법도 살펴본후 리스트 안에 딕셔너리를, 딕셔너리 안에 리스트를, 딕셔너리 안에 딕셔너리를 중첩하는 법까지 배웁니다.

딕셔너리를 이해하면 현실 세계의 객체를 더 정확히 반영할 수 있습니다. 사람을 표현하는 딕셔너리를 만들면 그 안에 그 사람에 대한 정보를 원하는 만큼 저장할 수 있습니다. 이름, 나이, 위치, 직업, 기타 그 사람을 설명할 수 있는 특징은 무엇이든 저장할 수 있습니다. 딕셔너리는 단어와 그 의미의 리스트, 이름과 그 사람이 좋아하는 숫자, 산 이름과 그 높이 등 어떤 정보라도 짝을 지어 저장할 수 있습니다.

6.1 단순한 딕셔너리

다양한 색깔과 점수를 가진 외계인이 등장하는 게임이 있다고 가정하겠습니다. 다음 딕셔너리에는 한 외계인에 대한 정보가 들어 있습니다.

alien.py

```
alien_0 = {'color': 'green', 'points': 5}

print(alien_0['color'])
print(alien_0['points'])
```

alien_0 딕셔너리는 외계인의 색깔과 점수를 저장합니다. 마지막 두 행은 그 정보에 접근하고 다음과 같이 출력합니다.

```
green
5
```

대부분의 프로그래밍 개념과 마찬가지로 딕셔너리를 사용하려면 연습이 필요합니다. 딕셔너리에 익숙해지면 현실의 상황을 아주 효과적으로 표현할 수 있습니다.

6.2 딕셔너리 사용하기

파이썬 **딕셔너리**는 **키-값 쌍**key-value pairs 컬렉션입니다. 각 **키**는 값에 연결되어 있고, 키를 사용해 그 값에 접근할 수 있습니다. 키의 값에는 숫자, 문자열, 리스트, 다른 딕셔너리 등을 쓸 수 있습니다. 파이썬에서 생성할 수 있는 객체는 모두 딕셔너리의 값이 될 수 있습니다.

파이썬의 딕셔너리는 중괄호({ })로 표현하고, 그 안에 일련의 키-값 쌍을 씁니다.

```
alien_0 = {'color': 'green', 'points': 5}
```

키-값 쌍은 서로 연결된 세트입니다. 키를 제공하면 파이썬은 그 키에 할당된 값을 반환합니다. 키와 값을 콜론으로 구분하고 키-값 쌍은 콤마로 구분합니다. 딕셔너리에 원하는 만큼 키-값 쌍을 저장할 수 있습니다.

딕셔너리의 가장 단순한 형태는 다음과 같이 키-값 쌍을 하나만 가진 딕셔너리입니다.

```
alien_0 = {'color': 'green'}
```

이 딕셔너리는 alien_0의 색깔 정보만 저장합니다. 문자열 color는 이 딕셔너리의 키이며 할당된 값은 green입니다.

6.2.1 딕셔너리 값에 접근하기

키에 할당된 값을 가져올 때는 다음과 같이 딕셔너리 이름을 쓰고 그 다음 대괄호 안에 키 이름을 씁니다.

alien.py

```
alien_0 = {'color': 'green'}
print(alien_0['color'])
```

이렇게 하면 alien_0 딕셔너리에서 color에 할당된 값을 반환합니다.

```
green
```

딕셔너리에 저장할 수 있는 키-값 쌍의 숫자는 제한이 없습니다. 다음은 키-값 쌍이 두 개 있는 원래 alien_0 딕셔너리입니다.

```
alien_0 = {'color': 'green', 'points': 5}
```

이 딕셔너리에는 alien_0의 색깔과 점수가 담겨 있습니다. 플레이어가 이 외계인을 격추하면 다음과 같은 코드를 써서 획득한 점수를 확인할 수 있습니다.

```
alien_0 = {'color': 'green', 'points': 5}

new_points = alien_0['points']
print(f"You just earned {new_points} points!")
```

예제는 먼저 딕셔너리를 정의한 다음, 딕셔너리에서 points에 할당된 값을 가져와 new_points 변수에 할당합니다. 마지막 행은 플레이어가 획득한 점수를 출력합니다.

```
You just earned 5 points!
```

외계인을 격추할 때마다 이 코드를 실행해 점수를 출력할 수 있습니다.

6.2.2 키-값 쌍 추가하기

딕셔너리는 동적 구조이며 언제든지 새 키-값 쌍을 추가할 수 있습니다. 키-값 쌍을 추가할 때는 딕셔너리 이름 다음에 대괄호를 쓰고, 그 안에 키 이름을 쓴 다음 새 값을 할당합니다.

alien_0 딕셔너리 안에 있는 외계인의 x, y 좌표를 추가합시다. 이 외계인이 화면 맨 왼쪽, 위에서 25픽셀 아래에 있다고 합시다. 화면 좌표는 좌측 상단에서 시작하므로 x는 0입니다. 위에서 25픽셀 떨어져 있으므로 y는 25입니다.

alien.py

```
alien_0 = {'color': 'green', 'points': 5}
print(alien_0)

alien_0['x_position'] = 0
alien_0['y_position'] = 25
print(alien_0)
```

이전 예제와 같은 딕셔너리로 시작합니다. 그런 다음 이 딕셔너리를 출력해 현재 정보를 표시했습니다. 그리고 새로운 키-값 쌍, 키 x_position과 값 0을 딕셔너리에 추가합니다. y_position 키도 마찬가지로 추가합니다. 수정된 딕셔너리를 출력하면 추가한 키-값 쌍 두 개가 보입니다.

```
{'color': 'green', 'points': 5}
{'color': 'green', 'points': 5, 'x_position': 0, 'y_position': 25}
```

마지막 버전에는 키-값 쌍이 네 개가 있습니다. 원래 두 개는 색깔과 점수에 대한 정보이고, 다른 두 개는 위치에 대한 정보입니다.

딕셔너리는 정의된 순서를 유지합니다. 딕셔너리 자체를 출력하거나 루프 안에서 요소를 출력하면 딕셔너리에 추가한 순서대로 출력됩니다.

6.2.3 빈 딕셔너리로 시작하기

때로는 빈 딕셔너리로 시작해서 키-값 쌍을 추가하는 게 편리하거나, 그렇게 해야 할 때도 있습니다. 빈 딕셔너리를 채울 때는 먼저 빈 딕셔너리를 정의한 다음 키-값 쌍을 한 행에 하나씩 추가합니다. 다음 예제를 보세요.

alien.py

```
alien_0 = {}

alien_0['color'] = 'green'
alien_0['points'] = 5

print(alien_0)
```

예제는 먼저 빈 딕셔너리 alien_0을 정의한 다음 색깔과 점수 정보를 추가했습니다. 결과는 이전 예제에서 사용한 딕셔너리와 같습니다.

```
{'color': 'green', 'points': 5}
```

빈 딕셔너리는 보통 사용자 제공 데이터를 저장하거나, 키-값 쌍을 자동으로 생성하는 코드에서 사용합니다.

6.2.4 딕셔너리 값 수정하기

딕셔너리 값을 수정할 때는 딕셔너리 이름 다음에 대괄호를 쓰고, 그 안에 키 이름을 쓴 다음 새 값을 할당합니다. 예를 들어 게임을 진행하면서 외계인 색깔이 녹색에서 노란색으로 변한다고 합시다.

alien.py

```
alien_0 = {'color': 'green'}
print(f"The alien is {alien_0['color']}.")
alien_0['color'] = 'yellow'
print(f"The alien is now {alien_0['color']}.")
```

먼저 외계인의 색깔만 포함하는 alien_0 딕셔너리를 정의합니다. 그런 다음 color 키의 값을 yellow로 바꿉니다. 결과를 보면 외계인이 녹색에서 노란색으로 바뀐 게 보입니다.

```
The alien is green.
The alien is now yellow.
```

좀 더 흥미로운 예제를 살펴봅시다. 다양한 속도로 움직이는 외계인의 위치를 추적하는 겁니다. 외계인의 현재 속도를 저장한 다음, 이 값을 사용해 외계인이 속도에 따라 오른쪽으로 얼마나 움직이는지 결정합니다.

```
alien_0 = {'x_position': 0, 'y_position': 25, 'speed': 'medium'}
print(f"Original position: {alien_0['x_position']}")

# 외계인을 오른쪽으로 이동합니다
# 외계인의 현재 속도에 따라 얼마나 멀리 이동할 수 있는지 파악합니다
if alien_0['speed'] == 'slow': # ❶
    x_increment = 1
elif alien_0['speed'] == 'medium':
    x_increment = 2
else:
    # 빠른 외계인입니다
    x_increment = 3

# 새 위치는 기존 위치 + 증가값(increment)입니다
alien_0['x_position'] = alien_0['x_position'] + x_increment # ❷

print(f"New position: {alien_0['x_position']}")
```

x와 y의 초기 위치, medium 속도를 가진 외계인을 정의합니다. 단순함을 위해 색깔과 점수는 생략했지만, 포함했더라도 방식은 같습니다. x_position의 원래 값도 출력해서 외계인이 오른쪽으로 얼마나 움직였는지 확인할 수 있게 했습니다.

❶에서는 if-elif-else 문을 써서 외계인이 오른쪽으로 얼마나 움직일지 결정하고 이 값을 x_increment 변수에 할당했습니다. 외계인의 속도가 slow이면 한 단위, medium이면 두 단위, fast이면 세 단위만큼 오른쪽으로 이동합니다. ❷에서는 x_position에 증가된 값을 더해 다시 x_position에 할당했습니다.

이 외계인의 속도는 medium이므로 오른쪽으로 두 단위 이동합니다.

```
Original position: 0
New position: 2
```

이 예제는 딕셔너리에서 값 하나만 바꾸면 외계인의 행동이 바뀌는 좋은 방법입니다. 예를 들어 이 외계인의 속도를 빠르게 바꾸려면 다음 한 줄이면 충분합니다.

```
alien_0['speed'] = 'fast'
```

그런 다음 코드를 다시 실행하면 if-elif-else 문에서 이 외계인의 x_increment 값에 더 큰 값을 할당할 겁니다.

6.2.5 키-값 쌍 제거하기

딕셔너리에 저장한 정보가 필요 없어지면 del 문으로 키-값 쌍을 제거할 수 있습니다. del 문에는 딕셔너리 이름과 제거할 키만 제공하면 됩니다.

예를 들어 alien_0 딕셔너리에서 points 키와 값을 제거해 봅시다.

alien.py

```
alien_0 = {'color': 'green', 'points': 5}
print(alien_0)

del alien_0['points'] # ❶
print(alien_0)
```

❶의 del 문은 alien_0 딕셔너리에서 points 키를 제거하고 이에 할당된 값도 제거합니다. 출력 결과를 보면 points 키와 값 5가 제거됐지만 나머지 키-값 쌍은 그대로 있습니다.

```
{'color': 'green', 'points': 5}
{'color': 'green'}
```

> **NOTE** del 문으로 제거한 키-값 쌍은 영구히 제거됩니다.

6.2.6 비슷한 객체의 딕셔너리

이전 예제에서는 하나의 객체, 즉 게임의 외계인에 대한 여러 가지 정보를 저장했습니다. 이와
는 반대로 딕셔너리 하나에 여러 객체에 공통인 정보를 저장할 수도 있습니다. 예를 들어 사람
들에게 좋아하는 프로그래밍 언어를 묻는다고 합시다. 결과를 다음과 같이 딕셔너리에 저장할
수 있습니다.

favorite_languages.py

```python
favorite_languages = {
    'jen': 'python',
    'sarah': 'c',
    'edward': 'rust',
    'phil': 'python',
    }
```

예제는 딕셔너리를 여러 행에 나눠 썼습니다. 각 키는 투표에 참여한 사람 이름이고 값은 그들
이 선택한 언어입니다. 딕셔너리 정의에 여러 행이 필요하다면 여는 중괄호 다음에 Enter 키
를 누릅니다. 그리고 다음 행을 공백 네 칸 들여 쓰고, 첫 번째 키-값 쌍을 쓴 다음 콤마를 씁니
다. 이후에 Enter 키를 누르면 텍스트 에디터가 자동으로 다음 키-값 쌍을 모두 들여 씁니다.

딕셔너리 정의가 끝나면 마지막 키-값 쌍 다음 행에 닫는 중괄호를 쓰고, 이 중괄호는 딕셔너
리 키와 같은 열이 되도록 들여 씁니다. 마지막 키-값 쌍 뒤에 콤마 하나를 남겨두는 것은 나중
에 키-값 쌍을 추가할 때 실수를 방지하는 좋은 습관입니다.

> **NOTE** 대부분의 에디터에는 리스트나 딕셔너리를 이 예제와 비슷한 형식으로 쉽게 만들 수 있는 기능이
> 있습니다. 필자가 제시한 형식 외에도 널리 쓰이는 다른 형식이 있으니, 여러분의 에디터에서 책과 다른 형식
> 을 제안할 수도 있고 다른 사람의 코드에서 다른 형식을 볼 수도 있습니다.

이 딕셔너리를 사용하면 사람 이름을 통해 그가 좋아하는 언어를 쉽게 찾을 수 있습니다.

favorite_languages.py

```python
favorite_languages = {
    'jen': 'python',
    'sarah': 'c',
    'edward': 'rust',
```

```
    'phil': 'python',
    }

language = favorite_languages['sarah'].title() # ❶
print(f"Sarah's favorite language is {language}.")
```

사라(sarah)가 선택한 언어는 다음과 같이 확인합니다.

```
favorite_languages['sarah']
```

❶은 이 문법을 사용해 사라가 좋아하는 언어를 language 변수에 할당합니다. 이렇게 변수를 새로 만들면 print() 함수가 훨씬 명확해집니다. 다음 결과는 사라가 좋아하는 언어입니다.

```
Sarah's favorite language is C.
```

딕셔너리에 있는 모든 사람들에게 같은 문법을 쓸 수 있습니다.

6.2.7 get()으로 값에 접근하기

대괄호 안에 키를 써서 값을 가져오는 문법에는 한 가지 문제가 있습니다. 요청한 키가 존재하지 않으면 에러가 일어납니다.

점수를 설정하지 않은 외계인의 점수를 가져와 봅시다.

alien_no_points.py

```
alien_0 = {'color': 'green', 'speed': 'slow'}
print(alien_0['points'])
```

트레이스백에 KeyError가 표시됩니다.

```
Traceback (most recent call last):
  File "alien_no_points.py", line 2, in <module>
    print(alien_0['points'])
          ~~~~~~~^^^^^^^^^^

KeyError: 'points'
```

이런 에러를 처리하는 방법은 10장에서 자세히 설명합니다. 딕셔너리의 경우, get() 메서드를 사용하면 요청한 키가 존재하지 않을 때 반환될 기본 값을 정할 수 있습니다.

get() 메서드의 첫 번째 인수는 요청하는 키입니다. 옵션인 두 번째 인수로 키가 존재하지 않을 때의 반환 값을 정할 수 있습니다.

```
alien_0 = {'color': 'green', 'speed': 'slow'}

point_value = alien_0.get('points', 'No point value assigned.')
print(point_value)
```

예제는 딕셔너리에 points 키가 있으면 해당 값을 가져오고, 키가 없으면 기본 값을 가져옵니다. points 키가 존재하지 않지만 에러 없이 메시지가 출력됩니다.

```
No point value assigned.
```

요청한 키가 존재하지 않을 가능성이 있다면 get() 메서드를 사용하는 게 좋습니다.

> **NOTE** get()에 두 번째 인수를 지정하지 않고 해당 키도 없다면 파이썬은 None 값을 반환합니다. None 값은 '값이 존재하지 않는다'는 의미입니다. None은 에러가 아니며, 값이 존재하지 않음을 나타내는 특별한 값입니다. 8장에서 None에 대해 더 자세히 설명합니다.

연습문제

6-1 사람
아는 사람의 정보를 딕셔너리에 저장합니다. 이름, 성, 나이, 거주지를 저장하세요. first_name, last_name, age, city 같은 키를 써야 합니다. 딕셔너리에 저장된 정보를 출력하세요.

6-2 좋아하는 숫자
사람들이 좋아하는 숫자를 딕셔너리에 저장하세요. 다섯 명의 이름을 딕셔너리 키로 사용하세요. 이들이 좋아하는 숫자를 값으로 저장하세요. 각 이름과 좋아하는 숫자를 출력하세요. 실제 친구에게 좋아하는 숫자를 물어보면 프로그램이 더 흥미로울 겁니다.

6.3 딕셔너리 순회하기

딕셔너리 하나에 키-값 쌍을 수백만 개 이상 저장할 수 있습니다. 딕셔너리에는 보통 방대한 정보를 저장하므로 이를 순회하는 방법도 준비되어 있습니다. 딕셔너리에 정보를 저장하는 방식이 다양한 만큼, 이를 순회하는 방식도 다양합니다. 키-값 쌍 전체, 키만, 값만 순회할 수 있습니다.

6.3.1 키-값 쌍 순회하기

우선 웹사이트에서 사용자 정보를 저장하는 딕셔너리를 상상해 봅시다. 이런 딕셔너리는 사용자의 사용자 이름, 이름, 성을 저장할 겁니다.

user.py

```
user_0 = {
    'username': 'efermi',
    'first': 'enrico',
    'last': 'fermi',
    }
```

user_0의 개별 정보에 접근하는 방법은 앞에서 이미 배웠습니다. 하지만 딕셔너리에 저장된 정보 전체를 볼 때는 어떻게 해야 할까요? 다음과 같이 for 루프를 사용해 딕셔너리를 순회하는 방법이 있습니다.

```
user_0 = {
    'username': 'efermi',
    'first': 'enrico',
    'last': 'fermi',
    }

for key, value in user_0.items():
    print(f"\nKey: {key}")
    print(f"Value: {value}")
```

딕셔너리에 for 루프를 사용할 때는 키-값 쌍의 키와 값에 해당하는 변수를 모두 준비합니다. 두 변수의 이름은 자유롭게 선택해도 됩니다. 다음과 같이 그냥 임의의 약어를 사용해도 무방합니다.

```
for k, v in user_0.items()
```

변수 이름 다음에는 딕셔너리 이름을 쓰고, 그 뒤에는 키-값 쌍을 반환하는 items() 메서드를 사용합니다. 그러면 for 루프는 items() 메서드가 반환하는 키-값 쌍을 앞서 정의한 변수에 할당합니다. 이전 예제에서는 키의 변수로 key를, 값의 변수로 value를 사용했습니다. 첫 번째 print()의 \n는 각 키-값 쌍 앞에 빈 줄을 삽입합니다.

```
Key: username
Value: efermi

Key: first
Value: enrico

Key: last
Value: fermi
```

이렇게 키-값 쌍을 모두 순회하는 방법은 앞선 favorite_languages.py 예제처럼 여러 가지 키에 같은 종류의 정보를 저장하는 딕셔너리에 잘 맞습니다. favorite_languages 딕셔너리를 순회하면 각 사람의 이름과 그들이 좋아하는 프로그래밍 언어를 가져옵니다. 이 딕셔너리에서 키는 항상 사람 이름이고 값은 항상 프로그래밍 언어이므로 이 루프에는 key, value 대신

name, language 같은 변수 이름을 써도 됩니다. 이렇게 하면 루프가 어떻게 동작하는지 더 쉽게 이해할 수 있습니다.

favorite_languages.py

```python
favorite_languages = {
    'jen': 'python',
    'sarah': 'c',
    'edward': 'rust',
    'phil': 'python',
    }

for name, language in favorite_languages.items():
    print(f"{name.title()}'s favorite language is {language.title()}.")
```

이 코드는 딕셔너리의 키-값 쌍을 순회합니다. 루프를 진행하는 동안 키는 **name** 변수에, 값은 **language** 변수에 각각 할당됩니다. 이렇게 뜻이 분명한 이름을 쓰면 **print()** 함수도 더 쉽게 이해됩니다.

이제 몇 줄의 코드로 설문 조사 결과를 출력할 수 있습니다.

```
Jen's favorite language is Python.
Sarah's favorite language is C.
Edward's favorite language is Rust.
Phil's favorite language is Python.
```

딕셔너리에 수천, 수백만 개의 정보가 있어도 방법은 똑같습니다.

6.3.2 딕셔너리 키 순회하기

딕셔너리의 값이 필요하지 않을 때는 **keys()** 메서드를 사용합니다. **favorite_languages** 딕셔너리를 순회하며 설문조사에 참가한 사람의 이름을 출력해 봅시다.

```python
favorite_languages = {
    'jen': 'python',
    'sarah': 'c',
    'edward': 'rust',
```

```
    'phil': 'python',
    }

for name in favorite_languages.keys():
    print(name.title())
```

이 for 루프는 favorite_languages 딕셔너리의 키를 모두 가져와 한 번에 하나씩 name 변수에 할당합니다. 결과는 다음과 같이 설문조사에 참가한 모든 이들의 이름입니다.

```
Jen
Sarah
Edward
Phil
```

딕셔너리 순회의 기본 값은 키만 순회하는 것이므로 다음 두 코드의 결과는 똑같습니다.

```
for name in favorite_languages:
```

```
for name in favorite_languages.keys():
```

keys() 메서드를 생략해도 상관없고, 메서드가 있는 더 명시적인 코드를 선호한다면 그렇게 해도 됩니다.

루프 안에서 현재 키를 사용해 그 값에 접근할 수 있습니다. 친구가 선택한 언어에 대한 메시지를 출력해 봅시다. 이전 예제와 마찬가지로 딕셔너리를 순회하면서 이름이 친구 이름과 일치한다면 친구가 좋아하는 언어에 대한 메시지를 표시합니다.

```
favorite_languages = {
    --생략--
    }

friends = ['phil', 'sarah']
for name in favorite_languages.keys():
    print(f"Hi {name.title()}.")

    if name in friends: # ❶
        language = favorite_languages[name].title() # ❷
        print(f"\t{name.title()}, I see you love {language}!")
```

먼저 메시지를 출력할 친구 리스트를 만듭니다. 루프 안에서 각 사람의 이름을 출력합니다. ❶ 에서는 name의 현재 값이 friends 리스트에 있는지 확인합니다. friends 리스트 안에 있다 면 딕셔너리 이름과 name 변수를 써서 그 친구가 어떤 언어를 좋아하는지 확인합니다(❷). 그 리고 언어에 대한 참조를 사용해 개별 인사말을 출력합니다.

모든 이들의 이름이 출력되지만 친구들은 특별한 메시지를 받습니다.

```
Hi Jen.
Hi Sarah.
    Sarah, I see you love C!
Hi Edward.
Hi Phil.
    Phil, I see you love Python!
```

keys() 메서드를 사용해 특정 인물이 설문조사에 참여했는지 확인할 수도 있습니다. 에린 (erin)이 설문조사에 참여했는지 알아봅시다.

```
favorite_languages = {
    --생략--
    }

if 'erin' not in favorite_languages.keys():
    print("Erin, please take our poll!")
```

keys() 메서드는 단순히 루프를 위한 메서드가 아닙니다. 이 메서드는 실제로 모든 키를 반환 하며, if 문은 erin이 반환된 키 안에 있는지 확인합니다. erin은 반환된 키 안에 없으므로 설 문조사에 참가하라는 메시지가 출력됩니다.

```
Erin, please take our poll!
```

6.3.3 딕셔너리 키를 순서에 따라 순회하기

딕셔너리를 순회하면 키-값 쌍은 순서를 지킵니다. 하지만 딕셔너리를 특정 순서로 순회해야 할 때도 있습니다.

for 루프에서 반환하는 키를 정렬하는 방법이 있습니다. sorted() 함수를 써서 정렬된 키 사본을 가져올 수 있습니다.

```python
favorite_languages = {
    'jen': 'python',
    'sarah': 'c',
    'edward': 'rust',
    'phil': 'python',
    }

for name in sorted(favorite_languages.keys()):
    print(f"{name.title()}, thank you for taking the poll.")
```

이 for 문은 dictionary.keys() 메서드가 반환하는 키 집합을 sorted() 함수로 감쌌습니다. 파이썬은 딕셔너리의 키를 모두 가져온 다음, 루프를 시작하기 전에 키를 정렬합니다. 결과는 다음과 같이 설문조사에 참여한 모든 이들의 이름이 알파벳 순서대로 표시됩니다.

```
Edward, thank you for taking the poll.
Jen, thank you for taking the poll.
Phil, thank you for taking the poll.
Sarah, thank you for taking the poll.
```

6.3.4 딕셔너리의 값 순회하기

values() 메서드는 딕셔너리의 값을 반환합니다. 예를 들어 설문조사 결과에서 사람 이름은 제외하고 프로그래밍 언어만 모두 출력하고 싶을 땐 다음과 같이 하면 됩니다.

```python
favorite_languages = {
    'jen': 'python',
    'sarah': 'c',
    'edward': 'rust',
    'phil': 'python',
    }

print("The following languages have been mentioned:")
for language in favorite_languages.values():
    print(language.title())
```

이 for 문은 딕셔너리의 값을 가져와 language 변수에 할당합니다. 결과는 다음과 같이 모두 언어가 출력됩니다.

```
The following languages have been mentioned:
Python
C
Rust
Python
```

이 방식은 중복을 확인하지 않고 딕셔너리의 값을 모두 가져옵니다. 값의 숫자가 적다면 별 문제 없겠지만 설문조사 응답자가 많다면 중복이 너무 심할 겁니다. 이럴 땐 **세트**^set^를 사용해 중복을 제거할 수 있습니다. **세트**는 요소의 중복이 없는 컬렉션입니다.

```
favorite_languages = {
    --생략--
    }

print("The following languages have been mentioned:")
for language in set(favorite_languages.values()):
    print(language.title())
```

중복된 요소가 있는 컬렉션을 set()로 감싸면 파이썬이 중복을 제거합니다. 코드는 set()을 사용해 favorite_languages.values()에서 중복을 제거했습니다.

결과는 다음과 같이 중복이 없는 언어 목록입니다.

```
The following languages have been mentioned:
Python
C
Rust
```

파이썬을 계속 배우다 보면 데이터를 원하는 방식 그대로 사용할 수 있게 하는 기능을 많이 발견할 겁니다.

다음과 같이 요소를 콤마로 구분하고 중괄호로 감싸 세트를 직접 만들 수도 있습니다.

```
>>> languages = {'python', 'rust', 'python', 'c'}
>>> languages
{'rust', 'python', 'c'}
```

세트와 딕셔너리는 모두 중괄호로 감싸는 문법을 사용하므로 혼동할 수도 있습니다. 중괄호로 감싼 데이터 안에 키-값 쌍이 없다면 아마 세트일 겁니다. 리스트나 딕셔너리와 달리 세트는 요소 순서를 유지하지 않습니다.

연습문제

6-4 사전 2

이제 딕셔너리를 순회하는 방법을 알았으니 [연습문제 6-3]을 딕셔너리의 키-값 쌍을 순회하는 루프로 바꿔 보세요. 루프가 잘 동작하면 사전에 파이썬 용어를 다섯 개 추가하세요. 프로그램을 다시 실행하면 추가한 새 용어와 의미가 자동으로 출력에 포함되어야 합니다.

6-5 강

세 나라와 그 나라를 흐르는 대표적인 강을 각각 값, 키로 삼아 딕셔너리를 만드세요. 키-값 쌍은 'nile':'egypt' 같은 형태입니다.

- 루프를 사용해 "나일강은 이집트를 가로지릅니다"처럼 각 강에 관한 문장을 출력하세요.

- 루프를 사용해 딕셔너리에 포함된 각 강의 이름을 출력하세요.

- 루프를 사용해 딕셔너리에 포함된 각 나라의 이름을 출력하세요.

6-6 설문조사

favorite_languages.py를 연습문제에 사용합니다.

- 좋아하는 언어 설문조사에 참여시킬 사람들의 리스트를 만드세요. 일부 이름은 딕셔너리에 이미 있는 값을, 다른 일부는 그렇지 않은 값을 사용하세요.

- 설문조사에 참여해야 하는 사람의 리스트를 순회합니다. 이미 설문조사에 참여한 경우 감사 메시지를 출력하세요. 아직 참여하지 않은 경우 초대 메시지를 출력하세요.

6.4 중첩

리스트 안에 딕셔너리를 저장하거나 리스트를 딕셔너리의 값으로 저장하고 싶을 때가 있습니다. 이런 형태를 **중첩**nesting이라 부릅니다. 리스트 안에 딕셔너리를, 딕셔너리 안에 리스트를, 딕셔너리 안에 딕셔너리를 중첩할 수 있습니다. 이처럼 중첩은 아주 강력한 기능입니다.

6.4.1 딕셔너리 리스트

alien_0 딕셔너리에는 한 외계인에 관한 다양한 정보가 들어 있지만 두 번째 외계인의 정보는 저장할 수 없으며, 화면 전체를 채운 외계인에 대한 정보는 더더욱 불가능합니다. 그렇다면 외계인 함대를 어떻게 만들어야 할까요? 한 가지 방법은 외계인 정보를 담은 딕셔너리로 리스트를 만드는 겁니다. 예를 들어 다음 코드는 세 외계인에 대한 리스트입니다.

aliens.py
```
alien_0 = {'color': 'green', 'points': 5}
alien_1 = {'color': 'yellow', 'points': 10}
alien_2 = {'color': 'red', 'points': 15}

aliens = [alien_0, alien_1, alien_2] # ❶

for alien in aliens:
    print(alien)
```

먼저 각각 다른 외계인을 나타내는 세 개의 딕셔너리를 만듭니다. 그리고 이 딕셔너리들을 aliens 리스트에 저장합니다(❶). 마지막으로 이 리스트를 순회하면서 각 외계인을 출력합니다.

```
{'color': 'green', 'points': 5}
{'color': 'yellow', 'points': 10}
{'color': 'red', 'points': 15}
```

다음과 같이 외계인을 자동으로 생성하는 코드가 더 현실적일 겁니다. 다음 예제에서는 range()를 사용해 외계인 30명으로 이루어진 함대를 생성합니다.

```
# 외계인을 저장할 빈 리스트를 만듭니다
aliens = []

# 녹색 외계인을 30명 만듭니다
for alien_number in range(30): # ❶
    new_alien = {'color': 'green', 'points': 5, 'speed': 'slow'} # ❷
    aliens.append(new_alien) # ❸

# 처음 다섯 명의 외계인을 표시합니다
for alien in aliens[:5]: # ❹
    print(alien)
print("...")

# 외계인을 얼마나 만들었는지 표시합니다
print(f"Total number of aliens: {len(aliens)}")
```

예제는 외계인을 저장할 빈 리스트로 시작합니다. ❶의 range() 함수는 일련의 숫자를 반환하며, 파이썬은 이 숫자만큼 루프를 반복합니다. 루프를 진행하면서 ❷에서 새 외계인을 만들고, ❸에서 새 외계인을 aliens 리스트에 추가합니다. 그리고 ❹에서는 슬라이스를 사용해 처음 다섯 명의 외계인을 출력하고, 마지막으로 리스트 길이를 출력해 실제로 외계인을 몇이나 만들었는지를 확인합니다.

```
{'color': 'green', 'points': 5, 'speed': 'slow'}
{'color': 'green', 'points': 5, 'speed': 'slow'}
{'color': 'green', 'points': 5, 'speed': 'slow'}
{'color': 'green', 'points': 5, 'speed': 'slow'}
{'color': 'green', 'points': 5, 'speed': 'slow'}
...
Total number of aliens: 30
```

이 외계인들은 모두 같은 특성을 가지고 있지만 파이썬은 이들을 모두 별도의 객체로 간주하므로 각 외계인을 개별적으로 수정할 수 있습니다.

이 외계인 그룹을 어떻게 사용해야 할까요? 게임을 진행함에 따라 일부 외계인이 색깔이 바뀌면서 더 빨리 움직인다고 합시다. 색깔을 바꿀 때가 되면 for 루프와 if 문을 사용하여 외계인의 색깔을 바꿀 수 있습니다. 예를 들어 처음 세 외계인을 각각 10점짜리 노란색 중간 속도 외계인으로 바꾸는 코드는 다음과 같습니다.

```
# 외계인을 저장할 빈 리스트를 만듭니다
aliens = []

# 녹색 외계인을 30명 만듭니다
for alien_number in range (30):
    new_alien = {'color': 'green', 'points': 5, 'speed': 'slow'}
    aliens.append(new_alien)

for alien in aliens[:3]:
    if alien['color'] == 'green':
        alien['color'] = 'yellow'
        alien['speed'] = 'medium'
        alien['points'] = 10

# 처음 다섯 명의 외계인을 표시합니다
for alien in aliens[:5]:
    print(alien)
print("...")
```

처음 세 명의 외계인만 수정할 계획이므로, 처음 세 명의 외계인만 포함하는 슬라이스를 만들어 순회합니다. 지금은 모든 외계인이 녹색이지만 항상 그런 건 아니므로 if 문을 만듭니다. 외계인이 녹색이면 색깔을 yellow로, 속도를 medium으로, 점수를 10으로 바꿉니다.

```
{'color': 'yellow', 'points': 10, 'speed': 'medium'}
{'color': 'yellow', 'points': 10, 'speed': 'medium'}
{'color': 'yellow', 'points': 10, 'speed': 'medium'}
{'color': 'green', 'points': 5, 'speed': 'slow'}
{'color': 'green', 'points': 5, 'speed': 'slow'}
...
```

elif 블록을 추가해 노란색 외계인을 15점짜리 빨간색 외계인으로 바꿀 수도 있습니다. 다음 루프를 추가합니다.

```
for alien in aliens[0:3]:
    if alien['color'] == 'green':
        alien['color'] = 'yellow'
        alien['speed'] = 'medium'
        alien['points'] = 10
    elif alien['color'] == 'yellow':
        alien['color'] = 'red'
```

```
alien['speed'] = 'fast'
alien['points'] = 15
```

한 가지 객체에 대한 정보를 딕셔너리에 담고, 이 딕셔너리로 리스트를 만드는 건 널리 쓰이는
방법입니다. 예를 들어 앞서 user.py에서 했던 것처럼 웹사이트의 각 사용자를 딕셔너리에 저
장하고 이들을 users 리스트에 저장하는 겁니다. 이 리스트의 딕셔너리는 모두 구조가 동일하
므로 리스트를 순회하면서 각 딕셔너리를 같은 방식으로 처리할 수 있습니다.

6.4.2 리스트를 담은 딕셔너리

딕셔너리 값으로 리스트를 저장할 때도 많습니다. 예를 들어 고객이 주문하는 피자를 표현한다
고 합시다. 리스트만 사용할 수 있다면 토핑 외에는 저장하기 어려울 겁니다. 하지만 딕셔너리
를 사용하면 토핑 리스트는 피자를 설명하는 한 요소가 됩니다.

다음 예제는 각 피자에 대해 크러스트 타입과 토핑 리스트 두 가지 정보를 저장합니다. 토핑 리
스트는 toppings 키에 할당된 값입니다. 리스트 요소를 가져올 때는 딕셔너리 값과 마찬가지
로 딕셔너리 이름 다음에 대괄호 안에 toppings 키를 씁니다.

pizza.py

```
# 주문받은 피자 정보를 저장합니다
pizza = {
    'crust': 'thick',
    'toppings': ['mushrooms', 'extra cheese'],
    }

# 주문 요약
print(f"You ordered a {pizza['crust']}-crust pizza " # ❶
    "with the following toppings:")

for topping in pizza['toppings']: # ❷
    print(f"\t{topping}")
```

먼저 주문받은 피자 정보를 딕셔너리에 저장합니다. crust 키에 할당된 값은 문자열 thick입
니다. 다음 키 toppings에는 주문받은 토핑이 모두 저장됩니다. ❶에서는 피자를 만들기 전에

주문 내용을 요약합니다. print() 함수 안에서 줄바꿈이 필요할 때는 줄바꿈할 위치에서 따옴표로 그 행을 마칩니다. 다음 행을 들여 쓰고, 여는 따옴표 뒤에 나머지 문자열을 마저 씁니다. 파이썬은 괄호 안에 있는 모든 문자열을 자동으로 합칩니다. ❷에서는 for 루프를 써서 토핑을 출력합니다. toppings 키를 사용하면 파이썬은 딕셔너리에서 토핑 리스트를 가져옵니다.

요약 결과는 다음과 같습니다.

```
You ordered a thick-crust pizza with the following toppings:
    mushrooms
    extra cheese
```

딕셔너리의 키 하나에 둘 이상의 값을 할당할 때는 딕셔너리 안에 리스트를 쓰면 됩니다. 좋아하는 프로그래밍 언어에 관한 이전 예제에서 응답을 리스트로 바꾼다면 좋아하는 언어를 둘 이상 선택할 수 있습니다. 이 딕셔너리를 순회하면 각 사람에 할당된 값은 언어 하나가 아니라 언어 리스트입니다. 이 딕셔너리의 for 루프 안에서 또 다른 for 루프를 사용해 응답자가 선택한 언어 리스트를 출력합니다.

favorite_languages.py

```python
favorite_languages = {
    'jen': ['python', 'rust'],
    'sarah': ['c'],
    'edward': ['rust', 'go'],
    'phil': ['python', 'haskell'],
    }

for name, languages in favorite_languages.items(): # ❶
    print(f"\n{name.title()}'s favorite languages are:")
    for language in languages: # ❷
        print(f"\t{language.title()}")
```

이제 favorite_languages의 각 이름에 할당된 값은 리스트입니다. 좋아하는 언어 한 개만 선택한 사람이 있고, 여러 개를 선택한 사람도 있습니다. ❶에서 딕셔너리를 순회할 때 각 값은 리스트이므로 복수형인 변수 이름 languages에 할당합니다. ❷의 내부 루프는 응답자가 좋아하는 언어 리스트를 순회합니다. 이제 응답자는 다음과 같이 좋아하는 언어를 원하는 만큼 선택할 수 있습니다.

```
Jen's favorite languages are:
    Python
    Rust

Sarah's favorite languages are:
    C

Edward's favorite languages are:
    Rust
    Go

Phil's favorite languages are:
    Python
    Haskell
```

❶의 for 루프 바로 다음에 if 문과 len(languages)를 써서 응답자가 좋아하는 언어를 하나만 선택했는지, 둘 이상 선택했는지 확인하면 이 프로그램을 더 개선할 수 있습니다. 좋아하는 언어를 둘 이상 선택한 사람은 결과가 바뀌지 않습니다. 좋아하는 언어를 하나만 선택한 경우 이를 반영해, 예를 들어 "Sarah's favorite language is C." 같이 바꿀 수 있습니다.

> **NOTE** 리스트와 딕셔너리를 너무 깊이 중첩하면 안 됩니다. 이전 예제보다 훨씬 더 깊이 중첩했다면 더 간단하게 문제를 해결할 다른 방법이 있을 겁니다.

6.4.3 딕셔너리 속의 딕셔너리

딕셔너리 안에 딕셔너리를 중첩할 수 있지만, 그렇게 하면 코드가 너무 복잡해집니다. 예를 들어 웹사이트의 경우 사용자 이름이 고유하다면 이들을 딕셔너리 키로 사용할 수 있습니다. 그런 다음 사용자 이름에 딕셔너리를 할당해 각 사용자에 관한 정보를 저장할 수 있습니다. 다음 예제에서는 각 사용자에 대해 이름, 성, 위치 세 가지 정보를 저장했습니다. 다음과 같이 각 사용자 이름과 그에 할당된 딕셔너리를 순회해 이 정보를 가져올 수 있습니다.

many_users.py

```
users = {
    'aeinstein': {
```

```
            'first': 'albert',
            'last': 'einstein',
            'location': 'princeton',
            },

        'mcurie': {
            'first': 'marie',
            'last': 'curie',
            'location': 'paris',
            },

    }

for username, user_info in users.items(): # ❶
    print(f"\nUsername: {username}") # ❷
    full_name = f"{user_info['first']} {user_info['last']}" # ❸
    location = user_info['location']

    print(f"\tFull name: {full_name.title()}") # ❹
    print(f"\tLocation: {location.title()}")
```

먼저 aeinstein, mcurie 두 개의 키가 있는 users 딕셔너리를 정의합니다. 각 키에 할당된 값은 사용자의 이름, 성, 위치를 포함하는 딕셔너리입니다. ❶에서는 users 딕셔너리를 순회합니다. 파이썬은 각 키를 username 변수에, 이와 연관된 딕셔너리를 user_info 변수에 할당합니다. ❷에서는 사용자 이름을 출력합니다.

❸에서는 내부 딕셔너리에 접근합니다. 사용자 정보를 담은 딕셔너리 user_info 변수에는 first, last, location 세 가지 키가 있습니다. ❹에서는 각 사용자의 실제 이름과 위치를 출력합니다.

```
Username: aeinstein
    Full name: Albert Einstein
    Location: Princeton

Username: mcurie
    Full name: Marie Curie
    Location: Paris
```

예제의 각 사용자는 모두 딕셔너리 구조가 동일합니다. 파이썬이 각 딕셔너리에 동일한 구조를 강제하는 건 아니지만, 구조가 동일하면 딕셔너리를 더 쉽게 사용할 수 있습니다. 각 사용자의 딕셔너리 키가 서로 다르다면 for 루프 내부의 코드가 훨씬 복잡했을 겁니다.

연습문제

6-7 사람들

[연습문제 6-1]에서 시작합니다. 사람들에 관한 딕셔너리 두 개를 새로 만들고, 세 딕셔너리를 people 리스트에 저장하세요. 이 리스트를 순회하면서 각 사람에 대해 알고 있는 걸 모두 출력하세요.

6-8 반려동물

여러 가지 반려동물에 대해 각각 딕셔너리를 만드세요. 각 딕셔너리에는 동물 이름과 주인 이름이 들어가야 합니다. 이 딕셔너리들을 pets 리스트에 저장하세요. 그리고 이 리스트를 순회하면서 각 반려동물에 대한 정보를 전부 출력하세요.

6-9 좋아하는 장소

favorite_places 딕셔너리를 만드세요. 지인 세 명의 이름을 딕셔너리 키로 쓰고, 이들이 좋아하는 장소 1~3개를 저장하세요. 친구에게 좋아하는 장소를 물어보면 이 연습문제가 더 흥미로울 겁니다. 딕셔너리를 순회하면서 사람 이름과 그들이 좋아하는 장소를 출력하세요.

6-10 좋아하는 숫자

[연습문제 6-2]에서 시작합니다. 각 사람이 좋아하는 숫자를 둘 이상 저장하세요. 그리고 각 사람 이름과 그들이 좋아하는 숫자를 출력하세요.

6-11 도시

cities 딕셔너리를 만드세요. 세 도시의 이름을 딕셔너리의 키로 사용하세요. 각 도시에 관해 도시가 포함된 나라, 대략적인 인구, 한 가지 사실fact을 딕셔너리에 저장하세요. 딕셔너리 키 이름은 country, population, fact로 정하세요. 각 도시의 이름과 이에 관해 저장된 정보를 모두 출력하세요.

6-12 확장

이제 우리가 만드는 예제는 다양한 방식으로 확장할 수 있습니다. 이 장의 예제 프로그램 중 하나를 골라 새로운 키와 값을 추가하거나, 프로그램의 동작 방식을 바꾸거나, 출력 형식을 개선해서 확장해 보세요.

6.5 요약 정리

이 장에서는 딕셔너리를 정의하는 방법, 딕셔너리에 저장한 정보를 사용하는 방법과 딕셔너리의 개별 요소에 접근하고 수정하는 방법, 딕셔너리의 모든 정보를 순회하는 방법을 배웠습니다. 그리고 딕셔너리의 키-값 쌍, 키, 값을 순회하는 방법을 알아보았습니다. 또한 리스트 안에 딕셔너리를, 딕셔너리 안에 리스트를, 딕셔너리 안에 딕셔너리를 중첩하는 방법까지 살펴봤습니다.

다음 장에서는 while 루프, 사용자 입력을 받는 방법을 알아봅니다. 그 후 사용자 입력에 반응하는 흥미로운 대화형 프로그램을 만들어 보겠습니다.

<table>
<tr><td>CHAPTER
7</td><td># 사용자 입력과 while 루프</td></tr>
</table>

대부분의 프로그램은 사용자의 문제를 해결하기 위해 작성합니다. 이를 위해서는 사용자로부터 정보를 얻어야 합니다. 예를 들어 자신이 투표가 가능한 나이인지 알고 싶은 사용자가 있다고 합시다. 프로그램이 이 문제를 해결하려면 기본적으로 사용자의 나이를 알아야 합니다. 따라서 이 프로그램은 사용자에게 나이를 **입력**input하도록 요청해야 합니다. 그러면 프로그램은 이 입력을 받아 투표가 가능한 나이와 비교해서 가능 여부를 사용자에게 알려줄 수 있습니다.

이 장에서는 사용자 입력을 받는 방법을 배웁니다. 프로그램에 사용자 이름이 필요하면 사용자에게 이름을 묻는 프롬프트를 표시해야 하고 이름 리스트가 필요하다면 여러 이름을 입력하라는 프롬프트를 표시해야 합니다. input() 함수는 바로 이럴 때 사용합니다.

또한 사용자가 원하는 만큼 지속되는 프로그램을 만들어, 정보를 필요한 만큼 입력하고 프로그램이 그 정보에 따라 실행되게 하는 방법이 필요할 때가 있을 겁니다. 이 장에서 while 루프를 배워 특정 조건을 통과하는 한 프로그램을 계속 실행할 수 있게 될 겁니다.

input()과 while 루프를 배워 사용자 입력을 처리하는 기능, 동작 실행 시간을 제어하는 기능을 다루면 대화형 프로그램을 작성할 수 있습니다.

7.1 input() 함수의 동작 방식

input() 함수는 프로그램을 일시 중지하고 사용자가 텍스트를 입력할 때까지 기다립니다. 그리고 사용자의 입력을 받으면 이를 변수에 할당합니다.

예를 들어 다음 프로그램은 사용자에게 텍스트 입력을 요청한 다음 해당 메시지를 사용자에게 다시 표시합니다.

parrot.py

```
message = input("Tell me something, and I will repeat it back to you: ")
print(message)
```

input() 함수의 인수는 사용자가 어떤 정보를 입력해야 할지 알리는 **프롬프트**입니다. 이 예제를 실행하면 파이썬이 사용자에게 'Tell me something, and I will repeat it back to you:'라는 프롬프트를 표시합니다. 프로그램은 사용자가 응답을 입력할 때까지 대기하고, 사용자가 [Enter] 키를 누르면 다시 시작합니다. 사용자의 응답은 message 변수에 할당하고, print(message)를 통해 다시 출력합니다.

```
Tell me something, and I will repeat it back to you: Hello everyone!
Hello everyone!
```

> **NOTE** 일부 텍스트 에디터는 이렇게 사용자의 입력을 받는 프로그램을 실행하지 않습니다. 물론 프로그램 작성은 에디터에서 하지만, 실행은 터미널에서 해야 합니다. 1.5 '터미널에서 파이썬 프로그램 실행하기'를 참고하세요.

7.1.1 명확한 프롬프트 작성하기

input() 함수를 사용할 때는 사용자가 프롬프트만 봐도 어떤 정보를 입력해야 하는지 정확히 알 수 있어야 합니다. 따라 하기 쉽게 만들면 더 좋습니다. 그리고 사용자가 입력한 정보는 정확히 처리해야 합니다.

greeter.py

```
name = input("Please enter your name: ")
print(f"\nHello, {name}!")
```

프롬프트 뒤에는 항상 공백을 넣어서 프롬프트와 사용자 입력이 구분되게 해야 합니다. 그럼 다음 예제처럼 보기 편해집니다.

```
Please enter your name: Eric

Hello, Eric!
```

때때로 프롬프트가 한 행 이상일 수도 있습니다. 예를 들어 사용자에게 이런 질문을 하는 이유를 설명해야 할 수도 있습니다. 프롬프트를 변수에 저장하고 이 변수를 input() 함수의 인수로 써도 됩니다. 이렇게 하면 프롬프트를 여러 행에 나눠 쓸 수 있고, input() 함수도 깔끔해집니다.

greeter.py

```
prompt = "If you share your name, we can personalize the messages you see."
prompt += "\nWhat is your first name? "

name = input(prompt)
print(f"\nHello, {name}!")
```

이 예제는 여러 행 문자열을 만드는 한 가지 방법입니다. 첫 번째 행은 메시지의 첫 부분을 prompt 변수에 할당합니다. 두 번째 행의 += 연산자는 prompt에 할당된 문자열 뒤에 새 문자열을 덧붙입니다.

이 프롬프트는 두 행에 걸쳐 작성했고, 프롬프트와 입력을 구분하기 쉽게 만드는 공백 한 칸도 들어 있습니다.

```
If you share your name, we can personalize the messages you see.
What is your first name? Eric

Hello, Eric!
```

7.1.2 int()를 사용해서 숫자 입력 받기

input() 함수를 사용하면 파이썬은 사용자가 입력하는 내용을 전부 문자열로 간주합니다. 사용자의 나이를 묻는 다음 예제를 보세요.

```
>>> age = input("How old are you? ")
```

```
How old are you? 21
>>> age
'21'
```

사용자는 **숫자** 21을 입력했지만, 파이썬에서 age 값을 확인하면 '21'이 문자열로 저장되어 있습니다. 이 값이 따옴표로 감싸여 있다는 건 파이썬이 입력을 문자열로 해석했다는 뜻입니다. 원하는 작업이 입력을 출력하는 것뿐이라면 문제는 없습니다. 하지만 이를 숫자로 사용하려 하면 에러가 일어납니다.

```
>>> age = input("How old are you? ")
How old are you? 21
>>> age >= 18 # ❶
Traceback (most recent call last):
  File "<stdin>", line 1, in <module>
TypeError: '>=' not supported between instances of 'str' and 'int' # ❷
```

❶에서는 입력을 산술 비교에 사용했습니다. 파이썬은 문자열과 정수를 비교할 수 없으므로 에러를 일으킵니다. ❷는 age에 할당된 문자열 '21'을 숫자 18과 비교할 수 없다는 뜻입니다.

문자열을 숫자 값으로 변환하는 int() 함수를 써서 이 문제를 해결할 수 있습니다. 다음 예제를 보세요.

```
>>> age = input("How old are you? ")
How old are you? 21
>>> age = int(age) # ❶
>>> age >= 18
True
```

이 예제에서 프롬프트에 21을 입력하면 파이썬은 이를 문자열로 해석하지만, ❶에서 이 값을 int()로 감쌌으므로 숫자로 변환됩니다. 이제 age에는 숫자 값 21이 저장되므로, age가 18 이상인지 확인할 수 있습니다. 이 테스트는 True로 평가됩니다.

실제 프로그램에서 int() 함수를 어떻게 사용해야 할까요? 관람객이 롤러코스터를 탈 수 있는 키가 되는지 확인하는 프로그램이 있다고 합시다.

```
height = input("How tall are you, in inches? ")
height = int(height)

if height >= 48:
    print("\nYou're tall enough to ride!")
else:
    print("\nYou'll be able to ride when you're a little older.")
```

비교하기 전에 height = int(height)에서 입력을 숫자로 변환했으므로 height와 48을 비교할 수 있습니다. 입력한 숫자가 48 이상이면 롤러코스터를 탈 수 있다고 알립니다.

```
How tall are you, in inches? 71

You're tall enough to ride!
```

연산이나 비교를 위해 숫자 입력을 받을 때는 먼저 입력을 숫자로 변환하는 걸 잊지 마세요.

7.1.3 나머지 연산자

나머지 연산자^{modulo operator}(%)는 숫자를 다른 숫자로 나눈 나머지를 반환하는 연산자입니다.

```
>>> 4 % 3
1
>>> 5 % 3
2
>>> 6 % 3
0
>>> 7 % 3
1
```

이 연산자는 몫이 몇인지는 알려주지 않습니다. 나머지가 몇인지만 알려줍니다.

숫자가 다른 숫자의 배수라면 나머지는 0이므로, 이런 경우 나머지 연산자는 항상 0을 반환합니다. 이를 통해 숫자가 짝수인지 홀수인지 판단할 수 있습니다.

```
number = input("Enter a number, and I'll tell you if it's even or odd: ")
number = int(number)

if number % 2 == 0:
    print(f"\nThe number {number} is even.")
else:
    print(f"\nThe number {number} is odd.")
```

짝수는 항상 2로 나눌 수 있으므로, 숫자와 2의 나머지가 0이면(if number % 2 == 0) 그 숫자는 짝수입니다. 그렇지 않다면 홀수입니다.

```
Enter a number, and I'll tell you if it's even or odd: 42

The number 42 is even.
```

연습문제

7-1 렌터카
사용자에게 어떤 렌터카를 원하는지 묻는 프로그램을 작성하세요. 입력을 사용해 "스바루를 찾아보겠습니다." 같은 메시지를 출력하세요.

7-2 레스토랑 좌석
저녁 식사에 몇 명이 참여하는지 묻는 프로그램을 작성하세요. 입력이 9 이상이라면 대기해야 한다는 메시지를 출력하세요. 8 이하라면 테이블이 있다는 메시지를 출력하세요.

7-3 10의 배수
사용자에게 숫자를 요청한 다음 그 숫자가 10의 배수인지 알리는 프로그램을 만드세요.

7.2 while 루프 소개

for 루프는 컬렉션의 요소를 가져와 각 요소마다 코드 블록을 실행합니다. 반면 while 루프는 특정 조건을 통과하는 한 계속 실행됩니다.

7.2.1 while 루프 사용하기

while 루프를 써서 일련의 숫자를 셈할 수 있습니다. 예를 들어 다음 while 루프는 1에서 5까지 셉니다.

counting.py

```
current_number = 1
while current_number <= 5:
    print(current_number)
    current_number += 1
```

첫 행은 current_number에 1을 할당합니다. 그리고 current_number가 5 이하이면 계속 실행되는 while 루프를 만듭니다. 루프 내부의 코드는 current_number의 값을 출력한 다음 current_number += 1로 1을 더합니다(+= 연산자는 current_number = current_number + 1과 같은 뜻입니다).

파이썬은 current_number <= 5 조건을 통과하는 한 루프를 계속 반복합니다. 1은 5 이하이므로 파이썬은 1을 출력한 다음 current_number에 1을 더해 2로 만듭니다. 2 역시 5 이하이므로 2를 출력하고 current_number에 1을 더해 3으로 만들고, 이를 반복합니다. current_number가 5를 초과하면 루프를 중지하고 프로그램이 끝납니다.

```
1
2
3
4
5
```

여러분이 매일 사용하는 프로그램에는 대부분 while 루프나 그 비슷한 것이 포함되어 있습니다. 예를 들어 게임이라면 while 루프를 사용해 게임을 계속 실행하다가 여러분이 중지를 요청할 때 종료할 수 있습니다. 프로그램이 종료를 명령하지도 않았는데 종료되거나, 종료를 명령했는데도 계속 실행된다면 문제가 있는 겁니다. while 루프를 사용해 이런 일을 막을 수 있습니다.

7.2.2 사용자가 종료 시점을 선택할 수 있도록 만들기

parrot.py 프로그램을 while 루프 안에 넣어서 사용자가 종료하지 않는 한 원하는 만큼 실행하게 만들 수 있습니다. **종료 값**^{quit value}을 정의하고, 사용자가 종료 값을 입력하지 않는 한 프로그램을 계속 실행하면 됩니다.

parrot.py

```python
prompt = "\nTell me something, and I will repeat it back to you:"
prompt += "\nEnter 'quit' to end the program. "

message = ""
while message != 'quit':
    message = input(prompt)
    print(message)
```

먼저 사용자에게 원하는 메시지를 입력하거나, 아니면 종료 값(quit)을 입력하도록 알리는 프롬프트를 정의합니다. 그리고 사용자가 입력하는 값을 message 변수에 할당합니다. message의 초기 값을 빈 문자열(" ")로 정의했으므로 파이썬이 while에 처음 도달해도 조건을 확인할 수 있습니다. 프로그램을 실행하고 파이썬이 while 문에 도달하면 message와 quit을 비교하지만, 아직 사용자가 입력한 값이 없습니다. 비교할 대상이 없다면 파이썬은 이 시점에서 에러가 납니다. 이 문제를 해결하기 위해 message에 초기 값을 할당합니다. 초기 값이 그저 빈 문자열일 뿐이지만 파이썬은 비교할 대상이 있으므로 while 루프를 진행할 수 있습니다. 이 while 루프는 message가 quit이 아닌 한 계속 실행됩니다.

루프에 처음 도달할 때 message는 빈 문자열이고 quit이 아니므로 파이썬은 루프 안으로 진입합니다. 파이썬은 message = input(prompt)를 읽고 사용자에게 프롬프트를 표시한 다음 입력을 기다립니다. 사용자가 무엇을 입력하든 파이썬은 이를 message에 할당해 출력한 다음, while 문의 조건을 다시 평가합니다. 사용자가 quit를 입력하지 않는 한 파이썬은 다시 프롬프트를 표시하고 입력을 기다립니다. 사용자가 quit을 입력하면 파이썬은 while 루프를 중지하고 프로그램을 종료합니다.

```
Tell me something, and I will repeat it back to you:
Enter 'quit' to end the program. Hello everyone!
Hello everyone!
```

```
Tell me something, and I will repeat it back to you:
Enter 'quit' to end the program. Hello again.
Hello again.

Tell me something, and I will repeat it back to you:
Enter 'quit' to end the program. quit
quit
```

이 프로그램은 종료 값인 quit을 마치 메시지처럼 출력한다는 흠이 있습니다. 단순한 if 문을 추가해 수정할 수 있습니다.

```
prompt = "\nTell me something, and I will repeat it back to you:"
prompt += "\nEnter 'quit' to end the program. "

message = ""
while message != 'quit':
    message = input(prompt)

    if message != 'quit':
        print(message)
```

이제 프로그램은 메시지를 출력하기 전에 종료 값과 일치하는지 확인하고, 일치하지 않는 경우에만 메시지를 출력합니다.

```
Tell me something, and I will repeat it back to you:
Enter 'quit' to end the program. Hello everyone!
Hello everyone!

Tell me something, and I will repeat it back to you:
Enter 'quit' to end the program. Hello again.
Hello again.

Tell me something, and I will repeat it back to you:
Enter 'quit' to end the program. quit
```

7.2.3 플래그 사용하기

이전 예제는 주어진 조건이 참인 한 프로그램을 계속 실행하게 했습니다. 더 복잡한 프로그램에서 프로그램 종료를 위한 조건이 여러 개일 때는 어떻게 해야 할까요?

게임을 예로 들면 여러 가지 이유로 게임을 끝낼 수 있습니다. 플레이어의 우주선이 모두 소모되거나, 시간이 다 되거나, 보호해야 할 도시가 모두 파괴되면 게임이 종료됩니다. 이 조건 중 하나만 만족해도 게임을 끝내야 합니다. 프로그램을 중지하는 조건이 여러 가지라면, while 문 하나 안에서 이 조건들을 모두 테스트하긴 복잡하고 어렵습니다.

여러 가지 조건을 통과해야만 프로그램 실행을 계속하는 경우, 전체 프로그램의 실행 여부를 결정하는 변수를 정의할 수 있습니다. 이런 변수를 **플래그**^{flag}라고 하며, 프로그램에 대한 일종의 신호 역할을 합니다. 플래그가 True면 실행을 계속하고, 여러 가지 조건 중 하나가 플래그의 값을 False로 바꾸면 실행을 중지하는 프로그램을 만들 수 있습니다. 이렇게 하면 while 문은 플래그가 True인지 아닌지 한 가지 조건만 확인하면 됩니다. 그리고 플래그를 False로 바꾸는 다른 조건들은 더 편하게 작업할 수 있는 프로그램의 다른 부분에서 만들면 됩니다.

이전에 보았던 parrot.py에 플래그를 추가해 봅시다. 이 플래그의 이름은 아무렇게나 정해도 되지만, 여기서는 active라고 부르겠습니다. 그리고 이 플래그를 써서 프로그램을 계속 실행할지 모니터링할 겁니다.

```
prompt = "\nTell me something, and I will repeat it back to you:"
prompt += "\nEnter 'quit' to end the program. "

active = True
while active: # ❶
    message = input(prompt)

    if message == 'quit':
        active = False
    else:
        print(message)
```

프로그램이 시작하자마자 종료되지 않도록 먼저 active 변수를 True로 설정합니다. 이렇게 하면 while 문 안에서 조건을 비교하지 않으므로 while 문이 더 단순해집니다. 조건은 프로그램의 다른 부분에서 처리합니다. active 변수가 True인 한 루프는 계속 실행됩니다(❶).

사용자가 메시지를 입력하면 while 루프 내부의 if 문에서 message 값을 체크합니다. 사용자가 quit을 입력하면 active를 False로 바꾸고 while 루프를 중지합니다. 사용자가 quit 이외의 다른 값을 입력하면 이를 출력합니다.

이 프로그램의 결과는 while 문에서 직접 조건을 테스트한 이전 예제와 같습니다. 하지만 이제 전체 프로그램의 활성 여부를 나타내는 플래그가 있으므로, elif 블록 등을 써서 active를 False로 바꾸는 테스트를 추가하기 쉬워졌습니다. 이런 방식은 여러 가지 종료 조건을 가지는 게임 같은 복잡한 프로그램에 유용합니다. 이런 조건 중 하나가 플래그를 False로 바꾸면 게임의 메인 루프를 중지하고, 플레이어에게 게임 오버 메시지를 표시하며 플레이어는 다시 플레이할지 게임을 종료할지 결정할 수 있습니다.

7.2.4 break 문으로 루프 빠져나가기

break 문은 조건 테스트 결과와 관계없이 while 루프를 즉시 종료합니다. break 문은 프로그램의 흐름을 제어합니다. break 문을 써서 코드의 실행 여부를 결정할 수 있으므로 원하는 순간에 원하는 코드만 실행할 수 있습니다.

예를 들어 사용자가 방문한 장소에 대해 묻는 프로그램이 있다고 합시다. 사용자가 quit을 입력하는 즉시 break를 실행해 while 루프를 중지할 수 있습니다.

cities.py

```
prompt = "\nPlease enter the name of a city you have visited:"
prompt += "\n(Enter 'quit' when you are finished.) "

while True: # ❶
    city = input(prompt)

    if city == 'quit':
        break
    else:
        print(f"I'd love to go to {city.title()}!")
```

❶의 while 루프는 조건이 항상 True이므로 break 문이 없으면 영원히 실행됩니다. 이 프로그램의 루프는 사용자가 quit을 입력할 때까지 방문한 도시 이름을 계속 묻습니다. 사용자가

quit을 입력하면 break 문이 루프를 중지합니다.

```
Please enter the name of a city you have visited:
(Enter 'quit' when you are finished.) New York
I'd love to go to New York!

Please enter the name of a city you have visited:
(Enter 'quit' when you are finished.) San Francisco
I'd love to go to San Francisco!

Please enter the name of a city you have visited:
(Enter 'quit' when you are finished.) quit
```

> **NOTE** break 문은 파이썬의 모든 루프에서 사용할 수 있습니다. 예를 들어 리스트나 딕셔너리에서 사용한 for 루프에도 break를 쓸 수 있습니다.

7.2.5 루프에서 continue 문 사용하기

continue 문은 조건 테스트 결과에 따라 루프의 처음으로 돌아갑니다. 예를 들어 1에서 10까지 세면서 홀수만 출력하는 루프를 만들어 봅시다.

counting.py

```
current_number = 0
while current_number < 10:
    current_number += 1 # ❶
    if current_number % 2 == 0:
        continue

    print(current_number)
```

먼저 current_number를 0으로 설정합니다. 이 값은 10 미만이므로 while 루프를 시작합니다. 루프에 들어가면 ❶에서 current_number에 1을 더하므로 현재 값은 1입니다. 그런 다음 if 문으로 current_number를 2로 나눈 나머지를 확인합니다. 나머지가 0이면 current_number는 2의 배수라는 뜻이고, continue 문은 루프의 나머지를 무시하고 처음으로 돌아갑니다. 현재 값이 2의 배수가 아니라면 나머지 부분을 실행하므로 현재 값을 출력합니다.

```
1
3
5
7
9
```

7.2.6 무한 루프 피하기

while 루프를 사용할 때는 무한 루프에 주의해야 합니다. 예를 들어 다음 루프는 1에서 5까지
카운트할 목적으로 만들었습니다.

counting.py

```
x = 1
while x <= 5:
    print(x)
    x += 1
```

하지만 실수로 x += 1을 생략하면 이 루프는 영원히 실행됩니다.

```
# 이 루프는 영원히 실행됩니다
x = 1
while x <= 5:
    print(x)
```

이제 x의 값은 계속 1로 남아 있습니다. 결과적으로 x <= 5는 항상 True로 평가되며, while
루프는 영원히 실행되면서 1을 끝없이 출력합니다.

```
1
1
1
1
--생략--
```

종종 프로그래머는 실수로 무한한 while 루프를 만들고, 특히 종료 조건이 모호하면 이런 실수를 하기 더 쉽습니다. 프로그램이 무한 루프에 빠지면 [ctrl] + [C]를 누르거나 터미널을 닫으세요.

무한 루프를 피하려면 while 루프를 항상 테스트하고, 원하는 시점에 루프에서 빠져나가는지 확인해야 합니다. 사용자가 특정 값을 입력할 때 프로그램을 종료하고 싶다면 프로그램에 해당 값을 입력해서 테스트하세요. 프로그램이 종료되지 않으면 종료 값을 처리하는 방식을 다시 확인하세요. 최소한 프로그램의 한 부분은 종료 조건을 만들거나 break 문을 포함해야 합니다.

> **NOTE** 대부분의 텍스트 에디터와 마찬가지로 비주얼 스튜디오 코드 역시 결과를 임베드된 터미널에 표시합니다. 무한 루프를 취소할 때는 먼저 에디터의 출력 영역을 클릭한 다음 [ctrl] + [C]를 눌러야 합니다.

연습문제

7-4 피자 토핑
사용자가 quit를 입력할 때까지 계속해서 어떤 토핑을 추가할지 물어보는 루프를 만드세요. 사용자가 토핑을 입력하면 그 토핑을 피자에 추가하겠다는 메시지를 출력하세요.

7-5 영화 티켓
손님의 나이에 따라 입장료를 다르게 받는 극장이 있습니다. 3세 미만은 무료, 3세 이상 12세 미만은 10달러, 12세 이상은 15달러입니다. 사용자의 나이를 묻고 입장료를 알려주는 루프를 만드세요.

7-6 세 가지 종료 방법
[연습문제 7-4]나 [연습문제 7-5]를 다음과 같이 수정하세요.

- while 문에서 조건 테스트를 사용해 루프를 중지하세요.
- active 변수를 사용해 루프를 종료하세요.
- 사용자가 quit을 입력하면 break 문을 써서 루프를 중지하세요.

7-7 무한 루프
무한 루프를 만들어 실행하세요([ctrl] + [C]를 눌러 루프를 종료하거나 터미널을 닫으세요).

7.3 리스트, 딕셔너리와 함께 while 루프 사용하기

지금까지는 사용자가 입력한 정보를 한 번에 하나씩 사용했습니다. 사용자의 입력을 받아 그 입력을 다시 출력하거나 그에 대한 응답을 출력했습니다. while 루프가 계속 실행되면 다음 사용자의 입력을 받고, 마찬가지로 반응할 수 있습니다. 하지만 처리해야 할 정보가 많을 때는 while 루프를 리스트나 딕셔너리와 함께 사용하는 게 좋습니다.

for 루프는 리스트를 효율적으로 순회하지만, for 루프 안에서 리스트를 수정하면 큰 문제가 생길 수 있습니다. 작업 중인 리스트를 수정할 때는 되도록 while 루프를 써야 합니다. 리스트, 딕셔너리를 while 루프와 함께 사용하면 대량의 입력을 취합, 저장, 정리할 수 있습니다.

7.3.1 리스트에서 다른 리스트로 요소 옮기기

웹사이트에 등록했지만 아직 확인되지 않은 사용자 리스트(unconfirmed_users)가 있다고 합시다. 이들을 확인한 뒤 확인된 사용자 리스트(confirmed_users)로 이동하는 방법은 뭘까요? while 루프 안에서 확인되지 않은 사용자 리스트에서 사용자를 가져온 다음, 확인이 끝나면 별도의 확인된 사용자 리스트에 추가하는 방법이 있습니다. 코드는 다음과 같은 형태가 될 겁니다.

confirmed_users.py

```
# 확인해야 할 사용자가 담긴 리스트,
# 확인된 사용자를 저장할 빈 리스트
unconfirmed_users = ['alice', 'brian', 'candace'] # ❶
confirmed_users = []

# 확인하지 않은 사용자가 남아있으면 계속 진행합니다
# 확인된 사용자는 해당 리스트로 옮깁니다
while unconfirmed_users: # ❷
    current_user = unconfirmed_users.pop() # ❸

    print(f"Verifying user: {current_user.title()}")
    confirmed_users.append(current_user) # ❹

# 확인된 사용자를 모두 표시합니다
print("\nThe following users have been confirmed:")
for confirmed_user in confirmed_users:
```

```
    print(confirmed_user.title())
```

❶은 확인하지 않은 사용자(Alice, Brian, Candace) 리스트와 확인된 사용자를 담을 빈 리스트입니다. ❷는 unconfirmed_users 리스트가 비어 있지 않은 한 계속 실행되는 while 루프입니다. ❸의 pop() 메서드는 unconfirmed_users의 마지막에서 요소를 하나씩 꺼냅니다. unconfirmed_users 리스트의 마지막은 Candace이므로 그녀의 이름을 가장 먼저 가져와 ❹에서 confirmed_users 리스트에 추가합니다. 다음은 Brian, 그 다음은 Alice입니다.

각 사용자에 대한 확인 메시지를 출력하고 확인된 사용자 리스트로 옮기는 작업은 현실의 확인 과정을 흉내낸 것입니다. 확인되지 않은 사용자 리스트가 줄어들수록 확인된 사용자 리스트는 늘어납니다. 확인되지 않은 사용자 리스트가 비어 있으면 루프를 중지하고 확인된 사용자 리스트를 출력합니다.

```
Verifying user: Candace
Verifying user: Brian
Verifying user: Alice

The following users have been confirmed:
Candace
Brian
Alice
```

7.3.2 리스트에서 특정 값 모두 제거하기

3장에서는 remove()를 사용해 리스트에서 특정 값을 제거하는 방법을 배웠습니다. 3장에서 remove() 메서드가 잘 동작한 이유는 리스트에 해당 값이 하나씩만 있었기 때문입니다. 리스트에서 원하는 값을 모두 제거하려면 어떻게 해야 할까요?

반려동물 리스트(pets)에 cat 값이 여러 번 반복된다고 합시다. 리스트에서 cat을 모두 제거하려면 다음과 같이 while 루프를 사용하면 됩니다.

pets.py

```
pets = ['dog', 'cat', 'dog', 'goldfish', 'cat', 'rabbit', 'cat']
```

```
print(pets)

while 'cat' in pets:
    pets.remove('cat')

print(pets)
```

먼저 cat이 여러 개 들어간 리스트를 만들고 이 리스트를 출력합니다. 그다음 while 루프로
들어갑니다. 파이썬은 루프에 들어가서 cat을 하나 제거하고 while 행으로 돌아옵니다. 그
리고 여전히 리스트에 cat이 포함되어 있으므로 루프에 다시 들어갑니다. 파이썬은 리스트에
cat 값이 더는 없을 때까지 이를 반복한 뒤, 루프를 종료하고 리스트를 다시 출력합니다.

```
['dog', 'cat', 'dog', 'goldfish', 'cat', 'rabbit', 'cat']
['dog', 'dog', 'goldfish', 'rabbit']
```

7.3.3 사용자가 입력한 값으로 딕셔너리 채우기

while 루프를 통해 필요한 만큼 입력을 받을 수 있습니다. 참가자의 이름을 묻고 응답을 받는
프로그램을 만들어 봅시다. 응답과 사용자를 연결해야 하므로 이 데이터는 딕셔너리에 저장합
니다.

mountain_poll.py

```
responses = {}
# 설문조사를 제어할 플래그입니다
polling_active = True
while polling_active:
    # 참가자 이름과 응답을 받습니다
    name = input("\nWhat is your name? ") # ❶
    response = input("Which mountain would you like to climb someday? ")

    # 응답을 딕셔너리에 저장합니다
    responses[name] = response # ❷

    # 설문조사에 참가할 사람이 더 있는지 확인합니다
    repeat = input("Would you like to let another person respond? (yes/ no) ") # ❸
    if repeat == 'no':
```

```
        polling_active = False

# 설문조사가 끝났으므로 결과를 출력합니다
print("\n--- Poll Results ---")
for name, response in responses.items(): # ❹
    print(f"{name} would like to climb {response}.")
```

프로그램은 먼저 빈 딕셔너리 responses를 정의하고, 설문조사가 진행 중임을 나타내는 polling_active 플래그를 설정합니다. polling_active가 True이면 while 루프가 계속 실행됩니다.

❶에서는 사용자 이름과 등반하고 싶은 산을 묻습니다. ❷에서는 사용자가 입력한 정보를 responses 딕셔너리에 저장하고, ❸에서는 설문조사를 계속 실행할지 묻습니다. yes를 입력하면 프로그램은 다시 while 루프에 들어갑니다. no를 입력하면 polling_active 플래그를 False로 설정하므로 while 루프 실행이 중지되고, ❹로 넘어가 결과를 표시합니다.

이 프로그램을 실행하고 몇 가지 응답을 입력한 결과는 다음과 같습니다.

```
What is your name? Eric
Which mountain would you like to climb someday? Denali
Would you like to let another person respond? (yes/ no) yes

What is your name? Lynn
Which mountain would you like to climb someday? Devil's Thumb
Would you like to let another person respond? (yes/ no) no

--- Poll Results ---
Eric would like to climb Denali.
Lynn would like to climb Devil's Thumb.
```

연습문제

7-8 샌드위치

sandwich_orders 리스트에 여러 가지 샌드위치 이름을 저장하세요. 그런 다음 빈 리스트 finished_sandwiches를 만드세요. 주문된 샌드위치 리스트를 순회하면서 "참치 샌드위치를 만들었습니다." 같은 메시지를 출력하세요. 이 샌드위치를 finished_sandwiches 리스트로 이동하세요. 샌드위치를 모두 만들면 이들을 나열하는 메시지를 출력하세요.

7.4 요약 정리

이 장에서는 프로그램에서 사용자가 입력한 정보를 사용하는 input() 함수에 대해 배웠고, 텍스트와 숫자 입력을 사용하는 법, while 루프를 사용해 사용자가 원하는 만큼 프로그램을 실행하는 방법을 알아보았습니다. active 플래그로 while 루프를 제어하는 법, break 문을 사용하는 법, continue 문을 사용하는 법과 while 루프를 써서 요소를 한 리스트에서 다른 리스트로 이동하는 방법을 배웠고, 리스트에서 특정 값을 모두 제거하는 방법도 배웠습니다. 마지막으로 while 루프를 딕셔너리와 함께 사용하는 방법까지 살펴보았습니다.

8장에서는 함수에 대해 배웁니다. 함수는 프로그램에서 특정 작업을 수행하는 일부분입니다. 함수는 원하는 만큼 호출할 수 있고, 별도의 파일로 분리할 수도 있습니다. 함수를 사용하면 문제 해결과 유지 관리가 쉬워지고, 잘 만든 함수를 다른 프로그램에서 재사용할 수도 있습니다.

함수

이 장에서는 **함수**function에 대해 배웁니다. 함수는 별도의 이름을 가졌고, 특정 작업만 하도록 설계된 코드 블록입니다. 함수를 **호출**call하면 함수에 정의된 작업이 수행됩니다. 프로그램에서 한 가지 작업을 여러 번 수행할 때 같은 코드를 몇 번이고 작성할 필요가 없습니다. 해당 작업을 수행하도록 만든 함수를 호출하기만 하면 파이썬이 해당 코드를 실행합니다. 함수를 사용하면 프로그램을 더 쉽게 만들고, 읽고, 테스트하고, 수정할 수 있습니다.

또한, 함수에 정보를 전달하는 방법도 배웁니다. 주요 목적이 정보 표시인 함수, 데이터를 처리하고 값을 반환하는 함수를 만듭니다. 마지막으로, **모듈**module이라는 별도의 파일에 함수를 저장해 메인 프로그램을 간결하게 정리하는 방법을 배웁니다.

8.1 함수 정의하기

다음은 인사말을 출력하는 단순한 함수 greet_user()입니다.

greeter.py

```
def greet_user():
    """단순한 인사말을 표시합니다"""
    print("Hello!")

greet_user()
```

이 예제는 함수의 가장 간단한 구조를 보여 줍니다. 첫 행은 함수를 정의하겠다는 뜻인 **def** 키워드입니다. 이를 **함수 정의**function definition라 부릅니다. 함수 정의는 함수의 이름, 필요한 경우 함수가 받는 정보까지 정의합니다. 함수가 받는 정보는 괄호 안에 써야 합니다. 이 예제의 함수 이름은 greet_user()이고, 정보가 필요하지 않으므로 괄호는 비어 있습니다(정보가 필요 없어도 괄호는 필수입니다). 마지막으로 콜론을 써서 정의를 종료합니다.

def greet_user(): 다음에 들여 쓴 행은 모두 함수 **바디**body입니다. 두 번째 행의 텍스트는 함수가 수행하는 작업을 설명하는 **독스트링**docstring이라는 주석입니다. 파이썬은 함수 정의 바로 뒤에 있는 문자열을 사용해 함수에 대한 문서를 생성합니다. 독스트링은 보통 세 개의 따옴표로 감싸며, 여러 행에 걸쳐 쓸 수 있습니다.

이 함수의 바디는 print("Hello!") 행 하나뿐이므로 함수가 실제로 실행하는 작업도 print("Hello!") 하나뿐입니다.

함수를 사용하려면 호출해야 합니다. **함수 호출**function call은 파이썬에게 함수의 코드를 실행하도록 지시합니다. 함수를 **호출**할 때는 함수 이름 다음 괄호 안에 필요한 정보를 씁니다. 여기서는 정보가 필요하지 않으므로 greet_user()를 입력하기만 하면 함수가 호출됩니다. 물론 결과는 Hello!입니다.

```
Hello!
```

8.1.1 함수에 정보 전달하기

greet_user() 함수를 조금 수정하면 사용자 이름이 추가된 인사말을 만들 수 있습니다. 이를 위해서는 def greet_user()의 괄호 안에 username을 삽입합니다. 여기에 username을 추가하면 함수는 username에 지정한 값을 받습니다. 그러면 파이썬은 이 함수를 호출할 때마다 username에 해당하는 값을 예상합니다. greet_user()를 호출할 때 다음과 같이 jesse 같은 이름을 전달할 수 있습니다.

```python
def greet_user(username):
    """단순한 인사말을 표시합니다"""
    print(f"Hello, {username.title()}!")

greet_user('jesse')
```

greet_user('jesse')는 greet_user()를 호출하면서 함수가 print()에 쓸 값을 전달합니다. 함수는 여러분이 전달한 이름을 받고 적절한 인사말을 표시합니다.

```
Hello, Jesse!
```

마찬가지로 greet_user('sarah')는 greet_user()를 호출하면서 sarah를 전달하므로 Hello, Sarah!가 출력됩니다. greet_user()는 원하는 만큼 호출할 수 있고, 어떤 이름이든 전달하면 그에 맞는 출력을 표시합니다.

8.1.2 인수와 매개변수

앞에서 greet_user() 함수를 정의하면서 username 변수를 받도록 했습니다. 함수를 호출하면서 사람 이름을 정보로 전달하면 적절한 인사말이 출력됩니다.

greet_user()의 정의에 있는 username 변수는 함수가 동작하기 위해 필요한 정보입니다. 이를 **매개변수**parameter라 부릅니다. greet_user('jesse')의 jesse는 인수입니다. **인수**argument 란 함수를 호출할 때 함수로 전달되는 정보입니다. 함수를 호출할 때는 함수가 필요로 하는 값을 괄호 안에 넣습니다. 여기서는 jesse 인수를 greet_user() 함수에 전달했고, 이 값은 username 매개변수에 할당됐습니다.

> NOTE 인수와 매개변수를 바꿔 부르는 사람이 생각보다 많습니다. 함수 정의에 있는 변수를 인수라고 부르거나, 함수를 호출할 때 매개변수를 넘긴다는 표현을 보더라도 그냥 넘어가세요.

연습문제

8-1 메시지
이 장에서 배우는 내용을 출력하는 display_message() 함수를 만드세요. 함수를 호출하고 메시지가 정확히 표시되는지 확인하세요.

8-2 좋아하는 책
title 매개변수를 받는 favorite_book() 함수를 만드세요. 이 함수는 "내가 가장 좋아하는 책은 이상한 나라의 앨리스입니다" 같은 메시지를 출력해야 합니다. 함수를 호출할 때는 책 제목을 인수로 전달하는 걸 잊지 마세요.

8.2 인수 전달하기

함수 정의에서 매개변수를 여러 개 정의할 수 있는 것처럼 함수를 호출할 때도 인수를 여러 개 전달할 수 있습니다. 다양한 방법으로 함수에 인수를 전달할 수 있습니다. 매개변수와 똑같은 순서로 전달하는 인수를 **위치 인수**positional argument라 부르고, 변수 이름과 값을 함께 전달하는 인수를 **키워드 인수**keyword argument라 부릅니다. 하나씩 살펴봅시다.

8.2.1 위치 인수

함수를 호출하면 파이썬은 호출에 사용된 각 인수를 함수 정의에 있는 매개변수에 할당해야 합니다. 가장 간단한 방법은 인수의 순서를 매개변수 순서와 맞추는 겁니다. 이렇게 전달하는 인수를 **위치 인수**라 합니다.

반려동물에 대한 정보를 표시하는 함수가 있다고 합시다. 이 함수는 다음과 같이 반려동물 종류와 이름을 표시합니다.

pets.py

```
def describe_pet(animal_type, pet_name): # ❶
    """반려동물 정보를 표시합니다"""
    print(f"\nI have a {animal_type}.")
    print(f"My {animal_type}'s name is {pet_name.title()}.")

describe_pet('hamster', 'harry') # ❷
```

❶에서는 이 함수가 반려동물의 종류와 이름을 받게 정의했습니다. describe_pet()을 호출할 때는 반려동물 종류와 이름을 이 순서대로 전달해야 합니다. 예를 들어 ❷의 함수 호출에 있는 hamster 인수는 animal_type 매개변수에 할당되고, harry 인수는 매개변수 pet_name에 할당됩니다. 함수 바디는 이 매개변수를 사용해 반려동물에 대한 정보를 표시합니다.

결과는 해리라는 햄스터에 대한 내용입니다.

```
I have a hamster.
My hamster's name is Harry.
```

함수를 여러 번 호출하기

함수는 필요한 만큼 호출할 수 있습니다. 두 번째 반려동물에 대한 내용을 표시하려면 describe_pet()을 다시 호출하면 됩니다.

```
def describe_pet(animal_type, pet_name):
    """반려동물 정보를 표시합니다"""
    print(f"\nI have a {animal_type}.")
    print(f"My {animal_type}'s name is {pet_name.title()}.")

describe_pet('hamster', 'harry')
describe_pet('dog', 'willie')
```

두 번째 함수 호출에서는 describe_pet()에 dog와 willie 인수를 전달했습니다. 앞에서 사용한 인수와 마찬가지로 파이썬은 dog를 animal_type 매개변수에, willie를 pet_name 매개변수에 할당합니다. 함수는 이전과 마찬가지로 동작해 윌리라는 개에 대해 출력합니다. 이제 햄스터 해리와 개 윌리에 대한 정보가 표시됩니다.

```
I have a hamster.
My hamster's name is Harry.

I have a dog.
My dog's name is Willie.
```

함수를 여러 번 호출하는 건 매우 효율적인 작업 방법입니다. 반려동물을 설명하는 코드는 한 번만 만들었습니다. 그리고 새 반려동물에 대해 설명을 추가하고 싶으면 언제든 새로운 반려동물의 정보로 함수를 호출합니다. 반려동물에 대해 설명하는 코드가 10행이 넘어가더라도, 다시 호출하는 건 한 줄이면 됩니다.

순서가 중요한 위치 인수

위치 인수의 순서가 틀리면 예상하지 못한 문제가 생길 수 있습니다.

```
def describe_pet(animal_type, pet_name):
    """반려동물 정보를 표시합니다"""
    print(f"\nI have a {animal_type}.")
    print(f"My {animal_type}'s name is {pet_name.title()}.")
```

```
describe_pet('harry', 'hamster')
```

여기서는 함수를 호출하면서 이름을 먼저 쓰고 종류를 두 번째에 썼습니다. harry 인수를 먼저 썼으므로 이 값이 animal_type 매개변수에 할당됩니다. 마찬가지로 hamster는 pet_name에 할당됩니다. 이제 Hamster라는 harry가 있는 겁니다.

```
I have a harry.
My harry's name is Hamster.
```

이런 우스꽝스러운 결과를 봤다면 앞으로 인수 순서가 매개변수 순서와 일치하는지 꼭 확인하세요.

8.2.2 키워드 인수

키워드 인수는 함수에 전달하는 이름-값 쌍입니다. 이 문법에서는 인수를 쓸 때 이름과 값을 직접 연결하므로 잘못 할당되는 일이 없습니다. 함수를 호출할 때 키워드 인수를 사용하면 순서를 신경쓰지 않아도 정확히 동작합니다.

다음은 키워드 인수를 사용해 describe_pet()을 호출하는 예제입니다.

```
def describe_pet(animal_type, pet_name):
    """반려동물 정보를 표시합니다"""
    print(f"\nI have a {animal_type}.")
    print(f"My {animal_type}'s name is {pet_name.title()}.")

describe_pet(animal_type='hamster', pet_name='harry')
```

describe_pet() 함수 자체는 어떤 것도 바뀌지 않았습니다. 하지만 함수를 호출할 때 각 인수를 어떤 매개변수에 할당하는지 명시적으로 지정했습니다. 파이썬은 이 함수 호출을 읽고 hamster 인수를 animal_type 매개변수에, harry 인수를 pet_name 매개변수에 할당해야 한다는 걸 인식합니다. 따라서 해리라는 햄스터를 정확히 출력합니다.

키워드 인수를 사용하면 각 값이 매개변수에 정확히 할당되므로 순서는 중요하지 않습니다. 다음 두 호출은 똑같습니다.

```
describe_pet(animal_type='hamster', pet_name='harry')
describe_pet(pet_name='harry', animal_type='hamster')
```

> **NOTE** 키워드 인수를 사용할 때는 함수 정의에 쓴 매개변수 이름을 정확히 사용해야 합니다.

8.2.3 기본 값

함수를 정의할 때 각 매개변수의 **기본 값**default value을 지정할 수 있습니다. 함수를 호출할 때 매개변수에 대응하는 인수가 있다면 파이썬은 그 값을 사용합니다. 인수가 없다면 매개변수의 기본 값을 사용합니다. 따라서 매개변수의 기본 값을 지정해 두면 함수를 호출할 때 인수가 없어도 됩니다. 기본 값을 사용하면 함수 호출을 단순화하고 함수의 사용법도 명확해집니다.

예를 들어 describe_pet()을 호출할 때 대부분 개에 관한 정보를 전달한다면 animal_type의 기본 값을 dog로 지정합니다. 이제 개에 관한 정보를 표시하기 위해 describe_pet()을 호출할 때는 해당 정보를 생략할 수 있습니다.

```
def describe_pet(pet_name, animal_type='dog'):
    """반려동물 정보를 표시합니다"""
    print(f"\nI have a {animal_type}.")
    print(f"My {animal_type}'s name is {pet_name.title()}.")

describe_pet(pet_name='willie')
```

예제는 describe_pet()을 정의하면서 animal_type의 기본 값을 dog로 지정했습니다. 이제 함수를 호출할 때 animal_type을 지정하지 않으면 파이썬이 자동으로 이 매개변수에 dog를 할당합니다.

```
I have a dog.
My dog's name is Willie.
```

이 예제에서는 의도적으로 함수 정의의 매개변수 순서를 바꿨습니다. 반려동물 종류에는 기본 값이 있으므로 필수 인수는 이름뿐입니다. 파이썬은 반려동물 이름을 위치 인수로 해석하므로,

함수를 호출할 때 키워드 인수 형식을 사용하지 않고 이름만 전달하면 파이썬은 그 값을 위치 인수로 해석해서 pet_name에 할당합니다.

이제 다음과 같이 개 이름만 전달하면서 이 함수를 호출해도 됩니다.

```
describe_pet('willie')
```

결과는 이전 예제와 같습니다. 유일한 인수 willie는 함수 정의의 첫 번째 매개변수 pet_name에 할당됩니다. animal_type에는 인수를 전달하지 않았으므로 기본 값인 dog이 할당됩니다.

다른 반려동물을 설명할 때는 다음과 같이 호출할 수 있습니다.

```
describe_pet(pet_name='harry', animal_type='hamster')
```

animal_type의 인수를 명시적으로 전달했으므로 파이썬은 매개변수 기본 값을 무시합니다.

> **NOTE** 기본 값이 있는 매개변수는 반드시 기본 값이 없는 매개변수보다 뒤에 정의해야 합니다. 이렇게 해야 파이썬이 위치 인수를 정확히 해석할 수 있습니다.

8.2.4 동등한 함수 호출하기

위치 인수, 키워드 인수, 기본 값을 섞어 쓸 수 있으므로 함수를 여러 가지 방식으로 호출해도 결과가 같습니다. 다음 describe_pet() 함수는 기본 값을 하나만 지정했습니다.

```
def describe_pet(pet_name, animal_type='dog'):
```

이렇게 정의하면 pet_name에 할당될 인수는 필수이지만, 전달 자체는 위치로 해도 되고 키워드로 해도 됩니다. 설명하려는 동물이 개가 아닌 경우 animal_type에 할당될 인수 역시 전달해야 하고, 역시 위치로 전달해도 되고 키워드로 전달해도 됩니다.

다음 호출은 모두 동등합니다.

```
# 개 윌리
describe_pet('willie')
describe_pet(pet_name='willie')

# 햄스터 해리
describe_pet('harry', 'hamster')
describe_pet(pet_name='harry', animal_type='hamster')
describe_pet(animal_type='hamster', pet_name='harry')
```

각 호출의 결과는 이전 예제와 같습니다.

> **NOTE** 호출 스타일은 중요하지 않습니다. 함수 호출 결과가 의도한 바와 같다면 가장 이해하기 쉬운 스타일을 사용하세요.

8.2.5 인수 에러 피하기

함수를 사용할 때 인수가 일치하지 않는다는 에러가 일어나더라도 놀라지 마세요. 매개변수 숫자와 인수 숫자가 일치하지 않으면 에러가 일어납니다. 예를 들어 다음과 같이 describe_pet()을 인수 없이 호출해 봅시다.

```
def describe_pet(animal_type, pet_name):
    """반려동물 정보를 표시합니다"""
    print(f"\nI have a {animal_type}.")
    print(f"My {animal_type}'s name is {pet_name.title()}.")

describe_pet()
```

파이썬은 일부 정보가 누락됐음을 인식하고 다음과 같은 트레이스백을 표시합니다.

```
Traceback (most recent call last):
  File "pets.py", line 6, in <module> # ❶
    describe_pet() # ❷
TypeError: describe_pet() missing 2 required positional arguments:  # ❸
    'animal_type' and 'pet_name'
```

❶은 트레이스백이 찾은 문제 위치입니다. ❷는 잘못된 함수 호출입니다. 마지막으로 ❸에서는 함수를 호출할 때 인수 두 개를 누락했음을 보여 주고, 어떤 인수를 누락했는지도 알려줍니다. 트레이스백에서 에러를 정확히 지목했으므로, 함수 정의가 별도의 파일에 있었다 하더라도 해당 파일을 읽지 않고 호출 부분만 수정해서 에러를 해결할 수 있습니다.

파이썬이 함수 코드를 읽고 누락한 인수 이름을 지적했습니다. 이것만 봐도 변수와 함수에 뜻이 분명한 이름을 써서 얻는 이점이 보일 겁니다. 변수와 함수 이름을 주의 깊게 지으면 누구나 파이썬의 에러 메시지를 유용하게 활용할 수 있습니다.

인수를 넘치게 전달하더라도 이와 비슷한 트레이스백이 표시되면서 함수 정의에 맞게 호출할 수 있도록 도와줍니다.

연습문제

8-3 티셔츠
셔츠 크기와 셔츠에 인쇄할 메시지를 받는 make_shirt() 함수를 만드세요. 이 함수를 실행하면 셔츠 크기, 인쇄될 메시지를 요약하는 문장이 출력되어야 합니다. 위치 인수를 사용해 함수를 호출하세요. 키워드 인수를 사용해서도 호출해 보세요.

8-4 라지 셔츠
기본적으로 "I love Python" 메시지가 인쇄된 라지 사이즈 셔츠를 만드는 make_shirt() 함수를 만드세요. 메시지 기본 값으로 라지와 미디엄 사이즈의 셔츠를 만들고, 임의의 메시지가 인쇄된 임의의 사이즈 셔츠를 만드세요.

8-5 도시
도시와 나라 이름을 받는 describe_city() 함수를 만드세요. 이 함수는 "레이캬비크는 아이슬란드에 있습니다." 같은 단순한 문장을 출력해야 합니다. 나라 이름 매개변수에 기본 값을 사용하세요. 세 가지 도시에 대해 이 함수를 호출하되, 적어도 하나는 기본 값이 아닌 다른 나라를 사용하세요.

8.3 반환 값

함수가 항상 결과를 표시해야 하는 건 아닙니다. 데이터를 처리하고 값을 반환해도 됩니다. 함수가 반환하는 값을 **반환 값**return value이라 합니다. return 문은 함수 내부의 값을 가져와 처리한 후 함수를 호출한 행에 전달합니다. 반환 값을 사용하면 프로그램의 복잡한 작업 대부분을 함수로 옮겨 전체 프로그램을 단순화할 수 있습니다.

8.3.1 단순한 값 반환하기

이름과 성을 받아 실제 이름을 반환하는 함수를 만들어 봅시다.

formatted_name.py

```python
def get_formatted_name(first_name, last_name):
    """실제 이름을 깔끔한 형식으로 반환합니다"""
    full_name = f"{first_name} {last_name}" # ❶
    return full_name.title() # ❷

musician = get_formatted_name('jimi', 'hendrix') # ❸
print(musician)
```

get_formatted_name() 함수를 매개변수로 이름과 성을 받게 정의했습니다. ❶에서는 두 변수를 조합하고 사이에 공백을 삽입해 full_name에 할당합니다. ❷에서는 full_name의 값을 첫 글자만 대문자로 바꿔 반환합니다.

값을 반환하는 함수를 호출할 때는 반환 값을 할당할 변수를 지정해야 합니다. ❸에서는 반환 값을 musician 변수에 할당했습니다. 결과는 다음과 같이 이름과 성을 조합해 깔끔하게 표시한 실제 이름입니다.

```
Jimi Hendrix
```

그냥 다음과 같이 해도 되는데 공연히 많은 일을 하는 것처럼 보일 수도 있습니다.

```python
print("Jimi Hendrix")
```

하지만 프로그램에서 이름과 성을 별도로 저장해야 한다면 get_formatted_name() 같은 함수가 아주 유용합니다. 이름과 성을 별도로 저장한 다음 실제 이름을 표시할 때마다 이 함수를 호출하기만 하면 됩니다.

8.3.2 인수를 옵션으로 만들기

인수를 옵션으로 만드는 게 좋을 때도 있습니다. 기본 값을 사용하면 인수를 옵션으로 사용할 수 있습니다.

예를 들어 `get_formatted_name()`을 중간 이름^{middle name}도 처리할 수 있게 확장해 봅시다. 다음 예제를 보세요.

```python
def get_formatted_name(first_name, middle_name, last_name):
    """실제 이름을 깔끔한 형식으로 반환합니다"""
    full_name = f"{first_name} {middle_name} {last_name}"
    return full_name.title()

musician = get_formatted_name('john', 'lee', 'hooker')
print(musician)
```

이 함수는 이름, 중간 이름, 성이 모두 있을 때만 동작합니다. 이 함수는 세 부분이 모두 있다고 가정하고, 각 부분을 공백으로 구분한 다음 첫 글자만 대문자로 바꿉니다.

```
John Lee Hooker
```

하지만 모든 사람에게 중간 이름이 있는 건 아닙니다. 이 함수는 중간 이름을 필수 값으로 지정했으므로 이름과 성만 전달하면 동작하지 않습니다. 이 문제를 해결하려면 중간 이름을 옵션으로 만들면 됩니다. 다음과 같이 `middle_name`의 기본 값을 빈 문자열로 지정하고 마지막 매개변수로 바꾸면 중간 이름이 없어도 잘 동작합니다.

```python
def get_formatted_name(first_name, last_name, middle_name=''):
    """실제 이름을 깔끔한 형식으로 반환합니다"""
    if middle_name: # ❶
        full_name = f"{first_name} {middle_name} {last_name}"
    else: # ❷
        full_name = f"{first_name} {last_name}"
    return full_name.title()

musician = get_formatted_name('jimi', 'hendrix')
print(musician)

musician = get_formatted_name('john', 'hooker', 'lee') # ❸
print(musician)
```

이 예제는 ❷~❸ 부분이 실제 동작 부분입니다. 이름과 성은 항상 존재하므로 이런 매개변수는 위치 인수로 지정합니다. 중간 이름은 옵션이므로 마지막에 위치하고 기본 값을 빈 문자열로 지정했습니다.

함수 바디에서는 중간 이름이 제공됐는지 확인합니다. 파이썬은 비어 있지 않은 문자열을 True로 해석합니다. 따라서 함수를 호출할 때 중간 이름 인수를 제공하면 ❶의 if middle_name은 True로 평가됩니다. 중간 이름이 제공되면 이름, 중간 이름, 성을 결합해 실제 이름을 만듭니다. 그리고 이 이름의 첫 글자만 대문자로 바꿔 반환하면, 이 값을 musician 변수에 할당하고 출력합니다. 중간 이름을 제공하지 않으면 빈 문자열이 할당되므로 if 테스트가 실패하고 ❷의 else 블록이 실행됩니다. 이런 경우 이름과 성으로 실제 이름을 만들어 반환하며, 마찬가지로 이 값을 musician에 할당하고 출력합니다.

이름과 성만 사용한다면 그대로 함수를 호출하면 됩니다. 하지만 중간 이름을 사용할 경우, 반드시 중간 이름을 마지막 인수로 써야만 파이썬이 위치 인수를 정확히 처리합니다(❸).

고쳐 쓴 함수는 이름과 성만 쓰는 사람에게도, 중간 이름을 쓰는 사람에게도 잘 동작합니다.

```
Jimi Hendrix
John Lee Hooker
```

옵션 인수를 사용하면 함수 호출을 단순하게 유지하면서 다양한 경우에 대응할 수 있습니다.

8.3.3 딕셔너리 반환하기

함수의 반환 값에는 제한이 없으며 리스트나 딕셔너리 같은 복잡한 데이터 구조도 반환할 수 있습니다. 예를 들어 다음 함수는 이름과 성을 받아 사람을 표현하는 딕셔너리를 반환합니다.

person.py

```
def build_person(first_name, last_name):
    """사람에 대한 정보를 딕셔너리로 반환합니다"""
    person = {'first': first_name, 'last': last_name} # ❶
    return person # ❷

musician = build_person('jimi', 'hendrix')
print(musician) # ❸
```

build_person() 함수는 이름과 성을 받고, ❶에서 이 값을 딕셔너리에 저장합니다. first_name의 값은 first 키에, last_name의 값은 last 키에 저장됩니다. 그런 다음 ❷에서 딕셔너리를 반환합니다. ❸에서 반환 값을 출력하면 원래 제공한 정보가 딕셔너리 형태로 출력됩니다.

```
{'first': 'jimi', 'last': 'hendrix'}
```

이 함수는 단순한 텍스트 정보를 가져와 보다 의미가 분명한 데이터 구조로 저장하므로 단순한 출력 그 이상의 일을 할 수 있습니다. 문자열 jimi와 hendrix에는 이제 이름과 성이라는 정보가 추가됩니다. 이 함수는 중간 이름, 나이, 직업 등 그 사람에 대해 저장할 수 있는 다른 정보를 받게끔 쉽게 확장할 수 있습니다. 예를 들어 다음과 같이 수정하면 추가로 나이도 저장할 수 있습니다.

```
def build_person(first_name, last_name, age=None):
    """사람에 대한 정보를 딕셔너리로 반환합니다"""
    person = {'first': first_name, 'last': last_name}
    if age:
        person['age'] = age
    return person

musician = build_person('jimi', 'hendrix', age=27)
print(musician)
```

함수 정의에 옵션 매개변수 age를 추가하고 기본 값을 특별한 값 None으로 지정했습니다. None은 일종의 플레이스홀더placeholder입니다. 즉, 자리를 만들어 둔다라고 생각하면 됩니다. None은 조건 테스트에서 False로 평가됩니다. 함수를 호출할 때 age의 값을 전달하면 해당 값이 딕셔너리에 저장됩니다. 이 함수는 현재 사람의 이름만 항상 저장하지만, 다른 정보도 항상 저장하도록 수정할 수 있습니다.

8.3.4 while 루프와 함수

함수는 지금까지 배운 모든 파이썬 구조와 함께 사용할 수 있습니다. 예를 들어 while 루프와 get_formatted_name() 함수를 조합해 사용자를 환영해 봅시다. 다음 예제를 보세요.

```
def get_formatted_name(first_name, last_name):
    """실제 이름을 깔끔한 형식으로 반환합니다"""
    full_name = f"{first_name} {last_name}"
    return full_name.title()

# 무한 루프입니다!
while True:
    print("\nPlease tell me your name:") # ❶
    f_name = input("First name: ")
    l_name = input("Last name: ")

    formatted_name = get_formatted_name(f_name, l_name)
    print(f"\nHello, {formatted_name}!")
```

이 예제는 중간 이름을 받지 않는 단순한 get_formatted_name()을 사용합니다. while 루프에서는 사용자에게 이름을 요청하고(❶), 이름과 성을 별도의 프롬프트로 받습니다.

하지만 이 while 루프에는 종료 조건이 없다는 심각한 문제가 있습니다. 입력을 연달아 받는다면, 종료 조건을 어디에 둬야 할까요? 사용자는 원할 때 언제든 종료할 수 있어야 하므로 모든 프롬프트에 종료 방법이 포함되어야 합니다. break 문을 사용하면 모든 프롬프트에서 쉽게 루프를 중지할 수 있습니다.

```
def get_formatted_name(first_name, last_name):
    """실제 이름을 깔끔한 형식으로 반환합니다"""
    full_name = f"{first_name} {last_name}"
    return full_name.title()

while True:
    print("\nPlease tell me your name:")
    print("(enter 'q' at any time to quit)")

    f_name = input("First name: ")
    if f_name == 'q':
        break

    l_name = input("Last name: ")
    if l_name == 'q':
        break
```

```
formatted_name = get_formatted_name(f_name, l_name)
print(f"\nHello, {formatted_name}!")
```

사용자에게 종료 방법을 알리는 메시지를 추가했고, 사용자가 프롬프트 중 하나에서 종료 값을 입력하면 루프를 중지합니다. 이제 프로그램은 사용자가 이름에 q를 입력할 때까지 인사말을 계속 출력합니다.

```
Please tell me your name:
(enter 'q' at any time to quit)
First name: eric
Last name: matthes

Hello, Eric Matthes!

Please tell me your name:
(enter 'q' at any time to quit)
First name: q
```

연습문제

8-6 도시 이름

도시와 나라 이름을 받는 city_country() 함수를 만드세요. 이 함수는 다음과 같은 문자열을 반환해야 합니다.

```
"Santiago, Chile"
```

세 개 이상의 도시–나라 쌍으로 함수를 호출하고 반환 값을 출력하세요.

8-7 앨범

음악 앨범을 설명하는 딕셔너리를 만드는 함수 make_album()을 만드세요. 이 함수는 음악가 이름과 앨범 제목을 가져와서 이 정보가 포함된 딕셔너리를 반환해야 합니다. 함수를 사용해 세 가지 앨범을 표현하는 세 개의 딕셔너리를 만드세요. 각 반환 값을 출력해 딕셔너리에 앨범 정보가 정확히 저장됐는지 확인하세요.

None으로 make_album()에 옵션 매개변수를 추가해 수록곡 숫자를 저장할 수 있습니다. 함수를 호출할 때 수록곡 숫자가 포함된 경우 이 값도 딕셔너리에 추가하세요. 수록곡이 저장된 딕셔너리가 최소 한 개는 있어야 합니다.

8-8 사용자 앨범

[연습문제 8-7]의 프로그램으로 시작합니다. 사용자가 앨범 음악가와 타이틀을 입력할 수 있는 while 루프를 만드세요. 사용자 입력으로 make_album()을 호출한 다음 반환된 딕셔너리를 출력하세요. while 루프에 종료 값을 만드는 걸 잊지 마세요.

8.4 함수에 리스트 전달하기

이름, 숫자, 딕셔너리 등의 리스트를 함수에 전달할 수도 있습니다. 리스트를 함수에 전달하면 함수는 리스트의 내용에 직접 접근할 수 있습니다. 함수를 사용하여 리스트 작업을 보다 효율적으로 만들어 봅시다.

사용자 리스트의 각 사용자에게 인사말을 출력하고 싶다고 합시다. 다음 예제는 greet_users() 함수에 사용자 이름 리스트를 전달해 각 사용자를 환영합니다.

greet_users.py

```python
def greet_users(names):
    """리스트의 사용자에게 단순한 인사말을 출력합니다"""
    for name in names:
        msg = f"Hello, {name.title()}!"
        print(msg)

usernames = ['hannah', 'ty', 'margot']
greet_users(usernames)
```

먼저 리스트를 names 매개변수로 받는 greet_users() 함수를 정의합니다. 이 함수는 리스트를 순회하면서 각 사용자에게 인사말을 출력합니다. 리스트는 함수 외부에서 정의하고, greet_users() 함수를 호출하면서 usernames 리스트를 전달합니다.

```
Hello, Hannah!
Hello, Ty!
Hello, Margot!
```

원했던 결과입니다. 모든 사용자에게 개별 인사말이 출력됩니다. 사용자 그룹을 환영하고 싶다면 언제든 이 함수를 호출할 수 있습니다.

8.4.1 함수 내부에서 리스트 수정하기

리스트를 함수에 전달하면 함수는 전달받은 리스트를 수정할 수 있습니다. 함수 바디 내부에서 리스트를 변경한 내용은 모두 영구적이므로 데이터가 방대하더라도 효율적으로 동작합니다.

사용자가 전송한 디자인을 3D 프린터로 출력하는 회사가 있다고 합시다. 출력할 디자인은 리스트로 저장되고, 출력을 끝내면 다른 리스트로 이동합니다. 다음 코드는 이 작업을 함수를 사용하지 않고 수행합니다.

printing_models.py

```
# 출력할 디자인이 저장된 리스트
unprinted_designs = ['phone case', 'robot pendant', 'dodecahedron']
completed_models = []

# 남은 게 없을 때까지 디자인을 출력합니다
# 출력한 디자인을 completed_models로 옮깁니다
while unprinted_designs:
    current_design = unprinted_designs.pop()
    print(f"Printing model: {current_design}")
    completed_models.append(current_design)

# 완료된 디자인을 표시합니다
print("\nThe following models have been printed:")
for completed_model in completed_models:
    print(completed_model)
```

이 프로그램은 먼저 출력할 디자인 리스트인 unprinted_designs, 출력이 끝난 디자인을 옮길 completed_models 리스트를 정의합니다. unprinted_designs에 디자인이 남아있는 한, while 루프는 리스트 마지막의 디자인을 꺼내 current_design에 저장하고 현재 디자인을 출력하고 있다는 메시지를 표시합니다. 그런 다음 completed_models 리스트로 디자인을 옮깁니다. 루프 실행이 끝나면 출력된 디자인 리스트를 표시합니다.

```
Printing model: dodecahedron
Printing model: robot pendant
Printing model: phone case

The following models have been printed:
dodecahedron
robot pendant
phone case
```

독립된 작업을 수행하는 함수 두 개를 만들어 이 코드를 정리해 봅시다. 코드 자체는 크게 수정하지 않고, 주의 깊게 구조를 바꿀 뿐입니다. 첫 번째 함수는 디자인 출력을 담당하고, 두 번째 함수는 출력된 디자인 요약을 담당합니다.

```
def print_models(unprinted_designs, completed_models): # ❶
    """
    남은게 없을 때까지 디자인을 출력합니다
    출력이 끝난 디자인을 completed_models 리스트로 이동합니다
    """
    while unprinted_designs:
        current_design = unprinted_designs.pop()
        print(f"Printing model: {current_design}")
        completed_models.append(current_design)

def show_completed_models(completed_models): # ❷
    """출력된 모델을 모두 표시합니다"""
    print("\nThe following models have been printed:")
    for completed_model in completed_models:
        print(completed_model)

unprinted_designs = ['phone case', 'robot pendant', 'dodecahedron']
completed_models = []

print_models(unprinted_designs, completed_models)
show_completed_models(completed_models)
```

❶에서는 출력할 디자인 리스트, 완료된 디자인 리스트를 받을 함수 print_models()를 정의합니다. 함수는 출력하지 않은 리스트에서 디자인을 꺼내 완료된 디자인 리스트로 옮기는 방식으로 디자인 출력을 시뮬레이션합니다. ❷에서는 완료된 디자인 리스트 하나만 받는 show_completed_models() 함수를 정의합니다. show_completed_models()는 이 리스트를 순회

해 출력된 디자인 이름을 표시합니다.

이 프로그램은 함수를 쓰지 않은 버전과 결과가 같지만 코드는 훨씬 더 체계적입니다. 중요한 작업을 수행하는 코드는 대부분 함수로 분리했으므로 프로그램의 주된 흐름을 더 쉽게 이해할 수 있습니다. 이런 코드를 읽으면 이 프로그램이 어떻게 진행되는지 쉽게 파악할 수 있습니다.

```
unprinted_designs = ['phone case', 'robot pendant', 'dodecahedron']
completed_models = []

print_models(unprinted_designs, completed_models)
show_completed_models(completed_models)
```

출력하지 않은 디자인 리스트, 완료된 디자인을 저장할 리스트를 만듭니다. 중요한 작업을 할 함수를 이미 정의했으므로 인수를 정확히 전달해 이들을 호출하기만 하면 됩니다. print_models()에 필요한 두 리스트를 전달하면서 호출합니다. 이 함수는 디자인 출력 과정을 시뮬레이션합니다. 그런 다음 완료된 디자인 리스트를 전달하면서 show_completed_models()를 호출해 최종 보고서를 출력합니다. 뜻이 분명한 함수 이름을 사용했으므로 주석이 없더라도 다른 사람이 이 코드를 이해할 수 있습니다.

또한 이 프로그램은 함수가 없는 버전보다 확장, 유지 관리가 더 쉽습니다. 나중에 다른 디자인을 출력할 때는 print_models()를 다시 호출하기만 하면 됩니다. 출력 코드를 수정해야 할 경우에도 함수를 한 번만 수정하면 호출할 때마다 수정한 내용이 반영됩니다. 프로그램을 뒤적거리며 여러 곳에서 코드를 수정하는 것보다 효율적입니다.

또한 이 예제의 모든 함수가 한 가지 목적을 수행한다는 원칙도 잘 보여 줍니다. 첫 번째 함수는 디자인을 출력하고, 두 번째 함수는 완료된 디자인을 보여 줍니다. 함수 하나가 두 가지 작업을 수행하는 것보다 이게 낫습니다. 함수 하나가 너무 많은 작업을 수행한다면 되도록 여러 함수로 나눠 작업을 분할하세요. 언제든 함수에서 다른 함수를 호출할 수 있으므로 복잡한 작업을 부담 없이 일련의 단계로 분할할 수 있습니다.

8.4.2 함수가 리스트를 수정하지 못하게 하기

함수가 리스트를 수정하지 못하게 막아야 할 때도 있습니다. 이전 예제와 상황이 조금 달라졌다고 합시다. 출력된 디자인을 기록해두기 위해, 출력하지 않은 디자인 리스트를 유지하기로 했습니다. 하지만 지금은 unprinted_designs에서 디자인을 꺼내는 방식이므로, 결국엔 텅 빈 리스트 하나만 남습니다. 함수에 원본이 아니라 사본을 전달하는 방식으로 이 문제를 해결할 수 있습니다. 함수 내부에서는 사본만 수정하므로 원본은 그대로 남습니다.

다음과 같이 함수에 리스트 사본을 보낼 수 있습니다.

```
function_name(list_name[:])
```

슬라이스 문법 [:]은 리스트 사본을 함수에 전달합니다. print_models()를 다음과 같이 호출하면 리스트 원본이 유지됩니다.

```
print_models(unprinted_designs[:], completed_models)
```

print_models() 함수는 여전히 출력되지 않은 디자인 리스트를 전달받고 작업을 수행합니다. 하지만 이번에는 unprinted_designs 리스트 원본이 아니라 사본을 사용합니다. 그래서 completed_models 리스트는 여전히 완료된 디자인으로 채워지지만, 출력하지 않은 디자인 리스트에는 아무 영향도 없습니다.

특별한 이유가 없는 한 원본 리스트를 함수에 전달하는 게 좋습니다. 사본을 만드는 작업에도 시간과 메모리가 소모되므로, 특별한 이유가 없다면 원본 리스트를 사용하는 게 효율적입니다. 작업할 리스트가 클수록 시간과 메모리 소모가 커집니다.

연습문제

8-9 메시지
일련의 짧은 문자 메시지를 포함하는 리스트를 만드세요. 이 리스트를 show_messages() 함수에 전달해 각 메시지를 출력하세요.

8-10 메시지 전송

[연습문제 8-9]의 프로그램으로 시작합니다. send_messages() 함수를 수정해서 출력한 메시지를 sent_messages 리스트로 이동하세요. 함수를 호출한 후 두 리스트를 모두 출력해 메시지가 정확히 이동했는지 확인하세요.

8-11 보관된 메시지

[연습문제 8-10]의 프로그램으로 시작합니다. send_messages() 함수를 호출할 때 메시지 리스트 사본을 전달하세요. 함수를 호출한 후 두 리스트를 모두 출력해 리스트 원본이 그대로인지 확인하세요.

8.5 인수를 임의의 개수로 전달하기

함수가 받는 인수 개수를 미리 알 수 없을 때도 있습니다. 다행히 파이썬에는 함수에 전달된 인수를 하나로 모으는 기능이 있습니다.

예를 들어 피자를 만드는 함수가 있습니다. 이 함수는 여러 가지 토핑을 받아야 하지만, 고객이 토핑을 몇 개 주문할지 미리 알 수는 없습니다. 다음 예제의 함수에는 매개변수가 *toppings 하나만 있지만, 이 매개변수는 함수를 호출할 때 전달되는 인수를 하나로 모읍니다.

pizza.py

```python
def make_pizza(*toppings):
    """요청받은 토핑 리스트를 출력합니다"""
    print(toppings)

make_pizza('pepperoni')
make_pizza('mushrooms', 'green peppers', 'extra cheese')
```

파이썬은 *toppings 매개변수의 별(*)을 보고 이 함수가 전달받는 인수를 toppings 튜플에 모읍니다. 함수 바디의 print()는 toppings를 그대로 출력합니다. 이 함수는 인수의 개수와 관계없이 비슷한 방식으로 동작합니다. 함수가 인수를 하나만 받더라도 파이썬은 마찬가지로 튜플을 만듭니다.

```
('pepperoni',)
('mushrooms', 'green peppers', 'extra cheese')
```

이제 print()를 루프로 교체해 토핑 리스트를 순회하면서 주문 내용을 요약하는 함수로 고쳐 씁시다.

```
def make_pizza(*toppings):
    """주문 내용을 요약합니다"""
    print("\nMaking a pizza with the following toppings:")
    for topping in toppings:
        print(f"- {topping}")

make_pizza('pepperoni')
make_pizza('mushrooms', 'green peppers', 'extra cheese')
```

인수가 하나든, 셋이든 함수는 정확히 동작합니다.

```
Making a pizza with the following toppings:
- pepperoni

Making a pizza with the following toppings:
- mushrooms
- green peppers
- extra cheese
```

이 문법은 함수가 인수를 몇 개 받든 똑같이 동작합니다.

8.5.1 위치 인수와 임의의 인수 같이 쓰기

함수에서 여러 가지 인수를 받는다면, 임의의 인수를 모으는 매개변수는 반드시 마지막에 배치 해야 합니다. 파이썬은 먼저 위치 인수와 키워드 인수를 할당한 다음, 남아 있는 인수를 마지막 매개변수에 모읍니다.

예를 들어 함수가 피자 크기를 받는다면 이 매개변수는 반드시 *toppings보다 앞에 있어야 합니다.

```
def make_pizza(size, *toppings):
    """주문 내용을 요약합니다"""
    print(f"\nMaking a {size}-inch pizza with the following toppings:")
    for topping in toppings:
        print(f"- {topping}")

make_pizza(16, 'pepperoni')
make_pizza(12, 'mushrooms', 'green peppers', 'extra cheese')
```

파이썬은 이 함수가 받는 첫 번째 값을 **size** 매개변수에 할당합니다. 그 뒤의 값은 모두 **toppings** 튜플로 모입니다. 따라서 이 함수를 호출할 때는 먼저 크기 인수를 쓰고, 그 다음에 토핑을 필요한 만큼 나열해야 합니다.

이제 피자를 주문할 때 크기와 함께 여러 가지 토핑을 주문할 수 있고, 주문 내용은 다음과 같이 적절한 형식으로 출력됩니다.

```
Making a 16-inch pizza with the following toppings:
- pepperoni

Making a 12-inch pizza with the following toppings:
- mushrooms
- green peppers
- extra cheese
```

NOTE 이렇게 임의의 위치 인수를 수집하는 매개변수는 보통 *args라고 쓰기도 합니다.

8.5.2 임의의 키워드 인수 사용하기

임의의 인수를 받아야 하는데 이들이 피자 토핑처럼 한 가지 종류의 정보가 아니라 여러 가지 종류일 때도 있습니다. 이런 경우에는 임의의 키-값 쌍을 받도록 함수를 정의합니다. 사용자 프로필을 만든다고 합시다. 사용자 정보를 받는 건 알지만, 어떤 종류의 정보가 들어올지 미리 알 수는 없습니다. 다음 예제의 **build_profile()** 함수는 항상 이름과 성을 받고, 이에 더해 키워드 인수를 제한 없이 받습니다.

```python
def build_profile(first, last, **user_info):
    """사용자에 대해 아는 정보를 전부 딕셔너리에 저장합니다"""
    user_info['first_name'] = first # ❶
    user_info['last_name'] = last
    return user_info

user_profile = build_profile('albert', 'einstein',
                             location='princeton',
                             field='physics')
print(user_profile)
```

build_profile()은 이름과 성을 받고, 사용자에 관한 정보를 이름-값 쌍으로 제한 없이 받습니다. 파이썬은 **user_info의 별 두 개를 인식하고 이름-값 쌍 인수를 모두 user_info 딕셔너리에 저장합니다. 다른 딕셔너리와 마찬가지로 함수 안에서 user_info의 키-값 쌍에 접근할 수 있습니다.

❶에서는 사용자로부터 항상 전달받는 정보인 이름과 성을 user_info 딕셔너리에 추가합니다. 그리고 user_info 딕셔너리를 반환합니다.

build_profile()을 호출하면서 이름 albert와 성 einstein을 전달하고, 키-값 쌍으로 location='princeton'과 field='physics'를 전달합니다. 그리고 반환된 profile을 user_profile에 할당한 다음 출력합니다.

```
{'location': 'princeton', 'field': 'physics',
 'first_name': 'albert', 'last_name': 'einstein'}
```

반환된 딕셔너리에는 사용자의 이름과 성이 포함되고, 위치(location)와 전공(field)이 포함됐습니다. 이 함수는 호출할 때 키-값 쌍이 몇개가 있든 똑같이 동작합니다.

함수를 만들 때 위치, 키워드, 임의의 인수를 다양한 방식으로 섞어 쓸 수 있습니다. 다른 사람의 코드를 읽기 시작하면 다양한 인수 타입을 볼 수 있으므로 이들에 대해 미리 알고 있는 게 좋습니다. 다양한 인수 타입을 언제, 어떻게 사용하는지 판단하기 위해서는 연습이 필요합니다. 그래서 지금은 가장 단순한 방법을 쓰는 게 좋습니다. 경험이 쌓이면 가장 효율적인 방법이 뭔지 금방 알게 될 겁니다.

> **NOTE** 임의의 키워드 인수를 수집하는 매개변수는 보통 **kwargs(keyword arguments)라는 이름을 씁니다.

연습문제

8-12 샌드위치

샌드위치 재료를 받는 함수를 만드세요. 이 함수는 호출할 때 전달하는 인수를 매개변수 하나로 모아야 하고, 주문 받은 샌드위치를 요약해 출력해야 합니다. 함수를 세 번 호출하되, 인수 개수는 그때마다 달라야 합니다.

8-13 사용자 프로필

앞서 살펴본 user_profile.py 프로그램으로 시작합니다. build_profile()을 호출해 여러분의 프로필을 만드세요. 이름과 성이 들어가야 하고, 여러분을 설명하는 키–값 쌍 세 개가 들어가야 합니다.

8-14 자동차

자동차 정보를 딕셔너리에 저장하는 함수를 만드세요. 이 함수는 항상 제조사와 모델명을 받아야 합니다. 그리고 키워드 인수를 제한 없이 받아야 합니다. 필수 정보와 함께, 색깔이나 옵션 기능 같은 이름–값 쌍을 전달해 함수를 호출하세요. 다음과 같이 호출했을 때 함수가 잘 동작해야 합니다.

```
car = make_car('subaru', 'outback', color='blue', tow_package=True)
```

반환된 딕셔너리를 출력해서 모든 정보가 올바르게 저장되었는지 확인하세요.

8.6 함수를 모듈에 저장하기

함수의 주요 장점은 메인 프로그램에서 코드 블록을 분리한다는 겁니다. 뜻이 분명한 함수 이름을 쓰면 프로그램을 이해하기가 훨씬 쉽습니다. 함수를 **모듈**이라는 별도의 파일에 저장하고, 이 모듈을 메인 프로그램으로 **임포트**import하면 이 장점을 한 단계 발전시킬 수 있습니다. import 문은 현재 실행 중인 프로그램에서 모듈의 코드를 사용할 수 있게 합니다.

함수를 별도의 파일에 저장하면 프로그램의 세부 사항을 가려서 전체적인 흐름에 집중할 수 있습니다. 또한 다른 다양한 프로그램에서 함수를 활용할 수 있습니다. 함수를 별도의 파일에 저장하면 다른 프로그래머와 해당 파일만 공유할 수도 있습니다. 그러므로 함수를 임포트하는 방법을 익히면 다른 프로그래머가 만든 라이브러리도 사용할 수 있습니다. 모듈을 임포트하는 방법은 여러 가지입니다. 하나씩 살펴봅시다.

8.6.1 전체 모듈 임포트하기

임포트하기 위해서는 먼저 모듈을 만들어야 합니다. **모듈**은 프로그램으로 가져올 코드가 포함된, .py로 끝나는 파일입니다. make_pizza() 함수를 모듈로 만들어 봅시다. pizza.py 파일에서 make_pizza() 함수만 남기고 나머지는 전부 제거합니다.

pizza.py

```
def make_pizza(size, *toppings):
    """주문 내용을 요약합니다"""
    print(f"\nMaking a {size}-inch pizza with the following toppings:")
    for topping in toppings:
        print(f"- {topping}")
```

pizza.py와 같은 폴더에 making_pizzas.py 파일을 따로 만듭니다. 이 파일은 방금 만든 모듈을 임포트해서 make_pizza()를 두 번 호출합니다.

making_pizzas.py

```
import pizza

pizza.make_pizza(16, 'pepperoni') # ❶
pizza.make_pizza(12, 'mushrooms', 'green peppers', 'extra cheese')
```

파이썬은 이 파일을 읽고 import pizza 행에서 pizza.py 파일을 열어 모든 함수를 프로그램에 복사합니다. 실제로 함수를 복사하는 코드는 없지만, 파이썬이 프로그램을 실행하기 직전에 내부적으로 함수를 복사합니다. 지금 여러분은 세부 사항을 신경 쓸 필요 없습니다. pizza.py에서 정의한 함수를 모두 making_pizzas.py에서 사용할 수 있다는 것만 알면 됩니다.

임포트한 모듈에서 함수를 호출하려면 ❶과 같이 먼저 모듈 이름 pizza를 쓰고 점(.)을 찍은 다음 함수 이름 make_pizza()를 씁니다. 결과는 모듈을 사용하지 않은 프로그램과 같습니다.

```
Making a 16-inch pizza with the following toppings:
- pepperoni

Making a 12-inch pizza with the following toppings:
- mushrooms
- green peppers
- extra cheese
```

이렇게 import 뒤에 모듈 이름을 쓰면 프로그램에서 모듈의 모든 함수를 사용할 수 있게 됩니다. import 문을 이런 방식으로 사용해서 module_name.py 모듈을 임포트하면 다음과 같은 문법으로 모듈의 함수를 사용할 수 있습니다.

```
module_name.function_name()
```

8.6.2 특정 함수 임포트하기

모듈에서 원하는 함수만 임포트할 수도 있습니다. 문법은 다음과 같습니다.

```
from module_name import function_name
```

모듈에서 필요한 함수를 콤마로 구분해 원하는 만큼 임포트할 수 있습니다.

```
from module_name import function_0, function_1, function_2
```

이 문법을 사용하면 making_pizzas.py는 다음과 같이 바뀝니다.

```
from pizza import make_pizza

make_pizza(16, 'pepperoni')
make_pizza(12, 'mushrooms', 'green peppers', 'extra cheese')
```

이 문법을 쓰면 함수를 호출할 때 점 표기법을 사용하지 않아도 됩니다. import 문에서 make_ pizza() 함수를 명시적으로 임포트했으므로 함수를 이름으로 호출할 수 있습니다.

8.6.3 as로 함수에 별칭 부여하기

임포트할 함수 이름이 기존 함수 이름과 충돌하거나, 이름이 너무 길다면 짧고 고유한 **별칭**을 만들 수도 있습니다.

다음 코드의 make_pizza as mp는 make_pizza() 함수에 mp()라는 별칭을 붙입니다. as 키 워드는 함수 이름을 제공된 별칭으로 바꿉니다.

```
from pizza import make_pizza as mp

mp(16, 'pepperoni')
mp(12, 'mushrooms', 'green peppers', 'extra cheese')
```

코드의 import 문은 프로그램에서 make_pizza() 함수를 mp()라는 이름으로 사용하게 만듭 니다. make_pizza()가 필요하면 mp()를 대신 호출하면 됩니다. 파이썬은 모듈에 있는 make_ pizza()의 코드를 실행하며, 혹시 이 프로그램에서 또 다른 make_pizza() 함수를 만들었더 라도 충돌하지 않습니다.

별칭을 쓰는 문법은 다음과 같습니다.

```
from module_name import function_name as fn
```

8.6.4 as로 모듈에 별칭 부여하기

모듈 이름도 별칭으로 바꿀 수 있습니다. pizza 모듈에 p 같은 별칭을 붙이면 모듈 함수를 더 간단히 호출할 수 있습니다. pizza.make_pizza()보다는 p.make_pizza()가 간결합니다.

```
import pizza as p

p.make_pizza(16, 'pepperoni')
p.make_pizza(12, 'mushrooms', 'green peppers', 'extra cheese')
```

코드의 import 문은 pizza 모듈에 p라는 별칭을 붙였지만, 모듈의 함수는 모두 원래 이름을 유지합니다. 함수를 호출할 때 p.make_pizza()를 사용하면 pizza.make_pizza()보다 간결할 뿐 아니라, 모듈 이름에 신경을 덜 쓰고 함수가 하는 일에 집중할 수 있습니다. 프로그래밍에서는 모듈 이름보다는 함수 이름이 더 중요합니다. 함수 이름에 집중해야 함수가 하는 일을 더 잘 파악할 수 있고, 코드의 가독성도 좋아집니다.

문법을 다시 확인하고 넘어갑시다.

```
import module_name as mn
```

8.6.5 모듈의 함수를 모두 임포트하기

별(*)은 모듈의 함수를 모두 임포트합니다.

```
from pizza import *

make_pizza(16, 'pepperoni')
make_pizza(12, 'mushrooms', 'green peppers', 'extra cheese')
```

'전체 모듈 임포트'와 비슷해 보이지만, 이 방법은 점 표기법을 사용하지 않고 함수 이름을 바로 호출할 수 있습니다. 하지만 여러분이 직접 작성하지 않은 모듈을 이런 식으로 임포트하는 건 권장하지 않습니다. 만약 임포트한 모듈에 여러분이 만든 함수 이름과 같은 함수가 있다면 예상하지 못한 결과가 생길 수 있습니다. 파이썬은 이런 경우 이름이 같은 함수와 변수를 별도로 임포트하는 대신 덮어씁니다.

그래서 가장 좋은 방법은 필요한 함수만 임포트하거나, 전체 모듈을 임포트한 후 점 표기법으로 호출하는 것입니다. 이렇게 하면 읽고 이해하기 쉬운 명확한 코드가 만들어집니다. 여기서 이 방법을 설명하는 이유는 다른 사람의 코드에서 이런 import 문을 볼 수도 있기 때문입니다.

```
from module_name import *
```

8.7 함수 스타일

함수를 만들 때는 몇 가지 스타일을 염두에 두어야 합니다. 함수의 이름은 뜻이 분명해야 하고 소문자와 밑줄만 사용해야 합니다. 뜻이 분명한 이름을 쓰면 함수가 하는 일을 이해하기 쉽습니다. 모듈 이름도 같은 규칙을 지켜야 합니다.

모든 함수에는 함수가 하는 일을 간결하게 설명하는 주석이 있어야 합니다. 이 주석은 함수 정의 바로 뒤에 독스트링 형식으로 써야 합니다. 함수를 잘 문서화하면 다른 프로그래머가 독스트링만 읽고 함수를 사용할 수 있습니다. 그래서 함수는 독스트링의 설명과 똑같이 동작해야 하고 다른 프로그래머는 함수의 이름, 함수가 받는 인수, 반환 값의 타입만 알아도 함수를 사용할 수 있어야 합니다.

매개변수의 기본 값을 지정할 때는 등호 주위에 공백이 없어야 합니다.

```
def function_name(parameter_0, parameter_1='default value')
```

함수 호출의 키워드 인수에도 공백을 사용하면 안 됩니다.

```
function_name(value_0, parameter_1='value')
```

PEP 8(*https://www.python.org/dev/peps/pep-0008*)은 각 행의 코드를 79자로 제한해, 적절한 크기의 에디터 창에서 코드 전체를 볼 수 있게 하길 권합니다. 함수 정의에 매개변수가 많이 필요해 79자보다 길어진다면, 여는 괄호 다음에서 Enter 를 누르세요. 다음 행에서 Tab 을 두 번 눌러, 한 번만 들여 쓸 함수 바디와 구분되게 만드세요.

대부분의 에디터는 들여쓰기를 물려받아 매개변수가 늘어나더라도 자동으로 들여 씁니다.

```
def function_name(
        parameter_0, parameter_1, parameter_2,
        parameter_3, parameter_4, parameter_5):
    function body...
```

프로그램이나 모듈에 함수가 둘 이상 있는 경우 두 함수를 두 개의 빈 줄로 구분해 각 함수를 더 쉽게 구분할 수 있게 하는 것이 좋습니다.

모든 import 문은 파일 처음에 써야 합니다. import 문보다 앞에 쓸 수 있는 유일한 예외는 프로그램 전체를 설명하는 주석뿐입니다.

연습문제

8-15 모델 출력

printing_models.py 예제의 함수를 printing_functions.py 파일로 옮기세요. printing_models.py 맨 위에 import 문을 쓰고, 임포트한 함수를 사용하도록 파일을 수정하세요.

8-16 임포트

그동안 만든 프로그램 중에서 함수가 하나 있는 프로그램을 골라, 그 함수를 별도의 파일에 저장하세요. 함수를 메인 프로그램으로 임포트하고 다음 방법을 모두 사용해 함수를 호출하세요.

```
import module_name
from module_name import function_name
from module_name import function_name as fn
import module_name as mn
from module_name import *
```

8-17 함수 스타일

이 장에서 만든 프로그램 중 세 가지를 고르고, 이 절에서 설명한 스타일 가이드가 지켜졌는지 확인하세요.

8.8 요약 정리

이 장에서는 함수를 만드는 방법과 인수를 통해 함수에 필요한 정보를 전달하는 방법을 알아보았습니다. 위치 인수와 키워드 인수를 사용하는 방법을 배웠고, 임의의 인수를 사용하는 방법도 배웠습니다. 그리고 결과를 표시하는 함수, 값을 반환하는 함수를 만들어 보았고, 리스트, 딕셔너리, if 문, while 루프와 함께 함수를 사용하는 방법도 살펴봤습니다. 함수를 **모듈**이라는 별도의 파일에 저장해서 프로그램을 더 단순하고 이해하기 쉽게 정리해 보았으며, 마지막으로 함수 스타일 가이드를 통해 프로그램의 구조를 간결하게 유지하고 읽기 쉽게 만드는 방법까지 배웠습니다.

프로그래머의 목표는 가능한 한 단순한 코드로 문제를 해결하는 겁니다. 함수는 이 목표를 달성하는 데 도움이 됩니다. 함수에 코드 블록을 만들고, 원하는 대로 동작하는 걸 확인했다면 계속 같은 방식으로 동작할 테니 더는 신경 쓰지 않고 다음 작업으로 넘어가도 됩니다.

함수는 원하는 만큼 재사용할 수 있습니다. 함수에 담긴 코드가 필요하면 한 행으로 호출하기만 하면 됩니다. 함수의 동작을 바꿔야 할 때도, 코드 블록 하나만 수정하면 해당 함수를 호출한 모든 곳에서 그 내용이 반영됩니다.

함수를 사용하면 프로그램을 더 쉽게 읽을 수 있고 좋은 함수 이름은 프로그램 전체의 가독성을 높입니다. 길게 늘어진 코드를 읽는 것보다 일련의 함수 호출을 읽는 편이 프로그램의 흐름을 더 빨리 파악할 수 있습니다.

또한 함수를 사용한 코드는 더 쉽게 테스트하고 디버그할 수 있습니다. 프로그램의 작업 대부분을 함수가 수행하고 각 함수가 한 가지 일을 수행한다면 작성한 코드를 테스트하고 관리하기가 훨씬 쉽습니다. 각 함수를 호출하고 그 함수가 가능한 모든 상황에서 정확히 동작하는지 확인하는 별도의 프로그램을 만들 수 있습니다. 이렇게 하면 어떤 상황에서 함수를 호출해도 정상적으로 동작할 거라고 확신할 수 있습니다.

9장에서는 클래스에 대해 배웁니다. **클래스**는 기능과 데이터를 하나로 모아 유연하고 효율적인 방식으로 동작할 수 있게 합니다.

CHAPTER 9
클래스

객체 지향 프로그래밍object-oriented programming**(OOP)**는 소프트웨어에서 가장 효과적인 접근 방법 중 하나입니다. 객체 지향 프로그래밍에서는 실제 사물과 상황을 표현하는 **클래스**class를 만들고, 이 클래스를 기반으로 **객체**object를 만듭니다. 클래스는 해당 객체 전체가 공유하는 일반적인 동작을 정의합니다.

클래스에서 객체를 생성하면 각 객체는 자동으로 이 일반적인 동작을 상속합니다. 그런 다음 각 객체가 가질 고유한 특징을 부여할 수 있습니다. 객체 지향 프로그래밍은 실제로 일어나는 상황을 아주 잘 표현할 수 있습니다.

클래스에서 객체를 만드는 걸 **인스턴스화**instantiation라 부릅니다. 여러분이 다루는 건 클래스의 **인스턴스**instance입니다. 이 장에서는 클래스를 작성하고 그 클래스의 인스턴스를 만듭니다. 인스턴스에 어떤 정보를 저장할지 지정하고, 그 인스턴스로 할 수 있는 행동을 정의합니다. 또한 기존 클래스를 확장해 새로운 클래스를 만드는 법을 배웁니다. 이를 통해 비슷한 클래스들이 기능을 공유하며, 코드의 양도 줄어듭니다. 클래스를 모듈에 저장하고 다른 프로그래머가 만든 클래스를 임포트하는 방법도 배웁니다.

객체 지향 프로그래밍을 배우면 세상을 프로그래머의 관점에서 볼 수 있게 됩니다. 이를 통해 코드를 단순히 한 행 단위로 읽는 게 아니라 코드 전체가 나타내는 개념을 이해할 수 있게 됩니다. 클래스의 개념을 이해하면 논리적으로 생각하는 훈련이 되고, 여러분이 마주치는 거의 모든 문제를 효율적으로 해결하는 프로그램을 만들 수 있게 됩니다.

또한 여러분이 점점 더 복잡한 문제를 해결할 때도 클래스가 도움이 됩니다. 여러분과 동료 프로그래머가 같은 로직을 기반으로 코드를 작성하면 서로의 코드를 이해할 수 있습니다. 동료들이 여러분의 프로그램을 더 잘 이해할 수 있게 되어 보다 효율적으로 의견을 나눌 수 있게 됩니다.

9.1 클래스를 만들고 사용하기

클래스를 사용하면 현실의 거의 모든 걸 표현할 수 있습니다. 개를 나타내는 단순한 클래스 Dog를 만들어 봅시다. 여러분의 반려동물인 개에 대해 뭘 알고 있는지 생각해 보세요. 우선 이름과 나이를 알고 있습니다. 또한 대부분의 개들은 앉고 구를 수 있다는 것도 압니다. 이 두 가지 정보(이름과 나이), 두 가지 동작(앉기와 구르기)은 대부분의 개에 공통이므로 Dog 클래스에 들어갈 겁니다. 파이썬은 이 클래스를 통해 개를 나타내는 객체를 만듭니다. 클래스를 만들고 나면 클래스를 통해 개별적인 개를 나타내는 인스턴스를 만듭니다.

9.1.1 Dog 클래스 만들기

Dog 클래스로 만들어지는 모든 인스턴스에는 name과 age가 저장되며, 각 개에는 sit()과 roll_over() 능력이 생깁니다.

dog.py

```
class Dog: # ❶
    """개를 표현하는 클래스"""

    def __init__(self, name, age): # ❷
        """name과 age 속성 초기화"""
        self.name = name # ❸
        self.age = age

    def sit(self): # ❹
        """앉기"""
        print(f"{self.name} is now sitting.")

    def roll_over(self):
        """구르기"""
        print(f"{self.name} rolled over!")
```

처음 보는 것들이 많지만 걱정하지 마세요. 이 장 전체에 걸쳐 이 구조를 자주 보게 될 테니 곧 익숙해질 겁니다. ❶에서는 먼저 Dog 클래스를 정의했습니다. 파이썬에서는 클래스 이름의 첫 글자를 대문자로 표기합니다. 이 클래스는 정의 단계이니 별도의 괄호가 없습니다. 그런 다음 이 클래스가 하는 일을 설명하는 독스트링을 작성합니다.

9.1.2 __init__() 메서드

클래스에 속한 함수를 **메서드**라 부릅니다. 함수에 대해 배운 내용은 전부 메서드에도 적용되며, 차이는 메서드라는 이름 뿐입니다. ❷의 __init__() 메서드는 Dog 클래스를 기반으로 인스턴스를 만들 때마다 파이썬이 자동으로 실행하는 특별한 메서드입니다. 메서드의 앞뒤에 있는 이중 밑줄(__)은 파이썬의 기본 메서드 이름과 여러분이 만드는 메서드 이름이 충돌하는 걸 방지하기 위한 표기법입니다. __init__()을 사용할 때 앞뒤에 이중 밑줄을 쓰는 걸 잊지 마세요. 앞뒤 중 하나라도 이중 밑줄을 잊으면 클래스를 생성할 때 자동으로 호출되지 않으며, 찾기 힘든 에러를 일으킬 수 있습니다.

__init__()는 self, name, age 세 가지 매개변수를 받도록 정의했습니다. self는 필수 매개변수이며 반드시 맨 앞에 있어야 합니다. 파이썬이 나중에 Dog의 인스턴스를 만들기 위해 이 메서드를 호출할 때 self 인수를 자동으로 전달하므로 이 매개변수는 반드시 정의에 포함되어야 합니다. self는 인스턴스 자체를 나타내며 인스턴스와 연관된 메서드는 모두 self를 자동으로 전달합니다. 각 인스턴스는 self를 통해 클래스의 속성과 메서드에 접근합니다. Dog의 인스턴스를 만들면 파이썬이 Dog 클래스의 __init__()를 호출합니다. Dog()에는 이름과 나이만 전달합니다. self는 자동으로 전달되므로 우리가 전달하지 않습니다. Dog 클래스의 인스턴스를 만들 때는 마지막 두 매개변수인 name과 age의 값만 제공합니다.

__init__() 메서드 바디에서 정의하는 두 변수에는 모두 self라는 접두사가 있습니다(❸). 클래스의 메서드는 모두 self가 붙은 변수를 사용할 수 있으며, 이 클래스에서 생성한 인스턴스를 통해 이 변수에 접근할 수 있습니다. ❸의 self.name = name 행은 name 매개변수에 할당된 값을 가져와 name 변수에 할당하고 이 변수는 지금 생성될 인스턴스에 연결됩니다. self.age = age에서도 같은 절차를 수행합니다. 이렇게 인스턴스를 통해 접근할 수 있는 변수를 **속성**attribute이라 부릅니다.

Dog 클래스에는 sit()과 roll_over() 메서드도 있습니다(❹). 이 메서드는 실행에 필요한 추가 정보가 없으므로 self 매개변수 하나만 받도록 정의했습니다. 나중에 생성하는 인스턴스는 모두 이 메서드에 접근할 수 있습니다. 달리 말하자면 개들은 모두 앉거나 구를 수 있습니다. 지금은 sit()과 roll_over()가 하는 일이 별로 없습니다. 그저 개가 앉거나 구른다는 메시지를 출력할 뿐입니다. 하지만 이 메서드들은 확장할 수 있습니다. 이 클래스가 컴퓨터 게임의 일부분이라면 이 메서드로 개가 앉거나 구르는 애니메이션을 포함할 수도 있는 겁니다. 이 클래스가 로봇 개를 컨트롤하기 위한 클래스였다면 이들 메서드에는 로봇 개가 실제로 앉거나 구르는 동작을 지시할 수도 있습니다.

9.1.3 클래스에서 인스턴스 만들기

클래스는 인스턴스를 만드는 일종의 매뉴얼입니다. Dog 클래스는 파이썬이 개를 표현하는 인스턴스를 만들기 위해 따르는 매뉴얼입니다.

개를 표현하는 인스턴스를 만들어 봅시다.

```
class Dog:
    --생략--

my_dog = Dog('Willie', 6) # ❶

print(f"My dog's name is {my_dog.name}.") # ❷
print(f"My dog is {my_dog.age} years old.") # ❸
```

여기서 사용하는 Dog 클래스는 이전 예제에서 만든 클래스입니다. ❶은 이름이 Willie이고 나이가 6인 개를 만듭니다. 파이썬은 이 행을 읽고 Willie, 6를 전달하며 Dog의 __init__() 메서드를 호출합니다. __init__() 메서드는 이 개를 표현하는 인스턴스를 만들고, 제공된 값을 사용해 name과 age 속성을 설정한 다음 인스턴스를 반환합니다. 반환된 인스턴스를 my_dog 변수에 할당했습니다. 명명법을 잘 지키면 이런 코드도 쉽게 읽을 수 있습니다. Dog 같은 대문자 이름은 클래스이고 my_dog 같은 소문자 이름은 그 클래스에서 만들어진 인스턴스임을 알 수 있습니다.

속성에 접근하기

인스턴스 속성에 접근할 때는 점 표기법을 사용합니다. ❷에서는 다음 문법을 사용해 my_dog의 name 속성에 접근했습니다.

```
my_dog.name
```

점 표기법은 파이썬에서 자주 사용됩니다. 이 문법은 파이썬이 속성 값을 찾는 문법입니다. 파이썬은 먼저 my_dog 인스턴스를 찾고, 그 안에서 name 속성을 찾습니다. 이는 Dog 클래스의 self.name과 같은 속성입니다. ❸에서도 같은 문법을 사용해 age 속성에 접근했습니다.

결과는 다음과 같이 우리가 my_dog에 대해 알고 있는 내용의 요약입니다.

```
My dog's name is Willie.
My dog is 6 years old.
```

메서드 호출하기

Dog 클래스에서 인스턴스를 생성하면 점 표기법을 사용해 Dog에 정의된 메서드를 호출할 수 있습니다. 개를 앉고 구르게 해 봅시다.

```
class Dog:
    --생략--

my_dog = Dog('Willie', 6)
my_dog.sit()
my_dog.roll_over()
```

메서드를 호출할 때도 점 표기법을 사용합니다. 파이썬은 my_dog.sit()을 읽으면 Dog 클래스의 sit() 메서드를 찾아 해당 코드를 실행합니다. my_dog.roll_over()도 마찬가지입니다.

이제 윌리는 우리가 시키는 대로 앉고 구릅니다.

```
Willie is now sitting.
Willie rolled over!
```

이 문법은 아주 유용합니다. 속성과 메서드에 name, age, sit(), roll_over() 같은 뜻이 분명한 이름을 사용하면 처음 보는 코드 블록이라도 어떤 일을 하는지 쉽게 알 수 있습니다.

인스턴스 여러 개 만들기

인스턴스는 필요한 만큼 만들 수 있습니다. 두 번째 개 your_dog를 만들어 봅시다.

```
class Dog:
    --생략--

my_dog = Dog('Willie', 6)
your_dog = Dog('Lucy', 3)

print(f"My dog's name is {my_dog.name}.")
print(f"My dog is {my_dog.age} years old.")
my_dog.sit()

print(f"\nYour dog's name is {your_dog.name}.")
print(f"Your dog is {your_dog.age} years old.")
your_dog.sit()
```

이 예제는 윌리와 루시를 만들었습니다. 각 개는 속성이 서로 다른 인스턴스이며 행동은 공유합니다.

```
My dog's name is Willie.
My dog is 6 years old.
Willie is now sitting.

Your dog's name is Lucy.
Your dog is 3 years old.
Lucy is now sitting.
```

두 번째 개의 이름과 나이를 똑같이 설정하더라도 파이썬은 별도의 인스턴스를 생성합니다. 각 인스턴스를 고유한 변수 이름에 할당하거나 리스트나 딕셔너리의 고유한 위치에 할당하기만 한다면 인스턴스는 필요한 만큼 얼마든지 만들 수 있습니다.

연습문제

9-1 레스토랑
Restaurant 클래스를 만드세요. Restaurant의 __init__() 메서드는 restaurant_name과 cuisine_type 속성을 저장해야 합니다. 이 두 가지 정보를 출력하는 describe_restaurant() 메서드, 레스토랑이 문을 열었다는 메시지를 출력하는 open_restaurant() 메서드를 만드세요.

클래스에서 restaurant 인스턴스를 만드세요. 인스턴스의 두 속성을 각각 출력하고 두 메서드를 모두 호출하세요.

9-2 레스토랑 세 곳
[연습문제 9-1]에서 시작합니다. 클래스에서 세 가지 인스턴스를 만들고 각 인스턴스에서 describe_
restaurant()을 호출하세요.

9-3 사용자
User 클래스를 만드세요. first_name과 last_name 속성을 만들고, 사용자 프로필에 일반적으로 사용
할만한 속성을 여러 가지 만드세요. 사용자 정보를 요약해서 출력하는 describe_user() 메서드를 만드
세요. 사용자를 환영하는 greet_user() 메서드도 만드세요.

여러 가지 사용자에 대해 인스턴스를 만들고 각 사용자에 대해 두 메서드를 호출하세요.

9.2 클래스와 인스턴스 사용하기

클래스는 여러 가지 현실의 상황을 표현할 수 있습니다. 일단 클래스를 만들면 클래스보다는
인스턴스를 더 자주 사용합니다. 보통은 인스턴스에 저장된 속성을 수정하는 경우가 가장 많습니
다. 인스턴스 속성은 직접 수정할 수도 있고 속성을 업데이트하는 전용 메서드를 작성해 수
정할 수도 있습니다.

9.2.1 Car 클래스

자동차를 나타내는 새 클래스를 작성해 봅시다. 이 클래스는 자동차 종류에 대한 정보를 저장
하고 이 정보를 요약하는 메서드를 갖습니다.

car.py

```
class Car:
    """자동차를 표현하는 클래스"""

    def __init__(self, make, model, year): # ❶
        """자동차 속성 초기화"""
        self.make = make
        self.model = model
```

```
        self.year = year

    def get_descriptive_name(self): # ❷
        """뜻이 분명하고 깔끔한 이름 반환"""
        long_name = f"{self.year} {self.make} {self.model}"
        return long_name.title()

my_new_car = Car('audi', 'a4', 2024) # ❸
print(my_new_car.get_descriptive_name())
```

❶에서는 Dog 클래스에서 했던 것과 마찬가지로 self 매개변수를 맨 앞에 둔 __init__() 메서드를 정의합니다. 이 메서드는 make, model, year 매개변수도 받습니다. __init__() 메서드는 이들 매개변수를 받아, 인스턴스에 연결될 속성에 할당합니다. Car 인스턴스를 새로 만들 때는 제조사, 모델, 제작년도를 지정해야 합니다.

❷에서는 자동차의 속성을 year, make, model 순서로 보기 좋게 합치는 get_descriptive_name() 메서드를 정의했습니다. 이렇게 하면 각 속성의 값을 개별적으로 출력하지 않아도 됩니다. 메서드 안에서는 속성 값을 나타내는 self.make, self.model, self.year를 사용합니다. ❸에서는 Car 클래스의 인스턴스를 만들어 my_new_car 변수에 할당했습니다. 그리고 get_descriptive_name()을 호출해 어떤 자동차인지 요약해 표시합니다.

```
2024 Audi A4
```

좀 더 흥미로운 클래스가 되도록 시간에 따라 변하는 속성을 추가해 봅시다. 자동차의 전체 주행거리를 저장하는 속성을 추가하겠습니다.

9.2.2 속성의 기본 값 설정하기

인스턴스 속성도 기본 값을 가질 수 있습니다. 이런 기본 값은 __init__() 메서드에서 할당합니다.

항상 0으로 시작하는 odometer_reading 속성을 추가합니다. 자동차의 거리계를 읽는 read_odometer() 메서드도 추가합니다.

```
class Car:

    def __init__(self, make, model, year):
        """자동차 속성 초기화"""
        self.make = make
        self.model = model
        self.year = year
        self.odometer_reading = 0 # ❶

    def get_descriptive_name(self):
        --생략--

    def read_odometer(self): # ❷
        """자동차의 주행거리를 출력합니다"""
        print(f"This car has {self.odometer_reading} miles on it.")

my_new_car = Car('audi', 'a4', 2024)
print(my_new_car.get_descriptive_name())
my_new_car.read_odometer()
```

파이썬은 이전 예제와 마찬가지로 새 인스턴스를 생성하면서 __init__() 메서드를 호출해 제조사(make), 모델(model), 제작년도(year)를 속성으로 저장합니다. 그리고 ❶에서는 새로운 속성 odometer_reading을 만들어 초기 값을 0으로 설정합니다. ❷는 자동차의 주행거리를 쉽게 읽을 수 있는 새로운 메서드 read_odometer()입니다.

주행거리는 0에서 시작합니다.

```
2024 Audi A4
This car has 0 miles on it.
```

판매할 때 거리계가 정확히 0인 자동차는 별로 없으므로 이 속성의 값을 바꿀 방법이 필요합니다.

9.2.3 속성 값 수정하기

속성 값은 세 가지 방법으로 바꿀 수 있습니다. 인스턴스에서 직접 바꾸는 방법, 메서드를 통해 값을 설정하는 방법, 메서드를 통해 일정한 양을 더하는 방법이 있습니다. 하나씩 살펴봅시다.

속성 값 직접 수정하기

속성의 값을 수정하는 가장 단순한 방법은 인스턴스 속성에 직접 접근하는 겁니다. 다음 코드는 거리계 값을 직접 23으로 설정합니다.

```
class Car:
    --생략--

my_new_car = Car('audi', 'a4', 2024)
print(my_new_car.get_descriptive_name())

my_new_car.odometer_reading = 23
my_new_car.read_odometer()
```

코드는 점 표기법을 사용하여 자동차의 `odometer_reading` 속성에 접근하고 해당 값을 직접 설정합니다. 파이썬은 `my_new_car` 인스턴스를 가져와 `odometer_reading` 속성을 찾고 그 값을 23으로 수정합니다.

```
2024 Audi A4
This car has 23 miles on it.
```

메서드를 통해 속성 값 수정하기

속성을 업데이트하는 메서드가 유용할 때도 있습니다. 이 방식에서는 속성에 직접 접근하지 않고 내부적으로 업데이트를 처리하는 메서드에 새 값을 전달합니다.

```
class Car:
    --생략--

    def update_odometer(self, mileage):
        """거리계를 주어진 값으로 설정합니다"""
        self.odometer_reading = mileage

my_new_car = Car('audi', 'a4', 2024)
print(my_new_car.get_descriptive_name())

my_new_car.update_odometer(23) # ❶
my_new_car.read_odometer()
```

이 코드에서 바뀐 부분은 Car에 update_odometer() 메서드를 추가했다는 것뿐입니다. 이 메서드는 주행거리 값을 받아 이를 self.odometer_reading에 할당합니다. ❶에서는 my_new_car 인스턴스의 update_odometer()를 호출하면서 인수로 23을 전달했습니다. 이렇게 하면 거리계 값이 23으로 바뀌고, 다음 행에서 read_odometer()로 주행거리를 출력합니다.

```
2024 Audi A4
This car has 23 miles on it.
```

거리계 값을 수정할 때마다 update_odometer() 메서드가 하는 일을 추가할 수 있습니다. 거리계 값을 불법적으로 줄이지 못하게 만들어 봅시다.

```
class Car:
    --생략--

    def update_odometer(self, mileage):
        """
        거리계 값을 주어진 값으로 바꿉니다
        현재 값보다 적은 값을 할당할 수 없습니다
        """
        if mileage >= self.odometer_reading: # ❶
            self.odometer_reading = mileage
        else:
            print("You can't roll back an odometer!") # ❷
```

이제 update_odometer()는 속성을 수정하기 전에 새 값이 적법한 값인지 확인합니다. mileage로 전달된 값이 기존 주행거리 이상이라면(❶) 주행거리 값을 업데이트합니다. 새 주행거리가 기존 주행거리 미만이라면 주행거리를 줄일 수 없다는 경고를 표시합니다(❷).

메서드를 통해 속성 값 증가시키기

속성의 값을 완전히 바꾸지 않고 특정 값만큼 늘리는 게 좋을 때도 있습니다. 중고차를 구입하고 100마일을 달려서 등록사업소에 도착했다고 합시다. 다음은 거리계 값을 100만큼 늘리는 예제입니다.

```
class Car:
    --생략--
```

```
    def update_odometer(self, mileage):
        --생략--

    def increment_odometer(self, miles):
        """거리계 값을 주어진 값만큼 늘립니다"""
        self.odometer_reading += miles

my_used_car = Car('subaru', 'outback', 2019) # ❶
print(my_used_car.get_descriptive_name())

my_used_car.update_odometer(23_500) # ❷
my_used_car.read_odometer()

my_used_car.increment_odometer(100)
my_used_car.read_odometer()
```

새 메서드 increment_odometer()는 거리 값을 받고 이를 self.odometer_reading에 더합니다. ❶에서는 먼저 중고차 my_used_car를 만들었습니다. ❷에서는 update_odometer()를 호출하면서 23_500을 전달해 거리계 값을 23,500으로 설정했습니다. 마지막으로 increment_odometer()를 호출하면서 100을 전달해 등록사업소까지의 거리 100마일을 추가했습니다.

```
2019 Subaru Outback
This car has 23500 miles on it.
This car has 23600 miles on it.
```

이 메서드 역시 마이너스 값을 거부하도록 수정해서 주행거리를 불법적으로 줄이지 못하게 막을 수 있습니다.

> **NOTE** 메서드를 이렇게 만들어 프로그램의 사용자가 값을 임의로 바꾸지 못하게 막을 수 있지만, 프로그램 자체에 접근할 수 있다면 누구든 속성을 직접 바꿀 수 있습니다. 프로그램의 보안을 유지하려면 여기서 설명한 내용 외에도 여러 가지 세부 사항을 체크해야 합니다.

9-4 고객 수

[연습문제 9-1]에서 시작합니다. 기본 값이 0인 number_served 속성을 추가하세요. 이 클래스에서 restaurant 인스턴스를 만드세요. 레스토랑을 다녀간 고객 숫자를 출력한 다음, 이 값을 변경하고 다시 출력하세요.

다녀간 고객 숫자를 설정하는 set_number_served() 메서드를 추가하세요. 새 숫자로 이 메서드를 호출하고 값을 다시 출력하세요.

다녀간 고객 숫자를 늘리는 increment_number_served() 메서드를 추가하세요. 영업일 하루 동안 고객이 몇 명 다녀갔는지 나타내는 숫자를 써서 이 메서드를 호출하세요.

9-5 로그인 시도

[연습문제 9-3]에 있는 User 클래스에 login_attempts 속성을 추가하세요. login_attempts 값에 1을 더하는 increment_login_attempts() 메서드를 만드세요. login_attempts 값을 0으로 초기화하는 reset_login_attempts() 메서드를 만드세요.

User 클래스 인스턴스를 만들고 increment_login_attempts()를 여러 번 호출하세요. login_attempts 값을 출력해 제대로 늘어났는지 확인하고, reset_login_attempts()를 호출하세요. login_attempts를 다시 출력해 0으로 초기화됐는지 확인하세요.

9.3 상속

클래스를 항상 처음부터 만들 필요는 없습니다. 만들고자 하는 클래스가 다른 클래스의 변형이라면 **상속**inheritance을 사용해 쉽게 만들 수 있습니다. 클래스가 다른 클래스를 **상속**할 때는 속성과 메서드를 가져옵니다. 이런 경우 원래 클래스를 **부모 클래스**parent class, 새 클래스를 **자식 클래스**child class라 부릅니다. 자식 클래스는 부모 클래스의 속성과 메서드를 일부, 또는 모두 상속할 수 있고 자신만의 속성과 메서드를 새로 정의할 수도 있습니다.

9.3.1 자식 클래스의 __init__() 메서드

기존 클래스를 바탕으로 새 클래스를 만들 때는 부모 클래스의 __init__() 메서드를 호출해야 할 때가 많습니다. 부모 클래스의 __init__() 메서드를 호출하면 그 안에서 정의된 속성을 초기화해 자식 클래스에서 사용할 수 있게 됩니다.

이번에는 전기차 클래스를 만들어 봅시다. 전기차는 자동차의 한 종류이므로 앞에서 만든 Car 클래스를 바탕으로 ElectricCar 클래스를 만들 수 있습니다. 그런 다음 전기차에만 적용되는 속성과 동작을 만들면 됩니다.

먼저 Car 클래스를 그대로 상속하는 ElectricCar 클래스를 만들겠습니다.

electric_car.py

```
class Car: # ❶
    """자동차를 표현하는 클래스"""

    def __init__(self, make, model, year):
        """자동차 속성 초기화"""
        self.make = make
        self.model = model
        self.year = year
        self.odometer_reading = 0

    def get_descriptive_name(self):
        """뜻이 분명하고 깔끔한 이름 반환"""
        long_name = f"{self.year} {self.make} {self.model}"
        return long_name.title()

    def read_odometer(self):
        """자동차의 주행거리를 출력합니다"""
        print(f"This car has {self.odometer_reading} miles on it.")

    def update_odometer(self, mileage):
        """거리계를 주어진 값으로 설정합니다"""
        if mileage >= self.odometer_reading:
            self.odometer_reading = mileage
        else:
            print("You can't roll back an odometer!")

    def increment_odometer(self, miles):
        """거리계 값을 주어진 값만큼 늘립니다"""
```

```
        self.odometer_reading += miles

    class ElectricCar(Car): # ❷
        """전기차에만 해당하는 특징을 정의합니다"""

        def __init__(self, make, model, year): # ❸
            """부모 클래스의 속성을 초기화합니다"""
            super().__init__(make, model, year) # ❹

    my_leaf = ElectricCar('nissan', 'leaf', 2024) # ❺
    print(my_leaf.get_descriptive_name())
```

먼저 **Car**에서 시작합니다(❶). 자식 클래스를 만들 때는 반드시 부모 클래스가 같은 파일에 있어야 하고, 자식 클래스보다 앞에 있어야 합니다. 그리고 ❷에서는 자식 클래스인 **Electric-Car**를 정의합니다. 자식 클래스를 정의할 때는 반드시 괄호 안에 부모 클래스 이름을 써야 합니다. ❸의 __init__() 메서드는 **Car** 인스턴스를 만드는 데 필요한 정보를 가져옵니다.

❹의 super() 함수는 부모 클래스의 메서드를 호출하는 특별한 함수입니다. 파이썬은 이 행을 읽고 **Car**의 __init__() 메서드를 호출합니다. **ElectricCar** 인스턴스는 이를 통해 __init__() 메서드에서 정의하는 속성을 모두 갖게 됩니다. super라는 이름은 부모 클래스를 **슈퍼클래스**superclass, 자식 클래스를 **서브클래스**subclass라 부르는 관습에서 유래했습니다.

일반 자동차를 만들 때 전달하는 것과 같은 정보를 전달해 전기차를 만들어 상속이 정상적으로 동작하는지 확인해 봅시다. ❺에서는 **ElectricCar** 클래스의 인스턴스를 만들어 my_leaf에 할당했습니다. 이 행은 **ElectricCar**의 __init__() 메서드를 호출하고, 파이썬은 내부적으로 부모 클래스 **Car**의 __init__() 메서드를 호출합니다. 전달한 인수는 nissan, leaf, 2024입니다.

__init__() 외에는 아직 전기차에만 해당하는 속성이나 메서드가 없습니다. 지금은 전기차가 **Car**를 제대로 상속하는지만 확인합니다.

```
2024 Nissan Leaf
```

ElectricCar 인스턴스가 **Car** 인스턴스와 마찬가지로 동작하는 걸 확인했으니 전기차에만 해당하는 속성과 메서드를 정의할 수 있습니다.

9.3.2 자식 클래스의 속성과 메서드 정의하기

자식 클래스가 부모 클래스를 상속하는 걸 확인했으면 자식 클래스에만 해당하는 속성과 메서드를 추가할 수 있습니다.

전기차에만 해당하는 속성인 배터리를 만들고, 이 속성에 대해 보고하는 메서드를 추가해 봅시다. 배터리 크기를 속성으로 저장하고, 배터리 설명을 출력하는 메서드를 만들겠습니다.

```python
class Car:
    --생략--

class ElectricCar(Car):
    """전기차에만 해당하는 특징을 정의합니다"""

    def __init__(self, make, model, year):
        """
        부모 클래스의 속성을 초기화합니다
        그리고 전기차에만 해당하는 속성을 초기화합니다
        """
        super().__init__(make, model, year)
        self.battery_size = 40 # ❶

    def describe_battery(self): # ❷
        """배터리 크기를 설명하는 문장을 출력합니다"""
        print(f"This car has a {self.battery_size}-kWh battery.")

my_leaf = ElectricCar('nissan', 'leaf', 2024)
print(my_leaf.get_descriptive_name())
my_leaf.describe_battery()
```

❶에서는 새 속성 self.battery_size를 추가하고 초기 값을 40으로 설정했습니다. 이 속성은 ElectricCar 클래스에서 만들어진 모든 인스턴스에 존재하지만, Car의 인스턴스에는 존재하지 않습니다. ❷는 배터리 정보를 출력하는 describe_battery() 메서드입니다. 이 메서드를 호출하면 전기차에만 해당하는 설명이 출력됩니다.

```
2024 Nissan Leaf
This car has a 40-kWh battery.
```

ElectricCar 클래스는 원하는 만큼 상세하게 만들 수 있습니다. 속성과 메서드를 얼마든지 추가해 전기차를 필요한 만큼 정확히 표현할 수 있습니다. 전기차에만 해당하는 게 아니라 모든 자동차가 공유하는 속성이나 메서드는 ElectricCar 클래스가 아니라 Car 클래스에 추가해야 합니다. 그러면 Car 클래스의 인스턴스는 모두 해당 속성과 메서드를 공유하며, ElectricCar 클래스의 인스턴스는 전기차에만 해당하는 속성과 메서드를 추가로 가집니다.

9.3.3 부모 클래스의 메서드 오버라이드

부모 클래스의 메서드가 자식 클래스에 알맞지 않다면 오버라이드(재정의)할 수 있습니다. 부모 클래스의 메서드와 이름이 같은 메서드를 자식 클래스에서 다시 정의하면 됩니다. 이렇게 하면 파이썬은 부모 클래스 메서드를 무시하고 자식 클래스 메서드를 사용합니다.

Car 클래스에 fill_gas_tank()라는 메서드가 있다고 합시다. 전기차에는 급유가 필요 없으므로 오버라이드하고 싶을 겁니다. 예를 들어 다음과 같이 할 수 있습니다.

```python
class ElectricCar(Car):
    --생략--

    def fill_gas_tank(self):
        """전기차에는 연료통이 없습니다"""
        print("This car doesn't have a gas tank!")
```

이제 전기차에서 fill_gas_tank()를 호출하면 파이썬은 Car의 fill_gas_tank() 메서드를 무시하고 이 코드를 대신 실행합니다. 이처럼 부모 클래스에서 필요하지 않은 것들은 오버라이드할 수 있습니다.

9.3.4 인스턴스 속성

현실의 상황 속 무언가를 코드로 표현하다 보면 점점 더 뭔가를 추가하고 있는 자신을 발견하게 될 겁니다. 그러다 보면 속성과 메서드가 점점 늘어나고 파일도 계속 커질 겁니다. 클래스 하나를 계속 방대하게 만들기보다는, 그 일부분을 별도의 클래스로 분리하는 게 좋습니다. 거대한 클래스를 함께 동작하는 더 작은 클래스로 나누는 방식을 **합성**composition이라 부릅니다.

예를 들어 ElectricCar 클래스에 세부 사항을 계속 추가하다 보면 배터리 관련 속성과 메서

드가 많다는 걸 알게 될 수 있습니다. 이럴 때는 배터리 관련 속성과 메서드를 현재 클래스에
계속 추가하지 말고 Battery 클래스로 구분하는 게 좋습니다. 그런 다음 Battery 인스턴스를
ElectricCar 클래스의 속성으로 사용하면 됩니다.

```python
class Car:
    --생략--

class Battery:
    """전기차의 배터리를 표현하는 클래스"""

    def __init__(self, battery_size=40): # ❶
        """배터리 속성을 초기화합니다"""
        self.battery_size = battery_size

    def describe_battery(self): # ❷
        """배터리 크기를 설명하는 문장을 출력합니다"""
        print(f"This car has a {self.battery_size}-kWh battery.")

class ElectricCar(Car):
    """전기차에만 해당하는 특징을 정의합니다"""

    def __init__(self, make, model, year):
        """
        부모 클래스의 속성을 초기화합니다
        그리고 전기차에만 해당하는 속성을 초기화합니다
        """
        super().__init__(make, model, year)
        self.battery = Battery() # ❸

my_leaf = ElectricCar('nissan', 'leaf', 2024)
print(my_leaf.get_descriptive_name())
my_leaf.battery.describe_battery()
```

다른 클래스를 상속하지 않는 새 클래스 Battery를 정의합니다. ❶의 __init__() 메서드는
self와 함께 battery_size 매개변수를 가집니다. 이 매개변수는 값이 없을 경우 기본 값 40
을 갖는 옵션 매개변수입니다. ❷에서는 describe_battery() 메서드도 이 클래스로 옮겼습
니다.

❸에서는 ElectricCar 클래스에 self.battery 속성을 추가합니다. 파이썬은 이 행을 읽고
Battery 인스턴스를 새로 만듭니다. 아무 값도 전달하지 않았으므로 배터리 크기는 기본 값인

40입니다. 그리고 이 인스턴스를 self.battery 속성에 할당합니다. 이 과정은 ElectricCar 인스턴스를 만들면서 __init__() 메서드를 호출할 때마다 반복됩니다. ElectricCar 인스턴스는 모두 자동으로 Battery 인스턴스를 가집니다.

클래스를 정의한 다음에는 전기차를 만들어 이를 my_leaf 변수에 할당했습니다. 배터리에 관한 정보가 필요하면 자동차의 battery 속성에 접근합니다.

```
my_leaf.battery.describe_battery()
```

파이썬은 이 코드를 읽고 my_leaf 인스턴스의 battery 속성을 찾은 다음 이 속성에 할당된 Battery 인스턴스의 describe_battery() 메서드를 호출합니다.

결과는 이전과 같습니다.

```
2024 Nissan Leaf
This car has a 40-kWh battery.
```

코드가 늘어난 듯 보이지만, 이제 ElectricCar 클래스가 지나치게 복잡해지지 않으면서 배터리를 원하는 만큼 자세히 표현할 수 있습니다. 이번에는 배터리 크기를 바탕으로 예상 주행거리를 계산하는 메서드를 Battery에 추가해 봅시다.

```python
class Car:
    --생략--

class Battery:
    --생략--

    def get_range(self):
        """이 배터리로 주행할 수 있는 거리를 알려줍니다"""
        if self.battery_size == 40:
            range = 150
        elif self.battery_size == 65:
            range = 225

        print(f"This car can go about {range} miles on a full charge.")

class ElectricCar(Car):
    --생략--
```

```
my_leaf = ElectricCar('nissan', 'leaf', 2024)
print(my_leaf.get_descriptive_name())
my_leaf.battery.describe_battery()
my_leaf.battery.get_range() # ❶
```

새 메서드 **get_range()**는 단순한 작업을 수행합니다. 배터리 용량이 40kWh이면 주행할 수 있는 거리를 150마일로, 65kWh이면 주행할 수 있는 거리를 225마일로 설정한 다음 이 값을 알려줍니다. ❶은 자동차의 **battery** 속성을 통해 이 메서드를 호출했습니다.

결과는 다음과 같이 배터리 크기를 바탕으로 자동차가 주행할 수 있는 거리를 출력합니다.

```
2024 Nissan Leaf
This car has a 40-kWh battery.
This car can go about 150 miles on a full charge.
```

9.3.5 현실의 객체 모델링

전기차처럼 복잡한 걸 모델링하기 시작하면 여러 가지 흥미로운 질문에 부딪힐 겁니다. 주행 거리는 전기차의 속성일까요, 아니면 배터리의 속성일까요? 자동차 한 대만 표현한다면 get_range() 메서드를 지금처럼 Battery 클래스에 연결해도 좋습니다. 하지만 제조사의 자동차 전체를 표현한다면 get_range()를 ElectricCar 클래스로 옮기는 게 좋습니다. get_range() 메서드는 여전히 배터리 크기를 바탕으로 주행거리를 계산하겠지만, 이번에는 자신이 할당된 자동차의 특징도 계산에 넣을 겁니다. 또는 get_range() 메서드를 배터리에 계속 두면서 car_model 같은 인수를 전달하는 방법도 있습니다. get_range() 메서드는 배터리 크기와 자동차 모델을 바탕으로 주행 가능 거리를 계산할 겁니다.

이런 생각은 프로그래머로 활동하는 동안 계속 하게 될 고민입니다. 이런 고민을 통해 문법만 치중했던 초보자에서 더 논리적이고 높은 수준의 중급자 이상으로 성장하게 됩니다. 이건 파이썬에 대한 고민이 아니라 현실을 어떻게 코드로 나타낼지 생각하는 겁니다. 이런 시점에 도달하면, 실제 상황을 표현할 때는 정답도, 오답도 없다는 걸 깨닫게 될 겁니다. 물론 그중에서도 더 효율적인 방법이 있겠지만, 가장 효율적인 방법을 찾으려면 경험이 필요합니다. 코드가 생각 대로 동작한다면 잘 하고 있는 겁니다. 만들었던 클래스를 삭제하고 처음부터 다시 만드는 걸 부끄러워하지 마세요. 누구나 이런 과정을 거쳐 정확하고 효율적인 코드를 만듭니다.

9-6 아이스크림 가판대

아이스크림 가판대도 일종의 레스토랑입니다. [연습문제 9-1]이나 [연습문제 9-4]의 Restaurant 클래스를 상속하는 IceCreamStand 클래스를 만드세요. 어느 쪽을 택해도 상관없으니 마음에 드는 쪽을 고르세요. 아이스크림 맛 리스트를 저장하는 flavors 속성을 추가하세요. 어떤 맛이 있는지 표시하는 메서드를 만드세요. IceCreamStand 인스턴스를 만들고 이 메서드를 호출하세요.

9-7 관리자

관리자는 특별한 사용자입니다. [연습문제 9-3]이나 [연습문제 9-5]의 User 클래스를 상속하는 Admin 클래스를 만드세요. 'can delete post', 'can add post', 'can ban user' 같은 문자열로 이루어진 리스트 속성 privileges를 추가하세요. 관리자 권한을 나열하는 show_privileges() 메서드를 만드세요. Admin 인스턴스를 만들고 이 메서드를 호출하세요.

9-8 권한

Privileges 클래스를 만드세요. 이 클래스에는 [연습문제 9-7]의 관리자 권한 리스트를 저장하는 privileges 속성이 있어야 합니다. show_privileges() 메서드를 이 클래스로 옮기세요. Privileges 인스턴스를 Admin 클래스의 속성으로 만드세요. Admin 인스턴스를 새로 만들고 이 메서드를 써서 권한을 출력하세요.

9-9 배터리 업그레이드

이 절에서 마지막으로 만든 electric_car.py에서 시작합니다. Battery 클래스에 upgrade_battery() 메서드를 추가하세요. 이 메서드는 배터리 크기를 확인한 후 65 미만인 경우 65로 설정해야 합니다. 기본 배터리 크기로 전기차를 만들어 get_range()를 호출한 다음, upgrade_battery()를 호출하고 get_range()를 다시 호출하세요. 주행 가능 거리가 늘어나는 걸 확인하세요.

9.4 클래스 임포트

클래스에 기능을 추가하다 보면 상속과 합성을 잘 사용하더라도 파일이 길어질 수 있습니다. 파이썬의 철학을 따르기 위해서는 파일을 가능한 한 간결하게 유지해야 합니다. 파이썬은 이를 위해 클래스를 모듈에 저장하고 임포트하는 방법을 지원합니다.

9.4.1 단일 클래스 임포트하기

Car 클래스 하나만 담긴 모듈을 만들어 봅시다. 이렇게 하면 미묘한 이름 문제가 생깁니다. 이 장에서 이미 car.py를 만들었지만, 이 모듈 역시 자동차를 표현하는 코드가 담겨 있으므로 car.py 파일에 저장하는 게 맞습니다. Car 클래스를 car.py 파일에 저장하고, 이전의 파일 은 다른 이름으로 바꿔서 이 문제를 해결하겠습니다. 지금부터 이 모듈을 사용하는 프로그램은 my_car.py 같은 더 구체적인 파일 이름을 붙입니다. 다음은 Car 클래스의 코드만 있는 car. py입니다.

car.py

```python
"""자동차를 나타내는 클래스"""   # ❶

class Car:
    """자동차를 표현하는 클래스"""

    def __init__(self, make, model, year):
        """자동차 속성 초기화"""
        self.make = make
        self.model = model
        self.year = year
        self.odometer_reading = 0

    def get_descriptive_name(self):
        """뜻이 분명하고 깔끔한 이름 반환"""
        long_name = f"{self.year} {self.make} {self.model}"
        return long_name.title()

    def read_odometer(self):
        """자동차의 주행거리를 출력합니다"""
        print(f"This car has {self.odometer_reading} miles on it.")

    def update_odometer(self, mileage):
        """
        거리계 값을 주어진 값으로 바꿉니다
        현재 값보다 적은 값을 할당할 수 없습니다
        """
        if mileage >= self.odometer_reading:
            self.odometer_reading = mileage
        else:
            print("You can't roll back an odometer!")
```

```
    def increment_odometer(self, miles):
        """거리계 값을 주어진 값만큼 늘립니다"""
        self.odometer_reading += miles
```

❶은 이 모듈의 콘텐츠를 간단히 설명하는 독스트링입니다. 모듈에는 항상 독스트링이 있어야
합니다.

이제 별도의 파일 my_car.py를 만듭니다. 이 파일은 Car 클래스를 임포트하고 이 클래스에서
인스턴스를 만듭니다.

my_car.py

```
from car import Car  # ❶

my_new_car = Car('audi', 'a4', 2024)
print(my_new_car.get_descriptive_name())

my_new_car.odometer_reading = 23
my_new_car.read_odometer()
```

파이썬은 ❶의 import 문을 읽고 car 모듈에서 Car 클래스를 임포트합니다. 이제 클래스 Car
를 이 파일에 있는 것처럼 사용할 수 있습니다. 결과도 이전과 같습니다.

```
2024 Audi A4
This car has 23 miles on it.
```

클래스 임포트는 효과적인 프로그래밍 방법입니다. Car 클래스 전체가 이 프로그램에 포함됐
다면 얼마나 길어졌을지 상상해 보세요. 클래스를 모듈로 옮기고 모듈을 임포트하면 기능은 모
두 사용하면서도 메인 프로그램을 간결하고 명확하게 유지할 수 있습니다. 클래스가 원하는 대
로 동작하는 걸 확인했다면 이를 모듈로 분리해 두고 메인 프로그램의 흐름에 더 집중할 수 있
습니다.

9.4.2 모듈에 여러 클래스 저장하기

모듈 하나에 클래스를 필요한 만큼 저장할 수 있지만, 이런 경우 각 모듈은 어떤 형태로든 관련
이 있어야 합니다. Battery와 ElectricCar 클래스는 모두 자동차를 표현하므로 이들도 car.

py 모듈에 추가합시다.

car.py

```python
"""가솔린 자동차와 전기차를 표현하는 클래스들"""

class Car:
    --생략--

class Battery:
    """전기차의 배터리를 표현하는 클래스"""

    def __init__(self, battery_size=40):
        """배터리 속성을 초기화합니다"""
        self.battery_size = battery_size

    def describe_battery(self):
        """배터리 크기를 설명하는 문장을 출력합니다"""
        print(f"This car has a {self.battery_size}-kWh battery.")

    def get_range(self):
        """이 배터리로 주행할 수 있는 거리를 알려줍니다"""
        if self.battery_size == 40:
            range = 150
        elif self.battery_size == 65:
            range = 225
        print(f"This car can go about {range} miles on a full charge.")

class ElectricCar(Car):
    """전기차에만 해당하는 클래스"""

    def __init__(self, make, model, year):
        """
        부모 클래스의 속성을 초기화합니다
        그리고 전기차에만 해당하는 속성을 초기화합니다
        """
        super().__init__(make, model, year)
        self.battery = Battery()
```

이제 my_electric_car.py 파일을 새로 만들고 ElectricCar 클래스를 임포트해 전기차를 만들 수 있습니다.

```
from car import ElectricCar

my_leaf = ElectricCar('nissan', 'leaf', 2024)
print(my_leaf.get_descriptive_name())
my_leaf.battery.describe_battery()
my_leaf.battery.get_range()
```

프로그램의 대부분을 모듈에 저장했지만 결과는 같습니다.

```
2024 Nissan Leaf
This car has a 40-kWh battery.
This car can go about 150 miles on a full charge.
```

9.4.3 모듈에서 여러 클래스 임포트하기

필요한 클래스는 모두 메인 프로그램으로 임포트할 수 있습니다. 같은 파일에서 일반 자동차와 전기차를 모두 만들고 싶다면 **Car**, **ElectricCar** 클래스를 모두 임포트해야 합니다.

my_cars.py

```
from car import Car, ElectricCar # ❶

my_mustang = Car('ford', 'mustang', 2024) # ❷
print(my_mustang.get_descriptive_name())
my_leaf = ElectricCar('nissan', 'leaf', 2024) # ❸
print(my_leaf.get_descriptive_name())
```

❶에서는 모듈의 클래스를 콤마로 구분해 임포트했습니다. 필요한 클래스를 임포트하면 인스턴스를 필요한 만큼 만들 수 있습니다.

이 예제에서는 일반차 포드 머스탱(❷)과 전기차 닛산 리프(❸)를 만들었습니다.

```
2024 Ford Mustang
2024 Nissan Leaf
```

9.4.4 전체 모듈 임포트하기

전체 모듈을 가져온 다음 점 표기법을 사용하여 필요한 클래스에 접근할 수도 있습니다. 이 접근법은 단순하면서도 코드를 읽기 쉽습니다. 클래스 인스턴스를 만들 때 항상 모듈 이름이 포함되므로 현재 파일의 함수와 이름 충돌이 생기는 일도 없습니다.

다음은 car 모듈 전체를 임포트해서 일반 자동차와 전기차를 만드는 예제입니다.

my_cars.py

```
import car # ❶

my_mustang = car.Car('ford', 'mustang', 2024) # ❷
print(my_mustang.get_descriptive_name())

my_leaf = car.ElectricCar('nissan', 'leaf', 2024) # ❸
print(my_leaf.get_descriptive_name())
```

❶에서는 car 모듈 전체를 임포트했습니다. 그리고 **module_name.ClassName** 문법을 사용해 필요한 클래스에 접근합니다. ❷에서는 포드 머스탱, ❸에서는 닛산 리프를 다시 만들었습니다.

9.4.5 모듈에서 모든 클래스 임포트하기

다음 문법을 통해 모듈의 클래스를 모두 임포트할 수 있습니다.

```
from module_name import *
```

하지만 이 방법은 두 가지 이유로 권장하지 않습니다. 먼저, 파일 맨 위에 있는 `import` 문을 읽으면 프로그램이 어떤 모듈을 임포트한지는 알 수 있지만, 이 방법에서는 어떤 클래스를 사용하는지 불명확합니다. 그러므로 이 방법은 이름 충돌이 생길 수 있습니다. 실수로 프로그램 파일과 같은 이름의 클래스를 임포트하면 찾기 어려운 에러가 일어날 수 있습니다. 권장하는 방법이 아닌데도 여기서 설명하는 이유는 이 방법을 다른 사람의 코드에서 볼 수도 있기 때문입니다.

모듈 하나에서 여러 가지 클래스를 임포트할 때는 모듈 전체를 임포트해서 **module_name.**

ClassName 문법을 쓰는 게 더 좋습니다. 파일 맨 위에 모든 클래스가 표시되는 장점은 없지만, 모듈을 사용하는 위치는 명확하게 파악됩니다. 또한 모듈의 클래스를 모두 임포트할 때 생길 수 있는 이름 충돌도 방지할 수 있습니다.

9.4.6 모듈에서 모듈 임포트하기

파일이 너무 커지는 걸 막고 관련 없는 클래스가 같은 모듈로 저장되는 걸 막기 위해 클래스를 여러 모듈로 분산해야 할 때도 있습니다. 클래스를 여러 모듈로 분산하다 보면 한 모듈의 클래스가 다른 모듈의 클래스에 의존하는 경우도 있습니다. 이럴 경우 모듈에서 다른 모듈을 임포트할 수 있습니다.

예를 들어 Car 클래스를 하나의 모듈에, ElectricCar와 Battery 클래스를 다른 모듈에 저장합시다. 앞서 만들었던 electric_car.py 파일을 대체하는 electric_car.py 모듈을 만들고 Battery와 ElectricCar 클래스를 이 파일로 복사합니다.

electric_car.py

```
"""전기차를 표현하는 클래스 집합"""

from car import Car
class Battery:
    --생략--


class ElectricCar(Car):
    --생략--
```

ElectricCar 클래스는 부모인 Car 클래스가 필요하므로 이 모듈에서 Car를 임포트합니다. 이 행을 누락하면 electric_car 모듈을 임포트할 때 파이썬이 에러를 일으킵니다. 다음으로 Car 모듈에 Car 클래스만 남게 업데이트해야 합니다.

car.py

```
"""자동차를 나타내는 클래스"""

class Car:
    --생략--
```

이제 각 모듈을 별도로 임포트해서 필요한 자동차를 만들 수 있습니다.

my_cars.py

```
from car import Car
from electric_car import ElectricCar

my_mustang = Car('ford', 'mustang', 2024)
print(my_mustang.get_descriptive_name())

my_leaf = ElectricCar('nissan', 'leaf', 2024)
print(my_leaf.get_descriptive_name())
```

Car와 ElectricCar를 각각의 모듈에서 임포트합니다. 그런 다음 일반 자동차와 전기차를 만듭니다. 두 자동차 모두 정확히 만들어집니다.

```
2024 Ford Mustang
2024 Nissan Leaf
```

9.4.7 별칭 사용하기

8장에서 설명한 별칭은 모듈에도 유용하게 쓸 수 있습니다. 클래스 역시 별칭으로 임포트할 수 있습니다.

예를 들어 전기차를 여럿 만드는 프로그램이 있다고 합시다. ElectricCar를 몇 번이고 입력하고 읽는 건 지루합니다. import 문에서 ElectricCar에 별칭을 지정할 수 있습니다.

```
from electric_car import ElectricCar as EC
```

이제 전기차를 만들 때마다 이 별칭을 쓸 수 있습니다.

```
my_leaf = EC('nissan', 'leaf', 2024)
```

모듈에도 별칭을 지정할 수 있습니다. 다음 코드는 electric_car 모듈 전체를 별칭으로 임포트합니다.

```
import electric_car as ec
```

다음과 같이 모듈의 별칭과 클래스 이름 전체를 사용할 수도 있습니다.

```
my_leaf = ec.ElectricCar('nissan', 'leaf', 2024)
```

9.4.8 자신만의 워크플로 찾기

그동안 살펴봤듯 파이썬은 큰 프로젝트의 코드를 여러 가지 방법으로 정리할 수 있습니다. 이런 방법을 모두 알아둬야 여러분의 프로젝트에 가장 좋은 방법을 택할 수 있고 다른 사람의 프로젝트도 이해할 수 있습니다.

시작할 때는 단순한 코드로 시작합니다. 먼저 파일 하나에서 모든 일을 처리하고 잘 동작하는 게 확인되면 클래스를 별도의 모듈로 분리하세요. 모듈과 파일에 익숙해지면 프로젝트를 시작할 때부터 클래스를 모듈에 저장해 보세요. 여러분에게 가장 잘 맞는 방식을 찾고 거기에서 출발하세요.

연습문제

9-10 레스토랑 임포트하기
마지막에 만든 Restaurant 클래스를 모듈에 저장하세요. Restaurant을 임포트하는 파일을 만드세요. Restaurant 인스턴스를 만들고 Restaurant의 메서드 중 하나를 호출해 import 문이 정상적으로 동작하는지 확인하세요.

9-11 관리자 임포트하기
[연습문제 9-8]에서 시작합니다. User, Privileges, Admin 클래스를 하나의 모듈로 저장하세요. 별도의 파일에서 Admin 인스턴스를 만들고 show_privileges()를 호출해 모든 과정이 정확히 동작하는지 확인하세요.

9-12 여러 모듈
모듈 하나에는 User 클래스를 저장하고 다른 모듈에 Privileges, Admin 클래스를 저장하세요. 또 다른 파일에서 Admin 인스턴스를 만들고 show_privileges()를 호출해 모든 과정을 정확히 수행했는지 확인하세요.

9.5 파이썬 표준 라이브러리

파이썬 표준 라이브러리 Python standard library는 파이썬과 함께 설치되는 모듈입니다. 이제 함수와 클래스의 기본에 대해 이해했으니 다른 프로그래머가 만든 모듈도 사용할 수 있습니다. 파일 맨 위에 단순한 import 문을 작성해서 표준 라이브러리의 함수와 클래스를 사용할 수 있습니다. 현실의 상황을 모델링할 때 유용한 random 모듈에 대해 알아봅시다.

random 모듈에는 흥미로운 기능 randint()가 있습니다. 이 함수는 두 개의 정수 인수를 받아 두 숫자 사이에 있는 임의의 정수를 반환합니다.

1에서 6 사이의 난수를 생성하는 방법은 다음과 같습니다.

```
>>> from random import randint
>>> randint(1, 6)
3
```

choice()도 유용한 함수입니다. 이 함수는 리스트나 튜플을 받아 임의의 요소를 반환합니다.

```
>>> from random import choice
>>> players = ['charles', 'martina', 'michael', 'florence', 'eli']
>>> first_up = choice(players)
>>> first_up
'florence'
```

random 모듈은 보안이 중요한 애플리케이션에 사용하면 안 되지만, 흥미 위주의 프로젝트 정도에서는 사용해도 괜찮습니다.

> **NOTE** 모듈을 인터넷에서 내려받을 수도 있습니다. 실습편에서는 여러 가지 모듈을 내려받아 사용하는 예제가 많이 포함됩니다.

9-13 주사위

Die 클래스를 만드세요. 이 클래스에는 기본 값이 6인 sides 속성이 포함되어야 합니다. 1부터 주사위 눈수 사이의 랜덤한 숫자를 출력하는 roll_die() 메서드를 만드세요. 6면체 주사위를 만들어 10번 굴리세요.

추가로 10면체 주사위와 20면체 주사위를 만드세요. 각 주사위를 10번 굴리세요.

9-14 복권

10개의 숫자와 5개의 문자를 포함하는 리스트나 튜플을 만드세요. 리스트에서 숫자나 문자를 임의로 4개 선택하고, 이와 일치하는 티켓에 상금을 지급한다는 메시지를 출력하세요.

9-15 복권 분석

[연습문제 9-14]에서 만든 복권에 당첨되는 건 대단히 어려운 일입니다. 루프를 만들어 얼마나 어려운지 확인해 봅시다. my_ticket이라는 리스트나 튜플을 만드세요. 티켓이 당첨될때까지 계속해서 숫자를 꺼내는 루프를 만드세요. 당첨될 때까지 루프를 몇 번 돌았는지 보고하는 메시지를 출력하세요.

9-16 이번 주의 파이썬 모듈

Python Module of the Week는 훌륭한 파이썬 표준 라이브러리 자료입니다. *https://pymotw.com* 에 방문해서 차례를 읽어 보세요. 관심 가는 모듈을 찾아 읽어 보세요. 이 장의 연습문제를 따라 했다면 random 모듈에 관심이 갈 겁니다.

9.6 클래스 스타일

클래스 스타일에도 규칙이 필요합니다. 이런 규칙은 프로그램이 복잡해질수록 중요합니다.

클래스 이름은 **카멜 표기법(낙타 표기법)**CamelCase을 지켜야 합니다. 카멜 표기법이란 이름에 포함된 각 단어의 첫 글자를 대문자로 표기하고 밑줄은 쓰지 않는 표기법입니다. 반면 인스턴스와 모듈 이름은 소문자와 밑줄로 만들어야 합니다.

클래스 정의 바로 다음에는 항상 독스트링이 있어야 합니다. 이 독스트링은 클래스가 하는 일을 간결하게 설명해야 하고 함수의 독스트링과 같은 형식을 써야 합니다. 모듈에도 모듈의 각 클래스를 어디에 사용하는지 설명하는 독스트링이 있어야 합니다.

빈 줄을 넣어서 코드를 정리할 수 있지만 그렇다고 남용하지 말아야 합니다. 일반적으로 클래스 내부의 메서드 사이에는 빈 줄을 하나 삽입하고, 모듈 내부의 클래스들은 빈 줄 두 개로 구분합니다.

표준 라이브러리와 여러분이 만든 모듈을 모두 임포트하는 경우에는 표준 라이브러리 모듈을 먼저 임포트해야 합니다. 그런 다음 빈 줄을 하나 삽입하고, 그 다음에 여러분이 만든 모듈을 임포트하세요. import 문이 여러 개 있는 프로그램이라면 이 관습을 지켜야 어떤 모듈을 사용하는지 더 쉽게 파악할 수 있습니다.

9.7 요약 정리

이 장에서는 클래스를 만드는 방법을 배웠습니다. 속성을 사용해 클래스에 정보를 저장하는 방법, 클래스에 필요하는 동작을 메서드로 지정하는 방법도 같이 배웠습니다. 그리고 필요한 속성을 지정해 클래스에서 인스턴스를 만드는 __init__() 메서드에 대해 알아보았고, 인스턴스의 속성을 직접, 메서드를 통해 수정할 수 있게 되었습니다. 마지막으로 상속을 통해 클래스를 쉽게 만드는 방법, 클래스 인스턴스를 다른 클래스의 속성으로 만들어 클래스를 단순하게 유지하는 방법을 배웠습니다.

또한, 클래스를 모듈에 저장하고 필요한 클래스를 임포트해 프로젝트를 체계적으로 관리하는 방법을 배웠으며, 파이썬 표준 라이브러리에 대해 알아봤고 random 모듈 예제를 살펴봤습니다. 끝에 클래스 스타일과 관련된 가이드도 설명했습니다.

10장에서는 파일에 저장하는 방법을 배웁니다 또한 에러를 처리하는 파이썬의 특별한 클래스 **예외**에 대해 배웁니다.

파일과 예외

프로그램을 사용하기 쉽게 정리하는 기본적인 기술을 익혔으니 이제 좀 더 고급 기술을 배울 차례입니다.

이 장에서는 더 많은 데이터를 빠르게 분석할 수 있도록 파일을 사용하는 방법을 배웁니다. 그리고 프로그램에서 예상하지 못한 상황이 발생하더라도 충돌하지 않도록 에러를 처리하는 방법을 알아보면서 프로그램을 실행하는 동안 일어나는 에러를 관리하는 특별한 객체인 **예외** exception의 사용법도 함께 살펴봅니다. 또한, 프로그램 실행이 중지되더라도 사용자 데이터를 잃지 않도록 json 모듈을 사용해 저장하는 방법도 배웁니다.

파일로 작업하고 데이터를 저장하는 방법을 배우면 사람들이 프로그램을 더 쉽게 사용할 수 있습니다. 사용자는 어떤 데이터를 언제 입력할지 선택할 수 있게 됩니다. 프로그램을 실행해 원하는 만큼 작업하다가 프로그램을 닫고, 나중에 거기서부터 다시 시작할 수 있습니다. 또한, 예외 처리에 대해 배우면 파일이 존재하지 않는 상황을 비롯해 프로그램이 충돌할 수 있는 다른 문제에도 대처할 수 있습니다. 사용자의 실수이든, 아니면 악의적 시도이든 잘못된 데이터를 받더라도 큰 영향이 없는 견고한 프로그램을 만들 수 있습니다. 이 장을 잘 읽으면 여러분의 프로그램은 더 사용하기 쉽고 안정적이며 여러 목적으로 활용할 수 있게 될 겁니다.

10.1 파일 읽기

텍스트 파일은 엄청난 데이터를 저장할 수 있습니다. 날씨 데이터, 교통 데이터, 사회경제학 데이터, 문학, 그 외에도 많은 정보를 텍스트 파일에 담을 수 있습니다. 파일에서 데이터를 읽는 능력은 데이터 분석 애플리케이션에 특히 필요하지만, 그 외에도 파일에 저장된 정보를 분석하거나 수정해야 하는 상황은 다양합니다. 예를 들어 텍스트 파일을 읽고 브라우저에 표시하기

적합한 콘텐츠 형식으로 재작성하는 것도 가능합니다.

텍스트 파일로 작업하는 첫 번째 단계는 파일을 메모리로 읽는 작업입니다. 일단 메모리로 읽은 다음 파일 콘텐츠를 한 번에 조작하거나 한 행씩 조작할 수 있습니다.

10.1.1 파일 콘텐츠 읽기

시작하려면 텍스트 몇 행이 있는 파일이 필요합니다. pi를 소수점 30번째 자리까지, 한 행당 소수점 10자리를 포함한 파일을 만들겠습니다.

pi_digits.txt

```
3.1415926535
  8979323846
  2643383279
```

다음 예제를 따라하려면 직접 원주율을 에디터에 입력해 **pi_digits.txt** 파일로 저장해도 되고 *https://ehmatthes.github.io/pcc_3e*에서 내려받아도 됩니다. 이 장의 예제를 저장할 폴더에 파일을 저장하세요.

다음은 이 파일을 열어서 읽고 콘텐츠를 화면에 출력하는 프로그램입니다.

file_reader.py

```
from pathlib import Path

path = Path('pi_digits.txt') # ❶
contents = path.read_text() # ❷
print(contents)
```

파일 작업을 위해서는 파이썬이 파일 경로를 알아야 합니다. **경로**path는 시스템에 있는 파일 또는 폴더의 정확한 위치입니다. 파이썬은 여러분이나 사용자가 어떤 운영체제를 사용하든 상관없이 파일과 폴더 작업을 더 쉽게 만드는 **pathlib** 모듈을 제공합니다. 이런 기능을 제공하는 모듈을 보통 **라이브러리**library라고 부릅니다.

먼저 **pathlib**에서 **Path** 클래스를 임포트합니다. **Path** 객체로 작업을 시작하기 전에 파일이 존재하는지 확인하거나, 파일 콘텐츠를 읽거나, 데이터를 파일에 쓰는 등 여러 가지 일을 할 수 있습니다. ❶에서는 pi_digits.txt 파일을 나타내는 Path 객체를 만들어 path 변수에 할당했습니다. 두 파일은 같은 폴더에 있으므로 Path는 파일 이름만 알면 해당 파일에 접근할 수 있습니다.

> **NOTE** 비주얼 스튜디오 코드는 최근에 연 폴더에서 파일을 찾습니다. 비주얼 스튜디오 코드를 사용한다면 이 장의 프로그램을 저장하는 폴더에서 시작합니다. 즉, [ctrl]+[O](macOS에서는 [⌘]+[O])를 누르고 해당 폴더를 엽니다.

❷에서는 Path 객체의 read_text() 메서드를 호출하고 반환된 문자열을 contents 변수에 할당했습니다. contents를 출력하면 다음과 같이 텍스트 파일 전체가 표시됩니다.

```
3.1415926535
 8979323846
 2643383279
```

출력 결과와 원본 파일의 차이는 마지막에 있는 빈 줄뿐입니다. 빈 줄이 표시되는 이유는 read_text()가 파일 마지막에 도달했을 때 빈 문자열을 반환하기 때문입니다. 이 빈 문자열이 빈 줄로 표시됩니다.

다음과 같이 contents에서 rstrip()을 호출해 빈 줄을 제거할 수 있습니다.

```
from pathlib import Path

path = Path('pi_digits.txt')
contents = path.read_text()
contents = contents.rstrip()
print(contents)
```

문자열 오른쪽의 공백을 제거하는 rstrip() 메서드는 2장에서 설명했습니다. 이제 출력이 원본 파일의 내용과 정확히 일치합니다.

```
3.1415926535
 8979323846
 2643383279
```

다음과 같이 read_text()를 호출하고 바로 다음에 rstrip() 메서드를 호출해도 됩니다.

```
contents = path.read_text().rstrip()
```

이 행은 작업 중인 파일에 read_text() 메서드를 호출하고 rstrip() 메서드가 반환하는 문자열에 read_text()를 호출합니다. 그리고 공백이 제거된 문자열을 contents 변수에 할당합니다. 이것을 **메서드 체인**method chain이라 부르며 프로그래밍에서 자주 사용하는 방식입니다.

10.1.2 상대 경로와 절대 경로

pi_digits.txt처럼 파일 이름만 Path에 전달하면 파이썬은 현재 실행 중인 파일이 있는 폴더를 검색합니다.

프로젝트 구성에 따라 프로그램과 다른 폴더에 있는 파일을 열어야 할 때도 있습니다. 예를 들어 프로그램 파일을 python_work에 저장했고 python_work 안에는 텍스트 파일과 프로그램 파일을 분리하기 위해 text_files라는 또 다른 폴더를 만들었다고 합시다. text_files가 python_work 안에 존재하기는 하지만, Path에 text_files 내부의 파일 이름만 전달해서는 동작하지 않습니다. 파이썬은 python_work만 검색하고 text_files까지 검색하지는 않습니다. 프로그램 파일을 저장한 위치가 아닌 다른 폴더의 파일을 열기 위해서는 정확한 경로를 제공해야 합니다.

경로를 지정하는 방법은 크게 두 가지입니다. **상대 경로**relative path는 현재 실행 중인 프로그램 파일을 기준으로 경로를 지정합니다. text_files는 python_work 안에 있으므로 text_files로 시작하고 파일 이름으로 끝나는 경로를 만듭니다. 방법은 다음과 같습니다.

```
path = Path('text_files/filename.txt')
```

실행 중인 프로그램 파일의 위치와 관계없이 지정하는 방법도 있습니다. 이를 **절대 경로**absolute path라고 합니다. 상대 경로가 알맞지 않으면 절대 경로를 사용할 수 있습니다. 예를 들어 text_files가 python_work 아래에 있지 않은 경우, Path에 text_files/filename.txt를 전달해도 동작하지 않습니다. 이럴 때는 파이썬이 검색할 경로를 절대 경로로 명확히 지정해야 합니다.

절대 경로는 시스템의 루트 폴더에서 시작하기 때문에 일반적으로 상대 경로보다 깁니다.

```
path = Path('/home/eric/data_files/text_files/filename.txt')
```

절대 경로를 사용하면 시스템의 모든 위치에서 파일을 읽을 수 있습니다. 지금은 프로그램 파일과 같은 폴더, 또는 그 안의 **text_files** 같은 폴더에 파일을 저장하는 게 가장 쉽습니다.

> **NOTE** 윈도우 컴퓨터에서는 파일 경로에 슬래시(/) 대신 역슬래시(₩)를 사용하지만, 코드 안에서는 윈도우 컴퓨터라도 슬래시를 사용해야만 합니다. **pathlib** 라이브러리를 이용하면 자동으로 정확하게 경로 표현을 구분합니다.

10.1.3 행 단위로 접근하기

파일의 각 행에 접근해야 할 때도 많습니다. 파일에서 정보를 찾거나 텍스트를 수정하는 경우 등입니다. 예를 들어 날씨 데이터 파일을 읽고 '화창'이라는 단어만 찾거나, <h1> 태그만 찾아 새로운 형식으로 바꾸는 것도 가능합니다.

splitlines() 메서드를 쓰면 긴 문자열을 행 리스트로 변환하고 **for** 루프를 써서 한 번에 한 행씩 조작할 수 있습니다.

file_reader.py

```
from pathlib import Path

path = Path('pi_digits.txt')
contents = path.read_text() # ❶

lines = contents.splitlines() # ❷
for line in lines:
    print(line)
```

❶에서는 이전 예제와 마찬가지로 파일 콘텐츠 전체를 읽습니다. 파일 행을 개별적으로 조작할 때는 파일을 읽으면서 공백을 제거하지 않아도 됩니다. ❷에서는 **splitlines()** 메서드가 반환하는 행 리스트를 **lines** 변수에 할당한 후, 각 행을 순회하며 출력합니다.

```
3.1415926535
  8979323846
  2643383279
```

아무 행도 수정하지 않았으므로 결과는 원본 텍스트 파일과 똑같습니다.

10.1.4 파일 콘텐츠 다루기

파일 콘텐츠를 메모리로 읽은 후에는 해당 데이터로 원하는 일을 모두 할 수 있습니다. 먼저 원주율의 숫자를 간단히 살펴봅시다. 다음은 파일의 모든 숫자를 공백 없이 하나로 합치는 예제입니다.

pi_string.py

```
from pathlib import Path

path = Path('pi_digits.txt')
contents = path.read_text()

lines = contents.splitlines()
pi_string = ''
for line in lines: # ❶
    pi_string += line

print(pi_string)
print(len(pi_string))
```

먼저 이전 예제와 같이 파일을 읽고 각 행을 리스트에 저장합니다. 그리고 원주율의 숫자를 저장할 pi_string 변수를 만듭니다. ❶에서는 각 행을 순회하며 pi_string에 합칩니다. 다음은 전체 문자열과 문자열의 길이입니다.

```
3.1415926535   8979323846   2643383279
36
```

pi_string 변수에는 각 행의 왼쪽에 있던 공백을 포함하고 있습니다. 각 행에서 lstrip()을 호출해 이 공백을 제거할 수 있습니다.

```
--생략--
for line in lines:
    pi_string += line.lstrip()

print(pi_string)
print(len(pi_string))
```

다음은 원주율을 소수점 아래 30자리까지 포함하는 문자열입니다. 시작하는 3과 소수점도 포
함되므로 문자열 길이는 32입니다.

```
3.141592653589793238462643383279
32
```

> **NOTE** 파이썬은 텍스트 파일을 읽을 때 콘텐츠 전체를 문자열로 해석합니다. 파일 콘텐츠가 숫자라면
> int() 함수를 써서 정수로 변환하거나 float() 함수를 써서 부동 소수점 숫자로 변환해야 합니다.

10.1.5 백만 단위의 큰 콘텐츠 다루기

지금까지는 세 개의 행으로 이루어진 텍스트 파일만 사용했지만, 파일이 훨씬 커도 코드는 똑
같이 동작합니다. 원주율을 소수점 아래 백만 자리까지 포함한 텍스트 파일도 마찬가지입니다.
다른 파일을 전달하는 것 외에는 프로그램을 전혀 바꿀 필요가 없습니다. 다음 예제는 터미널
에 백만 글자가 스크롤되는 걸 막기 위해 소수점 아래 50자리만 출력합니다.

pi_string.py

```
from pathlib import Path

path = Path('pi_million_digits.txt')
contents = path.read_text()

lines = contents.splitlines()
pi_string = ''
for line in lines:
    pi_string += line.lstrip()
```

```
print(f"{pi_string[:52]}...")
print(len(pi_string))
```

결과를 보면 실제로 원주율을 소수점 아래 백만 자리까지 포함하고 있습니다.

```
3.14159265358979323846264338327950288419716939937510...
1000002
```

파이썬은 데이터양을 제한하지 않으며, 컴퓨터 메모리만 충분하다면 얼마든지 큰 데이터를 처리할 수 있습니다.

> **NOTE** 이 프로그램을 포함해 이후 예제를 실행하려면 *https://ehmatthes.github.io/pcc_3e*의 자료를 내려받으세요.

10.1.6 원주율 속에 생일이 있을까?

필자는 필자의 생일이 원주율 안에 있을지 궁금했었습니다. 이전 예제를 활용해 생일이 원주율의 처음 백만 자리에 나타나는지 알아봅시다. 생일을 숫자 문자열로 바꾸고, 이 문자열이 **pi_string**에 포함되는지 확인하면 됩니다.

pi_birthday.py

```
--생략--
for line in lines:
    pi_string += line.strip()

birthday = input("Enter your birthday, in the form mmddyy: ")
if birthday in pi_string:
    print("Your birthday appears in the first million digits of pi!")
else:
    print("Your birthday does not appear in the first million digits of pi.")
```

사용자의 생일을 묻고, 그 문자열이 **pi_string**에 포함되는지 확인합니다.

```
Enter your birthdate, in the form mmddyy: 120372
```

```
Your birthday appears in the first million digits of pi!
```

오! 필자의 생일은 원주율에 포함되어 있습니다! 일단 파일을 읽고 나면 이렇게 상상할 수 있는 일을 실제로 할 수 있습니다.

연습문제

10-1 파이썬 학습

텍스트 에디터에서 빈 파일을 열고 지금까지 파이썬에 대해 배운 내용을 몇 행으로 요약해 보세요. 각 행은 "파이썬으로 이런 일을 할 수 있습니다."란 문구로 시작합니다. 파일을 이 장의 연습문제와 같은 폴더에 learning_python.txt라는 이름으로 저장하세요. 이 파일을 읽고 콘텐츠를 두 번 출력하는 프로그램을 만드세요. 한 번은 전체 파일을 읽어 출력하고, 다음 한 번은 리스트에 각 행을 저장한 후 리스트를 순회하며 출력해야 합니다.

10-2 C 언어

replace() 메서드는 문자열의 단어를 다른 다른 단어로 바꿉니다. 다음은 문자열의 dog를 cat으로 바꾸는 예제입니다.

```
>>> message = "I really like dogs."
>>> message.replace('dog', 'cat')
'I really like cats.'
```

[연습문제 10-1]의 learning_python.txt 파일의 각 행을 읽고 '파이썬'을 'C' 같은 다른 언어 이름으로 바꾸세요. 수정된 행을 출력하세요.

10-3 더 단순한 코드

이 절의 file_reader.py 프로그램은 splitlines()가 동작하는 방법을 표현하기 위해 임시 변수 lines를 사용했습니다. 다음과 같이 임시 변수를 생략하고 splitlines()가 반환하는 리스트를 직접 순회할 수 있습니다.

```
for line in contents.splitlines():
```

이 절의 각 프로그램에서 임시 변수를 제거해 더 간결하게 만드세요.

10.2 파일에 저장하기

파일에 텍스트를 저장하면 프로그램 출력이 포함된 터미널을 닫은 후에도 그 결과를 계속 사용할 수 있습니다. 프로그램 실행을 끝낸 뒤 결과를 확인할 수도 있고 결과를 다른 사람과 공유할수도 있습니다. 또한, 결과를 프로그램에서 나중에 다시 읽으며 작업할 수도 있습니다.

10.2.1 한 행 저장하기

경로를 지정한 다음 write_text() 메서드를 통해 파일에 쓸 수 있습니다. 단순한 메시지를파일에 저장해 봅시다.

write_message.py

```
from pathlib import Path

path = Path('programming.txt')
path.write_text("I love programming.")
```

write_text() 메서드는 파일에 쓸 문자열을 인수로 받습니다. 이 프로그램은 터미널에 출력하지 않습니다. programming.txt 파일을 열면 다음과 같은 내용이 보입니다.

programming.txt

```
I love programming.
```

이 파일은 다른 파일과 마찬가지입니다. 파일을 열고, 새 텍스트를 작성하고, 복사하고, 붙여넣을 수 있습니다.

> **NOTE** 파이썬은 텍스트 파일에 문자열만 저장할 수 있습니다. 숫자를 텍스트 파일에 저장하려면 먼저 str() 함수를 써서 문자열로 변환해야 합니다.

10.2.2 여러 행 저장하기

write_text() 메서드는 내부적으로 몇 가지 작업을 수행합니다. path가 가리키는 파일이 존재하지 않으면 새로 만듭니다. 또한 문자열을 파일에 쓴 후 파일을 제대로 닫지 않으면 데이터가 누락되거나 손상될 수 있으므로 파일이 제대로 닫혔는지 확인합니다.

파일에 두 행 이상을 쓸 때는 문자열 하나로 합친 다음 write_text()를 호출하면 됩니다. programming.txt 파일을 여러 행으로 만들어 봅시다.

```python
from pathlib import Path

contents = "I love programming.\n"
contents += "I love creating new games.\n"
contents += "I also love working with data.\n"

path = Path('programming.txt')
path.write_text(contents)
```

파일의 전체 내용을 담을 contents 변수를 정의합니다. 다음 행에서는 += 연산자를 사용해 이 문자열에 다른 문자열을 덧붙였습니다. 필요한 만큼 이 작업을 수행해서 원하는 길이의 문자열을 만들 수 있습니다. 각 행 마지막에 줄바꿈 문자를 넣는 걸 잊지 마세요.

이 파일을 실행하고 programming.txt 파일을 열면 다음 내용이 보입니다.

```
I love programming.
I love creating new games.
I also love working with data.
```

터미널에서 출력했던 것처럼 공백, 탭, 빈 줄을 넣어 형식을 지정할 수 있습니다. 문자열 길이에도 제한이 없습니다. 컴퓨터 프로그램은 대부분 이런 식으로 파일을 만듭니다.

> **NOTE** Path 객체에서 write_text()를 호출할 때는 주의해야 합니다. 해당 파일이 이미 존재하는 경우 write_text()는 파일을 완전히 덮어씁니다. 이런 문제를 방지하고자 pathlib을 사용해 파일이 존재하는지 확인하는 법도 이 장에서 설명합니다.

10-4 손님

사용자 이름을 묻는 프로그램을 만드세요. 사용자 응답을 받아 guest.txt 파일에 이름을 쓰세요.

10-5 방명록

사용자 이름을 묻는 while 루프를 만드세요. 입력을 모두 모아 guest_book.txt 파일에 저장하세요. 모든 이름은 서로 다른 행에 있어야 합니다.

10.3 예외

파이썬은 **예외**라는 특별 객체를 사용해 프로그램 실행 중에 일어난 에러를 관리합니다. 파이썬은 에러가 일어나서 다음에 어떤 일을 해야 할지 확신할 수 없을 때 예외 객체를 만듭니다. 예외를 처리하는 코드가 있으면 프로그램은 예외를 처리하는 동안 에러 없이 계속 실행됩니다. 예외를 처리하지 못하면 프로그램이 중단되고, 일어난 예외는 **트레이스백**에 포함됩니다.

예외는 try-except 문으로 처리합니다. 이는 파이썬에게 뭔가를 시도하게 하고 그 과정에서 예외가 일어났을 때 어떻게 대처할지도 지정합니다. try-except 문을 사용하면 프로그램에서 문제가 생기더라도 계속 실행됩니다. 대부분의 사용자는 트레이스백을 보면 당황합니다. 그러므로 try-except 문을 이용해 프로그래머가 직접 에러 메시지를 작성해 사용자를 안내하는게 좋습니다.

10.3.1 ZeroDivisionError 예외 처리

파이썬이 예외를 일으키는 단순한 에러를 살펴봅시다. 숫자는 0으로 나눌 수 없지만, 파이썬에게 이를 명령해 봅니다.

division_calculator.py

```
print(5/0)
```

파이썬은 숫자를 0으로 나눌 수 없으므로 트레이스백을 표시합니다.

```
Traceback (most recent call last):
  File "division_calculator.py", line 1, in <module>
    print(5/0)
          ~^~
ZeroDivisionError: division by zero # ❶
```

트레이스백에 보고된 **ZeroDivisionError**는 예외 객체입니다(❶). 파이썬은 명령을 수행할 수 없을 때 이런 객체를 만듭니다. 그리고 프로그램을 중지하고 어떤 예외가 일어났는지 알려줍니다. 이 정보를 읽고 프로그램을 수정할 수 있습니다. 예외가 발생할 때 대처할 방법을 함께 지시하면 예외가 다시 일어나더라도 대비할 수 있습니다.

10.3.2 try-except 문

에러가 일어날 수 있다고 생각할 때는 **try-except** 문을 사용해 예상되는 예외를 처리할 수 있습니다. 이것은 파이썬에 코드 실행을 지시하고, 그 코드가 특정 예외를 일으키는 경우 대처할 방법도 함께 지시합니다.

다음은 **try-except** 문을 사용해 **ZeroDivisionError** 예외를 처리하는 방법입니다.

```
try:
    print(5/0)
except ZeroDivisionError:
    print("You can't divide by zero!")
```

코드는 에러를 일으키는 명령 **print(5/0)**을 try 블록에 넣었습니다. try 블록의 코드가 예외를 일으키지 않으면 파이썬은 except 블록을 건너뜁니다. try 블록의 코드가 예외를 일으키면 파이썬은 일어난 예외와 일치하는 except 블록을 찾아 해당 코드를 실행합니다.

이 예제의 try 블록은 **ZeroDivisionError** 예외를 일으키므로 파이썬은 이와 일치하는 **except** 블록을 찾습니다. 파이썬은 예외 처리 코드를 실행하고, 트레이스백 대신 알기 쉬운 에러 메시지를 표시합니다.

```
You can't divide by zero!
```

파이썬은 예외에 성공적으로 대처했으므로 **try-except** 문 이후의 계속 실행합니다. 에러를 캐치해 프로그램을 계속 실행하는 예제를 더 살펴봅시다.

10.3.3 예외 처리로 충돌 피하기

사용자에게 입력을 요청하는 프로그램에서는 특히 예외 처리에 주의해야 합니다. 사용자가 유효하지 않은 응답을 보냈을 때 프로그램이 적절히 안내할 수 있습니다.

나눗셈만 하는 단순한 계산을 만들어 봅시다.

division_calculator.py

```python
print("Give me two numbers, and I'll divide them.")
print("Enter 'q' to quit.")

while True:
    first_number = input("\nFirst number: ") # ❶
    if first_number == 'q':
        break
    second_number = input("Second number: ") # ❷
    if second_number == 'q':
        break
    answer = int(first_number) / int(second_number) # ❸
    print(answer)
```

❶에서는 숫자를 받아 `first_number`에 할당합니다. 사용자가 q를 입력해 종료하지 않으면 ❷에서 다시 숫자를 받아 `second_number`에 할당합니다. ❸에서는 두 숫자를 나눈 결과를 answer에 할당합니다. 이 프로그램에는 에러 처리가 전혀 없으므로 두 번째 숫자에 0을 입력하면 에러가 일어납니다.

```
Give me two numbers, and I'll divide them.
Enter 'q' to quit.

First number: 5
Second number: 0
Traceback (most recent call last):
  File "division_calculator.py", line 11, in <module>
    answer = int(first_number) / int(second_number)
```

```
  ~~~~~~~~~~~~~~~~~~~^~~~~~~~~~~~~~~~~~~~~
ZeroDivisionError: division by zero
```

프로그램이 충돌하는 것도 좋지 않고, 사용자에게 트레이스백이 표시되는 것 역시 좋지 않습니다. 프로그래밍에 익숙하지 않은 사용자는 당황하고, 악의적인 사용자는 프로그램 파일 이름이나 정상적으로 동작하지 않는 코드가 몇 행인지 같은 정보를 훔쳐볼 수 있습니다. 숙련된 공격자는 이런 정보만 있어도 공격이 가능하기에 매우 좋지 않습니다.

10.3.4 else 블록

에러가 일어날 수 있는 행을 **try-except** 문으로 감싸면 프로그램이 에러에 더 잘 대처할 수 있습니다. 나눗셈을 계산하는 행에서 에러가 일어나니 여기에 **try-except** 문을 넣습니다. 이 예제에는 **else** 블록도 사용했습니다. **try** 블록에서 예외가 일어나지 않으면 프로그램은 **else** 블록으로 이동합니다.

```
--생략--
while True:
    --생략--
    if second_number == 'q':
        break
    try: # ❶
        answer = int(first_number) / int(second_number)
    except ZeroDivisionError: # ❷
        print("You can't divide by 0!")
    else: # ❸
        print(answer)
```

❶에서는 **try** 블록을 통해 나눗셈을 지시했습니다. **try** 블록의 코드가 성공하면 **else** 블록이 실행됩니다. 이 예제에서는 나눗셈이 잘 실행되면 **else** 블록을 통해 결과를 출력합니다(❸).

except 블록은 **ZeroDivisionError**가 일어날 때 할 일을 지시합니다(❷). 숫자를 0으로 나누는 경우 사용자에게 어떤 문제가 있었는지 안내합니다. 프로그램은 계속 실행되고 사용자에겐 트레이스백이 표시되지 않습니다.

```
Give me two numbers, and I'll divide them.
```

```
Enter 'q' to quit.

First number: 5
Second number: 0
You can't divide by 0!

First number: 5
Second number: 2
2.5

First number: q
```

try 블록에는 예외가 일어날 수 있는 코드만 써야 합니다. try 블록이 성공적일 때만 실행해야 하는 코드가 있다면 그 코드는 else 블록에 넣습니다. try 블록을 실행하다가 특정 예외가 일어날 때 실행할 코드는 except 블록에 넣습니다.

에러가 일어날 수 있는 부분을 예상하면 잘못된 데이터를 받았거나, 필요한 자료가 없을 때도 계속 동작할 수 있는 프로그램을 만들 수 있습니다. 결과적으로 사용자의 실수나 악의적인 공격에 더 안전해질 수 있습니다.

10.3.5 FileNotFoundError 예외 처리

파일을 다루다 보면 파일이 누락된 문제가 가끔 일어납니다. 찾는 파일이 다른 위치에 있거나, 파일 이름에 오타가 있거나, 아니면 아예 존재하지 않을 수도 있습니다. try-except 문으로 이런 상황을 모두 처리할 수 있습니다.

먼저 존재하지 않는 파일을 읽어 봅시다. 다음 프로그램은 『이상한 나라의 앨리스』 본문을 읽으려 하지만, 실수로 alice.txt 파일을 alice.py와 다른 폴더에 저장했습니다.

alice.py

```
from pathlib import Path

path = Path('alice.txt')
contents = path.read_text(encoding='utf-8')
```

이 예제는 기존과 조금 다른 방식으로 read_text()를 사용했습니다. 컴퓨터의 기본 인코딩과 다른 인코딩으로 기록된 파일을 읽을 때는 encoding 인수를 지정해야 합니다. 주로 다른 컴퓨터에서 만들어진 파일을 읽을 때 이런 일이 일어날 가능성이 있습니다.

파일이 존재하지 않아 읽을 수 없으므로 예외가 일어납니다.

```
Traceback (most recent call last):
  File "alice.py", line 4, in <module> # ❶
    contents = path.read_text(encoding='utf-8') # ❷
               ^^^^^^^^^^^^^^^^^^^^^^^^^^^^^^^^
  File "/.../pathlib.py", line 1056, in read_text
    with self.open(mode='r', encoding=encoding, errors=errors) as f:
         ^^^^^^^^^^^^^^^^^^^^^^^^^^^^^^^^^^^^^^^^^^^^^^^^^^^^^
  File "/.../pathlib.py", line 1042, in open
    return io.open(self, mode, buffering, encoding, errors, newline)
           ^^^^^^^^^^^^^^^^^^^^^^^^^^^^^^^^^^^^^^^^^^^^^^^^^^^^^^^^^^^
FileNotFoundError: [Errno 2] No such file or directory: 'alice.txt' # ❸
```

이 트레이스백은 그동안 본 트레이스백보다 복잡해 보입니다. 하나씩 살펴봅시다. 트레이스백은 일반적으로 끝에서부터 보는 게 좋습니다. 마지막 행을 보면 ❸에서 FileNotFoundError 예외가 일어났습니다. 마지막이 중요한 이유는 except 블록에 어떤 예외를 지정할지 알 수 있기 때문입니다.

트레이스백의 처음을 다시 보면 alice.py 파일의 4행에서 에러가 일어난 걸 볼 수 있습니다 (❶). ❷는 에러를 일으킨 코드입니다. ❷ 이후는 파일을 열고 읽는 라이브러리에서 일어난 에러입니다. 보통 트레이스백의 내용 전체를 모두 이해할 필요는 없으므로 넘어가겠습니다.

❶에서 지목한 행에 try 블록을 적용합니다.

```
from pathlib import Path

path = Path('alice.txt')
try:
    contents = path.read_text(encoding='utf-8')
except FileNotFoundError: # ❶
    print(f"Sorry, the file {path} does not exist.")
```

이 예제의 try 블록은 FileNotFoundError를 일으키므로 ❶은 해당 에러와 일치하는 except

블록으로 만들었습니다. 파이썬은 파일을 찾을 수 없는 코드를 실행하고 트레이스백 대신 알기
쉬운 에러 메시지를 표시합니다.

```
Sorry, the file alice.txt does not exist.
```

파일이 존재하지 않으면 프로그램에서 할 수 있는 일이 없으므로 이 이상의 출력은 필요하지
않습니다. 이 예제를 확장해서 둘 이상의 파일로 작업할 때의 예외 처리 방법에 대해 알아봅
시다.

10.3.6 텍스트 분석하기

책 전체가 포함된 텍스트 파일을 분석할 수 있습니다. 고전 문학 대부분이 단순한 텍스트 파일
형태로 공개되어 있습니다. 이 절의 예제는 구텐베르크 프로젝트(*https://gutenberg.org*)
의 텍스트를 사용합니다. 구텐베르크 프로젝트는 공개된 문학 작품 모음이므로 프로젝트에서
문학 텍스트를 다룬다면 활용하기 아주 좋은 자료입니다.

『이상한 나라의 앨리스』 텍스트에 단어가 몇 개 있는지 세어 봅시다. 공백을 기준으로 문자열을
분리하는 split() 메서드를 사용하면 됩니다.

```
from pathlib import Path

path = Path('alice.txt')
try:
    contents = path.read_text(encoding='utf-8')
except FileNotFoundError:
    print(f"Sorry, the file {path} does not exist.")
else:
    # 파일에 포함된 단어 개수를 대략적으로 셉니다
    words = contents.split() # ❶
    num_words = len(words) # ❷
    print(f"The file {path} has about {num_words} words.")
```

이번에는 alice.txt 파일을 정확한 폴더로 옮겼으므로 try 블록에서 에러가 일어나지 않습
니다. contents는 『이상한 나라의 앨리스』 전체 텍스트를 담은 긴 문자열입니다. ❶에서는
split()을 사용해 책에 포함된 단어를 모두 리스트에 담았습니다. ❷에서는 len()을 사용

해 원본 텍스트에 단어가 대략 몇 개인지 알아냈습니다. 마지막으로 파일에 단어가 몇 개 들었는지 보고하는 문장을 출력합니다. 이 코드는 try 블록이 성공적으로 실행될 때만 동작하므로 else 블록에 넣었습니다. 출력 결과를 보면 alice.txt에 단어가 몇 개 있는지 확인할 수 있습니다.

```
The file alice.txt has about 29594 words.
```

필자가 사용한 텍스트 파일은 원본 이외에도 구텐베르크 프로젝트에서 제공하는 서지 정보가 포함되므로 실제 단어 개수보다는 조금 많지만, 『이상한 나라의 앨리스』에 포함된 단어 숫자를 대략적으로 알 수 있습니다.

10.3.7 여러 파일 다루기

분석할 책을 추가해 봅시다. 그 전에 이 프로그램 일부를 count_words() 함수로 분리합니다. 이렇게 하면 여러 책을 분석하기가 더 쉬워집니다.

word_count.py

```python
from pathlib import Path

def count_words(path):
    """파일에 포함된 단어 개수를 대략적으로 셉니다"""   # ❶
    try:
        contents = path.read_text(encoding='utf-8')
    except FileNotFoundError:
        print(f"Sorry, the file {path} does not exist.")
    else:
        words = contents.split()
        num_words = len(words)
        print(f"The file {path} has about {num_words} words.")

path = Path('alice.txt')
count_words(path)
```

바뀐 부분은 거의 없습니다. 들여쓰기를 추가하고 count_words() 함수 바디로 이동했을 뿐입니다. 프로그램을 수정할 때는 주석 역시 업데이트하는 게 좋은 습관입니다. 코드를 함수로 이동했으므로 독스트링으로 바꾸고 표현도 조금 수정했습니다(❶).

이제 루프 안에서 텍스트의 단어 개수를 셉니다. 분석할 파일 이름을 리스트에 저장하고, 리스트의 각 파일에서 count_words()를 호출하면 됩니다. 공개된 고전 문학인 『이상한 나라의 앨리스』, 『싯다르타』, 『모비딕』, 『작은 아씨들』의 단어 개수를 세 보겠습니다. 프로그램이 누락된 파일에도 잘 대처할 수 있는지 확인할 목적으로, siddhartha.txt는 의도적으로 word_count.py와 다른 폴더에 저장했습니다.

```python
from pathlib import Path

def count_words(filename):
    --생략--

filenames = ['alice.txt', 'siddhartha.txt', 'moby_dick.txt',
        'little_women.txt']
for filename in filenames:
    path = Path(filename) # ❶
    count_words(path)
```

파일 이름은 단순한 문자열입니다. ❶에서는 각 문자열을 Path 객체로 변환했고, 이 객체를 count_words()에 전달해 호출했습니다. 누락된 siddhartha.txt 파일은 나머지 프로그램 실행에 영향을 미치지 않습니다.

```
The file alice.txt has about 29594 words.
Sorry, the file siddhartha.txt does not exist.
The file moby_dick.txt has about 215864 words.
The file little_women.txt has about 189142 words.
```

이 예제의 try-except 문에는 두 가지 눈여겨볼 장점이 있습니다. 사용자에게 트레이스백이 표시되는 걸 방지하고 프로그램이 계속 실행될 수 있게 했습니다. siddhartha.txt가 누락되서 일어나는 FileNotFoundError를 캐치하지 않으면 사용자에게 트레이스백이 표시될 뿐 아니라, 『싯다르타』 분석을 시도한 이후에는 프로그램이 멈춥니다. 즉 『모비딕』이나 『작은 아씨들』은 분석하지 않습니다.

10.3.8 조용히 실패하기

이전 예제는 사용자에게 파일 중 하나를 사용할 수 없다고 알렸습니다. 하지만 예외를 모두 보고할 필요는 없습니다. 예외가 발생하더라도 조용히 실패하고 아무 일도 없었던 것처럼 진행하는 게 좋을 때도 있습니다. 조용히 실패하길 원할 때는 except 블록이 아무 일도 하지 않도록 명시적으로 지정합니다. 다음 예제의 pass 문은 블록을 건너뛰라는 명령입니다.

```
def count_words(path):
    """파일에 포함된 단어 개수를 대략적으로 셉니다"""
    try:
        --생략--
    except FileNotFoundError:
        pass
    else:
        --생략--
```

이 코드에서 달라진 점은 except 블록에 pass 문을 썼다는 것뿐입니다. 이제는 FileNotFoundError 예외가 일어나서 except 블록으로 이동하더라도 아무 일 없이 지나갑니다. 트레이스백도 없고, 에러가 일어났다는 메시지도 없습니다. 사용자는 존재하는 파일의 단어 개수는 볼 수 있지만 파일이 없다는 메시지는 볼 수 없습니다.

```
The file alice.txt has about 29594 words.
The file moby_dick.txt has about 215864 words.
The file little_women.txt has about 189142 words.
```

pass 문은 일종의 플레이스홀더 역할도 합니다. 프로그램에 pass 문이 있으면 그 지점에서 아무 것도 하지 않기로 정했지만 나중에 다르게 처리할 수 있다는 생각을 상기할 수 있습니다. 예를 들어 누락된 파일을 missing_files.txt 파일에 기록하기로 한다면, 사용자는 어떤 파일이 빠졌는지 알 수 없지만 프로그래머는 이 파일을 살펴보고 누락된 텍스트를 채워넣을 수 있습니다.

10.3.9 보고할 에러 결정하기

언제 사용자에게 에러를 알리고 언제 조용히 실패해야 할까요? 어떤 텍스트를 분석해야 할지 사용자가 알고 있거나 알아야 한다면 빠진 텍스트에 대해 알려주는 게 좋습니다. 반대로 사용자가 어떤 텍스트를 분석하는지 모르거나 관심이 없다면 지나친 정보가 프로그램의 사용성을 떨어지게 할 수도 있으므로 빠진 텍스트를 알리지 않는 게 좋을 수도 있습니다. 파이썬의 에러 처리 구조를 잘 사용하면 문제가 생겼을 때 사용자에게 얼마나 많은 정보를 공유할지 미세하게 컨트롤할 수 있습니다. 다만, 그 결정은 여러분이 해야 합니다.

주의 깊게 작성하고 제대로 테스트한 코드에서는 문법이나 논리 에러는 보통 잘 일어나지 않습니다. 하지만 프로그램이 사용자 입력, 파일의 존재, 네트워크 연결 같은 외부 요인에 의존한다면 언제나 예외가 생길 수 있습니다. 그러나 경험이 조금 쌓이면 프로그램의 어느 부분에 예외 처리 블록을 사용할지, 어떤 에러가 있었는지 사용자에게 알려줄지 결정할 수 있게 됩니다.

연습문제

10-6 덧셈
사용자에게 숫자를 요청했는데 3이 아니라 three를 입력하는 일은 자주 일어나는 문제 중 하나입니다. 이런 문자열을 int()로 변환하려 하면 ValueError가 일어납니다. 숫자 두 개를 받는 프로그램을 만드세요. 두 숫자를 더한 결과를 출력하세요. 입력 값이 숫자가 아닐 경우 ValueError를 캐치하고 알기 쉬운 에러 메시지를 출력하세요. 숫자 두 개를 입력해 보고, 숫자 대신 텍스트를 입력해서 프로그램을 테스트하세요.

10-7 덧셈 계산기
[연습문제 10-5]의 코드를 while 루프에 넣어서 사용자가 실수로 숫자 대신 텍스트를 입력하더라도 숫자 입력을 계속할 수 있게 만드세요.

10-8 고양이와 개
cats.txt, dogs.txt 두 파일을 만드세요. 첫 번째 파일에는 고양이 이름을 최소 세 개 저장하고, 두 번째 파일에는 개 이름을 세 개 저장하세요. 두 파일을 읽고 콘텐츠를 화면에 출력하는 프로그램을 만드세요. 코드를 try-except 문으로 감싸고 FileNotFound를 캐치해 파일이 누락된 경우 알기 쉬운 메시지를 출력하세요. 파일 하나를 다른 폴더로 옮겨서 except 블록의 코드가 제대로 실행되는지 확인하세요.

10-9 개들의 침묵
파일이 누락되더라도 조용히 실패하도록 [연습문제 10-7]의 except 블록을 수정하세요.

10-10 널리 쓰이는 단어
구텐베르크 프로젝트(https://gutenberg.org)에 방문해 분석해 보고 싶은 텍스트를 몇 가지 고르세요. 텍스트 파일을 내려받거나, 브라우저에서 텍스트를 복사해 저장하세요.

count() 메서드를 사용해 문자열에 단어가 몇 번 나타나는지 확인할 수 있습니다. 예를 들어 다음 코드는 문자열에 row가 몇 개 있는지 확인합니다.

```
>>> line = "Row, row, row your boat"
>>> line.count('row')
2
>>> line.lower().count('row')
3
```

lower()를 사용해 문자열을 소문자로 변환해야 대소문자에 관계없이 단어 개수를 정확히 찾을 수 있습니다.

구텐베르크 프로젝트에서 가져온 파일을 읽고 각 텍스트에 the가 몇 개 있는지 찾는 프로그램을 만드세요. count('the')는 then, there 같은 단어도 찾으므로 정확한 답은 아닙니다. 공백을 감안해 the를 정확히 찾아서 개수가 얼마나 줄어들었는지 확인하세요.

10.4 데이터 저장하기

사용자에게 특정 종류의 정보를 요청하는 프로그램이 많습니다. 게임의 기본 설정을 저장하거나 시각화 데이터를 위해 정보를 받을 수도 있습니다.

json 모듈은 파이썬 데이터 구조를 JSON 형식 문자열로 변환하고 이 문자열을 다시 데이터 구조로 변환할 수 있습니다. json을 통해 파이썬 프로그램끼리 데이터를 공유할 수도 있습니다. JSON 데이터 형식은 파이썬뿐만 아니라 거의 모든 프로그래밍 언어가 지원하므로 아주 많은 사람과 공유할 수 있다는 장점이 있습니다. JSON은 유용하고 널리 쓰이며 배우기도 쉽습니다.

> **NOTE** JSON(자바스크립트 객체 표기법) 형식은 원래 자바스크립트에서 개발됐습니다. 하지만 그 이후 파이썬을 비롯해 대부분의 언어에서 널리 쓰이는 형식이 됐습니다.

10.4.1 json.dumps()와 json.loads()

숫자 리스트를 저장하는 프로그램과 이 리스트를 읽는 다른 프로그램을 만들어 봅시다. 첫 번째 프로그램은 json.dumps()를 사용하여 숫자 리스트를 저장하고 두 번째 프로그램은 json.loads()를 사용합니다.

json.dumps() 함수는 JSON 형식으로 변환할 데이터를 인수로 받습니다. 다음과 같이 함수가 반환하는 문자열을 파일에 저장합니다.

number_writer.py

```
from pathlib import Path
import json

numbers = [2, 3, 5, 7, 11, 13]

path = Path('numbers.json') # ❶
contents = json.dumps(numbers) # ❷
path.write_text(contents)
```

먼저 json 모듈을 임포트하고 숫자 리스트를 만듭니다. ❶에서는 숫자 리스트를 저장할 파일 이름을 지정했습니다. JSON 형식 파일을 저장할 때는 보통 파일 확장자로 .json을 사용합니다. ❷에서는 json.dumps() 함수를 써서 리스트를 JSON 문자열로 변환했습니다.

이 프로그램은 출력이 없습니다. numbers.json 파일을 열어서 살펴봅시다. 데이터는 파이썬에서 표시하는 것과 동일한 형식으로 저장됩니다.

```
[2, 3, 5, 7, 11, 13]
```

다음은 json.loads()를 사용해 이 파일을 다시 메모리로 읽는 프로그램입니다.

number_reader.py

```
from pathlib import Path
import json

path = Path('numbers.json') # ❶
contents = path.read_text() # ❷
numbers = json.loads(contents) # ❸
```

```
print(numbers)
```

앞에서 지정한 파일과 같은 이름을 지정해야 합니다(❶). 데이터 파일은 JSON 형식이지만 어쨌든 텍스트 파일이므로 read_text() 메서드로 읽을 수 있습니다(❷). ❸에서는 파일 콘텐츠를 json.loads()에 전달했습니다. 이 함수는 JSON 형식의 문자열을 받아 파이썬 객체를 반환합니다. 이 객체를 numbers에 할당했습니다. 마지막으로 복원된 숫자 리스트를 출력해 number_writer.py에서 만든 것과 같은 리스트인지 확인했습니다.

```
[2, 3, 5, 7, 11, 13]
```

이렇게 간단한 방법으로 프로그램 사이에 데이터를 공유할 수 있습니다.

10.4.2 사용자의 데이터를 저장하고 읽기

사용자 정보를 어떤 형식으로든 저장하지 않으면 프로그램을 중지할 때 모두 잃게 됩니다. 그러므로 사용자 정보는 json으로 저장하는 게 좋습니다. 사용자가 프로그램을 처음 실행할 때 이름을 묻고 프로그램을 다시 실행할 때 이름을 기억하는 프로그램을 만들어 봅시다.

먼저 사용자 이름을 저장하는 코드입니다.

remember_me.py

```
from pathlib import Path
import json

username = input("What is your name? ") # ❶

path = Path('username.json') # ❷
contents = json.dumps(username)
path.write_text(contents)

print(f"We'll remember you when you come back, {username}!") # ❸
```

❶에서는 사용자 이름을 요청합니다. ❷에서는 이 데이터를 username.json 파일에 저장합니다. ❸에서는 사용자 정보를 저장했다는 메시지를 출력합니다.

```
What is your name? Eric
We'll remember you when you come back, Eric!
```

이제 저장된 이름으로 사용자를 환영하는 프로그램을 만듭니다.

greet_user.py

```
from pathlib import Path
import json

path = Path('username.json') # ❶
contents = path.read_text()
username = json.loads(contents) # ❷

print(f"Welcome back, {username}!")
```

❶에서 데이터 파일을 읽고, ❷에서는 json.loads()로 복원한 데이터를 username 변수에 할당했습니다. 사용자 이름을 복원했으므로 이름이 포함된 인사말을 출력할 수 있습니다.

```
Welcome back, Eric!
```

이 두 프로그램을 하나로 묶어야 합니다. remember_me.py를 실행하면 먼저 메모리에서 사용자 이름을 검색합니다. 메모리에 사용자 이름이 없으면 이름을 요청하는 프롬프트를 표시하고 받은 데이터를 username.json에 저장합니다. try-except 문을 사용해 username.json이 존재하지 않는 경우에 대비할 수도 있지만, 여기서는 pathlib 모듈이 제공하는 간편한 메서드를 사용합니다.

remember_me.py

```
from pathlib import Path
import json

path = Path('username.json')
if path.exists(): # ❶
    contents = path.read_text()
    username = json.loads(contents)
    print(f"Welcome back, {username}!")
else: # ❷
```

```
username = input("What is your name? ")
contents = json.dumps(username)
path.write_text(contents)
print(f"We'll remember you when you come back, {username}!")
```

Path 객체에는 편리한 메서드가 많이 있습니다. exists() 메서드는 파일이나 폴더가 있으면 True를, 없으면 False를 반환합니다. ❶에서는 path.exists()를 사용해 사용자 이름이 저장됐는지 확인합니다. username.json이 존재하면 이를 불러와서 사용자를 환영합니다.

username.json 파일이 존재하지 않으면(❷) 사용자 이름을 요청하는 프롬프트를 표시하고 사용자가 입력하는 값을 저장합니다. 또한 사용자 이름을 기억하겠다는 메시지도 출력합니다.

어떤 블록이 실행되든 결과는 사용자 이름이 포함된 인사말입니다. 프로그램을 처음 실행한 결과는 다음과 같습니다.

```
What is your name? Eric
We'll remember you when you come back, Eric!
```

다시 실행한 결과는 다음과 같습니다.

```
Welcome back, Eric!
```

이 절에서는 간단한 문자열만 사용했지만, JSON 형식으로 변환할 수 있는 데이터는 모두 똑같이 동작합니다.

10.4.3 리팩터링

코드가 동작하긴 하지만 특정 목적을 가진 코드를 함수로 분리해 프로그램을 개선할 수 있을 때가 많습니다. 이를 **리팩터링**refactoring이라고 합니다. 리팩터링은 코드를 더 깔끔하고 이해하기 쉽게 만들며, 확장하기도 편하게 만듭니다.

remember_me.py의 로직을 함수로 옮겨 리팩터링할 수 있습니다. remember_me.py의 목적은 사용자를 환영하는 것이므로 기존 코드를 모두 greet_user() 함수로 이동합니다.

```python
from pathlib import Path
import json

def greet_user():
    """사용자를 이름으로 환영합니다"""    # ❶
    path = Path('username.json')
    if path.exists():
        contents = path.read_text()
        username = json.loads(contents)
        print(f"Welcome back, {username}!")
    else:
        username = input("What is your name? ")
        contents = json.dumps(username)
        path.write_text(contents)
        print(f"We'll remember you when you come back, {username}!")

greet_user()
```

이제 함수를 사용하므로, 기존의 주석을 독스트링으로 바꿉니다(❶). 프로그램이 조금 깔끔해
졌지만, greet_user() 함수는 여전히 사용자에게 인사한다는 목적 이외에도 여러 가지 일을
수행합니다. 저장된 사용자 이름이 있으면 가져오고 저장된 사용자 이름이 없으면 프롬프트를
표시하는 일까지 합니다.

리팩터링으로 greet_user()의 일을 줄여봅시다. 저장된 사용자 이름을 가져오는 코드부터
다른 함수로 옮기겠습니다.

```python
from pathlib import Path
import json

def get_stored_username(path):
    """저장된 사용자 이름이 있으면 가져옵니다"""    # ❶
    if path.exists():
        contents = path.read_text()
        username = json.loads(contents)
        return username
    else:
        return None # ❷

def greet_user():
```

```
    """사용자를 이름으로 환영합니다"""
    path = Path('username.json')
    username = get_stored_username(path)
    if username: # ❸
        print(f"Welcome back, {username}!")
    else:
        username = input("What is your name? ")
        contents = json.dumps(username)
        path.write_text(contents)
        print(f"We'll remember you when you come back, {username}!")

greet_user()
```

새 함수 get_stored_username()은 ❶의 독스트링과 일치하는 목적을 수행합니다. 이 함수는 저장된 사용자 이름을 검색하고 있으면 반환합니다. get_stored_username()에 전달된 경로가 존재하지 않으면 ❷에서 None을 반환합니다. 함수가 예상된 값을 반환하게 하거나 아니면 None을 반환하게 만드는 게 좋은 습관입니다. 이런 습관이 확립되면 함수의 반환 값을 테스트하는 것도 단순해집니다. 사용자 이름을 가져왔으면 ❸에서 인사말을 출력하고 가져오지 못했으면 사용자 이름을 프롬프트로 요청합니다.

greet_user()에서 꺼낼 코드 블록이 더 있습니다. 사용자 이름이 존재하지 않을 경우 프롬프트를 표시하는 코드를 전용 함수로 옮겨야 합니다.

```
from pathlib import Path
import json

def get_stored_username(path):
    """저장된 사용자 이름이 있으면 가져옵니다"""
    --생략--

def get_new_username(path):
    """사용자 이름을 묻습니다"""
    username = input("What is your name? ")
    contents = json.dumps(username)
    path.write_text(contents)
    return username

def greet_user():
    """사용자를 이름으로 환영합니다"""
    path = Path('username.json')
```

```
    username = get_stored_username(path)  # ❶
    if username:
        print(f"Welcome back, {username}!")
    else:
        username = get_new_username(path)  # ❷
        print(f"We'll remember you when you come back, {username}!")

greet_user()
```

마지막 버전의 remember_me.py에 있는 각 함수는 명확한 목적 하나만 수행합니다. 프로그램
은 먼저 greet_user()를 호출합니다. 이 함수는 기존 사용자를 환영하거나 새 사용자를 환영
합니다. 기존 사용자인지 새 사용자인지 판단하는 기준은 ❶의 get_stored_username()입니
다. 이 함수는 기존 사용자 이름이 있으면 그걸 가져오는 일만 합니다. greet_user()는 필요
할 경우 ❷에서 get_new_username()을 호출합니다. 이 함수의 목적은 새 사용자 이름을 받
아서 저장하는 것뿐입니다. 이렇게 할 일을 나누는 것이 유지 관리와 확장이 쉬운, 명확한 코드
를 만드는 핵심입니다.

연습문제

10-11 좋아하는 숫자
사용자가 좋아하는 숫자를 묻는 프로그램을 만드세요. json.dumps()를 써서 이 숫자를 파일에 저장하세
요. 이 값을 읽고 "당신이 좋아하는 숫자는 __입니다." 같은 메시지를 출력하는 별도의 프로그램을 만드세
요.

10-12 좋아하는 숫자 #2
[연습문제 10-11]에서 만든 두 프로그램을 하나로 묶으세요. 숫자를 이미 저장했다면 그 숫자를 사용자에
게 표시하세요. 숫자가 없다면 사용자가 좋아하는 숫자를 묻고 이를 파일에 저장하세요. 프로그램을 두 번
실행해서 원하는 대로 동작하는지 확인하세요.

10-13 사용자 딕셔너리
remember_me.py 예제는 사용자 이름 한 가지 정보만 저장합니다. 이 예제를 확장해서 사용자에 관한 정
보 두 가지를 더 묻고, 이들을 딕셔너리에 저장하세요. json.dumps()를 사용해 이 딕셔너리를 파일에 저
장하고, json.loads()를 써서 다시 읽으세요. 프로그램이 사용자에 대해 뭘 기억하는지 정확히 보여 주는
요약을 출력하세요.

10.5 요약 정리

이 장에서는 파일을 다루는 방법을 살펴봤습니다. 파일 콘텐츠 전체를 읽는 방법, 필요한 경우 한 번에 한 행씩 조작하는 방법과 원하는 만큼의 텍스트를 파일에 쓰는 방법을 배웠고 프로그램 실행 중에 일어날 수 있는 예외를 처리하는 방법도 알아보았습니다. 마지막으로 사용자 정보를 저장해서 프로그램을 실행할 때마다 처음부터 다시 시작하지 않는 방법까지 배웠습니다.

11장에서는 코드를 테스트하는 방법을 배웁니다. 코드를 테스트하면 개발한 코드를 신뢰할 수 있게 되고 프로그램을 계속 개발하면서 새로 생기는 버그를 찾는 것도 쉬워집니다.

코드 테스트

함수나 클래스를 작성할 때 해당 코드에 대한 테스트도 작성할 수 있습니다. 테스트는 모든 종류의 입력에 대해 테스트를 작성하면 더 많은 사람이 여러분의 프로그램을 사용해도 코드가 에러 없이 정확히 동작한다는 확신을 얻을 수 있습니다. 새 코드를 추가할 때도 테스트를 거쳐서 이번에 바꾼 내용이 프로그램의 기존 동작 방식을 해치지는 않았는지 확인할 수 있습니다. 사람은 누구나 실수합니다. 프로그래머는 항상 코드를 테스트해서 사용자보다 먼저 문제를 발견해야 한다는 점을 기억하세요.

이 장에서는 pytest를 사용하여 코드를 테스트하는 방법을 배웁니다. pytest 라이브러리는 빠르고 쉽게 테스트를 작성할 수 있으면서 복잡한 프로젝트에서도 충분히 쓸 수 있는 강력한 도구입니다. 파이썬에는 기본적으로 pytest가 포함되지 않으므로 외부 라이브러리를 설치하는 방법도 함께 알아봅니다. 외부 라이브러리를 설치하는 방법을 배우면 잘 디자인된 코드를 여러분의 코드에서 유용하게 사용할 수 있습니다. 또한 라이브러리를 사용하면 여러분이 만들 수 있는 프로젝트 종류가 엄청나게 늘어납니다.

일련의 테스트를 작성하고 입력 집합이 원하는 결과를 가져오는지 확인하는 방법을 배웁니다. 통과한 테스트와 실패한 테스트의 모습을 확인하고 실패한 테스트를 통해 코드를 개선하는 방법도 배웁니다. 이 장을 통해 함수와 클래스를 테스트하는 방법을 배우고 프로젝트를 진행하면서 테스트를 얼마나 많이 작성해야 하는지 이해하게 될 겁니다.

11.1 pip로 pytest 설치하기

파이썬은 표준 라이브러리를 통해 다양한 기능을 제공하지만, 개발자들은 써드 파티 패키지 또한 많이 사용합니다. **써드 파티 패키지**third-party package란 파이썬 코어에 포함되지 않는 라이브러리를 말합니다. 큰 인기를 끈 써드 파티 라이브러리가 표준 라이브러리에 채택되어 다음 버전의 파이썬부터 함께 배포되는 경우도 많습니다. 이런 일은 보통 초기 버그를 해결한 후 큰 변화가 없는 라이브러리에서 일어납니다. 이런 라이브러리들은 파이썬과 함께 발전합니다.

반면 표준 라이브러리와는 별도로 관리되면서 자신만의 페이스로 개발되는 패키지도 많이 있습니다. 이런 패키지는 파이썬 개발 주기보다는 자주 업데이트되는 경향이 있습니다. pytest를 포함해 실습편에서 사용할 대부분의 라이브러리들이 이런 경우에 해당합니다. 모든 써드 파티 패키지를 맹목적으로 신뢰해서는 안 되지만, 이런 패키지를 통해 구현되는 중요한 기능이 많다는 사실을 잊으면 안 됩니다.

11.1.1 pip 업데이트하기

파이썬에는 써드 파티 패키지를 설치하는 pip라는 도구가 포함되어 있습니다. pip는 외부 패키지를 설치하므로 잠재적인 보안 문제를 해결하기 위해 자주 업데이트됩니다. 먼저 pip를 업데이트합시다.

터미널을 열고 다음 명령어를 입력합니다.

```
$ python -m pip install --upgrade pip
Requirement already satisfied: pip in /.../python3.11/site-packages (22.0.4) # ❶
--생략--
Successfully installed pip-22.1.2 # ❷
```

이 명령어의 첫 번째 부분인 **python -m pip**는 pip 모듈을 실행하라는 뜻입니다. 두 번째 부분인 **install --upgrade**는 pip 모듈의 이미 설치된 패키지를 업데이트하라는 뜻입니다. 마지막 부분인 **pip**는 업데이트하는 써드 파티 패키지를 지정합니다. 결과를 보면 필자의 현재 버전 **22.0.4**(❶)가 이 글을 쓰는 시점을 기준으로 최신 버전인 22.1.2(❷)로 바뀐 걸 볼 수 있습니다.

여러분의 컴퓨터에 설치된 써드 파티 패키지를 다음과 같은 명령으로도 업데이트할 수 있습니다.

```
$ python -m pip install --upgrade package_name
```

> **NOTE** 리눅스를 사용한다면 파이썬에 pip가 포함되지 않았을 수도 있습니다. pip 업그레이드에 에러가 일어나면 부록 A '설치와 문제 해결'를 보세요.

11.1.2 pytest 설치하기

pip를 업데이트했으면 이제 pytest를 설치할 차례입니다.

```
$ python -m pip install --user pytest
Collecting pytest
  --생략--
Successfully installed attrs-21.4.0 iniconfig-1.1.1 ...pytest-7.x.x
```

이번에는 **--upgrade** 플래그 없이 **pip install** 명령을 사용합니다. 이번에는 현재 사용자에 대해서만 패키지를 설치하는 **--user** 플래그를 사용했습니다. 결과는 최신 버전의 pytest와 함께 pytest가 의존하는 다른 패키지도 설치했다고 표시됩니다.

혹은, 이 명령어로 대부분의 써드 파티 패키지를 설치할 수 있습니다.

```
$ python -m pip install --user package_name
```

> **NOTE** 이 명령어로 설치되지 않는다면 --user 플래그를 제거하고 다시 시도해 보세요.

11.2 함수 테스트

테스트를 시작하려면 먼저 테스트할 코드가 필요합니다. 다음 코드는 이름과 성을 받아 실제 이름을 반환하는 간단한 함수입니다.

```python
def get_formatted_name(first, last):
    """실제 이름을 깔끔한 형식으로 반환합니다"""
    full_name = f"{first} {last}"
    return full_name.title()
```

get_formatted_name() 함수는 이름과 성 사이에 공백을 넣고 결합해 실제 이름을 만든 다음 각 단어의 첫 글자를 대문자로 바꿔 반환합니다. 이 함수를 사용하는 프로그램을 만들어 get_formatted_name()이 동작하는지 확인해 봅시다. names.py 프로그램은 사용자의 이름과 성을 받아 실제 이름을 출력합니다.

```python
from name_function import get_formatted_name

print("Enter 'q' at any time to quit.")
while True:
    first = input("\nPlease give me a first name: ")
    if first == 'q':
        break
    last = input("Please give me a last name: ")
    if last == 'q':
        break

    formatted_name = get_formatted_name(first, last)
    print(f"\tNeatly formatted name: {formatted_name}.")
```

이 프로그램은 name_function.py에서 get_formatted_name()을 임포트합니다. 사용자는 이름과 성을 입력하고 생성된 실제 이름을 확인합니다.

```
Enter 'q' at any time to quit.

Please give me a first name: janis
Please give me a last name: joplin
        Neatly formatted name: Janis Joplin.

Please give me a first name: bob
Please give me a last name: dylan
        Neatly formatted name: Bob Dylan.
```

```
Please give me a first name: q
```

프로그램이 정확히 동작하는 걸 확인할 수 있습니다. 하지만 get_formatted_name()을 수정해 중간 이름도 처리할 수 있게 하고 싶다고 합시다. 중간 이름 처리 기능을 추가하면서 기존의 이름과 성만 있는 경우가 망가지면 안 됩니다. get_formatted_name()을 수정할 때마다 names.py를 실행하고 Janis Joplin 같은 이름을 입력해 코드를 테스트할 수도 있지만, 이는 매우 지루한 방법입니다. 다행히 pytest는 함수의 반환 값을 효율적으로 자동화하는 방법을 제공합니다. get_formatted_name()의 테스트를 자동화하면 이미 테스트한 것과 같은 종류의 입력에서는 함수가 항상 동작할 거라고 확신할 수 있습니다.

11.2.1 단위 테스트와 테스트 케이스

소프트웨어 테스트에는 다양한 접근 방식이 있습니다. 단위 테스트는 가장 단순한 테스트 중하나입니다. **단위 테스트**^{unit test}는 함수의 동작 방식 하나를 확인합니다. **테스트 케이스**^{test case}는 함수가 처리해야 하는 상황 전체 중에서 테스트가 완료된 단위 테스트를 모은 걸 말합니다.

좋은 테스트 케이스는 함수가 받을 수 있는 모든 종류의 입력을 고려하고 이런 상황을 표현하는 테스트를 포함합니다. 테스트 케이스가 **전체 커버리지**^{full coverage}를 달성했다는 말은 함수를 사용하면서 일어날 수 있는 모든 상황이 단위 테스트를 통과했다는 뜻입니다. 큰 프로젝트에서 전체 커버리지를 달성하는 건 쉽지 않습니다. 우선 코드의 중요한 동작을 테스트하고 프로젝트가 널리 쓰이기 시작하면 그때 전체 커버리지를 목표로 하는 정도면 충분합니다.

11.2.2 통과하는 테스트

pytest를 사용하면 단위 테스트를 쉽게 만들 수 있습니다. 먼저 테스트 함수를 만듭니다. 테스트 함수는 테스트할 함수를 호출하고 반환될 값에 대한 어서션(단언)을 만듭니다. 어서션이 맞으면 테스트에 통과하고 어서션이 맞지 않으면 테스트에 실패합니다.

다음은 get_formatted_name() 함수의 첫 번째 테스트입니다.

```
from name_function import get_formatted_name

def test_first_last_name(): # ❶
    """Janis Joplin 같은 이름에서 동작하는지 테스트"""
    formatted_name = get_formatted_name('janis', 'joplin') # ❷
    assert formatted_name == 'Janis Joplin' # ❸
```

테스트를 실행하기 전에 먼저 이 함수를 자세히 봅시다. 테스트 파일의 이름도 중요하며, 반드시 test_로 시작해야 합니다. 테스트를 시작하면 pytest는 test_로 시작하는 파일을 모두 찾고 해당 파일에서 발견한 테스트를 모두 실행합니다.

테스트 파일에서는 먼저 테스트할 함수 get_formatted_name()을 임포트합니다. 그리고 ❶에서는 테스트 함수 test_first_last_name()을 정의합니다. 그동안 사용하던 함수 이름보다 길지만 그럴 만한 이유가 있습니다. 먼저, 테스트 함수는 test_로 시작해야 합니다. pytest는 test_로 시작하는 함수를 발견하면 이를 테스트 절차의 일부분으로 실행합니다.

또한 테스트 함수 이름은 일반적인 함수 이름보다 뜻이 더 분명해야 합니다. 의미만 분명하다면 이름은 길어도 상관없습니다. 테스트 함수는 여러분이 직접 호출하는 게 아니라 pytest가 실행합니다. 그러므로 테스트 보고서에서 테스트 함수 이름만 봐도 어떤 동작을 테스트하는지 확실히 알 수 있어야 합니다.

그리고 ❷에서 테스트할 함수를 호출했습니다. 여기서는 names.py를 실행했을 때와 마찬가지로 janis, joplin 인수를 전달해 get_formatted_name()을 호출했습니다. 이 함수의 반환 값을 formatted_name에 할당합니다.

마지막으로 ❸에서 어서션을 만듭니다. **어서션**^{assertion}은 조건에 대한 단언입니다. ❸은 formatted_name의 값이 Janis Joplin과 일치해야 한다고 단언합니다.

11.2.3 테스트 실행하기

test_name_function.py 파일은 아무것도 호출하지 않으므로 직접 실행하면 아무 결과도 없습니다. pytest가 테스트 파일을 실행하게 해야 합니다.

터미널을 열고 테스트 파일을 저장한 폴더로 이동하세요. 비주얼 스튜디오 코드를 사용한다면 테스트 파일이 저장된 폴더에서 내장 터미널을 사용해도 됩니다. 터미널에서 **pytest** 명령을 입력합니다. 다음과 같은 결과가 보일 겁니다.

```
$ pytest
========================= test session starts =========================
platform darwin -- Python 3.x.x, pytest-7.x.x, pluggy-1.x.x # ❶
rootdir: /.../python_work/chapter_11 # ❷
collected 1 item # ❸

test_name_function.py .                                    [100%] # ❹
========================== 1 passed in 0.00s ==========================
```

무슨 뜻인지 알아봅시다. ❶은 테스트를 실행하는 컴퓨터에 대한 정보입니다. 필자는 macOS 컴퓨터에서 테스트하고 있으므로 여러분은 조금 다를 수 있습니다. 중요한 건 파이썬과 py-test, 기타 테스트에 사용된 패키지의 버전입니다.

❷는 테스트를 실행한 폴더에 대한 정보입니다. 필자는 python_work/chapter_11이 표시됐습니다. ❸은 pytest가 실행할 테스트를 한 개 찾았다는 뜻이고 ❹는 실행한 테스트입니다. 파일 이름 다음에 있는 점 하나는 테스트 한 개를 통과했다는 뜻이며 마지막의 **100%**는 모든 테스트를 실행했다는 뜻입니다. 큰 프로젝트는 수백, 수천 개의 테스트를 진행합니다. 이 점과 퍼센트 표시기를 통해 테스트의 전체적인 진행 상황을 모니터링할 수 있습니다.

마지막 행은 테스트 하나가 통과했으며 0.01초 미만이 걸렸다는 뜻입니다.

이 결과를 보면 get_formatted_name() 함수를 수정하지 않는 한 이름과 성을 전달하면 항상 의도한 대로 동작한다고 확신할 수 있습니다. get_formatted_name()을 수정하면 이 테스트를 다시 실행합니다. 테스트가 다시 통과하면 Janis Joplin 같은 이름에 대해서는 함수가 여전히 잘 동작한다는 뜻입니다.

> **NOTE** 터미널에서 원하는 위치로 이동하는 방법이 기억나지 않는다면 1.5 '터미널에서 파이썬 프로그램 실행하기'를 읽어 보세요. pytest 명령어를 찾을 수 없다는 메시지가 표시되면 python -m pytest 명령어를 사용하세요.

11.2.4 실패하는 테스트

실패하는 테스트는 어떤 모습일까요? 중간 이름을 처리할 수 있도록 get_formatted_name() 함수를 수정하되, 'Janis Joplin'처럼 이름과 성만 있는 경우는 실패하게 만들어 봅시다.

다음 코드는 중간 이름을 인수로 받도록 고쳐 쓴 get_formatted_name()입니다.

name_function.py

```python
def get_formatted_name(first, middle, last):
    """실제 이름을 깔끔한 형식으로 반환합니다"""
    full_name = f"{first} {middle} {last}"
    return full_name.title()
```

이 버전은 중간 이름이 있는 사람에게는 잘 동작하지만, 테스트 해 보면 이름과 성만 전달하는 경우에는 동작하지 않는 걸 알 수 있습니다.

이번에는 **pytest**가 다음과 같은 결과를 표시합니다.

```
$ pytest
========================= test session starts =========================
--생략--
test_name_function.py F                                   [100%] # ❶
============================= FAILURES ============================= # ❷
_____ test_first_last_name _____ # ❸
    def test_first_last_name():
        """Janis Joplin 같은 이름에서 동작하는지 테스트"""
>       formatted_name = get_formatted_name('janis', 'joplin') # ❹
E       TypeError: get_formatted_name() missing 1 required positional # ❺
            argument: 'last'
test_name_function.py:5: TypeError
======================= short test summary info =======================
FAILED test_name_function.py::test_first_last_name - TypeError:
    get_formatted_name() missing 1 required positional argument: 'last'
========================= 1 failed in 0.04s =========================
```

테스트가 실패하면 알아야 할 정보가 많기 때문에 표시되는 정보도 많습니다. 먼저 확인할 부분은 ❶의 F 한 글자입니다. 이는 테스트가 실패했다는 뜻입니다. 다음으로 볼 부분은 ❷의 **FAILURES** 섹션입니다. 테스트를 실행한 뒤 집중해서 볼 부분은 성공한 테스트가 아니라 실패한 테스트입니다. ❸은 실패한 테스트 함수인 **test_first_last_name()**입니다. ❹의 꺾쇠

(>)는 테스트 실패의 원인인 행입니다. ❺의 E는 위치 인수 last가 누락되어 TypeError가 일어났다는 뜻입니다. 마지막의 short test summary info는 가장 중요한 정보를 다시 한 번 요약해서 반복 표시하므로 테스트할 내용이 많을 때 어떤 테스트가 실패했고 이유는 무엇인지 빠르게 파악할 수 있습니다.

11.2.5 실패한 테스트에 대응하기

테스트에 실패하면 뭘 해야 할까요? 올바른 조건에서 테스트한다고 가정하면 통과한 테스트는 함수가 정확히 동작한다는 의미이고 실패한 테스트는 새로 작성한 코드가 에러를 일으킨다는 의미입니다. 따라서 테스트가 실패했다고 테스트 자체를 수정해서는 안 됩니다. 그러면 테스트가 통과하더라도 프로그램이 기존 방식을 제대로 수행하지 못하게 됩니다. 테스트를 실패하게 만드는 코드를 수정하세요. 마지막으로 바꾼 내용을 확인하고 기존에는 동작하던 게 동작하지 않게 된 이유를 확인하세요.

get_formatted_name()의 이전 버전은 이름과 성만 인수로 받았습니다. 이제는 이름, 중간 이름, 성이 필요합니다. 중간 이름을 필수로 지정하면 get_formatted_name()의 원래 동작 방식이 망가집니다. 최선은 중간 이름을 옵션으로 만드는 겁니다. 이렇게 하면 Janis Joplin 같은 이름에 대한 테스트가 다시 통과하고 중간 이름에 대해서도 동작할 겁니다. 중간 이름을 옵션으로 만들고 테스트 케이스를 다시 실행합시다. 통과한다면 함수가 중간 이름을 제대로 처리하는지 확인하는 단계로 넘어갑니다.

함수 정의에서 middle 매개변수를 마지막으로 이동하고 기본 값을 지정하면 중간 이름을 옵션으로 만들 수 있습니다. 또한 중간 이름 여부에 따라 동작 방식을 바꾸는 if 문을 추가합니다.

name_function.py

```
def get_formatted_name(first, last, middle=''):
    """실제 이름을 깔끔한 형식으로 반환합니다"""
    if middle:
        full_name = f"{first} {middle} {last}"
    else:
        full_name = f"{first} {last}"
    return full_name.title()
```

고쳐 쓴 버전의 get_formatted_name()에서는 중간 이름이 옵션입니다. 함수가 중간 이름을 받으면 이름, 중간 이름, 성을 모두 사용해 실제 이름을 만듭니다. 그렇지 않으면 이름과 성 만으로 실제 이름을 만듭니다. 이제 함수는 두 종류의 이름 모두에 대해 작동해야 합니다. 테스트를 다시 실행해서 함수가 Janis Joplin 같은 이름에 다시 잘 동작하는지 확인합니다.

```
$ pytest
========================= test session starts =========================
--생략--
test_name_function.py .                                    [100%]
========================= 1 passed in 0.00s =========================
```

이제 테스트를 통과합니다. 함수가 잘 수정됐습니다. 함수를 직접 테스트하지 않아도 Janis Joplin 같은 이름에 정상적으로 동작한다는 의미입니다. 실패한 테스트를 통해 새 코드가 기존 동작에서 어떻게 에러가 났는지 알 수 있었으므로 더 쉽게 수정할 수 있었습니다.

11.2.6 새 테스트 추가하기

get_formatted_name()이 이름과 성에 대해 다시 동작하는 걸 확인했으니 중간 이름이 포함된 경우에 대한 테스트를 작성합시다. test_name_function.py 파일을 다음과 같이 수정합니다.

test_name_function.py

```
from name_function import get_formatted_name

def test_first_last_name():
    --생략--

def test_first_last_middle_name():
    """Wolfgang Amadeus Mozart 같은 이름에 대한 테스트"""
    formatted_name = get_formatted_name( # ❶
        'wolfgang', 'mozart', 'amadeus')
    assert formatted_name == 'Wolfgang Amadeus Mozart' # ❷
```

새 함수의 이름은 test_first_last_middle_name()으로 정했습니다. 이미 설명했지만 **pytest**를 실행할 때 자동으로 실행하려면 함수 이름을 반드시 **test_**로 시작해야 합니다. 테스트하는 get_formatted_name()의 동작을 명확히 알 수 있는 이름을 정했습니다. 따라서 테스트가 실패하면 어떤 이름 테스트가 실패했는지 즉시 알 수 있습니다.

❶에서는 테스트를 위해 이름, 성, 중간 이름을 전달해 get_formatted_name()을 호출했고 ❷에서는 이름, 중간 이름, 성 형식의 실제 이름이 반환된다는 어서션을 만들었습니다. **pytest** 를 다시 실행하면 모든 테스트가 통과합니다.

```
$ pytest
========================= test session starts =========================
--생략--
collected 2 items

test_name_function.py ..                                      [100%] # ❶
========================= 2 passed in 0.01s =========================
```

❶의 점 두 개는 테스트 두 개가 통과했다는 뜻이고, 이 사실은 보고서 마지막에도 다시 언급됩니다. 이 함수는 Janis Joplin 같은 이름, Wolfgang Amadeus Mozart 같은 이름에도 잘 동작한다고 확신할 수 있습니다.

연습문제

11-1 도시, 나라
도시 이름과 나라 이름을 받는 함수를 만드세요. 이 함수는 "Santiago, Chile" 처럼 "**City, Country**" 형태의 문자열을 반환해야 합니다. 함수를 city_functions.py 모듈에 저장하고, 이 파일은 pytest가 이미 작성한 테스트를 또 실행하지 않도록 새 폴더에 저장하세요.

방금 만든 함수를 테스트하는 test_cities.py 파일을 만드세요. santiago, chile 같은 값을 전달해 함수를 호출하고 정확한 문자열이 반환되는지 확인하는 test_city_country() 함수를 만드세요. 테스트를 실행하고 test_city_country()가 통과하는지 확인하세요.

11-2 인구
[연습문제 11-1]의 프로그램을 수정해 세 번째 매개변수 population을 추가하세요. 이제 이 함수는 Santiago, Chile – population 5000000처럼 **City, Country** – **population xxx** 형태의 문자열을 반환해야 합니다. 테스트를 다시 실행하세요. 이번에는 test_city_country()가 실패해야 합니다.

함수를 수정해서 population 매개변수를 옵션으로 만드세요. 테스트를 다시 실행하고 이번에는 test_city_country()가 통과하는지 확인하세요.

두 번째 테스트 test_city_country_population()을 만드세요. 이 테스트는 santiago, chile, 'population=5000000' 값으로 함수를 호출합니다. 테스트를 한 번 더 실행하고 새 테스트가 통과하는지 확인하세요.

11.3 클래스 테스트

지금까지는 함수 하나를 테스트했습니다. 이제는 클래스 테스트에 대해 알아봅시다. 여러 가지 프로그램에서 클래스를 사용하므로 클래스 테스트 방법도 알아야 합니다. 클래스 테스트가 통과하면 수정한 부분 때문에 기존 동작이 에러가 나지 않을 거라고 확신할 수 있습니다.

11.3.1 여러 가지 어서션

지금까지는 문자열의 값에 대한 어서션만 봤습니다. 조건문으로 표현할 수 있는 건 모두 어서션으로 만들 수 있습니다. 조건이 True로 평가되면 여러분의 가정이 맞는 것이므로 에러가 일어나지 않는다고 확신해도 됩니다. 조건이 False로 평가된다면 테스트가 실패하고 문제에 대한 보고를 받습니다. [표 11-1]은 기본적인 어서션입니다.

표 11-1 테스트에 자주 사용되는 어서션

어서션	설명
assert a == b	두 값이 같다고 단언합니다.
assert a != b	두 값이 같지 않다고 단언합니다.
assert a	a가 True로 평가된다고 단언합니다.
assert not a	a가 False로 평가된다고 단언합니다
assert element in list	element가 list 안에 있다고 단언합니다.
assert element not in list	element가 list 안에 없다고 단언합니다.

이 목록은 몇 가지 예시일 뿐입니다. 조건문으로 표현할 수 있다면 어서션으로 사용할 수 있습니다.

11.3.2 테스트할 클래스

클래스 테스트는 함수 테스트와 비슷합니다. 클래스 테스트 대부분은 일종의 메서드 테스트이기 때문입니다. 그래도 몇 가지 차이는 있으니 테스트할 클래스를 만듭니다. 익명 설문조사에 관한 클래스가 있다고 합시다.

survey.py

```python
class AnonymousSurvey:
    """설문조사의 익명 응답 수집"""

    def __init__(self, question): # ❶
        """질문을 저장하고 응답 저장을 준비합니다"""
        self.question = question
        self.responses = []

    def show_question(self): # ❷
        """설문을 표시합니다"""
        print(self.question)

    def store_response(self, new_response): # ❸
        """응답을 저장합니다"""
        self.responses.append(new_response)

    def show_results(self): # ❹
        """수집된 응답을 표시합니다"""
        print("Survey results:")
        for response in self.responses:
            print(f"- {response}")
```

❶에서는 설문을 입력하고 응답을 저장할 빈 리스트를 준비합니다. 클래스에는 설문을 출력하는 메서드(❷), 응답을 리스트에 저장하는 메서드(❸), 리스트에 저장된 응답을 모두 출력하는 메서드(❹)가 있습니다. 설문만 입력하면 이 클래스의 인스턴스를 만들 수 있습니다. 설문을 작성해 인스턴스를 만들면 show_question()으로 설문을 표시하고, store_response()로 응답을 저장하고, show_results()로 결과를 표시합니다.

다음과 같이 AnonymousSurvey 클래스를 사용하는 프로그램을 만듭니다.

language_survey.py

```python
from survey import AnonymousSurvey

# 설문의 정의하고 설문조사를 만듭니다
question = "What language did you first learn to speak?"
language_survey = AnonymousSurvey(question)

# 설문을 표시하고 응답을 저장합니다
language_survey.show_question()
print("Enter 'q' at any time to quit.\n")
while True:
    response = input("Language: ")
    if response == 'q':
        break
    language_survey.store_response(response)

# 설문조사 결과를 표시합니다
print("\nThank you to everyone who participated in the survey!")
language_survey.show_results()
```

이 프로그램은 설문(What language did you first learn to speak?)을 정의하고, 이 설문으로 AnonymousSurvey 객체를 만듭니다. 프로그램은 show_question()을 호출해 설문을 표시하고 응답을 요청합니다. 응답을 받으면 저장합니다. 응답을 모두 수집하면(사용자가 q를 눌러 종료하면) show_results()로 결과를 출력합니다.

```
What language did you first learn to speak?
Enter 'q' at any time to quit.

Language: English
Language: Spanish
Language: English
Language: Mandarin
Language: q

Thank you to everyone who participated in the survey!
Survey results:
- English
- Spanish
```

```
  - English
  - Mandarin
```

이 상태로도 간단한 설문조사에 사용할 수 있지만 AnonymousSurvey 클래스와 survey 모듈을 더 개선할 수 있습니다. 각 사용자가 둘 이상의 응답을 입력할 수 있게 하거나, 중복인 응답은 하나만 표시하고 횟수를 함께 표시하거나, 기명 설문으로 전환할 수도 있습니다.

이렇게 개선하다 보면 AnonymousSurvey 클래스의 현재 동작을 망칠 위험이 있습니다. 예를 들어 각 사용자가 여러 가지 응답을 할 수 있게 만들다가 실수로 단일 응답을 처리하는 방법이 바뀔 수 있습니다. 모듈을 개발하다가 기존 동작을 망치는 일이 없게 하려면 클래스 테스트를 작성해야 합니다.

11.3.3 AnonymousSurvey 클래스 테스트

AnonymousSurvey의 동작 방식 중 하나를 확인하는 테스트를 만듭니다. 설문에 대한 단일 응답이 제대로 저장되는지 확인하는 테스트입니다.

test_survey.py

```python
from survey import AnonymousSurvey

def test_store_single_response(): # ❶
    """단일 응답이 제대로 저장되는지 테스트"""
    question = "What language did you first learn to speak?"
    language_survey = AnonymousSurvey(question) # ❷
    language_survey.store_response('English')
    assert 'English' in language_survey.responses # ❸
```

먼저 테스트할 클래스인 AnonymousSurvey를 임포트합니다. 첫 번째 테스트 함수는 응답을 저장할 때 이 응답이 리스트에 포함되는지 확인합니다. 이 함수를 잘 설명하는 이름은 test_store_single_response()입니다(❶). 테스트가 실패하면 테스트 요약의 함수 이름만 봐도 단일 응답을 저장하는 데 문제가 생겼음을 알 수 있습니다.

❷에서는 테스트를 위해 What language did you first learn to speak? 라는 질문으로 language_survey 인스턴스를 만들었습니다. 그리고 store_response() 메서드를 통

해 단일 응답 English를 저장했습니다. 그리고 ❸에서는 English가 language_survey.re-sponses 리스트 안에 있다는 어서션을 통해 응답이 정확히 저장됐는지 확인합니다.

인수 없이 **pytest** 명령을 실행하면 기본적으로 현재 폴더의 테스트를 모두 실행합니다. 파일 하나의 테스트에 집중하려면 테스트할 파일 이름을 인수로 쓰면 됩니다. 다음과 같이 명령하면 AnonymousSurvey에 대한 테스트만 실행합니다.

```
$ pytest test_survey.py
========================= test session starts =========================
--생략--
test_survey.py .                                            [100%]
========================= 1 passed in 0.01s =========================
```

좋은 출발이지만, '설문조사'를 테스트하는 것이니 응답이 둘 이상 있어야 의미가 있습니다. 세 가지 응답이 정확히 저장되는지 확인합시다. 이를 위해 다음과 같이 TestAnonymousSurvey 에 테스트 함수를 추가합니다.

```
from survey import AnonymousSurvey

def test_store_single_response():
    --생략--


def test_store_three_responses():
    """세 가지 개별 응답이 제대로 저장되는지 테스트"""
    question = "What language did you first learn to speak?"
    language_survey = AnonymousSurvey(question)
    responses = ['English', 'Spanish', 'Mandarin'] # ❶
    for response in responses:
        language_survey.store_response(response)

    for response in responses: # ❷
        assert response in language_survey.responses
```

새로운 함수 **test_store_three_responses()**를 호출합니다. 단일 응답과 마찬가지로 설문조사 객체를 만듭니다. ❶에서는 세 가지 응답이 포함된 리스트를 정의했고, 각 응답에 대해 **store_response()**를 호출했습니다. ❷는 저장된 각 응답이 language_survey.responses 에 존재한다는 어서션이 포함된 루프입니다.

테스트 파일을 다시 실행하면 두 테스트가 모두 통과합니다.

```
$ pytest test_survey.py
========================= test session starts =========================
--생략--
test_survey.py ..                                              [100%]
========================= 2 passed in 0.01s =========================
```

완벽하지만, 약간 반복적이니 pytest의 다른 기능을 사용해서 더 효율적으로 만들어 봅시다.

11.3.4 픽스처 기능 사용하기

test_survey.py에서는 테스트 함수마다 AnonymousSurvey의 인스턴스를 새로 만들었습니다. 지금 하고 있는 간단한 예제에서는 인스턴스를 많이 만들어도 무방하지만, 수백, 수천 개의 테스트가 있는 실무 프로젝트에서는 문제가 될 수 있습니다.

픽스처fixture는 테스트 환경을 만드는 데 도움이 되는 기능입니다. 대개는 둘 이상의 테스트에서 리소스 하나를 공유하는 걸 말합니다. @pytest.fixture 데코레이터를 사용해 함수를 정의하면 pytest에서 픽스처를 생성합니다. **데코레이터**decorator는 함수 정의 바로 앞에 있는 **지시자**directive를 말합니다. 파이썬은 함수를 실행하기 전에 이 지시자를 적용해 함수의 행동 방식을 수정합니다. 복잡하게 들리겠지만 걱정하지 않아도 됩니다. 데코레이터를 직접 만드는 법을 모르더라도 써드 파티 패키지를 사용할 수 있습니다.

test_survey.py를 수정해서 두 테스트에서 모두 사용할 수 있는 인스턴스를 만들겠습니다.

```python
import pytest

from survey import AnonymousSurvey

@pytest.fixture  # ❶
def language_survey():  # ❷
    """모든 테스트에서 사용할 수 있는 설문조사 인스턴스"""
    question = "What language did you first learn to speak?"
    language_survey = AnonymousSurvey(question)
    return language_survey

def test_store_single_response(language_survey):  # ❸
    """단일 응답이 제대로 저장되는지 테스트"""
```

```
        language_survey.store_response('English') # ❹
        assert 'English' in language_survey.responses

    def test_store_three_responses(language_survey): # ❺
        """세 가지 개별 응답이 제대로 저장되는지 테스트"""
        responses = ['English', 'Spanish', 'Mandarin']
        for response in responses:
            language_survey.store_response(response) # ❻

        for response in responses:
            assert response in language_survey.responses
```

이 테스트는 pytest에서 정의하는 데코레이터를 사용하므로 먼저 pytest를 임포트해야 합니다. ❶에서는 새로운 함수 language_survey()❷에 @pytest.fixture 데코레이터를 적용합니다. 이 함수는 AnonymousSurvey 객체를 만들어 반환합니다.

❸과 ❺의 테스트 함수는 모두 language_survey 매개변수를 받도록 수정했습니다. 테스트 함수의 매개변수 이름과 @pytest.fixture 데코레이터가 적용된 함수 이름이 일치하면 자동으로 픽스처를 실행하고 반환 값을 테스트 함수에 전달합니다. 이 예제에서는 language_survey() 함수가 test_store_single_response(), test_store_three_responses() 모두에 language_survey 인스턴스를 제공합니다.

두 테스트 함수에 새로운 코드는 없습니다. 다만 ❹와 ❻의 위치에 원래 있던 설문을 정의하고 AnonymousSurvey 객체를 생성하던 행을 제거했습니다.

테스트 파일을 다시 실행해도 두 테스트가 모두 통과합니다. 이 테스트는 한 사람이 여러 가지로 응답할 수 있도록 AnonymousSurvey를 확장할 때 적합합니다. 여러 가지 응답을 받도록 코드를 수정한 후 이 테스트를 실행하면 단일 응답, 다중 응답이 모두 정상적으로 동작하는 걸 확인할 수 있습니다.

아마 이 구조는 상당히 복잡해 보일 겁니다. 이 코드는 지금까지 필자가 설명한 코드 중 가장 추상적입니다. 픽스처를 당장 활용해야 하는 것은 아니니 어려운 코드를 겁내서 테스트를 작성하지 않는 것보다는 중복이 심하더라도 픽스처 없이 테스트를 작성하는 게 훨씬 낫습니다. 테스트 작성을 충분히 연습하고 중복이 슬슬 거슬리게 느껴질 때 이를 돕는 픽스처가 있다는 것만 알아두면 됩니다. 사실 이런 간단한 예제에서 픽스처를 사용한다고 정말로 뭔가 이점이 있는 건 아닙니다. 하지만 테스트가 아주 많이 포함되는 프로젝트 또는 인스턴스 정의에 여러 행이 필요한 상황에서는 픽스처가 여러분의 코드를 극적으로 간결하게 만들 수 있습니다.

픽스처를 간추리면 다음과 같습니다. 먼저 여러 테스트 함수에서 사용하는 리소스를 반환하는 함수를 만듭니다. 이 함수에 @pytest.fixture 데코레이터를 추가하고 리소스를 사용하는 테스트 함수에 이 함수의 이름을 매개변수로 지정하세요. 이렇게만 하면 테스트가 더 간결해지면서 더 쉽게 작성하고 관리할 수 있습니다.

연습문제

11-3 직원

Employee 클래스를 만드세요. __init__() 메서드는 직원의 이름, 성, 급여를 받아 이들을 속성으로 저장해야 합니다. 기본적으로 연봉을 5천 달러만큼 늘리고 기타 각종 보너스를 받는 give_raise() 메서드도 만드세요.

test_give_default_raise(), test_give_custom_raise() 테스트 함수가 있는 Employee의 테스트 파일을 만드세요. 먼저 픽스처를 사용하지 않은 테스트를 만들어 두 테스트가 모두 통과하는지 확인하세요. 그런 다음 픽스처를 적용하고 테스트를 다시 실행해서 두 테스트가 모두 통과하는지 확인하세요.

11.4 요약 정리

이 장에서는 pytest 모듈을 사용해 함수와 클래스를 테스트하는 방법을 알아보았고 함수와 클래스의 특정 동작 방식을 확인하는 테스트 함수를 만드는 방법을 배웠습니다.

테스트는 중요한 주제이지만 초보 프로그래머에게 벅찬 건 사실입니다. 초보 프로그래머 단계에서 연습하는 프로젝트에 모두 테스트를 작성할 필요는 없습니다. 하지만 상당한 개발 노력이 들어가는 프로젝트를 시작한다면 함수와 클래스의 주요 동작을 반드시 테스트해야 합니다. 새로 추가한 코드 때문에 기존의 동작이 망가지지 않는다는 확신을 가지면 프로젝트를 더 자신 있게 개발할 수 있을 겁니다. 물론 실수로 기존 기능을 망치더라도 바로 알 수 있으므로 문제를 쉽게 해결할 수 있습니다. 실망한 사용자의 피드백을 받는 것보다 실패한 테스트 보고서를 검토하는 게 훨씬 쉽습니다.

여러분의 프로젝트에 초기 테스트를 작성하면 다른 프로그래머들도 여러분의 프로젝트를 더 존중할 것이며 여러분의 코드를 더 편하게 실험하고 프로젝트에서 협력하는 것에도 부담을 느끼지 않을 겁니다. 다른 프로그래머들이 참여하는 프로젝트에 기여할 때는 대개 여러분의 코드가 기존 테스트를 통과해야 하며 여러분이 수정하는 부분에 대한 테스트도 작성해야 합니다.

여러 방향으로 테스트하면서 테스트 절차에 익숙해지세요. 함수와 클래스에서 가장 중요한 동작은 반드시 테스트해야 하지만, 특별한 이유가 없는 한 연습 프로젝트에서 전체 커버리지에 집착하지는 마세요.

만들면서 배우는
파이썬 기초와
3가지 핸즈온 빅 프로젝트

기본편으로
기초를 다지고
실습편으로
실무 경험까지!

변수 정의부터 파이썬 게임 제작, 시각화, 애플리케이션 배포까지!

전 세계가 선택한 파이썬 입문 베스트셀러의 3판이 나왔습니다. 이번 개정판은 최신 파이썬 업데이트를 포함해 텍스트 편집을 위한 비주얼 스튜디오 코드, 파일 처리를 위한 Pathlib 모듈, 코드 테스트를 위한 pytest, Matplotlib, Plotly, Django의 최신 기능을 담았습니다. 입문자에게 맞춰진 페이스로 파이썬 기본 지식을 배우고, 프로그램을 만들고, 문제를 해결하여 자신만의 애플리케이션을 완성할 수 있습니다. 기본편에서는 변수, 리스트, 클래스, 루프 같은 프로그래밍의 기본 개념을 배우고 각 장마다 연습문제를 풀어 보며 좋은 코드를 짜는 법을 배웁니다. 실습편에서는 '외계인 침공' 게임, 파이썬 라이브러리를 활용한 데이터 시각화, 온라인에 배포할 수 있는 웹 애플리케이션 이렇게 3가지 큰 프로젝트를 만들어 봅니다.

주요 내용

- 파이게임, Matplotlib, Plotly, Django 등 강력한 파이썬 라이브러리와 도구 사용법
- 키 입력, 마우스 클릭 등 점점 어려워지는 2D 게임 만들기
- 다양한 데이터를 이용해 상호작용 가능한 시각화 생성하기
- 웹 애플리케이션을 생성하고 커스텀해서 온라인에 배포하기
- 프로그래밍 실수와 오류에 현명하게 대처하는 법
- 깃을 활용해 효율적으로 프로그램 버전을 관리하는 법

예제 코드, 연습문제 해답, 에디터 설정 방법 등
http://ehmatthes.github.io/pcc_3e/

Covers Python 3.x

no starch
press

프로그래밍 언어 / 파이썬

정가 **39,000원**

93000

9 791169 211277

ISBN 979-11-6921-127-7

파이썬 크래시 코스

누적 판매 150만 부 기록! 파이썬 분야 글로벌 1위 베스트셀러

에릭 마테스 지음 / 한선용 옮김

게임 제작,
데이터 시각화
웹 애플리케이션 배포
프로젝트 수록

no starch
press

한빛미디어
Hanbit Media, Inc.

파이썬 크래시 코스

누적 판매 150만 부 기록! 파이썬 분야 글로벌 1위 베스트셀러

파이썬 크래시 코스 (3판)

누적 판매 150만 부 기록! 파이썬 분야 글로벌 1위 베스트셀러

초판 1쇄 발행 2017년 5월 1일
개정2판 1쇄 발행 2020년 7월 1일
개정3판 1쇄 발행 2023년 8월 3일

지은이 에릭 마테스 / **옮긴이** 한선용 / **펴낸이** 김태헌
펴낸곳 한빛미디어(주) / **주소** 서울시 서대문구 연희로2길 62 한빛미디어(주) IT출판2부
전화 02-325-5544 / **팩스** 02-336-7124
등록 1999년 6월 24일 제25100-2017-000058호 / **ISBN** 979-11-6921-127-7 93000

총괄 송경석 / **책임편집** 박민아 / **기획·편집** 김종찬
디자인 이아란 / **전산편집** 백지선
영업 김형진, 장경환, 조유미 / **마케팅** 박상용, 한종진, 이행은, 김선아, 고광일, 성화정, 김한솔 / **제작** 박성우, 김정우

이 책에 대한 의견이나 오탈자 및 잘못된 내용에 대한 수정 정보는 한빛미디어(주)의 홈페이지나 아래 이메일로
알려주십시오. 잘못된 책은 구입하신 서점에서 교환해드립니다. 책값은 뒤표지에 표시되어 있습니다.
한빛미디어 홈페이지 www.hanbit.co.kr / 이메일 ask@hanbit.co.kr

지금 하지 않으면 할 수 없는 일이 있습니다.
책으로 펴내고 싶은 아이디어나 원고를 메일(writer@hanbit.co.kr)로 보내주세요.
한빛미디어(주)는 여러분의 소중한 경험과 지식을 기다리고 있습니다.

파이썬 크래시 코스

누적 판매 150만 부 기록! 파이썬 분야 글로벌 1위 베스트셀러

에릭 마테스 지음 / 한선용 옮김

한빛미디어
Hanbit Media, Inc.

파이썬은 현재 전 세계적으로 가장 인기 있는 프로그래밍 언어입니다. 배우기 쉽고, 다재다능하며, 활발한 커뮤니티 등의 장점 덕분에 프로그래밍이나 인공지능을 처음 공부하는 분들이 가장 먼저 배우는 언어입니다. 이러한 파이썬의 인기 덕에 다양한 파이썬 교육 서적들이 매년 새롭게 출간되고 있습니다. 수많은 파이썬 입문 서적들 중에서 선택을 고민하고 계시는 분께 『파이썬 크래시 코스(3판)』를 추천합니다.

이 책은 입문자를 위한 기본적인 파이썬 문법부터 중급자를 위한 코드 테스트, 게임 개발, 데이터 시각화, 웹 애플리케이션 개발까지 파이썬으로 할 수 있는 대부분의 개발 영역을 체계적인 커리큘럼으로 다룹니다. 친절한 설명과 상세한 실습 코드를 제공하고 있어서 파이썬을 처음 배우는 입문자도 완독 후에는 중급자로 레벨업할 수 있을 거라 생각합니다.

기본편에서는 파이썬의 기본적인 프로그래밍 개념을 체계적으로 배울 수 있습니다. 이는 리스트, 딕셔너리와 같은 기본 데이터 구조부터, 조건문, 루프, 함수, 클래스와 같은 제어 구조까지 다룹니다. 또한, 코드 테스트 작성 방법을 배움으로써 코드의 안정성을 높이고, 유지 보수를 용이하게 하는 실용적인 기법까지 배울 수 있습니다.

실습편에서는 먼저 게임 개발을 통해 기본편에서 배운 기본 개념들을 실제로 적용해 보는 기회를 얻을 수 있고, 두 번째로 데이터 시각화 프로젝트를 통해 파이썬을 활용한 데이터 과학의 세계를 탐험할 수 있습니다. 마지막으로 웹 애플리케이션 개발 프로젝트는 웹 개발 세계로의 파이썬 활용을 안내하며 사용자들이 실제로 작동하는 웹 애플리케이션을 구축하고 배포하는 과정을 경험하게 됩니다.

이 책은 단순히 파이썬 언어에 대한 지식을 습득하는 것 이상으로 현실에서의 문제를 해결하고 기술을 적용하는 방법을 학습하는 데 깊이 있는 가이드를 제공합니다. 그리고 그 과정에서 독자들은 단순히 개념을 이해하는 것을 넘어 현실 문제에 적용 가능한 소프트 스킬을 획득하게 됩니다. 이 책은 파이썬 프로그래밍을 처음 접하는 초보자부터 기술을 향상시키고 싶어하는 중급자까지 모두에게 유용할 것이라 생각합니다. 여러분의 파이썬 여행을 더욱 풍요롭게 만들어 줄 『파이썬 크래시 코스(3판)』를 추천합니다!

— 포스코이앤씨 AI 연구원 조우철

파이썬 언어의 문법과 특징을 쉽게 설명한 도서입니다. 이 책을 통해 개념을 학습하고 예제로 실력을 업그레이드하면 프로그래밍의 세계로 발을 딛으실 수 있을 것입니다.

— 한국폴리텍대학 데이터융합SW과 교수 김규석

친절한 제품 설명서처럼 파이썬으로 쉽고 빠르게 프로그램을 만들어 볼 수 있게 도와주는 실용적인 책입니다. 문법 공부에 지쳐 프로그래밍 언어 학습을 도중에 중단한 경험이 있는 분들에게 이 책은 프로그래밍을 다시 시작할 수 있는 좋은 기회가 될 거라고 생각합니다. 이 책을 읽으며 상상했던 프로그램을 직접 만들어 보고 프로그래밍의 즐거움을 다시 느껴보세요.

— 네이버 데이터 엔지니어 이동규

『파이썬 크래시 코스(3판)』는 파이썬 프로그래밍의 즐거움과 무한한 가능성을 경험할 수 있는 교재가 될 것입니다. 초보자에게는 파이썬 언어의 기본 개념과 문법을 쉽게 이해할 수 있도록 자세한 설명과 함께 예시 코드를 제공하고 중급자에게는 연습문제와 심화 내용을 통해 자신의 실력을 더욱 향상시킬 수 있게 자기주도적 학습의 기회를 제공합니다. 또한, 기초부터 심화까지 학습할 수 있도록 게임 개발, 데이터 분석, 웹 개발 등 파이썬의 다양한 분야에서의 예제와 실습을 담았습니다. 이 책은 전반적인 프로그래밍을 위한 가이드북으로 파이썬의 세계로 향하는 걸음을 응원하며 다양한 프로그래밍 언어와 프로젝트에 도전할 수 있는 자신감을 줄 것입니다.

— NOLCO(SW융합교육) 대표 이경심

프로그래밍 언어는 직접 무언가를 만들며 배우는 것이 가장 좋습니다. 이 책은 아주 간단하고 작은 파이썬 프로그램 작성부터 시작해서, 전 세계의 누구나 접속해서 함께 사용할 수 있는 웹 프로그램을 직접 만들고 배포해 보는 단계로 구성되어 있습니다. 한 단계씩 따라가면서 파이썬이라는 언어에 대해 알아가고 눈에 보이는 결과물도 만들어 가며 즐겁게 공부하실 수 있을 것이라 확신합니다. 『파이썬 크래시 코스(3판)』와 함께 파이썬의 유연함과 프로그래밍의 재미를 알아가는 시간을 보내시길 바랍니다.

— 카카오 백엔드 개발자 김태홍

파이썬 프로그래밍을 처음 시작하는 사람들에게 필수 개념을 친절하게 가르쳐 주는 이상적인 책입니다. 또한 이론적인 부분뿐만 아니라 실전 예제들을 통해 학습자들이 코드를 직접 작성하고 실행하며 실전 경험을 쌓을 수 있도록 구성되어 있습니다. 이 책을 통해 파이썬 프로그래밍을 배우고 싶은 모든 분이 파이썬 프로그래밍 기초를 탄탄히 다질 수 있게 되길 기대합니다.

— LG CNS 이영은

『파이썬 크래시 코스(3판)』는 파이썬을 배우려는 초보자에게 매우 유익한 책입니다. 설명이 세밀하게 구성되어 있고, 코드를 한 줄 한 줄 설명하고 있어 독자가 복잡한 코드를 쉽게 이해할 수 있도록 돕습니다. 이 책은 이론과 실습이 잘 연결되어 있고, 파이썬의 기초부터 실질적인 프로그램 구현까지 체계적으로 배울 수 있어 코딩 실무에 큰 도움이 됩니다.

— 이스토닉 대표, 전 LG CNS 시스템 엔지니어 고지현

지은이 · 옮긴이 소개

지은이 에릭 마테스 Eric Matthes

전업 작가이자 프로그래머. 25년 동안 고등학교에서 수학과 과학을 가르쳤고 학생들에게 필요한 수준의 파이썬 코드 역시 가르쳤습니다. 산맥 지역의 산사태 예측을 돕는 프로젝트, Django 배포 절차를 단순화하는 프로젝트 등 여러 오픈 소스 프로젝트에 참여하고 있습니다. 글을 쓰거나 프로그래밍하지 않는 여가 시간에는 등산을 하거나 가족과 시간을 보냅니다.

옮긴이 한선용 kipenzam@gmail.com

자바스크립트에 관심 많은 번역가. 2008년부터 웹 관련 일을 해 왔으며, 'HTML5 명세', 'WCAG 2.0을 위한 일반적 테크닉' 등의 문서를 번역해 웹에 게시했습니다. 번역서로는 『프론트엔드 개발자를 위한 자바스크립트 프로그래밍』, 『처음 배우는 jQuery』, 『HTML5 & CSS3』, 『에릭 마이어의 CSS 노하우』, 『한 권으로 끝내는 Node & Express(개정판)』, 『나의 첫 파이썬(2판)』, 『파이썬으로 웹 크롤러 만들기(2판)』, 『자바스크립트를 말하다』, 『데이터 시각화를 위한 데이터 인사이트』, 『모던 웹을 요리하는 초간편 HTML5 Cookbook』, 『Head First jQuery』, 『jQuery Mobile』, 『자바스크립트 성능 최적화』, 『CSS 완벽 가이드』, 『CSS 핵심 실용 가이드』 등이 있습니다.

기술 리뷰어 케네스 러브 Kenneth Love

파이썬 프로그래머. 오랫동안 파이썬 프로그래머로 활동하면서 여러 가지 오픈 소스 프로젝트에 참여하고 파이썬을 가르치거나 콘퍼런스에서 강연하기도 했습니다. 태평양 북서부에서 고양이를 키우며 가족과 함께 살고 있습니다.

Life is short, you need Python.

이 책을 읽는 여러분은 대개 프로그래밍이 처음인 분이겠죠? 정말 축하합니다. 파이썬처럼 쉽고 직관적이면서도 다양한 분야에 사용되는 언어는 많지 않습니다. 다른 언어로 프로그래밍을 시작했다면 어려운 문법과 추상적인 개념에 머리를 싸매다가 포기하거나, 할 수 있는 일이 그리 많지 않아서 또 다른 언어로 넘어가야 하는 단계가 금방 올 수도 있습니다.

파이썬은 그렇지 않습니다. 파이썬은 매우 쉽고 직관적이어서, 중학생 수준의 영어만 알아도 딱 보면 무슨 뜻인지 짐작이 되는 코드 구조가 아주 많습니다.

```python
if 4 in [1, 2, 3, 4]:
print("4가 있습니다.")
```

만약(if) [1, 2, 3, 4] 안에(in) 4가 있으면 "4가 있습니다."를 출력(print)하세요.

무슨 뜻인지 금방 알 수 있지 않습니까? 이렇게 쉽고, 사람의 생각과 비슷한 문법을 쓰기 때문에 파이썬으로 프로그램을 만들면 하고 싶은 일을 금방 완성할 수 있습니다. 그 외에도 파이썬의 매력은 정말 많지만, 서문에는 이 정도만 적겠습니다. 이 책은 국내에 2017년 발행된 초판을 시간이 흐르면서 널리 쓰이게 된 새로운 문법에 맞게 고치고, 파이썬 3.9 버전에 맞게 수정한 3판입니다. **책을 순서대로 읽으셔도 좋지만, 12장의 게임 프로젝트가 파이썬이 처음인 분들에겐 어려울 수 있습니다. 진행하기 어렵다면 좀 더 쉬운 15~17장의 예제를 먼저 따라해 보고, 파이썬에 더 익숙해진 상태에서 12~14장을 읽길 권합니다. 18~20장의 프로젝트는 가장 어려우므로 마지막에 읽어보세요.** 프로그래밍 책은 대개 개발자가 집필하는 편이지만, 이 책을 쓴 에릭 마테스는 과학과 수학을 가르치는 고등학교 교사입니다. 직업이 교사여서 그런지 이해하기 쉽고 체계적으로 잘 썼습니다. 첫 언어로 파이썬을 택하신 것, 그리고 이 책을 택하신 것 모두 축하합니다. 좋은 책을 맡겨준 한빛미디어, 꼼꼼하게 원고를 수정해주신 김종찬 편집자님께 감사합니다. 모든 일에 대해 부모님께 감사합니다. 즐겁고 보람 있게 읽으시길 바랍니다.

한선용

『파이썬 크래시 코스(구, 나의 첫 파이썬)』1판과 2판은 큰 사랑을 받았습니다. 10개 이상의 언어로 번역되어 150만 부 이상이 판매됐습니다. 필자는 열 살밖에 되지 않은 독자부터 퇴직 후 프로그래밍을 배우는 독자까지 정말 다양한 사람들에게 편지와 이메일을 받았습니다. 『파이썬 크래시 코스』는 전 세계의 중고등학교는 물론 대학에서도 교재로 사용되고 있습니다. 더 전문적인 책을 교과서로 공부하는 학생들도 『파이썬 크래시 코스』를 부교재로 사용하기도 합니다. 많은 사람이 이 책을 통해 현재 직업에 도움을 받거나, 다른 직업으로 변경하거나, 자신만의 프로젝트를 시작하기도 합니다. 즉, 필자가 생각했던 것보다 훨씬 많은 곳에서 이 책이 활용되고 있습니다.

책의 3판을 쓸 수 있게 되어서 정말 즐겁습니다. 파이썬은 성숙한 언어이지만 모든 언어가 그렇듯 계속 발전하고 있습니다. 필자가 3판에서 목표한 건 파이썬 입문 과정을 좀 더 짜임새 있게 구성하는 것이었습니다. 책을 읽고 나면 자신만의 프로젝트를 시작할 수도 있을 테고, 이후 스스로 공부하기 위한 기초가 단단히 확립될 겁니다. 3판에서는 파이썬을 더 단순하고 효율적으로 사용하는 새로운 방식을 도입했습니다. 또한 파이썬을 아주 명확하게 설명하지 못했던 부분도 보완했습니다. 잘 관리되고 인기 있는 라이브러리를 사용하도록 프로젝트를 완전히 업데이트했으므로 독자 여러분이 잘 따라 할 수 있을 겁니다.

3판에서 바뀐 내용은 다음과 같습니다.

3판 변경 내용

CHAPTER 1	비주얼 스튜디오 코드를 설명합니다. 비주얼 스튜디오 코드는 초보자나 전문 프로그래머 모두에게 널리 쓰이며, 모든 운영체제에서 잘 동작하는 텍스트 에디터입니다.
CHAPTER 2	파일과 URL을 다룰 때 유용한 새 메서드 removeprefix()와 removesuffix()를 추가했습니다. 또한 개선된 에러 메시지에 대해 설명합니다. 개선된 에러 메시지는 전보다 훨씬 더 구체적인 정보를 제공하므로 문제 해결에 큰 도움이 됩니다.
CHAPTER 10	파일 작업에 유용한 pathlib 모듈을 추가했습니다. 이 모듈은 파일을 훨씬 간단히 읽고 쓸 수 있습니다.

CHAPTER 11	pytest를 사용해 코드를 자동으로 테스트합니다. pytest 라이브러리는 이제 파이썬에서 테스트를 작성하는 표준입니다. pytest는 초보자도 사용할 수 있을 만큼 쉬우면서도 전문 프로그래머에게 필요한 기능도 충분히 제공합니다.
CHAPTER 12~14	'외계인 침공' 프로젝트에는 다양한 운영체제에서 게임을 더 일관성 있게 실행할 수 있도록 프레임 속도를 제어하는 설정을 추가했습니다. 외계인 함대를 만드는 과정을 더 단순화했고, 프로젝트의 전체적인 형태도 더 명확하게 개선했습니다.
CHAPTER 15~17	데이터 시각화 프로젝트에서는 Matplotlib, Plotly의 최신 기능을 사용하도록 개선했습니다. Matplotlib 시각화는 스타일 설정을 업데이트했습니다. 랜덤 워크 프로젝트는 그래프의 정확도를 높이게끔 개선했습니다. 실행할 때마다 더 다양한 패턴이 등장할 겁니다. Plotly를 사용하는 프로젝트는 모두 Plotly Express 모듈을 사용하게끔 변경했습니다. 이 모듈을 사용하면 단 몇 줄의 코드로 시각화를 시작할 수 있습니다. 그래프 타입을 확정하기 전에 다양한 시각화를 미리 볼 수 있고, 타입을 확정한 다음에도 다양한 방식으로 그래프의 개별 요소를 개선할 수 있습니다.
CHAPTER 18~20	학습 로그 프로젝트는 Django 최신 버전을 사용하게끔 개선했고, 스타일 역시 부트스트랩 최신 버전을 사용합니다. 프로젝트의 전체 구성을 더 쉽게 이해할 수 있도록 이름을 일부 변경했습니다. 프로젝트 배포는 Django의 최신 호스팅 서비스인 platform.sh를 사용합니다. YAML 설정 파일에 따라 배포 절차가 이루어지므로 프로젝트 배포 방식을 더 세밀히 제어할 수 있습니다. 전문 프로그래머들은 모두 이런 방식으로 최신 Django 프로젝트를 배포합니다.
APPENDIX	부록 A는 모든 주요 운영체제에 파이썬을 설치하는 모범 사례를 따르도록 완전히 업데이트했습니다. 부록 B에서는 비주얼 스튜디오 코드 설정을 자세히 설명했고, 현재 널리 쓰이는 주요 텍스트 에디터와 IDE도 간단히 소개합니다. 부록 C는 도움이 필요한 독자가 참고할 수 있는 온라인 자료입니다. 부록 D는 버전 관리를 위해 깃을 사용하는 방법을 설명합니다. 부록 E는 3판에 추가된 부록입니다. 필자는 여러분이 만든 애플리케이션을 배포할 수 있게끔 최선을 다해 설명했지만, 그럼에도 여러 문제가 발생할 수 있습니다. 부록 E는 배포 과정에서 문제가 생겼을 때 시도할 수 있는 문제 해결 가이드입니다.
INDEX	찾아보기 역시 철저히 업데이트했으므로 독자 여러분이 향후 파이썬 프로젝트를 만들 때 이 책을 더 잘 활용할 수 있습니다.

이 책을 선택해주셔서 감사합니다. 피드백이나 질문이 있다면 언제든 필자에게 트위터 @ehmatthes로 연락하세요.

프로그래머라면 누구나 첫 번째 프로그램을 만든 과정을 선명하게 기억할 겁니다. 필자는 아버지가 DEC에서 근무하던 시절에 프로그래밍을 시작했습니다. 필자가 첫 번째 프로그램을 만들 당시 사용한 컴퓨터는 아버지가 집에서 직접 만든 것이었습니다. 컴퓨터는 심지어 케이스도 없이 메인보드에 키보드가 직접 연결된 형태였고, 모니터 역시 케이스도 없는 브라운관에 불과했습니다. 필자가 처음 만든 프로그램은 다음과 같이 숫자를 맞히는 단순한 게임이었습니다.

```
I'm thinking of a number! Try to guess the number I'm thinking of: 25
Too low! Guess again: 50
Too high! Guess again: 42
That's it! Would you like to play again? (yes/no) no
Thanks for playing!
```

가족들이 이 게임을 하면서 즐거워하던 모습을 평생 잊지 못할 겁니다.

이 경험은 필자에게 지금까지 계속 영향을 미쳤습니다. 목적을 가지고 무언가를 만들어 문제를 해결하는 과정은 정말 만족스러웠습니다. 현재는 훨씬 중요한 소프트웨어를 만들고 있긴 하지만, 작성한 프로그램이 생각대로 동작하는 걸 볼 때 느끼는 만족감은 처음과 크게 달라지지 않았습니다.

대상 독자

이 책의 목표는 파이썬으로 게임이나 데이터 시각화, 웹 애플리케이션 같은 프로그램을 가능한 한 빨리 만들어 보는 겁니다. 이 과정에서 배운 프로그래밍 지식은 여러분의 삶 전체에 영향을 미칠 겁니다. 독자의 나이나 경험은 상관없습니다. 프로그래밍 기본을 빠르게 배워서 더 흥미로운 프로젝트에 참가하고 싶은 사람, 문제를 해결하면서 새로운 컨셉을 이해했는지 확인하고 싶은 사람이라면 누구든 이 책을 읽어 보세요. 또한 프로젝트를 진행하면서 학생들에게 프로그래밍을 소개하고 싶은 교사나 교수에게도 적합합니다. 주 교재가 어렵게 느껴지는 대학생이라면 이 책을 더 쉬운 보조 교재로 활용할 수 있습니다. 다른 직업을 찾고 있다면 이 책을 읽고 더 만족스러운 직업으로 이직할 수도 있습니다. 이 책은 이미 다양한 목적을 가진 다양한 독자들에게 도움이 됐으며, 지금도 계속 도움이 되고 있습니다.

책의 구성

이 책의 목적은 다재다능하고 훌륭한 파이썬 프로그래머가 되는 것이고, 더 나아가 좋은 프로그래머가 되는 것입니다. 여러분은 책을 읽으면서 일반적인 프로그래밍 개념의 기초를 튼튼히 하고, 동시에 효율적이고 좋은 습관을 익히게 될 겁니다. 책을 읽고 나면 파이썬의 고급 기술을 익힐 준비가 되고, 다른 프로그래밍 언어를 새롭게 접할 때도 더 쉽게 배울 수 있을 겁니다.

기본편에서는 파이썬 프로그램을 작성할 때 알아야 할 **기본적인 프로그래밍 개념**을 배웁니다. 여기서 설명하는 개념은 거의 모든 프로그래밍 언어에 해당됩니다. 그리고 여러 종류의 데이터에 대해 배우고 프로그램에서 데이터를 저장하는 방식을 알아봅니다. 리스트와 딕셔너리 같은 데이터 컬렉션을 살펴보고 이런 컬렉션을 효율적으로 다루는 법을 배웁니다. 또한 `while` 루프와 `if` 문을 써서 조건에 따라 코드의 일부를 실행하고 다른 일부는 건너뛰는 방법을 배웁니다. 이 방법으로 여러 가지 절차를 자동화할 수 있습니다.

사용자의 입력을 받는 대화형 프로그램을 만들고 사용자가 원하는 만큼 프로그램이 계속 실행되게 하는 방법, 프로그램의 일부분을 재사용 가능하게 만드는 함수에 대해서도 배웁니다. 함수를 사용하면 코드 블록을 한 번만 작성해도 필요한 만큼 계속 사용할 수 있습니다. 이 개념을 클래스로 확장하면 아주 단순한 프로그램을 여러 가지 상황에 응용할 수 있습니다. 자주 일어나는 에러를 말끔하게 처리하는 방법도 배웁니다. 이들은 모두 기본적인 개념이지만, 이들을 활용해 더 복잡한 프로그램을 만들 수 있게 됩니다. 마지막으로, 테스트를 작성하는 방법을 배웁니다. 테스트를 작성하면 새로운 버그가 생길 걸 걱정하지 않고 프로그램을 계속 개발할 수 있습니다. 기본편에서 배우는 모든 것은 더 크고 복잡한 프로젝트를 위한 기초입니다.

실습편에서는 기본편에서 배운 내용을 응용해 세 가지 프로젝트를 진행합니다. 이 프로젝트들은 순서와 관계 없이 여러분 수준에 맞게 골라서 진행해도 좋습니다.

12~14장에서는 첫 번째 프로젝트인 슈팅 게임 '외계인 침공'을 만듭니다. 이 프로젝트를 마치고 나면 여러분은 2차원 게임을 개발할 수 있을 겁니다. 게임 프로그래머가 될 생각이 없더라도, 이 프로젝트를 통해 기본편에서 배운 기초들을 즐겁게 하나로 엮을 수 있습니다.

15~17장의 두 번째 프로젝트는 데이터 시각화입니다. 데이터 과학자들은 다양한 시각화 기술을 사용해 방대한 정보를 탐구합니다. 여러분은 데이터 집합을 코드에서 생성하거나, 온라인에서 직접 내려받거나, 프로그램이 자동으로 내려받게 하는 법을 배웁니다. 이 프로젝트를 마치고 나면 거대한 데이터 집합을 이동하면서 다양한 정보를 시각화하는 방법을 알게 됩니다.

18~20장의 세 번째 프로젝트는 '학습 로그'라는 작은 웹 애플리케이션을 만드는 프로젝트입니다. 이 프로젝트는 여러분이 특정 주제에 대해 배운 내용을 체계적으로 기록하는 프로젝트입니다. 각각의 주제마다 로그를 만들고, 다른 사람들도 학습 로그에 계정을 만들어 자신만의 기록을 유지할 수 있습니다. 또한 세계 어디에서나 프로그램에 온라인으로 접근할 수 있도록 배포하는 방법도 배웁니다.

온라인 자료

이 책의 정보는 노 스타치 홈페이지에서도 확인할 수 있습니다.

- *https://nostarch.com/python-crash-course-3rd-edition*

또한 필자의 홈페이지에서 다음과 같은 자료를 제공합니다.

- *https://ehmatthes.github.io/pcc_3e*
- 설치 정보: 온라인에서 제공하는 설치 방법은 책의 내용과 같지만, 링크가 포함되어 있으므로 사용하기 쉽습니다. 프로그램 설치에 문제가 있다면 이 자료를 참고하세요.

- **업데이트**: 다른 언어와 마찬가지로 파이썬도 꾸준히 발전하고 있습니다. 필자는 업데이트 관련 자료를 철저히 관리하고 있으므로 문제가 있다면 이 자료를 확인하세요.
- **연습문제 해답**: 연습문제는 시간을 들여 스스로 풀어야 합니다. 하지만 막혀서 도저히 모르겠다면, 이 자료를 참고하세요.
- **치트 시트**: 중요 개념을 빠르게 참조할 수 있는 치트 시트도 있습니다. 한국어판은 한빛미디어 자료실 (*https://www.hanbit.co.kr/src/11127*)에서 제공합니다.

파이썬을 선택해야 하는 이유

필자는 해가 바뀔 때마다 파이썬을 계속 사용할지, 아니면 최신 언어로 전환할지 고민합니다. 하지만 여러 이유로 결국 파이썬을 계속 사용하게 됩니다. 파이썬은 대단히 효율적인 언어입니다. 다른 언어보다 훨씬 적은 코드로 더 많은 일을 할 수 있습니다. 또한 파이썬 문법은 코드가 더 깔끔하고 명확해지도록 유도합니다. 파이썬 코드는 다른 언어보다 읽기 쉽고, 디버그하기 쉽고, 확장하기 쉽습니다.

이런 이유로 많은 사람이 파이썬을 사용해 게임이나 웹 애플리케이션을 만들고, 비즈니스 문제까지도 해결합니다. 업무에 파이썬을 사용하는 회사도 정말 많습니다. 또한 파이썬은 과학 분야의 연구나 응용 작업에서도 많이 사용됩니다.

필자가 파이썬을 고집하는 가장 중요한 이유는 파이썬 커뮤니티입니다. 파이썬 커뮤니티는 대단히 다재다능하고 친절한 사람들로 가득 차 있습니다. 프로그래밍은 혼자 할 수 없는 일이며 커뮤니티는 프로그래머에게 대단히 중요합니다. 경험 많은 프로그래머라도 지금 겪는 문제에 대해 이미 해결한 다른 사람의 도움이 절실할 때가 있습니다. 이런 난감한 상황을 해결하기 위해서는 활발하고 친절한 커뮤니티의 도움이 꼭 필요합니다. 파이썬 커뮤니티는 새롭게 파이썬을 배우는 사람에게 아주 친절합니다.

파이썬은 꼭 배워 볼 만한 훌륭한 언어입니다. 이제 시작합시다!

목차

추천사 ·· 4

지은이 · 옮긴이 소개 ·· 7

옮긴이의 말 ·· 8

3판 서문 ·· 9

이 책에 대하여 ·· 11

Part 1 기본편

CHAPTER **1** 시작하기

1.1 프로그래밍 환경 만들기 ·· 39

    1.1.1 파이썬 버전 ·· 39

    1.1.2 파이썬 코드 실행하기 ·································· 39

    1.1.3 비주얼 스튜디오 코드 ·································· 40

1.2 다양한 운영체제와 파이썬 ·· 41

    1.2.1 윈도우에 파이썬 설치하기 ··························· 41

    1.2.2 macOS에 파이썬 설치하기 ························· 43

    1.2.3 리눅스에 파이썬 설치하기 ··························· 45

1.3 Hello World 프로그램 실행하기 ······························· 46

    1.3.1 비주얼 스튜디오 코드에 파이썬 애드온 설치하기 ······· 46

    1.3.2 hello_world.py 실행하기 ··························· 47

1.4 문제 해결 ·· 48

1.5 터미널에서 파이썬 프로그램 실행하기 ························ 49

    1.5.1 윈도우에서 실행하기 ·································· 49

    1.5.2 macOS와 리눅스에서 실행하기 ··················· 50

1.6 요약 정리 ·· 51

CHAPTER 2 변수와 단순한 데이터 타입

2.1 hello_world.py를 실행할 때 일어나는 일 ·· **53**

2.2 변수 ·· **54**

    2.2.1 변수 이름 짓기 및 사용하기 ··· **55**

    2.2.2 변수를 사용할 때 이름 에러 피하기 ··· **56**

    2.2.3 변수는 일종의 이름표입니다 ··· **57**

2.3 문자열 ·· **58**

    2.3.1 메서드를 이용해 대소문자 변경하기 ··· **59**

    2.3.2 문자열 안에서 변수 사용하기 ··· **60**

    2.3.3 탭이나 줄바꿈으로 문자열에 공백 추가하기 ·· **61**

    2.3.4 공백 없애기 ··· **62**

    2.3.5 접두사 없애기 ··· **63**

    2.3.6 문자열의 문법 에러 피하기 ··· **64**

2.4 숫자 ·· **66**

    2.4.1 정수 ·· **66**

    2.4.2 부동 소수점 숫자 ··· **67**

    2.4.3 정수와 부동 소수점 숫자 ··· **68**

    2.4.4 숫자의 밑줄 ··· **69**

    2.4.5 다중 할당 ··· **69**

    2.4.6 상수 ·· **70**

2.5 주석 ·· **70**

    2.5.1 주석을 쓰는 방법 ··· **71**

    2.5.2 주석에 써야 할 내용 ··· **71**

2.6 파이썬의 선(禪) ··· **72**

2.7 요약 정리 ··· **74**

CHAPTER **3**   **리스트 소개**

3.1 리스트의 개념 ⋯⋯⋯⋯⋯⋯⋯⋯⋯⋯⋯⋯⋯⋯⋯⋯⋯⋯⋯⋯⋯⋯⋯⋯⋯⋯ **75**

　　3.1.1 리스트 요소에 접근하기 ⋯⋯⋯⋯⋯⋯⋯⋯⋯⋯⋯⋯⋯⋯⋯⋯⋯ **76**

　　3.1.2 인덱스는 0에서 시작합니다 ⋯⋯⋯⋯⋯⋯⋯⋯⋯⋯⋯⋯⋯⋯ **76**

　　3.1.3 리스트에서 개별 요소 사용하기 ⋯⋯⋯⋯⋯⋯⋯⋯⋯⋯⋯ **77**

3.2 요소 수정, 추가, 제거 ⋯⋯⋯⋯⋯⋯⋯⋯⋯⋯⋯⋯⋯⋯⋯⋯⋯⋯⋯⋯⋯⋯ **78**

　　3.2.1 리스트 요소 수정하기 ⋯⋯⋯⋯⋯⋯⋯⋯⋯⋯⋯⋯⋯⋯⋯⋯⋯ **79**

　　3.2.2 리스트에 요소 추가하기 ⋯⋯⋯⋯⋯⋯⋯⋯⋯⋯⋯⋯⋯⋯⋯⋯ **79**

　　3.2.3 리스트에서 요소 제거하기 ⋯⋯⋯⋯⋯⋯⋯⋯⋯⋯⋯⋯⋯⋯ **81**

3.3 리스트 정리하기 ⋯⋯⋯⋯⋯⋯⋯⋯⋯⋯⋯⋯⋯⋯⋯⋯⋯⋯⋯⋯⋯⋯⋯⋯ **86**

　　3.3.1 리스트를 영구히 정렬하는 sort() 메서드 ⋯⋯⋯⋯⋯ **87**

　　3.3.2 임시로 정렬하는 sorted() 함수 ⋯⋯⋯⋯⋯⋯⋯⋯⋯⋯⋯ **87**

　　3.3.3 역순으로 리스트 출력하기 ⋯⋯⋯⋯⋯⋯⋯⋯⋯⋯⋯⋯⋯⋯ **88**

　　3.3.4 리스트의 길이 확인하기 ⋯⋯⋯⋯⋯⋯⋯⋯⋯⋯⋯⋯⋯⋯⋯⋯ **89**

3.4 인덱스 에러 피하기 ⋯⋯⋯⋯⋯⋯⋯⋯⋯⋯⋯⋯⋯⋯⋯⋯⋯⋯⋯⋯⋯⋯⋯ **91**

3.5 요약 정리 ⋯⋯⋯⋯⋯⋯⋯⋯⋯⋯⋯⋯⋯⋯⋯⋯⋯⋯⋯⋯⋯⋯⋯⋯⋯⋯⋯⋯ **92**

CHAPTER **4**   **리스트 다루기**

4.1 전체 리스트 순회하기 ⋯⋯⋯⋯⋯⋯⋯⋯⋯⋯⋯⋯⋯⋯⋯⋯⋯⋯⋯⋯⋯⋯ **93**

　　4.1.1 루프 분석하기 ⋯⋯⋯⋯⋯⋯⋯⋯⋯⋯⋯⋯⋯⋯⋯⋯⋯⋯⋯⋯⋯ **94**

　　4.1.2 루프 작업 늘리기 ⋯⋯⋯⋯⋯⋯⋯⋯⋯⋯⋯⋯⋯⋯⋯⋯⋯⋯⋯ **95**

　　4.1.3 for 루프 다음에 동작하기 ⋯⋯⋯⋯⋯⋯⋯⋯⋯⋯⋯⋯⋯⋯ **97**

4.2 들여쓰기 에러 피하기 ⋯⋯⋯⋯⋯⋯⋯⋯⋯⋯⋯⋯⋯⋯⋯⋯⋯⋯⋯⋯⋯ **98**

　　4.2.1 들여쓰기를 잊었을 때 ⋯⋯⋯⋯⋯⋯⋯⋯⋯⋯⋯⋯⋯⋯⋯⋯⋯ **98**

　　4.2.2 일부 행을 들여 쓰지 않았을 때 ⋯⋯⋯⋯⋯⋯⋯⋯⋯⋯⋯ **99**

　　4.2.3 불필요한 들여쓰기를 했을 때 ⋯⋯⋯⋯⋯⋯⋯⋯⋯⋯⋯⋯ **99**

　　4.2.4 루프 다음에 불필요한 들여쓰기를 했을 때 ⋯⋯⋯ **100**

　　4.2.5 콜론을 잊었을 때 ⋯⋯⋯⋯⋯⋯⋯⋯⋯⋯⋯⋯⋯⋯⋯⋯⋯⋯⋯ **101**

4.3 숫자 리스트 만들기 ·· **102**

    4.3.1 range() 함수 사용하기 ·· **103**

    4.3.2 range()로 숫자 리스트 생성하기 ···································· **104**

    4.3.3 숫자 리스트와 단순한 통계 ·· **106**

    4.3.4 리스트 내포 ··· **106**

4.4 리스트 일부분 다루기 ·· **108**

    4.4.1 슬라이스 만들기 ·· **108**

    4.4.2 슬라이스 순회하기 ·· **110**

    4.4.3 리스트 복사하기 ·· **110**

4.5 튜플 ··· **114**

    4.5.1 튜플 정의하기 ··· **114**

    4.5.2 튜플 순회하기 ··· **115**

    4.5.3 튜플 덮어쓰기 ··· **116**

4.6 코드 스타일 ·· **117**

    4.6.1 스타일 가이드 ··· **117**

    4.6.2 들여쓰기 ·· **118**

    4.6.3 행 길이 ·· **118**

    4.6.4 빈 줄 ··· **119**

    4.6.5 다른 스타일 가이드 ·· **119**

4.7 요약 정리 ··· **120**

CHAPTER 5   if 문

5.1 간단한 예제 ·· **121**

5.2 조건 테스트 ·· **122**

    5.2.1 동일성 확인하기 ·· **122**

    5.2.2 동일성을 체크할 때 대소문자 무시하기 ··························· **123**

    5.2.3 불일치 확인하기 ·· **124**

    5.2.4 숫자 비교하기 ··· **125**

5.2.5 여러 조건 확인하기 ·· 126

5.2.6 값이 리스트에 있는지 확인하기 ······································· 127

5.2.7 값이 리스트에 없는지 확인하기 ······································· 128

5.2.8 불리언 표현식 ··· 128

5.3 if 문 ·· 129

5.3.1 단순한 if 문 ··· 130

5.3.2 if-else 문 ·· 131

5.3.3 if-elif-else 문 ··· 132

5.3.4 여러 개의 elif 블록 쓰기 ·· 133

5.3.5 else 블록 생략하기 ·· 134

5.3.6 여러 조건 테스트하기 ·· 135

5.4 리스트와 if 문 ··· 138

5.4.1 특별한 요소 확인하기 ·· 138

5.4.2 리스트가 비어 있지 않은지 확인하기 ·································· 140

5.4.3 여러 개의 리스트 다루기 ··· 140

5.5 if 문 스타일 ·· 143

5.6 요약 정리 ·· 144

CHAPTER **6** **딕셔너리**

6.1 단순한 딕셔너리 ·· 145

6.2 딕셔너리 사용하기 ·· 146

6.2.1 딕셔너리 값에 접근하기 ·· 147

6.2.2 카-값 쌍 추가하기 ·· 148

6.2.3 빈 딕셔너리로 시작하기 ·· 148

6.2.4 딕셔너리 값 수정하기 ·· 149

6.2.5 카-값 쌍 제거하기 ·· 151

6.2.6 비슷한 객체의 딕셔너리 ·· 152

6.2.7 get()으로 값에 접근하기 ··· 153

6.3 딕셔너리 순회하기 ··· **155**

    6.3.1 키-값 쌍 순회하기 ·· **155**

    6.3.2 딕셔너리 키 순회하기 ·· **157**

    6.3.3 딕셔너리 키를 순서에 따라 순회하기 ·· **159**

    6.3.4 딕셔너리의 값 순회하기 ·· **160**

6.4 중첩 ··· **163**

    6.4.1 딕셔너리 리스트 ··· **163**

    6.4.2 리스트를 담은 딕셔너리 ·· **166**

    6.4.3 딕셔너리 속의 딕셔너리 ·· **168**

6.5 요약 정리 ·· **171**

CHAPTER 7   사용자 입력과 while 루프

7.1 input() 함수의 동작 방식 ··· **173**

    7.1.1 명확한 프롬프트 작성하기 ·· **174**

    7.1.2 int()를 사용해서 숫자 입력 받기 ·· **175**

    7.1.3 나머지 연산자 ··· **177**

7.2 while 루프 소개 ··· **178**

    7.2.1 while 루프 사용하기 ·· **179**

    7.2.2 사용자가 종료 시점을 선택할 수 있도록 만들기 ·································· **180**

    7.2.3 플래그 사용하기 ··· **182**

    7.2.4 break 문으로 루프 빠져나가기 ··· **183**

    7.2.5 루프에서 continue 문 사용하기 ·· **184**

    7.2.6 무한 루프 피하기 ··· **185**

7.3 리스트, 딕셔너리와 함께 while 루프 사용하기 ·· **187**

    7.3.1 리스트에서 다른 리스트로 요소 옮기기 ·· **187**

    7.3.2 리스트에서 특정 값 모두 제거하기 ·· **188**

    7.3.3 사용자가 입력한 값으로 딕셔너리 채우기 ·· **189**

7.4 요약 정리 ·· **191**

CHAPTER 8 함수

8.1 함수 정의하기 ··· **193**

    8.1.1 함수에 정보 전달하기 ······················ **194**

    8.1.2 인수와 매개변수 ··························· **195**

8.2 인수 전달하기 ··· **196**

    8.2.1 위치 인수 ································ **196**

    8.2.2 키워드 인수 ······························· **198**

    8.2.3 기본 값 ································· **199**

    8.2.4 동등한 함수 호출하기 ····················· **200**

    8.2.5 인수 에러 피하기 ························· **201**

8.3 반환 값 ··· **202**

    8.3.1 단순한 값 반환하기 ······················ **203**

    8.3.2 인수를 옵션으로 만들기 ··················· **204**

    8.3.3 딕셔너리 반환하기 ························ **205**

    8.3.4 while 루프와 함수 ······················· **206**

8.4 함수에 리스트 전달하기 ······························· **209**

    8.4.1 함수 내부에서 리스트 수정하기 ············· **210**

    8.4.2 함수가 리스트를 수정하지 못하게 하기 ······ **213**

8.5 인수를 임의의 개수로 전달하기 ······················· **214**

    8.5.1 위치 인수와 임의의 인수 같이 쓰기 ········· **215**

    8.5.2 임의의 키워드 인수 사용하기 ·············· **216**

8.6 함수를 모듈에 저장하기 ······························· **218**

    8.6.1 전체 모듈 임포트하기 ····················· **219**

    8.6.2 특정 함수 임포트하기 ····················· **220**

    8.6.3 as로 함수에 별칭 부여하기 ················ **221**

    8.6.4 as로 모듈에 별칭 부여하기 ················ **221**

    8.6.5 모듈의 함수를 모두 임포트하기 ············· **222**

8.7 함수 스타일 ··· **223**

8.8 요약 정리 ··· **224**

CHAPTER **9** **클래스**

9.1 클래스를 만들고 사용하기 **228**

9.1.1 Dog 클래스 만들기 **228**

9.1.2 __init__() 메서드 **229**

9.1.3 클래스에서 인스턴스 만들기 **230**

9.2 클래스와 인스턴스 사용하기 **233**

9.2.1 Car 클래스 **233**

9.2.2 속성의 기본 값 설정하기 **234**

9.2.3 속성 값 수정하기 **235**

9.3 상속 **239**

9.3.1 자식 클래스의 __init__() 메서드 **240**

9.3.2 자식 클래스의 속성과 메서드 정의하기 **242**

9.3.3 부모 클래스의 메서드 오버라이드 **243**

9.3.4 인스턴스 속성 **243**

9.3.5 현실의 객체 모델링 **246**

9.4 클래스 임포트 **247**

9.4.1 단일 클래스 임포트하기 **248**

9.4.2 모듈에 여러 클래스 저장하기 **249**

9.4.3 모듈에서 여러 클래스 임포트하기 **251**

9.4.4 전체 모듈 임포트하기 **252**

9.4.5 모듈에서 모든 클래스 임포트하기 **252**

9.4.6 모듈에서 모듈 임포트하기 **253**

9.4.7 별칭 사용하기 **254**

9.4.8 자신만의 워크플로 찾기 **255**

9.5 파이썬 표준 라이브러리 **256**

9.6 클래스 스타일 **257**

9.7 요약 정리 **258**

CHAPTER 10 파일과 예외

10.1 파일 읽기 ·· 259

    10.1.1 파일 콘텐츠 읽기 ·· 260

    10.1.2 상대 경로와 절대 경로 ·· 262

    10.1.3 행 단위로 접근하기 ·· 263

    10.1.4 파일 콘텐츠 다루기 ·· 264

    10.1.5 백만 단위의 큰 콘텐츠 다루기 ·· 265

    10.1.6 원주율 속에 생일이 있을까? ·· 266

10.2 파일에 저장하기 ·· 268

    10.2.1 한 행 저장하기 ·· 268

    10.2.2 여러 행 저장하기 ·· 269

10.3 예외 ·· 270

    10.3.1 ZeroDivisionError 예외 처리 ·· 270

    10.3.2 try-except 문 ·· 271

    10.3.3 예외 처리로 충돌 피하기 ·· 272

    10.3.4 else 블록 ·· 273

    10.3.5 FileNotFoundError 예외 처리 ··· 274

    10.3.6 텍스트 분석하기 ·· 276

    10.3.7 여러 파일 다루기 ·· 277

    10.3.8 조용히 실패하기 ·· 279

    10.3.9 보고할 에러 결정하기 ·· 279

10.4 데이터 저장하기 ·· 281

    10.4.1 json.dumps()와 json.loads() ··· 282

    10.4.2 사용자의 데이터를 저장하고 읽기 ·· 283

    10.4.3 리팩터링 ·· 285

10.5 요약 정리 ·· 289

CHAPTER 11 코드 테스트

11.1 pip로 pytest 설치하기 292

    11.1.1 pip 업데이트하기 292

    11.1.2 pytest 설치하기 293

11.2 함수 테스트 293

    11.2.1 단위 테스트와 테스트 케이스 295

    11.2.2 통과하는 테스트 295

    11.2.3 테스트 실행하기 296

    11.2.4 실패하는 테스트 298

    11.2.5 실패한 테스트에 대응하기 299

    11.2.6 새 테스트 추가하기 300

11.3 클래스 테스트 302

    11.3.1 여러 가지 어서션 302

    11.3.2 테스트할 클래스 303

    11.3.3 AnonymousSurvey 클래스 테스트 305

    11.3.4 픽스처 기능 사용하기 307

11.4 요약 정리 309

CHAPTER **12** '외계인 침공': 불을 뿜는 우주선

12.1 프로젝트 계획하기 ·· 316

12.2 파이게임 설치하기 ·· 316

12.3 게임 프로젝트 시작하기 ·· 317

　12.3.1 파이게임 창을 만들어서 사용자 입력에 응답하기 ························· 317

　12.3.2 프레임 속도 제어하기 ·· 319

　12.3.3 배경색 설정하기 ··· 320

　12.3.4 Settings 클래스 만들기 ··· 321

12.4 우주선 이미지 추가하기 ·· 323

　12.4.1 Ship 클래스 만들기 ·· 324

　12.4.2 화면에 우주선 그리기 ·· 325

12.5 리팩터링: _check_events(), _update_screen() 메서드 ····················· 327

　12.5.1 _check_events() 메서드 ··· 327

　12.5.2 _update_screen() 메서드 ·· 328

12.6 우주선 조종하기 ··· 330

　12.6.1 키 입력에 응답하기 ··· 330

　12.6.2 연속적으로 움직이기 ·· 331

　12.6.3 좌우로 움직이기 ··· 333

　12.6.4 우주선 속도 조정하기 ·· 335

　12.6.5 우주선의 이동 범위 정하기 ·· 337

　12.6.6 _check_events() 리팩터링 ·· 337

　12.6.7 Q를 눌러 종료하기 ··· 338

　12.6.8 전체 화면 모드에서 게임 실행하기 ·· 339

12.7 탄환을 쏘기 전 빠른 준비 ·· 340

　12.7.1 alien_invasion.py ·· 340

　12.7.2 settings.py ·· 341

　12.7.3 ship.py ··· 341

12.8 탄환 발사하기 · **341**

12.8.1 탄환 설정 추가하기 · **342**

12.8.2 Bullet 클래스 만들기 · **342**

12.8.3 탄환을 그룹에 저장하기 · **344**

12.8.4 탄환 발사하기 · **345**

12.8.5 창을 벗어난 탄환 제거하기 · **347**

12.8.6 탄환 수 제한하기 · **348**

12.8.7 _update_bullets() 메서드 · **349**

12.9 요약 정리 · **350**

CHAPTER **13** '외계인 침공': 외계인!

13.1 프로젝트 검토하기 · **351**

13.2 첫 번째 외계인 만들기 · **352**

13.2.1 Alien 클래스 만들기 · **352**

13.2.2 Alien 인스턴스 만들기 · **353**

13.3 외계인 함대 만들기 · **356**

13.3.1 외계인 한 줄 만들기 · **356**

13.3.2 _create_fleet() 리팩터링 · **358**

13.3.3 줄 추가하기 · **358**

13.4 함대 움직이기 · **361**

13.4.1 외계인을 오른쪽으로 움직이기 · **361**

13.4.2 함대 방향 설정하기 · **363**

13.4.3 외계인이 경계에 닿는지 확인하기 · **364**

13.4.4 아래로 내리고 방향을 반대로 바꾸기 · **365**

13.5 외계인 격추하기 · **366**

13.5.1 탄환 적중 감지하기 · **366**

13.5.2 더 큰 탄환으로 빠르게 테스트하기 · **368**

13.5.3 함대 다시 생성하기 · **369**

13.5.4 탄환 속도 올리기 ·· **370**

13.5.5 _update_bullets() 리팩터링 ··· **370**

13.6 게임 종료하기 ··· **371**

13.6.1 외계인과 우주선의 충돌 감지하기 ································· **372**

13.6.2 외계인과 우주선 충돌에 반응하기 ································· **372**

13.6.3 외계인이 화면 하단에 도달했을 때 반응하기 ············· **376**

13.6.4 게임 오버 ··· **377**

13.6.5 게임의 부분 실행 타이밍 결정하기 ······························· **378**

13.7 요약 정리 ·· **379**

CHAPTER **14** **'외계인 침공': 점수 매기기**

14.1 [플레이] 버튼 추가하기 ··· **381**

14.1.1 Button 클래스 만들기 ··· **382**

14.1.2 화면에 버튼 그리기 ··· **384**

14.1.3 게임 시작하기 ··· **385**

14.1.4 게임 초기화하기 ··· **386**

14.1.5 [플레이] 버튼 비활성화하기 ·· **387**

14.1.6 마우스 커서 숨기기 ··· **388**

14.2 레벨업 ··· **389**

14.2.1 속도 설정 수정하기 ··· **389**

14.2.2 속도 초기화하기 ··· **391**

14.3 점수 ·· **392**

14.3.1 점수 표시하기 ··· **393**

14.3.2 점수판 만들기 ··· **395**

14.3.3 외계인을 격추할 때 점수 업데이트하기 ························· **396**

14.3.4 점수 초기화하기 ··· **397**

14.3.5 모든 점수를 제대로 확인하기 ··· **398**

14.3.6 난이도에 따라 점수 늘리기 ··· **399**

14.3.7 점수 반올림하기 ·· 400

14.3.8 최고 점수 표시하기 ··· 401

14.3.9 레벨 표시하기 ··· 404

14.3.10 남은 우주선 숫자 표시하기 ·· 407

14.4 요약 정리 ·· 411

CHAPTER **15** 데이터 시각화: 데이터 생성하기

15.1 Matplotlib 설치하기 ··· 414

15.2 단순한 직선 그래프 그리기 ··· 414

15.2.1 이름표 타입과 선 두께 변경하기 ·· 415

15.2.2 그래프 수정하기 ··· 417

15.2.3 내장 스타일 사용하기 ·· 418

15.2.4 scatter()를 사용한 산포도 ··· 419

15.2.5 자동으로 데이터 계산하기 ·· 422

15.2.6 눈금 이름표 커스텀하기 ·· 423

15.2.7 색깔 지정하기 ·· 424

15.2.8 컬러맵 사용하기 ··· 424

15.2.9 자동으로 그래프 저장하기 ·· 426

15.3 랜덤 워크 ·· 426

15.3.1 RandomWalk 클래스 만들기 ··· 427

15.3.2 방향 결정하기 ·· 427

15.3.3 랜덤 워크 그래프 그리기 ·· 429

15.3.4 여러 개의 랜덤 워크 만들기 ··· 430

15.3.5 랜덤 워크에 스타일 적용하기 ·· 431

15.4 Plotly와 주사위 ·· 436

15.4.1 Plotly 설치하기 ·· 437

15.4.2 Die 클래스 만들기 ·· 437

15.4.3 주사위 굴리기 ·· 438

15.4.4 결과 분석하기 · 439

15.4.5 히스토그램 만들기 · 440

15.4.6 그래프 커스텀하기 · 441

15.4.7 주사위 두 개 굴리기 · 442

15.4.8 추가 설정하기 · 444

15.4.9 다양한 주사위 굴리기 · 444

15.4.10 결과 저장하기 · 446

15.5 요약 정리 · 447

CHAPTER 16 데이터 시각화: 데이터 내려받기

16.1 CSV 파일 형식 · 449

16.1.1 CSV 파일 헤더 분석하기 · · · · · · · · · · · · · · · · · · · 450

16.1.2 헤더와 위치 출력하기 · 451

16.1.3 데이터 추출과 읽기 · 452

16.1.4 기온 그래프 그리기 · 453

16.1.5 datetime 모듈 · 454

16.1.6 그래프에 날짜 추가하기 · · · · · · · · · · · · · · · · · · · 455

16.1.7 더 긴 기간 그리기 · 457

16.1.8 두 번째 데이터 추가하기 · · · · · · · · · · · · · · · · · · · 458

16.1.9 그래프 영역 음영 처리하기 · · · · · · · · · · · · · · · · · 459

16.1.10 에러 확인하기 · 460

16.1.11 데이터 직접 내려받기 · 464

16.2 전 세계 지진 데이터로 지도 만들기: GeoJSON 형식 · · · 465

16.2.1 지진 데이터 내려받기 · 466

16.2.2 GeoJSON 데이터 구조 확인하기 · · · · · · · · · · · · · 466

16.2.3 전체 지진 리스트 만들기 · · · · · · · · · · · · · · · · · · · 469

16.2.4 지진 규모 추출하기 · 470

16.2.5 위치 데이터 추출하기 · 470

16.2.6 세계 지도 그리기 ··· **471**

16.2.7 지진 규모 표현 추가하기 ··· **473**

16.2.8 색깔 설정하기 ··· **474**

16.2.9 여러 가지 색깔 스케일 ··· **475**

16.2.10 텍스트 추가하기 ··· **476**

16.3 요약 정리 ··· **478**

CHAPTER **17** 데이터 시각화: API 사용하기

17.1 웹 API 사용하기 ··· **479**

17.1.1 깃과 깃허브 ·· **479**

17.1.2 API 호출로 데이터 요청하기 ·· **480**

17.1.3 requests 설치하기 ··· **481**

17.1.4 API 응답 처리하기 ··· **481**

17.1.5 응답 딕셔너리 다루기 ·· **483**

17.1.6 상위 저장소 요약하기 ·· **486**

17.1.7 API 속도 제한 확인하기 ··· **487**

17.2 Plotly로 저장소 시각화하기 ··· **488**

17.2.1 그래프 스타일 지정하기 ·· **490**

17.2.2 그래프에 툴팁 추가하기 ··· **491**

17.2.3 그래프에 링크 추가하기 ··· **493**

17.2.4 그래프 색깔 설정하기 ·· **494**

17.2.5 Plotly와 깃허브 API ·· **494**

17.3 해커 뉴스 API ·· **495**

17.4 요약 정리 ··· **500**

CHAPTER **18** 학습 로그: Django 시작하기

18.1 프로젝트 만들기 ·· **501**

　18.1.1 명세 작성하기 ·· 502

　18.1.2 가상 환경 만들기 ······································ 502

　18.1.3 가상 환경 활성화하기 ·································· 503

　18.1.4 Django 설치하기 ······································· 503

　18.1.5 Django에서 프로젝트 생성하기 ······················ 504

　18.1.6 데이터베이스 생성하기 ································ 505

　18.1.7 프로젝트 확인하기 ···································· 506

18.2 애플리케이션 시작하기 ·································· **508**

　18.2.1 모델 정의하기 ··· 508

　18.2.2 모델 활성화하기 ······································ 510

　18.2.3 Django 관리자 사이트 ·································· 511

　18.2.4 Entry 모델 정의하기 ··································· 514

　18.2.5 Entry 모델 마이그레이션하기 ·························· 515

　18.2.6 관리자 사이트에서 항목 등록하기 ···················· 516

　18.2.7 Django 셸 ·· 517

18.3 학습 로그 홈페이지 만들기 ······························ **520**

　18.3.1 URL 매핑하기 ··· 520

　18.3.2 뷰 작성하기 ··· 522

　18.3.3 템플릿 작성하기 ······································ 523

18.4 다른 페이지 만들기 ····································· **525**

　18.4.1 템플릿 상속하기 ······································ 525

　18.4.2 주제 리스트 페이지 만들기 ··························· 528

　18.4.3 개별 주제 페이지 만들기 ···························· 532

18.5 요약 정리 ·· **536**

CHAPTER 19 학습 로그: 사용자 계정

19.1 사용자가 데이터를 입력할 수 있게 만들기 ··································· **537**

19.1.1 새 주제 추가하기 ·· **537**

19.1.2 새 항목 추가하기 ·· **543**

19.1.3 항목 수정하기 ··· **547**

19.2 사용자 계정 설정하기 ·· **552**

19.2.1 accounts 애플리케이션 만들기 ·· **552**

19.2.2 로그인 페이지 만들기 ·· **553**

19.2.3 로그아웃하기 ·· **557**

19.2.4 등록 페이지 만들기 ··· **558**

19.3 사용자 데이터 지정하기 ··· **562**

19.3.1 @login_required로 접근 제한하기 ·· **562**

19.3.2 사용자와 데이터 연결하기 ·· **564**

19.3.3 소유자에게만 주제 접근 허용하기 ··· **568**

19.3.4 사용자의 주제 보호하기 ·· **569**

19.3.5 edit_entry 페이지 보호하기 ··· **570**

19.3.6 새 주제를 현재 사용자와 연결하기 ··· **570**

19.4 요약 정리 ·· **572**

CHAPTER 20 학습 로그: 애플리케이션 스타일과 배포

20.1 학습 로그에 스타일 적용하기 ·· **573**

20.1.1 django-bootstrap5 애플리케이션 ·· **574**

20.1.2 부트스트랩으로 학습 로그에 스타일 지정하기 ································· **575**

20.1.3 base.html 수정하기 ··· **575**

20.1.4 점보트론으로 홈페이지에 스타일 적용하기 ···································· **582**

20.1.5 로그인 페이지에 스타일 적용하기 ·· **584**

20.1.6 주제 페이지에 스타일 적용하기 ···················· **585**

20.1.7 개별 주제 페이지에 스타일 적용하기 ················ **586**

20.2 학습 로그 배포하기 ···································· **589**

20.2.1 platform.sh 계정 만들기 ························· **589**

20.2.2 platform.sh CLI 설치하기 ························ **590**

20.2.3 platformshconfig 설치하기 ······················ **590**

20.2.4 requirements.txt 파일 생성하기 ·················· **590**

20.2.5 배포 환경 추가하기 ······························ **591**

20.2.6 설정 파일 추가하기 ······························ **592**

20.2.7 platform.sh를 위한 settings.py 수정하기 ·········· **596**

20.2.8 깃과 프로젝트 파일 추적하기 ····················· **597**

20.2.9 platform.sh에 프로젝트 생성하기 ················· **600**

20.2.10 platform.sh로 푸시하기 ························· **602**

20.2.11 라이브 프로젝트 열기 ··························· **603**

20.2.12 platform.sh 배포 개선하기 ····················· **603**

20.2.13 커스텀 에러 페이지 만들기 ······················ **607**

20.2.14 지속적인 개발하기 ······························ **609**

20.2.15 platform.sh에서 프로젝트 제거하기 ·············· **609**

20.3 요약 정리 ·· **611**

APPENDIX A **설치와 문제 해결**

A.1 윈도우에 파이썬 설치하기 ····························· **613**

A.2 macOS에 파이썬 설치하기 ··························· **614**

A.3 리눅스에 파이썬 설치하기 ····························· **615**

A.4 사용 중인 파이썬 버전 확인하기 ························ **616**

A.5 파이썬 키워드와 내장 함수 ···························· **617**

APPENDIX B **텍스트 에디터와 IDE**

B.1 비주얼 스튜디오 코드로 효율적으로 작업하기 ················· **620**

B.2 다른 텍스트 에디터와 IDE ································· **625**

APPENDIX C **도움 얻기**

C.1 스스로 해 보기 ··································· **629**

C.2 온라인에서 검색하기 ······························ **631**

C.3 디스코드 ····································· **633**

C.4 슬랙 ······································· **633**

APPENDIX D **깃을 활용해 버전 관리하기**

D.1 깃 설치하기 ··································· **635**

D.2 프로젝트 만들기 ································· **636**

D.3 일부 파일 무시하기 ······························ **637**

D.4 저장소 초기화하기 ······························ **637**

D.5 상태 확인하기 ·································· **638**

D.6 저장소에 파일 추가하기 ···························· **638**

D.7 커밋하기 ····································· **639**

D.8 로그 확인하기 ·································· **640**

D.9 두 번째 커밋 ··································· **640**

D.10 변경 내용 복원하기 ····························· **642**

D.11 이전 커밋 체크아웃하기 ··························· **643**

D.12 저장소 제거하기 ································ **645**

APPENDIX E 배포 문제 해결하기

E.1 배포 절차 이해하기 ··· **649**

E.2 기본적인 문제 해결하기 ··· **650**

E.3 운영체제별 문제 해결하기 ·· **653**

E.4 다른 배포 방식 ··· **657**

찾아보기 ··· **659**

CHAPTER 12. '외계인 침공': 불을 뿜는 우주선

CHAPTER 13. '외계인 침공': 외계인!

CHAPTER 14. '외계인 침공': 점수 매기기

CHAPTER 15. 데이터 시각화: 데이터 생성하기

CHAPTER 16. 데이터 시각화: 데이터 내려받기

CHAPTER 17. 데이터 시각화: API 사용하기

CHAPTER 18. 학습 로그: Django 시작하기

CHAPTER 19. 학습 로그: 사용자 계정

CHAPTER 20. 학습 로그: 애플리케이션 스타일과 배포

실습편

여러분은 이제 흥미로운 파이썬 프로젝트를 만들기에 충분한 기본 지식을 쌓았습니다.

실습편에는 세 가지 프로젝트가 있습니다. 원하는 프로젝트만 진행해도 되고, 전부 다 진행해도 됩니다. 순서는 상관없습니다. 프로젝트를 진행하다 보면 새로운 기술도 배울 수 있고, 기본편에서 소개한 개념도 더 확고하게 이해할 수 있습니다. 다음은 각 프로젝트에 대한 간단한 설명이니, 읽어 보고 가장 흥미로워 보이는 프로젝트에 도전해 보세요.

'외계인 침공' 프로젝트: 파이썬으로 만드는 게임

12 ~ 14장의 '외계인 침공' 프로젝트는 파이게임^{Pygame} 패키지를 사용해 2차원 게임을 만듭니다. 게임의 목표는 화면 아래로 내려오는 외계인 함대를 격추하는 것이며 게임 레벨이 오를수록 빠르고 어려워집니다. 프로젝트를 끝내고 나면 파이게임을 통해 스스로 2차원 게임을 만들 수 있게 됩니다.

데이터 시각화 프로젝트

데이터 시각화 프로젝트는 15장부터 시작합니다. 15장에서는 데이터를 생성하는 법, Matplotlib과 Plotly를 사용해 이 데이터를 기능적이고 아름답게 시각화하는 방법을 배웁니다. 16장에서는 온라인의 실제 데이터를 가져오는 방법을 배웁니다. 이를 시각화 패키지에 전달해 날씨 데이터 그래프, 세계 지진 지도로 시각화합니다. 마지막으로 17장에서는 데이터를 자동으로 내려받아 시각화하는 프로그램을 만듭니다. 데이터 과학은 최근 주목받는 분야이고 시각화는 데이터 과학에 필수로 활용됩니다.

웹 애플리케이션 프로젝트

18 ~ 20장의 웹 애플리케이션 프로젝트에서는 Django 패키지를 사용해 간단한 웹 애플리케이션을 만듭니다. 사용자는 이 애플리케이션으로 사용자 이름과 비밀번호로 계정을 만들고, 주제를 정하고, 배우고 있는 내용에 대한 항목을 만듭니다. 또한 전 세계 누구든지 애플리케이션에 접근할 수 있도록 서버에 배포하는 방법도 배웁니다.

이 프로젝트를 완료하면 간단한 웹 애플리케이션을 만들 수 있게 되고, Django로 애플리케이션을 개발하는 기초를 닦을 수 있습니다.

CHAPTER 12

'외계인 침공': 불을 뿜는 우주선

'외계인 침공' 게임을 만들어 봅시다! 그래픽, 애니메이션, 사운드까지 관리하는 재미있고 강력한 파이썬 모듈 모음인 파이게임을 사용하면 세련된 게임을 더 쉽게 만들 수 있습니다. 화면에 이미지를 그리는 것 같은 세부 작업은 파이게임에 맡기고 우리는 게임 흐름의 전체적인 부분만 집중하면 됩니다.

이 장에서는 파이게임을 설치하고, 플레이어 입력에 따라 좌우로 이동하며 탄환을 발사하는 우주선을 만듭니다. 13장과 14장에서는 플레이어가 격추할 외계인 함대를 만들고, 플레이어가 사용할 수 있는 우주선 숫자를 제한하거나 점수판을 추가하는 등 게임을 계속 개선해 나갈 겁니다.

게임을 만드는 동안 여러 파일을 사용하는 큰 프로젝트를 관리하는 방법도 함께 배울 겁니다. 프로젝트와 코드가 효율적이 되도록 코드 리팩터링과 파일을 자주 수정해 봅시다.

게임을 만드는 건 언어를 재미있게 배울 수 있는 이상적인 방법입니다. 직접 만든 게임을 실행해 보면 아주 만족스러울 겁니다. 또한 단순한 게임이라도 직접 만들어 보면 전문 게임 개발자들의 노하우도 엿볼 수 있습니다. 이 장을 진행하는 동안 코드를 직접 입력하고 실행해 각 코드 블록이 전체적인 게임플레이에 어떻게 기여하는지 확인하길 권합니다. 책을 단순히 따라만 하지 말고 다양한 값과 세팅을 실험해 게임의 상호작용을 더 잘 이해해 보세요.

> **NOTE** **'외계인 침공'** 프로젝트는 여러 가지 파일을 사용하니 컴퓨터에 새 폴더 alien_invasion을 만드세요. 프로젝트 파일을 모두 이 폴더에 저장해야 import 문이 정확히 동작합니다.

버전 관리에 익숙하다면 이 프로젝트에 적용하는 것도 좋습니다. 버전 관리를 해 본 적이 없다면 부록 D '깃을 황용해 버전 관리하기'를 참고하세요.

12.1 프로젝트 계획하기

큰 프로젝트를 만들 때는 코드 작성부터 시작하지 말고 먼저 계획부터 하는 것이 중요합니다. 계획을 잘 세우면 더 잘 집중할 수 있고 프로젝트를 끝까지 성공적으로 완성할 가능성도 높아집니다.

먼저 일반적인 게임플레이에 대한 설명을 만들어 봅시다. 다음 설명이 '외계인 침공'의 세부 사항을 모두 다루지는 않지만, 어떻게 시작할지는 명확히 할 수 있습니다.

> '외계인 침공'에서 플레이어는 화면 하단 중앙에 나타나는 우주선을 조종한다. 플레이어는 화살표 키를 사용해 우주선을 좌우로 이동시키고 Space 를 사용해 탄환을 발사한다. 게임을 시작하면 외계인 함대가 화면 상단에서 나타나 좌우로 이동하면서 점점 내려온다. 플레이어는 외계인을 격추한다. 플레이어가 외계인을 모두 파괴하면 이전 함대보다 더 빨리 이동하는 새 함대가 등장한다. 외계인이 플레이어의 우주선과 충돌하거나 화면 하단에 도달하면 플레이어는 우주선을 잃는다. 플레이어가 우주선을 세 척 잃으면 게임이 끝난다.

계획과 같이 첫 단계에서는 플레이어가 화살표 키를 누를 때 좌우로 이동하고, Space 를 누르면 탄환을 발사하는 우주선을 만들겠습니다. 이 단계를 완성한 다음, 외계인을 만들고 게임을 발전시키겠습니다.

12.2 파이게임 설치하기

먼저 파이게임을 설치해야 합니다. 11장과 같은 방법으로 **pip**를 통해 설치합니다. 11장을 건너뛰었거나 잘 기억나지 않는다면 11.1.2 'pytest 설치하기'를 읽어보세요.

터미널 프롬프트에 다음 명령어를 입력하세요.

```
$ python -m pip install --user pygame
```

프로그램을 실행하거나 터미널을 시작할 때 **python**이 아니라 **python3** 명령을 사용한다면 위 명령도 **python3** 명령으로 수정하세요.

12.3 게임 프로젝트 시작하기

먼저 빈 파이게임 창을 만듭니다. 나중에 이 창에 우주선과 외계인 같은 게임 요소를 그릴 겁니다. 또한 게임이 사용자 입력에 응답하게 만들고, 배경색을 설정하고, 우주선 이미지를 불러오게 만들어야 합니다.

12.3.1 파이게임 창을 만들어서 사용자 입력에 응답하기

게임을 나타내는 클래스를 만들고, 이를 통해 빈 창을 만듭니다. 텍스트 에디터에서 다음과 같이 **alien_invasion.py** 파일을 만듭니다.

alien_invasion.py

```python
import sys

import pygame

class AlienInvasion:
    """게임 자원과 동작을 전체적으로 관리하는 클래스"""

    def __init__(self):
        """게임을 초기화하고 게임 자원을 만듭니다"""
        pygame.init() # ❶

        self.screen = pygame.display.set_mode((1200, 800)) # ❷
        pygame.display.set_caption("Alien Invasion")

    def run_game(self):
        """게임의 메인 루프를 시작합니다"""
        while True: # ❸
            # 키보드와 마우스 이벤트에 응답합니다
            for event in pygame.event.get(): # ❹
                if event.type == pygame.QUIT: # ❺
                    sys.exit()

            # 가장 최근 그린 화면을 표시합니다
            pygame.display.flip() # ❻

if __name__ == '__main__':
```

```
# 게임 인스턴스를 만들고 게임을 실행합니다
ai = AlienInvasion()
ai.run_game()
```

먼저 sys, pygame 모듈을 임포트합니다. pygame 모듈에는 게임을 만드는 데 필요한 기능이 포함되어 있습니다. sys 모듈은 플레이어가 게임을 종료할 때 사용합니다.

'외계인 침공' 게임은 AlienInvasion 클래스로 시작합니다. ❶은 pygame.init() 함수를 통해 파이게임이 제대로 동작하는 데 필요한 설정을 초기화합니다. 그리고 ❷에서 pygame.dis-play.set_mode()를 호출해 게임 창을 만듭니다. 이 창에 게임의 그래픽 요소를 그릴 겁니다. 인수인 (1200, 800)은 창 크기를 나타내는 튜플입니다. 따라서 창 너비는 1,200픽셀이고 높이는 800픽셀입니다(여러분의 화면 크기에 따라 이 값을 수정해도 됩니다). 이 창을 self.screen 속성에 할당하므로 클래스의 메서드는 모두 이 창을 사용할 수 있습니다.

self.screen에 할당하는 객체를 서피스라 부릅니다. 파이게임의 **서피스**surface는 화면 일부분이며 여기에 게임 요소를 표시합니다. 외계인이나 우주선 같은 각 요소 또한 서피스입니다. display.set_mode()가 반환하는 서피스는 전체 게임 창입니다. 게임 애니메이션 루프에 들어가면 매 루프마다 서피스를 다시 그리므로 사용자 입력에 따라 업데이트된 결과가 그려집니다.

게임을 전체적으로 제어하는 건 run_game() 메서드입니다. 이 메서드에는 무한 루프인 while 루프(❸)가 들어 있습니다. 이 while 루프에는 이벤트 루프, 화면 업데이트를 관리하는 코드가 들어 있습니다. **이벤트**event란 키를 누르거나 마우스를 클릭하는 것 같이 사용자가 게임을 플레이하면서 하는 행동입니다. **이벤트 루프**event loop를 통해 이벤트를 **주시**listen하면서 이벤트가 일어날 때마다 이에 적절히 응답합니다. while 루프 안에 중첩된 for 루프(❹)가 이벤트 루프입니다.

파이게임이 이벤트 감지를 담당하고, 파이게임이 감지한 이벤트에는 pygame.event.get() 함수를 통해 접근합니다. 이 함수는 마지막으로 호출된 시점 이후 일어난 이벤트 리스트를 반환합니다. 키보드나 마우스 이벤트가 일어나면 이에 따라 for 루프가 실행됩니다. 루프 안에서는 if 문을 통해 이벤트를 감지하고 이에 응답합니다. 예를 들어 플레이어가 게임의 [닫기] 버튼을 클릭하면 pygame.QUIT 이벤트가 일어나고(❺), 이를 감지해 sys.exit()을 호출해 게임을 종료합니다.

❻의 pygame.display.flip()은 가장 최근에 그린 화면을 표시합니다. 아직은 while 루프를 실행할 때마다 빈 화면을 그리기만 합니다. 게임을 플레이하면서 요소를 이동하면 pygame.display.flip()이 게임 화면을 계속 업데이트하며 게임 요소를 새 위치에 그려서 부드럽게 움직이는 것처럼 보이게 만듭니다.

파일 마지막에서는 게임 인스턴스를 만든 다음 run_game()을 호출합니다. 이 if 블록은 이 파일을 직접 실행했을 때만 run_game()을 호출합니다. alien_invasion.py 파일을 실행하면 빈 파이게임 창이 보여야 됩니다.

12.3.2 프레임 속도 제어하기

게임은 모든 컴퓨터에서 같은 속도(프레임 속도)로 실행되어야 합니다. 여러 성능의 컴퓨터에서 동일한 프레임 속도를 유지하는 건 어려운 일이지만, 파이게임을 사용하면 쉽습니다. 시계clock를 만들고, 메인 루프를 한 번 반복할 때마다 시계를 움직입니다. 만약 우리가 정의하는 속도보다 루프가 빨리 실행된다면 파이게임이 타이밍을 조절해 동일한 속도를 유지합니다.

시계는 __init__() 메서드에서 정의합니다.

alien_invasion.py

```
    def __init__(self):
        """게임을 초기화하고 게임 자원을 만듭니다"""
        pygame.init()
        self.clock = pygame.time.Clock()
        --생략--
```

pygame을 초기화한 다음 pygame.time 모듈의 Clock 클래스 인스턴스를 만듭니다. 그리고 run_game()에서 while 루프의 시계를 움직입니다.

```
    def run_game(self):
        """게임의 메인 루프를 시작합니다"""
        while True:
            --생략--
            pygame.display.flip()
            self.clock.tick(60)
```

tick() 메서드는 게임 프레임 속도를 인수로 받습니다. 여기서 인수로 60을 전달했으므로 파이게임은 루프가 초당 60회 실행되도록 조절합니다.

> **NOTE** 파이게임 시계를 사용하면 대부분의 컴퓨터에서 게임이 비슷한 속도로 실행됩니다. 만약 여러분의 컴퓨터에서 속도가 이상하다면 프레임 속도 값을 다르게 설정해 보세요. 컴퓨터에 적절한 프레임 속도를 찾을 수 없다면 시계 관련 코드를 완전히 제거하고 다른 세팅을 수정해야 할 수도 있습니다.

12.3.3 배경색 설정하기

파이게임은 기본적으로 검은색 화면을 만들지만 이는 그리 보기 좋지 않습니다. 배경색을 바꿔봅시다. __init__() 메서드 마지막에 다음 코드를 추가합니다.

alien_invasion.py

```
    def __init__(self):
        --생략--
        pygame.display.set_caption("Alien Invasion")

        # 배경색을 설정합니다
        self.bg_color = (230, 230, 230) # ❶

    def run_game(self):
        --생략--
            for event in pygame.event.get():
                if event.type == pygame.QUIT:
                    sys.exit()

            # 루프를 반복할 때마다 화면을 다시 그립니다
            self.screen.fill(self.bg_color) # ❷

            # 가장 최근 그린 화면을 표시합니다
            pygame.display.flip()
            self.clock.tick(60)
```

파이게임에서는 빨간색, 녹색, 파란색의 혼합인 RGB로 색깔을 지정합니다. 각 색깔 값의 범위는 0에서 255까지입니다. 색깔 값 255, 0, 0은 빨간색, 0, 255, 0은 녹색, 0, 0, 255는 파란색입니다. RGB는 최대 1,600만 가지 색깔을 만들 수 있습니다. 색깔 값 230, 230, 230은 삼원색을 같은 비율로 혼합한 밝은 회색입니다. ❶에서 이 색깔을 `self.bg_color`에 할당했습니다.

❷에서는 `fill()` 메서드를 사용해 화면에 배경색을 채웠습니다. 이 메서드는 인수로 색깔을 받아 서피스를 그 색깔로 채웁니다.

12.3.4 Settings 클래스 만들기

게임에 새로운 기능을 추가할 때는 일반적으로 그에 필요한 설정도 추가해야 합니다. 코드 이곳저곳에 설정을 분산하는 것보다는 클래스 하나에 모으는 게 좋습니다. settings 모듈을 만들고 여기에 Settings 클래스를 만들어서 설정을 저장하겠습니다. 이렇게 하면 설정을 바꿀 때 언제든 파일 하나만 수정하면 되는 장점이 있습니다. 프로젝트가 커지더라도 게임의 모양과 동작을 더 쉽게 수정할 수 있습니다.

alien_invasion 폴더 안에 다음과 같이 settings.py 파일을 만듭니다.

settings.py

```
class Settings:
    """외계인 침공의 설정을 저장하는 클래스"""

    def __init__(self):
        """게임 설정 초기화"""
        # 화면 설정
        self.screen_width = 1200
        self.screen_height = 800
        self.bg_color = (230, 230, 230)
```

프로젝트에서 Settings 인스턴스를 만들어 설정에 접근하려면 alien_invasion.py를 다음과 같이 수정합니다.

alien_invasion.py

```
--생략--
import pygame

from settings import Settings

class AlienInvasion:
    """게임 자원과 동작을 전체적으로 관리하는 클래스"""

    def __init__(self):
        """게임을 초기화하고 게임 자원을 만듭니다"""
        pygame.init()
        self.clock = pygame.time.Clock()
        self.settings = Settings() # ❶

        self.screen = pygame.display.set_mode( # ❷
            (self.settings.screen_width, self.settings.screen_height))
        pygame.display.set_caption("Alien Invasion")

    def run_game(self):
        --생략--
        # 루프를 반복할 때마다 화면을 다시 그립니다
        self.screen.fill(self.settings.bg_color) # ❸

        # 가장 최근 그린 화면을 표시합니다
        pygame.display.flip()
        self.clock.tick(60)
--생략--
```

먼저 프로그램에 Settings를 임포트합니다. 그리고 pygame.init()을 호출한 다음, ❶에서 Settings 인스턴스를 만들어 self.settings에 할당합니다. ❷에서는 화면을 만들 때 self.settings의 screen_width와 screen_height 속성을 사용했고, ❸에서도 self.settings 의 속성을 사용해 배경색을 채웠습니다.

이미 만들었던 설정을 다른 곳으로 이동한 게 전부이므로, 지금은 alien_invasion.py를 실행해도 아무런 변화가 없습니다. 이제 화면에 새 요소를 추가할 차례입니다.

12.4 우주선 이미지 추가하기

이제 게임에 우주선을 추가합시다. 화면에 우주선을 그릴 때는 이미지를 불러와서 파이게임의 `blit()` 메서드를 호출합니다.

게임에 사용할 이미지를 선택할 때는 라이선스에 주의해야 합니다. 가장 안전하고 저렴한 방법은 *https://opengameart.org* 같은 웹사이트에서 무료 이미지를 가져오는 겁니다.

게임에는 어떤 이미지 파일이든 사용할 수 있지만, 파이게임이 기본적으로 비트맵을 불러오므로 비트맵(.bmp) 파일을 사용하는 게 가장 쉽습니다. 파이게임 설정을 바꿔 다른 파일을 사용하게 만들 수 있지만, 일부 파일 타입은 컴퓨터에 특정 이미지 라이브러리를 설치해야 합니다. 그러므로 웹사이트의 이미지는 보통 `.jpg`, `.png` 형식이지만 포토샵이나 GIMP, 그림판 같은 도구를 이용해 비트맵으로 변환하여 사용하는 것이 좋습니다.

이미지를 선택할 때는 배경색도 염두에 두어야 합니다. 배경이 투명한 이미지가 가장 좋고, 아니면 단색 배경인 파일을 찾아서 이미지 에디터를 사용해 투명하게 바꾸세요. 이미지의 배경색과 게임의 배경색이 일치하는 게 최선입니다. 아니면 게임 배경색을 이미지 배경색에 맞게 바꿔도 됩니다.

여기서는 [그림 12-1]의 `ship.bmp` 파일을 사용합니다. 이 파일은 *https://ehmatthes.github.io/pcc_3e*에서 내려받을 수 있습니다. 이 파일의 배경색은 프로젝트의 배경과 일치합니다. 프로젝트 폴더인 `alien_invasion` 안에 `images` 폴더를 만들고, 그 안에 `ship.bmp` 파일을 저장하세요.

그림 12-1 '외계인 침공'에 사용할 우주선

12.4.1 Ship 클래스 만들기

우주선에 사용할 이미지를 선택했으면 이를 화면에 표시해야 합니다. 이를 위해 Ship 클래스를 ship 모듈에 저장합니다. 이제 플레이어 우주선의 동작 대부분을 이 클래스가 담당합니다.

ship.py

```python
import pygame

class Ship:
    """우주선을 관리하는 클래스"""

    def __init__(self, ai_game):
        """우주선을 초기화하고 시작 위치를 설정합니다"""
        self.screen = ai_game.screen # ❶
        self.screen_rect = ai_game.screen.get_rect() # ❷

        # 우주선 이미지를 불러오고 사각형을 가져옵니다
        self.image = pygame.image.load('images/ship.bmp') # ❸
        self.rect = self.image.get_rect()

        # 우주선의 초기 위치는 화면 하단 중앙입니다
        self.rect.midbottom = self.screen_rect.midbottom # ❹

    def blitme(self): # ❺
        """우주선을 현재 위치에 그립니다"""
        self.screen.blit(self.image, self.rect)
```

파이게임은 게임 요소를 모두(실제로는 사각형이 아니더라도) 사각형^{rect}으로 취급해서 효율적으로 동작합니다. 사각형은 가장 단순한 형태이므로, 보통 요소를 구성할 때 사각형으로 취급하는 게 가장 효율적입니다. 예를 들어 두 게임 요소가 충돌했는지 판단해야 할 때, 각 요소가 사각형이면 더 빨리 판단할 수 있습니다. 플레이어는 우주선을 보고 있지만, 내부적으로는 사각형이 움직입니다. 하지만 플레이어는 내부적으로 사각형이 움직인다는 걸 결코 알 수 없을 만큼 잘 동작합니다. 이 클래스에서도 우주선과 화면을 모두 사각형으로 취급합니다.

먼저 pygame 모듈을 임포트합니다. Ship의 __init__() 메서드는 self와 함께 AlienInvasion 클래스의 현재 인스턴스를 인수로 받습니다. 이렇게 하면 AlienInvasion에서 정의하는 것들을 모두 Ship에서 접근할 수 있습니다. ❶에서는 화면을 Ship의 속성으로 할당했으므로 이 클래스의 모든 메서드에 쉽게 접근할 수 있습니다. ❷에서는 get_rect() 메서드를 사용해 화면의 rect 속성을 가져와 self.screen_rect에 할당했습니다. 이렇게 하면 우주선을 화면의 정확한 위치에 배치할 수 있습니다.

❸에서는 이미지 파일 위치를 전달하면서 pygame.image.load()를 호출했습니다. 이 함수는 우주선을 나타내는 서피스를 반환하며, 이를 self.image에 할당했습니다. 이미지를 불러오면 get_rect()를 호출해 우주선 서피스의 rect 속성을 가져옵니다. 나중에 우주선을 배치할 때 이 속성을 사용합니다.

rect 객체에는 사각형의 네 모서리와 중심의 x와 y 좌표가 들어 있습니다. 이 좌표는 객체를 배치할 때 유용합니다. 이 값들을 설정해 rect의 현재 위치를 변경할 수 있습니다. 게임 요소를 '중앙'에 배치할 때는 rect의 center, centerx, centery 속성을 사용합니다. 요소를 모서리에 배치할 때는 top, bottom, left, right 속성을 사용하면 됩니다. 이외에도 이들을 조합한 midbottom, midtop, midleft, midright 같은 속성도 있습니다. 또는 rect의 왼쪽 상단 꼭짓점의 x, y 좌표인 x와 y 속성을 사용할 수도 있습니다. 이런 속성을 잘 활용하면 예전에는 게임 개발자가 직접 해야 했던 지루하고 복잡한 계산이 필요 없어집니다.

> **NOTE** 파이게임의 원점(0, 0)은 화면 왼쪽 상단 꼭짓점에 있고, 여기서 오른쪽과 아래로 움직일수록 각 값이 커집니다. 1200×800 화면에서 원점은 왼쪽 상단 꼭짓점이고 오른쪽 하단 꼭짓점의 좌표는 (1200, 800)입니다. 여기서 좌표는 여러분이 보는 모니터가 아니라 게임 화면의 좌표입니다.

우주선을 화면 하단 중앙에 배치할 겁니다. ❹와 같이 self.rect.midbottom의 값을 화면 rect의 midbottom 속성과 같은 값으로 만들면 됩니다. 우주선 사각형의 하단 중앙과 화면의 하단 중앙이 일치하므로 우주선은 화면의 하단 중앙에 배치됩니다.

❺는 self.rect에 지정된 위치에 이미지를 그리는 blitme() 메서드입니다.

12.4.2 화면에 우주선 그리기

이제 다음과 같이 alien_invasion.py를 업데이트해서 우주선을 만들고 blitme() 메서드를 호출합니다.

```
--생략--
from settings import Settings
from ship import Ship
class AlienInvasion:
    """게임 자원과 동작을 전체적으로 관리하는 클래스"""

    def __init__(self):
        --생략--
        pygame.display.set_caption("Alien Invasion")

        self.ship = Ship(self) # ❶

    def run_game(self):
            --생략--
            # 루프를 반복할 때마다 화면을 다시 그립니다
            self.screen.fill(self.settings.bg_color)
            self.ship.blitme() # ❷

            # 가장 최근 그린 화면을 표시합니다
            pygame.display.flip()
            self.clock.tick(60)
    --생략--
```

Ship을 임포트한 다음, 화면을 그리고 ❶에서 Ship 인스턴스를 만듭니다. Ship()을 호출할 때는 인수로 AlienInvasion 인스턴스가 필요합니다. 여기서 self 인수는 현재 AlienInvasion 인스턴스입니다. Ship은 이 인수를 통해 screen 객체 같은 게임 리소스에 접근합니다. Ship 인스턴스를 self.ship에 할당했습니다.

화면에 배경색을 채운 후 ship.blitme()를 호출하면 우주선이 배경 위에 나타납니다(❷).

이제 alien_invasion.py를 실행하면 [그림 12-2]와 같이 빈 게임 화면 하단 중앙에 우주선 이 나타납니다.

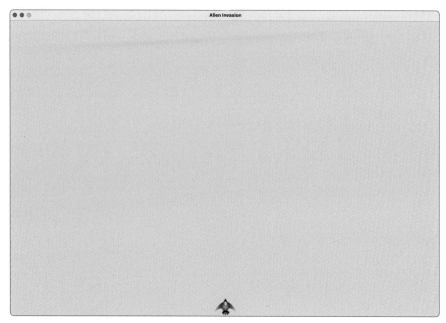

그림 12-2 '외계인 침공' 화면 하단 중앙에 배치된 우주선

12.5 리팩터링: _check_events(), _update_screen() 메서드

큰 프로젝트에서는 코드를 추가하기 전에 기존 코드를 리팩터링하는 일이 많습니다. 리팩터링을 통해 기존 코드를 단순화하면 더 쉽게 확장할 수 있기 때문입니다. 이 절에서는 점점 길어지고 있는 run_game() 메서드를 보조 메서드 두 개로 나눌 겁니다. **보조 메서드**helper method란 클래스 내부에서 사용하며 클래스 외부에서는 사용하지 않는 메서드를 말합니다. 파이썬에서는 보조 메서드임을 나타내기 위해 맨 앞에 밑줄을 하나 붙입니다.

12.5.1 _check_events() 메서드

먼저 이벤트 관련 코드를 _check_events() 메서드로 분리할 겁니다. 이렇게 하면 run_game()이 단순해지고 이벤트 루프도 분리됩니다. 이벤트 루프를 분리하면 화면 업데이트 같은 작업과 별도로 이벤트를 관리할 수 있습니다.

다음은 _check_events() 메서드를 run_game()에서 분리한 AlienInvasion 클래스입니다. _check_events() 메서드는 오직 run_game()에만 영향을 미칩니다.

alien_invasion.py

```
    def run_game(self):
        """게임의 메인 루프를 시작합니다"""
        while True:
            self._check_events() # ❶

            # 루프를 반복할 때마다 화면을 다시 그립니다
            --생략--

    def _check_events(self): # ❷
        """키 입력과 마우스 이벤트에 응답합니다"""
        for event in pygame.event.get():
            if event.type == pygame.QUIT:
                sys.exit()
```

_check_events() 메서드를 새로 만들고(❷) 플레이어가 [닫기] 버튼을 클릭했는지 확인하는 행을 이 메서드로 이동했습니다.

클래스 내부에서 메서드를 호출할 때는 ❶과 같이 self 변수 뒤에 점 표기법으로 메서드 이름을 씁니다. _check_events() 메서드는 run_game()의 while 루프 내부에서 호출됩니다.

12.5.2 _update_screen() 메서드

화면을 업데이트하는 코드를 _update_screen() 메서드로 분리하면 run_game()이 더 단순해집니다.

alien_invasion.py

```
    def run_game(self):
        """게임의 메인 루프를 시작합니다"""
        while True:
            self._check_events()
            self._update_screen()
            self.clock.tick(60)
```

```
def _check_events(self):
    --생략--

def _update_screen(self):
    """화면의 이미지를 업데이트하고 화면을 새로 그립니다"""
    self.screen.fill(self.settings.bg_color)
    self.ship.blitme()

    pygame.display.flip()
```

배경과 우주선을 그리고 화면을 업데이트하는 코드를 _update_screen()으로 이동했습니다. 이제 run_game()의 메인 루프 블록은 훨씬 단순해졌습니다. 새 이벤트가 있었는지 확인하고, 화면을 업데이트하고, 시계를 움직인다는 걸 쉽게 알 수 있습니다.

이미 게임을 만들어 본 경험이 있다면 이런 식으로 코드를 여러 가지 메서드로 분리하는 것도 익숙할 겁니다. 반면 이런 프로젝트가 처음이라면 코드를 어떻게 구조화하는 게 최선일지 판단하기 어려울 겁니다. 이번에 해 본 리팩터링은 실제 개발 프로세스를 살짝 엿본 것뿐입니다. 처음에는 가능한 한 단순한 코드로 출발하고, 프로젝트가 복잡해지면 단순해질 때까지 리팩터링하는 것이 좋습니다.

이제 기능을 더 쉽게 추가할 수 있도록 코드를 바꿨으므로, 게임의 동적인 측면을 만들 차례입니다.

연습문제

12-1 파란색 하늘
파란색 배경의 파이게임 창을 만드세요.

12-2 게임 캐릭터
좋아하는 게임 캐릭터의 비트맵 이미지를 찾거나, 다른 형식의 이미지를 비트맵으로 변환하세요. 이 캐릭터를 화면 중앙에 그리는 클래스를 만들고, 이미지의 배경색을 화면 배경색과 일치하게 만드세요. 또는 그 반대로 해도 됩니다.

12.6 우주선 조종하기

이제 우주선을 좌우로 움직일 수 있게 만들 차례입니다. 플레이어가 왼쪽이나 오른쪽 화살표 키를 누를 때 응답하는 코드를 만들어 보겠습니다. 먼저 우주선을 오른쪽으로 이동시키는 코드를 만들고, 같은 원칙을 적용해 왼쪽으로 이동시키는 코드를 만들겠습니다. 이를 따라 해 보면 사용자의 입력에 응답하고 화면 위의 이미지를 조종하는 방법을 알 수 있습니다.

12.6.1 키 입력에 응답하기

플레이어가 키를 누르면 파이게임은 해당 이벤트를 수집합니다. 이벤트 수집은 pygame. event.get() 메서드가 담당합니다. _check_events() 메서드에서 어떤 이벤트를 확인할지 지정해야 합니다. 키 입력은 KEYDOWN 이벤트입니다.

파이게임이 KEYDOWN 이벤트를 감지할 때마다 해당 키가 우리가 원하는 키인지 확인해야 합니다. 예를 들어 플레이어가 오른쪽 화살표 키를 누르면 우주선의 rect.x 값을 늘려서 우주선을 오른쪽으로 이동시킵니다.

alien_invasion.py

```
    def _check_events(self):
        """키 입력과 마우스 이벤트에 응답합니다"""
        for event in pygame.event.get():
            if event.type == pygame.QUIT:
                sys.exit()
            elif event.type == pygame.KEYDOWN: # ❶
                if event.key == pygame.K_RIGHT: # ❷
                    # 우주선을 오른쪽으로 이동시킵니다
                    self.ship.rect.x += 1 # ❸
```

_check_events()의 이벤트 루프에 elif 블록을 추가해서 파이게임이 KEYDOWN 이벤트를 감지할 때(❶) 사용할 코드를 추가합니다. ❷에서는 플레이어가 누른 키인 event.key가 오른쪽 화살표 키인지 확인합니다. 파이게임을 오른쪽 화살표 키를 pygame.K_RIGHT로 나타냅니다. 플레이어가 오른쪽 화살표 키를 눌렀다면 ❸에서 self.ship.rect.x의 값을 1만큼 늘려 우주선을 오른쪽으로 이동시킵니다.

이제 alien_invasion.py를 실행하면 오른쪽 화살표 키를 누를 때마다 우주선이 오른쪽으로 1픽셀씩 이동합니다. 좋은 출발점이지만, 우주선을 이렇게 조종하기는 번거롭습니다. 연속적인 움직임이 가능하게 만들어 봅시다.

12.6.2 연속적으로 움직이기

이제 플레이어가 오른쪽 화살표 키를 누르고 있는 동안 우주선이 계속 오른쪽으로 움직이게 만들 차례입니다. pygame.KEYUP 이벤트를 감지하면 플레이어가 오른쪽 화살표 키에서 손을 뗀 걸 알 수 있습니다. 그리고 KEYDOWN과 KEYUP 이벤트를 조합해 moving_right 플래그를 만들어 연속적인 움직임을 구현할 수 있습니다.

moving_right 플래그가 False이면 우주선은 이동하지 않습니다. 플레이어가 오른쪽 화살표 키를 누르면 플래그를 True로 설정하고, 플레이어가 키에서 손을 떼면 플래그를 다시 False로 설정합니다.

우주선의 속성은 모두 Ship 클래스에 있으므로, moving_right 플래그와 이 플래그 상태를 체크할 update() 메서드도 Ship 클래스에 추가합니다. update() 메서드는 플래그가 True일 때 우주선의 위치를 변경합니다. 이 메서드를 while 루프 안에서 호출해 우주선의 위치를 업데이트합니다.

Ship 클래스를 다음과 같이 수정합니다.

ship.py

```
class Ship:
    """우주선을 관리하는 클래스"""

    def __init__(self, ai_game):
        --생략--
        # 우주선의 초기 위치는 화면 하단 중앙입니다
        self.rect.midbottom = self.screen_rect.midbottom
        # 움직임 플래그는 정지 상태로 시작합니다
        self.moving_right = False  # ❶

    def update(self):  # ❷
        """움직임 플래그를 바탕으로 우주선 위치를 업데이트합니다"""
```

```
        if self.moving_right:
            self.rect.x += 1

    def blitme(self):
        --생략--
```

❶에서는 __init__() 메서드에 self.moving_right 속성을 추가하고 False로 초기화했습니다. 그리고 ❷에서 플래그가 True일 때 우주선을 오른쪽으로 이동시키는 update() 메서드를 추가했습니다. update() 메서드는 클래스 외부에서 호출하므로 보조 메서드가 아닙니다.

이제 _check_events()를 다음과 같이 수정해서 오른쪽 화살표 키를 누르면 moving_right를 True로, 손을 떼면 False로 설정하게 만듭니다.

alien_invasion.py

```
    def _check_events(self):
        """키 입력과 마우스 이벤트에 응답합니다"""
        for event in pygame.event.get():
            --생략--
            elif event.type == pygame.KEYDOWN:
                if event.key == pygame.K_RIGHT:
                    self.ship.moving_right = True  # ❶
            elif event.type == pygame.KEYUP:  # ❷
                if event.key == pygame.K_RIGHT:
                    self.ship.moving_right = False
```

앞서 플레이어가 오른쪽 화살표 키를 누를 때 게임이 반응하는 방식을 수정했습니다. 이제는 우주선 위치를 직접 변경하지 않고 moving_right를 True로 설정하기만 하면 됩니다(❶). 그리고 elif 블록을 추가해서 KEYUP 이벤트를 주시합니다(❷). 플레이어가 오른쪽 화살표 키에서 손을 떼면 moving_right를 False로 설정합니다.

다음에는 run_game()의 while 루프를 수정해서 루프를 반복할 때마다 우주선의 update() 메서드를 호출합니다.

alien_invasion.py

```
    def run_game(self):
        """게임의 메인 루프를 시작합니다"""
```

```
while True:
    self._check_events()
    self.ship.update()
    self._update_screen()
    self.clock.tick(60)
```

키보드 이벤트를 체크하고 화면을 업데이트하기 전에 우주선 위치를 업데이트합니다. 이렇게 하면 플레이어의 입력에 따라 우주선의 위치가 바뀌고, 화면에 우주선을 그릴 때 새 위치가 반영됩니다.

이제 alien_invasion.py를 실행하고 오른쪽 화살표 키를 누르고 있으면 우주선이 계속 오른쪽으로 이동할 겁니다.

12.6.3 좌우로 움직이기

우주선을 오른쪽으로 이동시키는 방법을 익혔으니 왼쪽 이동을 추가하는 건 쉽습니다. 이번에도 Ship 클래스와 _check_events() 메서드를 수정합니다. Ship의 __init__()과 update() 메서드를 다음과 같이 수정합니다.

ship.py

```
def __init__(self, ai_game):
    --생략--
    # 움직임 플래그는 정지 상태로 시작합니다
    self.moving_right = False
    self.moving_left = False

def update(self):
    """움직임 플래그를 바탕으로 우주선 위치를 업데이트합니다"""
    if self.moving_right:
        self.rect.x += 1
    if self.moving_left:
        self.rect.x -= 1
```

__init__()에는 self.moving_left 플래그를 추가했습니다. update()에서 elif가 아니라 if 블록 두 개를 쓴 이유는 화살표 키 두 개를 동시에 누르는 상황이 있을 때 정확하게 반응

하기 위해서입니다. 이런 상황에서는 우주선이 정지하는 게 맞습니다. 하지만 왼쪽 움직임을 elif로 제어하면, 오른쪽 화살표 키에 항상 우선 순위가 있게 됩니다. 이렇게 if 블록을 두 개 사용하면 플레이어가 방향을 바꾸는 동안 잠시 두 키를 함께 누르더라도 정확하게 반응합니다.

_check_events()도 다음과 같이 수정합니다.

alien_invasion.py

```python
    def _check_events(self):
        """키 입력과 마우스 이벤트에 응답합니다"""
        for event in pygame.event.get():
            --생략--
            elif event.type == pygame.KEYDOWN:
                if event.key == pygame.K_RIGHT:
                    self.ship.moving_right = True
                elif event.key == pygame.K_LEFT:
                    self.ship.moving_left = True

            elif event.type == pygame.KEYUP:
                if event.key == pygame.K_RIGHT:
                    self.ship.moving_right = False
                elif event.key == pygame.K_LEFT:
                    self.ship.moving_left = False
```

K_LEFT 키에서 KEYDOWN 이벤트가 일어나면 moving_left를 True로 설정합니다. KEYUP 이벤트가 일어나면 moving_left를 False로 설정합니다. 각 이벤트와 키가 1:1로 대응하므로 여기에서는 elif 블록을 써도 안전합니다. 플레이어가 두 키를 한번에 누르면 이벤트도 두 개 일어납니다.

이제 alien_invasion.py를 실행하면 우주선을 좌우로 계속 이동시킬 수 있습니다. 두 키를 동시에 누르면 우주선이 정지해야 합니다.

다음 할 일은 우주선의 움직임을 더 개선해서 속도를 조절하고, 우주선이 화면 밖으로 나가지 않게끔 이동 거리를 제한하는 작업입니다.

12.6.4 우주선 속도 조정하기

현재는 우주선이 while 루프 1회에 1픽셀을 이동하지만, Settings 클래스에 ship_speed 속
성을 추가해서 이 속도를 조절할 수 있습니다. 이 속성은 루프 1회에 우주선이 움직일 거리를
결정합니다. settings.py에 다음과 같이 새 속성을 추가합니다.

settings.py

```
class Settings:
    """외계인 침공의 설정을 저장하는 클래스"""

    def __init__(self):
        --생략--

        # 우주선 설정
        self.ship_speed = 1.5
```

ship_speed의 초기 값을 1.5로 설정했습니다. 이제 우주선을 이동시키면 루프 1회에 1픽셀
이 아니라 1.5픽셀만큼 움직입니다.

여기서 속도에 부동 소수점 숫자를 쓴 이유는 나중에 게임 속도를 올릴 때 우주선 속도를 더 세
밀히 제어하기 위해서입니다. 하지만 x 같은 rect 속성은 정수 값만 저장할 수 있으므로 Ship
을 다음과 같이 수정해야 합니다.

ship.py

```
class Ship:
    """우주선을 관리하는 클래스"""

    def __init__(self, ai_game):
        """우주선을 초기화하고 시작 위치를 설정합니다"""
        self.screen = ai_game.screen
        self.settings = ai_game.settings # ❶
        --생략--

        # 우주선의 초기 위치는 화면 하단 중앙입니다
        self.rect.midbottom = self.screen_rect.midbottom

        # 우주선의 정확한 가로 위치 설정을 위해 부동 소수점 숫자를 저장합니다
        self.x = float(self.rect.x) # ❷
```

```
        # 움직임 플래그는 정지 상태로 시작합니다
        self.moving_right = False
        self.moving_left = False

    def update(self):
        """움직임 플래그를 바탕으로 우주선 위치를 업데이트합니다"""
        # rect가 아니라 우주선의 x 값을 업데이트합니다
        if self.moving_right:
            self.x += self.settings.ship_speed    # ❸

        if self.moving_left:
            self.x -= self.settings.ship_speed

        # self.x를 통해 rect 객체를 업데이트합니다
        self.rect.x = self.x    # ❹

    def blitme(self):
        --생략--
```

❶에서는 update()에서 사용할 수 있도록 Ship에 settings 속성을 만들었습니다. 우주선 위치를 소수점 있는 픽셀 단위로 조정하고 있으므로 우주선의 위치는 부동 소수점 숫자를 할당할 수 있는 변수에 할당해야 합니다. rect의 속성에 부동 소수점 숫자를 할당은 할 수 있지만, rect는 할당된 값의 정수 부분만 유지합니다. ❷에서는 우주선 위치를 정확히 저장하기 위해 self.x를 새로 정의했습니다. float() 함수로 self.rect.x의 값을 부동 소수점 숫자로 변환해 self.x에 할당합니다.

❸에서는 우주선 위치를 조정할 때 self.x의 값을 settings.ship_speed에 저장된 값만큼 조정하게 바꿨습니다. self.x를 업데이트한 다음에는, 우주선의 위치를 실제로 결정하는 self.rect.x에 이 값을 할당합니다. self.x의 정수 부분만 self.rect.x에 저장되긴 하지만, 우주선을 표시하는 데는 문제가 없습니다.

이제 ship_speed의 값을 늘리는 만큼 우주선도 더 빨리 움직입니다. 이제 외계인을 격추할 수 있을 만큼 우주선이 빠르게 이동하고, 플레이어가 게임을 진행함에 따라 전반적인 속도를 올릴 준비도 됐습니다.

12.6.5 우주선의 이동 범위 정하기

지금은 화살표 키를 너무 오래 누르고 있으면 우주선이 화면 경계를 넘어 사라집니다. 우주선이 화면 경계에 도달하면 이동을 멈추도록 수정하겠습니다. Ship의 update() 메서드를 다음과 같이 수정합니다.

ship.py

```
    def update(self):
        """움직임 플래그를 바탕으로 우주선 위치를 업데이트합니다"""
        # rect가 아니라 우주선의 x 값을 업데이트합니다
        if self.moving_right and self.rect.right < self.screen_rect.right: # ❶
            self.x += self.settings.ship_speed
        if self.moving_left and self.rect.left > 0: # ❷
            self.x -= self.settings.ship_speed

        # self.x를 통해 rect 객체를 업데이트합니다
        self.rect.x = self.x
```

이 코드는 self.x 값을 바꾸기 전에 우주선의 위치를 확인합니다. self.rect.right는 우주선을 나타내는 rect의 오른쪽 모서리의 x 좌표입니다. 이 값이 self.screen_rect.right보다 작으면(❶) 우주선은 아직 화면 오른쪽 끝에 도달하지 않은 겁니다. 왼쪽도 마찬가지입니다. 우주선의 rect의 왼쪽 값이 0보다 크다면(❷) 우주선은 화면 왼쪽 끝에 도달하지 않은 겁니다. 이제 self.x 값을 조정하기 전에 우주선이 화면 안에 있는지 확인합니다.

이제 alien_invasion.py를 실행하면 우주선이 화면 좌우 끝에서 이동을 멈출 겁니다. 그저 if 문에 조건을 추가하기만 했는데 우주선이 화면 경계에서 마치 벽을 만난 것처럼 이동을 멈춥니다.

12.6.6 _check_events() 리팩터링

게임 개발을 계속하면서 _check_events() 메서드도 점점 길어질 테니 KEYDOWN 이벤트를 처리하는 메서드, KEYUP 이벤트를 처리하는 메서드 두 개로 분리합니다.

```
    def _check_events(self):
        """키 입력과 마우스 이벤트에 응답합니다"""
        for event in pygame.event.get():
            if event.type == pygame.QUIT:
                sys.exit()
            elif event.type == pygame.KEYDOWN:
                self._check_keydown_events(event)
            elif event.type == pygame.KEYUP:
                self._check_keyup_events(event)

    def _check_keydown_events(self, event):
        """키를 누를 때 응답합니다"""
        if event.key == pygame.K_RIGHT:
            self.ship.moving_right = True
        elif event.key == pygame.K_LEFT:
            self.ship.moving_left = True

    def _check_keyup_events(self, event):
        """키에서 손을 뗄 때 응답합니다"""
        if event.key == pygame.K_RIGHT:
            self.ship.moving_right = False
        elif event.key == pygame.K_LEFT:
            self.ship.moving_left = False
```

_check_keydown_events(), _check_keyup_events() 두 가지 보조 메서드를 만듭니다. 두 메서드는 모두 self와 event 매개변수를 받습니다. 두 메서드의 바디는 _check_events()에서 복사했고, _check_events()의 코드는 보조 메서드 호출로 바꿨습니다. _check_events() 메서드는 이제 더 단순해졌으므로 플레이어에게 더 쉽게 응답할 수 있습니다.

12.6.7 Q를 눌러 종료하기

키 입력에 더 효율적으로 응답할 수 있으므로 이제 게임을 종료하는 방법을 추가하겠습니다. 새로운 기능을 테스트할 때마다 [종료] 버튼을 클릭하는 건 번거로우므로 Q를 눌러도 게임을 종료할 수 있게 만들겠습니다.

```
    def _check_keydown_events(self, event):
        --생략--
        elif event.key == pygame.K_LEFT:
            self.ship.moving_left = True
        elif event.key == pygame.K_q:
            sys.exit()
```

_check_keydown_events()에 플레이어가 Q를 누를 때 게임을 종료하는 elif 블록을 추가 했습니다. 이제 테스트할 때 [종료] 버튼을 클릭하지 않고 Q를 눌러 종료할 수 있습니다.[1]

12.6.8 전체 화면 모드에서 게임 실행하기

파이게임은 전체 화면 모드에서 게임을 실행할 수 있습니다. 대개는 전체 화면 모드에서 게임을 실행하는 게 더 보기 좋고, 컴퓨터에 따라서는 전체 화면 모드에서 성능이 더 좋아집니다.

__init__() 메서드를 다음과 같이 수정합니다.[2]

```
    def __init__(self):
        """게임을 초기화하고 게임 자원을 만듭니다"""
        pygame.init()
        self.settings = Settings()

        self.screen = pygame.display.set_mode((0, 0), pygame.FULLSCREEN) # ❶
        self.settings.screen_width = self.screen.get_rect().width # ❷
        self.settings.screen_height = self.screen.get_rect().height
        pygame.display.set_caption("Alien Invasion")
```

코드는 화면 서피스를 만들 때 (0, 0)의 크기와 함께 **pygame.FULLSCREEN** 매개변수를 전달합니다(❶). 파이게임은 이 명령을 보고 전체 화면 크기를 계산합니다. 화면이 만들어지면 ❷에서 화면 rect의 width, height 속성으로 settings 객체를 업데이트합니다.

---

1 옮긴이_ 만약 Q를 눌러서 게임이 종료되지 않는다면 연습문제 12-5를 참고해 보세요.

2 다시 창 모드로 바꿔야 할 수 있으므로 기존 내용을 제거하지 말고 주석으로 바꾸길 권합니다.

전체 화면 모드가 마음에 들면 이 설정을 유지하세요. 전체 화면 모드가 마음에 들지 않으면 화면 크기를 설정했던 방식으로 돌아가도 됩니다.

> **NOTE** 전체 화면 모드에서 게임을 실행하기 전에, 먼저 Q를 눌러 게임을 종료할 수 있는지부터 확인하세요. 파이게임은 전체 화면 모드에서 [닫기] 버튼이 나타나지 않으므로 게임을 종료하기 어려울 수도 있습니다.

12.7 탄환을 쏘기 전 빠른 준비

다음 절에서는 탄환을 쏘는 기능을 추가하겠습니다. 이를 위해서 bullet.py 파일을 새로 만들고, 기존 파일도 수정할 겁니다. 지금은 세 개의 파일에 클래스와 메서드가 나뉘어 있습니다. 기능을 추가하기 전에 이전 파일을 살펴보면서 프로젝트가 어떻게 구성되어 있는지 살펴보고 다시 정리하고 넘어가는 게 좋습니다.

12.7.1 alien_invasion.py

메인 파일인 alien_invasion.py에는 AlienInvasion 클래스가 있습니다. 이 클래스에는 게임 전체에서 사용되는 다양한 중요 속성이 있습니다. 설정은 settings에, 디스플레이 서피스는 screen에 할당되고 ship 인스턴스 역시 이 파일에서 만듭니다. 게임의 메인 루프인 while 루프도 이 모듈에 속합니다. while 루프는 _check_events(), ship.update(), _update_screen()을 호출하며 루프가 반복될 때마다 시계를 움직입니다.

_check_events() 메서드는 키 입력과 해제 같은 이벤트를 감지하고 _check_keydown_events(), _check_keyup_events() 메서드를 통해 이벤트를 처리합니다. 지금은 이 메서드가 우주선의 움직임만 조절합니다. AlienInvasion 클래스에는 메인 루프를 반복할 때마다 화면을 다시 그리는 _update_screen()도 있습니다.

'외계인 침공'을 실행할 때는 alien_invasion.py 파일을 실행합니다. settings.py, ship.py는 alien_invasion.py 파일에서 임포트합니다.

12.7.2 settings.py

settings.py 파일에는 Settings 클래스가 있습니다. 이 클래스에는 게임의 모양, 우주선 속도 관련 속성을 초기화하는 __init__() 메서드만 있습니다.

12.7.3 ship.py

ship.py 파일에는 Ship 클래스가 있습니다. Ship 클래스에는 __init__() 메서드, 우주선 위치를 결정하는 update() 메서드, 우주선을 화면에 그리는 blitme() 메서드가 있습니다. 우주선 이미지는 images 폴더의 ship.bmp입니다.

연습문제

12-3 파이게임 문서
게임 개발을 상당히 진행했으므로 파이게임 문서를 읽어 보고 싶은 독자도 있을 겁니다. 파이게임 홈페이지는 *https://pygame.org*이고 문서는 *https://pygame.org/docs*에 있습니다. 지금은 문서를 훑어보기만 해도 됩니다. 문서를 읽지 않아도 '외계인 침공' 프로젝트를 완료할 수 있습니다. 하지만 나중에 프로젝트를 더 개선하거나, 여러분 스스로 게임을 만들 때는 이 문서가 도움이 될 겁니다.

12-4 로켓
화면 중앙에 로켓이 있는 게임을 만드세요. 플레이어는 화살표 키를 써서 로켓을 상하좌우로 이동시킬 수 있어야 합니다. 로켓이 화면 가장자리를 벗어나지 않도록 하세요.

12-5 키
빈 화면을 생성하는 파이게임 파일을 만드세요. 이벤트 루프에서 pygame.KEYDOWN 이벤트를 감지할 때마다 event.key 속성을 출력하세요. 프로그램을 실행하고 다양한 키를 눌러 파이게임이 어떻게 반응하는지 확인하세요.

12.8 탄환 발사하기

이제 탄환을 발사하는 기능을 추가하겠습니다. 플레이어가 Space 를 누르면 탄환(작은 사각형)이 발사되고 탄환은 화면 위쪽을 향해 직진하며 화면을 벗어나면 사라지게 만들겠습니다.

12.8.1 탄환 설정 추가하기

__init__() 메서드 마지막에 Bullet 클래스에 필요한 값이 들어가도록 settings.py를 업데이트합니다.

settings.py

```
def __init__(self):
    --생략--
    # 탄환 설정
    self.bullet_speed = 2.0
    self.bullet_width = 3
    self.bullet_height = 15
    self.bullet_color = (60, 60, 60)
```

이 설정은 너비가 3픽셀, 높이가 15픽셀인 진한 회색 탄환을 만듭니다. 탄환의 속도는 우주선보다 조금 빠릅니다.

12.8.2 Bullet 클래스 만들기

Bullet 클래스를 저장할 bullet.py 파일을 만듭니다. bullet.py의 첫 부분은 다음과 같습니다.

bullet.py

```
import pygame
from pygame.sprite import Sprite

class Bullet(Sprite):
    """우주선이 발사하는 탄환을 관리하는 클래스"""

    def __init__(self, ai_game):
        """우주선의 현재 위치에서 탄환 개체를 만듭니다"""
        super().__init__()
        self.screen = ai_game.screen
        self.settings = ai_game.settings
        self.color = self.settings.bullet_color

        # (0, 0)에 탄환 사각형을 만들고 위치를 설정합니다
```

```
        self.rect = pygame.Rect(0, 0, self.settings.bullet_width, # ❶
            self.settings.bullet_height)
        self.rect.midtop = ai_game.ship.rect.midtop # ❷

        # 탄환 위치를 부동 소수점 숫자로 저장합니다
        self.y = float(self.rect.y) # ❸
```

Bullet 클래스는 pygame.sprite 모듈에서 임포트하는 Sprite(스프라이트)를 상속합니다. 스프라이트를 사용하면 게임의 관련 요소를 그룹으로 묶고 그룹의 요소 전체를 한번에 조작할 수 있습니다. 탄환 인스턴스를 만들기 위해서는 __init__()이 AlienInvasion의 현재 인스턴스를 받아야 합니다. 또한 Sprite를 상속하기 위해 super()의 __init__()을 호출했습니다. 화면과 설정 객체, 탄환 색깔에 관한 속성도 초기화했습니다.

❶은 탄환의 rect 속성입니다. 탄환은 이미지를 사용하지 않으므로 pygame.Rect() 클래스를 사용해 rect를 처음부터 만들어야 합니다. 이 클래스는 rect의 왼쪽 상단 꼭짓점의 좌표, rect의 너비와 높이가 필요합니다. 여기서는 rect를 (0, 0) 좌표에 초기화하지만, 탄환은 우주선 위치에서 발사하므로 다음 행에서 위치를 다시 조정합니다. 탄환의 너비와 높이는 self.settings에서 가져옵니다.

❷에서는 탄환의 midtop 속성을 우주선의 midtop 속성에 맞췄습니다. 이렇게 하면 탄환이 우주선의 맨 위에서 나타나므로 우주선이 탄환을 발사하는 것처럼 보입니다. ❸에서는 탄환의 속도를 세밀히 조정할 수 있도록 부동 소수점 숫자를 사용했습니다.

다음 코드는 bullet.py의 두 번째 부분인 update(), draw_bullet()입니다.

bullet.py

```
    def update(self):
        """탄환이 화면 위 방향으로 이동합니다"""
        # 탄환 위치를 정확히 업데이트합니다
        self.y -= self.settings.bullet_speed # ❶
        # 사각형 위치를 업데이트합니다
        self.rect.y = self.y # ❷

    def draw_bullet(self):
        """화면에 탄환을 그립니다"""
        pygame.draw.rect(self.screen, self.color, self.rect) # ❸
```

update() 메서드는 탄환 위치를 관리합니다. 탄환을 발사하면 y 좌표 값이 감소하면서 화면 위로 움직입니다. ❶에서는 self.y에서 settings.bullet_speed를 빼 위치를 업데이트합니다. 그리고 ❷에서 self.y를 self.rect.y에 할당합니다.

게임 난이도나 필요에 따라 bullet_speed 설정을 바꿔 탄환 속도를 올릴 수 있습니다. 탄환을 발사한 후엔 x 값을 바꾸지 않으므로 우주선이 움직이더라도 탄환은 계속 수직으로 이동합니다.

draw_bullet()은 탄환을 그립니다. ❸의 draw.rect() 함수는 rect로 정의한 부분을 self.color로 채웁니다.

12.8.3 탄환을 그룹에 저장하기

Bullet 클래스를 만들고 필요한 설정을 정의했으니 플레이어가 ⸢Space⸥를 누를 때마다 탄환을 발사하는 코드를 만들 차례입니다. 이미 발사한 탄환을 묶어서 관리할 수 있도록 Alien-Invasion에 그룹을 만듭니다. 이 그룹은 pygame.sprite.Group 클래스의 인스턴스입니다. pygame.sprite.Group 클래스는 리스트와 비슷하며 게임에 유용한 몇 가지 추가 기능이 있습니다. 이 그룹을 사용해서 메인 루프의 반복마다 탄환 위치를 업데이트하고 화면에 탄환을 그립니다.

먼저 Bullet 클래스를 임포트합니다.

alien_invasion.py

```
--생략--
from ship import Ship
from bullet import Bullet
```

__init__()에서는 탄환 그룹을 만듭니다.

alien_invasion.py

```
    def __init__(self):
        --생략--
        self.ship = Ship(self)
```

```
        self.bullets = pygame.sprite.Group()
```

다음은 while 루프를 반복할 때마다 탄환 위치를 업데이트하는 코드입니다.

alien_invasion.py

```
    def run_game(self):
        """게임의 메인 루프를 시작합니다"""
        while True:
            self._check_events()
            self.ship.update()
            self.bullets.update()
            self._update_screen()
            self.clock.tick(60)
```

그룹에서 update()를 호출하면 그룹에 속한 각 스프라이트에서 자동으로 update()를 호출합니다. 즉 self.bullets.update()는 bullets 그룹의 탄환 전체에서 bullet.update()를 호출합니다.

12.8.4 탄환 발사하기

플레이어가 Space 를 누를 때마다 탄환을 발사하려면 _check_keydown_events()를 수정해야 합니다. Space 를 놓을 때는 아무 일도 하지 않으므로 _check_keyup_events()는 변경하지 않습니다. 또한 flip()을 호출하기 전에 각 탄환이 화면에 그려지도록 _update_screen()을 수정해야 합니다.

탄환을 발사할 때 할 일이 많은 편이므로 이를 처리하는 새 메서드 _fire_bullet()을 만듭니다.

alien_invasion.py

```
    def _check_keydown_events(self, event):
        --생략--
        elif event.key == pygame.K_q:
            sys.exit()
        elif event.key == pygame.K_SPACE: # ❶
```

```
            self._fire_bullet()

    def _check_keyup_events(self, event):
        --생략--

    def _fire_bullet(self):
        """새 탄환을 만들어 탄환 그룹에 추가합니다"""
        new_bullet = Bullet(self)  # ❷
        self.bullets.add(new_bullet)  # ❸

    def _update_screen(self):
        """화면의 이미지를 업데이트하고 화면을 새로 그립니다"""
        self.screen.fill(self.settings.bg_color)
        for bullet in self.bullets.sprites():  # ❹
            bullet.draw_bullet()
        self.ship.blitme()

        pygame.display.flip()
    --생략--
```

❶은 Space 를 누를 때 _fire_bullet()을 호출합니다. ❷는 Bullet 인스턴스를 만들어 new_bullet에 할당합니다. ❸은 add() 메서드를 써서 bullets 그룹에 새 탄환을 추가합니다. add() 메서드는 append()와 비슷하지만, 파이게임에 알맞게 작성된 메서드입니다.

bullets.sprites() 메서드는 bullets 그룹의 스프라이트를 모두 반환합니다. ❹는 bullets의 스프라이트를 순회하며 draw_bullet()을 호출해 발사된 탄환을 모두 화면에 그립니다. 이 루프가 우주선을 그리는 행보다 앞에 있으므로 탄환이 우주선을 가리는 모습은 보이지 않습니다.

이제 alien_invasion.py를 실행하면 우주선을 좌우로 움직이면서 원하는 만큼 탄환을 발사할 수 있습니다. [그림 12-3]과 마찬가지로 탄환은 화면 위를 향해 움직이며 맨 위에 도달하면 사라집니다. settings.py에서 탄환의 크기, 색깔, 속도를 바꿀 수 있습니다.

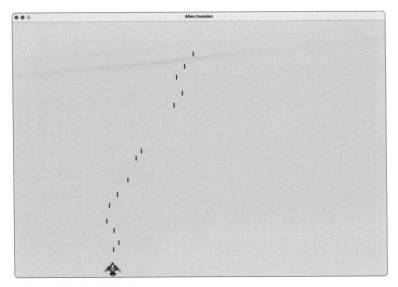

그림 12-3 탄환을 발사하는 우주선

12.8.5 창을 벗어난 탄환 제거하기

지금은 화면 맨 위에 도달한 탄환이 사라지는 것처럼 보이지만, 사실은 파이게임이 게임 창을 벗어난 탄환을 그리지 못하는 것뿐입니다. 실제로 탄환은 계속 존재하며 y 좌표 값은 점점 마이너스 방향으로 커집니다. 이 탄환들은 메모리와 CPU 자원을 계속 소비합니다.

화면을 벗어난 탄환을 제거하지 않으면 게임이 불필요한 작업을 수행하느라 계속 느려질 겁니다. 탄환 `rect`의 `bottom` 값이 0이 되는 순간, 탄환은 화면을 벗어납니다.

alien_invasion.py

```
    def run_game(self):
        """게임의 메인 루프를 시작합니다"""
        while True:
            self._check_events()
            self.ship.update()
            self.bullets.update()

            # 사라진 탄환을 제거합니다
            for bullet in self.bullets.copy(): # ❶
                if bullet.rect.bottom <= 0: # ❷
```

```
        self.bullets.remove(bullet) # ❸
    print(len(self.bullets)) # ❹

self._update_screen()
self.clock.tick(60)
```

리스트(여기서는 파이게임 그룹)에서 for 루프를 실행하면 파이썬은 루프가 반복되는 동안 리스트의 길이가 유지될 거라고 가정합니다. 따라서 for 루프 안에서 리스트나 그룹의 요소를 직접 제거하면 안 되고, 그룹의 사본을 순회해야 합니다. ❶에서는 copy() 메서드를 사용해 for 루프를 만들었습니다. 이렇게 하면 '루프 안에서' 원본 그룹이 변하지는 않습니다. ❷는 탄환이 화면을 벗어났는지 확인합니다. 벗어났다면 bullets에서 제거합니다(❸). ❹는 현재 게임에 탄환 몇 개 있는지 확인하는 print()입니다. 이를 통해 화면을 벗어난 탄환이 제거되는 걸 확인할 수 있습니다.

이 코드가 정확히 동작한다면, 터미널을 주시하면서 탄환이 화면을 벗어날 때마다 탄환 숫자가 감소해 0이 되는 걸 볼 수 있습니다. 게임을 실행하고 탄환이 정상적으로 제거되는 걸 확인했다면 ❹의 print()는 제거하세요. 제거하지 않으면 게임 창을 업데이트하는 것보다 터미널에 출력하는 데 시간을 더 많이 소모해서 게임이 상당히 느려질 수 있습니다.

12.8.6 탄환 수 제한하기

대부분의 슈팅 게임은 플레이어가 무턱대고 탄환을 쏘기보다는 정확히 발사하는 걸 장려하기 위해 발사할 수 있는 개수를 제한하곤 합니다. '외계인 침공'에도 이런 기능을 도입하겠습니다.

먼저 허용하는 탄환 개수를 settings.py에 저장합니다.

settings.py

```
# 탄환 설정
    --생략--
    self.bullet_color = (60, 60, 60)
    self.bullets_allowed = 3
```

이제 플레이어 한 번에 탄환 세 개까지만 발사할 수 있습니다. 게임 인스턴스에서는 이 설정을 사용해 _fire_bullet()에서 새 탄환을 만들기 전에 기존 탄환 개수를 체크합니다.

alien_invasion.py

```
    def _fire_bullet(self):
        """새 탄환을 만들어 탄환 그룹에 추가합니다"""
        if len(self.bullets) < self.settings.bullets_allowed:
            new_bullet = Bullet(self)
            self.bullets.add(new_bullet)
```

플레이어가 Space 를 누르면 먼저 bullets의 길이를 확인합니다. len(self.bullets)가 3 보다 작으면 새 탄환을 만듭니다. 하지만 탄환 세 개가 이미 발사된 상태이면 Space 를 눌러도 아무 일도 하지 않습니다. 이제 게임을 실행하면 한 화면에 탄환이 세 개 이상 만들어지지 않습니다.

12.8.7 _update_bullets() 메서드

AlienInvasion 클래스는 가능한 한 간결하게 유지하는 게 좋습니다. 탄환을 관리하는 코드를 작성하고 체크했으니 이를 별도의 메서드로 분리하겠습니다. 새 메서드 _update_bullets() 를 만들고 이를 _update_screen() 바로 앞으로 이동합니다.

alien_invasion.py

```
    def _update_bullets(self):
        """탄환 위치를 업데이트하고 사라진 탄환을 제거합니다"""
        # 탄환 위치를 업데이트합니다
        self.bullets.update()

        # 사라진 탄환을 제거합니다
        for bullet in self.bullets.copy():
            if bullet.rect.bottom <= 0:
                self.bullets.remove(bullet)
```

_update_bullets() 코드는 run_game()에서 가져왔습니다. 여기서 한 일은 주석을 명확하게 업데이트한 게 전부입니다.

run_game()의 while 루프는 다시 단순해졌습니다.

```
    while True:
        self._check_events()
        self.ship.update()
        self._update_bullets()
        self._update_screen()
        self.clock.tick(60)
```

이제 메인 루프를 다시 간결하게 바꿨고, 메서드 이름만 읽어도 게임이 어떻게 진행되는지 빠르게 이해할 수 있습니다. 메인 루프는 플레이어 입력을 확인하고 우주선과 탄환을 업데이트합니다. 그런 다음 업데이트된 위치를 사용해 화면을 새로 그리고, 마지막으로 시계를 움직입니다.

alien_invasion.py를 다시 실행해서 그동안 추가한 기능이 정상적으로 동작하는지 확인하세요.

연습문제

12-6 수평 슈팅 게임
우주선을 화면 왼쪽에 배치하고 플레이어가 상하로 움직일 수 있는 게임을 만드세요. 플레이어가 Space 를 누르면 우주선이 탄환을 발사하고, 이 탄환은 화면을 가로질러 오른쪽으로 이동해야 합니다. 화면에서 사라진 탄환이 제거되는 걸 확인하세요.

12.9 요약 정리

이 장에서는 게임을 계획하는 방법, 파이게임으로 게임의 기본 구조를 만드는 방법을 알아보았습니다. 배경색을 설정하고 설정을 별도의 클래스에 저장해 더 쉽게 수정하는 방법과 화면에 이미지를 그리는 방법, 플레이어가 게임 요소를 움직이게 하는 방법을 배웠습니다. 그리고 화면 위로 날아가는 탄환처럼 자체적으로 움직이는 요소를 만들고 더 이상 필요하지 않은 객체를 제거했습니다. 마지막으로 개발을 유지할 수 있도록 정기적으로 프로젝트 코드를 리팩터링하는 방법까지 배웠습니다.

13장에서는 '외계인 침공'에 외계인을 추가합니다. 13장을 마칠 때쯤이면 외계인을 격추할 수 있습니다.

'외계인 침공': 외계인!

이 장에서는 이제 '외계인 침공'에 외계인을 추가하겠습니다. 우선 화면 상단에 외계인 하나를 추가하고, 그 다음에는 외계인 함대를 만들겠습니다. 함대는 좌우와 아래로 이동하며 플레이어가 쏜 탄환에 맞은 외계인은 제거됩니다. 마지막으로 플레이어가 조종할 수 있는 우주선 숫자를 제한하고 우주선을 모두 잃으면 게임이 끝나도록 만들어 보겠습니다.

이 장을 진행하면서 파이게임에 대해 더 많이 알게 되고 큰 프로젝트를 관리하는 방법도 더 많이 배울 겁니다. 추가로 탄환과 외계인 같은 게임 객체의 충돌을 감지하는 방법도 알아보고 충돌 감지를 통해 게임 요소 사이의 상호작용을 만들어 봅니다. 예를 들어 게임 캐릭터가 게임의 벽을 뚫고 나가지 못하게 하거나, 캐릭터들이 공을 주고받는 것과 같은 상호작용을 충돌로 정의해 봅니다. 또한 이따금 계획을 다시 읽어 보면서 코드 작성의 방향을 점검할 겁니다.

'외계인 침공'에 새로운 코드를 추가하기 전에 계획을 다시 살펴보고 업데이트해 보겠습니다.

13.1 프로젝트 검토하기

큰 프로젝트에서는 개발 단계를 진행하기 전에 계획을 다시 살펴보고, 추가할 코드가 어떤 목표를 달성할지 명확히 하는 게 좋습니다. 이 장에서 할 일은 다음과 같습니다.

- 화면 왼쪽 상단 꼭짓점에 외계인을 추가하되, 주위에 공백을 적절히 남긴다.
- 화면 상단을 외계인으로 채운다. 그리고 외계인을 몇 줄 추가해 함대를 만든다.
- 함대를 좌우와 아래로 움직이게 만든다. 함대 전체를 격추하거나, 외계인이 우주선과 충돌하거나, 외계인이 화면 하단에 도달할 때까지 이를 반복한다. 함대 전체를 격추하면 새로운 함대를 만든다. 외계인이 우주선과 충돌하거나 화면 하단에 도달하면 우주선을 파괴하고 함대를 새로 만든다.
- 플레이어가 쓸 수 있는 우주선 개수를 제한하고, 우주선이 모두 파괴되면 게임을 끝낸다.

기능을 추가하면서 계획도 더 구체적으로 개선하겠지만, 이대로도 코드 작성을 시작하기에 충분합니다.

프로젝트에 새로운 기능을 추가할 때는 기존의 코드도 검토해야 합니다. 단계가 넘어갈수록 프로젝트가 복잡해지는 게 일반적이므로 비효율적이거나 복잡해진 코드를 미리 정리하는 게 좋습니다. 우리는 그동안 꾸준히 리팩터링을 했으므로 지금은 리팩터링할 코드가 없습니다.

13.2 첫 번째 외계인 만들기

화면에 외계인을 하나 배치하는 건 우주선을 배치하는 것과 마찬가지입니다. 각 외계인은 Alien 클래스로 제어하며 이 클래스는 Ship 클래스와 비슷합니다. 단순함을 위해 이번에도 비트맵 이미지를 사용하겠습니다. 외계인 이미지는 여러분이 직접 찾아도 되고, [그림 13-1]의 이미지를 써도 됩니다. 이 이미지는 *https://ehmatthes.github.io/pcc_3e*에서 받을 수 있습니다. 이 이미지의 배경색은 화면의 배경색과 일치합니다. 선택한 이미지 파일은 images 폴더에 저장하는 걸 잊지 마세요.

그림 13-1 외계인 이미지

13.2.1 Alien 클래스 만들기

다음과 같이 alien.py를 만드세요.

```python
import pygame
from pygame.sprite import Sprite

class Alien(Sprite):
    """함대에 속한 외계인 하나를 나타내는 클래스"""

    def __init__(self, ai_game):
        """외계인을 초기화하고 시작 위치를 설정합니다"""
        super().__init__()
        self.screen = ai_game.screen

        # 외계인 이미지를 불러와 rect 속성을 설정합니다
        self.image = pygame.image.load('images/alien.bmp')
        self.rect = self.image.get_rect()

        # 외계인은 화면 좌측 상단 근처에 만듭니다
        self.rect.x = self.rect.width # ❶
        self.rect.y = self.rect.height

        # 외계인의 정확한 가로 위치를 저장합니다
        self.x = float(self.rect.x) # ❷
```

이 클래스는 Ship 클래스와 거의 비슷하지만, 외계인을 화면에 배치하는 부분이 다릅니다. 먼저 외계인을 화면의 왼쪽 상단 꼭짓점 근처에 배치합니다. 외계인을 알아보기 쉽도록 왼쪽에는 외계인의 너비와 같은 공백을 두고(❶), 위에도 외계인의 높이와 같은 공백을 둡니다. 지금은 외계인의 가로 방향 움직임에 주목해야 하므로 가로 방향 좌표를 정확히 추적합니다(❷).

Alien 클래스에는 외계인을 화면에 그리는 메서드를 만들지 않고, 그룹의 요소 전체를 자동으로 그리는 파이게임 메서드를 사용합니다.

13.2.2 Alien 인스턴스 만들기

외계인을 화면에 표시하려면 먼저 Alien 인스턴스를 만들어야 합니다. 이는 설정 작업에 속하므로 AlienInvasion의 __init__() 메서드 마지막에 인스턴스를 생성하는 코드를 추가합니다. 결국에는 외계인 함대 전체를 만들테고 이는 상당한 양의 코드가 필요할 테니 보조 메서드 _create_fleet()을 새로 만듭니다.

클래스 내부의 메서드 순서는 중요하지 않지만 일관성은 있는 게 좋습니다. 그러므로 필자는 _create_fleet()을 _update_screen() 메서드 바로 앞에 배치했지만, AlienInvasion 내부에 있기만 하면 문제는 없습니다. 먼저 Alien 클래스를 임포트합니다.

alien_invasion.py의 import 문을 다음과 같이 수정합니다.

alien_invasion.py

```
--생략--
from bullet import Bullet
from alien import Alien
```

__init__() 메서드는 다음과 같이 수정합니다.

alien_invasion.py

```
    def __init__(self):
        --생략--
        self.ship = Ship(self)
        self.bullets = pygame.sprite.Group()
        self.aliens = pygame.sprite.Group()

        self._create_fleet()
```

외계인 함대가 들어갈 그룹 aliens를 만들고, 이제 만들 _create_fleet()을 호출합니다.

_create_fleet() 메서드는 다음과 같습니다.

alien_invasion.py

```
    def _create_fleet(self):
        """외계인 함대를 만듭니다"""
        # 외계인을 하나 만듭니다
        alien = Alien(self)
        self.aliens.add(alien)
```

이 메서드는 Alien 인스턴스를 하나 만들고 이를 함대 그룹에 추가합니다. 외계인은 기본 위치인 화면 왼쪽 상단에 배치됩니다.

_update_screen()에서 그룹의 draw() 메서드를 호출해야 외계인이 나타납니다.

alien_invasion.py

```
    def _update_screen(self):
        --생략--
        self.ship.blitme()
        self.aliens.draw(self.screen)

        pygame.display.flip()
```

그룹에서 draw()를 호출하면 파이게임은 그룹의 각 요소를 rect 속성에 정의된 위치에 그립니다. draw() 메서드는 그룹 요소를 그릴 서피스를 인수로 받습니다. [그림 13-2]는 화면에 첫 번째 외계인이 나타난 모습입니다.

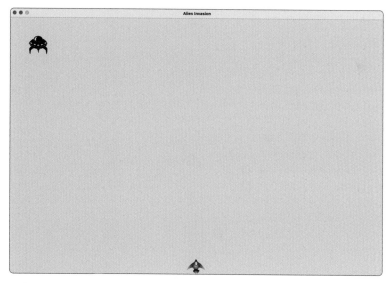

그림 13-2 첫 번째 외계인

첫 번째 외계인이 정확히 나타났으니 이제 함대 전체를 그리는 코드를 만들 차례입니다.

13.3 외계인 함대 만들기

함대를 그리기 위해서는 게임 화면을 너무 **빽빽**하게 만들지 않으면서 화면 상단에 외계인을 채울 방법이 필요합니다. 방법은 다양합니다. 여기서는 새 외계인을 추가할 공간이 없을 때까지 외계인을 계속 추가하는 방법을 쓸 겁니다. 그리고 새로운 줄을 추가할 공간이 있으면 이 절차를 반복합니다.

13.3.1 외계인 한 줄 만들기

외계인 한 줄을 만들 준비는 끝났습니다. 먼저 외계인 하나를 만들어 너비를 파악합니다. 외계인을 화면 왼쪽에 배치한 다음, 공간이 있으면 외계인 추가를 계속합니다.

alien_invasion.py

```
def _create_fleet(self):
    """외계인 함대를 만듭니다"""
    # 외계인 하나를 만들고, 공간이 없을 때까지 계속 추가합니다
    # 외계인 사이의 공간은 외계인 너비와 같습니다
    alien = Alien(self)
    alien_width = alien.rect.width

    current_x = alien_width # ❶
    while current_x < (self.settings.screen_width - 2 * alien_width): # ❷
        new_alien = Alien(self) # ❸
        new_alien.x = current_x # ❹
        new_alien.rect.x = current_x
        self.aliens.add(new_alien)
        current_x += 2 * alien_width # ❺
```

첫 번째 외계인에서 외계인 너비를 구하고, 이 값을 ❶에서 current_x 변수에 할당합니다. 이 값은 다음 외계인이 배치될 가로 위치입니다. 이 값을 외계인 너비로 초기화한 이유는 첫 번째 외계인과 화면 왼쪽 경계 사이에도 공간이 있어야 하기 때문입니다.

❷에서는 while 루프를 시작합니다. 이 루프는 화면에 공간이 있는 한 외계인을 계속 추가합니다. 외계인을 추가할 공간이 있는지 알아보려면 current_x를 어떤 값과 비교하면 됩니다. 우선 다음과 같이 비교해 봅니다.

```
while current_x < self.settings.screen_width:
```

언뜻 보면 잘 동작할 것 같지만, 이렇게 하면 화면의 오른쪽 경계에 마지막 외계인이 배치될 수 있습니다. 화면 오른쪽에 공간을 확보하면 이를 막을 수 있습니다. 화면 오른쪽에 외계인 너비의 최소 두 배에 해당하는 공간이 있다면 외계인을 계속 추가해도 됩니다.

공간이 충분하다면 루프를 반복하면서 할 일은 두 가지입니다. 먼저 정확한 위치에 외계인을 생성해야 하고, 다음 외계인을 배치할 위치를 계산해야 합니다. ❸에서는 외계인을 만들어 new_alien에 할당합니다. 그리고 ❹에서는 current_x의 값을 가로 위치로 설정합니다. 외계인의 rect 역시 같은 위치로 설정하고, 새 외계인을 self.aliens 그룹에 추가합니다.

마지막으로 ❺에서 current_x의 값을 늘립니다. 외계인 너비의 두 배를 더하는 이유는 외계인 사이에 공간이 있어야 하기 때문입니다. 파이썬은 while 루프의 처음으로 돌아가 조건을 다시 평가하고 다른 외계인을 추가할 공간이 있는지 확인합니다. 공간이 없으면 루프를 종료하고, 화면에는 외계인 한 줄이 나타납니다.

이제 '외계인 침공'을 실행하면 [그림 13-3]과 같이 외계인 한 줄이 나타나야 합니다.

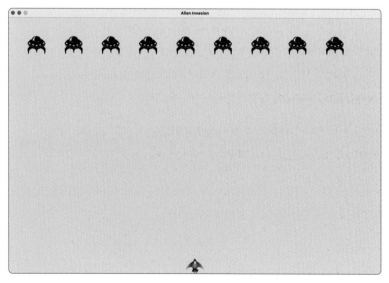

그림 13-3 외계인 한 줄

> **NOTE** 이 절에서 사용한 것 같은 방법을 바로바로 떠올리는 건 쉽지 않을 겁니다. 그러나 이런 문제에 접근하는 방법을 처음부터 정확히 떠올릴 필요는 없다는 게 프로그래밍의 좋은 점 중 하나입니다. 책을 따라 하지 않았다면 외계인을 화면 너머까지 생성할 수도 있고, 심지어 화면 너머까지 외계인이 존재하는 걸 한참 동안 깨닫지 못할 수도 있지만, 괜찮습니다. 처음엔 모두 시행착오를 통해 배웁니다.

13.3.2 _create_fleet() 리팩터링

지금까지 작성한 코드로 함대 전체를 만들 수 있다면 _create_fleet()을 지금 그대로 둬도 됩니다. 하지만 할 일이 더 있으니 메서드를 조금 정리하는 게 좋습니다. 보조 메서드 _create_alien()을 추가하고 _create_fleet()에서 이를 호출하는 방식으로 바꾸겠습니다.

alien_invasion.py

```
    def _create_fleet(self):
        --생략--
        while current_x < (self.settings.screen_width - 2 * alien_width):
            self._create_alien(current_x)
            current_x += 2 * alien_width

    def _create_alien(self, x_position): # ❶
        """외계인 하나를 만들어 배치합니다"""
        new_alien = Alien(self)
        new_alien.x = x_position
        new_alien.rect.x = x_position
        self.aliens.add(new_alien)
```

_create_alien() 메서드는 self와 함께 외계인을 배치할 x 값을 매개변수로 받습니다(❶). _create_alien() 바디의 코드는 _create_fleet()에 있던 코드와 비슷하지만, current_x 대신 x_position을 사용한다는 점이 다릅니다. 이제 _create_fleet()이 단순해졌으므로 외계인 여러 줄을 추가해 함대 전체를 더 쉽게 만들 수 있습니다.

13.3.3 줄 추가하기

함대를 완성하려면 외계인 여러 줄이 있어야 합니다. 이를 위해 중첩된 루프가 필요합니다. 즉,

현재 루프를 또 다른 **while** 루프로 감쌉니다. 내부 루프는 여태까지 만들었던 외계인 한 줄을 만드는 루프입니다. 외부 루프는 y 값에 포커스를 맞춰 외계인을 세로로 배치합니다. 화면 하단에 가까워지면 루프를 빠져나가서 외계인을 격추할 시간을 벌 수 있게 합니다.

_create_fleet()에 **while** 루프를 두 개 중첩하는 방법은 다음과 같습니다.

```
def _create_fleet(self):
    """외계인 함대를 만듭니다"""
    # 외계인 하나를 만들고, 공간이 없을 때까지 계속 추가합니다
    # 외계인 사이의 공간은 외계인의 너비와 높이와 같습니다
    alien = Alien(self)
    alien_width, alien_height = alien.rect.size # ❶

    current_x, current_y = alien_width, alien_height # ❷
    while current_y < (self.settings.screen_height - 3 * alien_height): # ❸
        while current_x < (self.settings.screen_width - 2 * alien_width):
            self._create_alien(current_x, current_y) # ❹
            current_x += 2 * alien_width

        # 한 줄이 끝났으니 x 값은 초기화하고 y 값은 늘립니다
        current_x = alien_width # ❺
        current_y += 2 * alien_height # ❺
```

세로로 배치하려면 외계인의 높이를 알아야 하므로, ❶에서 **size** 속성을 통해 외계인의 너비와 높이를 가져왔습니다. **rect**의 **size** 속성은 너비와 높이로 구성된 튜플입니다.

❷에서는 함대의 첫 번째 외계인을 결정하는 x, y의 초기 값을 설정했습니다. 첫 번째 외계인은 화면 왼쪽에서 외계인 너비만큼, 화면 상단에서 외계인 높이만큼 떨어진 위치에 배치합니다. ❸은 화면에 외계인 몇 줄이 들어갈지 정하는 **while** 루프입니다. 다음 줄의 y 값이 화면 높이에서 외계인 높이의 세 배를 뺀 값보다 작으면 루프를 반복합니다(공간이 너무 작으면 나중에 조정하면 됩니다).

❹에서 **_create_alien()**을 호출하면서 x, y 값을 전달합니다. **_create_alien()**은 곧 수정합니다.

마지막 두 행(❺)의 들여쓰기를 잘 보세요. 두 행은 외부 **while** 루프에 속하며 내부 **while** 루프에는 속하지 않습니다. 따라서 이 블록은 내부 루프를 마치고 한 줄을 생성한 다음 실행됩니다. 외계인 한 줄을 추가하면 **current_x** 값을 초기화해서 다음 줄의 첫 번째 외계인이 앞 줄의 첫 번째 외계인과 나란히 배치되게 합니다. 그리고 current_y의 현재 값에 외계인 높이의 두 배를 더해서 다음 줄이 앞 줄보다 아래쪽에 배치되게 만듭니다. 이 들여쓰기는 정말 중요합니다. 이 절을 끝내고 alien_invasion.py를 실행할 때 외계인 함대가 정확히 표시되지 않는다면 루프의 들여쓰기를 다시 한 번 확인하세요.

이제 _create_alien()이 외계인의 세로 위치까지 받도록 수정합니다.

```python
    def _create_alien(self, x_position, y_position):
        """외계인을 만들어 함대 안에 배치합니다"""
        new_alien = Alien(self)
        new_alien.x = x_position
        new_alien.rect.x = x_position
        new_alien.rect.y = y_position
        self.aliens.add(new_alien)
```

새로 만들 외계인의 세로 위치를 받도록 메서드 정의를 수정하고, 바디 안에서도 이를 통해 rect의 세로 위치를 설정합니다.

이제 게임을 실행하면 [그림 13-4]와 같이 전체 외계인 함대가 나타나야 합니다.

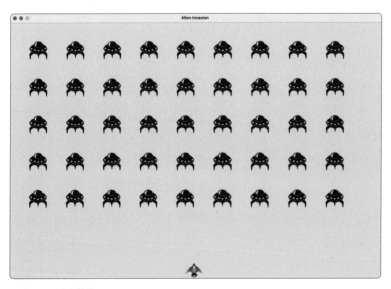

그림 13-4 전체 함대

다음 절에서는 함대를 움직이겠습니다!

연습문제

13-1 별

별 이미지를 찾으세요. 화면에 별을 바둑판 모양으로 배치하세요.

13-2 밤하늘

별을 배치할 때 임의의 위치를 사용하면 좀 더 현실적으로 보입니다. 9장에서 랜덤한 숫자를 만들었던 걸 떠올려 보세요.

```
from random import randint
random_number = randint(-10, 10)
```

이 코드는 −10에서 10 사이의 임의의 정수를 반환합니다. [연습문제 13-1]의 코드를 수정해서 각 별의 위치를 무작위로 조정하세요.

13.4 함대 움직이기

이제 외계인 함대가 화면 오른쪽에 닿을 때까지 오른쪽으로 이동하고, 일정 높이만큼 내린 다음 다시 반대 방향으로 이동하게 만들겠습니다. 모든 외계인이 격추되거나, 외계인 하나가 우주선과 충돌하거나, 외계인이 화면 하단에 도달할 때까지 이 움직임을 반복합니다. 그럼 함대를 오른쪽으로 움직이는 것부터 시작합시다.

13.4.1 외계인을 오른쪽으로 움직이기

외계인을 이동시키려면 alien.py에서 update() 메서드를 호출합니다. 이 메서드는 그룹의 각 외계인에서 호출됩니다. 먼저 각 외계인의 속도를 제어하는 설정을 추가합니다.

```
    def __init__(self):
        --생략--
        # 외계인 설정
        self.alien_speed = 1.0
```

그리고 alien.py의 update()가 이 설정을 사용하게 만듭니다.

```
    def __init__(self, ai_game):
        """외계인을 초기화하고 시작 위치를 설정합니다"""
        super().__init__()
        self.screen = ai_game.screen
        self.settings = ai_game.settings
        --생략--

    def update(self):
        """외계인을 오른쪽으로 움직입니다"""
        self.x += self.settings.alien_speed # ❶
        self.rect.x = self.x # ❷
```

update()에서 외계인 속도에 접근할 수 있게끔 __init__()에 settings 매개변수를 만듭니다. 외계인의 위치를 업데이트할 때마다 alien_speed에 저장된 값만큼 오른쪽으로 이동합니다. 부동 소수점 숫자를 받을 수 있는 self.x 속성을 통해 외계인의 정확한 위치를 추적합니다 (❶). 그리고 ❷에서 self.x의 값을 사용해 rect의 위치도 업데이트합니다.

메인 while 루프에는 우주선과 탄환의 위치를 업데이트하는 코드가 이미 들어 있습니다. 여기에 각 외계인의 위치를 업데이트하는 코드도 추가합니다.

```
        while True:
            self._check_events()
            self.ship.update()
            self._update_bullets()
            self._update_aliens()
            self._update_screen()
            self.clock.tick(60)
```

이제 함대의 움직임을 관리할 코드를 만들 차례이므로 새 메서드 _update_aliens()를 만듭니다. 외계인의 위치는 탄환의 위치 다음에 업데이트합니다. 외계인이 탄환에 맞았는지 판단하는 코드를 곧 추가하기 때문입니다.

이미 언급했듯 이 메서드의 위치가 중요하지는 않습니다. 하지만 어느 정도 일관성이 있는 게 더 좋으므로, while 루프에서 메서드를 호출하는 순서와 맞게 _update_bullets() 바로 다음에 배치합니다. _update_aliens()는 우선 다음과 같이 시작합니다.

alien_invasion.py

```
    def _update_aliens(self):
        """함대에 속한 외계인의 위치를 모두 업데이트합니다"""
        self.aliens.update()
```

aliens 그룹에서 update() 메서드를 호출하면 각 외계인에서 update() 메서드가 호출됩니다. 이제 '외계인 침공'을 실행하면 함대가 오른쪽으로 이동을 계속해 화면에서 사라지는 걸 볼 수 있습니다.

13.4.2 함대 방향 설정하기

이제 함대가 화면 오른쪽 경계에 닿으면 아래로 움직였다가 다시 왼쪽으로 이동하게 만들겠습니다. 이런 동작은 다음과 같이 만듭니다.

settings.py

```
        # 외계인 설정
        self.alien_speed = 1.0
        self.fleet_drop_speed = 10
        # 1은 오른쪽, -1은 왼쪽입니다
        self.fleet_direction = 1
```

fleet_drop_speed는 함대가 화면 좌우 경계에 도달했을 때 아래로 움직이는 속도입니다. 가로 속도와 세로 속도를 따로 설정해서 독립적으로 조정하는 게 좋습니다.

fleet_direction 설정에 left, right 같은 알기 쉬운 단어를 써도 되지만, 그렇게 하면 함대 방향을 결정할 때 **if-elif** 문을 피할 수 없어서 코드가 복잡해집니다. 우리가 처리할 방향은 둘뿐이므로 1과 −1을 사용하면 함대 방향을 더 쉽게 변경할 수 있습니다(외계인의 좌우 이동은 결국 x 좌표에 값을 '더하고 빼는' 작업이므로, 이런 의미에서도 숫자 1과 −1을 쓰는 게 잘 들어맞습니다).

13.4.3 외계인이 경계에 닿았는지 확인하기

외계인이 좌우 경계에 도달했는지 확인할 방법이 필요합니다. 또한 외계인이 정확한 방향으로 이동할 수 있도록 update()를 수정해야 합니다. 이 코드는 Alien 클래스에 들어가는 게 적합합니다.

alien.py

```
    def check_edges(self):
        """외계인이 화면 경계(edge)에 도달하면 True를 반환합니다"""
        screen_rect = self.screen.get_rect()
        return (self.rect.right >= screen_rect.right) or (self.rect.left <= 0)  # ❶

    def update(self):
        """외계인을 오른쪽 또는 왼쪽으로 움직입니다"""
        self.x += self.settings.alien_speed * self.settings.fleet_direction  # ❷
        self.rect.x = self.x
```

check_edges() 메서드는 외계인이 화면의 좌우 경계에 도달했는지 확인합니다. 외계인 rect의 right 속성이 화면 rect의 right 속성 이상이라면 그 외계인은 오른쪽 경계에 도달한 겁니다. 반대로 left 값이 0 이하라면(❶) 왼쪽 경계에 도달한 겁니다. 이 조건 테스트는 if 블록에 넣지 않고 바로 return 문과 연결했습니다. 이 메서드는 외계인이 좌우 경계에 있으면 True를, 그렇지 않으면 False를 반환합니다.

외계인의 속도에 fleet_direction을 곱하면(❷) 좌우 방향이 결정됩니다. update() 메서드를 이렇게 수정합니다. 즉 fleet_direction이 1이면 외계인의 현재 위치에 alien_speed를 더하므로 외계인은 오른쪽으로 이동합니다. 반대로 fleet_direction이 −1이면 외계인의 현재 위치에서 alien_speed를 빼므로 외계인이 왼쪽으로 이동합니다.

13.4.4 아래로 내리고 방향을 반대로 바꾸기

외계인이 경계에 도달하면 함대 전체를 한 줄 내리고 좌우 방향을 바꿔야 합니다. 이를 위한 코드는 AlienInvasion에 추가합니다. 다음과 같이 _check_fleet_edges(), _change_fleet_direction() 메서드를 만들고 _update_aliens()를 수정합니다. 필자는 새 메서드를 _create_alien() 뒤에 배치했지만, 여러 번 언급했듯 클래스 내부에서 메서드 위치는 그리 중요하지 않습니다.

alien_invasion.py

```python
    def _check_fleet_edges(self):
        """외계인이 화면 경계에 도달했을 때 반응합니다"""
        for alien in self.aliens.sprites(): # ❶
            if alien.check_edges():
                self._change_fleet_direction() # ❷
                break

    def _change_fleet_direction(self):
        """함대 전체를 한 줄 내리고 좌우 방향을 바꿉니다"""
        for alien in self.aliens.sprites():
            alien.rect.y += self.settings.fleet_drop_speed # ❸
        self.settings.fleet_direction *= -1
```

_check_fleet_edges()는 함대를 순회하는 루프(❶)로 시작합니다. 이 루프 안에서 check_edges()를 호출합니다. check_edges()가 True를 반환한다면 외계인 중 하나가 경계에 도달한 것이므로 함대 방향을 바꿔야 합니다. 따라서 _change_fleet_direction()을 호출하고(❷) 루프에서 빠져나옵니다. _change_fleet_direction()은 외계인 전체를 순회하면서 fleet_drop_speed 값을 외계인의 세로 위치에 더해(❸) 한 줄 내립니다. 그런 다음 fleet_direction에 −1을 곱해 방향을 바꿉니다. 함대 방향을 바꾸는 행은 for 루프에 속하면 안 되니 주의하세요. 세로 위치는 외계인 전체에 적용해야 하지만, 함대 방향은 한 번만 바꾸는 겁니다.

_update_aliens()는 다음과 같이 바꿉니다.

alien_invasion.py

```python
    def _update_aliens(self):
        """함대가 경계에 도달했는지 확인하고 위치를 업데이트합니다"""
```

```
        self._check_fleet_edges()
        self.aliens.update()
```

각 외계인의 위치를 업데이트하기 전에 _check_fleet_edges()를 호출하도록 수정했습니다.

이제 게임을 실행하면 함대가 좌우로 이동하다가 경계에 닿으면 아래로 내려옵니다. 이제 외계인을 격추하면서 외계인이 우주선과 충돌하거나 화면 하단에 도달하는지 확인하는 코드를 추가할 차례입니다.

연습문제

13-3 빗방울

빗방울 이미지를 찾아 바둑판 모양으로 만드세요. 빗방울이 떨어지다가 화면 하단에 닿으면 사라지게 만드세요.

13-4 비오는 날

[연습문제 13-3]의 코드를 수정해서 빗방울 한 줄이 화면 하단에 닿아 사라지면 화면 상단에 빗방울 한 줄을 다시 만들어 떨어지게 만드세요.

13.5 외계인 격추하기

우주선과 외계인 함대는 만들었지만, 충돌을 확인하지 않고 있으므로 외계인과 부딪힌 탄환은 그냥 통과합니다. 게임 프로그래밍에서 **충돌**collision은 게임 요소가 겹치는 걸 말합니다. 탄환이 외계인을 격추하려면 sprite.groupcollide() 함수를 써서 그룹 요소 사이의 충돌을 검색합니다.

13.5.1 탄환 적중 감지하기

탄환이 외계인과 부딪히는 순간을 알 수 있어야 외계인을 바로 사라지게 만들 수 있습니다. 모든 탄환의 위치를 업데이트한 직후 충돌을 검색하면 됩니다.

sprite.groupcollide() 함수는 두 그룹의 요소 rects를 모두 비교합니다. 여기서는 탄환 rect와 외계인 rect를 비교하고, 충돌한 탄환과 외계인을 딕셔너리에 담아 반환합니다. 이 딕셔너리의 키는 탄환이고 값은 외계인입니다(14장에서 점수판을 만들 때도 이 딕셔너리를 사용합니다).

_update_bullets()의 마지막에 다음 코드를 추가해 탄환과 외계인의 충돌을 확인합니다.

alien_invasion.py

```
def _update_bullets(self):
    """탄환 위치를 업데이트하고 사라진 탄환을 제거합니다"""
    --생략--

    # 외계인을 맞힌 탄환이 있는지 확인합니다
    # 맞힌 탄환이 있으면 탄환과 외계인을 제거합니다
    collisions = pygame.sprite.groupcollide(
            self.bullets, self.aliens, True, True)
```

추가한 새 코드는 self.bullets의 탄환과 self.aliens의 외계인을 모두 비교하고 겹치는 게 있는지 찾습니다. 탄환과 외계인의 rects가 충돌하면 groupcollide()는 이들을 키-값 쌍에 추가해 반환합니다. True 인수는 충돌한 탄환과 외계인을 제거하라는 뜻입니다(첫 번째 인수를 False로 바꾸고 두 번째 인수는 True로 유지하면 탄환은 사라지지 않고 외계인만 사라집니다. 이 장에서 관련 내용을 다시 설명할 겁니다).

이제 '외계인 침공'을 실행하면 탄환에 맞은 외계인이 사라져야 합니다. [그림 13-5]는 함대 일부가 격추된 모습입니다.

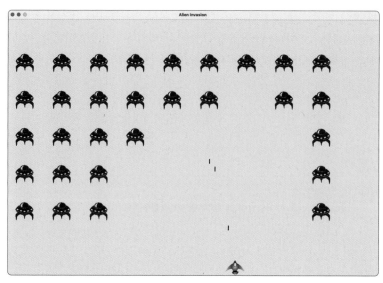

그림 13-5 외계인 격추하기!

13.5.2 더 큰 탄환으로 빠르게 테스트하기

게임을 실행하기만 해도 '외계인 침공'의 기능 대부분을 테스트할 수 있지만, 일부 기능은 테스트하기가 지루할 수도 있습니다. 예를 들어 함대 전체를 격추했을 때 코드가 정확히 동작하는지 확인하기 위해 외계인을 전체를 여러 번 격추하려면 할 일이 너무 많습니다.

특정 기능을 테스트할 때는 이에 맞게 일부 설정을 바꿀 수도 있습니다. 예를 들어 화면을 줄여서 격추할 외계인 숫자를 줄이거나, 탄환 속도를 올리거나, 한번에 쏠 수 있는 탄환 숫자를 늘리는 등 설정을 바꿀 수 있습니다.

필자는 '외계인 침공'을 테스트할 때 보통 외계인을 격추해도 사라지지 않는 거대한 탄환을 사용하곤 합니다([그림 13-6]을 보세요). `bullet_width`를 300이나 3,000으로 설정하면 함대 전체를 빠르게 격추할 수 있습니다.

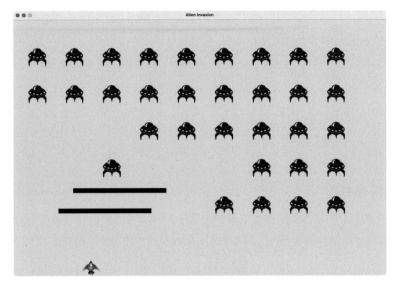

그림 13-6 초강력 탄환을 쓰면 더 쉽게 테스트할 수 있습니다.

이런 아이디어는 게임을 효율적으로 테스트할 수 있을 뿐만 아니라, 플레이어에게 일시적으로 보너스 파워업을 줄 수도 있습니다. 테스트를 마친 후 설정을 복원하는 걸 잊지 마세요.

13.5.3 함대 다시 생성하기

'외계인 침공'은 함대 전체를 격추하면 외계인 함대가 새로 나타납니다.

이를 위해서는 aliens 그룹이 비어 있는지 확인하고, 비어 있다면 _create_fleet()을 호출합니다. 외계인을 파괴하는 _update_bullets() 마지막 부분에서 이 작업을 수행합니다.

alien_invasion.py

```
    def _update_bullets(self):
        --생략--
        if not self.aliens: # ❶
            # 남아 있는 탄환을 제거하고 함대를 새로 만듭니다
            self.bullets.empty() # ❷
            self._create_fleet()
```

❶에서는 aliens 그룹이 비어 있는지 확인합니다. 빈 그룹은 False로 평가되므로 쉽게 확인할 수 있습니다. 비어 있다면 ❷에서 empty() 메서드를 호출합니다. 이 메서드는 그룹에 남아 있는 스프라이트를 모두 제거합니다. 그리고 _create_fleet()을 호출해 외계인 함대를 다시 만듭니다.

이제 현재 함대를 모두 격추하는 즉시 새로운 함대가 나타납니다.

13.5.4 탄환 속도 올리기

현재 탄환 속도가 마음에 들지 않는다면 탄환 설정을 수정해 게임 플레이를 더 흥미롭게 만들 수 있습니다. 하지만 게임은 점차 빨라지므로 처음부터 너무 빠르게 설정하지는 마세요.

settings.py에서 bullet_speed 값을 수정해 탄환 속도를 조절할 수 있습니다. 필자는 bullet_speed를 2.5로 수정해 탄환이 조금 더 빨리 움직이게 했습니다.

settings.py

```
# 탄환 설정
self.bullet_speed = 2.5
self.bullet_width = 3
--생략--
```

이런 설정은 개인마다 취향이 다르므로 여러분에게 맞는 값을 찾아보세요. 다른 설정도 수정할 수 있습니다.

13.5.5 _update_bullets() 리팩터링

_update_bullets()가 하는 일이 늘어나고 있으니 리팩터링이 필요합니다. 충돌을 관리하는 코드를 다음과 같이 다른 메서드로 분리합니다.

alien_invasion.py

```
def _update_bullets(self):
    --생략--
    # 사라진 탄환을 제거합니다
```

```
        for bullet in self.bullets.copy():
            if bullet.rect.bottom <= 0:
                self.bullets.remove(bullet)

        self._check_bullet_alien_collisions()

    def _check_bullet_alien_collisions(self):
        """탄환과 외계인의 충돌을 관리합니다"""
        # 충돌한 탄환과 외계인을 제거합니다
        collisions = pygame.sprite.groupcollide(
                self.bullets, self.aliens, True, True)
        if not self.aliens:
            # 남아 있는 탄환을 제거하고 함대를 새로 만듭니다
            self.bullets.empty()
            self._create_fleet()
```

탄환과 외계인의 충돌을 검색하고 함대 전체가 파괴된 경우 새로 만드는 `_check_bullet_alien_collisions()` 메서드를 만들었습니다. `_update_bullets()`가 다시 단순해졌으므로 쉽게 확장할 수 있습니다.

연습문제

13-5 수평 슈팅 게임 #2
[연습문제 12-6]의 수평 슈팅 게임을 만든 뒤 여러 가지를 배웠습니다. 이제 '수평 슈팅 게임'을 '외계인 침공'과 비슷한 수준으로 끌어 올려 보세요. 외계인 함대를 만들고 우주선을 향해 움직이게 만드세요. 화면 오른쪽의 랜덤한 위치에 외계인을 배치하고 우주선을 향해 움직이게 만드는 것도 좋습니다. 격추한 외계인이 사라지게 만드는 것도 잊지 마세요.

13.6 게임 종료하기

게임에 항상 이기기만 한다면 재미가 없습니다. 플레이어가 함대를 빠르게 격추하지 못하면 외계인이 우주선을 파괴할 수 있게 해야 합니다. 또한 플레이어가 사용할 수 있는 우주선 숫자를 제한하고, 외계인이 화면 하단에 도달하면 우주선을 파괴할 겁니다. 플레이어가 우주선을 모두 잃으면 게임을 끝냅니다.

13.6.1 외계인과 우주선의 충돌 감지하기

외계인과 우주선의 충돌을 확인하는 것부터 시작합시다. AlienInvasion에서 외계인의 위치를 업데이트한 직후 외계인과 우주선의 충돌을 체크하겠습니다.

alien_invasion.py

```
    def _update_aliens(self):
        --생략--
        self.aliens.update()
        # 외계인과 우주선의 충돌 검색
        if pygame.sprite.spritecollideany(self.ship, self.aliens): # ❶
            print("Ship hit!!!") # ❷
```

spritecollideany() 함수는 스프라이트와 그룹을 인수로 받습니다. 이 함수는 그룹의 요소 중 스프라이트와 충돌한 요소가 있는지 검색하며, 충돌한 요소를 발견하는 즉시 검색을 중지합니다. 여기서 spritecollideany() 함수는 aliens 그룹을 순회하면서 ship과 충돌한 첫 번째 외계인을 반환합니다.

충돌이 일어나지 않았다면 spritecollideany()는 None을 반환하므로 ❶의 if 블록은 실행되지 않습니다. 우주선과 충돌한 외계인을 발견하면 해당 외계인을 반환하므로 if 블록에서 Ship hit!!!을 출력합니다(❷). 외계인이 우주선과 충돌하면 남은 외계인과 탄환을 모두 제거하고, 우주선을 다시 배치하고, 함대를 새로 만들어야 합니다. 이 모든 코드를 작성하기 전에 가능한 한 단순한 방법으로 외계인과 우주선의 충돌을 쉽고 정확하게 감지할 방법이 필요합니다. print()는 충돌을 제대로 감지하는 가장 단순한 방법 중 하나입니다.

이제 '외계인 침공'을 실행하고 외계인이 우주선에 부딪힐 때까지 기다리면 Ship hit!!! 메시지가 터미널에 출력될 겁니다. 관련 기능을 테스트할 때는 fleet_drop_speed를 50이나 100 정도로 높이면 더 빨리 테스트를 마칠 수 있습니다.

13.6.2 외계인과 우주선 충돌에 반응하기

이제 외계인이 우주선에 충돌할 때 할 일을 정확히 정해야 합니다. ship 인스턴스를 파괴하고 새로 만들기 전에, 게임 기록을 확인해 우주선이 몇 번이나 충돌했는지부터 확인하겠습니다. 기록은 점수판을 만들 때도 유용합니다.

다음과 같이 게임 기록을 위한 GameStats 클래스를 만들어 game_stats.py에 저장합니다.

game_stats.py

```
class GameStats:
    """외계인 침공 게임 기록"""

    def __init__(self, ai_game):
        """기록 초기화"""
        self.settings = ai_game.settings
        self.reset_stats() # ❶

    def reset_stats(self):
        """게임을 진행하는 동안 변하는 기록 초기화"""
        self.ships_left = self.settings.ship_limit
```

'외계인 침공' 게임을 실행하는 동안 GameStats 인스턴스는 하나만 존재하지만, 플레이어가 새 게임을 시작할 때마다 몇 가지 기록은 초기화해야 합니다. 이를 위해 기록 대부분을 __init__()이 아니라 reset_stats() 메서드에서 초기화합니다. __init__()에서 이 메서드를 호출하면(❶) GameStats 인스턴스를 처음 만들 때부터 기록이 정상적으로 초기화됩니다. 또한 reset_stats()는 플레이어가 새 게임을 시작할 때마다 호출할 수도 있습니다. 지금은 ships_left 기록 하나만 있으며 이 값은 게임을 진행하는 동안 계속 바뀝니다.

플레이어가 가지고 시작하는 우주선 숫자는 settings.py의 ship_limit에 저장합니다.

settings.py

```
        # 우주선 설정
        self.ship_speed = 1.5
        self.ship_limit = 3
```

alien_invasion.py 역시 GameStats 인스턴스를 생성하도록 변경해야 합니다. 먼저 import 문을 다음과 같이 수정합니다.

alien_invasion.py

```
import sys
from time import sleep
```

```
import pygame

from settings import Settings
from game_stats import GameStats
from ship import Ship
--생략--
```

파이썬 표준 라이브러리 time 모듈에서 임포트하는 sleep() 함수는 우주선이 외계인과 충돌할 때 게임을 일시 중지하는 목적으로 사용합니다. GameStats 역시 임포트했습니다.

다음과 같이 __init__()에서 GameStats 인스턴스를 만듭니다.

alien_invasion.py

```
    def __init__(self):
        --생략--
        self.screen = pygame.display.set_mode(
            (self.settings.screen_width, self.settings.screen_height))
        pygame.display.set_caption("Alien Invasion")

        # 게임 기록을 저장할 인스턴스를 만듭니다
        self.stats = GameStats(self)

        self.ship = Ship(self)
        --생략--
```

게임 창을 만든 직후, 우주선을 비롯한 게임 요소를 정의하기 전에 GameStats 인스턴스를 만듭니다.

외계인이 우주선에 충돌하면 남은 우주선 숫자에서 1을 빼고, 화면에 존재하는 외계인과 탄환을 모두 파괴하고, 함대를 새로 만들고, 화면 하단 중앙에 우주선을 다시 배치합니다. 또한 플레이어가 충돌을 인지하고 새 함대가 나타나기 전에 준비할 수 있도록 게임을 일시 중지합니다.

이 코드는 대부분 새 메서드 _ship_hit()에 넣습니다. 외계인이 우주선에 충돌할 때 _update_aliens()에서 _ship_hit() 메서드를 호출합니다.

```
def _ship_hit(self):
    """외계인이 우주선에 충돌할 때 할 작업"""
    # ships_left에서 1을 뺍니다
    self.stats.ships_left -= 1 # ❶

    # 남아 있는 탄환과 외계인을 모두 제거합니다
    self.bullets.empty() # ❷
    self.aliens.empty()

    # 함대를 새로 만들고 우주선을 화면 하단 중앙으로 이동시킵니다
    self._create_fleet() # ❸
    self.ship.center_ship()

    # 일시 중지
    sleep(0.5) # ❹
```

_ship_hit() 메서드는 외계인이 우주선에 충돌할 때 할 일들입니다. ❶에서는 우주선 개수를 1만큼 줄이고, ❷에서는 bullets와 aliens 그룹을 비웠습니다.

❸에서는 함대를 새로 만들고 우주선을 다시 배치했습니다(Ship의 center_ship() 메서드는 곧 만듭니다). 그리고 게임 요소를 모두 업데이트한 다음, 화면에 변경 사항을 적용해 다시 그리기 전에 게임을 일시 중지해서(❹) 플레이어가 상황을 인지할 시간을 줍니다. 여기서 sleep()은 프로그램 실행을 0.5초 동안 중지합니다. 이 정도면 플레이어는 외계인이 우주선에 충돌한 걸 알 수 있습니다. sleep() 함수가 종료되면 코드는 화면에 함대를 새로 그리는 _update_screen() 메서드로 이동합니다.

_update_aliens()에서는 외계인이 우주선과 충돌했다고 보고하던 print()를 _ship_hit()로 바꿉니다.

```
def _update_aliens(self):
    --생략--
    if pygame.sprite.spritecollideany(self.ship, self.aliens):
        self._ship_hit()
```

다음은 ship.py에 추가할 center_ship() 메서드입니다.

ship.py

```
    def center_ship(self):
        """우주선을 화면 하단 중앙으로 이동시킵니다"""
        self.rect.midbottom = self.screen_rect.midbottom
        self.x = float(self.rect.x)
```

__init__()과 같은 방법으로 우주선을 중앙에 배치합니다. 중앙 배치를 끝내면 우주선의 위치인 self.x 속성도 초기화합니다.

> **NOTE** 우주선은 두 개 이상 만들지 않습니다. 게임 전체에서 우주선 인스턴스는 하나만 존재하며, 우주선을 '파괴'할 때는 재배치로 끝냅니다. 우주선이 모두 파괴된 건 ships_left 기록을 통해 알 수 있습니다.

게임을 실행하고 외계인이 우주선에 충돌할 때까지 기다려 보세요. 게임이 잠시 멈췄다가 재개되면서 화면 하단 중앙에는 우주선이, 상단에는 함대가 다시 나타납니다.

13.6.3 외계인이 화면 하단에 도달했을 때 반응하기

외계인이 화면 하단에 도달할 때도 우주선과 충돌할 때와 마찬가지로 반응합니다. 다음은 외계인이 화면 하단에 도달했는지 확인하는 메서드입니다.

alien_invasion.py

```
    def _check_aliens_bottom(self):
        """화면 하단에 도달한 외계인이 있는지 확인합니다"""
        for alien in self.aliens.sprites():
            if alien.rect.bottom >= self.settings.screen_height: # ❶
                # 우주선에 외계인이 충돌할 때와 똑같이 반응합니다
                self._ship_hit()
                break
```

_check_aliens_bottom() 메서드는 외계인이 화면 하단에 도달했는지 확인합니다. 외계인의 rect.bottom 값이 화면 높이 이상이라면(❶) 그 외계인은 화면 하단에 도달한 겁니다. 외계인이 하단에 도달하면 _ship_hit()을 호출합니다. 외계인이 하나라도 하단에 도달했으면 나머지는 확인할 필요가 없으므로 _ship_hit()을 호출하고 break로 루프를 종료합니다.

_update_aliens()에서 이 메서드를 호출합니다.

alien_invasion.py

```
def _update_aliens(self):
    --생략--
    # 외계인과 우주선의 충돌 검색
    if pygame.sprite.spritecollideany(self.ship, self.aliens):
        self._ship_hit()

    # 화면 하단에 도달한 외계인을 찾습니다
    self._check_aliens_bottom()
```

외계인의 위치를 모두 업데이트하고 우주선과 충돌한 외계인을 검색한 뒤 _check_aliens_
bottom()을 호출합니다. 이제 외계인이 우주선에 충돌하거나 화면 하단에 도달하면 새 함대
가 나타납니다.

13.6.4 게임 오버

'외계인 침공'은 꽤 많이 개발됐지만 아직 게임이 끝나지 않습니다. ships_left는 마이너스 방
향으로 계속 커질 뿐입니다. 플레이어가 우주선을 모두 잃으면 게임을 끝낼 수 있도록 game_
active 플래그를 추가합시다. 이 플래그는 AlienInvasion의 __init__() 메서드 마지막에
배치합니다.

alien_invasion.py

```
def __init__(self):
    --생략--
    # 게임을 활성 상태로 시작합니다
    self.game_active = True
```

플레이어가 우주선을 모두 잃으면 game_active를 False로 설정하는 코드를 _ship_hit()
에 추가합니다.

```
    def _ship_hit(self):
        """외계인이 우주선에 충돌할 때 할 작업"""
        if self.stats.ships_left > 0:
            # ships_left에서 1을 뺍니다
            self.stats.ships_left -= 1
            --생략--
            # 일시 중지
            sleep(0.5)
        else:
            self.game_active = False
```

_ship_hit()는 거의 그대로입니다. 기존 코드는 모두 플레이어에게 우주선이 최소 한 대 남아 있는지 확인하는 if 블록으로 옮겼습니다. 우주선이 한 대 이상 남았으면 기존대로 새 함대를 만들고 일시 중지했다가 재개합니다. 남은 우주선이 없으면 game_active를 False로 설정합니다.

13.6.5 게임의 부분 실행 타이밍 결정하기

게임에는 항상 실행해야 하는 부분이 있고, 활성인 상태, 즉 플레이어에게 남은 우주선이 있는 상태일 때만 실행해야 하는 부분이 있습니다.

```
    def run_game(self):
        """게임의 메인 루프를 시작합니다"""
        while True:
            self._check_events()

            if self.game_active:
                self.ship.update()
                self._update_bullets()
                self._update_aliens()

            self._update_screen()
            self.clock.tick(60)
```

게임이 비활성 상태더라도 메인 루프에서는 계속 _check_events()를 호출해야 합니다. 예를 들어 사용자가 Q를 누르거나 [종료] 버튼을 클릭하는지는 계속 확인해야 게임을 종료할 수 있습니다. 또한 플레이어에게 새 게임을 시작하는 선택지를 줄 수 있도록 화면 업데이트도 계속해야 합니다. 게임이 비활성 상태일 때는 게임 요소의 위치를 업데이트할 필요가 없으므로 나머지 함수는 게임이 활성 상태일 때만 호출해야 합니다.

이제 '외계인 침공'을 실행하고 우주선을 모두 잃으면 게임이 멈출 겁니다.

연습문제

13-6 게임 오버
'수평 슈팅 게임'에서 우주선이 외계인과 몇 번 충돌했는지, 외계인은 탄환에 몇 번 맞았는지 추적해 보세요. 게임을 끝낼 조건을 결정하고, 조건에 맞을 때 게임을 끝내세요.

13.7 요약 정리

이 장에서는 외계인 함대를 만들어 보면서 게임에 동일한 요소를 여럿 추가하는 방법을 배웠습니다. 이중 루프를 써서 요소를 바둑판 모양으로 배치했고, 각 요소에서 update() 메서드를 호출해 한꺼번에 이동했습니다. 또한 화면에 있는 객체의 방향을 조종하고 함대가 화면 경계에 도달하는 것 같은 특수한 상황에 대처하는 방법도 배웠습니다. 탄환과 외계인이 충돌할 때, 외계인과 우주선이 충돌할 때 이를 감지하고 대처해 보기도 했습니다. 마지막으로 게임 기록을 추적하고, game_active 플래그를 사용해 게임을 중지할 때를 판단하는 방법도 배웠습니다.

다음 장은 이 프로젝트의 마지막 장입니다. 14장에서는 [플레이] 버튼을 추가해서 플레이어가 원할 때 게임을 시작하고 게임이 끝나면 원하는 대로 다시 시작할 수 있게 합니다. 플레이어가 함대 전체를 격추할 때마다 게임 속도를 전체적으로 올리고, 점수판도 추가할 겁니다. 14장을 마치면 누구에게나 권할 수 있는 게임이 만들어질 겁니다!

'외계인 침공': 점수 매기기

이 장에서는 드디어 '외계인 침공'을 완성합니다. 플레이어가 원할 때 게임을 시작하고 재시작하는 [플레이] 버튼을 추가할 것이며, 게임 레벨이 올라감에 따라 전체적으로 속도를 올리고, 점수판도 만들 겁니다. 이 장을 통해 게임을 진행함에 따라 난이도를 올리고, 동기를 부여할 수 있도록 점수판을 만드는 방법을 알게 될 겁니다.

14.1 [플레이] 버튼 추가하기

먼저 [플레이] 버튼을 추가합니다.

지금은 alien_invasion.py를 실행하는 즉시 게임이 시작됩니다. 게임을 비활성 상태로 시작하고, 플레이어에게 [플레이] 버튼을 클릭해 게임을 시작하라고 알리겠습니다. 이를 위해 AlienInvasion의 __init__() 메서드를 다음과 같이 수정합니다.

alien_invasion.py

```
    def __init__(self):
        """게임을 초기화하고 게임 자원을 만듭니다"""
        pygame.init()
        --생략--

        # 비활성 상태로 게임을 시작합니다
        self.game_active = False
```

이제 게임은 비활성 상태로 시작하며 [플레이] 버튼을 만들기 전에는 플레이가 불가능합니다.

14.1.1 Button 클래스 만들기

파이게임은 버튼을 만드는 메서드를 제공하지 않으므로 Button 클래스를 직접 만들어야 합니다. 이 클래스는 이름표가 있고 색깔로 채워진 사각형을 만듭니다. 게임에 필요한 버튼은 모두 이 클래스를 사용합니다. 다음과 같이 button.py를 만듭니다. 이 코드는 Button 클래스의 첫 번째 부분입니다.

button.py

```python
import pygame.font

class Button:
    """게임에 사용할 버튼을 만드는 클래스"""

    def __init__(self, ai_game, msg): # ❶
        """버튼 속성을 초기화합니다"""
        self.screen = ai_game.screen
        self.screen_rect = self.screen.get_rect()

        # 버튼 크기와 속성을 설정합니다
        self.width, self.height = 200, 50 # ❷
        self.button_color = (0, 135, 0)
        self.text_color = (255, 255, 255)
        self.font = pygame.font.SysFont(None, 48) # ❸

        # 버튼의 rect 객체를 만들고 중앙에 배치합니다
        self.rect = pygame.Rect(0, 0, self.width, self.height) # ❹
        self.rect.center = self.screen_rect.center

        # 버튼에 표시할 메시지
        self._prep_msg(msg) # ❺
```

파이게임이 화면에 텍스트를 그릴 수 있게 하는 pygame.font 모듈을 임포트합니다. __init__() 메서드는 self, ai_game 객체와 함께 버튼 텍스트인 msg 매개변수를 받습니다(❶). ❷에서는 버튼 크기를 설정하고, button_color를 통해 진한 녹색 배경을 지정하고, text_color를 통해 흰색 텍스트를 지정합니다.

❸에서는 텍스트 렌더링에 사용할 font 속성을 준비합니다. None 인수는 기본 폰트를 사용하라는 뜻이고 48은 텍스트 크기입니다. ❹에서는 rect를 만들고 center 속성을 화면 중앙에 일

치시켜 버튼을 화면 중앙에 배치했습니다.

파이게임은 문자열을 받고 이를 이미지로 렌더링합니다. 마지막으로 ❺에서는 _prep_msg()
를 호출해 렌더링을 지시합니다.

_prep_msg()는 다음과 같습니다.

button.py

```python
    def _prep_msg(self, msg):
        """msg를 이미지로 렌더링하고 버튼 중앙에 배치합니다"""
        self.msg_image = self.font.render(msg, True, self.text_color, # ❶
                self.button_color)
        self.msg_image_rect = self.msg_image.get_rect() # ❷
        self.msg_image_rect.center = self.rect.center
```

_prep_msg() 메서드는 self와 함께 이미지로 렌더링할 텍스트(msg)를 받습니다. font.
render()는 msg에 저장된 텍스트를 이미지로 그리고, 이 이미지를 self.msg_image에 할당
합니다(❶). font.render() 메서드는 **안티앨리어싱**anti-aliasing을 켜거나 끄는 불리언 값도 받습
니다. 안티앨리어싱을 켜면 텍스트를 더 부드럽게 표현합니다. 나머지 인수는 폰트 색깔과 배
경색입니다. 여기서는 안티앨리어싱을 켜고, 텍스트 배경색을 버튼의 배경색과 같게 설정했습
니다(폰트 배경색을 지정하지 않으면 투명한 배경이 사용됩니다).

❷에서는 이미지에서 rect를 만들고 그 center 속성을 버튼의 center 속성과 일치시켜 텍스
트 이미지를 버튼 중앙에 배치했습니다.

마지막으로 버튼을 화면에 표시할 draw_button() 메서드를 만듭니다.

button.py

```python
    def draw_button(self):
        """빈 버튼을 그리고 메시지를 그립니다."""
        self.screen.fill(self.button_color, self.rect)
        self.screen.blit(self.msg_image, self.msg_image_rect)
```

screen.fill()은 버튼의 사각형 부분을 그립니다. 그리고 텍스트 이미지와 그 rect 객체를
전달하면서 screen.blit()를 호출해 텍스트 이미지를 그립니다. Button 클래스 작업은 끝
났습니다.

14.1.2 화면에 버튼 그리기

Button 클래스를 사용해 [플레이] 버튼을 그리겠습니다. 처음 import 문을 업데이트해야 합니다.

alien_invasion.py

```
--생략--
from game_stats import GameStats
from button import Button
```

[플레이] 버튼은 하나만 필요하므로 AlienInvasion의 __init__() 메서드에서 만듭니다. 이 코드는 __init__()의 마지막에 배치합니다.

alien_invasion.py

```
    def __init__(self):
        --생략--
        self.game_active = False

        # [플레이] 버튼을 만듭니다
        self.play_button = Button(self, "Play")
```

이 코드는 Play 텍스트가 있는 Button 인스턴스를 만들지만, 그 버튼을 화면에 그리지는 않습니다. 버튼을 그리는 draw_button() 메서드는 _update_screen()에서 호출합니다.

alien_invasion.py

```
    def _update_screen(self):
        --생략--
        self.aliens.draw(self.screen)

        # 게임이 비활성 상태이면 [플레이] 버튼을 그립니다
        if not self.game_active:
            self.play_button.draw_button()

        pygame.display.flip()
```

[플레이] 버튼은 다른 요소보다 앞에 있어야 하므로, 다른 요소를 모두 그린 다음 화면을 업데

이트하기 직전에 그립니다. if 블록 안에 배치했으므로 게임이 비활성 상태일 때만 버튼이 나타납니다.

이제 '외계인 침공'을 실행하면 [그림 14-1]과 같이 화면 중앙에 [플레이] 버튼이 표시됩니다.

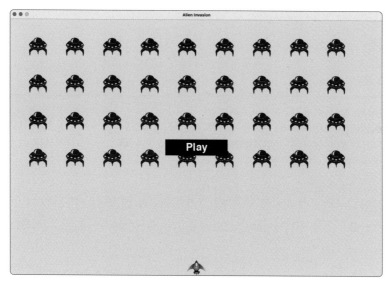

그림 14-1 게임이 비활성 상태이면 [플레이] 버튼이 나타납니다.

14.1.3 게임 시작하기

_check_events() 마지막에 다음 elif 블록을 추가해 버튼에서 일어나는 마우스 이벤트를 모니터링해, 플레이어가 [플레이] 버튼을 클릭할 때 게임을 시작합니다.

alien_invasion.py

```
    def _check_events(self):
        """키 입력과 마우스 이벤트에 응답합니다"""
        for event in pygame.event.get():
            if event.type == pygame.QUIT:
                --생략--
            elif event.type == pygame.MOUSEBUTTONDOWN: # ❶
                mouse_pos = pygame.mouse.get_pos() # ❷
                self._check_play_button(mouse_pos) # ❸
```

플레이어가 화면을 클릭하면 파이게임은 MOUSEBUTTONDOWN 이벤트(❶)를 감지합니다. [플레이] 버튼을 누를 때 반응해야 하는 코드이므로, [플레이] 버튼을 클릭할 때만 응답하도록 제한해야 합니다. pygame.mouse.get_pos()는 플레이어가 마우스를 클릭한 곳의 좌표를 튜플로 반환합니다(❷). 이 값을 새 메서드 _check_play_button()에 전송합니다(❸).

_check_play_button()은 다음과 같습니다. 필자는 _check_events() 다음에 이 메서드를 배치했습니다.

alien_invasion.py

```
    def _check_play_button(self, mouse_pos):
        """플레이어가 [플레이] 버튼을 클릭하면 게임을 시작합니다"""
        if self.play_button.rect.collidepoint(mouse_pos): # ❶
            self.game_active = True
```

rect의 collidepoint() 메서드를 사용해 마우스를 클릭한 지점이 [플레이] 버튼의 rect 안에 있는지 확인합니다(❶). 안에 있다면 game_active를 True로 설정하고 게임을 시작합니다.

이제 버튼으로 게임을 시작하고 플레이할 수 있습니다. 게임이 끝나면 game_active는 다시 False가 되고 [플레이] 버튼도 다시 나타납니다.

14.1.4 게임 초기화하기

지금 만든 [플레이] 버튼은 플레이어가 처음 클릭할 때는 잘 동작하지만, 첫 번째 게임이 끝난 이후에는 제대로 동작하지 않습니다. 게임을 끝내는 조건이 초기화되지 않았기 때문입니다.

플레이어가 [플레이] 버튼을 클릭할 때마다 게임을 초기화하려면 다음과 같이 게임 기록을 초기화하고, 남아 있는 외계인과 탄환을 제거하고, 새 함대를 만들고, 우주선을 다시 배치해야 합니다.

alien_invasion.py

```
    def _check_play_button(self, mouse_pos):
        """플레이어가 [플레이] 버튼을 클릭하면 게임을 시작합니다"""
```

```
if self.play_button.rect.collidepoint(mouse_pos):
    # 게임 기록 초기화
    self.stats.reset_stats() # ❶
    self.game_active = True

    # 남아 있는 탄환과 외계인을 모두 제거합니다
    self.bullets.empty() # ❷
    self.aliens.empty()

    # 함대를 새로 만들고 우주선을 화면 하단 중앙으로 이동시킵니다
    self._create_fleet() # ❸
    self.ship.center_ship()
```

❶에서는 게임 기록을 초기화해 플레이어의 우주선을 세 개로 만듭니다. 그리고 game_active 를 True로 설정했으니 이 함수의 코드가 완료되는 즉시 게임이 다시 시작됩니다. ❷에서는 aliens와 bullets 그룹을 비웠고, ❸에서는 새 함대를 만들고 우주선을 다시 배치했습니다.

이제 [플레이] 버튼을 클릭하면 게임이 정상적으로 초기화되므로 원하는 만큼 여러 번 플레이 할 수 있습니다.

14.1.5 [플레이] 버튼 비활성화하기

[플레이] 버튼에는 현재 한 가지 문제가 더 있습니다. [플레이] 버튼이 보이지 않는 상태에서도, 해당 영역을 클릭하면 계속 효과를 발휘한다는 겁니다. 즉, 게임을 시작한 후 실수로 [플레이] 버튼 영역을 클릭하면 게임이 강제로 재시작됩니다.

이 문제를 고치려면 다음과 같이 game_active가 False일 때만 게임이 시작되게 설정하면 됩니다.

alien_invasion.py

```
def _check_play_button(self, mouse_pos):
    """플레이어가 [플레이] 버튼을 클릭하면 게임을 시작합니다"""
    button_clicked = self.play_button.rect.collidepoint(mouse_pos) # ❶
    if button_clicked and not self.game_active: # ❷
        # 게임 기록 초기화
        self.stats.reset_stats()
        --생략--
```

❶의 button_clicked 플래그에는 [플레이] 버튼 영역을 클릭했는지 여부가 저장됩니다. 게임은 이 값이 True인 **동시에** 게임이 현재 비활성 상태일 때만(❷) 재시작합니다. 게임을 실행하고 [플레이] 버튼이 있었던 위치를 반복적으로 클릭해 보세요. 정상적으로 진행했다면 [플레이] 버튼 영역을 클릭해도 아무 일도 일어나지 않습니다.

14.1.6 마우스 커서 숨기기

게임이 비활성 상태일 때는 마우스 커서가 보이는 게 좋지만, 플레이를 시작하면 커서가 눈에 거슬릴 수 있습니다. 게임이 활성 상태가 되면 커서를 보이지 않게 하는 게 좋습니다. _check_play_button()의 if 블록 마지막에 해당 코드를 추가합니다.

alien_invasion.py

```
def _check_play_button(self, mouse_pos):
    """플레이어가 [플레이] 버튼을 클릭하면 게임을 시작합니다"""
    button_clicked = self.play_button.rect.collidepoint(mouse_pos)
    if button_clicked and not self.game_active:
        --생략--
        # 마우스 커서를 숨깁니다
        pygame.mouse.set_visible(False)
```

set_visible()에 False를 전달하면 파이게임은 게임 화면 위에 있는 마우스 커서를 숨깁니다.

또한 게임이 끝나면 커서가 다시 보여야 플레이어가 [플레이] 버튼을 클릭하고 게임을 다시 시작할 수 있으므로 다음 코드를 추가합니다.

alien_invasion.py

```
def _ship_hit(self):
    """외계인이 우주선에 충돌할 때 할 작업"""
    if self.stats.ships_left > 0:
        --생략--
    else:
        self.game_active = False
        pygame.mouse.set_visible(True)
```

게임이 비활성화되면 커서를 다시 표시합니다. 이 코드는 _ship_hit()에 배치하는 게 알맞습니다. 이런 세부 사항에 주의를 기울이면 좀 더 완성도가 있는 게임처럼 보이고, 플레이어는 사용자 인터페이스에 시선이 분산되는 일 없이 게임에 집중할 수 있습니다.

연습문제

14-1 P를 눌러 플레이
'외계인 침공'은 키보드를 통해 플레이하는 게임이므로 게임 시작도 키 입력을 통해 할 수 있다면 더 좋습니다. 플레이어가 ⓟ를 누르면 게임을 시작하게 만드세요. _check_play_button()의 일부 코드를 _start_game() 메서드로 분리하고, _check_play_button()과 _check_keydown_events()에서 _start_game() 메서드를 호출하도록 하면 될 겁니다.

14-2 조준 연습
화면 오른쪽 경계에서 일정한 속도로 움직이는 사각형을 만드세요. 화면의 왼쪽에는 플레이어가 상하로 조종하는 우주선을 만들고, 우주선이 탄환을 발사할 수 있게 만드세요. 게임을 시작하는 [플레이] 버튼을 만들고, 플레이어가 대상을 세 번 놓치면 게임을 끝내고 [플레이] 버튼을 다시 표시하세요. 플레이어는 [플레이] 버튼을 눌러 게임을 재시작할 수 있어야 합니다.

14.2 레벨업

지금은 플레이어가 외계인 함대를 모두 격추해도 게임 난이도가 바뀌지 않습니다. 이제 플레이어가 함대를 클리어할 때마다 게임의 속도를 높여 더 현실감 있고 어려워지게 만들어 봅시다.

14.2.1 속도 설정 수정하기

먼저 Settings 클래스를 다시 구성해 정적 설정과 동적 설정으로 나눕시다. 또한 게임을 새로 시작하면 게임을 진행하는 동안 바뀐 설정을 모두 초기화해야 합니다. settings.py를 다음과 같이 수정합니다.

settings.py

```
    def __init__(self):
        """게임의 정적 설정을 초기화합니다"""
```

```
# 화면 설정
self.screen_width = 1200
self.screen_height = 800
self.bg_color = (230, 230, 230)

# 우주선 설정
self.ship_limit = 3

# 탄환 설정
self.bullet_width = 3
self.bullet_height = 15
self.bullet_color = 60, 60, 60
self.bullets_allowed = 3

# 외계인 설정
self.fleet_drop_speed = 10

# 게임을 빠르게 만드는 속도
self.speedup_scale = 1.1 # ❶

self.initialize_dynamic_settings() # ❷
```

게임을 진행하는 동안 바뀌지 않는 설정은 여전히 __init__() 메서드에서 초기화합니다. ❶
의 speedup_scale 설정은 게임 속도를 얼마나 빨리 늘릴지 결정합니다. 이 값이 2이면 플레
이어 레벨이 오를 때마다 게임 속도가 두 배가 되고, 1이면 전혀 변하지 않습니다. 1.1 정도면
게임이 어려워지긴 해도 불가능한 난이도는 아닐 겁니다. 마지막으로 ❷에서 호출하는 ini-
tialize_dynamic_settings() 메서드는 게임 안에서 변하는 속성을 초기화합니다.

initialize_dynamic_settings()는 다음과 같습니다.

settings.py

```
def initialize_dynamic_settings(self):
    """게임을 진행하는 동안 변하는 설정 초기화"""
    self.ship_speed = 1.5
    self.bullet_speed = 2.5
    self.alien_speed = 1.0

    # 1은 오른쪽, -1은 왼쪽입니다
    self.fleet_direction = 1
```

이 메서드는 우주선, 탄환, 외계인 속도의 초기 값을 정합니다. 플레이어가 함대를 클리어하면 속도를 높이고, 새 게임을 시작하면 초기화합니다. 외계인은 게임을 새로 시작할 때마다 오른쪽으로 이동하므로 fleet_direction도 이 메서드에서 초기화합니다. 외계인의 좌우 속도가 빨라지면 아래로도 빨리 내려오므로 fleet_drop_speed는 여기서 변경하지 않습니다.

increase_speed() 메서드는 플레이어가 함대를 클리어할 때마다 우주선, 탄환, 외계인의 속도를 높입니다.

settings.py

```python
def increase_speed(self):
    """속도 설정을 높입니다"""
    self.ship_speed *= self.speedup_scale
    self.bullet_speed *= self.speedup_scale
    self.alien_speed *= self.speedup_scale
```

각 요소의 속도에 speedup_scale을 곱해 속도를 늘렸습니다.

함대의 마지막 외계인을 격추할 때 속도를 높여야 하므로 increase_speed()는 _check_bullet_alien_collisions()에서 호출합니다.

alien_invasion.py

```python
def _check_bullet_alien_collisions(self):
    --생략--
    if not self.aliens:
        # 남아 있는 탄환을 제거하고 함대를 새로 만듭니다
        self.bullets.empty()
        self._create_fleet()
        self.settings.increase_speed()
```

ship_speed, alien_speed, bullet_speed를 늘리면 게임의 전체적인 속도감이 올라갑니다.

14.2.2 속도 초기화하기

플레이어가 게임을 새로 시작할 때마다 속도 설정을 초기 값으로 되돌려야 합니다. 그렇지 않으면 새 게임이 이전 난이도로 시작할 겁니다.

alien_invasion.py

```python
def _check_play_button(self, mouse_pos):
    """플레이어가 [플레이] 버튼을 클릭하면 게임을 시작합니다"""
    button_clicked = self.play_button.rect.collidepoint(mouse_pos)
    if button_clicked and not self.game_active:
        # 게임 설정 초기화
        self.settings.initialize_dynamic_settings()
    --생략--
```

이제 '외계인 침공'은 더 재미있고 어려워질 겁니다. 함대를 클리어할 때마다 게임 속도가 빨라지고 조금씩 더 어려워집니다. 게임이 너무 빨리 너무 어려워지면 settings.speedup_scale 값을 줄이세요. 반대로 너무 천천히 어려워진다면 settings.speedup_scale 값을 늘리면 됩니다. 적절한 값을 찾아보세요. 처음 한두 번은 쉽고, 다음 몇 번은 꽤 어렵지만 할 만하고, 그 다음부터는 거의 불가능해지는 정도가 적당할 겁니다.

연습문제

14-3 조준 연습 #2
[연습문제 14-2]에서 시작합니다. 게임을 진행하면서 대상이 더 빨리 움직이게 만들고, 플레이어가 게임을 재시작하면 원래 속도로 돌아오게 만드세요.

14-4 난이도 선택
플레이어가 '외계인 침공' 게임을 시작할 때 난이도를 선택하는 버튼을 만드세요. 각 버튼은 Settings의 속성에 적절한 값을 할당해 여러 가지 난이도를 설정할 수 있어야 합니다.

14.3 점수

플레이어의 점수와 남아 있는 우주선 개수를 실시간으로 표시하고 최고 점수와 레벨도 표시하는 점수판을 만들어 봅시다.

점수는 게임 기록에 속하므로 GameStats에 score 속성을 추가합니다.

game_stats.py

```
class GameStats:
    --생략--
    def reset_stats(self):
        """게임을 진행하는 동안 변하는 기록 초기화"""
        self.ships_left = self.ai_settings.ship_limit
        self.score = 0
```

게임을 새로 시작할 때마다 점수를 초기화해야 하므로 score는 __init__()이 아니라 reset_stats()에서 초기화합니다.

14.3.1 점수 표시하기

여기서는 화면에 점수를 표시할 Scoreboard 클래스를 새로 만들 겁니다. 일단은 현재 점수만 표시하지만, 최종적으로는 최고 점수와 레벨, 남아 있는 우주선 숫자도 표시할 겁니다. 다음과 같이 scoreboard.py를 만드세요.

scoreboard.py

```
import pygame.font

class Scoreboard:
    """점수를 기록할 클래스"""

    def __init__(self, ai_game): # ❶
        """점수 기록에 필요한 속성 초기화"""
        self.screen = ai_game.screen
        self.screen_rect = self.screen.get_rect()
        self.settings = ai_game.settings
        self.stats = ai_game.stats

        # 점수 정보에 쓸 폰트 설정
        self.text_color = (30, 30, 30) # ❷
        self.font = pygame.font.SysFont(None, 48) # ❸

        # 초기 점수 이미지
        self.prep_score() # ❹
```

Scoreboard는 화면에 텍스트를 그려야 하므로 pygame.font 모듈을 임포트합니다. ❶에서는 __init__()에 ai_game 매개변수를 전달해 settings, screen, stats 객체에 접근할 수 있게 합니다. 점수를 표시하기 위해서는 이들 객체에 접근할 수 있어야 합니다. ❷에서는 텍스트 색깔을 설정하고 ❸에서는 폰트 인스턴스를 만들었습니다.

표시할 텍스트를 이미지로 바꾸는 prep_score()는 다음과 같습니다(❹).

scoreboard.py

```
    def prep_score(self):
        """점수를 이미지로 렌더링합니다"""
        score_str = str(self.stats.score) # ❶
        self.score_image = self.font.render(score_str, True, # ❷
                self.text_color, self.settings.bg_color)

        # 화면 우측 상단에 점수를 표시합니다
        self.score_rect = self.score_image.get_rect() # ❸
        self.score_rect.right = self.screen_rect.right - 20 # ❹
        self.score_rect.top = 20 # ❺
```

prep_score()는 숫자인 stats.score 값을 문자열로 바꾸고(❶), 이 문자열을 render()에 전달해(❷) 이미지를 만듭니다. render()에는 화면의 배경색과 텍스트 색깔도 함께 전달합니다.

점수는 화면의 우측 상단에 배치하고, 점수가 커지면 왼쪽으로 확장되게 만들 겁니다. ❸에서는 score_rect를 만들고, ❹에서 오른쪽 경계를 화면의 오른쪽 경계보다 20 작은 값으로 정해서 항상 화면 오른쪽을 기준으로 표시되게 만들었습니다. ❺에서는 점수가 화면 상단에서 20 픽셀 떨어지게 만듭니다.

다음은 렌더링된 점수 이미지를 표시하는 show_score() 메서드입니다.

scoreboard.py

```
    def show_score(self):
        """점수를 화면에 그립니다"""
        self.screen.blit(self.score_image, self.score_rect)
```

이 메서드는 score_rect에 지정된 위치에 점수 이미지를 그립니다.

14.3.2 점수판 만들기

Scoreboard 인스턴스는 AlienInvasion 안에서 만듭니다. 먼저 다음과 같이 import 문을 업데이트합니다.

alien_invasion.py

```
--생략--
from game_stats import GameStats
from scoreboard import Scoreboard
--생략--
```

그리고 __init__()에서 Scoreboard 인스턴스를 만듭니다.

alien_invasion.py

```
    def __init__(self):
        --생략--
        pygame.display.set_caption("Alien Invasion")

        # 게임 기록을 저장하고 점수판을 표시할 인스턴스를 만듭니다
        self.stats = GameStats(self)
        self.sb = Scoreboard(self)
        --생략--
```

_update_screen()에서 점수판을 화면에 그립니다.

alien_invasion.py

```
    def _update_screen(self):
        --생략--
        self.aliens.draw(self.screen)

        # 점수 정보를 그립니다
        self.sb.show_score()

        # 게임이 비활성 상태이면 [플레이] 버튼을 그립니다
        --생략--
```

[플레이] 버튼을 그리기 전에 show_score()를 호출합니다.

이제 '외계인 침공'을 실행하면 화면 우측 상단에 0이 표시될 겁니다(지금은 점수판 개발을 계속하기 전에 정확한 위치인지만 확인합니다). [그림 14-2]는 게임을 시작하기 전에 점수가 표시된 모습입니다.

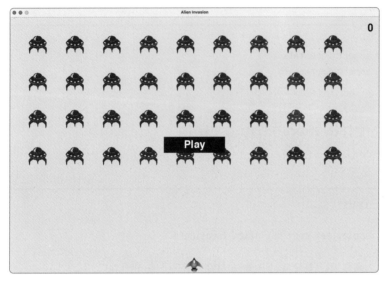

그림 14-2 점수는 화면 오른쪽 상단에 나타납니다.

이제 각 외계인에게 점수를 할당할 차례입니다.

14.3.3 외계인을 격추할 때 점수 업데이트하기

외계인을 맞출 때마다 stats.score 값을 업데이트하고 prep_score()를 호출해 점수 이미지를 업데이트하면 화면에 실시간으로 점수가 갱신됩니다. 하지만 그에 앞서, 플레이어가 외계인을 격추할 때 몇 점을 얻는지 정합시다.

settings.py
```
    def initialize_dynamic_settings(self):
        --생략--

        # 점수 설정
```

```
self.alien_points = 50
```

레벨이 오르면 각 외계인의 점수도 올라갈 겁니다. 새 게임을 시작할 때마다 외계인 점수를 초기화해야 하므로 initialize_dynamic_settings()에서 값을 설정합니다.

외계인을 격추할 때마다 점수를 업데이트하므로 _check_bullet_alien_collisions()를 다음과 같이 수정합니다.

alien_invasion.py

```
def _check_bullet_alien_collisions(self):
    """탄환과 외계인의 충돌을 관리합니다"""
    # 충돌한 탄환과 외계인을 제거합니다
    collisions = pygame.sprite.groupcollide(
            self.bullets, self.aliens, True, True)

    if collisions:
        self.stats.score += self.settings.alien_points
        self.sb.prep_score()
    --생략--
```

탄환이 외계인을 맞추면 collisions 딕셔너리가 반환됩니다. 따라서 이 딕셔너리가 존재한다면 외계인의 점수를 현재 점수에 더합니다. 그리고 prep_score()를 호출해 점수 이미지를 업데이트합니다.

이제 '외계인 침공'을 플레이하면 점수가 점점 올라갈 겁니다.

14.3.4 점수 초기화하기

현재는 외계인을 맞춘 **다음**에만 점수를 업데이트하고 있습니다. 그런데 새 게임을 시작한 다음에도 여전히 이전 게임의 점수가 유지되고 있습니다. 이는 수정해야 할 문제입니다.

이 문제는 새 게임을 시작할 때 점수를 업데이트해서 문제를 해결할 수 있습니다.

alien_invasion.py

```
def _check_play_button(self, mouse_pos):
```

```
--생략--
if button_clicked and not self.game_active:
    --생략--
    # 게임 기록 초기화
    self.stats.reset_stats()
    self.sb.prep_score()
    --생략--
```

새 게임을 시작할 때 게임 기록을 초기화한 후 `prep_score()`를 호출하면 점수판이 0으로 초기화됩니다.

14.3.5 모든 점수를 제대로 확인하기

현재 코드는 몇 가지 상황에서 외계인 점수를 누락할 수 있습니다. 예를 들어 같은 루프 안에서 두 개 이상의 탄환이 외계인과 충돌하거나, 테스트를 위해 아주 큰 탄환을 만든 경우 외계인 하나의 점수만 기록됩니다. 탄환과 외계인의 충돌을 감지하는 방식을 개선해 이 문제를 해결하겠습니다.

`_check_bullet_alien_collisions()`에서 반환하는 `collisions` 딕셔너리의 키는 외계인과 충돌한 탄환이고 그 값은 탄환과 충돌한 외계인 리스트입니다. 다음과 같이 `collisions` 딕셔너리를 순회하면서 점수를 계산합니다.

alien_invasion.py

```
def _check_bullet_alien_collisions(self):
    --생략--
    if collisions:
        for aliens in collisions.values():
            self.stats.score += self.settings.alien_points * len(aliens)
        self.sb.prep_score()
    --생략--
```

`collisions` 딕셔너리가 존재하면 딕셔너리의 값 전체를 순회합니다. 이 딕셔너리의 값은 탄환에 맞은 외계인 리스트입니다. 외계인 하나의 점수에 각 리스트의 외계인 숫자를 곱하고, 그 결과를 현재 점수에 더합니다. 너비가 300픽셀인 초강력 탄환을 만들어 맞춘 외계인 숫자만큼 점수가 늘어나는지 확인하고, 탄환 너비를 원래 값으로 되돌리세요.

14.3.6 난이도에 따라 점수 늘리기

플레이어가 함대를 클리어할 때마다 게임이 어려워지므로 어려워진 게임의 외계인은 점수가 더 높아야 합니다. 다음과 같이 게임 속도가 빨라질 때마다 점수를 늘리는 코드를 추가합니다.

settings.py

```
class Settings:
    """외계인 침공의 설정을 저장하는 클래스"""

    def __init__(self):
        --생략--
        # 게임을 빠르게 만드는 속도
        self.speedup_scale = 1.1
        # 외계인 점수가 늘어나는 속도
        self.score_scale = 1.5 # ❶

        self.initialize_dynamic_settings()

    def initialize_dynamic_settings(self):
        --생략--

    def increase_speed(self):
        """속도 설정과 외계인 점수를 늘립니다"""
        self.ship_speed *= self.speedup_scale
        self.bullet_speed *= self.speedup_scale
        self.alien_speed *= self.speedup_scale

        self.alien_points = int(self.alien_points * self.score_scale) # ❷
```

❶에서 지정한 score_scale은 외계인의 점수가 올라가는 속도입니다. 속도는 1.1 정도로만 빨라져도 게임이 빠르게 어려워집니다. 하지만 점수가 눈에 띄게 올라가려면 1.5배 정도는 되어야 합니다. ❷에서는 게임 속도를 올릴 때 점수 또한 올립니다. int() 함수를 사용해 부동소수점 숫자인 점수를 정수로 변환했습니다.

다음과 같이 Settings의 increase_speed() 메서드에 print()를 추가해 각 외계인의 점수를 볼 수 있습니다.

```
    def increase_speed(self):
        --생략--
        self.alien_points = int(self.alien_points * self.score_scale)
        print(self.alien_points)
```

외계인 함대를 클리어할 때마다 터미널에 새 점수가 표시될 겁니다.

> **NOTE** 점수를 확인했으면 print()를 제거하세요. 제거하지 않으면 게임 성능에 영향을 미치고 플레이어
> 의 주의가 분산될 수 있습니다.

14.3.7 점수 반올림하기

슈팅 게임은 대부분 점수를 10점 단위로 표시하니 우리도 그렇게 하겠습니다. 또한 점수가 커
져도 쉽게 알 수 있도록 콤마 구분자도 넣겠습니다. Scoreboard를 다음과 같이 수정합니다.

```
    def prep_score(self):
        """점수를 이미지로 렌더링합니다"""
        rounded_score = round(self.stats.score, -1)
        score_str = f"{rounded_score:,}"
        self.score_image = self.font.render(score_str, True,
                self.text_color, self.settings.bg_color)
        --생략--
```

round() 함수는 일반적으로 부동 소수점 숫자를 두 번째 인수로 지정된 소수점 이하 자릿수로
반올림합니다. 하지만 두 번째 인수로 음수를 전달하면 가장 가까운 10의 제곱, 즉 10, 100,
1,000 등으로 반올림합니다. 이 코드는 **stats.score**의 값을 가장 가까운 10의 제곱으로 반
올림해서 rounded_score에 할당합니다.

그리고 점수를 f−문자열의 형식 지정자를 사용해 변환합니다. **형식 지정자**format specifier란 f−문자
열에서 변수 값의 형식을 지정하는 문자열입니다. 여기서 사용한 :,는 숫자 값의 적절한 위치
에 콤마를 삽입하라는 뜻입니다. 결과적으로 **1000000**이 아니라 **1,000,000** 같은 문자열이 생
성됩니다.

이제 게임을 실행하면 [그림 14-3]과 같이 알아보기 쉬운 점수가 표시됩니다.

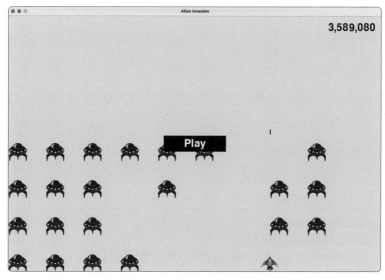

그림 14-3 콤마로 구분된 점수

14.3.8 최고 점수 표시하기

화면에 최고 점수를 표시하면 플레이어는 그 점수를 깨고 싶은 동기가 생깁니다. 최고 점수를 표시해 플레이어에게 목표를 부여해 봅시다. 최고 점수는 GameStats에 저장합니다.

game_stats.py

```
    def __init__(self, ai_game):
        --생략--
        # 최고 점수는 초기화하지 않습니다
        self.high_score = 0
```

최고 점수는 초기화하지 않으므로 reset_stats()가 아닌 __init__()에서 초기화합니다.

다음으로 최고 점수를 표시하도록 Scoreboard를 수정합니다. __init__() 메서드를 다음과 같이 수정합니다.

```
    def __init__(self, ai_game):
        --생략--
        # 초기 점수 이미지
        self.prep_score()
        self.prep_high_score() # ❶
```

최고 점수는 점수와 별도로 표시해야 하므로 새 메서드 prep_high_score()가 필요합니다
(❶).

prep_high_score() 메서드는 다음과 같습니다.

```
    def prep_high_score(self):
        """최고 점수를 이미지로 렌더링합니다"""
        high_score = round(self.stats.high_score, -1) # ❶
        high_score_str = f"{high_score:,}"
        self.high_score_image = self.font.render(high_score_str, True, # ❷
                self.text_color, self.settings.bg_color)

        # 최고 점수를 화면 상단 중앙에 표시합니다
        self.high_score_rect = self.high_score_image.get_rect()
        self.high_score_rect.centerx = self.screen_rect.centerx # ❸
        self.high_score_rect.top = self.score_rect.top # ❹
```

❶에서는 최고 점수를 정수 첫 번째 자릿수에서 반올림하고 콤마를 구분자로 넣습니다. ❷에서
는 최고 점수를 이미지로 바꾸고, ❸에서는 최고 점수 rect의 가로 중앙에 배치하고, ❹에서는
점수 이미지와 최고 점수 이미지를 같은 높이에 배치했습니다.

show_score() 메서드는 화면 우측 상단에 현재 점수를, 상단 중앙에 최고 점수를 그리도록
수정합니다.

```
    def show_score(self):
        """점수를 화면에 그립니다"""
        self.screen.blit(self.score_image, self.score_rect)
        self.screen.blit(self.high_score_image, self.high_score_rect)
```

최고 점수를 확인하는 새 메서드 check_high_score()를 만듭니다.

scoreboard.py

```python
    def check_high_score(self):
        """최고 점수가 갱신됐는지 확인합니다"""
        if self.stats.score > self.stats.high_score:
            self.stats.high_score = self.stats.score
            self.prep_high_score()
```

check_high_score() 메서드는 현재 점수와 최고 점수를 비교합니다. 현재 점수가 더 크면 high_score 값을 업데이트하고 prep_high_score()를 호출해 최고 점수 이미지를 업데이트합니다.

_check_bullet_alien_collisions()는 외계인을 맞출 때마다 점수를 업데이트한 후 check_high_score()를 호출하도록 수정합니다.

alien_invasion.py

```python
    def _check_bullet_alien_collisions(self):
        --생략--
        if collisions:
            for aliens in collisions.values():
                self.stats.score += self.settings.alien_points * len(aliens)
            self.sb.prep_score()
            self.sb.check_high_score()
        --생략--
```

check_high_score()는 collisions 딕셔너리가 존재할 때 현재 점수를 업데이트한 다음 호출합니다.

'외계인 침공'을 처음 실행하면 현재 점수가 최고 점수이므로 같은 점수가 표시됩니다. 하지만 두 번째 게임을 시작하면 [그림 14-4]와 같이 중앙에는 최고 점수, 오른쪽에는 현재 점수가 표시될 겁니다.

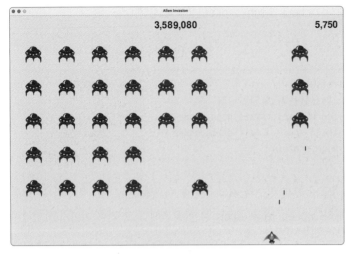

3,589,080   5,750

그림 14-4 최고 점수는 화면 상단 중앙에 표시됩니다.

14.3.9 레벨 표시하기

플레이어의 레벨을 표시하려면 현재 레벨을 나타낼 속성을 GameStats에 추가해야 합니다. 또이 레벨은 새 게임을 시작할 때 초기화해야 하므로 reset_stats()에서 초기화합니다.

game_stats.py

```python
    def reset_stats(self):
        """게임을 진행하는 동안 변하는 기록 초기화"""
        self.ships_left = self.settings.ship_limit
        self.score = 0
        self.level = 1
```

Scoreboard의 __init__()에서 현재 레벨을 표시할 prep_level() 메서드를 호출하게 바꿉니다.

scoreboard.py

```python
    def __init__(self, ai_game):
        --생략--
        self.prep_high_score()
        self.prep_level()
```

prep_level()은 다음과 같습니다.

scoreboard.py

```python
def prep_level(self):
    """레벨을 이미지로 렌더링합니다"""
    level_str = str(self.stats.level)
    self.level_image = self.font.render(level_str, True, # ❶
            self.text_color, self.settings.bg_color)

    # 레벨을 점수 아래에 표시합니다
    self.level_rect = self.level_image.get_rect()
    self.level_rect.right = self.score_rect.right # ❷
    self.level_rect.top = self.score_rect.bottom + 10 # ❸
```

❶은 stats.level의 값을 이미지로 바꾸고, ❷는 이 이미지의 right 속성을 점수의 right 속성과 일치시킵니다. 그리고 ❸에서 점수 이미지 하단보다 10픽셀 아래에 레벨을 표시하도록 top 속성을 지정합니다.

show_score()도 업데이트해야 합니다.

scoreboard.py

```python
def show_score(self):
    """화면에 점수와 레벨을 그립니다"""
    self.screen.blit(self.score_image, self.score_rect)
    self.screen.blit(self.high_score_image, self.high_score_rect)
    self.screen.blit(self.level_image, self.level_rect)
```

함대를 모두 제거할 때마다 stats.level을 올리고 레벨 이미지를 업데이트합니다. 따라서 _check_bullet_alien_collisions()에서 이 작업을 수행합니다.

alien_invasion.py

```python
def _check_bullet_alien_collisions(self):
    --생략--
    if not self.aliens:
        # 남아 있는 탄환을 제거하고 함대를 새로 만듭니다
        self.bullets.empty()
        self._create_fleet()
```

```
self.settings.increase_speed()

# 레벨을 올립니다
self.stats.level += 1
self.sb.prep_level()
```

함대를 모두 제거하면 stats.level 값을 올리고, prep_level()을 호출해서 레벨을 새로 고칩니다.

새 게임을 시작할 때도 레벨 이미지를 표시해야 하므로 플레이어가 [플레이] 버튼을 클릭할 때도 prep_level()을 호출합니다.

alien_invasion.py

```
    def _check_play_button(self, mouse_pos):
        --생략--
        if button_clicked and not self.game_active:
            --생략--
            self.sb.prep_score()
            self.sb.prep_level()
            --생략--
```

이제 [그림 14-5]와 같이 레벨을 볼 수 있습니다.

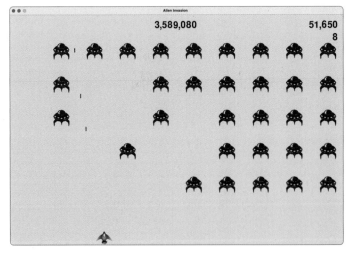

그림 14-5 현재 점수 바로 아래에 현재 레벨이 표시됩니다.

14.3.10 남은 우주선 숫자 표시하기

마지막으로, 플레이어에게 남은 우주선 숫자를 표시합시다. 다만 이번에는 그래픽을 사용하겠습니다. 고전 게임 대부분이 사용하는 방식과 마찬가지로 화면 왼쪽 상단에 우주선을 그려서 몇 대 남아 있는지 표시하겠습니다.

우주선 그룹을 표시하려면 Ship이 Sprite를 상속해야 합니다.

ship.py

```
import pygame
from pygame.sprite import Sprite

class Ship(Sprite): # ❶
    """우주선을 관리하는 클래스"""

    def __init__(self, ai_game):
        """우주선을 초기화하고 시작 위치를 설정합니다"""
        super().__init__() # ❷
        --생략--
```

먼저 Sprite를 임포트한 다음, ❶에서는 Ship이 Sprite를 상속하게 했고 ❷에서는 super()의 __init__()을 호출했습니다.

다음에는 Scoreboard가 우주선 그룹을 표시할 수 있게 수정해야 합니다. Scoreboard의 import 문을 다음과 같이 수정합니다.

scoreboard.py

```
import pygame.font
from pygame.sprite import Group

from ship import Ship
```

우주선 그룹을 만들어야 하므로 **Group**, **Ship** 클래스를 임포트합니다.

`__init__()`은 다음과 같이 수정합니다.

scoreboard.py

```python
    def __init__(self, ai_game):
        """점수 기록에 필요한 속성 초기화"""
        self.ai_game = ai_game
        self.screen = ai_game.screen
        --생략--
        self.prep_level()
        self.prep_ships()
```

`prep_ships()`는 다음과 같습니다.

scoreboard.py

```python
    def prep_ships(self):
        """우주선이 몇 대 남았는지 표시합니다"""
        self.ships = Group() # ❶
        for ship_number in range(self.stats.ships_left): # ❷
            ship = Ship(self.ai_game)
            ship.rect.x = 10 + ship_number * ship.rect.width # ❸
            ship.rect.y = 10 # ❹
            self.ships.add(ship) # ❺
```

❶에서는 우주선 인스턴스를 저장할 빈 그룹 **self.ships**를 만듭니다. ❷는 남아 있는 우주선 개수만큼 실행되는 루프입니다. ❸에서는 각 우주선이 이전 우주선과 10픽셀 간격을 두고 표시되도록 x 좌표를 설정합니다. ❹에서는 y 좌표를 10으로 설정해 우주선이 화면 상단에서 10픽셀 아래 표시되게 만듭니다. ❺에서는 새 우주선을 **ships** 그룹에 추가합니다.

다음 코드는 남은 우주선을 화면에 그리는 코드입니다.

scoreboard.py

```python
    def show_score(self):
        """화면에 점수, 레벨, 남은 우주선을 그립니다"""
        self.screen.blit(self.score_image, self.score_rect)
        self.screen.blit(self.high_score_image, self.high_score_rect)
```

```
        self.screen.blit(self.level_image, self.level_rect)
        self.ships.draw(self.screen)
```

그룹에서 draw()를 호출하면 파이게임이 각 우주선을 화면에 그립니다.

새 게임을 시작할 때 prep_ships()를 호출해 플레이어에게 남은 우주선을 표시합니다.
AlienInvasion의 _check_play_button()에서 호출하는 게 적합합니다.

alien_invasion.py

```
    def _check_play_button(self, mouse_pos):
        --생략--
        if button_clicked and not self.game_active:
            --생략--
            self.sb.prep_level()
            self.sb.prep_ships()
            --생략--
```

또한 플레이어가 우주선을 잃었을 때도 prep_ships()를 호출해 이미지를 업데이트합니다.

alien_invasion.py

```
    def _ship_hit(self):
        """외계인이 우주선에 충돌할 때 할 작업"""
        if self.stats.ships_left > 0:
            # ships_left 값을 줄이고 점수판을 업데이트합니다
            self.stats.ships_left -= 1
            self.sb.prep_ships()
            --생략--
```

ships_left 값을 줄인 다음 prep_ships()를 호출하므로 우주선이 파괴될 때마다 남아 있는
우주선 숫자가 정확히 표시됩니다.

[그림 14-6]은 화면 좌측 상단에 남아 있는 우주선을 표시하는 완성된 점수판입니다.

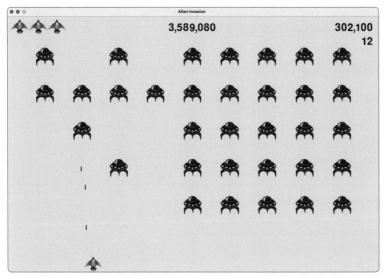

그림 14-6 '외계인 침공'의 완성된 점수판

14-5 명예의 전당
현재는 플레이어가 '외계인 침공'을 닫고 다시 시작할 때마다 최고 점수가 초기화됩니다. sys.exit()을 호출하기 전에 최고 점수를 파일에 저장하고, GameStats에서 최고 점수를 초기화할 때 이 값을 읽게 만들어서 문제를 해결하세요.

14-6 리팩터링
두 개 이상의 작업을 수행하는 메서드를 찾고 리팩터링해서 코드를 효율적으로 만드세요. 예를 들어 check_bullet_alien_collisions()에서 외계인 함대가 파괴됐을 때 새 레벨을 시작하는 코드를 start_new_level() 함수로 이동하세요. 또한 Scoreboard의 __init__() 메서드에서 개별 메서드 네 개를 호출하는 부분을 prep_images() 메서드로 분리해 __init__()을 단순하게 만들 수 있습니다. prep_images() 메서드는 _check_play_button()이나 start_game() 또한 단순화할 수 있습니다.

NOTE 프로젝트 리팩터링을 시도하기 전에 부록 D '깃을 활용해 버전 관리하기'를 먼저 읽어서 리팩터링 도중 버그가 생겼을 때 프로젝트를 복원하는 방법을 알아 두는 게 좋습니다.

14-7 게임 개선

'외계인 침공'을 개선할 방향을 생각해 보세요. 예를 들어 외계인이 우주선에 탄환을 쏘게 할 수 있습니다. 우주선 앞에 장벽을 만들어 우주선이 그 뒤에 숨게 할 수도 있습니다. 외계인이나 우주선이 쏜 탄환에 맞은 장벽은 파괴됩니다. pygame.mixer 모듈을 임포트해서 폭발음, 총소리 같은 사운드를 추가하는 것도 좋습니다.

14-8 '수평 슈팅 게임' 최종판

'외계인 침공' 프로젝트에서 배운 걸 모두 활용해 수평 슈팅 게임을 개선하세요. [플레이] 버튼을 추가하고, 적절한 속도로 게임을 빠르게 만들고, 점수판을 만드세요. 진행하면서 꾸준히 리팩터링하고, 이 장에서 배운 내용을 넘어 창의적으로 개선해 보세요.

14.4 요약 정리

이 장에서는 새 게임을 시작할 수 있도록 [플레이] 버튼을 만드는 방법과 마우스 이벤트를 감지하고 플레이 중일 때는 커서를 숨기는 방법을 배웠습니다. 이 방법은 다른 용도로 활용할 수도 있습니다(예를 들어 [Help] 버튼을 만들어 게임 실행 방법에 대한 도움말을 표시할 수도 있습니다). 또한, 게임을 진행함에 따라 속도를 올리는 방법을 배우고, 점수판을 표시하고, 텍스트와 이미지로 정보를 표시하는 방법까지 배웠습니다. 게임을 만들어 보면 프로그래밍 기술을 즐겁게 올릴 수 있습니다. 이 장에서 설명한 내용을 눈으로만 보는 것으로 만족하지 말고 꼭 직접 만들어 보길 권합니다.

데이터 시각화: 데이터 생성하기

데이터 시각화data visualization는 데이터 집합을 시각적으로 표현하고 패턴을 분석하는 걸 말합니다. 코드를 통해 데이터 집합의 패턴과 연결을 찾는 **데이터 분석**data analysis과도 밀접한 관련이 있습니다. 데이터 집합은 코드 한 줄에 들어가는 작은 숫자 리스트일 수도 있고, 다양한 종류의 정보로 구성된 테라바이트 규모의 데이터일 수도 있습니다.

효과적인 데이터 시각화는 단순히 정보를 보기 좋게 만드는 것으로 끝나지 않습니다. 데이터 집합을 단순하고 보기 좋게 표현하면 보는 이들이 그 의미를 더 명확히 알 수 있고 존재하는지도 몰랐던 패턴과 중요한 사실들을 시각화를 통해 발견할 수도 있습니다.

슈퍼컴퓨터가 있어야만 복잡한 데이터를 시각화할 수 있는 건 아닙니다. 파이썬은 대단히 효율적이므로 노트북만 있어도 수백만 개의 데이터가 포함된 데이터 집합을 빠르게 탐색할 수 있습니다. 데이터가 꼭 숫자일 필요도 없습니다. 기본편에서 배운 기초를 활용해 숫자가 아닌 데이터도 분석할 수 있습니다.

파이썬은 유전학, 기후 연구, 정치경제 분석, 기타 데이터 집약적인 작업에 널리 사용됩니다. 데이터 과학자들은 파이썬을 사용해 시각화와 분석 도구를 많이 만들었으며 여러분도 그 대부분을 사용할 수 있습니다. 그래프 라이브러리인 Matplotlib은 가장 널리 쓰이는 도구 중 하나입니다. 이 장에서는 Matplotlib을 사용해 직선 그래프, 산포도 같은 단순한 그래프를 만들어 볼 겁니다. 그런 다음 일련의 랜덤한 결정으로부터 시각화를 생성하는 개념인 랜덤 워크를 바탕으로 더 흥미로운 데이터 집합도 만들어 봅니다.

또한 대부분의 디지털 장치에 잘 맞는 시각화를 생성하는 Plotly라는 패키지를 사용해 주사위를 굴린 결과를 분석해 봅니다. Plotly에서 생성한 시각화는 다양한 디스플레이 장치의 크기에 맞게 자동으로 조절됩니다. 또한 사용자가 시각화의 한 부분에 마우스를 올리면 데이터 집합의 특정 부분을 강조하는 것 같은 기능도 포함됩니다. Matplotlib과 Plotly에 대해 배우면 흥미로운 데이터를 쉽게 시각화할 수 있습니다.

15.1 Matplotlib 설치하기

Matplotlib은 11장에서와 마찬가지로 **pip**로 설치할 수 있습니다.

터미널 프롬프트에 다음 명령어를 입력해 Matplotlib을 설치하세요.

```
$ python -m pip install --user matplotlib
```

프로그램을 실행하거나 터미널을 시작할 때 **python**이 아니라 **python3** 같은 다른 명령어를 사용했다면 설치 명령도 그에 맞게 바꿔야 합니다.

```
$ python3 -m pip install --user matplotlib
```

*https://matplotlib.org*에 방문해 [**Plot types**]를 클릭하면 Matplotlib으로 만들 수 있는 다양한 시각화 타입을 미리 볼 수 있습니다. 갤러리에 있는 시각화를 클릭하면 해당 그래프를 생성한 코드도 볼 수 있습니다.

15.2 단순한 직선 그래프 그리기

Matplotlib을 사용해 단순한 직선 그래프를 그리고, 보다 많은 정보를 표시할 수 있게 설정을 바꾸겠습니다. 그래프 데이터로는 제곱수인 1, 4, 9, 16, 25를 사용하겠습니다.

단순한 직선 그래프를 그릴 때는 데이터만 지정하면 나머지는 Matplotlib이 처리합니다.

mpl_squares.py

```
import matplotlib.pyplot as plt

squares = [1, 4, 9, 16, 25]
fig, ax = plt.subplots() # ❶
ax.plot(squares)

plt.show()
```

pyplot 모듈을 임포트하되, **pyplot**을 반복적으로 입력할 필요가 없게끔 **plt**라는 별칭을 사용합니다(온라인 예제에서 이런 표기법을 자주 볼 수 있습니다). `pyplot` 모듈에는 차트와 그래프를 그리는 다양한 함수가 포함되어 있습니다.

그래프에 사용할 데이터를 `squares` 리스트에 저장합니다. ❶에서는 Matplotlib에 널리 쓰이는 표기법에 따라 `subplots()` 함수를 호출했습니다. 이 함수는 그림 하나에 여러 개의 그래프를 그릴 수 있습니다. `fig` 변수는 그래프 컬렉션인 **figure**를 뜻합니다. `ax` 변수는 그림에 포함될 그래프 하나를 말합니다. 그래프 하나를 그리고 커스텀할 때는 이 변수를 가장 많이 사용합니다.

그리고 `plot()` 메서드를 사용해 데이터를 가장 알맞은 방식으로 그립니다. `plt.show()` 함수는 [그림 15-1]과 같이 Matplotlib 뷰어를 열고 그래프를 표시합니다. 뷰어에서는 그래프를 확대/축소하고 옮길 수 있으며, 디스크 아이콘을 클릭해 이미지로 저장할 수도 있습니다.

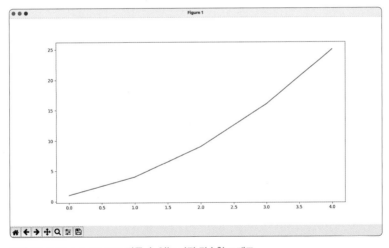

그림 15-1 Matplotlib으로 만들 수 있는 가장 단순한 그래프

15.2.1 이름표 타입과 선 두께 변경하기

[그림 15-1]의 그래프는 숫자가 커진다는 걸 보여 주긴 하지만 이름표가 너무 작고 선도 좀 가늡니다. Matplotlib은 시각화의 모든 부분을 조정할 수 있는 기능을 제공합니다.

커스텀을 통해 이 그래프의 가독성을 개선해 봅시다. 먼저 타이틀을 추가하고 축에 이름표를 붙입니다.

```python
import matplotlib.pyplot as plt

squares = [1, 4, 9, 16, 25]

fig, ax = plt.subplots()
ax.plot(squares, linewidth=3)  # ❶

# 그래프 타이틀을 지정하고 축에 이름표를 붙입니다
ax.set_title("Square Numbers", fontsize=24)  # ❷
ax.set_xlabel("Value", fontsize=14)  # ❸
ax.set_ylabel("Square of Value", fontsize=14)

# 틱 이름표 크기를 지정합니다
ax.tick_params(labelsize=14)  # ❹

plt.show()
```

❶의 linewidth 매개변수는 plot()이 생성하는 선의 두께를 지정합니다. 그래프를 생성하면 이를 표시하기 전에 여러 가지를 수정할 수 있습니다. ❷의 set_title() 메서드는 그래프 타이틀을 설정합니다. fontsize 매개변수는 그래프의 텍스트 크기를 지정합니다.

❸의 set_xlabel(), set_ylabel() 메서드는 각 축의 타이틀을 지정하고, ❹의 tick_params() 메서드는 눈금 스타일을 지정합니다. 여기서는 tick_params()를 써서 두 축의 눈금 폰트 크기를 14로 설정했습니다.

이제 그래프는 [그림 15-2]와 같이 훨씬 더 쉽게 확인할 수 있습니다. 이름표도 커졌고, 선도 두꺼워졌습니다. 여러 가지 설정을 실험해서 최종 그래프가 가장 좋아 보이는 설정을 선택하세요. 분명 시간을 투자할 가치가 있습니다.

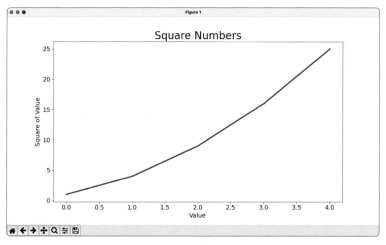

그림 15-2 훨씬 보기 좋아진 그래프

15.2.2 그래프 수정하기

그래프가 개선됐으므로 정확히 그려지지 않은 걸 쉽게 확인할 수 있습니다. 이 그래프는 4의 제곱이 25로 표시됩니다! 이 문제를 수정합시다.

plot()은 숫자 시퀀스를 받으면 첫 번째 데이터가 x 값 0에 해당한다고 가정하지만, 우리가 제공한 데이터는 x 값 1에 해당합니다. 다음과 같이 입력과 출력을 모두 전달하면 plot()의 동작 방식이 바뀝니다.

mpl_squares.py

```
import matplotlib.pyplot as plt

input_values = [1, 2, 3, 4, 5]
squares = [1, 4, 9, 16, 25]

fig, ax = plt.subplots()
ax.plot(input_values, squares, linewidth=3)

# 그래프 타이틀을 지정하고 축에 이름표를 붙입니다
--생략--
```

이제 plot()은 아무것도 가정하지 않고 입력과 출력을 그대로 사용합니다. 따라서 [그림 15-3]과 같이 정확한 그래프가 표시됩니다.

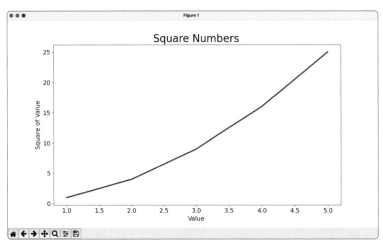

그림 15-3 정확한 그래프

plot()을 호출할 때 다양한 인수를 지정할 수 있고, 그래프를 생성한 다음에도 다양한 방법으로 커스텀할 수 있습니다. 이 장을 진행하면서 여러 가지 데이터 집합을 사용하고 커스텀 방법도 계속 알아보겠습니다.

15.2.3 내장 스타일 사용하기

Matplotlib은 미리 정의된 스타일을 여러 가지 제공합니다. 이런 스타일에는 배경색, 눈금선, 선 너비, 폰트, 폰트 크기 등에 대한 다양한 기본 설정이 포함되어 있습니다. 이런 스타일을 사용하면 커스텀을 많이 하지 않아도 보기 좋은 그래프를 만들 수 있습니다. 터미널에서 다음과 같이 명령하면 사용할 수 있는 스타일을 모두 표시합니다.

```
>>> import matplotlib.pyplot as plt
>>> plt.style.available
['Solarize_Light2', '_classic_test_patch', '_mpl-gallery',
--생략--
```

다음과 같이 subplots() 앞에 행을 하나 추가해 스타일을 사용할 수 있습니다.

mpl_squares.py

```
import matplotlib.pyplot as plt

input_values = [1, 2, 3, 4, 5]
squares = [1, 4, 9, 16, 25]

plt.style.use('seaborn')
fig, ax = plt.subplots()
--생략--
```

이 코드의 결과는 [그림 15-4]와 같습니다. 사용할 수 있는 스타일은 아주 다양하니 여러 가지를 시도해 보면서 원하는 스타일을 찾아보세요.

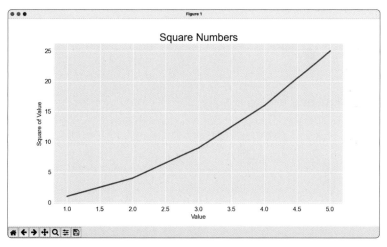

그림 15-4 내장된 seaborn 스타일

15.2.4 scatter()를 사용한 산포도

어떤 특징을 기준으로 포인트를 표시하고 스타일을 지정하는 게 적합할 때도 있습니다. 예를 들어 작은 값을 파란색으로, 큰 값을 녹색으로 표시할 수 있습니다. 또한 데이터 집합의 포인트 대부분에 한 가지 스타일을 지정하고, 일부 포인트에 다른 스타일을 지정해 강조할 수도 있습니다.

포인트 하나를 그릴 때는 **x**와 **y** 좌표를 scatter()에 전달합니다.

scatter_squares.py

```
import matplotlib.pyplot as plt

plt.style.use('seaborn')
fig, ax = plt.subplots()
ax.scatter(2, 4)

plt.show()
```

출력 스타일을 추가해 봅시다. 타이틀을 추가하고, 축에 이름표를 지정하고, 텍스트를 읽기 좋은 크기로 만듭니다.

```
import matplotlib.pyplot as plt

plt.style.use('seaborn')
fig, ax = plt.subplots()
ax.scatter(2, 4, s=200) # ❶

# 그래프 타이틀을 지정하고 축에 이름표를 붙입니다
ax.set_title("Square Numbers", fontsize=24)
ax.set_xlabel("Value", fontsize=14)
ax.set_ylabel("Square of Value", fontsize=14)

# 틱 이름표 크기를 지정합니다
ax.tick_params(labelsize=14)

plt.show()
```

❶에서 scatter()를 호출할 때 사용한 s 인수는 그래프에 사용할 점의 크기입니다. 이제 scatter_squares.py를 실행하면 [그림 15-5]와 같이 그래프 중앙에 포인트가 하나 보입니다.

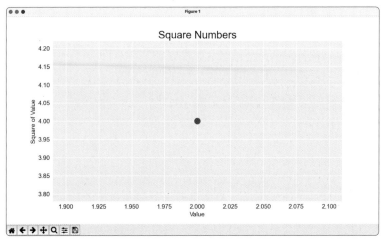

그림 15-5 포인트 하나를 그린 그래프

다음과 같이 scatter()에 **x, y** 값 리스트를 전달해 여러 개의 포인트를 그릴 수 있습니다.

scatter_squares.py

```
import matplotlib.pyplot as plt

x_values = [1, 2, 3, 4, 5]
y_values = [1, 4, 9, 16, 25]

plt.style.use('seaborn')
fig, ax = plt.subplots()
ax.scatter(x_values, y_values, s=100)

# 그래프 타이틀을 지정하고 축에 이름표를 붙입니다
--생략--
```

x_values 리스트는 제곱을 구할 숫자, y_values는 각 숫자의 제곱입니다. 이 리스트들을 scatter()에 전달하면 Matplotlib은 각 리스트에서 값 하나씩을 읽어 포인트로 사용합니다. 그래프로 표현할 포인트는 (1, 1), (2, 4), (3, 9), (4, 16), (5, 25)입니다. [그림 15-6]을 보세요.

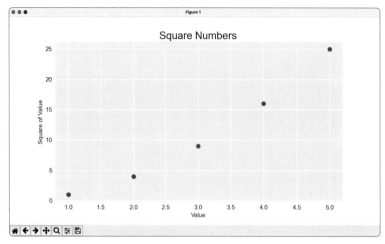

그림 15-6 여러 개의 포인트가 있는 산포도

15.2.5 자동으로 데이터 계산하기

리스트를 직접 작성하는 건 비효율적이며, 포인트가 많을수록 더 비효율적입니다. 각 값을 직접 만들지 말고 루프를 사용해 계산해 봅시다.

다음 코드는 1,000개의 포인트를 계산합니다.

scatter_squares.py

```python
import matplotlib.pyplot as plt

x_values = range(1, 1001) # ❶
y_values = [x**2 for x in x_values]
plt.style.use('seaborn')
fig, ax = plt.subplots()
ax.scatter(x_values, y_values, s=10) # ❷

# 그래프 타이틀을 지정하고 축에 이름표를 붙입니다
--생략--

# 각 축의 범위를 지정합니다
ax.axis([0, 1100, 0, 1_100_000]) # ❸

plt.show()
```

❶에서는 1에서 1,000 범위의 숫자를 포함하는 x 값 리스트를 만듭니다. 그리고 리스트 내포 문법을 써서 x 값을 순회하고(for x in x_values) 각 숫자를 제곱해(x**2) 결과를 y_val-ues에 할당했습니다. ❷에서는 입출력 리스트를 scatter()에 전달했습니다. 데이터 집합이 커졌으므로 포인트 크기는 줄였습니다.

그래프를 표시하기 전에 ❸에서 axis() 메서드를 사용해 각 축의 범위를 지정했습니다. axis() 메서드는 x 축과 y 축의 최소 값과 최대 값인 네 가지 매개변수를 받습니다. 여기서 x 축은 0에서 1,000까지, y 축은 0에서 1,000,000까지로 설정했습니다. 결과는 [그림 15-7]과 같습니다.

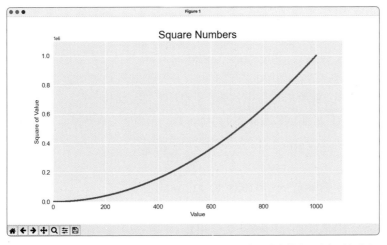

그림 15-7 파이썬에서는 5개의 포인트나 1,000개의 포인트나 똑같이 쉽게 그릴 수 있습니다.

15.2.6 눈금 이름표 커스텀하기

축의 숫자가 아주 커지면 Matplotlib은 눈금 이름표에 과학 표기법을 사용합니다.[1] 일상적인 표기법으로는 큰 숫자가 시각화에서 불필요한 공간을 사용하므로 보통은 과학 표기법이 더 좋습니다.

Matplotlib은 그래프의 거의 모든 부분을 커스텀할 수 있으며, 필요하다면 일반 표기법을 사용할 수도 있습니다.

----

1 옮긴이_ [그림 15-7]에서 y 축 맨 위의 1e6은 y 축의 각 숫자에 1,000,000을 곱한다는 뜻입니다.

```
--생략--
# 각 축의 범위를 지정합니다
ax.axis([0, 1100, 0, 1_100_000])
ax.ticklabel_format(style='plain')

plt.show()
```

`ticklabel_format()` 메서드는 눈금 이름표의 기본 스타일을 덮어쓸 수 있습니다.

15.2.7 색깔 지정하기

포인트 색깔을 변경하려면 다음과 같이 scatter()에 color 인수를 전달합니다.

```
ax.scatter(x_values, y_values, color='red', s=10)
```

RGB 표기법으로 색깔을 지정할 수도 있습니다. 색깔을 정의할 때는 color 인수에 튜플을 지정합니다. 이 튜플은 빨간색, 녹색, 파란색을 순서대로 0에서 1까지로 표현한 부동 소수점 숫자입니다. 예를 들어 다음 행은 포인트에 밝은 녹색 점을 사용합니다.

```
ax.scatter(x_values, y_values, color=(0, 0.8, 0), s=10)
```

숫자가 0에 가까울수록 어둡고, 1에 가까울수록 밝습니다.

15.2.8 컬러맵 사용하기

컬러맵colormap은 연속적인 색깔로 구성된 그레이디언트gradient입니다. 시각화에서는 컬러맵을 사용해 데이터의 패턴을 강조합니다. 예를 들어 낮은 값은 밝은 색깔로, 높은 값은 어두운 색깔로 지정했다고 합시다. 컬러맵을 사용하면 시각화의 모든 포인트가 미리 정의된 색깔 분포에 따라 매끄럽게 변화합니다.

pyplot 모듈에는 컬러맵 세트가 포함되어 있습니다. 컬러맵을 사용하려면 pyplot이 데이터 집합의 각 포인트에 색깔을 할당하는 방법을 지정해야 합니다. y 값을 기준으로 각 포인트에 색깔을 지정하는 방법은 다음과 같습니다.

```
--생략--
plt.style.use('seaborn')
fig, ax = plt.subplots()
ax.scatter(x_values, y_values, c=y_values, cmap=plt.cm.Blues, s=10)

# 그래프 타이틀을 지정하고 축에 이름표를 붙입니다
--생략--
```

c 인수는 color와 비슷하지만, 연속된 값을 컬러맵과 연결하기 위해 사용합니다. 코드는 c에 y 값 리스트를 전달하고, pyplot이 사용할 컬러맵을 cmap 인수로 전달했습니다. y 값이 낮은 포인트는 밝은 파란색, y 값이 커질수록 진한 파란색이 지정됩니다. 결과는 [그림 15-8]과 같 습니다.

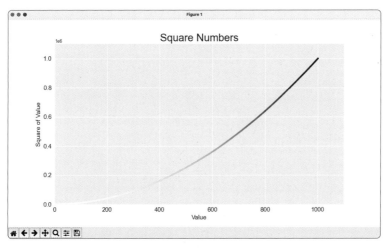

그림 15-8 Blues 컬러맵(이 곳에서는 음영만 확인하길 바랍니다)

NOTE *https://matplotlib.org*에서 pyplot에 사용할 수 있는 컬러맵을 모두 볼 수 있습니다. [Tutorials] → [Colors] → [Choosing Colormaps in Matplotlib]으로 이동하세요.

15.2.9 자동으로 그래프 저장하기

그래프를 Matplotlib 뷰어에 표시하지 않고 파일로 저장하려면 plt.savefig()를 사용하세요.

```
plt.savefig('squares_plot.png', bbox_inches='tight')
```

첫 번째 인수는 그래프 이미지를 저장할 파일 이름이며 scatter_squares.py와 같은 폴더에 저장됩니다. 두 번째 인수는 그래프에서 여분의 공백의 제거합니다. 그래프 주위에 여분의 공백이 있는 게 좋다면 이 인수를 생략하세요. savefig()에 Path 객체를 넘기면 컴퓨터의 어떤 위치에든 저장할 수 있습니다.

연습문제

15-1 세제곱
세제곱 다섯 개를 그래프로 그린 다음, 5,000개의 세제곱을 그래프로 그려 보세요.

15-2 컬러 세제곱
세제곱 그래프에 컬러맵을 적용하세요.

15.3 랜덤 워크

이 절에서는 랜덤 워크 데이터를 만들고 Matplotlib으로 이 데이터를 멋지게 시각화합니다. **랜덤 워크**random walk란 일련의 단순하면서도 랜덤한 결정에 따라 경로를 만드는 걸 말합니다.

랜덤 워크는 물리학, 생물학, 화학, 경제학 등에서 실제로 사용됩니다. 예를 들어 물 위에 떨어진 꽃가루는 물 분자에 꾸준히 밀려나면서 이리저리 움직입니다. 물방울의 분자 운동은 랜덤하므로 꽃가루의 움직임은 랜덤 워크로 표현할 수 있습니다. 지금부터 만들 코드는 여러 가지 실제 상황에 적용할 수 있습니다.

15.3.1 RandomWalk 클래스 만들기

랜덤 워크를 위해 만들 RandomWalk 클래스는 다음 움직임이 어느 방향을 취할지 랜덤하게 결정합니다. 이 클래스에는 세 가지 속성이 필요합니다. 하나는 이동 수를 나타내는 변수이고 나머지 둘은 각 포인트의 **x, y** 좌표를 저장할 리스트입니다.

RandomWalk 클래스는 __init__() 메서드와 함께, 다음 이동을 결정할 fill_walk() 메서드가 필요합니다. __init__() 메서드는 다음과 같습니다.

random_walk.py

```
from random import choice

class RandomWalk:
    """랜덤 워크를 만드는 클래스"""

    def __init__(self, num_points=5000): # ❶
        """속성을 초기화합니다"""
        self.num_points = num_points

        # 이동은 (0, 0)에서 시작합니다
        self.x_values = [0] # ❷
        self.y_values = [0]
```

가능한 움직임을 리스트에 저장하고 random 모듈의 choice() 함수를 써서 각 단계에 어떤 움직임을 택할지 결정합니다. ❶에서는 랜덤 워크의 기본 포인트 숫자를 5,000으로 설정했습니다. 이 정도의 숫자는 흥미로운 패턴을 생성하기에 충분할 만큼 많으면서도 랜덤 워크를 빠르게 생성할 수 있습니다. 그리고 **x, y** 값을 저장할 두 리스트를 만들고 원점 (0, 0)에서 시작합니다(❷).

15.3.2 방향 결정하기

랜덤 워크의 포인트는 모두 fill_walk() 메서드를 통해 결정합니다. random_walk.py에 다음 메서드를 추가하세요.

```
def fill_walk(self):
    """랜덤 워크의 각 포인트를 계산합니다"""

    # 설정한 이동 수에 도달할 때까지 움직임을 반복합니다
    while len(self.x_values) < self.num_points: # ❶

        # 방향과 거리를 정합니다
        x_direction = choice([1, -1]) # ❷
        x_distance = choice([0, 1, 2, 3, 4])
        x_step = x_direction * x_distance # ❸

        y_direction = choice([1, -1])
        y_distance = choice([0, 1, 2, 3, 4])
        y_step = y_direction * y_distance # ❹

        # 움직임이 없는 결정은 버립니다
        if x_step == 0 and y_step == 0: # ❺
            continue

        # 새 위치를 계산합니다
        x = self.x_values[-1] + x_step # ❻
        y = self.y_values[-1] + y_step

        self.x_values.append(x)
        self.y_values.append(y)
```

❶에서는 __init__()에서 설정한 이동 수만큼 반복하는 루프를 만듭니다. fill_walk()는 네 가지 랜덤한 결정을 모사하는 형태로 동작합니다. 좌우 방향을 정하고, 그 방향으로 얼마나 갈지 정합니다. 상하 방향을 정하고, 그 방향으로 얼마나 갈지 정합니다.

❷에서는 choice([1, -1])를 사용해 x_direction의 값을 결정합니다. 1은 오른쪽, -1은 왼쪽입니다. 다음 행의 choice([0, 1, 2, 3, 4])는 좌우 방향으로 이동할 거리를 선택합니다. 거리는 x_distance에 할당합니다. 여기서 0을 허용하는 이유는 완전한 수직 이동도 허용하기 위해서입니다.

❸, ❹에서는 같은 방식으로 x, y 방향과 해당 거리를 결정합니다. x_step의 값이 양수이면 오른쪽, 음수이면 왼쪽, 0이면 수직으로 이동합니다. 마찬가지로 y_step의 값이 양수이면 위로, 음수이면 아래로, 0이면 수평으로 움직입니다. x_step과 y_step이 모두 0이면 움직임이 없는

것이고, 이런 경우 루프의 처음으로 돌아가 다음 움직임을 계산합니다(❺).

❻에서는 x_values의 마지막 값에 x_step을 더해 다음 x 값을 결정하고, y도 마찬가지입니다. 새 포인트의 좌표를 x_values와 y_values에 추가합니다.

15.3.3 랜덤 워크 그래프 그리기

다음은 랜덤 워크를 그래프로 그리는 코드입니다.

rw_visual.py

```python
import matplotlib.pyplot as plt

from random_walk import RandomWalk

# 랜덤 워크를 생성합니다
rw = RandomWalk() # ❶
rw.fill_walk()

# 랜덤 워크의 포인트를 그립니다
plt.style.use('classic')
fig, ax = plt.subplots()
ax.scatter(rw.x_values, rw.y_values, s=15) # ❷
ax.set_aspect('equal') # ❸
plt.show()
```

먼저 pyplot과 RandomWalk를 임포트합니다. ❶에서는 랜덤 워크를 만들어 rw에 할당했습니다. fill_walk() 호출을 잊지 마세요. ❷에서는 x, y 값을 적절한 포인트 크기와 함께 scatter()에 전달해 그래프를 그렸습니다. Matplotlib은 기본적으로 각 축을 독립적으로 확대/축소합니다. 이 기본 값을 그대로 쓰면 그래프가 가로나 세로 방향으로 일그러질 수 있습니다. ❸에서는 set_aspect() 메서드를 써서 두 축을 같은 비율로 설정했습니다.

[그림 15-9]는 5,000개의 포인트가 있는 결과 그래프입니다. 이 이미지에서는 Matplotlib 뷰어 부분을 가렸으므로 여러분이 rw_visual.py를 실행한 모습은 다를 수 있습니다.

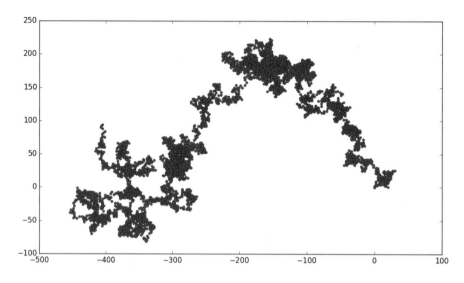

그림 15-9 5,000 포인트의 랜덤 워크

15.3.4 여러 개의 랜덤 워크 만들기

랜덤 워크는 모두 다르므로 여러 가지 패턴을 보는 재미도 있습니다. 다음과 같이 while 루프를 사용하면 프로그램을 여러 번 실행하지 않아도 여러 가지 랜덤 워크를 감상할 수 있습니다.

rw_visual.py

```
import matplotlib.pyplot as plt

from random_walk import RandomWalk

# 프로그램이 실행 중이면 랜덤 워크를 계속 새로 만듭니다
while True:
    # 랜덤 워크를 생성합니다
    --생략--
    plt.show()

    keep_running = input("Make another walk? (y/n): ")
    if keep_running == 'n':
        break
```

이 코드는 랜덤 워크를 생성해 Matplotlib 뷰어에 표시하고, 뷰어가 열리면 일시 중지합니다.

뷰어를 닫으면 다른 랜덤 워크를 만들지 묻습니다. 랜덤 워크를 몇 가지 만들다 보면 시작점 근처에 몰려 있는 패턴, 주로 한 방향으로 진행하는 패턴, 몇 개의 그룹으로 나뉘고 좁은 연결고리가 존재하는 패턴 등을 볼 수 있습니다. 프로그램을 종료하려면 Ⓝ을 누르세요.

15.3.5 랜덤 워크에 스타일 적용하기

이번에는 각 랜덤 워크에서 중요한 특징을 강조하고 사용자의 집중을 방해하는 부분은 잘 보이지 않도록 설정해 봅시다. 이를 위해 랜덤 워크의 시작점과 끝점, 이동한 궤적 등을 '중요한' 특징으로 삼습니다. 눈금이나 이름표는 별로 중요하지 않습니다. 이를 반영하면 각 랜덤 워크의 궤적만 명확히 드러날 겁니다.

포인트에 색깔 입히기

컬러맵을 사용해서 랜덤 워크의 포인트 순서를 표현하고, 각 점의 검은색 윤곽을 제거해 포인트의 색깔이 더 잘 드러나게 만들겠습니다. c 인수에 각 포인트의 위치를 담은 리스트를 전달해 랜덤 워크의 위치에 따라 포인트에 색깔을 칠합니다. 포인트는 순서대로 그려지므로 이 리스트에는 0에서 4,999까지의 숫자만 포함됩니다.

rw_visual.py

```
--생략--
while True:
    # 랜덤 워크를 생성합니다
    rw = RandomWalk()
    rw.fill_walk()

    # 랜덤 워크의 포인트를 그립니다
    plt.style.use('classic')
    fig, ax = plt.subplots()
    point_numbers = range(rw.num_points) # ❶
    ax.scatter(rw.x_values, rw.y_values, c=point_numbers, cmap=plt.cm.Blues,
        edgecolors='none', s=15)
    ax.set_aspect('equal')
    plt.show()
    --생략--
```

❶에서는 range()를 써서 랜덤 워크에 포함된 포인트와 같은 개수의 숫자 리스트를 만들었습니다. 이 리스트를 point_numbers에 할당해 각 포인트의 색깔을 지정하는 데 사용합니다. c 인수에 point_numbers를 전달하고 Blues 컬러맵을 사용하며 edgecolors='none' 인수를 써서 각 포인트의 윤곽을 제거합니다. 결과는 밝은 파란색에서 점점 진해지는 산포도입니다. 랜덤 워크가 시작점에서 끝점으로 이동하는 양상이 잘 드러납니다. [그림 15-10]을 보세요.

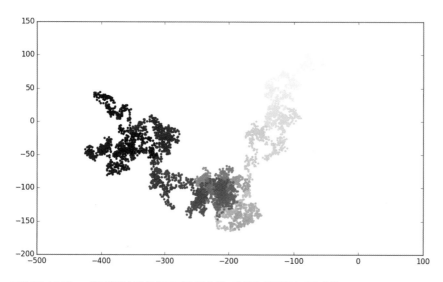

그림 15-10 Blues 컬러맵을 사용한 산포도(이 곳에서는 음영만 확인하길 바랍니다)

시작점과 끝점 그리기

랜덤 워크의 시작점과 끝점을 더 눈에 띄게 표시하는 것도 좋습니다. 산포도 전체를 그린 후 시작점과 끝점을 개별적으로 그릴 수 있습니다. 끝점을 더 크게 만들고 다른 색깔을 지정해 봅시다.

rw_visual.py

```
--생략--
while True:
    --생략--
    ax.scatter(rw.x_values, rw.y_values, c=point_numbers, cmap=plt.cm.Blues,
        edgecolors='none', s=15)
    ax.set_aspect('equal')
```

```
# 시작점과 끝점을 강조합니다
ax.scatter(0, 0, c='green', edgecolors='none', s=100)
ax.scatter(rw.x_values[-1], rw.y_values[-1], c='red', edgecolors='none',
    s=100)

plt.show()
--생략--
```

시작점(0, 0)에 나머지 포인트보다 큰 크기(s=100)를 지정하고 녹색으로 표시해 강조했습니다. 끝점 역시 크기에 100을 지정하고 색깔은 빨간색을 썼습니다. 이 코드는 plt.show()를 호출하기 직전에 사용해야 시작점과 끝점을 다른 포인트 위에 겹쳐 그립니다.

코드를 실행하면 랜덤 워크의 시작점과 끝점을 정확히 파악할 수 있습니다. 바꾼 코드로도 시작점과 끝점이 충분히 눈에 띄지 않으면 색깔과 크기를 더 조정하세요.

축 정리하기

축이 중요하지 않다면 제거해도 무방합니다. 축을 숨기는 방법은 다음과 같습니다.

rw_visual.py

```
--생략--
while True:
    --생략--
    ax.scatter(rw.x_values[-1], rw.y_values[-1], c='red', edgecolors='none',
        s=100)

    # 축을 제거합니다
    ax.get_xaxis().set_visible(False)
    ax.get_yaxis().set_visible(False)

    plt.show()
    --생략--
```

ax.get_xaxis(), ax.get_yaxis() 메서드를 써서 각 축을 가져온 다음 set_visible() 메서드를 체인으로 연결해 각 축을 보이지 않게 만들었습니다. 시각화를 하다 보면 이런 식으로 메서드 체인을 만들어 설정하는 경우도 자주 있습니다.

이제 rw_visual.py를 실행하면 축이 보이지 않을 겁니다.

포인트 추가하기

이번에는 데이터 포인트 개수를 늘려 보겠습니다. RandomWalk 인스턴스를 만들 때 num_points 값을 늘리고 그래프를 그릴 때 포인트 크기를 조정하면 됩니다.

rw_visual.py

```
--생략--
while True:
    # 랜덤 워크를 생성합니다
    rw = RandomWalk(50_000)
    rw.fill_walk()

    # 랜덤 워크의 포인트를 그립니다
    plt.style.use('classic')
    fig, ax = plt.subplots()
    point_numbers = range(rw.num_points)
    ax.scatter(rw.x_values, rw.y_values, c=point_numbers, cmap=plt.cm.Blues,
        edgecolors='none', s=1)
    --생략--
```

예제는 50,000개의 포인트가 있는 랜덤 워크를 만들고 각 포인트의 크기를 1로 설정했습니다. 결과 그래프는 [그림 15-11]과 같이 희미한 구름처럼 보입니다. 단순한 산포도도 미술 작품처럼 보일 수 있습니다.

코드를 실험하면서 컴퓨터가 지나치게 느려지지 않으면서도 매력적인 그래프가 만들어지는 숫자를 찾아보세요.

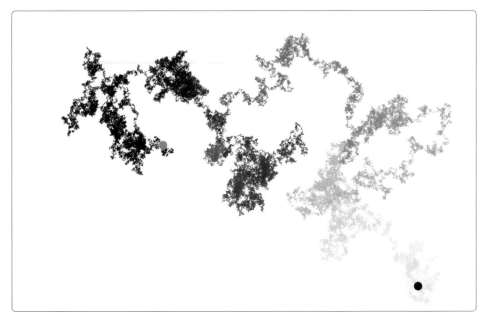

그림 15-11 50,000 포인트의 랜덤 워크(색상에 따라 음영이 다릅니다)

크기를 조정해 화면 채우기

화면 크기에 딱 맞는 시각화는 데이터의 패턴을 훨씬 효과적으로 드러냅니다. subplots()를 사용해 그래프 크기를 조절할 수 있습니다.

```
fig, ax = plt.subplots(figsize=(15, 9))
```

subplots()에 figsize 인수를 전달해 그래프 크기를 설정할 수 있습니다. figsize 매개변수는 그래프 크기를 인치로 나타내는 튜플입니다.

Matplotlib은 화면 해상도를 100dpi라고 가정합니다. 이 크기가 잘 맞지 않는다면 숫자를 조정하면 됩니다. 컴퓨터의 해상도를 알고 있다면 dpi 매개변수를 써서 해상도를 직접 지정할 수도 있습니다.

```
fig, ax = plt.subplots(figsize=(10, 6), dpi=128)
```

이를 활용하면 화면 공간 대부분을 효율적으로 사용할 수 있습니다.

15-3 분자 운동

rw_visual.py의 ax.scatter()를 ax.plot()으로 바꾸세요. rw.x_values, rw.y_values와 함께 linewidth 인수를 전달해 물방울 위에 떨어진 꽃가루의 움직임을 표현해 보세요. 50,000 포인트를 사용한 그래프가 너무 복잡하면 5,000 포인트로 바꿔 보세요.

15-4 수정된 랜덤 워크

RandomWalk 클래스의 x_step, y_step은 같은 조건 안에서 임의로 생성됩니다. 방향은 1, -1 중 하나이고 거리는 0, 1, 2, 3, 4 중 하나입니다. 리스트 값을 수정하면서 랜덤 워크가 어떻게 변하는지 살펴보세요. 거리 리스트를 0부터 8까지로 늘리거나, 방향 리스트에서 음수를 제거해 보세요.

15-5 리팩터링

fill_walk() 메서드가 너무 길어졌습니다. 각 단계의 방향과 거리를 결정해 계산하는 get_step() 메서드를 새로 만드세요. fill_walk()는 get_step()을 두 번 호출해야 합니다.

```
x_step = self.get_step()
y_step = self.get_step()
```

이렇게 리팩터링하면 fill_walk()의 크기가 줄어들고 메서드를 더 쉽게 읽고 이해할 수 있습니다.

15.4 Plotly와 주사위

이 절에서는 Plotly를 사용해 대화형 시각화를 만듭니다. Plotly에서 만드는 시각화는 브라우저에서 보는 사람의 디스플레이에 맞게 자동으로 크기가 조절되므로 특히 유용합니다. 또한 사용자가 화면의 요소 위로 마우스를 올리면 해당 정보가 강조 표시되기도 합니다. 가능한 한 짧은 코드로 그래프를 그리는 데 중점을 둔 Plotly의 부분 집합인 **Plotly Express**를 사용하는 법을 배웁니다. 일단 정확한 그래프를 그리고 나면 Matplotlib과 마찬가지로 설정할 수 있습니다.

이 프로젝트는 주사위 결과를 분석합니다. 일반적인 6면체 주사위 하나를 굴리면 1에서 6까지의 숫자가 같은 확률로 나옵니다. 하지만 주사위 두 개를 굴리면 특정 숫자의 확률이 올라갑니다. 주사위 굴림을 표현하는 데이터 집합을 써서 어떤 숫자의 확률이 가장 높은지 알아봅시다. 그리고 이 결과를 그래프로 표현하겠습니다.

주사위 분석은 주사위 관련 게임에도 도움이 되지만, 카드 게임을 비롯해 확률이 관련된 모든 상황에 적용할 수 있습니다.

15.4.1 Plotly 설치하기

Matplotlib과 마찬가지로 pip를 통해 Plotly를 설치합니다.

```
$ python -m pip install --user plotly
$ python -m pip install --user pandas
```

Plotly Express는 데이터를 효율적으로 다루는 라이브러리 **판다스**pandas에 의존하므로 판다스 역시 설치해야 합니다.

*https://plotly.com/python*에서 Plotly로 가능한 시각화 종류를 확인해 보세요. 갤러리에 는 소스 코드 역시 포함되어 있습니다.

15.4.2 Die 클래스 만들기

다음은 주사위 굴림을 모방하는 Die 클래스입니다.

die.py

```
from random import randint

class Die:
    주사위 하나를 나타내는 클래스

    def __init__(self, num_sides=6): # ❶
        """6면체 주사위"""
        self.num_sides = num_sides

    def roll(self):
        """1에서 주사위 면 수 까지의 임의의 숫자를 반환합니다"""
        return randint(1, self.num_sides) # ❷
```

❶의 __init__() 메서드는 옵션 인수를 하나 받습니다. Die 클래스를 써서 주사위 인스턴스를 생성할 때 인수를 전달하지 않으면 6면체 주사위를 만듭니다. 인수를 전달하면 해당 값은 주사위의 면 수를 나타냅니다(주사위 이름은 6면체 주사위의 경우 D6, 8면체 주사위의 경우 D8 등 면 수에 따라 다릅니다).

❷의 roll() 메서드는 randint() 함수를 사용해 1부터 면 수 사이의 랜덤한 숫자를 반환합니다. 이 함수는 최소 1, 최대 num_sides 사이의 정수를 반환합니다.

15.4.3 주사위 굴리기

Die 클래스를 써서 시각화를 만들기 전에 D6를 굴린 결과를 출력하고 결과가 잘 나오는지 확인해 봅시다.

die_visual.py

```
from die import Die

# 6면체 주사위를 만듭니다
die = Die() # ❶

# 몇 회 굴린 결과를 리스트에 저장합니다
results = []
for roll_num in range(100): # ❷
    result = die.roll()
    results.append(result)

print(results)
```

❶에서는 기본인 6면체 주사위로 Die 인스턴스를 만듭니다. ❷에서는 주사위를 100번 굴린 결과를 results 리스트에 저장했습니다. 다음은 결과 표본입니다.

```
[4, 6, 5, 6, 1, 5, 6, 3, 5, 3, 5, 3, 2, 2, 1, 3, 1, 5, 3, 6,
 3, 6, 5, 4, 1, 1, 4, 2, 3, 6, 4, 2, 6, 4, 1, 3, 2, 5, 6, 3,
 6, 2, 1, 1, 3, 4, 1, 4, 3, 5, 1, 4, 5, 5, 2, 3, 3, 1, 2, 3,
 5, 6, 2, 5, 6, 1, 3, 2, 1, 1, 1, 6, 5, 5, 2, 2, 6, 4, 1, 4,
 5, 1, 1, 1, 4, 5, 3, 3, 1, 3, 5, 4, 5, 6, 5, 4, 1, 5, 1, 2]
```

결과를 보면 Die 클래스가 정상적으로 동작하는 것 같습니다. 1과 6이 보이므로 가능한 최소 값과 최대 값이 모두 있는 것이고, 0이나 7이 없으므로 모든 결과가 범위 안에 있습니다. 또한 1에서 6까지의 숫자가 모두 보입니다. 각 숫자가 정확히 몇 번 나타나는지 알아봅시다.

15.4.4 결과 분석하기

각 숫자가 몇 번 나왔는지 세서 6면체 주사위의 결과를 분석합니다.

die_visual.py

```
--생략--
# 몇 번 굴린 결과를 리스트에 저장합니다
results = []
for roll_num in range(1000): # ❶
    result = die.roll()
    results.append(result)

# 결과를 분석합니다
frequencies = []
poss_results = range(1, die.num_sides+1) # ❷
for value in poss_results:
    frequency = results.count(value) # ❸
    frequencies.append(frequency) # ❹

print(frequencies)
```

이제 결과를 출력하지 않으므로 ❶에서 주사위를 굴리는 횟수를 1,000번으로 늘렸습니다. 빈 리스트 frequencies는 분석 결과를 저장할 리스트입니다. ❷에서는 가능한 결과(1에서 die 의 면 수까지)를 생성했습니다. 그리고 ❸에서 각 숫자가 results에 몇 개 존재하는지 계산한 다음, ❹에서 frequencies에 추가했습니다. 리스트를 출력해 확인합시다.

```
[155, 167, 168, 170, 159, 181]
```

상식적인 결과가 나왔습니다. 6면체 주사위를 굴렸으니 결과는 여섯 가지이고, 각 숫자의 빈도 역시 비교적 고르게 나왔습니다. 이제 결과를 시각화해 봅시다.

15.4.5 히스토그램 만들기

데이터가 준비됐으니 Plotly Express를 사용해 몇 줄의 코드로 시각화를 만들 수 있습니다.

die_visual.py

```
import plotly.express as px

from die import Die
--생략--

for value in poss_results:
    frequency = results.count(value)
    frequencies.append(frequency)

# 결과를 시각화합니다
fig = px.bar(x=poss_results, y=frequencies)
fig.show()
```

먼저 별칭 px를 사용해 plotly.express 모듈을 임포트했습니다. 그리고 px.bar() 함수를 사용해 막대 그래프를 만듭니다. 이 함수의 가장 단순한 형태는 x와 y 값 집합을 전달하는 겁니다. 여기서 x 값은 주사위를 굴렸을 때 나올 수 있는 숫자이며 y 값은 각 숫자의 빈도입니다.

마지막 행의 fig.show()는 결과 그래프를 HTML 파일로 변환해 브라우저에 새 탭으로 표시합니다. 결과는 [그림 15-12]와 같습니다.

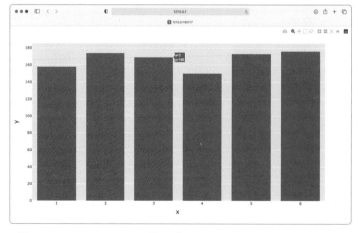

그림 15-12 Plotly Express로 만든 그래프

이 그래프는 정말 단순해서 아직 완성됐다고는 말할 수 없습니다. 하지만 Plotly Express를 어떤 식으로 사용하는지는 알았을 겁니다. 코드 몇 행으로 그래프를 만들고, 이를 확인해 원하는 형태로 데이터가 시각화됐는지 점검합니다. 결과가 마음에 들면 이름표와 스타일 등을 적용해 그래프를 커스텀할 수 있습니다. 다른 타입의 그래프가 더 어울린다고 생각하면 커스텀 하는 데에 시간을 낭비하지 않고 바로 선택할 수 있습니다. px.bar()를 px.scatter()나 px.line() 등으로 바꿔 보세요. *https://plotly.com/python/plotly-express*에서 그래프 타입을 모두 볼 수 있습니다.

이 그래프는 동적이고 대화형입니다. 브라우저 창의 크기가 변하면 그래프 크기도 그에 맞게 변합니다. 막대 위에 마우스를 올리면 관련 데이터가 팝업으로 나타납니다.

15.4.6 그래프 커스텀하기

그래프 타입도 적절하고 데이터도 정확히 표현되는 걸 확인했으면 그래프에 스타일을 지정해도 됩니다.

Plotly에서 그래프를 커스텀하는 첫 번째 방식은 그래프를 만드는 함수(여기서는 px.bar())에 몇 가지 옵션 매개변수를 전달하는 겁니다. 다음 코드는 각 축의 타이틀과 이름표를 추가합니다.

die_visual.py

```
--생략--
# 결과를 시각화합니다
title = "Results of Rolling One D6 1,000 Times" # ❶
labels = {'x': 'Result', 'y': 'Frequency of Result'} # ❷
fig = px.bar(x=poss_results, y=frequencies, title=title, labels=labels)
fig.show()
```

먼저 전체 타이틀을 정의하고 title에 할당했습니다(❶). ❷에서는 딕셔너리를 사용해 축 이름표를 정의했습니다. 딕셔너리 키는 축이고 값은 사용할 이름표입니다. x 축에는 Result, y 축에는 Frequency of Result라는 이름표를 붙였습니다. 그리고 px.bar()를 호출할 때 옵션 인수로 title, labels를 전달합니다.

이제 그래프를 생성하면 [그림 15-13]과 같이 전체 타이틀과 함께 각 축의 이름표가 생성됩니다.

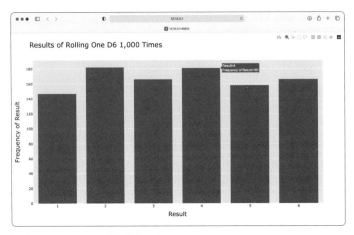

그림 15-13 Plotly로 만든 막대 그래프

15.4.7 주사위 두 개 굴리기

주사위 두 개를 굴리면 경우의 수가 늘어나고 결과 분포도 달라집니다. 6면체 주사위 두 개를 만들어 한 쌍의 주사위를 모방해 봅시다. 한 쌍을 굴릴 때마다 나오는 두 숫자를 더해서 results에 저장합니다. die_visual.py의 사본을 dice_visual.py라는 이름으로 저장하고 다음과 같이 수정하세요.

dice_visual.py

```python
import plotly.express as px

from die import Die

# 6면체 주사위 두 개를 만듭니다.
die_1 = Die()
die_2 = Die()

# 몇 회 굴린 결과를 리스트에 저장합니다
results = []
for roll_num in range(1000):
```

```
    result = die_1.roll() + die_2.roll() # ❶
    results.append(result)

# 결과를 분석합니다
frequencies = []
max_result = die_1.num_sides + die_2.num_sides # ❷
poss_results = range(2, max_result+1) # ❸
for value in poss_results:
    frequency = results.count(value)
    frequencies.append(frequency)

# 결과를 시각화합니다
title = "Results of Rolling Two D6 Dice 1,000 Times"
labels = {'x': 'Result', 'y': 'Frequency of Result'}
fig = px.bar(x=poss_results, y=frequencies, title=title, labels=labels)
fig.show()
```

Die 인스턴스 두 개를 만든 다음, ❶에서는 두 주사위의 합계를 계산합니다. 가능한 가장 작은 결과는 2입니다. 가능한 가장 큰 결과 12는 두 주사위에서 가장 큰 숫자의 합이며 ❷에서는 이를 max_result에 할당했습니다. max_result 변수를 만들어 두면 poss_results를 만드는 코드가 더 유연해집니다. range(2, 13)를 써도 되긴 하지만 이는 6면체 주사위 두 개를 굴릴 때만 가능합니다. 현실의 상황을 모델링할 때는 다양한 상황에 쉽게 적용할 수 있는 코드가 가장 좋습니다. 이 코드는 다면체 주사위를 얼마든지 만들 수 있습니다.

결과는 [그림 15-14]와 같습니다.

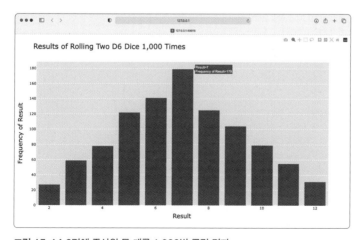

그림 15-14 6면체 주사위 두 개를 1,000번 굴린 결과

이 그래프는 한 쌍의 6면체 주사위를 굴린 결과를 대략적으로 나타냅니다. 2나 12의 확률이 가장 낮고 7의 확률이 가장 높습니다. 7은 1과 6, 2와 5, 3과 4, 4와 3, 5와 2, 6과 1 여섯 가지 조합이 가능하기 때문입니다.

15.4.8 추가 설정하기

지금 만든 그래프에는 한 가지 문제가 있습니다. 막대가 11개 있는데 x 축의 기본 설정으로는 일부 막대에 이름표가 없습니다. 기본 설정을 사용해도 큰 문제는 없지만, 모든 막대에 이름표가 있는 그래프가 더 보기 좋습니다.

update_layout() 메서드는 그래프를 생성한 뒤 여러 가지 설정을 업데이트할 수 있습니다. 다음 코드는 각 막대에 이름표를 지정합니다.

dice_visual.py

```
--생략--
fig = px.bar(x=poss_results, y=frequencies, title=title, labels=labels)

# 추가 커스텀
fig.update_layout(xaxis_dtick=1)

fig.show()
```

update_layout() 메서드는 그래프 전체에 해당하는 fig 객체의 메서드입니다. 여기서 사용한 xaxis_dtick 인수는 x 축 눈금 사이의 거리를 지정합니다. 이를 1로 설정했으므로 모든 막대에 이름표가 붙었습니다. 이제 dice_visual.py를 실행하면 모든 막대에 이름표가 보입니다.

15.4.9 다양한 주사위 굴리기

이번에는 6면체 주사위와 10면체 주사위를 50,000번 굴린 결과를 알아봅시다.

dice_visual_d6d10.py

```
import plotly.express as px
```

```
from die import Die

# 6면체 주사위와 10면체 주사위를 만듭니다
die_1 = Die()
die_2 = Die(10) # ❶

# 몇 회 굴린 결과를 리스트에 저장합니다
results = []
for roll_num in range(50_000):
    result = die_1.roll() + die_2.roll()
    results.append(result)

# 결과를 분석합니다
--생략--

# 결과를 시각화합니다
title = "Results of Rolling a D6 and a D10 50,000 Times" # ❷
labels = {'x': 'Result', 'y': 'Frequency of Result'}
--생략--
```

두 번째 **Die** 인스턴스를 만들 때 인수로 10을 전달해(❶) 10면체 주사위를 만들었습니다. 또한 첫 번째 루프도 1,000번이 아니라 50,000번 반복하게 바꿨습니다. ❷에서는 그래프 타이틀을 수정했습니다.

결과는 [그림 15–15]와 같습니다. 이번에는 확률이 가장 높은 결과가 5개 있습니다. 최소 값 (1 + 1)과 최대 값(6 + 10)이 나오는 경우의 수는 한 가지뿐이지만, 그 중간의 숫자가 나오는 경우의 수는 더 작은 주사위의 면 수에 따라 결정됩니다. 7, 8, 9, 10, 11은 모두 여섯 가지 경우의 수에서 나옵니다. 이들이 나올 확률이 가장 높으며, 이들의 확률은 모두 같습니다.

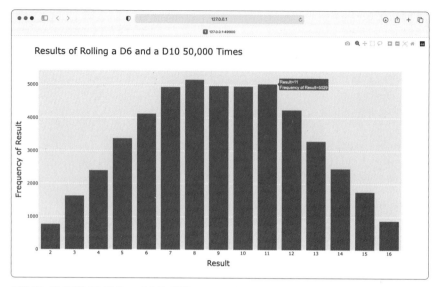

그림 15-15 6면체 주사위와 10면체 주사위를 50,000번 굴린 결과

Plotly를 사용해 주사위 굴림을 모방해 보면 자유롭게 여러 가지를 실험해 볼 수 있습니다. 다양한 주사위를 사용해 엄청난 숫자의 굴림을 단 몇 분 안에 실험할 수 있습니다.

15.4.10 결과 저장하기

원하는 그래프를 얻었으면 언제든 브라우저에서 HTML 파일로 저장할 수 있습니다. 자동 저장도 가능합니다. 그래프를 HTML 파일로 저장하려면 `fig.show()`를 `fig.write_html()`로 바꾸세요.

```
fig.write_html('dice_visual_d6d10.html')
```

`write_html()` 메서드는 파일 이름을 인수로 받습니다. 파일 이름 하나만 전달하면 프로그램 파일과 같은 폴더에 저장됩니다. **Path** 객체를 넘기면 컴퓨터의 원하는 위치 어디에든 저장할 수 있습니다.

15-6 8면체 주사위 두 개

8면체 주사위 한 쌍을 1,000번 굴리는 시뮬레이션을 만드세요. 시뮬레이션을 실행하기 전에 시각화가 어떤 형태일 지 상상해 보고 맞는지 확인하세요. 컴퓨터 성능에 문제가 없는 선까지 굴리는 횟수를 점차 늘려 보세요.

15-7 주사위 세 개

6면체 주사위 세 개를 굴리고 더하면 가장 작은 숫자는 3이고 가장 큰 숫자는 18입니다. 6면체 주사위 세 개를 굴리고 더한 결과를 시각화로 만드세요.

15-8 곱셈

주사위 두 개를 굴리면 보통 두 숫자를 더해서 결과를 얻습니다. 덧셈이 아니라 곱셈을 사용하는 시각화를 만드세요.

15-9 주사위 내포

명쾌함을 위해 이 절에서는 예제에 긴 형태의 for 루프를 사용했습니다. 리스트 내포 문법에 익숙해졌으면 각 프로그램의 루프 중 하나, 또는 모두를 리스트 내포 문법으로 바꿔 보세요.

15-10 라이브러리 연습

Matplotlib으로 주사위 굴림 시각화를, Plotly로 랜덤 워크 시각화를 만드세요(이 연습문제를 해결하려면 각 라이브러리의 문서를 읽어야 할 겁니다).

15.5 요약 정리

이 장에서는 데이터 집합을 만들고 시각화하는 방법을 배웠습니다. Matplotlib으로 단순한 그래프를 만들고 랜덤 워크를 산포도로 표현해 봤고 Plotly로 히스토그램을 만들고 주사위를 굴린 결과를 시각화했습니다.

코드를 사용해 데이터 집합을 직접 생성하면 더 다양한 현실의 상황을 모델링할 수 있습니다. 데이터 시각화 프로젝트를 따라 해 보는 동안 여러분이 직접 코드로 어떤 상황을 모델링할 수 있는지 생각해 보세요. 뉴스나 인터넷에서 어떤 시각화를 사용하는지 살펴보고, 책에서 배우는 것과 비슷한 방법을 사용해 표현할 수 있을지 생각해 보세요.

16장에서는 온라인에서 데이터를 내려받고 Matplotlib과 Plotly를 사용해 데이터를 탐색합니다.

데이터 시각화: 데이터 내려받기

이 장에서는 온라인에서 데이터를 내려받고 이 데이터 집합의 시각화를 만들어 봅니다. 온라인에는 정말 다양한 데이터가 있지만, 이 중 대부분은 잘 정리된 형태가 아닙니다. 이런 데이터를 분석할 수 있게 되면 아무도 발견하지 못한 패턴을 찾을 수도 있습니다.

이 장에서 다룰 데이터 형식은 널리 쓰이는 데이터 형식인 CSV와 JSON입니다. 파이썬의 csv 모듈을 써서 CSV 형식으로 저장된 날씨 데이터를 처리하고 두 지역의 시간별 최고 기온과 최저 기온을 분석해 보고 기후 환경이 다른 알래스카의 시트카^{Sitka}, 캘리포니아 데스 밸리^{Death Valley} 두 지역의 기온 데이터를 내려받아 그래프로 만들어 볼 겁니다. 이 장 후반에는 json 모듈을 써서 GeoJSON 형식으로 저장된 지진 데이터를 가져와 최근에 일어난 지진의 위치와 규모를 세계 지도에 표시해 보겠습니다.

이 장을 읽으면 다양한 형식의 데이터 집합을 다룰 수 있게 되고, 복잡한 시각화를 만드는 방법도 더 잘 이해하게 될 겁니다. 다양한 실제 데이터 집합을 다루기 위해서는 온라인 데이터에 접근하고 시각화하는 능력이 꼭 필요합니다.

16.1 CSV 파일 형식

데이터를 텍스트 파일에 저장하는 방법 중에는 콤마로 구분해 저장하는 방법이 있습니다. 이런 파일을 **CSV** 파일이라 부릅니다. 예를 들어 다음은 CSV 형식으로 저장한 날씨 데이터입니다.

```
"USW00025333","SITKA AIRPORT, AK US","2021-01-01",,"44","40"
```

이 데이터는 2021년 1월 1일 알래스카 시트카의 날씨 데이터 일부입니다. 이 데이터에는 그

날의 최고 기온과 최저 기온을 포함해 다양한 측정 값이 포함되어 있습니다. CSV 파일은 사람이 읽기에는 딱딱해 보이지만 프로그램은 이런 형식을 빠르고 정확하게 읽고 정보를 추출할 수 있습니다.

이 장에서 사용할 날씨 데이터는 *https://ehmatthes.github.io/pcc_3e*에서 내려받을 수 있습니다. 이 장의 프로그램을 저장할 폴더 안에 weather_data라는 폴더를 만드세요. sitka_weather_07-2021_simple.csv 파일을 새로 만든 폴더에 복사하세요(내려받은 파일 안에는 이 프로젝트에 필요한 파일이 모두 들어 있습니다).

> **NOTE** 이 프로젝트의 날씨 데이터는 *https://ncdc.noaa.gov/cdo-web*에서 가져왔습니다.

16.1.1 CSV 파일 헤더 분석하기

파이썬 csv 모듈은 표준 라이브러리에 포함되어 있으며 CSV 파일의 행을 분석해서 흥미로운 값을 빠르게 추출할 수 있습니다. 데이터 헤더가 포함된 첫 행을 분석해 봅시다. 헤더는 데이터가 어떤 데이터인지 알려줍니다.

sitka_highs.py

```
from pathlib import Path
import csv

path = Path('weather_data/sitka_weather_07-2021_simple.csv') # ❶
lines = path.read_text().splitlines()

reader = csv.reader(lines) # ❷
header_row = next(reader) # ❸
print(header_row)
```

먼저 Path, csv 모듈을 임포트했습니다. 그리고 weather_data 폴더 안에서 날씨 데이터 파일을 찾는 Path 객체를 만들었습니다(❶). 파일을 읽고 splitlines() 메서드를 써서 모든 행을 리스트로 변환해 lines에 할당했습니다.

❷에서는 reader 객체를 만들었습니다. 이 객체는 파일의 각 행을 분석할 때 사용합니다.

csv.reader() 함수를 호출하고 CSV 파일에서 가져온 행 리스트를 전달하면 reader 객체가
만들어집니다.

reader 객체를 만들면 next() 함수를 써서 파일의 처음부터 시작해 다음 행으로 진행할 수
있습니다. ❸에서는 next()를 한 번만 호출했으므로 파일 헤더가 포함된 첫 번째 행이 반환됩
니다. 반환된 데이터를 header_row에 할당했습니다. header_row를 보면 다음과 같이 각 데
이터 행에 어떤 정보가 포함됐는지 알 수 있습니다.

```
['STATION', 'NAME', 'DATE', 'TAVG', 'TMAX', 'TMIN']
```

reader 객체는 파일 첫 번째 행의 콤마로 구분된 값을 읽고 각 값을 리스트에 저장합니다. 헤
더 STATION은 이 데이터를 기록한 날씨 관측소의 코드입니다. 헤더의 첫 번째 항목이 관측소
코드이므로 각 행의 첫 번째 항목 역시 날씨 관측소 코드입니다. NAME 헤더는 각 행의 두 번
째 값이 날씨 관측소의 이름이라는 뜻입니다. 나머지 헤더들 역시 각 위치의 정보가 어떤 정보
인지 나타냅니다. 지금 우리가 관심 있는 데이터는 날짜(DATE), 최고 기온(TMAX), 최저 기온
(TMIN)입니다. 이 데이터는 기온 관련 데이터만 포함되어 있습니다. 날씨 데이터를 직접 내려
받으면 풍속, 풍향, 강수량 등 원하는 데이터가 포함되게 선택할 수 있습니다.

16.1.2 헤더와 위치 출력하기
헤더와 리스트 상의 헤더 위치를 출력하면 파일 데이터를 더 쉽게 이해할 수 있습니다.

sitka_highs.py

```
--생략--
reader = csv.reader(lines)
header_row = next(reader)

for index, column_header in enumerate(header_row):
    print(index, column_header)
```

enumerate() 함수는 리스트를 순회하면서 각 항목의 인덱스와 값을 반환합니다(여기서는 헤
더 정보를 더 자세히 출력하므로 print(header_row)는 제거했습니다).

파일을 실행하면 다음과 같이 각 헤더와 인덱스가 출력됩니다.

```
0 STATION
1 NAME
2 DATE
3 TAVG
4 TMAX
5 TMIN
```

날짜와 최고 기온이 각각 인덱스 2와 4에 위치하는 걸 알 수 있습니다. sitka_weather_ 07-2021_simple.csv의 각 행에서 인덱스 2와 4에 해당하는 값을 추출하면 날짜와 최고 기온을 알 수 있습니다.

16.1.3 데이터 추출과 읽기

필요한 데이터의 위치를 알았으니 데이터 일부를 읽어 봅시다. 먼저 각 날짜의 최고 기온을 읽습니다.

sitka_highs.py

```
--생략--
reader = csv.reader(lines)
header_row = next(reader)

# 최고 기온을 추출합니다
highs = [] # ❶
for row in reader: # ❷
    high = int(row[4]) # ❸
    highs.append(high)

print(highs)
```

❶에서는 빈 리스트 highs를 만들고, ❷에서는 파일의 각 행을 순회하는 루프를 만들었습니다. reader 객체는 CSV 파일에서 중단했던 위치에서 계속하며 현재 위치의 다음 행을 자동으로 반환합니다. 헤더 행은 이미 읽었으므로 루프는 실제 데이터가 시작하는 두 번째 행에서 시작합니다. 루프를 반복할 때마다 TMAX 헤더에 해당하는 인덱스 4에서 데이터를 가져와 high 변

수에 할당합니다(❸). 데이터는 문자열 형식이므로 int() 함수를 써서 숫자로 변환합니다. 그리고 이 값을 highs에 추가합니다.

다음은 highs에 저장된 데이터입니다.

```
[61, 60, 66, 60, 65, 59, 58, 58, 57, 60, 60, 60, 57, 58, 60, 61, 63, 63, 70,
 64, 59, 63, 61, 58, 59, 64, 62, 70, 70, 73, 66]
```

각 날짜의 최고 기온을 추출해 리스트에 저장했습니다. 이 데이터를 시각화로 만들어 봅시다.

16.1.4 기온 그래프 그리기

기온 데이터를 시각화하려면 먼저 다음과 같이 Matplotlib으로 일일 최고 기온의 그래프를 만듭니다.

sitka_highs.py

```python
from pathlib import Path
import csv

import matplotlib.pyplot as plt

path = Path('weather_data/sitka_weather_07-2021_simple.csv')
lines = path.read_text().splitlines()
    --생략--

# 최고 기온을 그래프로 그립니다
plt.style.use('seaborn')
fig, ax = plt.subplots()
ax.plot(highs, color='red') # ❶

# 그래프 형식
ax.set_title("Daily High Temperatures, July 2021", fontsize=24) # ❷
ax.set_xlabel('', fontsize=16) # ❸
ax.set_ylabel("Temperature (F)", fontsize=16)
ax.tick_params(labelsize=16)

plt.show()
```

❶에서는 최고 기온 리스트를 plot()에 전달하고 color='red'를 써서 각 포인트를 빨간색으로 지정했습니다(최고 기온은 빨간색, 최저 기온은 파란색으로 표시할 겁니다). 그리고 ❷에서는 15장에서 했던 것과 마찬가지로 타이틀, 폰트 크기, 이름표 등 몇 가지 세부 설정을 했습니다. 아직 날짜를 추가하지 않았으므로 x 축에는 이름표를 만들지 않았습니다. 하지만 ❸에서 ax.set_xlabel()의 폰트 크기를 수정한 건 기본 이름표의 가독성을 더 올리기 위해서입니다. [그림 16-1]은 시트카의 2021년 7월 최고 기온을 단순하게 표시한 직선 그래프입니다.

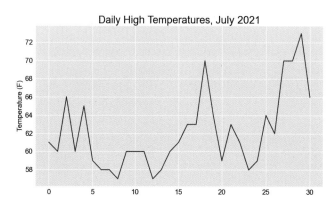

그림 16-1 시트카의 2021년 7월 최고 기온

16.1.5 datetime 모듈

이제 그래프에 날짜를 추가해 봅시다. 다음은 날씨 데이터 파일의 두 번째 행입니다.

```
"USW00025333","SITKA AIRPORT, AK US","2021-07-01",,"61","53"
```

이 데이터는 문자열이므로, "2021-07-01"이라는 문자열을 날짜 객체로 변환할 방법이 필요합니다. datetime 모듈의 strptime() 메서드를 써서 2021년 7월 1일에 해당하는 객체를 만들 수 있습니다. strptime()이 어떻게 동작하는지 터미널에서 확인해 봅시다.

```
>>> from datetime import datetime
>>> first_date = datetime.strptime('2021-07-01', '%Y-%m-%d')
>>> print(first_date)
2021-07-01 00:00:00
```

먼저 datetime 모듈의 datetime 클래스를 임포트합니다. 그리고 strptime() 메서드를 호출하면서 날짜로 바꿀 문자열을 첫 번째 인수로 전달합니다. 두 번째 인수는 날짜 형식을 지정합니다. 이 예제의 %Y-는 맨 앞이 네 자리 연도이고 그 다음에 하이픈이 있다는 뜻입니다. %m-는 그 다음에 두 자리 월이 있고 그 다음에 하이픈, 마지막 %d는 문자열의 마지막이 1에서 31까지 형식으로 쓴 날짜라는 뜻입니다.

strptime() 메서드는 다양한 형식 문자열을 받아 날짜를 해석합니다. [표 16-1]에 몇 가지 인수를 정리했습니다.

표 16-1 datetime 모듈에서 사용하는 날짜와 시간 매개변수

인수	의미
%A	요일 이름(Monday)
%B	월 이름(January)
%m	숫자로 나타낸 월 (01–12)
%d	숫자로 나타낸 날짜(01–31)
%Y	네 자리 연도 (2019)
%y	두 자리 연도 (19)
%H	24시간 형식 시간 (00–23)
%I	12시간 형식 시간 (01–12)
%p	오전 또는 오후 (AM, PM)
%M	분 (00–59)
%S	초 (00–59)

16.1.6 그래프에 날짜 추가하기

현재는 일일 최고 기온만 있는 그래프의 x 축에 날짜를 더해 개선할 수 있습니다.

sitka_highs.py

```
from pathlib import Path
import csv
from datetime import datetime
```

```
import matplotlib.pyplot as plt

path = Path('weather_data/sitka_weather_07-2021_simple.csv')
lines = path.read_text().splitlines()
reader = csv.reader(lines)
header_row = next(reader)

# 날짜와 최고 기온 추출
dates, highs = [], [] # ❶
for row in reader:
    current_date = datetime.strptime(row[2], '%Y-%m-%d') # ❷
    high = int(row[4])
    dates.append(current_date)
    highs.append(high)

# 최고 기온을 그래프로 그립니다
plt.style.use('seaborn')
fig, ax = plt.subplots()
ax.plot(dates, highs, color='red') # ❸

# 그래프 형식
ax.set_title("Daily High Temperatures, July 2021", fontsize=24)
ax.set_xlabel('', fontsize=16)
fig.autofmt_xdate() # ❹
ax.set_ylabel("Temperature (F)", fontsize=16)
ax.tick_params(labelsize=16)

plt.show()
```

❶에서는 날짜와 최고 기온을 저장할 빈 리스트 두 개를 만들었습니다. ❷에서는 날짜 정보 (row[2]) 데이터를 datetime 객체로 변환해 dates에 추가했습니다. ❸에서는 날짜와 최고 기온을 plot()에 전달했습니다. ❹의 fig.autofmt_xdate()는 날짜가 겹치지 않게 대각선 으로 그립니다. [그림 16-2]를 보세요.

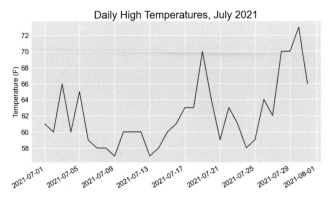

Daily High Temperatures, July 2021

그림 16-2 날짜가 추가된 그래프

16.1.7 더 긴 기간 그리기

그래프 기본을 완성했으니 데이터를 추가해서 시트카의 날씨를 더 완벽히 파악해 봅시다.
sitka_weather_2021_simple.csv 파일에는 시트카의 1년 날씨 데이터가 들어 있습니다.
이 파일을 weather_data 폴더에 복사하세요.

이제 1년의 날씨 그래프를 그릴 수 있습니다.

sitka_highs.py

```
--생략--
path = Path('weather_data/sitka_weather_2021_simple.csv')
lines = path.read_text().splitlines()
--생략--
# 그래프 형식
ax.set_title("Daily High Temperatures, 2021", fontsize=24)
ax.set_xlabel('', fontsize=16)
--생략--
```

새 데이터 파일 sitka_weather_2021_simple.csv를 사용하도록 수정하고, 그래프 타이틀
을 업데이트했습니다. 결과는 [그림 16-3]과 같습니다.

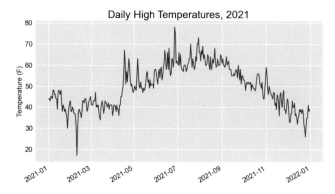

Daily High Temperatures, 2021

그림 16-3 1년의 날씨

16.1.8 두 번째 데이터 추가하기

최저 기온을 포함하면 그래프가 더 유용해집니다. 이를 위해서는 다음과 같이 데이터 파일에서 최저 기온을 추출해 그래프에 추가해야 합니다.

sitka_highs_lows.py

```
--생략--
reader = csv.reader(lines)
header_row = next(reader)

# 날짜, 최고 기온과 최저 기온을 추출합니다
dates, highs, lows = [], [], [] # ❶
for row in reader:
    current_date = datetime.strptime(row[2], '%Y-%m-%d')
    high = int(row[4])
    low = int(row[5]) # ❷
    dates.append(current_date)
    highs.append(high)
    lows.append(low)

# 최고 기온과 최저 기온을 그래프로 그립니다
plt.style.use('seaborn')
fig, ax = plt.subplots()
ax.plot(dates, highs, color='red')
ax.plot(dates, lows, color='blue') # ❸
```

```
# 그래프 형식
ax.set_title("Daily High and Low Temperatures, 2021", fontsize=24) # ❹
--생략--
```

❶에서는 최저 기온을 저장할 빈 리스트 lows를 추가했습니다. 그리고 ❷에서는 각 날짜의 여섯 번째 위치(row[5])에서 최저 기온을 추출했습니다. ❸에서는 plot()을 호출하면서 최저 기온을 전달하고 색깔은 파란색으로 지정했습니다. 마지막으로 ❹에서는 타이틀을 업데이트했습니다. 결과는 [그림 16-4]와 같습니다.

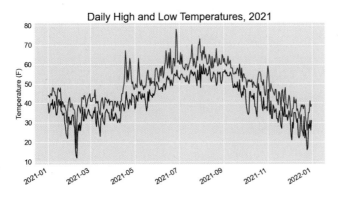

그림 16-4 같은 그래프에 있는 두 가지 데이터

16.1.9 그래프 영역 음영 처리하기

두 가지 데이터가 있으므로 이제 매일의 기온 범위를 알아볼 수 있습니다. 최고 기온과 최저 기온 사이를 음영 처리해서 그래프를 더 세련되게 만들어 봅시다. 여기서 사용하는 fill_between() 메서드는 일련의 x 값 한 개와 일련의 y 값 두 개를 받고 y 값 사이의 공간을 채우는 메서드입니다.

sitka_highs_lows.py

```
--생략--
최고 기온과 최저 기온을 그래프로 그립니다
plt.style.use('seaborn')
fig, ax = plt.subplots()
ax.plot(dates, highs, color='red', alpha=0.5) # ❶
```

```
ax.plot(dates, lows, color='blue', alpha=0.5)
ax.fill_between(dates, highs, lows, facecolor='blue', alpha=0.1) # ❷
--생략--
```

❶의 alpha 인수는 색깔의 투명도를 지정합니다. alpha 값이 0이면 완전히 투명한 색깔, 1이면 완전히 불투명한 색깔입니다. alpha를 0.5로 설정하면 기온 그래프가 더 밝게 느껴집니다.

❷에서는 x 값 리스트로 dates를, y 값 리스트로 highs와 lows를 전달했습니다. facecolor 인수는 영역 색깔을 결정합니다. alpha 값을 0.1로 지정했으므로 실제 데이터인 최저 기온과 최고 기온보다 더 눈에 띄는 일 없이 두 개의 데이터가 하나라는 느낌을 줍니다. 결과는 [그림 16-5]와 같습니다.

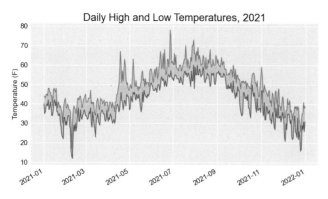

그림 16-5 두 가지 데이터 집합 사이의 영역에 색을 칠한 그래프

이렇게 색을 칠하면 두 데이터 집합 사이의 범위가 금세 눈에 띕니다.

16.1.10 에러 확인하기

sitka_highs_lows.py를 조금만 수정해도 모든 지역의 날씨를 그래프로 그릴 수 있습니다. 하지만 일부 날씨 관측소에서 특이한 형식으로 데이터를 수집할 수도 있고, 오작동해서 데이터가 누락될 수도 있습니다. 데이터 누락에 제대로 대처하지 않으면 예외가 일어나 프로그램이 충돌할 수 있습니다.

예를 들어 캘리포니아 데스 밸리의 기온 그래프를 만들어 봅시다. **death_valley_2021_** **simple.csv** 파일을 복사하세요.

먼저 다음과 같이 헤더를 확인합니다.

death_valley_highs_lows.py

```python
from pathlib import Path
import csv

path = Path('weather_data/death_valley_2021_simple.csv')
lines = path.read_text().splitlines()

reader = csv.reader(lines)
header_row = next(reader)

for index, column_header in enumerate(header_row):
    print(index, column_header)
```

결과는 다음과 같습니다.

```
0 STATION
1 NAME
2 DATE
3 TMAX
4 TMIN
5 TOBS
```

날짜가 인덱스 2에 위치한 건 마찬가지입니다. 하지만 최고 기온과 최저 기온이 각각 인덱스 3 과 4에 있으므로 이를 반영하도록 코드를 수정해야 합니다. 데스 밸리 데이터에는 평균 기온 대신 관측 시간에 대한 지표인 **TOBS**가 들어 있습니다.

sitka_highs_lows.py 파일에서 데이터 파일의 위치와 인덱스만 수정하고 실행해 봅시다.

death_valley_highs_lows.py

```python
--생략--
path = Path('weather_data/death_valley_2021_simple.csv')
lines = path.read_text().splitlines()
    --생략--
```

```
# 날짜, 최고 기온과 최저 기온을 추출합니다
dates, highs, lows = [], [], []
for row in reader:
    current_date = datetime.strptime(row[2], '%Y-%m-%d')
    high = int(row[3])
    low = int(row[4])
    dates.append(current_date)
--생략--
```

데스 밸리 데이터 파일을 읽도록 수정했고, **TMAX**와 **TMIN**의 인덱스도 수정했습니다.

하지만 프로그램을 실행하면 에러가 일어납니다.

```
Traceback (most recent call last):
  File "death_valley_highs_lows.py", line 17, in <module>
    high = int(row[3])
ValueError: invalid literal for int() with base 10: '' # ❶
```

트레이스백을 보면 빈 문자열을 정수로 바꿀 수 없으므로(❶) 최고 기온을 처리하지 못한 걸 알 수 있습니다. 데이터를 직접 확인하면서 누락된 데이터를 찾기 보다는 누락된 경우에 대응하도록 코드를 바꾸겠습니다.

CSV 파일에서 값을 읽을 때 에러를 체크합니다. 방법은 다음과 같습니다.

death_valley_highs_lows.py

```
--생략--
for row in reader:
    current_date = datetime.strptime(row[2], '%Y-%m-%d')
    try: # ❶
        high = int(row[3])
        low = int(row[4])
    except ValueError:
        print(f"Missing data for {current_date}") # ❷
    else: # ❸
        dates.append(current_date)
        highs.append(high)
        lows.append(low)

최고 기온과 최저 기온을 그래프로 그립니다
--생략--
```

```
# 그래프 형식
title = "Daily High and Low Temperatures, 2021\nDeath Valley, CA" # ❹
ax.set_title(title, fontsize=20)
ax.set_xlabel('', fontsize=16)
--생략--
```

수정한 코드에서는 각 행에서 날짜와 최고 기온과 최저 기온을 추출할 때 **try** 블록을 사용합니다(❶). 누락된 데이터가 있으면 **ValueError**가 일어나므로 ❷에서 데이터가 누락된 날짜를 포함한 에러 메시지를 출력합니다. 에러를 출력한 후 루프로 돌아가 다음 행을 계속 처리합니다. 에러 없이 모든 데이터를 추출하면 ❸의 **else** 블록을 실행해 리스트에 데이터를 추가합니다. 그래프에서 나타내는 지역이 바뀌었으므로 ❹에서 타이틀을 업데이트하고, 타이틀이 길어졌으니 폰트 크기도 조금 줄였습니다.

이제 death_valley_highs_lows.py를 실행해 보면 다음과 같이 데이터가 누락된 날짜를 확인할 수 있습니다.

```
Missing data for 2021-05-04 00:00:00
```

에러를 적절히 처리했으므로 누락된 데이터를 건너뛰고 그래프를 만들었습니다. 결과는 [그림 16-6]과 같습니다.

이 그래프를 시트카의 그래프와 비교해 보면, 예상할 수 있듯 시트카보다 평균적으로 따뜻한 걸 볼 수 있습니다. 또한 사막은 일교차가 크다는 것도 알 수 있습니다. 색이 입혀진 영역의 높이를 보면 명확합니다.

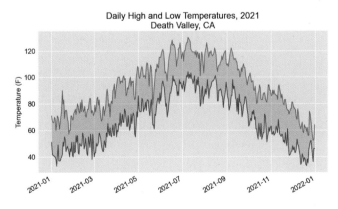

그림 16-6 데스 밸리의 일일 최고 기온과 최저 기온

실제 데이터 집합을 다루다 보면 데이터가 누락되거나, 형식이 잘못됐거나, 부정확한 경우가 많습니다. 기본편에서 배운 지식을 활용해 이런 상황에 대응할 수 있습니다. 여기서는 try-except-else 블록을 써서 누락된 데이터를 처리했습니다. continue를 사용해 일부 데이터를 건너뛰거나, remove()나 del을 사용해 몇 가지 데이터를 제거하는 게 좋을 때도 있습니다. 결과가 정확하고 의미가 분명한 시각화로 완성되기만 한다면 접근 방식은 중요하지 않습니다.

16.1.11 데이터 직접 내려받기

날씨 데이터를 직접 내려받으려면 다음과 같이 하면 됩니다.

1. *https://www.ncdc.noaa.gov/cdo-web* 사이트에 방문하세요. 이 사이트는 NOAA에서 운영하는 기후 데이터 사이트입니다. [Discover Data By section] → [Search Tool] → [Select a Dataset] → [Daily Summaries] 순서로 클릭하세요.

2. 날짜 범위를 선택하고 [Search For] → [ZIP Codes]를 선택하세요. 검색할 우편번호를 입력하고 [Search]를 클릭하세요.

3. 다음 페이지에는 검색한 지역의 지도와 일부 정보가 표시됩니다. 지역 이름 아래에 있는 [View Full Details]를 클릭하거나 지도를 클릭한 다음 [Full Details]를 클릭하세요.

4. 아래로 스크롤해서 [Station List]를 클릭하면 이 지역에 해당하는 날씨 관측소가 보입니다. 관측소 이름을 클릭한 다음 [Add to Cart]를 클릭하세요. 사이트에서 장바구니 아이콘을 사용하긴 하지만 데이터는 무료입니다. 우측 상단의 장바구니를 클릭하세요.

5. [Select the Output Format]에서 [Custom GHCN-Daily CSV]를 선택하세요. 날짜 범위를 확인하고 [Continue]를 클릭하세요.

6. 다음 페이지에서 원하는 데이터 종류를 선택할 수 있습니다. 기온 관련 데이터만 받아도 되고, 관측소에서 제공하는 데이터 전체를 내려받아도 됩니다. 선택을 마치면 [Continue]를 클릭하세요.

7. 마지막 페이지는 요약입니다. 이메일 주소를 입력하고 [Submit Order]를 클릭하세요. 확인 메시지가 먼저 오고, 몇 분 안에 데이터를 내려받을 수 있는 링크가 포함된 이메일이 다시 옵니다.

내려받은 데이터는 이 절의 데이터와 같은 구조로 구성되어 있습니다. 선택한 데이터가 다르다면 헤더 역시 달라졌겠지만, 이 절에서 배운 내용을 토대로 관심 있는 데이터를 시각화할 수 있습니다.

16-1 시트카 강우량

시트카는 온대 우림 기후에 위치하므로 강우량이 상당합니다. sitka_weather_2021_full.csv 파일에는 일일 강우량을 나타내는 PRCP 헤더가 있습니다. 이 데이터를 시각화하세요. 사막의 강우량이 궁금하다면 데스 밸리에도 이 연습문제를 적용해 보세요.

16-2 시트카와 데스 밸리 비교

시트카와 데스 밸리의 기온 그래프는 데이터 비율이 다릅니다. 두 지역의 기온을 정확히 비교하려면 y 축을 일치시켜야 합니다. [그림 16–5]와 [그림 16–6] 중 하나, 또는 둘 모두의 y 축 설정을 바꾸세요. 그리고 시트카와 데스 밸리의 기온 범위를 직접 비교해 보세요. 관심 있는 다른 지역을 비교해도 됩니다.

16-3 샌프란시스코

샌프란시스코의 기온은 시트카나 데스 밸리 중 어느 쪽에 가까울까요? 샌프란시스코 데이터를 내려받아 최고 기온과 최저 기온 그래프를 만드세요.

16-4 자동 인덱스

이 절의 예제에서는 TMIN과 TMAX 열의 인덱스를 직접 입력했습니다. 헤더 행에서 이들의 인덱스를 추출하면 프로그램이 시트카와 데스 밸리 모두에서 동작하게 할 수 있습니다. 기온 관측소 이름을 사용해 타이틀도 자동으로 생성하세요.

16-5 탐색

관심 있는 지역의 날씨 데이터를 가지고 몇 가지 시각화를 더 만들어 보세요.

16.2 전 세계 지진 데이터로 지도 만들기: GeoJSON 형식

이 절에서는 지난달 세계 곳곳에서 발생한 지진 데이터 집합을 내려받아서 지진이 일어난 위치와 규모를 지도에 표시해 보겠습니다. 데이터는 GeoJSON 형식으로 저장되어 있으므로 json 모듈을 사용하고 Plotly의 scatter_geo()를 사용해 지진의 분포를 명확하게 보여 주는 시각화를 만들겠습니다.

16.2.1 지진 데이터 내려받기

이 장의 프로그램을 저장하는 폴더 안에 **eq_data** 폴더를 만드세요. **eq_1_day_m1.geojson** 파일을 이 폴더에 복사하세요. 지진은 리히터 진도를 기준으로 분류되어 있습니다. 이 파일에는 이 글을 쓰는 시점을 기준으로 지난 24시간 동안 발생한 규모 M1 이상의 지진에 대한 데이터가 포함되어 있습니다. 이 데이터는 미국 지질 조사국의 지진 데이터 피드(*https://earth-quake.usgs.gov/earthquakes/feed*)에서 가져왔습니다.

16.2.2 GeoJSON 데이터 구조 확인하기

eq_1_day_m1.geojson 파일을 열어 보면 아주 **빽빽**하고 읽기가 어렵게 되어 있습니다.

```
{"type":"FeatureCollection","metadata":{"generated":1649052296000,...
{"type":"Feature","properties":{"mag":1.6,"place":"63 km SE of Ped...
{"type":"Feature","properties":{"mag":2.2,"place":"27 km SSE of Ca...
{"type":"Feature","properties":{"mag":3.7,"place":"102 km SSE of S...
{"type":"Feature","properties":{"mag":2.92000008,"place":"49 km SE...
{"type":"Feature","properties":{"mag":1.4,"place":"44 km NE of Sus...
--생략--
```

이 파일은 사람보다는 컴퓨터용으로 만들어졌습니다. 하지만 찬찬히 살펴보면 파일이 딕셔너리 형식으로 만들어져 있고 지진 규모나 위치 같은 정보가 들어 있는 걸 알 수 있습니다.

json 모듈에는 JSON 데이터를 탐색하고 다루는 도구가 많이 들어 있습니다. 이런 도구 중에는 프로그램에서 작업하기 전에 데이터 원형을 더 쉽게 볼 수 있도록 파일을 구조화하는 도구도 있습니다.

먼저 데이터를 불러와서 읽기 쉬운 형식으로 바꿔 봅시다. 이 데이터 파일은 크기가 상당하므로 출력하지 않고 새 파일로 저장합니다. 새 파일을 열어 보면 데이터를 더 쉽게 읽을 수 있습니다.

eq_explore_data.py

```python
from pathlib import Path
import json
```

```
# 데이터를 문자열로 읽어 파이썬 객체로 변환합니다
path = Path('eq_data/eq_data_1_day_m1.geojson')
contents = path.read_text()
all_eq_data = json.loads(contents) # ❶

# 데이터 파일을 더 읽기 쉬운 형태로 바꿉니다
path = Path('eq_data/readable_eq_data.geojson') # ❷
readable_contents = json.dumps(all_eq_data, indent=4) # ❸
path.write_text(readable_contents)
```

데이터 파일을 문자열로 읽은 다음, ❶에서 json.loads()를 사용해 파이썬 객체로 변환했습니다. 이는 10장에서도 사용한 방법입니다. 여기서는 전체 데이터 집합을 딕셔너리로 변환해 all_eq_data에 할당했습니다. 그리고 더 읽기 쉬운 형식으로 저장할 path 객체를 정의했습니다(❷). json.dumps() 함수 역시 10장에서 설명했으며, 중첩된 요소를 들여 쓰는 indent 인수를 받습니다(❸).

eq_data 폴더의 readable_eq_data.json 파일에는 다음과 같은 데이터가 들어 있습니다.

readable_eq_data.json

```
{
    "type": "FeatureCollection",
    "metadata": { # ❶
        "generated": 1649052296000,
        "url": "https://earthquake.usgs.gov/earthquakes/.../1.0_day.geojson",
        "title": "USGS Magnitude 1.0+ Earthquakes, Past Day",
        "status": 200,
        "api": "1.10.3",
        "count": 160
    },
    "features": [ # ❷
    --생략--
```

파일의 첫 번째 부분은 metadata 키입니다(❶). 여기에는 이 파일이 언제 생성됐으며 온라인 어디에서 받을 수 있는지가 들어 있습니다. 또한 타이틀과 함께 이 파일에 포함된 지진 숫자도 들어 있습니다. 이 파일에는 지난 24시간 동안 일어난 160개의 지진 기록이 있습니다.

이 GeoJSON 파일은 위치 기반 데이터에 적합한 구조입니다. 정보는 features 키에 할당된 리스트에 저장되어 있습니다(❷). 이 파일은 지진 데이터에 대한 파일이므로 리스트의 각 항목은 지진 하나에 대응합니다. 이런 구조는 처음 보면 혼란스러워 보일 수 있지만 익숙해지면 편리합니다. 각 지진에 대한 정보를 필요한 만큼 딕셔너리로 저장하고, 이런 딕셔너리를 모아 큰리스트 하나로 만드는 방식입니다.

지진 하나를 나타내는 딕셔너리를 살펴봅시다.

readable_eq_data.json

```
    --생략--
        {
            "type": "Feature",
            "properties": { # ❶
                "mag": 1.6,
                --생략--
                "title": "M 1.6 - 27 km NNW of Susitna, Alaska" # ❷
            },
            "geometry": { # ❸
                "type": "Point",
                "coordinates": [
                    -150.7585, # ❹
                    61.7591, # ❺
                    56.3
                ]
            },
            "id": "ak0224bju1jx"
        },
```

❶의 properties 키에는 각 지진에 대한 정보가 들어 있습니다. 우리가 관심 있는 정보는 각 지진의 규모인 mag 키입니다. 또한 각 지진의 규모와 위치를 요약한 title(❷)에도 관심이 있습니다.

❸의 geometry 키는 지진이 발생한 위치에 대한 정보입니다. 각 지진을 지도에 표시하려면 이 정보가 필요합니다. coordinates 키에는 지진의 위도(❺)와 경도(❹) 정보가 있습니다.

이 파일에는 실제 사용할 정보보다 훨씬 많은 정보가 중첩되어 있어서 혼란스러울 수 있지만, 복잡한 건 파이썬이 대부분 처리하므로 걱정할 필요 없습니다. 우리가 만들 코드는 한 번에 한두 개 정도의 중첩된 정보만 처리합니다. 우선 24시간 동안 기록된 각 지진의 딕셔너리를 추출하는 것으로 시작합시다.

우리는 위치에 대해 말할 때 보통 '위도와 경도'라고 이야기합니다. 이런 관습은 아마 경도라는 개념보다 훨씬 먼저 위도를 사용했기 때문에 정착됐을 겁니다. 반면 대부분의 지리 관련 프레임워크는 (x, y) 개념에 맞게 경도를 먼저 쓰고 다음에 위도를 씁니다. GeoJSON 형식 역시 (경도, 위도) 관습을 따릅니다. 다른 프레임워크를 사용할 때는 해당 프레임워크의 문법을 확인해야 합니다.

16.2.3 전체 지진 리스트 만들기

먼저 모든 지진 정보가 포함된 리스트를 만듭니다.

eq_explore_data.py

```
from pathlib import Path
import json

# 데이터를 문자열로 읽어 파이썬 객체로 변환합니다
path = Path('eq_data/eq_data_1_day_m1.geojson')
contents = path.read_text()
all_eq_data = json.loads(contents)

# 데이터 집합의 지진 데이터를 모두 읽습니다
all_eq_dicts = all_eq_data['features']
print(len(all_eq_dicts))
```

all_eq_data 딕셔너리의 features 키를 가져와 all_eq_dicts에 할당합니다. 데이터 파일에 지진 160건의 기록이 포함된 걸 알고 있습니다. 결과를 보면 파일의 지진을 모두 가져온 걸 확인할 수 있습니다.

```
160
```

아주 짧은 코드입니다. 정리된 파일 readable_eq_data.json에는 행이 6,000개가 넘습니다. 하지만 단 몇 줄의 코드로 이 데이터를 모두 읽고 파이썬 리스트로 저장했습니다. 다음은 각 지진의 규모를 가져올 차례입니다.

16.2.4 지진 규모 추출하기

지진 데이터가 포함된 리스트를 순회하면서 원하는 정보를 추출할 수 있습니다. 각 지진의 규모를 추출합시다.

eq_explore_data.py

```
--생략--
all_eq_dicts = all_eq_data['features']

mags = [] # ❶
for eq_dict in all_eq_dicts:
    mag = eq_dict['properties']['mag'] # ❷
    mags.append(mag)

print(mags[:10])
```

지진 규모를 저장할 빈 리스트 **all_eq_dicts**를 만들고(❶) 이를 순회합니다. 루프 안에서 각 지진은 **eq_dict** 딕셔너리에 할당합니다. 각 지진의 규모는 **properties** 아래의 **mag** 키에 있습니다(❷). 규모를 **mag** 변수에 할당한 다음 **mags** 리스트에 추가합니다.

데이터를 정확히 가져오는지 확인하기 위해 처음 10개의 지진 규모를 출력했습니다.

```
[1.6, 1.6, 2.2, 3.7, 2.92000008, 1.4, 4.6, 4.5, 1.9, 1.8]
```

다음으로 각 지진 위치를 가져오면 지도에 표시할 수 있습니다.

16.2.5 위치 데이터 추출하기

각 지진의 위치는 **geometry** 키에 있습니다. **geometry** 딕셔너리의 **coordinates** 키에 할당된 리스트의 첫 번째와 두 번째 값은 각각 경도와 위도입니다. 이 데이터를 가져오는 방법은 다음과 같습니다.

eq_explore_data.py

```
--생략--
all_eq_dicts = all_eq_data['features']
```

```
mags, lons, lats = [], [], []
for eq_dict in all_eq_dicts:
    mag = eq_dict['properties']['mag']
    lon = eq_dict['geometry']['coordinates'][0] # ❶
    lat = eq_dict['geometry']['coordinates'][1]
    mags.append(mag)
    lons.append(lon)
    lats.append(lat)

print(mags[:10])
print(lons[:5])
print(lats[:5])
```

경도와 위도를 담을 빈 리스트를 만듭니다. eq_dict['geometry']는 각 지진의 위치를 나타
내는 딕셔너리에 접근합니다(❶). 두 번째 키인 coordinates로 리스트를 가져옵니다. 인덱스
0은 리스트의 첫 번째 값인 경도를 가져옵니다.

처음 다섯 지진의 경도와 위도를 출력해 보면 정확한 데이터를 가져왔는지 확인할 수 있습니다.

```
[1.6, 1.6, 2.2, 3.7, 2.92000008, 1.4, 4.6, 4.5, 1.9, 1.8]
[-150.7585, -153.4716, -148.7531, -159.6267, -155.248336791992]
[61.7591, 59.3152, 63.1633, 54.5612, 18.7551670074463]
```

이제 이 데이터를 지도에 표시해 볼 차례입니다.

16.2.6 세계 지도 그리기

지금까지 얻은 정보를 사용해 단순한 세계 지도를 만들 수 있습니다. 스타일을 설정하기 전에
먼저 정보가 정확히 표시되는지부터 확인하는 게 우선입니다. 다음 코드로 확인합니다.

eq_world_map.py

```
from pathlib import Path
import json

import plotly.express as px

--생략--
```

```
for eq_dict in all_eq_dicts:
    --생략--

title = 'Global Earthquakes'
fig = px.scatter_geo(lat=lats, lon=lons, title=title) # ❶
fig.show()
```

15장에서와 마찬가지로 별칭 px를 사용해 plotly.express를 임포트합니다. ❶의 scatter_
geo() 함수는 지도 위에 산포도를 오버레이로 표시할 수 있습니다. 이 그래프 타입을 가장 단
순하게 사용하는 방식은 위도와 경도 리스트를 전달하는 겁니다. lat 인수에 lats 리스트를,
lon 인수에 lons 리스트를 전달했습니다.

이 파일을 실행하면 [그림 16-7]과 같은 지도가 표시됩니다. 겨우 세 줄의 코드로 세계 지진
지도를 만든 Plotly Express 라이브러리의 힘을 느껴 보세요.

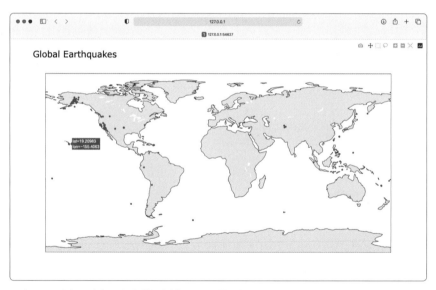

그림 16-7 지난 24시간 동안 발생한 지진을 모두 표시한 지도

데이터 집합의 정보가 정확히 표시되는 걸 확인했으니 지도를 설정해 더 읽기 쉽게 만들 차례
입니다.

16.2.7 지진 규모 표현 추가하기

지진 활동 지도에는 각 지진의 규모가 표시되어야 합니다. 현재 그래프가 정확하므로 부담 없이 데이터를 추가할 수 있습니다.

```
--생략--
# 데이터를 문자열로 읽어 파이썬 객체로 변환합니다
path = Path('eq_data/eq_data_30_day_m1.geojson')
contents = path.read_text()
--생략--

title = 'Global Earthquakes'
fig = px.scatter_geo(lat=lats, lon=lons, size=mags, title=title)
fig.show()
```

이번에는 지난 1개월의 지진을 정리한 **eq_data_30_day_m1.geojson** 파일을 사용합니다. 또한 **px.scatter_geo()**를 호출할 때 **size** 인수를 써서 각 포인트의 크기를 지정합니다. **size** 인수로 **mags** 리스트를 사용하기 때문에 규모가 큰 지진일수록 큰 점으로 표시됩니다.

결과는 [그림 16-8]과 같습니다. 지진은 보통 지각판 경계 지역에서 발생합니다. 이 지도는 데이터 수집 기간을 늘렸으므로 경계가 어디 위치하는지 더 잘 알 수 있습니다.

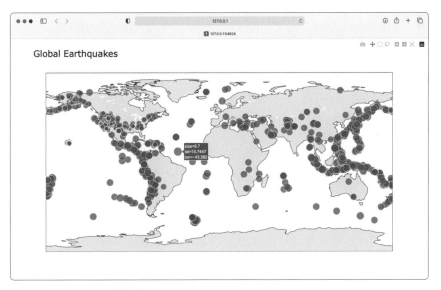

그림 16-8 지난 30일간의 지진과 규모

지도가 개선되긴 했지만 지진 규모를 식별하는 건 여전히 어렵습니다. 규모 표현에 색깔을 사용해서 지도를 더 개선해 봅시다.

16.2.8 색깔 설정하기

Plotly에서 제공하는 그레이언트를 써서 각 지진의 규모에 따라 색깔을 결정합니다. 또한 베이스 지도도 교체합니다.

eq_world_map.py

```
--생략--
fig = px.scatter_geo(lat=lats, lon=lons, size=mags, title=title,
        color=mags, # ❶
        color_continuous_scale='Viridis', # ❷
        labels={'color':'Magnitude'}, # ❸
        projection='natural earth', # ❹
    )
fig.show()
```

중요한 변경은 모두 px.scatter_geo() 함수에 들어 있습니다. ❶의 color 인수는 각 포인트에 사용할 색깔을 결정할 기준입니다. size 인수와 마찬가지로 mags 리스트를 사용했습니다.

❷의 color_continuous_scale 인수는 어떤 그레이언트를 사용할지 결정합니다. 여기서 사용한 Viridis는 짙은 파란색에서 밝은 노란색으로 변하는 그레이언트입니다. 색깔에 대한 설명은 기본적으로 지도 오른쪽에 **color**로 표기되는데, 이런 설명으로는 이 색깔이 실제로 뭘 의미하는지 전혀 알 수 없습니다. 15장에서도 언급했던 labels 인수(❸)는 딕셔너리를 받습니다. 여기서는 규모를 나타내고 있으므로 **Magnitude**로 바꿨습니다.

지진을 표시할 베이스 지도를 지정하는 인수도 추가했습니다. ❹의 projection 인수는 여러 가지 지도 형식을 받습니다. 여기서 사용한 natural earth는 지도 가장자리를 둥글게 표현합니다. 또한 마지막 인수 뒤에 콤마를 남겨 뒀습니다. 함수를 호출할 때 이렇게 여러 행에 걸치는 인수를 사용할 경우 다음 행에 언제든 다른 인수를 추가할 수 있도록 콤마로 마무리하는 게 일반적입니다.

이제 프로그램을 실행하면 훨씬 개선된 지도를 볼 수 있습니다. [그림 16-9]에서는 색깔에 따라 지진의 규모를 알 수 있습니다. 규모가 큰 지진은 밝은 노란색으로 두드러집니다. 또한 어떤 지역에서 지진 활동이 활발한지도 알 수 있습니다.

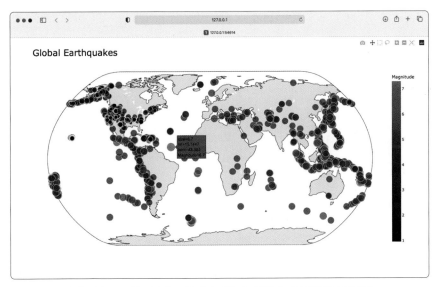

그림 16-9 색깔과 크기로 규모를 나타낸 30일 간의 지진 지도(색상에 따라 음영이 다릅니다)

16.2.9 여러 가지 색깔 스케일

Plotly에서는 여러 가지 색깔 스케일(그레이디언트)을 사용할 수 있습니다. 파이썬 터미널에서 다음 명령으로 색깔 스케일을 확인할 수 있습니다.

```
>>> import plotly.express as px
>>> px.colors.named_colorscales()
['aggrnyl', 'agsunset', 'blackbody', ..., 'mygbm']
```

연속적인 색깔이 데이터 패턴을 잘 드러내는 데이터 집합이라면 주저하지 말고 색깔 스케일을 시도해 보세요.

16.2.10 텍스트 추가하기

이제 지진을 나타내는 포인터 위에 마우스를 올리면 텍스트가 나타나 추가 정보를 제공하게 만들며 지도를 완성하겠습니다. 위도와 경도는 기본적으로 제공되지만, 여기에 규모를 추가하고 대략적인 지역에 대한 설명도 추가하겠습니다.

이렇게 하려면 파일에서 데이터를 더 추출해야 합니다.

eq_world_map.py

```
--생략--
mags, lons, lats, eq_titles = [], [], [], [] # ❶

for eq_dict in all_eq_dicts:
    mag = eq_dict['properties']['mag']
    lon = eq_dict['geometry']['coordinates'][0]
    lat = eq_dict['geometry']['coordinates'][1]
    eq_title = eq_dict['properties']['title'] # ❷
    mags.append(mag)
    lons.append(lon)
    lats.append(lat)
    eq_titles.append(eq_title)

title = 'Global Earthquakes'
fig = px.scatter_geo(lat=lats, lon=lons, size=mags, title=title,
        --생략--
        projection='natural earth',
        hover_name=eq_titles, # ❸
    )
fig.show()
```

먼저 각 지진의 타이틀을 저장할 eq_titles 리스트를 만듭니다(❶). 데이터의 title에는 위도와 경도 외에도 각 지진의 규모와 지역을 간단히 정리한 정보가 있습니다. ❷에서는 이 정보를 추출해 eq_titles 리스트에 추가할 수 있도록 eq_title 변수에 할당했습니다.

px.scatter_geo()를 호출하면서 hover_name 인수에 eq_titles를 전달했습니다(❸). Plotly는 이제 각 지진의 타이틀 정보를 호버 텍스트에 추가합니다. 프로그램을 실행하고 지도 표시 위에 마우스를 올리면 지진이 일어난 위치와 규모를 알리는 텍스트가 표시됩니다. [그림 16-10]을 보세요.

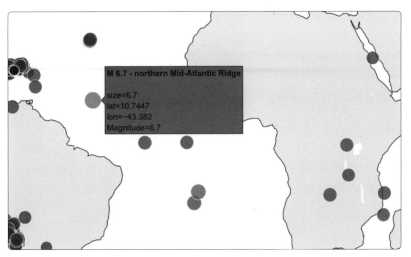

그림 16-10 지진 위에 마우스를 올리면 요약 정보가 표시됩니다.

30줄도 안 되는 코드로 지구의 형태와 함께 다양한 정보가 포함된 지진 활동 지도를 만들었습니다. Plotly는 시각화의 형태와 동작 방식을 다양하게 설정할 수 있습니다. 옵션을 잘 활용하면 원하는 걸 정확히 표시하는 그래프와 지도를 만들 수 있습니다.

연습문제

16-6 리팩터링

all_eq_dicts에서 데이터를 추출하는 루프는 규모, 위도, 경도, 타이틀을 리스트에 추가하기 전에 중간 변수를 사용합니다. GeoJSON 파일에서 데이터를 가져오는 방법을 명쾌하게 보이기 위해 이런 방법을 택했지만 코드에 꼭 필요한 건 아닙니다. 임시 변수를 사용하지 말고 eq_dict에서 값을 가져오는 동시에 리스트에 추가하세요. 이렇게 하면 루프 블록이 4행으로 줄어듭니다.

16-7 타이틀 자동화

이 절에서는 그래프 타이틀로 범용적인 **Global Earthquakes**를 사용했습니다. GeoJSON 파일의 메타 데이터 부분에서 데이터 집합의 타이틀을 가져와 사용할 수도 있습니다. 이 값을 가져와 title 변수에 할당하세요.

16-8 최근 지진

온라인에서 최근 1시간, 1일, 일주일, 30일 동안의 지진 정보를 찾을 수 있습니다. *https://earth-quake.usgs.gov/earthquakes/feed/v1.0/geojson.php*에 방문하면 여러 가지 시간대로 지진 규모에 관한 데이터 집합 링크가 있을 겁니다. 이들 중 하나를 내려받아 시각화를 만드세요.

16-9 세계 화재

이 장의 자료에는 world_fires_1_day.csv 파일이 있습니다. 이 파일에는 세계 각 곳에서 일어난 화재의 위도와 경도, 규모 같은 정보가 들어 있습니다. 기본편에서 배운 데이터 처리 방법, 이 장에서 배운 지도화 방법을 사용해서 화재의 영향을 받은 부분을 지도에 표시하세요.

*https://earthdata.nasa.gov/earth-observation-data/near-real-time/firms/ac-tive-fire-data*에서 이 데이터의 최근 버전을 내려받을 수 있습니다. 'SHP, KML, and TXT Files' 섹션에서 CSV 형식 데이터를 찾을 수 있습니다.

16.3 요약 정리

이 장에서는 실제 데이터 집합을 다루는 방법을 배웠고 CSV와 GeoJSON 파일을 처리하고 원하는 데이터를 추출했습니다. 또한, 날씨 데이터를 다루면서 datetime 모듈을 사용하는 방법, Matplotlib을 사용하는 방법, 그래프 하나에 여러 가지 데이터를 넣는 방법을 배웠습니다. 마지막으로 Plotly의 세계 지도에 데이터를 표시하고 지도 스타일을 설정하는 방법도 배웠습니다.

CSV와 JSON 파일로 작업하는 경험이 쌓이면 필요한 데이터를 거의 모두 분석할 수 있습니다. 온라인 데이터 집합은 대부분 이 두 가지 형식 중 하나입니다. 이 형식에 익숙해지면 다른 데이터 형식으로 작업하는 방법도 쉽게 배웁니다.

다음 장에서는 온라인 소스에서 데이터를 자동으로 수집하고 시각화하는 프로그램을 만듭니다. 취미로 프로그래밍을 배운다면 재미있는 경험이 될 테고, 전문적으로 프로그램을 배운다면 반드시 알아야 할 중요한 지식입니다.

데이터 시각화: API 사용하기

이 장에서는 데이터를 자동으로 가져와 시각화를 생성하는 독립된 프로그램을 만들어 봅니다. 이 프로그램은 **애플리케이션 프로그래밍 인터페이스**application programming interface(API)를 사용해 웹사이트에 특정 정보를 요청하고 그 정보를 시각화해 봅니다. 이런 프로그램은 항상 최신 데이터를 시각화하므로, 해당 데이터가 급변하더라도 시각화 결과는 항상 최신 버전을 유지할 수 있습니다.

17.1 웹 API 사용하기

API는 프로그램으로 조작하도록 만들어진 웹사이트의 일부분입니다. API는 아주 구체적인 URL을 사용해 정보를 요청합니다. 이런 요청을 **API 호출**API call이라 부릅니다. 요청된 데이터는 JSON이나 CSV처럼 쉽게 처리할 수 있는 형식으로 반환됩니다. 소셜 미디어 사이트와 연결되는 애플리케이션처럼 외부 데이터 소스를 사용하는 애플리케이션은 대부분 API 호출을 사용합니다.

17.1.1 깃과 깃허브

우리는 프로그래머가 프로젝트에서 협업하도록 만들어진 사이트인 깃허브(*https://github.com*)의 정보를 시각화할 겁니다. 깃허브 API를 사용해 사이트에서 파이썬 프로젝트 정보를 요청한 다음, Plotly로 이들 프로젝트의 인기도를 시각화로 만들겠습니다.

깃허브는 분산형 버전 관리 시스템인 깃에서 이름을 가져왔습니다. 깃은 한 사람의 수정 내용이 다른 사람이 변경한 내용과 충돌하지 않도록 해서 프로젝트의 협업을 돕습니다. 프로젝트에 새 기능을 추가하면 깃은 각 파일의 변경 내용을 추적합니다. 새 코드가 잘 동작하면 변경 내용을 **커밋**^{commit}합니다. 그러면 깃은 프로젝트를 갱신합니다. 이를 통해 실수를 해서 변경 내용을 되돌려야 할 때 쉽게 롤백할 수 있습니다(깃과 버전 관리에 대해서는 부록 D '깃을 활용해 버전 관리하기'를 보세요). 깃허브 프로젝트는 **저장소**^{repository}에 저장됩니다. 저장소에는 코드, 공동 작업자에 관한 정보, 문제나 버그 보고서 등 프로젝트와 관련된 모든 내용이 저장됩니다.

깃허브 사용자는 마음에 드는 프로젝트에 '별점'을 줘서 좋아한다는 표시를 하고, 나중에 쓸 수 있도록 표시합니다. 이 장에서는 깃허브에서 가장 별점을 많이 받은 파이썬 프로젝트에 대한 정보를 자동으로 내려받고 이를 시각화하는 프로그램을 만들어 봅니다.

17.1.2 API 호출로 데이터 요청하기

깃허브 API를 통해 여러 가지 정보를 요청할 수 있습니다. 브라우저의 주소 표시줄에 다음 URL을 입력하고 ⏎enter 키를 누르면 API 호출을 통해 어떤 형태의 정보를 얻는지 볼 수 있습니다.

　https://api.github.com/search/repositories?q=language:python+sort:stars

이 호출은 현재 깃허브에 존재하는 파이썬 프로젝트의 숫자와 함께 가장 널리 쓰이는 저장소에 대한 정보를 반환합니다. 호출을 자세히 살펴봅시다. 첫 번째 부분인 *https://api.github.com/*은 요청을 깃허브 API로 보냅니다. 다음에 있는 search/repositories는 깃허브 저장소 전체를 검색하도록 지시합니다.

repositories 다음에 있는 물음표는 인수를 전달하겠다는 신호입니다. q는 query의 약자입니다. 다음에 있는 등호는 쿼리를 시작합니다. language:python은 파이썬을 주요 언어로 사용하는 저장소만 검색한다는 뜻입니다. 마지막인 +sort:stars는 별점 숫자에 따라 정렬한 결과를 반환합니다.

다음은 이 호출의 응답 일부분입니다.

```
{
  "total_count": 8961993, # ❶
  "incomplete_results": true, # ❷
  "items": [ # ❸
    {
      "id": 54346799,
      "node_id": "MDEwOlJlcG9zaXRvcnk1NDM0Njc5OQ==",
```

```
"name": "public-apis",
"full_name": "public-apis/public-apis",
--생략--
```

응답을 보면 사람이 읽으라고 만든 건 아님을 알 수 있습니다. 이 글을 쓰는 시점에서 깃허브는 약 9백만 개의 파이썬 프로젝트(❶)를 찾았습니다. ❷의 incomplete_results가 true인 건 깃허브가 쿼리를 완전히 처리하지 않았다는 뜻입니다. 모든 쿼리를 완전히 실행하면 사이트가 다운될 수도 있으므로 깃허브는 쿼리 실행 시간을 제한합니다. 여기서 깃허브 API는 가장 널리 쓰이는 파이썬 저장소 일부를 찾았지만 전체를 반환하지는 않았습니다. 이 문제는 곧 다시 살펴보겠습니다. ❸의 items는 깃허브에서 가장 인기 있는 파이썬 프로젝트의 세부 사항을 리스트로 반환합니다.

17.1.3 requests 설치하기

requests 패키지는 파이썬을 통해 웹사이트에 쉽게 정보를 요청하고 응답을 받도록 만들어진 패키지입니다. pip를 통해 requests를 설치합니다.

```
$ python -m pip install --user requests
```

프로그램을 실행하거나 터미널 세션을 시작할 때 python이 아니라 python3 같은 다른 명령어를 사용했다면 설치 명령도 그에 맞게 바꿔야 합니다.

```
$ python3 -m pip install --user requests
```

17.1.4 API 응답 처리하기

이제 자동으로 API 호출을 만들고 결과를 처리하는 프로그램을 만들어 봅시다.

python_repos.py

```
import requests

# API를 호출하고 응답을 확인합니다
```

```
url = "https://api.github.com/search/repositories" # ❶
url += "?q=language:python+sort:stars+stars:>10000"

headers = {"Accept": "application/vnd.github.v3+json"} # ❷
r = requests.get(url, headers=headers) # ❸
print(f"Status code: {r.status_code}") # ❹

# 응답 객체를 딕셔너리로 변환합니다
response_dict = r.json() # ❺

# 결과를 처리합니다
print(response_dict.keys())
```

먼저 requests 모듈을 임포트합니다. 그리고 ❶에서 API 호출 URL을 url 변수에 할당합니다. URL은 상당히 길기 때문에 두 행으로 나눴습니다. 첫 번째 행은 URL의 메인이고, 두 번째 행은 쿼리 문자열입니다. stars:>10000은 추가된 조건입니다. 이 조건은 별점을 10,000개 이상 받은 저장소만 검색하라는 뜻입니다. 이렇게 하면 깃허브가 쿼리 시간 제한 때문에 매번 다른 결과를 반환하거나, 일부만 반환하는 일을 막을 수 있습니다.

현재 깃허브의 API 버전은 3입니다. ❷에서는 버전 3 API를 명시적으로 지정하고, 결과는 JSON 형식으로 반환하라는 헤더를 정의했습니다. ❸에서는 requests 모듈을 통해 API를 호출했습니다. get()을 호출하면서 URL과 헤더를 전달하고, 응답 객체를 r 변수에 할당했습니다.

응답 객체에는 요청이 성공했는지 나타내는 status_code 속성이 있습니다. 상태 코드가 200이면 요청에 성공했다는 뜻입니다. ❹에서는 요청이 성공했는지 확인할 수 있도록 status_code 값을 출력했습니다. 정보를 JSON 형식으로 요청했으므로 ❺에서는 json() 메서드를 사용해 파이썬 딕셔너리로 변환했습니다. 이 딕셔너리를 response_dict에 할당합니다.

마지막으로 response_dict의 키를 출력해 확인합니다.

```
Status code: 200
dict_keys(['total_count', 'incomplete_results', 'items'])
```

상태 코드 200은 요청이 성공했다는 뜻입니다. 응답 딕셔너리에는 total_count, incomplete_results, items 세 가지 키만 들어 있습니다. 이제 응답 딕셔너리 내부를 살펴봅시다.

17.1.5 응답 딕셔너리 다루기

API 호출에서 반환한 정보를 딕셔너리로 변환했으니 거기 포함된 데이터를 사용할 수 있습니다. 이 정보를 요약해 출력합시다. 요약 정보를 출력해 보면 예상한 정보를 받았는지 확인하고 관심 있는 정보를 조사하는 출발점이 됩니다.

python_repos.py

```python
import requests

# API를 호출하고 응답을 저장합니다
--생략--

# 응답 객체를 딕셔너리로 변환합니다
response_dict = r.json()
print(f"Total repositories: {response_dict['total_count']}") # ❶
print(f"Complete results: {not response_dict['incomplete_results']}")

# 저장소 정보를 탐색합니다
repo_dicts = response_dict['items'] # ❷
print(f"Repositories returned: {len(repo_dicts)}")

# 첫 번째 저장소를 분석합니다
repo_dict = repo_dicts[0] # ❸
print(f"\nKeys: {len(repo_dict)}") # ❹
for key in sorted(repo_dict.keys()): # ❺
    print(key)
```

먼저 total_count에 할당된 값을 출력합니다. 이 값은 API 호출로 얻은 파이썬 저장소 개수입니다(❶). 또한 incomplete_results에 할당된 값 역시 출력해 깃허브가 쿼리를 완전히 처리했는지도 확인합니다. 이 값은 바로 출력하지 않고 반대 값을 출력합니다. 이 값이 True이면 처리를 완료했다는 뜻입니다.

items에 할당된 값은 개별 파이썬 저장소에 대응하는 딕셔너리로 구성된 리스트입니다. ❷에서 이 리스트를 repo_dicts에 할당했습니다. 그리고 repo_dicts의 길이를 출력해 저장소 개수를 확인합니다.

❸에서는 저장소에 대해 반환된 정보를 자세히 볼 수 있도록 repo_dicts의 첫 번째 항목을 꺼내 repo_dict에 할당했습니다. 그리고 ❹에서 딕셔너리의 키 숫자를 출력해 정보가 얼마나 있

는지 확인했습니다. 마지막으로, ❺에서는 딕셔너리의 키를 모두 출력해 어떤 정보가 포함됐는지 확인했습니다.

결과를 보면 실제 데이터를 더 명확히 알 수 있습니다.

```
Status code: 200
Total repositories: 248 # ❶
Complete results: True # ❷
Repositories returned: 30

Keys: 78 # ❸
allow_forking
archive_url
archived
--생략--
url
visibility
watchers
watchers_count
```

이 책을 쓰는 시점을 기준으로 별점을 10,000개 이상 받은 파이썬 저장소는 248개입니다 (❶). 깃허브는 API 호출을 완전히 처리했습니다(❷). 그리고 쿼리 조건과 일치하는 30개 저장소에 대한 정보를 반환했습니다. 저장소를 더 가져오고 싶다면 데이터 페이지를 더 요청하면 됩니다.

깃허브 API는 저장소에 대해 다양한 정보를 반환합니다. repo_dict에는 78개의 키가 있습니다(❸). 키를 살펴보면 프로젝트에서 어떤 정보를 추출할 수 있는지 알 수 있습니다(API에서 어떤 정보를 얻을 수 있는 방법은 문서를 읽거나, 지금 우리가 하는 것처럼 코드를 통해 정보를 얻는 방법 외에는 없습니다).

repo_dict의 몇 가지 키 값을 추출해 봅시다.

python_repos.py

```
--생략--
# 첫 번째 저장소를 분석합니다
repo_dict = repo_dicts[0]

print("\nSelected information about first repository:")
```

```python
print(f"Name: {repo_dict['name']}") # ❶
print(f"Owner: {repo_dict['owner']['login']}") # ❷
print(f"Stars: {repo_dict['stargazers_count']}") # ❸
print(f"Repository: {repo_dict['html_url']}")
print(f"Created: {repo_dict['created_at']}") # ❹
print(f"Updated: {repo_dict['updated_at']}") # ❺
print(f"Description: {repo_dict['description']}")
```

이 코드는 첫 번째 저장소의 딕셔너리에서 다양한 키의 값을 출력합니다. ❶은 프로젝트 이름입니다. owner는 프로젝트 소유자를 나타내는 딕셔너리입니다. ❷에서는 이 키를 써서 소유자를 나타내는 딕셔너리를 가져온 다음 다시 login 키를 써서 소유자의 사용자 이름을 가져옵니다. ❸에서는 이 프로젝트가 받은 별점과 프로젝트의 URL을 출력합니다. ❹에서는 프로젝트가 만들어진 시간, ❺에서는 마지막으로 업데이트된 시간을 출력합니다. 마지막으로 저장소 설명을 출력합니다.

결과는 다음과 비슷한 형태입니다.

```
Status code: 200
Total repositories: 248
Complete results: True
Repositories returned: 30

Selected information about first repository:
Name: public-apis
Owner: public-apis
Stars: 191493
Repository: https://github.com/public-apis/public-apis
Created: 2016-03-20T23:49:42Z
Updated: 2022-05-12T06:37:11Z
Description: A collective list of free APIs
```

이 글을 쓰는 시점에서 깃허브에서 가장 별점을 많이 받은 파이썬 프로젝트는 public-apis입니다. 소유자는 프로젝트와 같은 이름을 쓰는 조직이며 200,000명에 가까운 깃허브 사용자가 이 프로젝트에 별점을 줬습니다. 프로젝트 저장소의 URL, 2016년 3월에 처음 만들어진 것, 아주 최근에 업데이트된 걸 볼 수 있습니다. 또한 설명을 보면 이 프로젝트는 프로그래머가 관심을 가질 만한 무료 API 리스트라는 걸 알 수 있습니다.

17.1.6 상위 저장소 요약하기

데이터를 시각화하려면 최소 두 개 이상의 저장소가 포함되어야 합니다. API 호출이 반환하는 저장소를 모두 시각화할 수 있도록 각 저장소를 순회하는 루프를 만듭시다.

python_repos.py

```
--생략--
# 저장소 정보를 탐색합니다
repo_dicts = response_dict['items']
print(f"Repositories returned: {len(repo_dicts)}")

print("\nSelected information about each repository:") # ❶
for repo_dict in repo_dicts: # ❷
    print(f"\nName: {repo_dict['name']}")
    print(f"Owner: {repo_dict['owner']['login']}")
    print(f"Stars: {repo_dict['stargazers_count']}")
    print(f"Repository: {repo_dict['html_url']}")
    print(f"Description: {repo_dict['description']}")
```

❶에서는 먼저 간단한 메시지를 출력합니다. 그리고 ❷에서 repo_dicts의 모든 딕셔너리를 순회합니다. 루프 안에서는 각 프로젝트의 이름, 소유자, 별점 수, 깃허브 URL, 프로젝트 설명을 출력합니다.

```
Status code: 200
Total repositories: 248
Complete results: True
Repositories returned: 30

Selected information about each repository:

Name: public-apis
Owner: public-apis
Stars: 191494
Repository: https://github.com/public-apis/public-apis
Description: A collective list of free APIs

Name: system-design-primer
Owner: donnemartin
Stars: 179952
Repository: https://github.com/donnemartin/system-design-primer
```

```
Description: Learn how to design large-scale systems. Prep for the system
  design interview.  Includes Anki flashcards.
--생략--

Name: PayloadsAllTheThings
Owner: swisskyrepo
Stars: 37227
Repository: https://github.com/swisskyrepo/PayloadsAllTheThings
Description: A list of useful payloads and bypass for Web Application Security
  and Pentest/CTF
```

결과를 보면 몇 가지 흥미로운 프로젝트가 보일테고, 자세히 보고 싶은 프로젝트도 있을 겁니다. 하지만 곧 훨씬 더 쉽게 파악할 수 있는 시각화를 만들 테니 출력 결과를 직접 읽는데 시간을 소모할 필요는 없습니다.

17.1.7 API 속도 제한 확인하기

대부분의 API는 **속도 제한**을 통해 일정 시간 동안 보낼 수 있는 요청을 제한합니다. 브라우저에서 *https://api.github.com/rate_limit*로 이동하면 깃허브의 속도 제한을 확인할 수 있습니다. 다음과 같이 시작하는 응답이 표시될 겁니다.

```
{
  "resources": {
    --생략--
    "search": { # ❶
      "limit": 10, # ❷
      "remaining": 9, # ❸
      "reset": 1652338832, # ❹
      "used": 1,
      "resource": "search"
    },
    --생략--
```

여기서 우리가 염두에 둬야 할 정보는 ❶의 속도 제한입니다. ❷는 분당 10개의 요청을 허용한다는 뜻이며, ❸은 현재 9개의 요청을 보낼 수 있다는 뜻입니다. ❹에서 reset에 할당된 값은 1970년 1월 1일로부터 흐른 시간을 초 단위로 나타낸 **유닉스 시간**이며, 제한이 풀리는 시간을 뜻합니다. 만약 제한을 이미 다 썼으면 이를 알리는 짧은 응답이 포함될 겁니다. 이런 경우 잠시 기다리면 됩니다.

> **NOTE** 대부분의 API는 사용자로 등록해서 API 키나 접근 토큰을 받아야 사용할 수 있습니다. 이 글을 쓰는 시점에서 깃허브는 그런 제한은 없지만, 접근 토큰을 얻으면 제한이 훨씬 느슨해집니다.

17.2 Plotly로 저장소 시각화하기

깃허브에서 수집한 파이썬 프로젝트 데이터로 시각화를 만들어 봅시다. 만들고자 하는 시각화는 대화형 막대 그래프입니다. 각 막대의 높이는 프로젝트에 주어진 별점 숫자를 나타내고, 막대 이름표를 클릭하면 깃허브의 프로젝트 홈으로 이동할 수 있습니다.

프로그램을 `python_repos_visual.py`라는 이름으로 저장하고 다음과 같이 수정하세요.

python_repos_visual.py

```
import requests
import plotly.express as px

# API를 호출하고 응답을 확인합니다
url = "https://api.github.com/search/repositories"
url += "?q=language:python+sort:stars+stars:>10000"

headers = {"Accept": "application/vnd.github.v3+json"}
r = requests.get(url, headers=headers)
print(f"Status code: {r.status_code}") # ❶

# 전체 결과를 처리합니다
response_dict = r.json()
print(f"Complete results: {not response_dict['incomplete_results']}") # ❷

# 저장소 정보를 처리합니다
repo_dicts = response_dict['items']
repo_names, stars = [], [] # ❸
for repo_dict in repo_dicts:
    repo_names.append(repo_dict['name'])
    stars.append(repo_dict['stargazers_count'])
```

```
# 시각화를 만듭니다
fig = px.bar(x=repo_names, y=stars) # ❹
fig.show()
```

Plotly Express를 임포트하고 이전과 같이 API를 호출합니다. 문제가 있는지 확인할 수 있도록 상태 코드는 계속 출력합니다(❶). 전체 결과를 처리할 차례가 되면 ❷에서 처리가 완료됐다는 메시지를 출력합니다. 필요한 데이터를 가져온다는 사실은 이미 확인했으므로 print() 부분은 제거합니다.

❸에서는 그래프에 포함할 데이터를 저장할 빈 리스트를 두 개 만들었습니다. repo_names는 막대에 이름표를 붙이는 데 필요하고 stars는 막대 높이를 결정할 때 필요합니다. 각 프로젝트를 순회하면서 프로젝트 이름과 별점 숫자를 리스트에 추가합니다.

❹에서는 단 두 줄의 코드로 시각화를 만들었습니다. 이는 가능한 한 빨리 시각화를 만들어 볼 수 있어야 한다는 Plotly Express의 철학과 일치합니다. 여기서는 px.bar() 함수를 써서 막대 그래프를 만들었습니다. x 인수에는 repo_names 리스트를, y 인수에는 stars 리스트를 전달했습니다.

결과는 [그림 17-1]과 같습니다. 처음 몇 개의 프로젝트가 다른 프로젝트보다 훨씬 인기가 있다는 걸 볼 수 있지만, 이들은 모두 파이썬 생태계에서 중요한 프로젝트입니다.

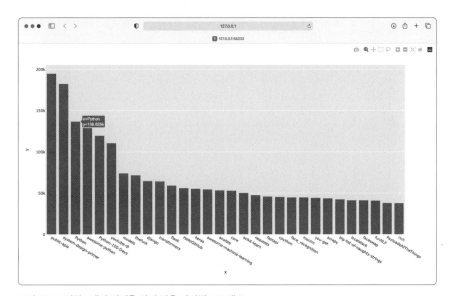

그림 17-1 깃허브에서 별점을 많이 받은 파이썬 프로젝트

17.2.1 그래프 스타일 지정하기

그래프가 정확함을 확인하고 나면 Plotly에서 지원하는 다양한 설정을 통해 그래프 스타일을 바꿀 수 있습니다. `px.bar()`를 호출할 때 몇 가지를 바꾸고, 생성된 `fig` 객체도 수정하겠습니다.

먼저 각 축의 타이틀과 이름표를 추가합니다.

python_repos_visual.py

```
--생략--
# 시각화를 만듭니다
title = "Most-Starred Python Projects on GitHub"
labels = {'x': 'Repository', 'y': 'Stars'}
fig = px.bar(x=repo_names, y=stars, title=title, labels=labels)

fig.update_layout(title_font_size=28, xaxis_title_font_size=20, # ❶
        yaxis_title_font_size=20)

fig.show()
```

15장과 16장에서 했던 것처럼 각 축의 타이틀과 이름표를 추가했습니다. 그리고 ❶에서 `fig.update_layout()` 메서드를 사용해 그래프의 요소를 수정했습니다. Plotly는 그래프 요소의 설정을 밑줄로 연결하는 문법을 사용합니다. Plotly 문서에 익숙해지면 그래프의 여러 요소에 이름을 붙이고 수정하는 방법에서 일관성을 발견할 수 있을 겁니다. 여기서는 타이틀 폰트 크기를 28로 설정하고 각 축의 타이틀 폰트 크기는 20으로 설정했습니다. 결과는 [그림 17-2]와 같습니다.

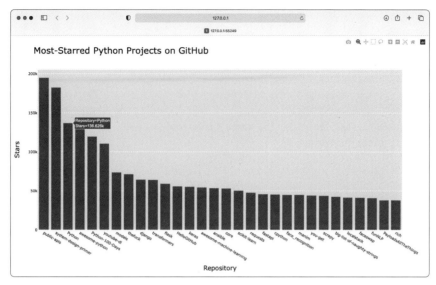

그림 17-2 그래프와 각 축에 타이틀 추가

17.2.2 그래프에 툴팁 추가하기

Plotly는 막대 위에 마우스를 올렸을 때 정보를 표시할 수 있습니다. 이런 정보를 **툴팁**tooltip 이라 부르며, 여기서는 프로젝트가 받은 별점이 나타납니다. 커스텀 툴팁을 만들어 각 프로젝트의 설명과 소유자를 표시합시다.

이를 위해서는 데이터를 더 가져와야 합니다.

python_repos_visual.py

```
--생략--
# 저장소 정보를 처리합니다
repo_dicts = response_dict['items']
repo_names, stars, hover_texts = [], [], []  # ❶
for repo_dict in repo_dicts:
    repo_names.append(repo_dict['name'])
    stars.append(repo_dict['stargazers_count'])

    # 툴팁을 만듭니다
    owner = repo_dict['owner']['login']  # ❷
    description = repo_dict['description']
    hover_text = f"{owner}<br />{description}"  # ❸
```

```
        hover_texts.append(hover_text)

# 시각화를 만듭니다
title = "Most-Starred Python Projects on GitHub"
labels = {'x': 'Repository', 'y': 'Stars'}
fig = px.bar(x=repo_names, y=stars, title=title, labels=labels, # ❹
        hover_name=hover_texts)
fig.update_layout(title_font_size=28, xaxis_title_font_size=20,
        yaxis_title_font_size=20)

fig.show()
```

❶에서는 툴팁을 저장할 빈 리스트 hover_texts를 만듭니다. 데이터를 처리하는 루프 안에서 프로젝트 소유자와 설명을 추출합니다(❷). Plotly에서는 텍스트 요소 사이에 HTML 코드를 사용할 수 있습니다. 여기서 사용한
은 프로젝트 소유자의 사용자 이름과 설명 사이에 줄 바꿈을 추가합니다(❸). 그리고 이 툴팁을 hover_texts 리스트에 추가합니다.

px.bar()를 호출할 때 hover_name 인수에 hover_texts를 사용했습니다(❹). 지진 지도에서 각 포인트의 이름표를 설정할 때도 같은 방식을 썼습니다. Plotly는 막대를 생성할 때 이 리스트에서 툴팁을 가져오고, 사용자가 막대에 마우스를 올릴 때만 툴팁을 표시합니다. 결과는 [그림 17-3]과 같습니다.

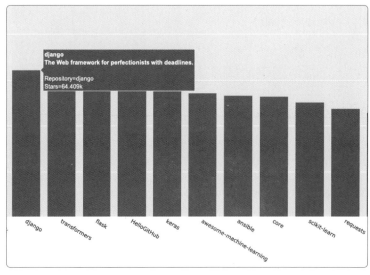

그림 17-3 이제 막대에 마우스를 올리면 프로젝트 소유자와 설명이 표시됩니다.

17.2.3 그래프에 링크 추가하기

Plotly는 텍스트 요소에 HTML을 허용하므로 링크도 쉽게 추가할 수 있습니다. 사용자가 **x** 축의 이름표를 클릭하면 프로젝트의 깃허브 홈페이지를 방문하게 만들어 봅시다. 이를 위해서는 데이터에서 URL을 가져와 **x** 축 이름표를 만들 때 사용해야 합니다.

python_repos_visual.py

```
--생략--
# 저장소 정보를 처리합니다
repo_dicts = response_dict['items']
repo_links, stars, hover_texts = [], [], [] # ❶
for repo_dict in repo_dicts:
    # 저장소 이름을 링크로 변환합니다
    repo_name = repo_dict['name']
    repo_url = repo_dict['html_url'] # ❷
    repo_link = f"<a href='{repo_url}'>{repo_name}</a>" # ❸
    repo_links.append(repo_link)

    stars.append(repo_dict['stargazers_count'])
    --생략--

# 시각화를 만듭니다
title = "Most-Starred Python Projects on GitHub"
labels = {'x': 'Repository', 'y': 'Stars'}
fig = px.bar(x=repo_links, y=stars, title=title, labels=labels,
        hover_name=hover_texts)

fig.update_layout(title_font_size=28, xaxis_title_font_size=20,
        yaxis_title_font_size=20)

fig.show()
```

❶에서는 그래프에 추가하는 정보가 정확히 어떤 것인지 표현하도록 리스트 이름을 repo_names에서 repo_links로 수정했습니다. ❷에서는 repo_dict에서 프로젝트 URL을 가져와 임시 변수 repo_url에 할당했습니다. ❸에서는 프로젝트 링크를 만듭니다. HTML 링크를 만드는 태그는 <a href='URL'>link text</a> 형태입니다. 그리고 이 링크를 repo_links에 추가합니다.

px.bar()를 호출할 때 **x** 값으로 repo_links를 사용하게 바꿨습니다. 결과 그래프의 겉모습은 이전과 같지만, 이제 사용자가 그래프 하단에 있는 프로젝트 이름을 클릭해 깃허브의 프로젝트 홈페이지에 방문할 수 있습니다.

17.2.4 그래프 색깔 설정하기

그래프를 생성한 뒤에는 다양한 설정을 통해 그래프의 거의 모든 부분을 수정할 수 있습니다. 이전에 update_layout() 메서드를 사용했습니다. update_traces() 메서드도 설정에 사용할 수 있습니다.

막대를 약간의 투명도가 있는 더 진한 파란색으로 바꿔 봅시다.

```
--생략--
fig.update_layout(title_font_size=28, xaxis_title_font_size=20,
        yaxis_title_font_size=20)

fig.update_traces(marker_color='SteelBlue', marker_opacity=0.6)

fig.show()
```

Plotly에서 **트레이스**trace는 그래프의 데이터 컬렉션을 가리킵니다. update_traces() 메서드는 다양한 인수를 받습니다. 인수들 중 marker_로 시작하는 인수는 모두 그래프에 존재하는 마커에 영향을 미칩니다. 여기서는 색깔을 SteelBlue로 지정했는데, CSS에서 쓸 수 있는 이름 붙은 색깔은 모두 이와 마찬가지 방법으로 쓸 수 있습니다. 또한 각 마커의 불투명도를 0.6으로 설정했습니다. 이미 언급했지만 불투명도가 1이면 완전히 불투명하고, 0이면 완전히 투명합니다.

17.2.5 Plotly와 깃허브 API

Plotly 문서는 광범위하고 잘 정리되어 있지만 어디서부터 시작할지 막막할 수도 있습니다. 필자가 출발점으로 추천하는 문서는 *https://plotly.com/python/plotly-express*의 'Plotly Express in Python'입니다. 이 문서에는 Plotly Express로 만들 수 있는 그래프가 모두 소개되어 있으며, 각 타입을 더 자세히 설명하는 링크도 제공됩니다.

Plotly 그래프를 설정하는 방법을 더 알고 싶다면 15~17장에서 배운 내용을 더 확장하는 가이드가 있습니다. *https://plotly.com/python/styling-plotly-express*를 방문해 보세요.

깃허브 API에 대해 더 알고 싶다면 *https://docs.github.com/en/rest*를 참조하세요. 깃허브에서 다양한 정보를 가져오는 방법을 배울 수 있습니다. 사이드바에서 '검색'에 관한 내용을 찾아보면 이 프로젝트를 더 확장해 볼 수 있습니다. 깃허브 계정이 있다면 다른 사용자의 저장소에 공개된 데이터도 사용할 수 있습니다.

17.3 해커 뉴스 API

해커 뉴스(*https://news.ycombinator.com*)를 간단히 살펴보며 다른 사이트에서 API 호출을 사용하는 방법을 알아봅시다. 해커 뉴스는 프로그래밍과 기술에 대한 글을 공유하고 토론하는 사이트입니다. 해커 뉴스는 API를 통해 사이트의 모든 글과 댓글에 대한 데이터를 제공하며, 키를 등록하지 않아도 API를 사용할 수 있습니다.

다음 URL은 이 글을 쓰는 시점에서 가장 인기 있는 글에 대한 정보를 반환합니다.

  https://hacker-news.firebaseio.com/v0/item/31353677.json

브라우저에 이 URL을 입력하면 텍스트가 중괄호로 감싸인 걸 볼 수 있습니다. 딕셔너리 데이터라는 뜻입니다. 하지만 형식이 좀 불친절하므로 응답을 살펴보기 어렵습니다. 16장의 지진 프로젝트와 마찬가지로 json.dumps() 메서드를 써서 정보를 살펴볼 수 있습니다.

hn_article.py

```
import requests
import json

# API 호출을 보내고 응답을 저장합니다.
url = "https://hacker-news.firebaseio.com/v0/item/31353677.json"
r = requests.get(url)
print(f"Status code: {r.status_code}")

# 데이터 구조를 살펴봅니다
```

```
response_dict = r.json()
response_string = json.dumps(response_dict, indent=4)
print(response_string) # ❶
```

이 프로그램은 15장과 16장의 프로그램과 비슷하니 익숙할 겁니다. 결과가 그리 길지 않으므로 파일에 저장하지 않고 그냥 출력해도 무방합니다(❶).

결과는 ID가 31353677인 글에 대한 딕셔너리입니다.

```
{
    "by": "sohkamyung",
    "descendants": 302, # ❶
    "id": 31353677,
    "kids": [ # ❷
        31354987,
        31354235,
        --생략--
    ],
    "score": 785,
    "time": 1652361401,
    "title": "Astronomers reveal first image of the black hole # ❸
        at the heart of our galaxy",
    "type": "story",
    "url": "https://public.nrao.edu/news/.../" # ❹
}
```

이 딕셔너리에는 다양한 키가 포함되어 있습니다. ❶의 descendants 키는 이 글에 달린 댓글 숫자입니다. ❷의 kids 키는 이 글에 직접적으로 달린 댓글의 ID입니다. 댓글에도 다시 댓글이 달릴 수 있으므로 일반적으로 kids의 길이보다는 descendants의 값이 더 큽니다. ❸은 글의 타이틀이고 ❹는 이 글의 URL입니다.

다음 URL은 해커 뉴스의 인기 있는 글 ID 리스트를 반환합니다.

https://hacker-news.firebaseio.com/v0/topstories.json

이 호출을 사용해 현재 홈페이지에 등록된 인기 있는 글의 ID를 찾은 다음, 조금 전에 했던 API 호출을 연속으로 보낼 수 있습니다. 이 방식으로 해커 뉴스의 첫 페이지에 있는 모든 글의 요약을 출력할 수 있습니다.

```python
from operator import itemgetter

import requests

# API를 호출하고 응답을 확인합니다
url = "https://hacker-news.firebaseio.com/v0/topstories.json" # ❶
r = requests.get(url)
print(f"Status code: {r.status_code}")

# 각 글의 정보를 처리합니다
submission_ids = r.json() # ❷
submission_dicts = [] # ❸
for submission_id in submission_ids[:5]:
    # 글을 순회하면서 API를 호출합니다
    url = f"https://hacker-news.firebaseio.com/v0/item/{submission_id}.json" # ❹
    r = requests.get(url)
    print(f"id: {submission_id}\tstatus: {r.status_code}")
    response_dict = r.json()

    # 각 글의 딕셔너리를 만듭니다
    submission_dict = { # ❺
        'title': response_dict['title'],
        'hn_link': f"https://news.ycombinator.com/item?id={submission_id}",
        'comments': response_dict['descendants'],
    }
    submission_dicts.append(submission_dict) # ❻

submission_dicts = sorted(submission_dicts, key=itemgetter('comments'), # ❼
                            reverse=True)

for submission_dict in submission_dicts: # ❽
    print(f"\nTitle: {submission_dict['title']}")
    print(f"Discussion link: {submission_dict['hn_link']}")
    print(f"Comments: {submission_dict['comments']}")
```

❶에서는 먼저 API를 호출할 URL을 준비합니다. 이 API 호출은 호출 시점에서 해커 뉴스에서 가장 인기 있는 글의 ID를 최대 500개까지 포함하는 리스트를 반환합니다. ❷에서는 응답 객체를 파이썬 리스트로 변환해 submission_ids에 할당했습니다. 이 ID를 사용해 현재 글과 대응하는 딕셔너리를 만듭니다.

❸에서는 이 딕셔너리를 저장할 빈 리스트 submission_dicts를 만들었습니다. 그리고 상위 5개의 ID를 순회합니다. ❹에서는 submission_id의 현재 값을 이용해 URL을 만듭니다. ID 와 함께 요청의 상태를 출력해 성공 여부를 확인합니다.

그리고 ❺에서 현재 글에 대한 딕셔너리를 만듭니다. 이 딕셔너리에는 글의 제목, 토론 페이지 링크, 이 글에 달린 댓글 숫자를 저장합니다. 그리고 ❻에서 submission_dicts 리스트에 submission_dict를 추가합니다.

뉴스의 각 글은 추천 횟수, 댓글 숫자, 얼마나 새로운 글인지 등의 다양한 요인에 따라 점수가 결정됩니다. 댓글 숫자에 따라 딕셔너리 리스트를 정렬해야 할 수도 있습니다. 이를 위해 ❼에서 operator 모듈의 itemgetter() 함수를 사용합니다. 함수에 comments 키를 전달하면 함수는 리스트의 각 딕셔너리에서 해당 키에 할당된 값을 가져옵니다. 그리고 sorted() 함수가 이 값을 기준으로 리스트를 정렬합니다. 리스트를 역순으로 정렬했으므로 댓글이 가장 많은 글이 앞으로 나옵니다.

리스트 정렬을 마친 다음 ❽에서 이를 순회하며 제목, 토론 페이지 링크, 댓글 숫자를 출력합니다.

```
Status code: 200
id: 31390506    status: 200
id: 31389893    status: 200
id: 31390742    status: 200
--생략--

Title: Fly.io: The reclaimer of Heroku's magic
Discussion link: https://news.ycombinator.com/item?id=31390506
Comments: 134

Title: The weird Hewlett Packard FreeDOS option
Discussion link: https://news.ycombinator.com/item?id=31389893
Comments: 64

Title: Modern JavaScript Tutorial
Discussion link: https://news.ycombinator.com/item?id=31390742
Comments: 20
--생략--
```

어떤 API든 이와 비슷한 방법으로 정보에 접근하고 분석할 수 있습니다. 이 데이터를 통해 최근 가장 토론이 활발한 주제가 어떤 것인지 알 수 있는 시각화를 만들 수 있습니다. 해커 뉴스 같은 사이트에서 정보를 추출해 모아서 제공하는 애플리케이션도 이와 비슷한 방식을 사용합니다. 해커 뉴스 API에서 얻을 수 있는 정보가 더 궁금하다면 *https://github.com/HackerNews/API*의 문서를 읽어 보세요.

> **NOTE** 해커 뉴스는 이따금 스폰서 회사에서 채용 공고를 올리도록 허용하는데, 이런 글에는 댓글이 금지됩니다. 만약 공고가 올라와 있는 시기에 이 프로그램을 실행한다면 KeyError가 일어납니다. 이런 경우 submission_dict를 만드는 코드를 try-except 블록으로 감싸 에러를 일으키는 글을 건너뛰면 됩니다.

연습문제

17-1 다른 언어
python_repos.py를 수정해서 다른 언어로 만들어진 인기 있는 프로젝트를 시각화해 보세요. 자바스크립트, 루비, C, 자바, 펄, 하스켈, Go 언어 등을 시도해 보세요.

17-2 활발한 토론
hn_submissions.py의 데이터를 사용해 현재 해커 뉴스에서 토론이 가장 활발한 글을 막대 그래프로 표현해 보세요. 각 막대의 높이는 글에 달린 댓글의 숫자에 비례해야 합니다. 막대 이름표는 글의 제목이어야 하고, 이를 클릭해 해당 페이지로 이동할 수 있어야 합니다. 그래프를 만들 때 KeyError가 일어난다면 try-except 블록을 사용해 문제가 있는 글을 건너뛰세요.

17-3 python_repos.py 테스트
python_repos.py에서는 status_code 값을 출력해서 호출이 성공적이었는지 확인했습니다. pytest를 사용해 status_code 값이 200이라고 단언하는 test_python_repos.py 프로그램을 만드세요. 다른 어서션도 생각해 보세요. 예를 들어 몇 개의 항목이 반환되는지 예상하거나, 저장소의 총 숫자가 일정 숫자보다 크다고 단언하는 어서션을 만들어 보세요.

17-4 심화 학습
Plotly, 깃허브 API, 해커 뉴스 API의 문서 페이지를 방문하세요. 문서를 읽어 보고 이미 만들었던 그래프의 스타일을 바꿔 보거나 완전히 다른 시각화를 만들어 보세요. 다른 API에 대해 더 알아보고 싶다면 *https://github.com/public-apis*에 방문해 보세요.

17.4 요약 정리

이 장에서는 API를 통해 필요한 데이터를 자동으로 수집하고 이를 통해 시각화를 만드는 독립적인 프로그램을 만들었습니다. 깃허브 API를 사용해 깃허브에서 별점을 많이 받은 파이썬 프로젝트에 대해 알아봤고, 해커 뉴스 API에 대해서도 간단히 알아봤습니다. 그리고 requests 패키지를 써서 자동으로 API를 호출하는 방법, 그 응답을 처리하는 방법을 살펴봤습니다. 마지막으로 그래프를 더 자유롭게 설정하는 몇 가지 Plotly 메서드에 대해서도 배웠습니다.

다음 장에서는 Django를 사용해 웹 애플리케이션을 만듭니다. 이 프로젝트가 책에서 다루는 마지막 프로젝트입니다.

학습 로그: Django 시작하기

인터넷이 발전함에 따라 웹사이트와 모바일 애플리케이션 사이의 경계가 모호해졌습니다. 이제 웹사이트와 애플리케이션은 사용자가 데이터에 접근할 수 있게 돕습니다. **Django**는 파이썬에서 가장 인기 있는 **웹 프레임워크**web framework입니다. 웹 프레임워크란 대화형 웹 애플리케이션을 만들 수 있게 설계된 도구 집합을 말합니다. 이 장에서는 Django를 사용해 '학습 로그'라는 프로젝트를 만들어 봅니다. 이 프로젝트는 다양한 주제에 대해 배운 정보를 온라인에 기록할 수 있는 시스템입니다.

우리는 이 프로젝트의 명세를 만든 다음, 애플리케이션에서 사용할 데이터 모델을 정의할 겁니다. Django의 관리자 시스템을 사용해 몇 가지 초기 데이터를 입력한 다음 뷰와 템플릿을 만들어 Django가 페이지를 만들 수 있게 합니다.

Django는 페이지 요청에 응답할 수 있고, 데이터베이스를 읽고 쓰며 사용자를 관리하는 등의 작업을 훨씬 더 쉽게 만듭니다. 19장과 20장에서는 학습 로그 프로젝트를 개선하고 전 세계 누구나 사용할 수 있도록 실제 서버에 배포하는 법을 배웁니다.

18.1 프로젝트 만들기

웹 애플리케이션 같은 중요한 프로젝트를 시작할 때는 먼저 **명세**spec를 만들어 프로젝트의 목표를 분명히 해야 합니다. 목표가 명확해지면 이를 이루기 위해 할 일들을 생각해 낼 수 있습니다.

먼저 학습 로그 명세를 만들고 프로젝트의 첫 단계를 시작합시다. 이 과정에는 가상 환경을 만들고 Django 프로젝트를 초기화하는 과정이 포함됩니다.

18.1.1 명세 작성하기

명세는 프로젝트의 목표와 기능, 디자인과 사용자 인터페이스를 명확히 합니다. 프로젝트나 사업 계획서와 마찬가지로, 명세가 있어야 프로젝트에 계속 집중하고 순조롭게 진행할 수 있습니다. 여기서 바로 프로젝트 명세를 완벽하게 만들 수는 없지만, 이후 수행할 일을 정할 수 있도록 몇 가지 명확한 목표는 제시하겠습니다. 우리가 사용할 명세는 다음과 같습니다.

> 이제 학습 로그라는 웹 애플리케이션을 만들겠습니다. 사용자는 이 애플리케이션에 관심 있는 주제를 기록하고, 이 주제에 대해 배우는 내용 역시 기록합니다. 학습 로그 홈페이지에는 사이트에 대한 설명이 포함되며, 사용자가 등록하거나 로그인하는 기능을 제공합니다. 로그인한 사용자는 새 주제를 만들거나, 새 항목을 추가하거나, 기존 항목을 읽고 수정할 수 있습니다.

새로운 주제를 연구할 때 배운 내용을 기록하면 새로운 정보와 이미 알고 있던 정보를 분류할 수 있습니다. 기술 관련 주제를 연구할 때 특히 도움이 됩니다. 이 과정을 효율적으로 만들어주는 좋은 애플리케이션도 많이 있습니다.

18.1.2 가상 환경 만들기

Django를 사용하려면 먼저 가상 환경을 설정해야 합니다. **가상 환경**^{virtual environment}이란 컴퓨터에 독립된 공간을 만들어 다른 패키지와 섞이지 않게 분리시키는 걸 말합니다. 프로젝트 라이브러리를 다른 프로젝트와 분리하면 여러 가지 장점이 있고, 20장에서 학습 로그를 서버에 배포할 때 꼭 필요합니다.

learning_log 폴더를 만들고 터미널에서 그 폴더로 이동하세요. 그리고 다음 명령을 입력해 가상 환경을 만드세요.

```
learning_log$ python -m venv ll_env
learning_log$
```

이 명령은 가상 환경 모듈 venv를 실행해 ll_env라는 환경을 만듭니다. 환경 이름의 맨 앞에 있는 두 글자는 L의 소문자 두 개이며 숫자 1이 아닙니다.

18.1.3 가상 환경 활성화하기

다음 명령어를 사용해 가상 환경을 활성화하세요.

```
learning_log$ source ll_env/bin/activate
(ll_env)learning_log$
```

이 명령어는 ll_env/bin/에 있는 activate 스크립트를 실행합니다. 가상 환경이 활성화되면 환경 이름이 괄호 안에 표시됩니다. 이는 이 환경 안에 패키지를 새로 설치할 수 있다는 뜻입니다. ll_env에 설치한 패키지는 가상 환경이 비활성 상태일 때는 사용할 수 없습니다.

> **NOTE** 윈도우를 사용할 때는 source를 제외하고 **ll_env\Scripts\activate** 명령을 사용합니다. 파워셸을 사용한다면 Activate의 첫 글자를 대문자로 써야 합니다.[1]

가상 환경 사용을 중지하려면 **deactivate**를 입력합니다.

```
(ll_env)learning_log$ deactivate
learning_log$
```

실행 중인 터미널을 닫아도 가상 환경이 비활성화됩니다.

18.1.4 Django 설치하기

가상 환경이 활성화된 상태에서 다음 명령으로 pip를 업데이트하고 Django를 설치합니다.

```
(ll_env)learning_log$ pip install --upgrade pip
(ll_env)learning_log$ pip install django
Collecting django
--생략--
Installing collected packages: sqlparse, asgiref, django
Successfully installed asgiref-3.5.2 django-4.1 sqlparse-0.4.2
(ll_env)learning_log$
```

pip는 아주 다양한 소스를 사용하므로 업데이트도 아주 빈번합니다. 가상 환경을 새로 만들 때

---

1   옮긴이_ 윈도우에서는 셸을 이용할 때 권한으로 인한 에러가 있을 수 있습니다. 관리자 권한으로 터미널을 실행하고 입력하세요.

는 pip를 업데이트하는 게 좋습니다.

현재 우리는 가상 환경에서 작업 중이므로 어떤 컴퓨터를 사용하든 같은 명령으로 Django를 설치할 수 있습니다. `python -m pip install package_name` 같은 긴 명령을 쓰거나 `--user` 플래그를 쓸 필요는 없습니다. Django는 `ll_env` 환경이 활성화된 상태일 때만 사용할 수 있다는 걸 염두에 두세요.

> **NOTE** Django는 약 8개월마다 업데이트되므로, 여러분이 Django를 설치할 때는 필자와 다른 버전이 설치될 수 있습니다. 이 프로젝트는 아마 최신 버전의 Django에서도 잘 동작할 겁니다. 하지만 필자와 같은 버전의 Django를 사용하려면 **pip install django==4.1.*** 명령어를 사용하세요. 이 명령은 Django 4.1의 최신 버전을 설치합니다. 버전 문제가 생긴다면 *https://ehmatthes.github.io/pcc_3e*에서 온라인 자료를 찾아보세요.

18.1.5 Django에서 프로젝트 생성하기

가상 환경에서 다음 명령어를 입력해 새 프로젝트를 만듭니다. 터미널 프롬프트에 `(ll_env)` 표시가 있어야 합니다.

```
(ll_env)learning_log$ django-admin startproject ll_project . # ❶
(ll_env)learning_log$ ls # ❷
ll_env ll_project manage.py
(ll_env)learning_log$ ls ll_project # ❸
__init__.py asgi.py settings.py urls.py wsgi.py
```

❶의 `startproject` 명령어는 `ll_project`라는 새 프로젝트를 시작합니다. 명령어 마지막의 점은 개발을 완료했을 때 애플리케이션을 서버에 배포하기 쉬운 폴더 구조를 사용해 프로젝트를 시작하라는 뜻입니다(점을 빼먹는 경우가 많으니 주의하세요).

> **NOTE** 이 점을 잊으면 애플리케이션을 배포할 때 문제가 생길 수 있습니다. 점을 잊었다면 생성된 파일과 폴더를 제거하고(ll_env는 제거하지 않습니다) 명령을 다시 실행하세요.

`ls` 명령어(윈도우에서는 `dir`)를 실행하면 Django가 `ll_project`라는 새 폴더를 만든 걸 확인할 수 있습니다(❷). `manage.py` 파일도 생겼습니다. 이 파일은 명령을 받아 Django의 관

련 부분으로 전달하는 짧은 프로그램입니다. 이 명령을 사용해 데이터베이스 작업, 서버 실행 같은 작업을 수행합니다.

ll_project 폴더에는 네 개의 파일이 있습니다(❸). 여기서 중요한 파일은 settings.py, urls.py, wsgi.py입니다. settings.py 파일은 Django가 시스템에 접근하고 프로젝트를 관리하는 방법을 지정합니다. 프로젝트를 진행하면서 이 설정 중 일부를 수정하거나 추가할 겁니다. urls.py 파일은 브라우저의 요청에 응답해 어떤 페이지를 만들지 지정합니다. wsgi.py 파일은 Django가 생성한 파일을 전송하는 역할을 합니다. 여기서 wsgi는 '웹 서버 게이트웨이 인터페이스web server gateway interface'의 약자입니다.

18.1.6 데이터베이스 생성하기

Django는 프로젝트 정보 대부분을 데이터베이스에 저장합니다. 따라서 다음에 할 일은 Django가 사용할 데이터베이스를 만드는 겁니다. 가상 환경에서 다음 명령어를 입력하세요.

```
(ll_env)learning_log$ python manage.py migrate
Operations to perform: # ❶
  Apply all migrations: admin, auth, contenttypes, sessions
Running migrations:
  Applying contenttypes.0001_initial... OK
  Applying auth.0001_initial... OK
  --생략--
  Applying sessions.0001_initial... OK
(ll_env)learning_log$ ls # ❷
db.sqlite3 ll_env ll_project manage.py
```

데이터베이스를 수정하는 작업을 **마이그레이션**migration이라 부릅니다. migrate 명령어를 처음 실행하면 Django는 데이터베이스가 프로젝트의 현재 상태와 일치하는지 확인합니다. SQLite를 사용하는 프로젝트에서 이 명령어를 처음 실행하면 Django는 데이터베이스를 새로 만듭니다(SQLite는 곧 설명합니다). ❶은 Django가 관리 및 인증 작업에 필요한 정보를 저장할 데이터베이스를 준비하겠다는 뜻입니다.

ls 명령어를 실행하면(❷) Django가 db.sqlite3 파일을 만든 걸 볼 수 있습니다. **SQLite**는 파일 하나만 사용하는 데이터베이스입니다. 데이터베이스 관리가 편리하므로 단순한 애플리케이션에서 사용하기에 이상적입니다.

파이썬을 실행할 때 python3 같은 명령을 사용했더라도, 가상 환경 안에서는 python 명령어를 사용합니다. 가상 환경에서 python 명령어는 가상 환경을 만들 때 사용한 파이썬 버전을 가리킵니다.

18.1.7 프로젝트 확인하기

Django가 프로젝트를 제대로 설정했는지 확인해 봅시다. **runserver** 명령은 프로젝트의 현재 상태를 확인합니다.

```
(ll_env)learning_log$ python manage.py runserver
Watching for file changes with StatReloader
Performing system checks...

System check identified no issues (0 silenced). # ❶
May 19, 2022 - 21:52:35
Django version 4.1, using settings 'll_project.settings' # ❷
Starting development server at http://127.0.0.1:8000/ # ❸
Quit the server with CONTROL-C.
```

Django에서 **개발 서버**development server를 시작하므로 이를 통해 프로젝트가 잘 동작하는지 확인할 수 있습니다. 브라우저에서 URL을 입력해 페이지를 요청하면 Django 서버에서 페이지를 만들고 브라우저에 보내서 해당 요청에 응답합니다.

❶은 프로젝트가 정상적으로 만들어졌다는 뜻입니다. ❷는 사용 중인 Django 버전, 사용 중인 설정 파일의 이름입니다. 마지막으로 ❸은 프로젝트 URL입니다. http://127.0.0.1:8000/ URL은 프로젝트가 컴퓨터의 **로컬 호스트**local host라 불리는 포트 8000에서 요청을 주시하고 있다는 뜻입니다. **로컬 호스트**는 해당 컴퓨터에서만 볼 수 있는 서버이며 다른 사람은 이 페이지에 접근할 수 없습니다.

브라우저를 열고 *http://localhost:8000/*을 입력하거나, 이 URL이 동작하지 않으면 *http://127.0.0.1:8000/*을 입력해 보세요. [그림 18-1]과 같은 화면이 나타날 겁니다. 이는 지금까지 Django가 정상적으로 동작하고 있음을 나타내는 페이지입니다. 지금은 서버를 계속 실행하세요. 서버를 중지하고 싶으면 runserver 명령어를 내린 터미널에서 ctrl + C를 누르세요.

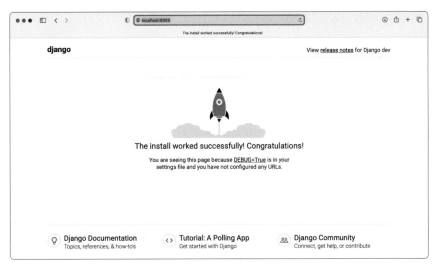

그림 18-1 지금까지는 잘 따라 왔습니다.

연습문제

18-1 새 프로젝트

빈 프로젝트를 몇 개 더 만들면서 Django가 어떤 파일을 생성하는지 살펴보면 Django에 대해 더 잘 이해할 수 있습니다. learning_log 폴더 바깥에 tik_gram, insta_tok 같은 단순한 이름의 폴더를 새로 만든 다음, 터미널에서 그 폴더로 이동해 가상 환경을 만드세요. Django를 설치하고 **django-admin.py startproject tg_project** . 명령을 실행하세요(명령어 마지막의 점을 잊지 마세요).

이 명령어로 생성된 파일, 폴더와 학습 로그의 파일, 폴더를 비교해 보세요. 이 과정을 몇 번 반복하면서 Django로 새 프로젝트를 시작하는 과정에 익숙해지세요. 충분히 연습했으면 폴더를 제거하세요.

18.2 애플리케이션 시작하기

Django **프로젝트**는 개별 **애플리케이션** 그룹으로 구성됩니다. 지금 당장은 애플리케이션 하나를 만들어 대부분의 동작을 수행할 겁니다. 19장에서는 사용자 계정을 관리할 애플리케이션을 추가합니다.

앞에서 연 터미널의 개발 서버를 계속 실행하고 있어야 합니다. 새로운 터미널을 열고 manage.py가 들어 있는 폴더로 이동하세요. 가상 환경을 활성화하고 **startapp** 명령을 실행하세요.

```
learning_log$ source ll_env/bin/activate
(ll_env)learning_log$ python manage.py startapp learning_logs
(ll_env)learning_log$ ls # ❶
db.sqlite3 learning_logs ll_env ll_project manage.py
(ll_env)learning_log$ ls learning_logs/ # ❷
__init__.py admin.py apps.py migrations models.py tests.py views.py
```

startapp **appname** 명령어는 Django가 애플리케이션을 만드는 데 필요한 파일과 폴더 구조를 생성하라는 명령입니다. 지금 프로젝트 폴더를 보면 learning_logs라는 새 폴더가 보입니다(❶). **ls** 명령으로 Django가 만든 결과를 확인하세요(❷). 여기서 중요한 파일은 models.py, admin.py, views.py입니다. models.py는 애플리케이션에서 사용하는 데이터를 정의합니다. admin.py와 views.py는 잠시 후에 설명하겠습니다.

18.2.1 모델 정의하기

잠시 데이터에 대해 생각해 봅시다. 사용자는 학습 로그에 다양한 주제를 만듭니다. 사용자가 만드는 항목은 주제에 연결되며, 각 항목은 텍스트로 표시됩니다. 또한 사용자가 각 항목을 언제 만들었는지 알 수 있는 타임스탬프도 저장해야 합니다.

models.py 파일을 열어 보세요.

models.py

```
from django.db import models

# 여기에 모델을 정의합니다
```

models 모듈을 임포트했고, 직접 모델을 만들라는 메시지가 있습니다. **모델**model이란 Django 가 애플리케이션에 저장되는 데이터를 사용하는 방법입니다. 모델은 클래스입니다. 그동안 배운 클래스와 마찬가지로 속성과 메서드가 있습니다. 다음은 사용자가 저장할 주제의 모델입니다.

```python
from django.db import models

class Topic(models.Model):
    """사용자가 배우는 주제"""
    text = models.CharField(max_length=200) # ❶
    date_added = models.DateTimeField(auto_now_add=True) # ❷
    def __str__(self): # ❸
        """모델의 문자열 표현을 반환합니다"""
        return self.text
```

모델의 기본 기능이 정의된 Django의 부모 클래스 **Model**을 상속하는 **Topic** 클래스를 만들었습니다. 그리고 이 클래스에 **text**와 **date_added** 두 가지 속성을 추가했습니다.

❶의 **text** 속성은 텍스트 데이터인 **CharField**입니다. 이름이나 제목, 도시 같은 짧은 텍스트를 저장할 때 **CharField**를 사용합니다. **CharField** 속성을 정의할 때는 데이터베이스에 공간을 얼마나 예약할지 지정해야 합니다. 여기서는 **max_length**를 200으로 지정했습니다. 이 정도면 주제 이름을 저장하기엔 충분합니다.

❷의 **date_added** 속성은 날짜와 시간을 기록하는 **DateTimeField** 데이터입니다. **auto_now_add=True** 인수는 사용자가 새 주제를 생성할 때마다 자동으로 현재 날짜와 시간을 사용하겠다는 뜻입니다.

모델 인스턴스를 표현할 방법을 지정해 두는 게 좋습니다. 모델에 **__str__()** 메서드가 있다면 Django는 해당 모델의 인스턴스를 출력할 때마다 이 메서드를 호출합니다. ❸에서는 **text** 속성에 할당된 값을 반환하는 **__str__()** 메서드를 만들었습니다.

모델에서 사용할 수 있는 필드는 *https://docs.djangoproject.com/en/4.1/ref/models/ fields*의 'Model field reference' 페이지를 확인하세요. 지금 당장 이 문서의 정보를 모두 알 필요는 없지만 Django 프로젝트를 스스로 개발한다면 알아두는 게 좋습니다.

18.2.2 모델 활성화하기

모델을 사용하려면 프로젝트에 애플리케이션을 포함시켜야 합니다. ll_project 폴더의 set-tings.py 파일을 열면 다음과 같이 프로젝트에 포함시킬 애플리케이션을 지정하는 부분이 있습니다.

settings.py

```
--생략--
INSTALLED_APPS = [
    'django.contrib.admin',
    'django.contrib.auth',
    'django.contrib.contenttypes',
    'django.contrib.sessions',
    'django.contrib.messages',
    'django.contrib.staticfiles',
]
--생략--
```

INSTALLED_APPS를 다음과 같이 수정합니다.

```
--생략--
INSTALLED_APPS = [
    # 내 애플리케이션
    'learning_logs',
    # Django의 기본 애플리케이션
    'django.contrib.admin',
    --생략--
]
--생략--
```

프로젝트가 커지면서 사용하는 애플리케이션이 많아지면 이렇게 애플리케이션을 그룹으로 묶는 게 필요해집니다. 여기서는 자신의 애플리케이션 그룹을 만들었고, 현재는 learning_logs 애플리케이션 하나뿐입니다. 기본 애플리케이션의 동작을 덮어 써야 할 경우가 있으므로 직접 만든 애플리케이션을 기본 애플리케이션보다 앞에 배치해야 합니다.

이제 Topic 모델과 관련된 정보를 저장할 수 있도록 데이터베이스를 수정해야 합니다. 터미널에서 다음 명령어를 실행하세요.

```
(ll_env)learning_log$ python manage.py makemigrations learning_logs
Migrations for 'learning_logs':
  learning_logs/migrations/0001_initial.py
    - Create model Topic
(ll_env)learning_log$
```

makemigrations 명령어는 새로 정의한 모델을 저장할 수 있도록 데이터베이스를 수정하라는 명령입니다. 결과를 보면 Django가 마이그레이션 파일 0001_initial.py를 만든 걸 볼 수 있습니다. 이 마이그레이션은 데이터베이스에 Topic 모델에 사용할 테이블을 생성합니다.

이제 이 마이그레이션을 적용하고 데이터베이스를 수정합니다.

```
(ll_env)learning_log$ python manage.py migrate
Operations to perform:
  Apply all migrations: admin, auth, contenttypes, learning_logs, sessions
Running migrations:
  Applying learning_logs.0001_initial... OK
```

이 명령어의 결과는 migrate 명령어를 처음 실행했을 때와 거의 비슷합니다. 마지막 행을 보면 learning_logs에 대한 마이그레이션이 성공했음을 알 수 있습니다.

학습 로그에서 관리하는 데이터를 수정할 때마다 'models.py 수정' → 'learning_logs'에서 'makemigrations 호출' → '프로젝트 migrate' 세 단계를 거칩니다.

18.2.3 Django 관리자 사이트

Django는 관리자 사이트를 통해 모델을 쉽게 관리할 수 있습니다. Django의 **관리자 사이트**는 일반 사용자를 위한 사이트가 아니며 관리자만 사용할 수 있습니다. 이 절에서는 관리자 사이트를 만들고 이를 통해 Topic 모델의 주제를 몇 가지 추가합니다.

슈퍼유저 만들기

사이트에 대한 모든 권한을 가진 사용자를 **슈퍼유저**superuser라고 부릅니다. 사용자의 **권한**privilege 은 그 사용자가 할 수 있는 행동을 말합니다. 가장 제한적인 권한은 사이트에서 공개하는 정보 만 읽을 수 있는 설정입니다. 등록된 사용자는 일반적으로 자신의 개인 데이터와 함께, 멤버에게만 공개된 일부 정보를 볼 수 있습니다. 프로젝트를 효율적으로 관리하기 위해서는 사이트 소유자가 사이트의 모든 정보에 접근할 수 있어야 합니다. 사용자는 자신이 사용하는 애플리케이션을 신뢰하기 마련입니다. 그러므로 좋은 관리자가 되려면 사용자의 민감한 정보를 주의해서 다뤄야 합니다.

Django에서 슈퍼유저를 만들 때는 다음 명령어를 사용합니다.

```
(ll_env)learning_log$ python manage.py createsuperuser
Username (leave blank to use 'eric'): ll_admin # ❶
Email address: # ❷
Password:# ❸
Password (again):
Superuser created successfully.
(ll_env)learning_log$
```

createsuperuser 명령어를 실행하면 슈퍼유저의 사용자 이름을 입력하라는 프롬프트가 표시됩니다(❶). 여기서 필자는 ll_admin을 사용했지만, 아무 이름이나 사용해도 됩니다. ❷의 이메일 주소는 입력해도 되고 비워둬도 됩니다. 비밀번호는 두 번 입력해야 합니다(❸).

> **NOTE** 일부 민감한 정보는 사이트 관리자도 볼 수 없을 때가 있습니다. 예를 들어 Django는 비밀번호를 직접 저장하지 않으며 비밀번호에서 파생된 문자열인 '해시'를 저장합니다. 비밀번호를 입력할 때마다 Django는 비밀번호에서 해시를 만들고 이를 저장된 해시와 비교합니다. 두 해시가 일치하면 인증됩니다. 이렇게 해시를 비교하면, 공격자가 사이트의 데이터베이스 접근 권한을 얻는 상황에도 해시만 읽을 수 있을 뿐 비밀번호는 읽을 수 없습니다. 사이트를 제대로 설정했다면 해시에서 원래 비밀번호를 추론하는 건 거의 불가능합니다.

관리 사이트에 모델 등록하기

User, Group 같은 일부 모델은 Django가 자동으로 추가하지만, 우리가 만든 모델은 직접 추가해야 합니다.

learning_logs 애플리케이션을 시작할 때 Django는 models.py와 같은 폴더에 admin.py 파일을 만들었습니다. admin.py 파일을 열어 보세요.

admin.py

```
from django.contrib import admin

# 모델을 등록하세요
```

다음과 같이 관리자 사이트에 Topic(주제)을 등록합니다.

```
from django.contrib import admin

from .models import Topic

admin.site.register(Topic)
```

이 코드는 먼저 등록할 모델인 **Topic**을 임포트합니다. `models` 앞에 있는 점은 **admin.py**와 같은 폴더에서 **models.py**를 검색하라는 뜻입니다. `admin.site.register()`는 관리자 사이트를 통해 모델을 관리하라는 뜻입니다.

이제 슈퍼유저 계정으로 관리자 사이트를 사용해 봅시다. *http://localhost:8000/admin/*에 방문해 조금 전에 만든 슈퍼유저의 사용자 이름과 비밀번호를 입력하세요. [그림 18-2]와 비슷한 화면이 표시될 겁니다. 이 페이지에서 새로운 사용자와 그룹을 추가하고 기존 사용자와 그룹을 변경할 수 있습니다. 방금 정의한 **Topic** 모델에 관련된 데이터를 입력할 수도 있습니다.

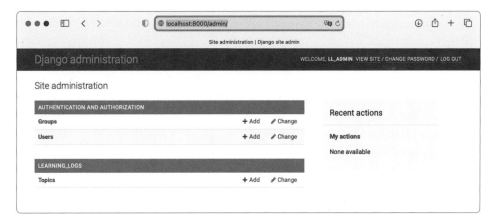

그림 18-2 Topic(주제)이 포함된 관리자 사이트

만약 브라우저에 해당 웹 페이지를 사용할 수 없다는 메시지가 표시되면 터미널에서 Django 서버를 실행 중인지 확인하세요. 서버를 실행하지 않았다면 가상 환경을 활성화하고 **python manage.py runserver** 명령을 다시 실행하세요. 프로젝트를 진행하면서 이와 비슷한 문제가 있다면, 터미널을 모두 닫고 **runserver** 명령을 다시 실행해 보면 해결되는 경우가 많습니다.

주제 추가하기

관리자 사이트에 Topic을 등록했으니 이제 첫 번째 주제를 추가해 봅시다. [**Topics**]를 클릭해 주제 페이지로 이동합니다. 아직 주제를 추가하지 않았으니 이 페이지는 비어 있을 겁니다. [**Add Topic**]을 클릭하면 새 주제를 추가하는 폼이 표시됩니다. 첫 번째 박스에 **Chess**를 입력하고 [**Save**]을 클릭하세요. 주제 페이지로 이동하며 방금 만든 주제가 표시될 겁니다.

두 번째 주제를 추가합시다. [**Add Topic**]을 다시 클릭하고 'Rock Climbing'을 입력하세요. [**Save**]를 클릭하면 다시 주제 페이지로 돌아갑니다. 이제 체스와 암벽 등반이 표시됩니다.

18.2.4 Entry 모델 정의하기

사용자가 체스와 암벽 등반에 대해 배운 내용을 기록하려면 이 항목(Entry)의 모델을 정의해야 합니다. 각 항목은 주제와 연관됩니다. 이런 관계를 **다대일 관계**many-to-one relationship라고 합니다. 주제 하나에 여러 가지 항목이 연관될 수 있다는 뜻입니다.

다음은 Entry 모델을 정의하는 코드입니다. **models.py** 파일에 저장하세요.

models.py

```
from django.db import models

class Topic(models.Model):
    --생략--

class Entry(models.Model): # ❶
    """주제에 대해 배운 내용"""
    topic = models.ForeignKey(Topic, on_delete=models.CASCADE) # ❷
    text = models.TextField() # ❸
    date_added = models.DateTimeField(auto_now_add=True)
```

```
    class Meta:  # ❹
        verbose_name_plural = 'entries'

    def __str__(self):
        """항목을 나타내는 문자열을 반환합니다"""
        return f"{self.text[:50]}..."  # ❺
```

Entry 클래스는 Topic과 마찬가지로 Django의 Model 클래스를 상속합니다(❶). 첫 번째 속
성인 topic은 ForeignKey 인스턴스입니다(❷). **외래 키**[foreign key]는 데이터베이스의 다른 레코
드를 참조한다는 의미인 데이터베이스 용어입니다. 즉, 각 항목은 이 코드를 통해 주제와 연결
됩니다. 주제를 생성할 때마다 **키**가 할당됩니다. Django는 데이터를 연결할 때 각 정보와 연
관된 키를 사용합니다. 잠시 후 이런 연결을 통해 특정 주제와 연관된 항목을 가져올 겁니다.
on_delete=models.CASCADE 인수는 주제를 제거할 때 해당 주제와 연관된 항목도 모두 제거
하겠다는 뜻입니다. 이를 **계단식 제거**[cascading delete]라고 부릅니다.

❸의 text 속성은 TextField 인스턴스입니다. 이런 필드에는 크기 제한이 없습니다. 항목을
생성된 순서로 정렬하고 그 옆에 타임스탬프를 표시할 수 있도록 date_added 속성도 설정했
습니다.

❹의 Meta 클래스는 Entry 클래스에 중첩된 클래스입니다. Meta 클래스는 모델 관리에 필요
한 추가 정보입니다. 여기서는 두 개 이상의 항목을 참조할 때 Entries라는 특수한 속성을 사
용하도록 지시했습니다. 이 설정이 없으면 Django는 여러 가지 항목을 Entrys 라는 이름으로
참조합니다.

__str__() 메서드는 항목을 참조할 때 반환할 정보를 지정합니다. 항목 텍스트는 얼마든지
길어질 수 있으므로 text의 처음 50 글자만 반환하도록 했습니다(❺). 생략된 부분이 있음을
표시하기 위해 말줄임표를 추가했습니다.

18.2.5 Entry 모델 마이그레이션하기

새 모델을 추가했으니 데이터베이스를 다시 마이그레이션해야 합니다. 이제 이 절차에 익숙해
졌을 겁니다. 'models.py 수정' → 'python manage.py makemigrations app_name' →
'python manage.py migrate'입니다.

다음 명령어를 입력해 데이터베이스를 마이그레이션하고 결과를 확인하세요.

```
(ll_env)learning_log$ python manage.py makemigrations learning_logs
Migrations for 'learning_logs':
  learning_logs/migrations/0002_entry.py # ❶
    - Create model Entry
(ll_env)learning_log$ python manage.py migrate
Operations to perform:
  --생략--
  Applying learning_logs.0002_entry... OK # ❷
```

새로운 마이그레이션 **0002_entry.py**가 생성됐습니다. 이 파일은 Entry 모델에 관련된 정보를 저장할 수 있도록 데이터베이스를 수정하는 방법을 지시합니다(❶). **migrate** 명령어를 실행하면 Django가 이 마이그레이션을 적용했고 정상적으로 처리한 걸 볼 수 있습니다(❷).

18.2.6 관리자 사이트에서 항목 등록하기

관리자 사이트에 Entry 모델도 등록해야 합니다. **admin.py**를 다음과 같이 수정하세요.

admin.py

```
from django.contrib import admin

from .models import Topic, Entry

admin.site.register(Topic)
admin.site.register(Entry)
```

다시 *http://localhost/admin/*에 방문하면 Learning_Logs 아래에 Entries가 새로 생긴 걸 볼 수 있습니다. Entries의 [**Add**] 링크를 클릭하거나, [**Entries**]를 클릭한 다음 [**Add entry**]를 클릭하세요. 항목이 연관된 주제를 선택하는 드롭다운 리스트, 항목 텍스트를 입력할 박스가 보일 겁니다. 드롭다운 리스트에서 [**Chess**]를 선택하고 항목을 추가합니다. 필자는 다음과 같은 항목을 추가했습니다.

> 게임의 첫 단계는 대략 열 번 정도 말을 움직이는 것이다. 이 단계에서는 비숍과 나이트를 앞으로 내보내서 중앙을 선점하고 왕을 보호하는 전략을 구상하는 것이 좋다.

물론 이것은 일반적인 가이드일 뿐이다. 이 가이드를 따라야 할 상황과, 이 가이드를 따르면 안 되는 상황을 구분하는 것도 중요하다.

[**Save**]를 클릭하면 관리자 페이지로 돌아갑니다. 여기서 text[:50]을 사용한 이유를 볼 수 있습니다. 각 항목의 텍스트 전체를 표시하는 것보다는 앞 일부분만 표시하는 게 관리자 인터페이스에서 여러 항목을 관리하기 훨씬 쉽습니다.

체스의 두 번째 항목과 암벽 등반의 항목을 추가해 초기 데이터를 만듭시다. 다음은 체스의 두 번째 항목입니다.

게임의 첫 단계에서는 비숍과 나이트를 앞으로 보내는 것이 중요하다. 비숍과 나이트는 강력하고 이동도 자유로워서 게임의 첫 단계에 아주 중요한 역할을 할 수 있다.

암벽 등반의 첫 항목은 다음과 같습니다.

등반에서 가장 중요한 개념은 체중을 가능한 한 발에 싣는 것이다. 등반가들이 하루 종일 팔 힘만으로 절벽에 매달려 있을 수 있다는 미신을 믿는 사람들도 있다. 하지만 훌륭한 등반가들은 가능할 때마다 체중을 발에 싣는 훈련을 하고 있다.

이 세 항목은 학습 로그를 계속 개발할 때 사용할 데이터입니다.

18.2.7 Django 셸

이제 몇 가지 데이터를 입력했으니 터미널 세션에서 데이터를 검사할 수 있습니다. 이 환경을 Django 셸shell이라 부릅니다. 프로젝트를 테스트하고 문제를 해결할 때 아주 유용합니다. 다음은 대화형 세션 예제입니다.

```
(ll_env)learning_log$ python manage.py shell
>>> from learning_logs.models import Topic # ❶
>>> Topic.objects.all()
<QuerySet [<Topic: Chess>, <Topic: Rock Climbing>]>
```

python manage.py shell 명령어는 프로젝트의 데이터베이스에 저장된 데이터를 탐색할 수 있는 파이썬 인터프리터를 실행합니다. ❶에서는 learning_logs.models 모듈에서 Topic

모델을 임포트했습니다. 그리고 Topic.objects.all() 메서드를 사용해 Topic 모델의 모든 인스턴스를 가져옵니다. 여기서 반환되는 리스트를 **쿼리셋**(queryset)이라 부릅니다.

쿼리셋은 리스트와 마찬가지로 순회할 수 있습니다. 다음과 같이 각 주제의 ID를 확인할 수 있습니다.

```
>>> topics = Topic.objects.all()
>>> for topic in topics:
...     print(topic.id, topic)
...
1 Chess
2 Rock Climbing
```

topics에 쿼리셋을 할당하고 각 주제의 id 속성과 문자열 표현을 출력합니다. Chess의 ID는 1, Rock Climbing의 ID는 2인 걸 확인할 수 있습니다.

특정 객체의 ID를 알고 있다면 Topic.objects.get() 메서드를 써서 해당 객체를 검색하고 속성을 확인할 수 있습니다. Chess의 text와 date_added 값을 확인해 봅시다.

```
>>> t = Topic.objects.get(id=1)
>>> t.text
'Chess'
>>> t.date_added
datetime.datetime(2022, 5, 20, 3, 33, 36, 928759,
    tzinfo=datetime.timezone.utc)
```

특정 주제와 관련된 항목을 볼 수도 있습니다. 앞에서 Entry 모델에 topic 속성을 정의했습니다. 이 속성은 항목과 주제를 연결하는 ForeignKey입니다. Django는 이런 연결을 사용해 다음과 같이 주제와 관련된 항목을 모두 가져올 수 있습니다.

```
>>> t.entry_set.all() # ❶
<QuerySet [<Entry: The opening is the first part of the game, roughly...>,
<Entry:
In the opening phase of the game, it's important t...>]>
```

외래 키 관계를 통해 데이터를 가져올 때는 관련 모델의 소문자 이름 뒤에 밑줄과 **set**을 붙입니다(❶). 예를 들어 Pizza와 Topping 모델 이 있고 Topping은 외래 키를 통해 Pizza와 연결된다고 합시다. 피자 한 판을 나타내는 `my_pizza` 객체가 있다면 `my_pizza.topping_set.all()`을 사용해 피자의 토핑을 모두 가져올 수 있습니다.

이 문법은 본격적으로 페이지를 만들 때 자주 사용할 겁니다. 원하는 데이터를 코드가 잘 검색하는지 확인할 때 셸이 아주 유용합니다. 코드가 셸에서 예상대로 동작한다면 프로젝트에서도 정상적으로 동작할 겁니다. 코드에서 에러가 일어나거나 검색된 데이터가 예상과 다르다면 단순한 셸 환경이 복잡한 웹 페이지보다 문제 해결이 쉽습니다. 책에서 셸을 많이 사용하지는 않겠지만, 프로젝트에 저장된 데이터에 접근하는 Django 문법을 연습하려면 셸을 많이 사용하길 권합니다.

모델을 수정하면 셸을 재시작해야 변경 내용이 반영됩니다. 셸 세션을 종료하려면 ⌃ctrl + ⎗D 를 누르세요(윈도우에서는 ⌃ctrl + ⎗Z 를 누르고 ⎗enter 키를 누르세요).

연습문제

18-2 짧은 항목
현재 Entry 모델의 `__str__()` 메서드는 모든 Entry 인스턴스에 말줄임표를 추가합니다. `__str__()` 메서드에 `if` 문을 추가해서 항목 텍스트가 50글자를 초과할 때만 말줄임표를 붙이게 만드세요. 관리자 사이트에서 길이가 50글자 미만인 항목을 추가하고 말줄임표가 붙지 않은 걸 확인하세요.

18-3 Django API
프로젝트의 데이터에 접근하는 코드를 쿼리라 부릅니다. *https://docs.djangoproject.com/en/4.1/topics/db/queries* 문서를 훑어보면서 데이터 쿼리에 대해 알아보세요. 지금은 모든 내용이 생소하겠지만, 직접 프로젝트를 만들 때 아주 유용할 겁니다.

18-4 피자 전문점
`pizzas` 애플리케이션을 사용하는 `pizzeria_project` 프로젝트를 새로 만드세요. Pizza 모델을 정의하고 `Hawaiian`이나 `Meat Lovers` 같은 이름을 저장하는 `name` 필드를 추가하세요. `pizza`와 `name` 필드가 있는 Topping 모델을 정의하세요. `pizza` 필드는 Pizza와 연결하는 외래 키여야 하고, `name`에는 `pineapple`, `Canadian bacon`, `sausage` 같은 값을 저장할 수 있어야 합니다.

관리자 사이트에서 두 모델을 등록하고 몇 가지 피자 이름과 토핑을 입력하세요. 셸에서 입력한 데이터를 검색해 보세요.

18.3 학습 로그 홈페이지 만들기

Django로 웹 페이지를 만들 때는 URL 정의, 뷰 작성, 템플릿 작성의 세 단계를 거칩니다. 순서는 중요하지 않지만, 필자는 이 프로젝트에서 항상 URL 패턴을 먼저 정의할 겁니다. **URL 패턴**URL pattern이란 URL을 조합하는 방식을 말합니다. 또한 브라우저 요청과 사이트 URL을 비교하는 방법이기도 합니다.

그런 다음 URL을 뷰와 연결합니다. **뷰 함수**view function는 해당 페이지에 필요한 데이터를 가져와 처리합니다. 뷰 함수는 종종 **템플릿**template을 사용해 페이지를 렌더링합니다. 학습 로그의 홈페이지를 만들면서 이 과정에 대해 알아봅시다. 홈페이지 URL을 정의하고, 뷰 함수를 만들고, 단순한 템플릿을 만들 겁니다.

일단은 학습 로그가 예상대로 동작하는지만 확인할 생각이므로 단순한 페이지를 만들겠습니다. 스타일을 적용해 꾸미는 건 애플리케이션이 잘 동작하는지 확인한 다음에 하는 게 좋습니다. 보기만 좋을 뿐 잘 동작하지 않는 애플리케이션은 의미가 없습니다. 그래서 지금 만들 홈페이지에는 타이틀과 간단한 설명만 들어갈 겁니다.

18.3.1 URL 매핑하기

사용자는 브라우저에 URL을 입력하거나 링크를 클릭해 페이지를 요청합니다. 이에 대응할 URL을 만들어야 합니다. 가장 먼저 결정할 URL은 홈페이지 URL입니다. 홈페이지 URL은 사람들이 프로젝트에 접근할 때 사용하는 베이스 URL입니다. 현재 기본 URL인 *http://local-host:8000/*은 프로젝트가 정확히 설정된 걸 알려주는 기본 Django 사이트입니다. 베이스 URL을 학습 로그 홈페이지로 연결하겠습니다.

ll_project 폴더에서 **urls.py** 파일을 여세요. 다음과 같은 코드가 보일 겁니다.

ll_project/urls.py

```
from django.contrib import admin # ❶
from django.urls import path

urlpatterns = [ # ❷
    path('admin/', admin.site.urls), # ❸
]
```

첫 번째와 두 번째 행은 admin 모듈과 URL 경로를 만드는 함수를 임포트합니다(❶). 파일 바디는 urlpatterns 변수를 정의합니다(❷). urls.py 파일은 프로젝트의 URL을 전체적으로 정의하는 파일이며 urlpatterns 변수는 프로젝트에서 사용하는 URL 설정을 저장합니다. 현재 이 리스트에는 관리자 사이트에서 요청할 수 있는 URL을 모두 admin.site.urls 모듈로 연결합니다(❸).

다음과 같이 learning_logs의 URL을 추가합니다.

```
from django.contrib import admin
from django.urls import path, include

urlpatterns = [
    path('admin/', admin.site.urls),
    path('', include('learning_logs.urls')),
]
```

include() 함수 임포트를 추가했고 learning_logs.urls 모듈에 연결하는 행도 추가했습니다.

기본이 되는 urls.py는 ll_project 폴더에 있습니다. 이제learning_logs 폴더에 두 번째 urls.py 파일을 만들어야 합니다. learning_logs 폴더의 urls.py 파일에 다음 코드를 저장하세요.

learning_logs/urls.py

```
"""learning_logs의 URL 패턴을 정의합니다"""  # ❶

from django.urls import path # ❷

from . import views # ❸

app_name = 'learning_logs' # ❹
urlpatterns = [ # ❺
    # 홈페이지
    path('', views.index, name='index'), # ❻
]
```

❶에서 추가한 독스트링은 urls.py 중 어떤 파일인지 명확히 하기 위해 추가했습니다. ❷에서

는 URL과 뷰를 연결하는 데 필요한 path 함수를 임포트했습니다. ❸에서는 views 모듈을 임포트했습니다. 여기 있는 점은 현재 urls.py 모듈과 같은 폴더에서 views.py 모듈을 임포트하라는 뜻입니다. ❹의 app_name 변수는 Django가 이 urls.py 파일을 프로젝트의 다른 애플리케이션과 구별할 수 있게 합니다. 이 모듈의 urlpatterns 변수는 learning_logs 애플리케이션에서 요청할 수 있는 페이지 리스트입니다(❺).

실제 URL 패턴은 인수 세 개를 받는 path() 함수입니다(❻). 첫 번째 인수는 Django가 현재 요청을 라우팅하기 위해 필요한 문자열입니다. Django는 URL 요청을 받으면 이를 뷰로 라우팅(연결)하려 합니다. 이 과정은 정의된 URL 패턴을 모두 검색하면서 현재 요청과 일치하는 걸 찾는 방식으로 진행됩니다. 이 과정에서 프로젝트의 베이스 URL(*http://localhost:8000/*)은 무시하므로, 베이스 URL과 일치하는 것은 빈 문자열 ''입니다. 다른 URL은 이 패턴과 일치하지 않습니다. Django는 요청된 URL이 정의된 URL 패턴과 일치하지 않으면 에러 페이지를 반환합니다.

path()의 두 번째 인수는 views.py에서 호출할 함수를 지정합니다. 요청된 URL이 현재 정의하는 패턴과 일치하면 Django는 views.py에서 index() 함수를 호출합니다(이 뷰 함수는 다음 절에서 만듭니다). 세 번째 인수로 지정하는 index는 이 URL 패턴의 이름입니다. 이름을 지정했으므로 프로젝트의 다른 파일에서도 이 URL 패턴을 쉽게 참조할 수 있습니다. 홈페이지 링크가 필요할 때마다 URL을 작성할 필요는 없습니다. 이 이름을 대신 사용하면 됩니다.

18.3.2 뷰 작성하기

뷰 함수는 요청에서 정보를 추출하고 페이지를 생성할 때 필요한 데이터를 준비한 다음 그 데이터를 브라우저에 전송합니다. 보통 페이지 형태가 정의된 템플릿을 사용할 때가 많습니다.

python manage.py startapp 명령을 실행하면 learning_logs 폴더에 views.py 파일이 자동으로 생성됩니다. 현재 views.py의 내용은 다음과 같습니다.

views.py

```
from django.shortcuts import render

# 여기에 뷰를 만드세요
```

현재 이 파일에는 뷰에서 제공하는 데이터를 바탕으로 응답을 렌더링하는 render() 함수만 임포트합니다. views.py에 홈페이지에 필요한 코드를 다음과 같이 추가합니다.

```
from django.shortcuts import render

def index(request):
    """학습 로그 홈페이지"""
    return render(request, 'learning_logs/index.html')
```

정의한 패턴과 일치하는 URL이 요청되면 Django는 views.py 파일에서 index() 함수를 찾습니다. 그리고 Django는 뷰 함수에 request 객체를 전달합니다. 아직은 페이지에서 데이터를 처리할 필요가 없으므로 이 함수에는 render()를 호출하는 코드만 있습니다. 여기서 render() 함수는 전달받은 request 객체, 그리고 페이지 렌더링에 필요한 템플릿을 인수로 받습니다. 이제 템플릿을 만들어 봅시다.

18.3.3 템플릿 작성하기

템플릿은 페이지 형태를 정의합니다. Django는 페이지를 요청받을 때마다 관련 데이터로 페이지를 채웁니다. 템플릿은 뷰에서 제공하는 모든 데이터에 접근할 수 있습니다. 현재 홈페이지 뷰는 데이터를 제공하지 않으므로 템플릿은 아주 단순합니다.

learning_logs 폴더 안에 templates 폴더를 새로 만드세요. 그리고 templates 폴더 안에 다시 learning_logs 폴더를 만듭니다. learning_logs 안에 templates가 있고 그 안에 다시 learning_logs가 있는 구조가 중복으로 보이긴 하지만, 이런 애플리케이션이 많이 들어 있는 큰 프로젝트에서도 파일 이름을 모호하지 않게 해석할 수 있도록 고안된 구조입니다. 내부의 learning_logs 폴더 안에 index.html 파일을 새로 만듭니다. 파일 경로는 learning_logs/templates/learning_logs/index.html이 되어야 합니다. 해당 파일에 다음 코드를 입력합니다.

index.html

```
<p>Learning Log</p>

<p>Learning Log helps you keep track of your learning, for any topic you're
```

```
interested in.</p>
```

아주 단순한 파일입니다. `<p></p>`는 문단을 나타내는 HTML 태그입니다. `<p>` 태그는 문단을 열고 `</p>` 태그는 문단을 닫습니다. 이 파일에는 문단이 두 개 있습니다. 첫 번째 문단은 제목 역할이고, 두 번째 문단은 사용자가 학습 로그로 할 수 있는 일을 설명합니다.

이제 프로젝트의 베이스 URL인 *http://localhost:8000/*을 요청하면 기본 Django 페이지가 아니라 방금 만든 페이지가 표시됩니다. Django는 요청된 URL을 검사해서 빈 문자열 ' ' 패턴과 일치하는 걸 확인하고 이와 연결된 `views.index()` 함수를 호출합니다. `views.index()` 함수는 `index.html`을 템플릿으로 사용해 페이지를 렌더링합니다. 결과는 [그림 18-3]과 같습니다.

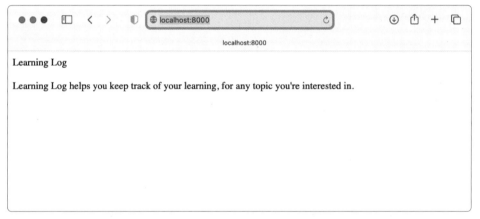

그림 18-3 학습 로그 홈페이지

페이지 하나를 지나치게 복잡하게 만드는 것처럼 보일 수도 있지만 이렇게 URL, 뷰, 템플릿을 구분하는 게 좋습니다. 이렇게 구분하면 프로젝트의 각 측면을 별도로 파악할 수 있습니다. 큰 프로젝트의 참여자들이 자신이 가장 자신 있는 부분에 집중할 수 있는 방법이기도 합니다. 예를 들어 데이터베이스는 모델에, 프로그래머는 뷰 코드에, 프런트엔드 전문가는 템플릿에 집중할 수 있습니다.

> **NOTE** 홈페이지를 열었을 때 다음과 같은 에러 메시지가 표시될 수도 있습니다.

```
ModuleNotFoundError: No module named 'learning_logs.urls'
```

이런 에러가 일어난다면 runserver 명령을 실행한 터미널에서 ctrl + C 를 눌러 개발 서버를 중지하세요. 그리고 **pythonmanage.py runserver** 명령을 다시 실행하세요. 홈페이지가 보일 겁니다. 이와 비슷한 에러가 일어나면 언제든 서버를 재시작하세요.

연습문제

18-5 식사 계획
일주일 식단을 만드는 애플리케이션을 생각해 보세요. meal_planner라는 폴더를 만들고, 이 폴더에서 Django 프로젝트를 새로 만드세요. meal_plans 애플리케이션을 만드세요. 이 프로젝트의 홈페이지를 만들어 보세요.

18-6 피자 전문점 홈페이지
[연습문제 18-4]의 피자 전문점 프로젝트에 홈페이지를 추가해 보세요.

18.4 다른 페이지 만들기

페이지를 만드는 루틴을 배웠으니 학습 로그 프로젝트에 필요한 페이지들을 만들어 봅시다. 데이터를 표시하는 페이지, 즉 모든 주제를 나열하는 페이지와 특정 주제에 연관된 항목을 모두 표시하는 페이지를 만듭니다. 그러기 위해 먼저 각 페이지에 대해 URL 패턴을 정의하고, 뷰 함수를 만들고, 템플릿을 만들어야 합니다. 하지만 이에 앞서 프로젝트의 템플릿들이 상속하는 기본 템플릿을 먼저 만듭니다.

18.4.1 템플릿 상속하기

웹사이트에는 각 페이지에서 반복되는 요소들이 있습니다. 이런 요소를 페이지마다 직접 만들기보다는 반복되는 요소가 포함된 템플릿을 만들고 각 페이지가 이 템플릿을 상속하게 만드는 편이 좋습니다. 이렇게 하면 각 페이지에서 독특한 부분만 따로 만들 수 있고, 프로젝트의 전체적인 형태와 분위기를 더 쉽게 변경할 수 있습니다.

부모 템플릿

index.html과 같은 폴더에 base.html 템플릿을 만듭니다. 이 파일에는 모든 페이지에 공통인 요소가 포함됩니다. 다른 템플릿은 모두 base.html을 상속합니다. 지금은 각 페이지에서 반복할 요소는 페이지 상단의 타이틀뿐입니다. 모든 페이지에 이 템플릿이 포함됩니다. 홈페이지 링크를 넣어 보겠습니다.

base.html

```
<p>
  <a href="{% url 'learning_logs:index' %}">Learning Log</a> # ❶
</p>

{% block content %}{% endblock content %} # ❷
```

이 파일의 첫 번째 부분은 프로젝트 이름이 포함된 문단이며, 이 문단은 홈페이지 링크 역할도 같이 합니다(❶). 여기서는 링크를 생성하기 위해 중괄호와 퍼센트 기호({% %})로 이루어진 **템플릿 태그**^{template tag}를 사용했습니다. 템플릿 태그는 페이지에 표시될 정보 생성을 담당합니다. 여기서 사용한 템플릿 태그 {% url 'learning_logs:index' %}는 learning_logs/urls. py 파일에서 index라는 이름으로 정의한 URL 패턴에 일치하는 URL을 만듭니다. 이 예제의 learning_logs는 **네임스페이스**^{namespace}이며 index는 해당 네임스페이스에서 고유한 이름을 가진 URL 패턴입니다. 네임스페이스는 learning_logs/urls.py 파일에서 app_name에 할당한 값에서 가져옵니다.

단순한 HTML 페이지에서 링크는 <a> 태그를 사용합니다.

```
<a href="link_url">link text</a>
```

템플릿 태그에서 URL을 생성하면 링크를 최신 상태로 유지하기가 훨씬 쉽습니다. urls.py에서 URL 패턴만 변경하면 다음에 페이지를 요청할 때 Django가 자동으로 수정된 URL을 사용합니다. 프로젝트의 페이지는 모두 base.html을 상속하므로, 지금부터 만드는 모든 페이지에는 홈페이지로 돌아가는 링크가 삽입됩니다.

❷에서는 한 쌍의 block 태그를 사용했습니다. 이 content 블록은 일종의 플레이스홀더입니다. 이 템플릿을 상속하는 템플릿은 content 블록에 들어갈 정보를 정의합니다.

자식 템플릿이 부모 템플릿의 블록을 모두 채워야 하는 건 아니므로 부모 템플릿에서는 원하는 만큼 공간을 예약해 두면 됩니다. 자식 템플릿은 그중 필요한 공간만 사용합니다.

> **NOTE** 파이썬 코드는 거의 항상 네 칸의 공백으로 들여 씁니다. 하지만 템플릿 파일은 파이썬에 비해 들여 쓰기 빈도가 높은 편이므로 공백 두 칸을 사용하는 게 일반적입니다.

자식 템플릿

이제 `index.html`이 `base.html`을 상속하도록 수정해야 합니다. `index.html`을 다음과 같이 수정하세요.

index.html

```
{% extends 'learning_logs/base.html' %} # ❶

{% block content %} # ❷
  <p>Learning Log helps you keep track of your learning, for any topic you're
  interested in.</p>
{% endblock content %} # ❸
```

원래 index.html과 비교해 보면 학습 로그 제목을 부모 템플릿을 상속하는 코드로 바꾼 점이 다릅니다(❶). 자식 템플릿은 반드시 첫 번째 행에 **{% extends %}** 태그를 써서 어떤 부모 템플릿을 상속하는지 지정해야 합니다. `base.html` 파일은 `learning_logs` 폴더에 들어 있으므로 경로에 `learning_logs`가 들어갑니다. 이 행은 `base.html` 템플릿 전체를 임포트하며, `index.html`은 content 블록에 들어갈 내용을 정의합니다.

❷에서는 content라는 이름의 **{% block %}** 태그를 사용해 콘텐츠 블록을 정의했습니다. 부모 템플릿에서 상속하지 않는 콘텐츠는 전부 content 블록 안에 넣습니다. 여기서는 학습 로그를 소개하는 문단이 부모 템플릿을 상속하지 않는 콘텐츠입니다. ❸에서는 **{% endblock content %}** 태그를 써서 콘텐츠가 끝났음을 알립니다. **{% endblock %}** 태그에 꼭 이름을 써야 하는 건 아니지만, 템플릿이 커지면서 여러 가지 블록을 사용하게 될 경우 이렇게 이름을 남기는 게 알아보기 쉽습니다.

이제 템플릿 상속의 장점을 이해했을 겁니다. 자식 템플릿에서는 해당 페이지에만 존재하는 고유한 콘텐츠만 작성하면 됩니다. 각 템플릿이 단순해질 뿐만 아니라 사이트도 훨씬 더 쉽게 수정할 수 있습니다. 여러 페이지에 공통인 요소를 수정할 때는 부모 템플릿만 수정하면 됩니다. 그러면 해당 템플릿을 상속하는 모든 페이지에 변경 사항이 반영됩니다. 수십, 수백 개의 페이지가 들어가는 큰 프로젝트에 이런 구조를 사용하면 사이트를 훨씬 쉽고 빠르게 개선할 수 있습니다.

큰 프로젝트에서는 전체 사이트에 공통인 base.html을 두고, 사이트의 주요 섹션에서 부모 템플릿을 하나씩 사용하는 게 일반적입니다. 섹션 템플릿은 모두 base.html을 상속하며 사이트의 각 페이지는 섹션 템플릿을 상속합니다. 이렇게 하면 사이트 전체, 각 섹션, 개별 페이지의 형태와 느낌을 쉽게 수정할 수 있습니다. 아주 효율적으로 작업할 수 있으며, 필요할 때 큰 부담 없이 프로젝트를 업데이트할 수 있습니다.

18.4.2 주제 리스트 페이지 만들기

이제 페이지를 효율적으로 만드는 방법을 알았으니 주제 리스트 페이지와 개별 주제 페이지를 만들어 봅시다. 주제 리스트 페이지에는 사용자가 만든 주제가 모두 표시됩니다. 이 페이지를 만들면서 데이터를 다루는 방식을 배울 겁니다.[2]

주제 리스트 URL 패턴

먼저 주제 리스트 페이지의 URL을 정의합니다. URL은 보통 페이지에 표시되는 정보의 종류를 나타내는 단순한 단어를 사용합니다. 우리는 topics라는 단어를 사용합니다. URL은 *http://localhost:8000/topics/*가 됩니다. learning_logs/urls.py를 다음과 같이 수정합니다.

learning_logs/urls.py

```
"""learning_logs의 URL 패턴을 정의합니다"""
--생략--
urlpatterns = [
    # 홈페이지
    path('', views.index, name='index'),
    # 주제를 모두 표시하는 페이지
    path('topics/', views.topics, name='topics'),
]
```

2 topics 페이지는 주제 리스트 페이지, topic은 개별 주제 페이지입니다. 복수형을 뜻하는 s 외에는 눈에 띄는 차이가 거의 없으니 주의하시기 바랍니다.

이 URL 패턴은 topics라는 단어 뒤에 슬래시가 있습니다. 이 패턴은 베이스 URL 뒤에 topics가 붙는 모든 URL과 일치합니다. 마지막에 있는 슬래시는 써도 되고 쓰지 않아도 되지만, topics 뒤에는 오직 슬래시만 쓸 수 있습니다. 그렇지 않으면 패턴이 일치하지 않습니다. URL이 이 패턴과 일치하는 요청은 views.py의 topics() 함수로 전달됩니다.

주제 리스트 뷰

topics() 함수는 데이터베이스에서 데이터를 가져와 템플릿으로 전송합니다. views.py를 다음과 같이 수정합니다.

views.py

```
from django.shortcuts import render

from .models import Topic # ❶

def index(request):
    --생략--

def topics(request): # ❷
    """주제를 모두 표시합니다"""
    topics = Topic.objects.order_by('date_added') # ❸
    context = {'topics': topics} # ❹
    return render(request, 'learning_logs/topics.html', context) # ❺
```

❶에서는 필요한 데이터와 연관된 모델을 임포트했습니다. ❷의 topics() 함수는 Django가 서버에서 받은 request 객체를 매개변수로 받습니다. ❸에서는 date_added 속성으로 정렬된 Topic 객체를 데이터베이스에 요청합니다. 결과 쿼리셋을 topics에 할당합니다.

그리고 템플릿으로 보낼 컨텍스트를 정의합니다(❹). **컨텍스트**는 딕셔너리입니다. 컨텍스트의 키는 데이터에 접근하기 위해 템플릿에서 사용하는 이름이고, 값은 그 데이터입니다. 여기서는 페이지에 표시할 주제들이 데이터입니다. 데이터를 사용하는 페이지를 만들 때는 ❺와 같이 request 객체, 템플릿, context 딕셔너리를 인수로 render()를 호출합니다.

주제 리스트 템플릿

주제 리스트 페이지의 템플릿은 context 딕셔너리를 통해 topics()가 제공하는 데이터를 사용합니다. index.html과 같은 폴더에 topics.html 파일을 만듭니다. 내용은 다음과 같습니다.

topics.html

```
{% extends 'learning_logs/base.html' %}

{% block content %}

  <p>Topics</p>
  <ul> # ❶
    {% for topic in topics %} # ❷
      <li>{{ topic.text }}</li> # ❸
    {% empty %} # ❹
      <li>No topics have been added yet.</li>
    {% endfor %} # ❺
  </ul> # ❻

{% endblock content %}
```

홈페이지와 마찬가지로 {% extends %} 태그를 사용해 base.html을 상속하고 content 블록을 엽니다. 이 페이지 바디는 순서 없는 리스트로 이루어져 있습니다. HTML에서 **순서 없는 리스트**는 <ul></ul> 태그로 표현합니다. ❶의 <ul> 태그는 순서 없는 리스트를 시작합니다.

❷에서는 context 딕셔너리의 topics 리스트를 순회하는 for 루프와 동등한 템플릿 태그를 사용했습니다. 템플릿에 사용하는 코드는 파이썬과 다른 부분이 몇 가지 있습니다. 파이썬은 들여쓰기를 사용해 루프 블록을 지정합니다. 템플릿에서는 명시적인 {% endfor %} 태그를 사용해야 for 루프가 끝납니다. 즉, 템플릿의 루프는 다음과 같은 형태입니다.

```
{% for item in list %}
  do something with each item
{% endfor %}
```

루프 안에서는 각 주제를 순서 없는 리스트의 항목으로 바꿔야 합니다. 템플릿 안에서 변수를 문자열로 바꿀 때는 변수 이름을 이중 중괄호로 묶습니다. 중괄호는 페이지에 표시되지 않습니다. 그저 템플릿 변수를 사용한다는 걸 Django에 알릴 뿐입니다. 따라서 ❸의 {{ topic.text }}는 루프 안에서 현재 주제의 text 속성 값으로 바뀝니다. HTML 태그 <li></li>는 리스트 항목을 뜻합니다. <ul></ul> 안에서 이 태그를 쓰면 태그 내용은 불릿이 붙은 항목으로 표현됩니다.

❹에서는 {% empty %} 템플릿 태그를 썼습니다. 이 태그는 리스트에 항목이 없을 때 Django가 할 일을 지시합니다. 여기서는 사용자에게 아직 추가한 주제가 없다는 메시지를 표시합니다. ❺는 for 루프를 종료하고 ❻은 순서 없는 리스트를 닫습니다.

이제 베이스 템플릿을 수정해서 주제 리스트 페이지에 대한 링크를 추가할 차례입니다. base.html에 다음 코드를 추가하세요.

base.html

```
<p>
  <a href="{% url 'learning_logs:index' %}">Learning Log</a> - # ❶
  <a href="{% url 'learning_logs:topics' %}">Topics</a> # ❷
</p>

{% block content %}{% endblock content %}
```

❶에서는 홈페이지 링크 뒤에 하이픈을 추가했고, ❷에서는 {% url %} 템플릿 태그를 써서 주제 리스트 페이지에 대한 링크를 추가했습니다. Django는 ❷를 보고 learning_logs/urls.py에서 이름이 topics인 URL 패턴과 일치하는 링크를 만듭니다.

이제 브라우저에서 홈페이지를 새로고침하면 주제 링크가 표시됩니다. 링크를 클릭하면 [그림 18-4]와 비슷한 페이지가 표시됩니다.

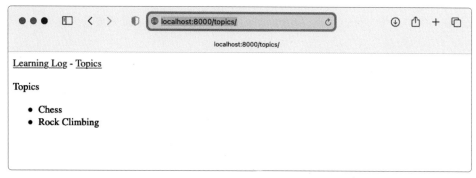

그림 18-4 주제 페이지

18.4.3 개별 주제 페이지 만들기

지금 만들 페이지에는 주제 이름, 해당 주제에 대한 항목이 모두 표시됩니다. 마찬가지로 URL 패턴을 정의하고, 뷰 함수를 만들고, 템플릿을 만듭니다. 또한 주제 페이지를 수정해서 순서 없는 리스트의 각 항목이 그에 대응하는 페이지로 링크되게 만들 겁니다.

개별 주제 URL 패턴

개별 주제 페이지의 URL 패턴은 해당 주제의 **id** 속성을 사용하므로 지금까지 사용한 URL 패턴과 조금 다릅니다. 예를 들어 사용자가 **id**가 1인 체스 주제에 대한 페이지를 보는 URL은 *http://localhost:8000/topics/1/*입니다. 다음과 같이 **learning_logs/urls.py**에 이 패턴을 추가합니다.

learning_logs/urls.py

```
--생략--
urlpatterns = [
    --생략--
    # 주제 상세 페이지
    path('topics/<int:topic_id>/', views.topic, name='topic'),
]
```

URL 패턴의 **topics/<int:topic_id>/** 부분을 보세요. 이 문자열의 첫 번째 부분은 베이스 URL 뒤에 **topics**가 있어야 한다는 뜻입니다. 두 번째 부분인 **/<int:topic_id>/**는 두 개의 슬래시 사이에 정수가 들어 있는 패턴을 찾고, 이 정수 값을 **topic_id** 인수에 할당합니다.

Django는 이 패턴과 일치하는 URL을 찾으면 **topic_id**에 할당된 값을 인수로 전달해서 **topic()** 함수를 호출합니다. **topic_id** 값은 뷰 함수 안에서 지정된 주제를 찾을 때 사용합니다.

개별 주제 뷰

topic() 함수는 데이터베이스에서 지정된 주제와 함께 관련 항목을 모두 가져와야 합니다.

views.py

```
--생략--
```

```
def topic(request, topic_id): # ❶
    """주제 하나와 그 주제에 관련된 모든 항목"""
    topic = Topic.objects.get(id=topic_id) # ❷
    entries = topic.entry_set.order_by('-date_added') # ❸
    context = {'topic': topic, 'entries': entries} # ❹
    return render(request, 'learning_logs/topic.html', context) # ❺
```

이 함수는 request 객체 이외에 다른 매개변수를 받는 첫 번째 뷰 함수입니다. 이 함수는 /<int:topic_id>/ 표현식에서 찾은 값을 받아 이를 topic_id에 할당합니다(❶). ❷에서는 get()을 사용해 Django 셸에서 한 것과 마찬가지로 주제를 가져옵니다. ❸에서는 이 주제와 관련된 항목을 모두 가져오되, date_added에 따라 정렬합니다. date_added 앞의 마이너스 기호는 결과를 역순으로 정렬하라는 뜻입니다. 따라서 최근에 추가한 항목이 먼저 표시됩니다. ❹에서는 context 딕셔너리에 주제와 항목을 저장했습니다. ❺에서는 request 객체, topic. html 템플릿, context 딕셔너리를 전달해 render()를 호출했습니다.

> **NOTE** ❷와 ❸의 코드는 데이터베이스에서 정보를 가져오는 코드이므로 **쿼리**라고 부릅니다. 프로젝트에서 이런 쿼리를 만들 때는 먼저 Django 셸에서 테스트하길 권합니다. 셸에서 테스트하면 뷰와 템플릿을 만들어야 하는 브라우저보다 훨씬 빨리 결과를 확인할 수 있습니다.

개별 주제 템플릿

개별 주제 페이지는 주제 이름과 항목을 표시해야 합니다. 또한 이 주제에 대한 항목이 없는 경우 사용자에게 이를 알려야 합니다.

topic.html

```
{% extends 'learning_logs/base.html' %}

{% block content %}

  <p>Topic: {{ topic.text }}</p> # ❶
  <p>Entries:</p>
  <ul> # ❷
    {% for entry in entries %} # ❸
      <li>
        <p>{{ entry.date_added|date:'M d, Y H:i' }}</p> # ❹
```

```
        <p>{{ entry.text¦linebreaks }}</p> # ❺
      </li>
    {% empty %} # ❻
      <li>There are no entries for this topic yet.</li>
    {% endfor %}
  </ul>

{% endblock content %}
```

다른 페이지와 마찬가지로 base.html을 상속합니다. ❶에서는 요청된 주제의 text 속성을 표시합니다. topic 변수는 context 딕셔너리를 통해 전달받았습니다. ❷에서는 순서 없는 리스트를 시작하고, ❸에서는 각 항목을 순회합니다.

각 항목에는 타임스탬프와 항목 텍스트 두 가지 정보가 들어갑니다. ❹에서는 date_added 속성을 사용해 타임스탬프를 만들었습니다. Django 템플릿에서 파이프(¦)는 **템플릿 필터**입니다. 템플릿 필터란 렌더링 과정에서 템플릿 변수의 값을 수정하는 함수입니다. date:'M d, Y H:i' 필터는 타임스탬프를 January 1, 2022 23:00 형식으로 표시합니다. 다음 행은 현재 항목의 text 속성 값을 표시합니다. ❺의 linebreaks 필터는 텍스트 항목이 길어질 경우 브라우저에서 사용하는 줄바꿈 문자를 넣으라는 의미입니다. ❻에서는 {% empty %} 템플릿 태그를 사용해 항목이 없음을 알리는 메시지를 표시합니다.

주제 리스트 페이지에서 링크 연결하기

주제 페이지를 브라우저에서 보려면 주제 리스트 템플릿을 수정해서 각 주제가 정확한 개별 주제 페이지로 연결되게 해야 합니다. topics.html을 다음과 같이 수정합니다.

topics.html

```
--생략--
    {% for topic in topics %}
      <li>
        <a href="{% url 'learning_logs:topic' topic.id %}">
          {{ topic.text }}</a>
      </li>
    {% empty %}
--생략--
```

learning_logs의 topic URL 패턴을 바탕으로 링크를 만들었습니다. 이 URL 패턴에는 topic_id 인수가 필요하므로 URL 템플릿 태그에 topic.id 속성을 추가했습니다. 이제 주제 리스트의 각 주제는 $http://localhost:8000/topics/1/$ 처럼 개별 주제 페이지로 연결됩니다.

주제 리스트 페이지를 새로고침하고 주제를 클릭하면 [그림 18-5]와 같은 페이지가 표시됩니다.

> **NOTE** topic.id와 topic_id는 눈에 띄지 않지만 중요한 차이가 있습니다. topic.id 표현식은 주제를 검색하고 ID 값을 가져옵니다. topic_id 변수는 코드에서 해당 ID를 참조하는 코드입니다. ID를 사용할 때 에러가 일어나면 표현식을 잘 구분해서 썼는지 확인하세요.

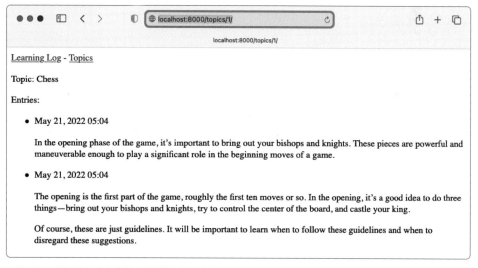

그림 18-5 개별 주제 페이지에는 모든 항목이 표시됩니다.

18-7 템플릿 문서

*https://docs.djangoproject.com/en/4.1/ref/templates*의 Django 템플릿 문서를 읽어 보세요. 스스로 프로젝트를 만들 때도 이 문서를 다시 읽어 보세요.

18-8 피자 전문점 페이지

[연습문제 18-6]의 피자 전문점 프로젝트에 주문 가능한 피자 이름을 나열하는 페이지를 추가하세요. 그리고 각 피자 이름을 클릭하면 해당 피자의 토핑을 표시하는 페이지가 표시되게 하세요. 템플릿을 상속해서 페이지를 효율적으로 만드세요.

18.5 요약 정리

이 장에서는 Django 프레임워크를 사용해 단순한 웹 애플리케이션을 만들었습니다. 간단한 프로젝트 명세를 만들고, 가상 환경에 Django를 설치하고, 프로젝트를 설정하고, 프로젝트가 정확히 설정됐는지 확인했습니다. 또한, 애플리케이션을 설정하고 데이터를 표현하는 모델을 정의해 봤습니다. 그리고 데이터베이스에 대해 배웠고, 모델을 수정한 뒤 데이터베이스를 마이그레이션하는 방법을 배웠습니다. 관리자 사이트를 사용할 슈퍼유저를 만들고, 관리자 사이트에서 몇 가지 초기 데이터를 입력했습니다.

그런 다음 터미널 세션에서 프로젝트 데이터를 검사하는 Django 셸에 대해서도 배웠고 URL을 정의하고 뷰 함수와 템플릿을 만들어 페이지를 만드는 방법도 알아보았습니다. 마지막으로 템플릿 상속을 사용해 개별 템플릿의 구조를 단순화하고 프로젝트를 진행하면서 사이트를 더 쉽게 수정할 수 있는 방법도 배웠습니다.

19장에서는 관리자 사이트를 거치지 않고 사용자가 직접 새로운 주제와 항목을 추가하거나 기존 항목을 수정할 수 있는 직관적이고 사용하기 쉬운 페이지를 만들 겁니다. 사용자가 계정을 만들고 직접 학습 로그를 기록할 수 있도록 사용자 등록 시스템도 만들 겁니다. 사용자 등록 시스템은 누구나 웹 애플리케이션을 사용할 수 있도록 만드는, 웹 애플리케이션의 핵심입니다.

학습 로그: 사용자 계정

웹 애플리케이션의 핵심은 전 세계 사용자가 애플리케이션에 계정을 등록하고 사용하는 기능입니다. 이 장에서는 사용자가 자신만의 주제와 항목을 추가하고 기존 항목을 편집할 수 있는 폼을 만들어 봅니다. 또한 Django가 폼 기반 페이지에 가해지는 공격을 방어하는 방법도 소개합니다. 이를 잘 지키면 애플리케이션 보안을 강화할 수 있습니다.

또한, 사용자 인증 시스템을 만들어 봅니다. 사용자가 계정을 생성하는 등록 페이지를 만들고, 일부 페이지는 로그인한 사용자만 접근할 수 있게 제한하는 법도 배웁니다. 그리고 사용자가 자신의 데이터만 볼 수 있도록 일부 뷰 함수를 수정해 볼 겁니다. 이를 통해 사용자의 데이터를 안전하게 지킬 수 있습니다.

19.1 사용자가 데이터를 입력할 수 있게 만들기

계정을 생성하는 인증 시스템을 만들기 전에 먼저 사용자가 데이터를 입력할 수 있는 페이지를 만들겠습니다. 사용자가 새 주제를 추가하고, 주제와 관련된 항목을 추가하고, 기존 항목을 수정할 수 있는 기능을 제공해야 합니다.

현재는 슈퍼유저만 관리자 사이트를 통해 데이터를 입력할 수 있습니다. 사용자가 관리자 사이트에 접근할 수 없어야 하므로 Django의 폼 생성 도구를 사용해 사용자가 데이터를 입력할 수 있는 페이지를 만들겠습니다.

19.1.1 새 주제 추가하기

사용자가 새 주제를 추가하는 것부터 시작합시다. 폼 페이지도 기존의 페이지와 비슷한 방식으로 만듭니다. URL을 정의하고 뷰 함수와 템플릿을 만들면 됩니다. 한 가지 중요한 차이점은 폼을 사용할 수 있도록 하는 forms.py 모듈을 추가한다는 겁니다.

모델폼(ModelForm)

웹 페이지에서 정보를 입력하고 전송할 때는 **폼**form이라는 HTML 요소를 사용합니다. 사용자가 입력한 정보를 받을 때는 적합한 형식의 데이터인지, 서버를 공격하는 악의적인 코드는 아닌지 확인하는 **유효성 검사**validate가 필요합니다. 유효성 검사를 마치면 유효한 정보를 데이터베이스에 저장해야 합니다. Django는 이런 작업을 대부분 자동화합니다.

Django에서 폼을 만드는 가장 단순한 방법은 18장에서 정의한 모델 정보를 사용해 자동으로 폼을 만드는 ModelForm입니다. models.py와 같은 폴더에 forms.py 파일을 만듭니다.

forms.py

```
from django import forms

from .models import Topic

class TopicForm(forms.ModelForm): # ❶
    class Meta:
        model = Topic # ❷
        fields = ['text'] # ❸
        labels = {'text': ''} # ❹
```

먼저 forms 모듈, 작업할 모델인 Topic을 임포트합니다. 그리고 ❶에서 forms.ModelForm을 상속하는 TopicForm 클래스를 정의했습니다.

ModelForm의 가장 단순한 형태는 Meta 클래스 하나만 갖는 형태입니다. 이 클래스는 어떤 모델을 기반으로 폼을 만들지, 이 폼에 어떤 필드를 사용할지 지정합니다. ❷에서는 Topic 모델을 바탕으로 폼을 만든다고 지정했고, ❸에서는 text 필드만 사용한다고 지정했습니다. labels 딕셔너리의 빈 문자열은 text 필드에 이름표label를 쓰지 말라는 뜻입니다(❹).

new_topic URL

URL은 짧고 뜻이 분명해야 합니다. 사용자가 새 주제를 추가하는 URL은 *http://local-host:8000/new_topic/*이 적절합니다. 다음은 new_topic 페이지의 URL 패턴입니다. learning_logs/urls.py에 추가하세요.

learning_logs/urls.py

```
--생략--
urlpatterns = [
    --생략--
    # 새 주제를 추가하는 페이지
    path('new_topic/', views.new_topic, name='new_topic'),
]
```

이 URL 패턴은 곧 만들 new_topic() 함수에 요청을 전달합니다.

new_topic() 뷰 함수

new_topic() 함수는 두 가지 상황에 대응해야 합니다. new_topic 페이지에 최초의 요청이 들어온 경우에는 빈 폼을 표시하고, 그 외의 경우에는 폼이 전송한 데이터를 처리합니다. 폼을 통해 전달된 데이터를 처리한 다음에는 사용자를 topics 페이지로 리디렉트합니다.

views.py

```
from django.shortcuts import render, redirect

from .models import Topic
from .forms import TopicForm

--생략--
def new_topic(request):
    """새 주제를 추가합니다"""
    if request.method != 'POST':  # ❶
        # 데이터가 들어오지 않았으므로 빈 폼을 만듭니다
        form = TopicForm()  # ❷
    else:
        # POST 데이터를 받았으므로 이를 처리합니다
        form = TopicForm(data=request.POST)  # ❸
        if form.is_valid():  # ❹
            form.save()  # ❺
            return redirect('learning_logs:topics')  # ❻

    # 빈 폼 또는 유효하지 않은 폼을 표시합니다
    context = {'form': form}  # ❼
    return render(request, 'learning_logs/new_topic.html', context)
```

파일 맨 위에서는 사용자가 폼을 전송한 후 topics 페이지로 리디렉트할 redirect 함수를 추가로 임포트했습니다. 또한 방금 만든 TopicForm 폼도 임포트했습니다.

GET과 POST 요청하기

애플리케이션을 만들 때 가장 많이 사용하는 요청은 GET과 POST 두 가지 요청입니다. 서버에서 데이터를 읽기만 하는 페이지는 **GET** 요청을 사용합니다. 폼을 통해 정보를 전송할 때는 보통 **POST** 요청을 사용합니다. 앞으로 폼을 사용할 때는 항상 POST 메서드를 지정할 겁니다(다른 요청도 몇 가지 있지만 이 프로젝트에서는 사용하지 않습니다).

new_topic() 함수는 request 객체를 매개변수로 받습니다. 사용자가 이 페이지를 처음 요청하면 브라우저는 GET 요청을 보냅니다. 사용자가 폼을 작성해 전송하면 브라우저는 POST 요청을 보냅니다. 따라서 요청을 보면 사용자가 빈 폼을 요청하는지(GET), 아니면 폼을 작성해 전송하는지(POST) 알 수 있습니다.

❶에서는 if 문을 써서 GET 요청인지 POST 요청인지 확인합니다. 요청 메서드가 POST가 아니라면 아마 GET일 가능성이 높으므로 빈 폼을 반환합니다(GET이 아니더라도 빈 폼을 반환하는 게 안전합니다). ❷에서는 TopicForm 인스턴스를 만들어 form 변수에 할당했습니다. ❼에서는 context 딕셔너리를 통해 이 폼을 템플릿에 보냅니다. TopicForm 인스턴스를 만들 때 인수를 사용하지 않았으므로 사용자가 채울 빈 폼이 만들어집니다.

요청 메서드가 POST라면 else 블록에서 데이터를 처리합니다. ❸에서 TopicForm 인스턴스를 만들고 request.POST에 할당된 사용자 데이터를 전달합니다. 반환되는 form 객체에는 사용자가 제출한 정보가 포함되어 있습니다.

사용자가 전송한 정보는 유효한지 확인한 다음에만(❹) 데이터베이스에 저장해야 합니다. is_valid() 메서드는 필수 필드가 모두 입력됐는지(폼의 필드는 기본적으로 모두 필수입니다), 입력된 데이터가 필드의 조건에 맞는지 확인합니다. 예를 들어 18장에서 models.py에 지정한 대로 text의 길이가 200 글자 미만인지 검사합니다. 자동 유효성 검사는 프로그래머가 할 일을 많이 줄여 줍니다. 모든 데이터가 유효하면 ❺에서 save()를 호출해 폼 데이터를 데이터베이스에 저장합니다.

데이터 저장이 끝나면 이 페이지에서 나갈 수 있습니다. redirect() 함수는 뷰 이름을 받고 해당 뷰와 관련된 페이지로 사용자를 리디렉트합니다. ❻에서는 redirect() 함수를 써서 사용자를 topics 페이지로 리디렉트했습니다. 그러면 사용자는 방금 자기가 입력한 주제를 볼 수 있습니다.

뷰 함수 마지막에서 context 변수를 정의했고, 곧 만들 new_topic.html 템플릿에 따라 페이지가 렌더링됩니다. 이 코드는 if 블록 바깥에 있으므로 빈 폼이 만들어진 경우, 그리고 사용자가 전송한 폼이 유효하지 않은 경우에 실행됩니다. 폼이 유효하지 않았다면 사용자에게 올바른 데이터 입력을 돕는 몇 가지 기본 에러 메시지가 포함될 수 있습니다.

new_topic 템플릿

방금 만든 폼을 표시할 new_topic.html 템플릿을 만듭니다.

new_topic.html

```
{% extends "learning_logs/base.html" %}

{% block content %}
  <p>Add a new topic:</p>

  <form action="{% url 'learning_logs:new_topic' %}" method='post'> # ❶
    {% csrf_token %} # ❷
    {{ form.as_div }} # ❸
    <button name="submit">Add topic</button> # ❹
  </form>

{% endblock content %}
```

이 템플릿 역시 base.html을 상속하므로 학습 로그의 다른 페이지와 같은 구조를 가집니다. ❶의 <form> 태그는 HTML 폼을 시작합니다. action 속성은 이 폼의 데이터를 어디로 전송할지 지정하는 속성입니다. 여기서는 뷰 함수 new_topic()을 지정했습니다. method 속성을 써서 데이터를 POST 요청으로 전송하도록 지정했습니다.

❷의 템플릿 태그 {% csrf_token %}는 공격자가 폼을 악용해 서버에 무단으로 접근하는 걸 막는 역할입니다(이런 공격을 **사이트 간 요청 위조**cross-site request forgery라고 합니다). 다음은 실제로 폼을 표시하는 코드입니다. 템플릿 변수 {{ form.as_div }}를(❸) 사용하기만 하면 폼을 표시하는 데 필요한 필드를 Django가 모두 자동으로 만듭니다. as_div는 폼 요소를 모두 HTML <div></div> 요소로 렌더링하라는 뜻입니다.

Django는 [폼 제출] 버튼을 자동으로 생성하지 않으므로 ❹에서 직접 추가한 다음 폼을 닫았습니다.

new_topic 페이지로 연결하기

topics 페이지에 다음과 같이 new_topic 페이지 링크를 추가합니다.

topics.html

```
{% extends "learning_logs/base.html" %}

{% block content %}

  <p>Topics</p>

  <ul>
    --생략--
  </ul>

  <a href="{% url 'learning_logs:new_topic' %}">Add a new topic</a>

{% endblock content %}
```

여기서는 이미 입력된 주제 리스트 뒤에 링크를 배치했습니다. 결과는 [그림 19-1]과 같습니다. 이 폼을 써서 새 주제를 추가해 보세요.

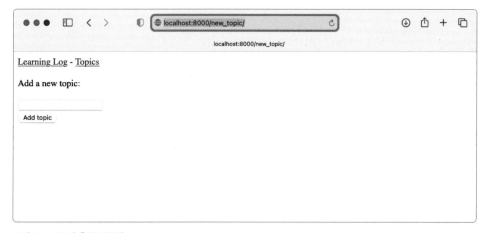

그림 19-1 주제 추가 페이지

19.1.2 새 항목 추가하기

이제 새 항목(Entry)을 추가(Add)할 페이지를 만들 차례입니다. 이번에도 URL을 정의하고 뷰 함수와 템플릿을 만듭니다. 그리고 새 페이지의 링크를 추가합니다. 먼저 forms.py에 클래스를 추가합니다.

항목 모델폼

Entry 모델과 관련된 폼을 만듭니다. 이 폼은 TopicForm보다 커스텀을 좀 더 해야 합니다.

forms.py

```python
from django import forms

from .models import Topic, Entry

class TopicForm(forms.ModelForm):
    --생략--

class EntryForm(forms.ModelForm):
    class Meta:
        model = Entry
        fields = ['text']
        labels = {'text': ''} # ❶
        widgets = {'text': forms.Textarea(attrs={'cols': 80})} # ❷
```

import 문을 업데이트해서 Entry와 Topic을 임포트합니다. 그리고 forms.ModelForm을 상속하는 새 클래스 EntryForm을 만듭니다. EntryForm 클래스에는 바탕이 되는 모델과 필드를 지정하는 Meta 클래스가 있습니다. ❶에서는 이번에도 빈 이름표가 지정된 text 필드를 만듭니다.

❷에서는 widgets 속성을 추가했습니다. **위젯**widget이란 텍스트 박스나 드롭다운 리스트 같은 HTML 폼 요소를 말합니다. widgets 속성을 사용해 Django의 기본 위젯을 덮어쓸 수 있습니다. 여기서는 Django가 기본으로 사용하는 40 열 대신 80 열의 forms.Textarea 요소를 사용하도록 지정했습니다. 이렇게 하면 사용자가 열 너비에 구애받지 않고 자유롭게 항목을 입력할 수 있습니다.

new_entry URL

항목은 주제와 관련되어야 하므로 새 항목을 추가하는 URL에는 `topic_id` 인수가 필요합니다. `learning_logs/urls.py`에 다음 URL을 추가하세요.

learning_logs/urls.py

```
--생략--
urlpatterns = [
    --생략--
    # 새 항목을 추가하는 페이지
    path('new_entry/<int:topic_id>/', views.new_entry, name='new_entry'),
]
```

이 URL 패턴은 *http://localhost:8000/new_entry/id/* 형태와 일치합니다. 여기서 **id**는 주제 **ID**입니다. `<int:topic_id>`는 숫자 값을 찾아 `topic_id` 변수에 할당합니다. 이 패턴에 일치하는 URL이 요청되면 Django는 해당 요청과 주제 ID를 뷰 함수 `new_entry()`에 전송합니다.

new_entry() 뷰 함수

`new_entry` 뷰 함수는 주제를 추가하는 뷰 함수와 거의 비슷합니다. `views.py` 파일에 다음 코드를 추가하세요.

views.py

```
from django.shortcuts import render, redirect

from .models import Topic
from .forms import TopicForm, EntryForm

--생략--
def new_entry(request, topic_id):
    """특정 주제에 관한 항목을 추가합니다"""
    topic = Topic.objects.get(id=topic_id) # ❶

    if request.method != 'POST': # ❷
        # 데이터가 들어오지 않았으므로 빈 폼을 만듭니다
        form = EntryForm() # ❸
    else:
```

```
        # POST 데이터를 받았으므로 이를 처리합니다
        form = EntryForm(data=request.POST) # ❹
        if form.is_valid():
            new_entry = form.save(commit=False) # ❺
            new_entry.topic = topic # ❻
            new_entry.save()
            return redirect('learning_logs:topic', topic_id=topic_id) # ❼

    # 빈 폼 또는 유효하지 않은 폼을 표시합니다
    context = {'topic': topic, 'form': form}
    return render(request, 'learning_logs/new_entry.html', context)
```

import 문을 수정해서 EntryForm을 임포트했습니다. new_entry()는 URL에서 가져오는 값
을 topic_id 매개변수로 받습니다. 페이지를 렌더링하고 폼 데이터를 처리하려면 어떤 주제
에 관한 항목인지 알아야 합니다. ❶에서 topic_id를 사용해 주제 객체를 가져옵니다.

❷에서는 요청 메서드가 GET인지 POST인지 확인합니다. GET 요청인 경우 if 블록을 실행
하고, ❸에서 빈 EntryForm 인스턴스를 만듭니다.

POST 요청인 경우 request 객체의 POST 데이터로 만들어지는 EntryForm 인스턴스를 만
들어 데이터를 처리합니다(❹). 먼저 폼이 유효한지 확인합니다. 유효하다면 데이터베이스에
저장하기 전에 entry 객체의 topic 속성을 설정해야 합니다. ❺에서는 save()를 호출하면서
commit=False 인수를 사용해 데이터베이스에 저장하지 말고 항목 객체를 만들어 new_entry
에 할당하기만 합니다. 함수의 처음 부분에서 데이터베이스에서 가져온 주제 객체를 new_
entry의 topic 속성으로 설정합니다(❻). 그리고 save()를 호출해 주제와 연관된 항목을 데
이터베이스에 저장합니다.

redirect() 함수는 리디렉트하려는 뷰 이름, 그 뷰 함수에 필요한 인수 두 가지를 인수로 받
습니다(❼). 여기서 리디렉트하는 topic()에는 topic_id 인수가 필요합니다. 그러면 이 뷰
에서 지금 만든 항목과 연결된 주제 페이지를 렌더링하고, 항목 리스트에 새 항목을 표시합
니다.

함수 마지막에서는 context 딕셔너리를 만들고 new_entry.html 템플릿을 사용해 페이지를
렌더링합니다. 주제와 마찬가지로, 이 코드는 빈 폼을 표시하는 경우와 유효하지 않은 폼을 전
송한 경우 두 가지에 모두 실행됩니다.

new_entry 템플릿

new_entry의 템플릿 역시 new_topic의 템플릿과 비슷합니다.

new_entry.html

```
{% extends "learning_logs/base.html" %}

{% block content %}

  <p><a href="{% url 'learning_logs:topic' topic.id %}">{{ topic }}</a></p> # ❶

  <p>Add a new entry:</p>
  <form action="{% url 'learning_logs:new_entry' topic.id %}" method='post'> # ❷
    {% csrf_token %}
    {{ form.as_div }}
    <button name='submit'>Add entry</button>
  </form>

{% endblock content %}
```

❶에서는 페이지 상단에 주제를 표시해서 사용자가 어떤 주제에 항목을 추가하고 있는지 확인할 수 있게 했습니다. 또한 이 부분을 클릭하면 해당 주제 페이지로 돌아가기도 합니다.

폼의 action 속성에는 URL의 topic.id 값이 포함되므로 뷰 함수에서 새 항목과 해당 주제를 연결할 수 있습니다(❷). 이를 제외하면 이 템플릿은 new_topic.html과 거의 비슷합니다.

new_entry 페이지로 연결하기

다음은 각 주제 페이지에서 new_entry 페이지로 이동할 수 있게 만들 차례입니다.

topic.html

```
{% extends "learning_logs/base.html" %}

{% block content %}

  <p>Topic: {{ topic }}</p>

  <p>Entries:</p>
  <p>
```

```
    <a href="{% url 'learning_logs:new_entry' topic.id %}">Add new entry</a>
    </p>

    <ul>
    --생략--
    </ul>

{% endblock content %}
```

이 페이지에서 가장 많이 할 일은 새 항목을 추가하는 것이므로 링크를 항목 리스트 앞에 배치했습니다. 결과는 [그림 19-2]와 같습니다. 이제 사용자는 각 주제에 대해 새 항목을 원하는 만큼 추가할 수 있습니다. 주제에 새 항목을 직접 추가하면서 new_entry 페이지를 시험해 보세요.

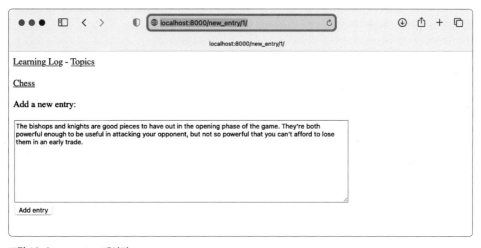

그림 19-2 new_entry 페이지

19.1.3 항목 수정하기

이제 항목을 수정(Edit)하는 페이지를 만들겠습니다.

edit_entry URL

이 페이지의 URL에는 수정할 항목의 ID가 있어야 합니다. learning_logs/urls.py에 다음 코드를 추가하세요.

urls.py

```
--생략--
urlpatterns = [
    --생략--
    # 항목 편집 페이지
    path('edit_entry/<int:entry_id>/', views.edit_entry, name='edit_entry'),
]
```

이 URL 패턴은 *http://localhost:8000/edit_entry/id/* 같은 URL에 일치합니다. 여기서 **id** 값은 **entry_id** 매개변수에 할당됩니다. Django는 이 패턴에 일치하는 요청을 뷰 함수 **edit_entry()**로 보냅니다.

edit_entry() 뷰 함수

edit_entry 페이지에 GET 요청을 보내면 항목을 편집할 폼이 반환됩니다. POST 요청을 보내면 수정한 텍스트를 데이터베이스에 저장합니다.

views.py

```
from django.shortcuts import render, redirect

from .models import Topic, Entry
from .forms import TopicForm, EntryForm
--생략--

def edit_entry(request, entry_id):
    """기존 항목을 수정합니다"""
    entry = Entry.objects.get(id=entry_id) # ❶
    topic = entry.topic

    if request.method != 'POST':
        # 초기 요청이므로 현재 항목으로 채운 폼을 반환합니다
        form = EntryForm(instance=entry) # ❷
    else:
        # POST 데이터를 받았으므로 이를 처리합니다
        form = EntryForm(instance=entry, data=request.POST) # ❸
        if form.is_valid():
            form.save() # ❹
            return redirect('learning_logs:topic', topic_id=topic.id) # ❺

    context = {'entry': entry, 'topic': topic, 'form': form}
```

```
    return render(request, 'learning_logs/edit_entry.html', context)
```

먼저 Entry 모델을 임포트합니다. ❶에서는 사용자가 수정을 원하는 항목 객체, 이 항목과 연관된 주제를 가져옵니다. GET 요청이면 if 블록을 실행하고 ❷에서 instance=entry 인수와 함께 EntryForm 인스턴스를 만듭니다. 이 인수는 Django에게 폼을 만들되 기존 항목 객체의 정보로 폼을 미리 채우라고 지시합니다. 사용자는 기존 데이터를 눈으로 보면서 수정할 수 있습니다.

POST 요청을 처리할 때는 instance=entry, data=request.POST 인수를 전달합니다(❸). 이 인수는 기존의 항목 객체를 바탕으로 폼 인스턴스를 만들고, request.POST를 통해 전달된 데이터로 업데이트하라는 지시입니다. 이번에도 폼이 유효한지 확인합니다. 유효하다면, 이미 정확한 주제와 연관되어 있으니 save()를 호출해 저장합니다(❹). 그리고 ❺에서 topic 페이지로 리디렉트하면 사용자는 항목이 수정된 걸 볼 수 있습니다.

함수 마지막에서는 context 딕셔너리를 만들고 edit_entry.html 템플릿을 사용해 페이지를 렌더링합니다.

edit_entry 템플릿

edit_entry.html 템플릿은 new_entry.html과 비슷합니다.

edit_entry.html

```
{% extends "learning_logs/base.html" %}

{% block content %}

  <p><a href="{% url 'learning_logs:topic' topic.id %}">{{ topic }}</a></p>

  <p>Edit entry:</p>

  <form action="{% url 'learning_logs:edit_entry' entry.id %}" method='post'> # ❶
    {% csrf_token %}
    {{ form.as_div }}
    <button name="submit">Save changes</button> # ❷
  </form>

{% endblock content %}
```

❶의 action 속성은 폼을 edit_entry() 함수로 보내 처리합니다. {% url %} 태그 안에 인수
로 entry.id를 썼으므로 뷰 함수는 정확한 항목 객체를 수정합니다. ❷에서는 [전송] 버튼에
Save changes라는 이름을 붙여서 사용자가 현재 새로운 항목을 만드는 게 아니라 기존 항목
을 수정하는 중임을 상기할 수 있게 했습니다.

edit_entry 페이지로 연결하기

이제 주제 페이지에서 edit_entry 페이지로 연결하는 링크를 만들 차례입니다.

topic.html

```
--생략--
    {% for entry in entries %}
      <li>
        <p>{{ entry.date_added|date:'M d, Y H:i' }}</p>
        <p>{{ entry.text|linebreaks }}</p>
        <p>
          <a href="{% url 'learning_logs:edit_entry' entry.id %}">
            Edit entry</a></p>
      </li>
    --생략--
```

각 항목의 날짜와 텍스트 다음에 편집 링크를 추가했습니다. 루프 안에서 edit_entry URL
패턴과 현재 항목의 ID 속성을 사용해 {% url %} 템플릿 태그로 URL을 만듭니다. 링크 텍스
트인 Edit entry는 각 항목 맨 뒤에 표시됩니다. [그림 19-3]은 개별 주제 페이지에 이 링크
가 표시된 모습입니다.

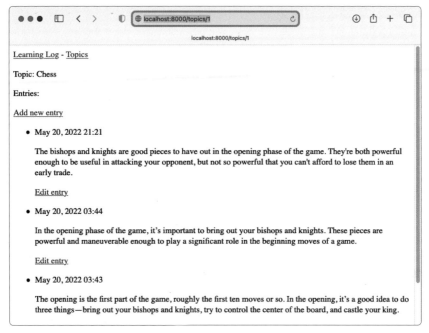

그림 19-3 각 항목에 수정 링크가 표시됩니다.

이제 학습 로그는 필요한 기능 대부분을 갖췄습니다. 사용자는 주제와 항목을 추가하고 원하는 주제의 항목을 읽을 수 있습니다. 다음 절에서는 사용자 등록 시스템을 만들어 누구나 학습 로그에서 계정을 만들고 자신만의 주제와 항목을 이용할 수 있게 합니다.

19.2 사용자 계정 설정하기

이 절에서는 사용자가 계정을 등록하고 로그인, 로그아웃할 수 있는 사용자 등록 및 인증 시스템을 만들어 봅니다. 사용자 관리와 관련된 기능을 담당하는 애플리케이션을 새로 만들고 Django에 포함된 기본 사용자 인증 시스템을 최대한 활용합니다. 또한 주제와 사용자가 연결되도록 Topic 모델을 조금 수정할 겁니다.

19.2.1 accounts 애플리케이션 만들기

startapp 명령어를 사용해 새 애플리케이션 accounts를 만듭니다.

```
(ll_env)learning_log$ python manage.py startapp accounts
(ll_env)learning_log$ ls
accounts db.sqlite3 learning_logs ll_env ll_project manage.py
(ll_env)learning_log$ ls accounts
__init__.py admin.py apps.py migrations models.py tests.py views.py
```

기본 인증 시스템은 사용자 계정이라는 개념을 바탕으로 만들어졌으므로 애플리케이션 이름을 accounts로 정하면 기본 시스템과 더 쉽게 통합됩니다. startapp 명령어는 learning_logs 애플리케이션과 같은 구조로 accounts 폴더를 새로 만듭니다.

settings.py에 계정 추가하기

다음과 같이 settings.py의 INSTALLED_APPS 부분을 수정해야 합니다.

settings.py

```
--생략--
INSTALLED_APPS = [
    # 내 애플리케이션
    'learning_logs',
    'accounts',
    # Django의 기본 애플리케이션
    --생략--
]
--생략--
```

이제 Django는 프로젝트 전체에서 **accounts** 애플리케이션을 사용합니다.

URL 수정하기

그리고 다음과 같이 urls.py를 수정해서 accounts 애플리케이션에 사용할 URL을 준비합니다.

ll_project/urls.py

```
from django.contrib import admin
from django.urls import path, include

urlpatterns = [
    path('admin/', admin.site.urls),
    path('accounts/', include('accounts.urls')),
    path('', include('learning_logs.urls')),
]
```

accounts에서 사용할 URL 패턴을 추가했습니다. *http://localhost:8000/accounts/login/*처럼 accounts로 시작하는 URL은 모두 이 패턴과 일치합니다.

19.2.2 로그인 페이지 만들기

이제 로그인(login) 페이지를 만듭니다. Django가 제공하는 기본 login 뷰를 사용하므로 이 애플리케이션의 URL 패턴은 조금 다른 형태입니다. ll_project/accounts/ 폴더에 urls.py 파일을 새로 만듭니다.

accounts/urls.py

```
"""accounts의 URL 패턴"""

from django.urls import path, include

app_name = 'accounts'
urlpatterns = [
    # 기본 인증 URL
    path('', include('django.contrib.auth.urls')),
]
```

path 함수를 임포트한 다음에는 include 함수를 임포트해서 Django에 정의된 기본 인증 URL을 사용할 수 있게 했습니다. 기본 인증 URL이란 login, logout 같이 흔히 쓰이는 URL 패턴을 말합니다. app_name 변수에 accounts를 할당했으므로 이런 URL을 다른 애플리케이션의 URL과 구별할 수 있습니다. 같은 기본 URL이라도 accounts 애플리케이션의 urls.py 파일에 포함된 URL은 모두 accounts 네임스페이스를 통해 접근하게 됩니다.

로그인 페이지의 URL은 *http://localhost:8000/accounts/login/*입니다. Django는 이 URL을 받으면 accounts라는 단어를 인식하고 accounts/urls.py를 찾습니다. 그리고 login이라는 단어를 인식하고 Django의 기본 login 뷰로 요청을 전송합니다.

로그인 템플릿 만들기

사용자가 로그인 페이지를 요청하면 Django는 기본 뷰 함수를 사용하지만, 그래도 페이지 템 플릿을 만들어야 합니다. 기본적으로 기본 인증 뷰는 registration 폴더에서 템플릿을 찾도 록 만들어져 있으므로 이 폴더도 만들어야 합니다. ll_project/accounts/ 안에 templates 를, 그 안에 registration 폴더를 만드세요. login.html의 내용은 다음과 같습니다.

login.html

```
{% extends 'learning_logs/base.html' %}

{% block content %}

  {% if form.errors %} # ❶
    <p>Your username and password didn't match. Please try again.</p>
  {% endif %}

  <form action="{% url 'accounts:login' %}" method='post'> # ❷
    {% csrf_token %}
    {{ form.as_div }} # ❸

    <button name="submit">Log in</button> # ❹
  </form>

{% endblock content %}
```

이 템플릿도 base.html을 상속하므로 로그인 페이지의 형태와 느낌은 다른 페이지와 같습니 다. 템플릿은 다른 애플리케이션의 템플릿도 상속할 수 있습니다.

폼에 errors 속성이 있으면 ❶에서 에러 메시지를 표시해 사용자 이름(username)과 비밀번호(password) 조합을 데이터베이스에서 찾을 수 없다고 알립니다.

로그인 뷰에서 폼을 처리해야 하므로 action 속성은 로그인 페이지로 설정합니다(❷). 이 뷰 함수는 템플릿에 form 객체를 보냅니다. 폼을 표시하고(❸) [전송] 버튼을 추가하는 건(❹) 직접 해야 합니다.

LOGIN_REDIRECT_URL 설정하기

사용자가 성공적으로 로그인했을 때 리디렉트할 페이지를 지정해야 합니다. 이는 설정 파일에서 지정합니다.

settings.py에 다음 코드를 추가하세요.

settings.py

```
--생략--
# 내 설정
LOGIN_REDIRECT_URL = 'learning_logs:index'
```

settings.py의 기본 설정들과 마찬가지로, 설정을 추가할 때는 어떤 설정인지 설명하는 주석을 추가하는 게 좋습니다. 여기서 추가하는 LOGIN_REDIRECT_URL은 로그인에 성공한 사용자를 리디렉트할 URL을 지정합니다.

로그인 페이지로 연결하기

로그인 링크가 모든 페이지에 표시되도록 base.html에 추가합시다. 사용자가 이미 로그인한 경우에는 링크가 표시되지 않는 게 좋으므로 {% if %} 태그 안에 추가합니다.

base.html

```
<p>
  <a href="{% url 'learning_logs:index' %}">Learning Log</a> -
  <a href="{% url 'learning_logs:topics' %}">Topics</a> -
  {% if user.is_authenticated %} # ❶
    Hello, {{ user.username }}. # ❷
  {% else %}
    <a href="{% url 'accounts:login' %}">Log in</a> # ❸
```

```
    {% endif %}
  </p>

  {% block content %}{% endblock content %}
```

Django의 인증 시스템에서 모든 템플릿에는 항상 user 객체가 있고, 이 객체에는 항상 is_authenticated 속성이 있습니다. 사용자가 로그인한 경우에는 이 속성이 True이며 그렇지 않다면 False입니다. 따라서 이 속성을 이용해 인증된 사용자와 인증되지 않은 사용자에게 각각 메시지를 표시할 수 있습니다.

❶은 로그인한 사용자에게 환영 인사를 표시합니다. 인증된 사용자는 username 속성도 있으므로 ❷에서 인사말을 개별로 보낼 수 있습니다. 로그인하지 않은 사용자에게는 ❸에서 로그인 페이지 링크를 표시합니다.

로그인 페이지 사용하기

사용자 계정은 이미 만들었으므로 로그인 페이지가 동작하는지 확인해 봅시다. *http://localhost:8000/admin/*로 이동하세요. 아직 관리자로 로그인 된 상태라면 로그아웃해야 하는데, 이 방법은 곧 만들 겁니다.

로그아웃한 상태에서 *http://localhost:8000/accounts/login/*으로 이동하면 [그림 19-4]와 비슷한 로그인 페이지가 표시될 겁니다. 이전에 만든 사용자 이름과 비밀번호를 입력하면 홈페이지로 돌아갑니다. 그리고 홈페이지 맨 위에는 사용자 이름에 맞는 환영 인사가 표시될 겁니다.

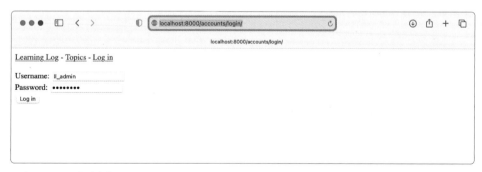

그림 19-4 로그인 페이지

19.2.3 로그아웃하기

이제 사용자가 로그아웃할 수 있는 방법을 만들 차례입니다. 로그아웃 요청은 POST 요청으로 전송해야 합니다. base.html에 버튼을 추가하겠습니다.

base.html에 [로그아웃] 버튼 추가하기

base.html에 [로그아웃] 버튼을 추가하면 모두 페이지에서 사용할 수 있습니다. if 블록을 사용하므로 이미 로그인한 사용자에게만 표시될 겁니다.

base.html

```
--생략--
{% block content %}{% endblock content %}

{% if user.is_authenticated %}
  <hr /> # ❶
  <form action="{% url 'accounts:logout' %}" method='post'> # ❷
    {% csrf_token %}
    <button name='submit'>Log out</button>
  </form>
{% endif %}
```

로그아웃 페이지의 기본 URL 패턴은 accounts/logout/입니다. 하지만 이 요청은 POST 요청을 사용해야 합니다. 그렇지 않으면 공격자가 로그아웃 요청을 쉽게 악용할 수 있습니다. 로그아웃 요청이 POST를 사용하도록 간단한 폼을 만듭니다.

이 폼은 가로선(<hr />) 요소(❶) 아래에 배치합니다. 이 방법을 응용하면 [로그아웃] 버튼을 항상 페이지 하단에 배치할 수 있습니다. 폼의 action 속성은 자기 자신으로, 요청 메서드는 post로 지정했습니다(❷). Django의 폼은 모두 {% csrf_token %} 태그를 사용해야 합니다. 이렇게 단순한 폼도 예외는 아닙니다. 이 폼에는 [전송] 버튼 하나만 있습니다.

LOGOUT_REDIRECT_URL 설정하기

사용자가 [로그아웃] 버튼을 클릭했을 때 리디렉트할 페이지를 지정해야 합니다. settings.py에 다음 설정을 추가하세요.

```
--생략--
# 내 설정
LOGIN_REDIRECT_URL = 'learning_logs:index'
LOGOUT_REDIRECT_URL = 'learning_logs:index'
```

이 **LOGOUT_REDIRECT_URL** 설정은 로그아웃한 사용자를 홈페이지로 리디렉트합니다. 로그아웃하면 사용자 이름이 더는 표시되지 않으므로 로그아웃했음을 쉽게 확인할 수 있습니다.

19.2.4 등록 페이지 만들기

다음은 새 사용자가 등록할 수 있는 페이지입니다. Django에서 제공하는 **UserCreationForm**을 사용하지만 뷰 함수와 템플릿은 직접 만들어야 합니다.

등록 페이지 URL

다음은 등록(register) 페이지의 URL 패턴입니다. **accounts/urls.py**에 저장하세요.

accounts/urls.py

```
"""accounts의 URL 패턴"""

from django.urls import path, include

from . import views

app_name = accounts
urlpatterns = [
    # 기본 인증 URL
    path('', include('django.contrib.auth.urls')),
    # 등록 페이지
    path('register/', views.register, name='register'),
]
```

등록 페이지의 뷰 함수를 직접 만들 계획이므로 accounts에서 **views** 모듈을 임포트합니다. 등록 페이지의 URL 패턴은 *http://localhost:8000/accounts/register/*이며 곧 만들 **register()** 함수에 요청을 전달합니다.

register() 뷰 함수

register() 뷰 함수는 등록 페이지를 처음 요청할 때는 빈 등록 폼을 표시하고, 사용자가 폼을 작성하면 이를 처리합니다. 등록에 성공하면 사용자를 로그인시키는 역할도 담당합니다. accounts/views.py를 다음과 같이 작성하세요.

accounts/views.py

```python
from django.shortcuts import render, redirect
from django.contrib.auth import login
from django.contrib.auth.forms import UserCreationForm

def register(request):
    """새 사용자를 등록합니다"""
    if request.method != 'POST':
        # 빈 등록 폼을 표시합니다
        form = UserCreationForm() # ❶
    else:
        # 완성된 폼을 처리합니다
        form = UserCreationForm(data=request.POST) # ❷

        if form.is_valid(): # ❸
            new_user = form.save() # ❹
            # 사용자가 로그인하면 홈페이지로 리디렉트합니다
            login(request, new_user) # ❺
            return redirect('learning_logs:index') # ❻

    # 빈 폼, 또는 유효하지 않은 폼을 표시합니다
    context = {'form': form}
    return render(request, 'registration/register.html', context)
```

render(), redirect() 함수를 임포트합니다. 다음 행에서 임포트하는 login() 함수는 정보가 정확한 경우 사용자를 로그인시키는 역할을 합니다. UserCreationForm 또한 임포트합니다. register() 함수에서는 먼저 POST 요청인지 확인합니다. 아니라면 ❶에서 UserCreationForm 인스턴스를 인수 없이 만듭니다.

POST 요청인 경우 ❷에서 UserCreationForm 인스턴스를 만들 때 제출된 데이터를 사용합니다. ❸에서는 데이터가 유효한지 확인합니다. 사용자 이름이 적절한 글자들로 이루어졌는지, 비밀번호가 일치하는지, 제출할 때 악의적인 시도가 있었는지 검사합니다.

전송된 데이터가 유효하면 ❹에서 save() 메서드를 호출해서 사용자 이름과 비밀번호 해시를 데이터베이스에 저장합니다. save() 메서드는 새로 생성된 사용자 객체를 반환합니다. 이를 new_user에 할당했습니다. login() 함수에 request 객체와 new_user 객체를 전달해 호출하면(❺) 사용자 세션이 새로 만들어집니다. 마지막으로 ❻에서 사용자를 홈페이지로 리디렉트하면 페이지 헤더에 개별 인사말이 표시됩니다.

함수 마지막에서는 빈 폼을 요청했거나 제출된 데이터가 유효하지 않을 경우 빈 폼을 렌더링합니다.

등록 템플릿 만들기

등록 페이지는 로그인 페이지와 비슷합니다. login.html과 같은 폴더에 다음 파일을 저장하세요.

register.html

```
{% extends "learning_logs/base.html" %}

{% block content %}

  <form action="{% url 'accounts:register' %}" method='post'>
    {% csrf_token %}
    {{ form.as_div }}

    <button name="submit">Register</button>
  </form>

{% endblock content %}
```

그동안 만들었던 폼 기반 템플릿과 다른 점은 없습니다. as_div 메서드를 사용했으므로 Django가 자동으로 폼의 필드를 모두 채우고, 기존에 제출한 데이터가 올바르지 않은 경우에 출력할 에러 메시지도 제공합니다.

등록 페이지로 연결하기

아직 로그인하지 않은 사용자에게 등록 페이지 링크를 표시할 차례입니다.

```
--생략--
  {% if user.is_authenticated %}
    Hello, {{ user.username }}.
  {% else %}
    <a href="{% url 'accounts:register' %}">Register</a> -
    <a href="{% url 'accounts:login' %}">Log in</a>
  {% endif %}
--생략--
```

이제 로그인한 사용자에게는 개별 인사말과 [로그아웃] 버튼이 표시됩니다. 로그인하지 않은 사용자에게는 등록 링크와 로그인 링크가 표시됩니다. 여러 가지 사용자 이름으로 계정을 만들어 등록 페이지를 테스트해 보세요.

다음 절에서는 일부 페이지를 등록된 사용자만 사용할 수 있게 제한하고, 모든 주제가 사용자와 연결됐는지 확인합니다.

> **NOTE** 지금 만든 등록 시스템은 누구든 개수 제한 없이 학습 로그에 계정을 만들 수 있습니다. 일부 사이트에서는 사용자에게 이메일을 보내 신원 확인을 요구합니다. 이렇게 하면 우리가 만든 단순한 등록 시스템에 비해 스팸 계정이 만들어질 위험이 줄어듭니다. 하지만 지금처럼 애플리케이션 만드는 걸 배우는 단계에서는 이렇게 단순한 사용자 등록 시스템으로도 충분합니다.

연습문제

19-2 블로그 계정
[연습문제 19-1]에서 만든 블로그 프로젝트에 사용자 등록과 인증 시스템을 추가하세요. 로그인한 사용자에게는 화면 어딘가에 사용자 이름이 표시되어야 하며, 로그인하지 않은 사용자에게는 등록 페이지 링크가 표시되어야 합니다.

19.3 사용자 데이터 지정하기

사용자가 학습 로그에 입력하는 데이터는 개인 데이터이므로 다른 사용자가 그 데이터를 볼 수 없어야 합니다. 이를 위해 데이터가 어떤 사용자에게 속하는지 알 수 있는 방법이 필요합니다. 그리고 사용자가 자신의 데이터에만 접근할 수 있도록 페이지 접근을 제한해야 합니다.

Topic 모델을 수정해서 모든 주제가 특정 사용자와 연결되게 만듭니다. 모든 항목은 주제와 연결되므로 이 작업을 마치면 항목도 마찬가지로 사용자와 연결됩니다. 페이지 접근을 제한하는 것부터 시작합시다.

19.3.1 @login_required로 접근 제한하기

Django에서는 **@login_required** 데코레이터를 통해 특정 페이지에 대한 접근을 쉽게 제한할 수 있습니다. 11장에서 **데코레이터**는 함수 정의 바로 앞에 배치해서 함수의 동작을 변경하는 지시자라고 설명했습니다. 예제를 봅시다.

주제 페이지에 접근 제한하기

각 주제가 사용자와 연결되므로 등록된 사용자만 주제 페이지를 요청할 수 있습니다. learning_logs/views.py에 다음 코드를 추가하세요.

learning_logs/views.py

```python
from django.shortcuts import render, redirect
from django.contrib.auth.decorators import login_required

from .models import Topic, Entry
--생략--

@login_required
def topics(request):
    """주제를 모두 표시합니다"""
    --생략--
```

먼저 login_required() 함수를 임포트합니다. @와 login_required를 topics() 뷰 함수 앞에 붙여서 login_required()를 데코레이터로 적용했습니다. 파이썬은 이에 따라 topics()를 실행하기 전에 login_required()를 먼저 실행합니다.

login_required()는 사용자가 로그인했는지 확인하는 코드입니다. topics()는 사용자가 로그인한 경우에만 실행됩니다. 로그인하지 않은 사용자는 로그인 페이지로 리디렉트됩니다.

이 리디렉트가 동작하기 위해서는 settings.py를 수정해서 로그인 페이지를 지정해야 합니다. settings.py 마지막에 다음을 추가하세요.

settings.py

```
--생략--
# 내 설정
LOGIN_REDIRECT_URL = 'learning_logs:index'
LOGOUT_REDIRECT_URL = 'learning_logs:index'
LOGIN_URL = 'accounts:login'
```

이제 로그인하지 않은 사용자가 @login_required 데코레이터로 보호되는 페이지를 요청하면 Django는 해당 사용자를 LOGIN_URL에 정의된 URL로 리디렉트합니다.

계정에서 로그아웃한 다음 홈페이지에서 이 설정을 테스트할 수 있습니다. [Topics] 링크를 클릭하면 로그인 페이지가 나타날 겁니다. 계정에 로그인한 다음 홈페이지에서 [Topics] 링크를 다시 클릭해 보세요. 주제 페이지로 연결될 겁니다.

학습 로그 전체에 접근 제한하기

Django에서 개별 페이지에 대한 접근을 쉽게 제한할 수 있지만 어떤 페이지를 보호할지는 직접 결정해야 합니다. 제한 없이 접근해도 되는 페이지를 먼저 추린 다음, 나머지 페이지는 모두 제한하는 게 좋습니다. 제한을 해제하는 건 쉬운 일입니다. 민감한 페이지를 제한 없이 방치하는 것보다는 제한을 다시 푸는 약간의 불편함이 더 낫습니다.

학습 로그에서 제한이 필요 없는 페이지는 홈페이지와 등록 페이지입니다. 이를 제외한 페이지는 모두 접근을 제한합니다.

learning_logs/views.py를 다음과 같이 수정해서 index()를 제외한 모든 뷰에 @login_required 데코레이터를 적용하세요.

```python
--생략--
@login_required
def topics(request):
    --생략--

@login_required
def topic(request, topic_id):
    --생략--

@login_required
def new_topic(request):
    --생략--

@login_required
def new_entry(request, topic_id):
    --생략--

@login_required
def edit_entry(request, entry_id):
    --생략--
```

로그아웃한 상태에서 각 페이지에 접근하면 로그인 페이지로 리디렉트되어야 합니다. new_ topic 같은 페이지는 링크가 나타나지 않으므로 제한할 필요가 없다고 생각할 수도 있지만, *http://localhost:8000/new_topic/* URL을 직접 입력할 수도 있으므로 이런 경우에도 로 그인 페이지로 리디렉트되게 만들었습니다. 사용자의 개인 데이터에 접근할 수 있는 URL은 모 두 제한해야 합니다.

19.3.2 사용자와 데이터 연결하기

이제 데이터와 사용자를 연결할 차례입니다. 데이터 계층 구조에서 최상위에 있는 데이터만 사 용자와 연결하면 그 하위에 있는 데이터는 자동으로 연결됩니다. 학습 로그에서 최상위에 있는 데이터는 주제입니다. 항목은 모두 주제와 연결됩니다. 각 주제가 특정 사용자에게 속해 있기 만 하면 데이터베이스에서 각 항목의 소유자를 알 수 있습니다.

우선 Topic 모델에 사용자를 외래 키 관계로 연결합니다. 그런 다음 데이터베이스를 마이그레 이션해야 합니다. 마지막으로 현재 로그인한 사용자가 소유한 데이터만 표시하도록 일부 뷰를 수정하겠습니다.

주제 모델 수정하기

models.py에서는 단 두 행만 수정합니다.

models.py

```
from django.db import models
from django.contrib.auth.models import User

class Topic(models.Model):
    """사용자가 배우는 주제"""
    text = models.CharField(max_length=200)
    date_added = models.DateTimeField(auto_now_add=True)
    owner = models.ForeignKey(User, on_delete=models.CASCADE)

    def __str__(self):
        """주제를 나타내는 문자열을 반환합니다"""
        Return self.text

class Entry(models.Model):
    --생략--
```

django.contrib.auth에서 User 모델을 임포트합니다. 그리고 Topic에 owner 필드를 추가해 User 모델과 외래 키 관계를 만듭니다. 계단식 제거 인수를 사용했으므로 사용자를 제거하면 관련된 주제도 모두 제거됩니다.

기존 사용자 식별하기

이번 마이그레이션의 목적은 각 주제와 사용자를 연결하는 겁니다. 따라서 기존의 각 주제와 연관된 사용자 정보가 필요합니다. 일단 기존의 주제를 모두 한 명의 사용자(예를 들어 슈퍼유저)에게 할당하는 겁니다. 이를 위해서는 먼저 해당 사용자의 ID를 알아야 합니다.

지금까지 만든 모든 사용자의 ID를 알아봅시다. Django 셸 세션에서 다음 명령을 실행하세요.

```
(ll_env)learning_log$ python manage.py shell
>>> from django.contrib.auth.models import User # ❶
```

```
>>> User.objects.all() # ❷
<QuerySet [<User: ll_admin>, <User: eric>, <User: willie>]>
>>> for user in User.objects.all(): # ❸
...     print(user.username, user.id)
...
ll_admin 1
eric 2
willie 3
>>>
```

❶에서는 셸 세션에 User 모델을 임포트했습니다. 그리고 ❷에서는 지금까지 만든 사용자를 모두 가져옵니다.

❸에서는 사용자 리스트를 순회하면서 각 사용자의 사용자 이름과 ID를 출력했습니다. 지금까지 필자가 프로젝트에서 만든 세 사용자 ll_admin, eric, willie가 나열됐습니다. 이제 기존 주제를 연결할 사용자를 정할 때 이 ID 중 하나를 사용하면 됩니다.

데이터베이스 마이그레이션하기

사용자 ID를 파악했으니 데이터베이스 마이그레이션을 시작할 수 있습니다. 마이그레이션 과정에서 파이썬은 Topic 모델을 특정 소유자에게 임시로 연결할지, 아니면 models.py 파일에 기본 값을 지정할지 묻습니다. 옵션 1을 선택합니다.

```
(ll_env)learning_log$ python manage.py makemigrations learning_logs # ❶
It is impossible to add a non-nullable field 'owner' to topic without # ❷
specifying a default. This is because...
Please select a fix: # ❸
 1) Provide a one-off default now (will be set on all existing rows with a
    null value for this column)
 2) Quit and manually define a default value in models.py.
Select an option: 1 # ❹
Please enter the default value now, as valid Python # ❺
The datetime and django.utils.timezone modules are available...
Type 'exit' to exit this prompt
>>> 1 # ❻
Migrations for 'learning_logs':
  learning_logs/migrations/0003_topic_owner.py
- Add field owner to topic
(ll_env)learning_log$
```

❶에서는 makemigrations 명령어로 마이그레이션 준비를 시작합니다. 결과를 읽어 보면 필수인(null이 될 수 없는) 필드를 기존 모델 topic에 추가하고 있는데 기본 값이 없다는 뜻입니다(❷). ❸에서는 두 가지 선택지를 제공합니다. 지금 기본 값을 지정할 수도 있고, 일단 종료한 뒤 models.py에 기본 값을 추가할 수도 있습니다. ❹에서 필자는 첫 번째 옵션을 선택했습니다. 그러면 다시 기본 값을 지정하라는 메시지가 표시됩니다(❺).

❻에서는 사용자 ID 1을 입력해 기존 주제를 모두 관리자인 ll_admin과 연결했습니다. 그동안 만든 사용자의 ID는 뭐든 사용할 수 있습니다. 꼭 슈퍼유저를 지정할 필요는 없습니다. Django는 지정된 값을 사용해 Topic 모델에 owner 필드를 추가하는 마이그레이션 파일 0003_topic_owner.py를 만듭니다.

이제 마이그레이션을 실행할 수 있습니다. 가상 환경에서 다음을 입력하세요.

```
(ll_env)learning_log$ python manage.py migrate
Operations to perform:
  Apply all migrations: admin, auth, contenttypes, learning_logs, sessions
Running migrations:
  Applying learning_logs.0003_topic_owner... OK # ❶
(ll_env)learning_log$
```

마이그레이션에 성공했습니다(❶).

다음과 같이 셸 세션에서 마이그레이션이 잘 동작했는지 확인할 수 있습니다.

```
>>> from learning_logs.models import Topic
>>> for topic in Topic.objects.all():
...     print(topic, topic.owner)
...
Chess ll_admin
Rock Climbing ll_admin
>>>
```

learning_logs.models에서 Topic을 임포트하고 모든 주제를 순회하면서 각 주제와 소유자를 출력했습니다. 모든 주제가 사용자 ll_admin과 연결된 걸 볼 수 있습니다(에러가 일어나면 셸을 종료하고 다시 시작해 보세요).

> NOTE 마이그레이션을 실행하지 않고 데이터베이스를 초기화하는 방법도 있지만 그렇게 하면 기존 데이터

가 모두 사라집니다. 사용자 데이터를 유지하면서 데이터베이스를 마이그레이션하는 방법을 익히는 게 좋습니다. 새 데이터베이스로 시작하려면 **python manage.py flush** 명령을 사용하세요. 이 명령은 데이터베이스 구조를 다시 만듭니다. 일단 이 명령을 사용하면 모든 데이터가 사라지며, 슈퍼유저도 다시 만들어야 합니다.

19.3.3 소유자에게만 주제 접근 허용하기

현재는 일단 로그인하기만 하면 다른 사용자의 주제도 모두 볼 수 있습니다. 사용자에게 속한 주제만 표시하도록 변경하겠습니다.

views.py의 topics() 함수를 다음과 같이 바꿉니다.

learning_logs/views.py

```
--생략--
@login_required
def topics(request):
    """주제를 모두 표시합니다"""
    topics = Topic.objects.filter(owner=request.user).order_by('date_added')
    context = {'topics': topics}
    return render(request, 'learning_logs/topics.html', context)
--생략--
```

사용자가 로그인하면 request 객체에 사용자 정보를 포함하는 **request.user** 속성이 생깁니다. Topic.objects.filter(owner=request.user) 쿼리는 데이터베이스를 검색할 때 현재 사용자와 일치하는 **owner** 속성을 가진 **Topic** 객체만 가져오게끔 합니다. 주제를 표시하는 방법은 바꾸지 않았으므로 템플릿은 수정할 필요가 전혀 없습니다.

앞에서 기존의 주제를 모두 연결한 사용자로 로그인해 보세요. 모든 주제가 보여야 합니다. 로그아웃한 다음 다른 사용자로 다시 로그인하세요. "No topics have been added yet." 메시지가 보여야 합니다.

19.3.4 사용자의 주제 보호하기

아직 주제 페이지에 대한 접근을 제한하지 않았으므로 등록된 사용자는 *http://local-host:8000/topics/1/* 같은 URL을 다수 시도하다가 권한이 없는 주제를 볼 수도 있습니다.

직접 시도해 보세요. 모든 주제를 소유한 사용자로 로그인해서 주제에 접근한 다음 URL을 복사하거나 ID를 확인한 다음, 다른 사용자로 로그인해서 해당 주제의 URL을 붙여넣어 보세요. 다른 사용자로 로그인했음에도 항목이 보입니다.

topic() 뷰 함수에서 항목을 검색하기 전에 확인하게 만들어 이 문제를 해결할 수 있습니다.

learning_logs/views.py

```python
from django.shortcuts import render, redirect
from django.contrib.auth.decorators import login_required
from django.http import Http404 # ❶

--생략--
@login_required
def topic(request, topic_id):
    """주제 하나와 그 주제에 관련된 모든 항목"""
    topic = Topic.objects.get(id=topic_id)
    # 현재 사용자가 소유한 주제인지 확인합니다
    if topic.owner != request.user: # ❷
        raise Http404

    entries = topic.entry_set.order_by('-date_added')
    context = {'topic': topic, 'entries': entries}
    return render(request, 'learning_logs/topic.html', context)
--생략--
```

404 응답은 요청된 자료가 서버에 없을 때 반환되는 표준 에러 응답입니다. ❶에서 임포트한 Http404 예외는 사용자가 접근 권한이 없는 주제를 요청했을 때 일어날 에러입니다. 주제 요청을 받으면 페이지를 렌더링하기 전에 해당 주제가 현재 로그인한 사용자의 소유인지 확인합니다. 요청된 주제의 소유자와 현재 사용자가 다르면(❷) Http404 예외가 일어나고 404 에러 페이지를 반환합니다.

이제 다른 사용자의 주제를 보려 하면 Django에서 '페이지를 찾을 수 없음' 메시지를 표시합니다. 사용자에게 이런 디버깅 페이지를 노출하는 건 좋지 않으므로 20장에서 다른 페이지를 사용하게 설정할 겁니다.

19.3.5 edit_entry 페이지 보호하기

edit_entry 페이지의 URL은 *http://localhost:8000/edit_entry/entry_id/* 형태이며 entry_id는 숫자입니다. URL을 통해 다른 사용자의 항목에 접근할 수 없도록 이 페이지를 보호하겠습니다.

learning_logs/views.py

```
--생략--
@login_required
def edit_entry(request, entry_id):
    """기존 항목을 수정합니다"""
    entry = Entry.objects.get(id=entry_id)
    topic = entry.topic
    if topic.owner != request.user:
        raise Http404

    if request.method != 'POST':
        --생략--
```

이 뷰 함수는 항목, 항목과 연관된 주제를 가져옵니다. 그런 다음 주제 소유자가 현재 로그인한 사용자와 일치하는지 확인하고, 일치하지 않으면 Http404 예외를 일으킵니다.

19.3.6 새 주제를 현재 사용자와 연결하기

현재 새 주제를 추가하는 페이지는 사용자와 새 주제를 연결하지 않는 문제가 있습니다. 이 상태에서 새 주제를 추가하려고 하면 'NOT NULL constraint failed:learning_logs_topic.owner_id'라는 메시지와 함께 IntegrityError가 일어납니다. 이는 주제의 owner 필드에 값을 지정하지 않고 새 주제를 만들 수 없다는 뜻입니다.

request 객체를 통해 현재 사용자에 접근할 수 있으므로 이 문제의 해결책은 단순합니다. 새 항목을 현재 사용자와 연결하는 다음 코드를 추가합니다.

learning_logs/views.py

```
--생략--
@login_required
```

```python
def new_topic(request):
    --생략--
    else:
        # POST 데이터를 받았으므로 이를 처리합니다
        form = TopicForm(data=request.POST)
        if form.is_valid():
            new_topic = form.save(commit=False) # ❶
            new_topic.owner = request.user # ❷
            new_topic.save() # ❸
            return redirect('learning_logs:topics')

    # 빈 폼, 또는 유효하지 않은 폼을 표시합니다
    context = {'form': form}
    return render(request, 'learning_logs/new_topic.html', context)
--생략--
```

❶에서는 form.save()를 호출할 때 commit=False 인수를 전달해서 데이터베이스에 바로 저장하지 않게 했습니다. 그리고 ❷에서 새 주제의 owner 속성을 현재 사용자로 설정합니다. 마지막으로 ❸에서 현재 정의된 주제 인스턴스를 저장합니다. 이제 주제에는 필수 데이터가 모두 갖춰졌으므로 성공적으로 저장됩니다.

이제 얼마든지 많은 사용자가 원하는 만큼 새 주제를 추가할 수 있습니다. 각 사용자는 데이터를 보거나, 새 데이터를 입력하거나, 이전 데이터를 수정할 때 자신의 데이터에만 접근할 수 있습니다.

연습문제

19-3 리팩터링
현재 views.py에는 주제의 소유자가 현재 로그인한 사용자와 일치하는지 확인하는 부분이 둘 있습니다. 이 코드를 check_topic_owner() 함수로 분리하고 이 함수를 호출하도록 수정하세요.

19-4 new_entry 보호
현재 이 페이지의 보안이 완전하지 않아서 사용자가 다른 사용자의 주제 ID를 URL로 입력하고 새 항목을

19-5 블로그 보호
블로그 프로젝트에서 각 포스트가 사용자와 연결됐는지 확인하세요. 모든 포스트가 공개되지만, 등록된 사용자만 포스트를 추가하거나 수정할 수 있어야 합니다. 사용자가 포스트를 편집하는 뷰 함수에서 폼을 처리하기 전에 사용자의 권한을 확인하세요.

19.4 요약 정리

이 장에서는 폼을 사용해 새 주제와 항목을 추가하고 기존 항목을 수정하는 방법을 배웠습니다. 그리고 사용자 계정을 만들었습니다. 기존 사용자에게 로그인, 로그아웃 기능을 제공했고 Django의 `UserCreationForm`을 사용해 새 계정을 만들 수 있게 했습니다.

단순한 사용자 등록 및 인증 시스템을 갖춘 다음에는 `@login_required` 데코레이터를 사용해 일부 페이지는 로그인한 사용자만 접근할 수 있게 제한했고 외래 키 관계를 사용해 사용자와 데이터를 연결했습니다. 또한 모델에 어떤 데이터가 필수인 경우에 데이터베이스를 마이그레이션하는 방법도 배웠습니다.

마지막으로 뷰 함수를 수정해서 사용자가 자신의 데이터만 볼 수 있게 제한하는 방법을 배웠습니다. `filter()` 메서드를 사용해 원하는 데이터만 가져오고, 데이터 소유자와 현재 로그인한 사용자를 비교했습니다.

지금 당장은 어떤 데이터를 공개하고 어떤 데이터를 보호해야 할지 아리송할 수도 있습니다. 연습을 통해 이런 기준을 세울 수 있게 될 겁니다. 이 장을 잘 따라 했다면 프로젝트를 진행할 때 다른 사람과 협력하는 게 좋은 이유를 하나 더 발견했을 겁니다. 바로 다른 사람이 자신의 프로젝트를 보면 더 쉽게 허점을 발견할 수 있다는 점입니다.

이제 학습 로그 프로젝트는 여러분의 컴퓨터에서 완벽하게 작동합니다. 마지막 장에서는 학습 로그에 스타일을 적용해 멋져 보이게 만들고, 실제 서버에 배포해서 인터넷을 사용할 수 있는 사람은 모두 프로젝트에 등록하고 계정을 만들 수 있게 하겠습니다.

학습 로그: 애플리케이션 스타일과 배포

이제 학습 로그가 모든 기능을 갖췄지만, 스타일이 아직 없고 로컬 컴퓨터에서만 실행되는 아쉬움이 있습니다. 이 장에서는 단순하지만 전문가 느낌의 스타일을 적용하고, 실제 서버에 배포해서 전 세계 누구나 프로젝트를 사용할 수 있게 만듭니다.

스타일 적용은 **부트스트랩**Bootstrap을 사용합니다. 부트스트랩은 스마트폰부터 대형 모니터까지 모든 최신 기기에서 실행되는 웹 애플리케이션을 전문가 느낌으로 보이게 만들어 주는 라이브러리입니다. 이를 위해 django-bootstrap5 애플리케이션을 사용합니다. 이 애플리케이션을 쓰면 다른 Django 개발자가 만든 애플리케이션을 사용해 연습할 수도 있습니다.

서버 배포는 **platform.sh**를 사용합니다. platform.sh를 통해 인터넷에 연결된 사람 누구에게나 프로젝트를 공유할 수 있습니다. 또한 버전 관리 시스템 깃을 사용해 프로젝트의 변경 내용을 추적할 겁니다.

이 장을 읽고 나면 간단한 웹 애플리케이션을 개발하고 전문가 느낌의 스타일을 적용해 실제 서버에서 배포할 수 있을 겁니다. 또한 더 알아볼 수 있는 고급 자료도 함께 소개하겠습니다.

20.1 학습 로그에 스타일 적용하기

지금까지는 학습 로그의 기능이 더 중요하므로 의도적으로 스타일은 무시했습니다. 제대로 동작하지 않는 애플리케이션은 무의미하므로 먼저 기능 개발에 집중하는 게 좋기 때문입니다. 원하는 기능을 모두 구현했다면 보기 좋게 만들어야 더 많은 사람이 애플리케이션을 사용할 겁니다.

이 절에서는 django-bootstrap5 애플리케이션을 설치하고 프로젝트에 적용합니다. 그리고 이 애플리케이션을 사용해 프로젝트의 페이지 스타일을 지정하면 모든 페이지의 형태와 분위기에 일관성이 생깁니다.

20.1.1 django-bootstrap5 애플리케이션

django-bootstrap5 애플리케이션을 사용해 프로젝트에 부트스트랩을 적용하겠습니다. 이 애플리케이션은 부트스트랩 파일을 내려받아 프로젝트에 적용하고, 프로젝트 템플릿에서 스타일 지시자를 사용할 수 있게 합니다.

가상 환경에서 다음 명령을 실행해 django-bootstrap5를 설치하세요.

```
(ll_env)learning_log$ pip install django-bootstrap5
--생략--
Successfully installed beautifulsoup4-4.11.1 django-bootstrap5-21.3
    soupsieve-2.3.2.post1
```

settings.py를 다음과 같이 수정하세요.

settings.py

```
--생략--
INSTALLED_APPS = [
    # 내 애플리케이션
    'learning_logs',
    'accounts',

    # 써드 파티 애플리케이션
    'django_bootstrap5',

    # Django의 기본 애플리케이션
    'django.contrib.admin',
    --생략--
```

'Third party apps' 섹션은 다른 개발자가 만든 애플리케이션을 정리합니다. 이 섹션에 django_bootstrap5를 추가합니다. 이 섹션은 'My apps'와 Django 기본 애플리케이션 사이에 배치해야 합니다.

20.1.2 부트스트랩으로 학습 로그에 스타일 지정하기

부트스트랩은 다양한 스타일 도구 모음입니다. 부트스트랩에는 프로젝트 전체에 적용할 수 있는 스타일도 다양합니다. 여러 가지 스타일 도구를 사용하는 것보다는 이런 템플릿을 사용하는 게 훨씬 쉽습니다. *https://getbootstrap.com*에서 [**Examples**]를 클릭해 부트스트랩 템플릿을 둘러볼 수 있습니다. 우리는 단순한 상단 내비게이션 바와 페이지 콘텐츠 컨테이너로 구성된 **Navbar static** 템플릿을 사용할 겁니다.

[그림 20-1]은 부트스트랩 템플릿을 base.html에 적용하고 index.html을 조금 수정한 모습입니다.

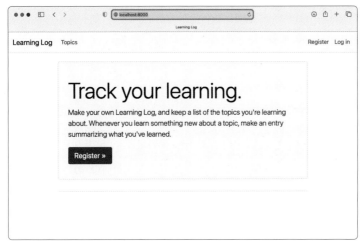

그림 20-1 부트스트랩을 적용한 학습 로그 홈페이지

20.1.3 base.html 수정하기

부트스트랩 템플릿을 사용하려면 base.html을 다시 만들어야 합니다. 새로운 base.html은 몇 단계로 나누어서 만들겠습니다. 이 파일은 상당히 큰 파일이므로 *https://ehmatthes. github.io/pcc_3e*에서 내려받아도 됩니다. 하지만 여러분이 필자가 제공하는 파일을 사용하더라도, 이어지는 내용을 모두 읽고 어떻게 바뀌었는지 이해하길 바랍니다.

HTML 헤더 정의하기

base.html에서 가장 먼저 바꿀 부분은 HTML 헤더입니다. 헤더에서는 템플릿에서 부트스트랩을 사용할 수 있도록 몇 가지 요소를 추가하고 페이지 타이틀도 지정합니다. base.html의 기존 내용을 모두 제거하고 다음 코드로 바꾸세요.

base.html

```
<!doctype html> # ❶
<html lang="en"> # ❷
<head> # ❸
  <meta charset="utf-8">
  <meta name="viewport" content="width=device-width, initial-scale=1">
  <title>Learning Log</title> # ❹

  {% load django_bootstrap5 %} # ❺
  {% bootstrap_css %}
  {% bootstrap_javascript %}

</head>
```

❶은 이 파일이 HTML 문서라는 뜻이고, ❷는 영어로 작성된 파일이라는 뜻입니다. HTML 파일은 **헤드**와 **바디** 두 부분으로 나뉩니다. 파일 헤드는 <head>으로 시작합니다(❸). HTML 파일의 헤드에는 페이지 콘텐츠가 포함되지 않는 대신, 페이지를 정확히 표시하기 위해 브라우저가 알아야 할 내용을 담고 있습니다. ❹의 <title>은 학습 로그를 열 때마다 브라우저의 제목 표시줄에 표시될 타이틀을 지정합니다.

헤드 섹션을 닫기 전에 django-bootstrap5에서 사용할 수 있는 템플릿 태그 컬렉션을 가져옵니다(❺). {% bootstrap_css %}는 django-bootstrap5에서 사용하는 커스텀 태그이며 부트스트랩 스타일에 필요한 CSS 파일을 모두 불러옵니다. 그 다음의 bootstrap_javascript는 페이지에 대화형 기능을 제공하기 위해 필요한 부분입니다. 마지막 줄의 </head> 태그는 헤드를 닫습니다.

이제 base.html을 상속하는 템플릿은 모두 부트스트랩 스타일을 사용할 수 있습니다. django-bootstrap5의 템플릿 태그를 사용하려면 템플릿에 반드시 {% load django_bootstrap5 %} 태그가 있어야 합니다.

내비게이션 바 정의하기

페이지 상단의 내비게이션 바를 정의하는 코드는 상당히 복잡해 보입니다. 이는 이 코드가 좁은 스마트폰 화면과 넓은 모니터 화면을 모두 포함하기 때문입니다. 그러므로 내비게이션 바를 여러 단계로 나누어 설명하겠습니다.

내비게이션 바의 첫 부분은 다음과 같습니다.

base.html

```
--생략--
</head>
<body>

  <nav class="navbar navbar-expand-md navbar-light bg-light mb-4 border"> # ❶
    <div class="container-fluid">
      <a class="navbar-brand" href="{% url 'learning_logs:index' %}"> # ❷
          Learning Log</a>

      <button class="navbar-toggler" type="button" data-bs-toggle="collapse" # ❸
        data-bs-target="#navbarCollapse" aria-controls="navbarCollapse"
        aria-expanded="false" aria-label="Toggle navigation">
        <span class="navbar-toggler-icon"></span>
      </button>

      <div class="collapse navbar-collapse" id="navbarCollapse"> # ❹
        <ul class="navbar-nav me-auto mb-2 mb-md-0"> # ❺
          <li class="nav-item"> # ❻
            <a class="nav-link" href="{% url 'learning_logs:topics' %}"> # ❼
              Topics</a></li>
        </ul> <!-- End of links on left side of navbar -->
      </div> <!-- Closes collapsible parts of navbar -->

    </div> <!-- Closes navbar's container -->
  </nav> <!-- End of navbar -->
{% block content %}{% endblock content %} # ❽

</body>
</html>
```

처음 보는 body 태그가 있습니다. HTML 파일의 **바디**는 사용자가 페이지에서 보는 콘텐츠입니다. 다음에 있는 <nav>는 페이지 상단의 내비게이션 바 요소를 시작하는 코드입니다(❶). 내비게이션 바는 navbar, navbar-expand-md 등의 부트스트랩 스타일 규칙에 따라 스타일이 지정됩니다. ❶의 class는 스타일 규칙을 적용할 요소를 지정하는 기준이며 파이썬의 클래스와는 좀 다릅니다. 이를 **선택자**^{selector}라 부릅니다. navbar-light와 bg-light는 내비게이션 바에 밝은 배경의 스타일을 지정하겠다는 뜻입니다. mb-4의 mb는 **아래쪽 마진**^{margin-bottom}의 줄임말이며 내비게이션 바 아래쪽에 공간을 조금 추가합니다. border는 배경 주변에 얇은 보더를 추가합니다.

다음 줄의 <div>는 내비게이션 바 전체를 포괄하는 컨테이너를 엽니다. 여기서 div는 구획^{division}을 뜻합니다. 이 요소는 페이지를 여러 구획으로 나눠 스타일과 동작 규칙을 정의할 수 있게 합니다. 여는 <div> 태그에 정의한 스타일이나 동작 규칙은 </div> 태그로 닫을 때까지 적용됩니다.

❷에서는 내비게이션 바의 첫 번째 요소로 프로젝트 이름인 Learning Log를 배치했습니다. 이 요소는 18장과 19장에서 실습한 스타일이 없는 버전과 마찬가지로 홈페이지 링크 역할을 합니다. navbar-brand 스타일을 지정해서 내비게이션 바에 포함된 다른 요소들보다 돋보이게 만들었습니다.

❸의 버튼은 브라우저가 좁아서 내비게이션 바를 가로로 표시할 수 없을 때 세로로 전환하는 역할입니다. 사용자가 버튼을 클릭하면 내비게이션 바가 드롭다운 리스트로 바뀝니다. collapse는 사용자가 브라우저의 너비를 줄이거나 처음부터 화면 크기가 작은 장치에서 사이트를 사용할 때 내비게이션 바를 접는 역할입니다.

❹에서는 <div>로 내비게이션 바에 새 섹션을 열었습니다. 이 섹션은 브라우저의 크기에 따라 접히는 부분입니다.

부트스트랩은 내비게이션 요소를 순서 없는 리스트로 만들지만(❺), 스타일을 적용해서 리스트 요소처럼 보이지 않게 만듭니다. 따라서 내비게이션 바에 포함되는 링크나 요소는 모두 순서 없는 리스트 요소로 만듭니다(❻). 현재는 이 리스트에 주제 페이지의 링크만(❼) 존재합니다. 링크 마지막에 닫는 태그 </li>를 썼습니다. 태그를 열었으면 반드시 닫아야 합니다.

나머지 코드는 모두 열려 있는 요소를 닫는 태그입니다. HTML 주석은 다음과 같이 만듭니다.

```
<!-- This is an HTML comment. -->
```

닫는 태그는 보통 주석을 붙이지 않지만, HTML 구조에 익숙하지 않다면 닫는 태그에 주석을 붙여야 읽기 편할 겁니다. 태그 하나만 실수해도 페이지 전체의 레이아웃이 망가질 수 있습니다. ❽에서는 content 블록을 추가하고 바디와 html 전체를 닫는 태그를 썼습니다.

내비게이션 바는 아직 완성되지 않았지만, HTML 문서의 구조는 완전해졌습니다. runserver 를 현재 실행 중이라면 재시작하세요. 프로젝트 홈페이지로 이동하면 [그림 20-1]의 내비게 이션 바 일부가 보일 겁니다. 이제 나머지 요소를 내비게이션 바에 추가해 보겠습니다.

사용자 계정 링크 추가하기

사용자 계정과 관련된 링크를 먼저 추가해야 합니다. 로그아웃 링크를 제외한 계정 관련 링크 를 추가하겠습니다.

base.html을 다음과 같이 수정합니다.

base.html

```
--생략--
        </ul> <!-- End of links on left side of navbar -->

        <!-- Account-related links -->
        <ul class="navbar-nav ms-auto mb-2 mb-md-0"> # ❶

          {% if user.is_authenticated %} # ❷
            <li class="nav-item">
              <span class="navbar-text me-2">Hello, {{ user.username }}. # ❸
                </span></li>
          {% else %} # ❹
            <li class="nav-item">
              <a class="nav-link" href="{% url 'accounts:register' %}">
                Register</a></li>
            <li class="nav-item">
              <a class="nav-link" href="{% url 'accounts:login' %}">
                Log in</a></li>
          {% endif %}

        </ul> <!-- End of account-related links -->

      </div> <!-- Closes collapsible parts of navbar -->
      --생략--
```

❶에서는 `<ul>`을 써서 새로운 링크 그룹을 추가했습니다. 링크 그룹은 페이지에 필요한 만큼 추가할 수 있습니다. ❶의 `ms-auto`는 `margin-start-automatic`의 줄임말입니다. 이 클래스는 내비게이션 바에 포함된 다른 그룹들을 확인하고, 이 그룹에 왼쪽(start) 마진을 적용해 브라우저의 오른쪽에 배치합니다.

❷의 `if` 블록은 사용자의 로그인 여부에 따라 메시지를 구분하기 위해 사용했습니다. 이번에는 스타일 규칙을 조금 추가했으므로 블록이 좀 길어졌습니다. ❸은 로그인한 사용자에 대한 인사 말이며 `<span>` 요소 안에 넣었습니다. span 요소는 텍스트의 일부를 임의로 선택해서 스타일을 지정할 때 사용합니다. div 요소는 페이지 안에 구획을 만들지만, span 요소는 따로 구획을 만들지 않습니다. 페이지에 div 요소를 여러 단계로 중첩하는 사이트가 많이 있으므로 처음에는 혼란스러워 보일 수 있습니다. 여기서 span 요소를 사용한 이유는 로그인한 사용자의 이름에 스타일을 지정하기 위해서입니다.

❹의 `else` 블록은 사용자가 로그인하지 않았을 경우 실행되며 계정 등록과 로그인 링크가 들어 있습니다. 두 링크의 스타일은 주제 페이지 링크와 같습니다.

내비게이션 바에 링크를 추가하고 싶다면 이미 정의한 `<ul>` 그룹 안에 `<li>` 요소를 추가하고, 앞에서와 마찬가지로 스타일 지시자를 사용하면 됩니다.

이제 내비게이션 바에 로그아웃 폼을 추가합시다.

내비게이션 바에 로그아웃 폼 추가하기

현재는 `base.html` 하단에 로그아웃 폼이 있습니다. 이 폼은 내비게이션 바에 배치하는 편이 더 좋습니다.

base.html

```
--생략--
    </ul> <!-- End of account-related links -->

        {% if user.is_authenticated %}
         <form action="{% url 'accounts:logout' %}" method='post'>
          {% csrf_token %}
          <button name='submit' class='btn btn-outline-secondary btn-sm'> # ❶
             Log out</button>
        </form>
```

```
          {% endif %}

     </div> <!-- Closes collapsible parts of navbar -->
     --생략--
```

로그아웃 폼은 계정 관련 링크와 함께 있는 게 좋고, 내비게이션 바의 접히는 영역 안에 있어야 합니다. 폼에서 바뀐 부분은 ❶에서 button 요소에 부트스트랩 스타일 지시자를 쓴 것밖에 없습니다.

홈페이지를 새로고침하면 자유롭게 로그인, 로그아웃할 수 있습니다.

아직 base.html에 추가해야 할 게 조금 더 있습니다. 개별 페이지에서 고유한 콘텐츠를 배치할 블록을 두 개 만들어야 합니다.

페이지의 메인 파트 만들기

base.html의 나머지 부분은 페이지 콘텐츠가 들어갈 자리입니다.

base.html

```
  --생략--
    </nav> <!-- End of navbar -->

    <main class="container"> # ❶
      <div class="pb-2 mb-2 border-bottom"> # ❷
        {% block page_header %}{% endblock page_header %}
      </div>
      <div> # ❸
        {% block content %}{% endblock content %}
      </div>
    </main>

  </body>
  </html>
```

❶에서는 <main> 요소를 시작했습니다. main 요소는 페이지 바디의 가장 중요한 콘텐츠를 담는 요소입니다. 여기서는 부트스트랩 클래스 container를 할당했습니다. 이 컨테이너에 div 요소 두 개를 배치합니다.

첫 번째 div 요소에는 page_header 블록이 들어 있습니다(❷). 대부분의 페이지에서 이 블록을 사용해 페이지 타이틀을 지정할 겁니다. 이 부분이 페이지의 나머지 부분보다 돋보이게 하기 위해 아래쪽에 패딩을 조금 넣었습니다. **패딩**^{padding}이란 요소의 콘텐츠와 보더 사이에 있는 공간을 말합니다. pb-2 클래스는 해당 요소의 하단에 패딩을 적당량 삽입하는 역할입니다. **마진**^{margin}은 요소 보더와 다른 요소 사이의 공간입니다. mb-2 클래스는 이 div 요소의 아래쪽에 적당량의 마진을 삽입합니다. border-bottom은 page_header 블록 하단에 보더를 만드는 클래스입니다.

❸에서는 content 블록을 담은 div 요소를 하나 더 만들었습니다. 이 요소에는 부트스트랩 스타일을 적용하지 않았으며, 해당 페이지 콘텐츠에 어울리는 스타일을 따로 지정할 수 있습니다. base.html 파일은 main, body, html 요소를 닫는 태그로 끝납니다.

이제 브라우저에서 학습 로그 홈페이지를 불러오면 [그림 20-1]과 같이 전문적인 느낌이 나는 내비게이션 바가 표시될 겁니다. 브라우저 크기를 아주 좁게 바꿔 보세요. 내비게이션 바 대신 버튼이 나타날 겁니다. 이 버튼을 클릭하면 모든 링크가 드롭다운 리스트로 표시됩니다.

20.1.4 점보트론으로 홈페이지에 스타일 적용하기

이번에는 **점보트론**^{Jumbotron}이라는 부트스트랩 요소를 사용해 아주 눈에 띄는 스타일을 적용하겠습니다. 점보트론은 일반적으로 홈페이지에 프로젝트 전체에 대한 간단한 설명을 제공하고 방문자의 클릭을 유도할 목적으로 사용합니다.

index.html 파일을 다음과 같이 수정합니다.

index.html

```
{% extends "learning_logs/base.html" %}

{% block page_header %} # ❶
  <div class="p-3 mb-4 bg-light border rounded-3"> # ❷
    <div class="container-fluid py-4">
      <h1 class="display-3">Track your learning.</h1> # ❸

      <p class="lead">Make your own Learning Log, and keep a list of the # ❹
      topics you're learning about. Whenever you learn something new
```

```
        about a topic, make an entry summarizing what you've learned.</p>
        <a class="btn btn-primary btn-lg mt-1" # ❺
          href="{% url 'accounts:register' %}">Register »</a>
      </div>
    </div>
  {% endblock page_header %}
```

❶은 이 컨텐츠가 page_header 블록에 들어간다고 지정하는 블록입니다. 점보트론은 중첩된 div 요소를 사용하며 각 요소에 따라 스타일을 적용합니다. 외부 div에는 패딩, 마진, 배경색, 모서리를 둥글게 마감하는 스타일을 적용합니다(❷). 내부 div는 브라우저 크기에 따라 크기가 변하며 이 요소에도 패딩이 약간 들어갑니다. py-4는 요소 상단과 하단에 패딩을 추가하는 클래스입니다. 숫자를 다양하게 바꾸고 홈페이지를 확인하면서 어떤 설정이 가장 어울리는지 찾아보세요.

점보트론 안에는 세 가지 요소가 있습니다. ❸은 방문자에게 이 프로젝트가 어떤 프로젝트인지 알리는 'Track your learning' 메시지입니다. <h1> 요소는 가장 큰 헤더입니다. display-3 클래스는 헤더에 위아래로 좀 늘어난 형태를 지정합니다. ❹에서는 사용자가 학습 로그를 통해 어떤 일을 할 수 있는지 좀 더 자세한 정보를 제공합니다. 이 문단에 사용한 lead 클래스 역시 다른 문단보다 좀 더 돋보이는 스타일을 적용합니다.

❺에서는 계정을 등록하라는 텍스트 링크보다 버튼으로 만들어 더 눈에 띄게 했습니다. 내비게 이션 바에도 똑같은 링크가 있지만, 이 버튼은 훨씬 더 눈에 띄고 사용자는 자신이 가장 먼저 할 일을 더 쉽게 알 수 있습니다. 여기서 사용한 클래스는 클릭을 유도할 수 있는 큰 버튼을 만드는 스타일입니다. »는 오른쪽 꺾쇠 두 개(»)를 조합한 모양인 HTML 엔티티^{HTML entity}입니다. 마지막으로 page_header 블록을 닫습니다. 이 파일에는 div 요소 두 개만 있으므로 닫는 태그에 주석을 쓸 필요는 별로 없습니다. 이 페이지에는 추가할 내용이 더는 없으므로 이 템플릿에는 content 블록이 필요 없습니다.

이제 홈페이지는 [그림 20-1]과 같습니다. 스타일을 사용하지 않았던 기존 프로젝트보다 훨씬 매력적입니다.

20.1.5 로그인 페이지에 스타일 적용하기

로그인을 유도하는 페이지는 깔끔하게 만들었지만 정작 로그인 페이지 자체에는 아직 스타일이 없습니다. login.html을 수정해서 홈페이지와 비슷한 느낌을 주게 만들어 봅시다.

login.html

```
{% extends 'learning_logs/base.html' %}
{% load django_bootstrap5 %} # ❶

{% block page_header %} # ❷
  <h2>Log in to your account.</h2>
{% endblock page_header %}

{% block content %}
  <form action="{% url 'accounts:login' %}" method='post'>
    {% csrf_token %}
    {% bootstrap_form form %} # ❸
    {% bootstrap_button button_type="submit" content="Log in" %} # ❹
  </form>

{% endblock content %}
```

❶에서는 bootstrap5 템플릿 태그를 불러왔습니다. ❷에서는 이 페이지의 목적을 알리는 **page_header** 블록을 만들었습니다. django-bootstrap5가 폼 에러를 자동으로 처리하므로 템플릿에서 {% if form.errors %} 블록을 제거했습니다.

❸에서는 19장에서 사용한 {{ form.as_div }} 요소 대신 템플릿 태그 {% bootstrap_form %}을 사용해 폼을 표시합니다. {% booststrap_form %} 템플릿 태그는 폼을 렌더링할 때 폼의 개별 요소에 부트스트랩 스타일 규칙을 삽입합니다. ❹에서는 {% bootstrap_button %} 태그를 사용하면서 이 버튼이 전송 버튼임을 지정하는 인수를 썼고, **Log in**이라는 이름표를 지정했습니다.

[그림 20-2]는 새로운 스타일이 적용된 로그인 페이지입니다. 훨씬 보기 좋고, 홈페이지와 비슷하게 단순하면서도 깔끔한 느낌을 줍니다. 의도적으로 잘못된 사용자 이름이나 비밀번호로 로그인을 시도해 보세요. 에러 메시지 역시 사이트 전체와 일관성 있는 스타일이 적용된 걸 볼 수 있습니다.

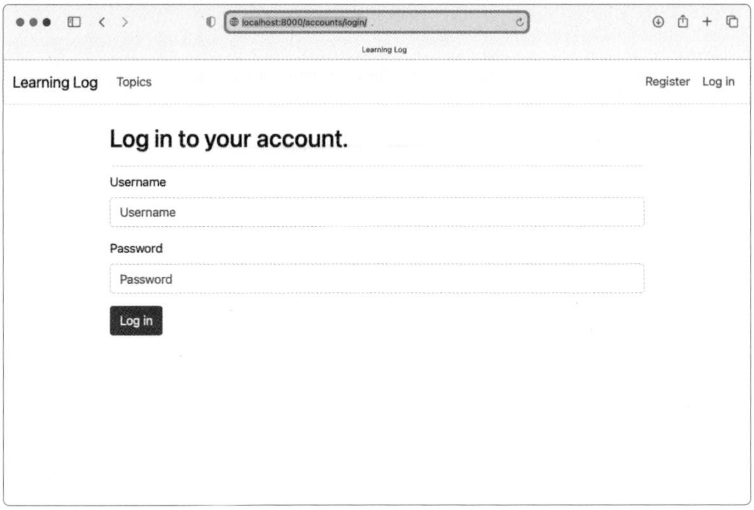

그림 20-2 부트스트랩을 적용한 로그인 페이지

20.1.6 주제 페이지에 스타일 적용하기

정보를 보여 주는 페이지에도 스타일을 적용해 봅시다. 주제 리스트 페이지로 시작합니다.

topics.html

```
{% extends 'learning_logs/base.html' %}

{% block page_header %}

  <h1>Topics</h1> # ①
{% endblock page_header %}

{% block content %}

  <ul class="list-group border-bottom pb-2 mb-4"> # ②
    {% for topic in topics %}
      <li class="list-group-item border-0"> # ③
        <a href="{% url 'learning_logs:topic' topic.id %}">
          {{ topic.text }}</a>
      </li>
    {% empty %}
      <li class="list-group-item border-0">No topics have been added yet.</li> # ④
    {% endfor %}
```

```
      </ul>

      <a href="{% url 'learning_logs:new_topic' %}">Add a new topic</a>

    {% endblock content %}
```

이 파일에는 bootstrap5 템플릿 태그를 사용하지 않으므로 {% load bootstrap5 %} 태그도 필요 없습니다. 제목인 Topics를 page_header 블록 안에 넣었고, 문단 대신 <h1> 요소를 사용했습니다(❶).

이 페이지의 메인 콘텐츠는 주제 리스트이므로 부트스트랩의 **리스트 그룹**^{list group} 컴포넌트를 사용해 페이지를 렌더링합니다. 이 컴포넌트를 사용하면 전체 리스트와 리스트의 각 항목에 일관된 스타일을 적용할 수 있습니다. ❷에서는 <ul> 태그를 열면서 list-group 클래스를 지정해 리스트의 기본 스타일을 적용했습니다. border-bottom으로 리스트 하단 보더, pb-2로 약간의 패딩, mb-4로 약간의 아래쪽 마진을 추가로 지정했습니다.

리스트의 각 항목에는 list-group-item 클래스를 적용해야 합니다. ❸에서는 항목 주위의 보더를 없애서 기본 스타일을 조금 변형했습니다. 주제 리스트가 비어 있을 때 표시할 메시지에도 마찬가지 클래스를 지정하는 게 좋습니다(❹).

지금 주제 리스트 페이지를 확인해 보면 홈페이지와 일체감 있는 스타일이 적용되어 있을 겁니다.

20.1.7 개별 주제 페이지에 스타일 적용하기

개별 주제 페이지에는 부트스트랩 카드 컴포넌트를 사용합니다. **카드**^{card}는 div 요소를 중첩하는 컴포넌트이며, 미리 정의된 스타일은 항목들을 표시할 때 잘 어울립니다.

topic.html

```
    {% extends 'learning_logs/base.html' %}

    {% block page_header %} # ❶
      <h1>{{ topic.text }}</h1>
    {% endblock page_header %}
    {% block content %}
      <p>
```

```
      <a href="{% url 'learning_logs:new_entry' topic.id %}">Add new entry</a>
    </p>

    {% for entry in entries %}
      <div class="card mb-3"> # ❷
        <!-- Card header with timestamp and edit link -->
        <h4 class="card-header"> # ❸
          {{ entry.date_added|date:'M d, Y H:i' }}
          <small><a href="{% url 'learning_logs:edit_entry' entry.id %}"> # ❹
            edit entry</a></small>
        </h4>
        <!-- Card body with entry text -->
        <div class="card-body">{{ entry.text|linebreaks }}</div> # ❺
      </div>
    {% empty %}
      <p>There are no entries for this topic yet.</p> # ❻
    {% endfor %}

{% endblock content %}
```

❶에서는 먼저 주제 페이지를 page_header 블록으로 옮겼습니다. 그리고 이 템플릿에서 기존에 사용했던 순서 없는 리스트 구조는 제거했습니다. 각 항목을 리스트 항목으로 만들지 않고 div 요소로 대치하면서 card 클래스를 적용합니다(❷). 카드에는 요소가 두 개 들어 있습니다. 하나는 타임스탬프와 함께 항목을 수정할 수 있는 링크가 들어 있고, 다른 하나에는 항목 바디 텍스트가 들어 있습니다. card 클래스에는 이런 구조에 필요한 스타일이 대부분 미리 지정되어 있습니다. 필자는 mb-3 클래스를 추가해서 각 카드의 하단에 마진을 조금 추가했습니다.

카드의 첫 번째 요소는 card-header 클래스를 적용한 h4 요소입니다(❸). 이 헤더에는 항목을 작성한 날짜, 항목을 수정하는 링크가 들어 있습니다. edit_entry 링크를 감싼 <small> 요소는 이 링크의 폰트를 타임스탬프보다 조금 작게 표현합니다(❹). 두 번째 요소는 card-body 클래스를 사용한 div 요소입니다(❺). 이 클래스는 텍스트를 단순한 박스 형태로 표시합니다. 페이지에 정보를 표시하는 'Django' 코드는 달라진게 없습니다. 여기서 바꾼 내용은 모두 페이지의 형태에만 영향이 있습니다. 더는 순서 없는 리스트를 사용하지 않으므로, 리스트가 비어 있다는 메시지는 문단으로 바꿨습니다(❻).

[그림 20-3]은 깔끔해진 주제 페이지입니다. 학습 로그의 기능은 그대로이지만 훨씬 매력적

이므로 사용자도 써보고 싶은 마음이 생길 겁니다.

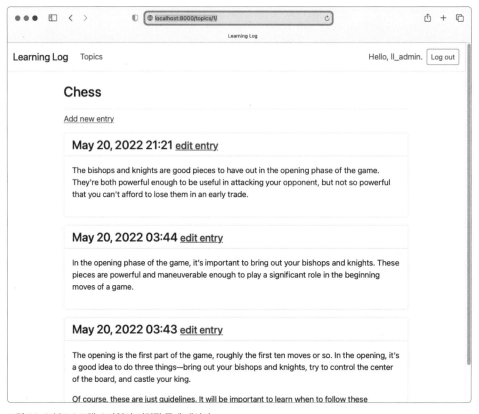

그림 20-3 부트스트랩 스타일이 지정된 주제 페이지

학습 로그에 다른 부트스트랩 템플릿을 사용하고 싶다면 이 장에서 배운 내용을 조금만 바꿔보면 됩니다. 사용할 템플릿을 base.html에 복사한 다음, 실제 콘텐츠를 포함하는 요소를 수정해서 프로젝트 정보가 잘 나타나게 하면 됩니다. 그리고 부트스트랩의 스타일 도구를 사용해각 페이지의 콘텐츠 스타일을 더 세밀하게 조절할 수 있습니다.

> NOTE 부트스트랩 프로젝트의 문서는 아주 훌륭합니다. *https://getbootstrap.com*을 방문해 [Docs]를 클릭하면 부트스트랩에 대해 더 알아볼 수 있습니다.

20-1 다른 폼

책에서는 로그인 페이지에 부트스트랩 스타일을 적용하는 방법을 설명했습니다. new_topic, new_entry, edit_entry, register 같은 폼 기반 페이지에도 비슷한 스타일을 적용해 보세요.

20-2 블로그 스타일

19장에서 만든 블로그 프로젝트에 부트스트랩 스타일을 적용해 보세요.

20.2 학습 로그 배포하기

프로젝트를 멋지게 꾸몄으니 인터넷에 연결된 사람은 모두 사용할 수 있도록 서버에 배포해 봅시다. 이 책에서는 웹 애플리케이션 배포를 돕는 웹 기반 플랫폼인 platform.sh를 사용할 겁니다. platform.sh에서 학습 로그를 실행할 수 있게 만듭시다.[1]

20.2.1 platform.sh 계정 만들기

*https://platform.sh*에 방문해서 [**Free Trial**] 버튼을 클릭하세요. 이 글을 쓰는 시점에서 platform.sh의 무료 버전은 신용 카드 정보를 요구하지 않습니다. platform.sh는 사용하기 쉬운 편이므로 무료 버전으로도 프로젝트를 테스트하기엔 충분합니다.

> **NOTE** 호스팅 플랫폼은 스팸과 리소스 남용에 대비해야 하므로 무료 버전의 제한도 자주 바뀌는 편입니다. *https://platform.sh/free-trial*에서 무료 버전의 제한 현황을 확인할 수 있습니다.

---

1 옮긴이_ 이후 내용은 독자 여러분이 실제로 platform.sh를 호스팅 서버로 선택해서 프로젝트를 배포할 경우에만 정확히 익힐 필요가 있는 내용이고, 그렇지 않고 다른 서비스를 선택한다면 배포 과정을 대략 훑어본다는 생각으로 읽으시면 됩니다(배포 과정에서 해결하기 어려운 오류가 있다면 부록 E '배포 문제 해결하기'를 참고하세요). 요점은 로컬에서 테스트, 커밋, 푸시, 온라인 서버에서 테스트의 반복입니다. 그리고 plaform.sh가 제공하는 무료 기간이 생각보다 짧으니 기간 내에 테스트하려면 좀 서두르셔야 합니다.

20.2.2 platform.sh CLI 설치하기

platform.sh에서 프로젝트를 배포하고 관리하려면 명령행 인터페이스(CLI) 도구가 필요합니다. *https://docs.platform.sh/development/cli.html*에 방문해 여러분의 운영체제에 대한 문서를 읽고 CLI 최신 버전을 설치하세요.

대부분의 컴퓨터에서 다음 명령어로 CLI를 설치할 수 있습니다.

```
$ curl -fsS https://platform.sh/cli/installer | php
```

명령을 실행한 다음 터미널을 다시 열어야 CLI를 사용할 수 있습니다.

> **NOTE** 윈도우 표준 터미널에서는 이 명령어가 동작하지 않을 수도 있습니다. 이럴 때는 WSL(윈도우용 리눅스 서브시스템) 또는 깃 배시 터미널을 사용하면 됩니다. PHP를 설치해야 한다면 *https://apache-friends.org*에서 XAMPP 설치 파일을 내려받아 사용하세요. platform.sh CLI를 설치하는 게 어렵다면 부록 E '배포 문제 해결하기'를 읽어 보세요.

20.2.3 platformshconfig 설치하기

추가 패키지인 `platformshconfig`도 설치해야 합니다. 이 패키지는 프로젝트를 로컬 컴퓨터에서 실행 중인지, 아니면 platform.sh 서버에서 실행 중인지 확인할 수 있습니다. 가상 환경에서 다음 명령을 실행하세요.

```
(ll_env)learning_log$ pip install platformshconfig
```

실제 서버에서 실행할 때는 이 패키지를 사용해 프로젝트 설정을 바꿉니다.

20.2.4 requirements.txt 파일 생성하기

원격 서버는 학습 로그에서 어떤 패키지를 사용하는지 알지 못하므로 pip를 써서 이를 지정하는 파일을 만들어야 합니다. 가상 환경에서 다음 명령을 실행합니다.

```
(ll_env)learning_log$ pip freeze > requirements.txt
```

freeze 명령어는 현재 프로젝트에 설치된 패키지 이름을 모두 requirements.txt 파일에 기록하라는 명령입니다. 파일을 열면 다음과 같이 프로젝트에 설치된 패키지 이름과 버전이 보입니다.

requirements.txt

```
asgiref==3.5.2
beautifulsoup4==4.11.1
Django==4.1
django-bootstrap5==21.3
platformshconfig==2.4.0
soupsieve==2.3.2.post1
sqlparse==0.4.2
```

학습 로그는 이미 일곱 가지 패키지를 사용하므로 원격 서버에서도 정상적으로 실행되기 위해서는 환경이 일치해야 합니다(필자는 패키지 중 세 가지만 직접 설치했고, 나머지는 세 가지를 설치하는 과정에서 자동으로 설치됐습니다).

platform.sh는 학습 로그를 배포할 때 requirements.txt에 기록된 패키지를 모두 설치해서 로컬과 같은 환경을 만듭니다. 따라서 서버에 배포된 프로젝트도 로컬 컴퓨터와 똑같이 동작한다고 확신할 수 있습니다. 이런 방식은 컴퓨터에서 여러 가지 프로젝트를 만들고 관리할 때 아주 중요합니다.

> **NOTE** 여러분의 패키지 버전과 필자의 패키지 버전이 다르더라도 프로젝트가 정상적으로 동작하기만 했다면 신경 쓰지 않아도 됩니다.

20.2.5 배포 환경 추가하기

실제 서버에는 패키지가 두 개 더 필요합니다. 추가되는 패키지는 많은 사용자가 동시에 요청할 때도 안정적으로 동작하는 데 필요합니다.

requirements.txt와 같은 폴더에 requirements_remote.txt 파일을 만드세요. 다음과 같이 패키지 두 개를 추가합니다.

requirements_remote.txt

```
# 실제 서버에 필요한 패키지
gunicorn
psycopg2
```

gunicorn 패키지는 원격 서버에 들어오는 요청에 응답합니다. 이 패키지가 로컬 컴퓨터의 개발 서버를 대체합니다. psycopg2는 platform.sh에서 사용하는 데이터베이스인 **포스트그레스** Postgres를 Django가 활용하기 위해 필요합니다. **포스트그레스**는 실무 애플리케이션에 사용할 수 있게 만든 오픈 소스 데이터베이스입니다.

20.2.6 설정 파일 추가하기

모든 서버는 프로젝트를 정확히 실행하기 위해 몇 가지 설정이 추가로 필요합니다. 이 절에서 설명할 추가 설정 파일은 세 가지입니다.

- .platform.app.yaml: 프로젝트의 메인 설정 파일입니다. 이 파일은 어떤 프로젝트를 배포하는지, 어떤 자료가 필요한지 platform.sh에 전달하며 서버에서 프로젝트 빌드에 사용하는 명령도 들어 있습니다.
- .platform//routes.yaml: 프로젝트의 라우팅을 정의하는 파일입니다. platform.sh에 들어오는 요청을 우리 프로젝트로 보내기 위해 필요한 설정입니다.
- .platform//services.yaml: 프로젝트에 필요한 추가 서비스를 정의합니다.

이들은 모두 YAML 파일입니다. **YAML**은 설정 파일을 만들기 위해 설계된 언어이며 사람과 컴퓨터 모두 쉽게 읽을 수 있습니다. YAML은 손으로 직접 작성하고 수정하기에도 어렵지 않고, 컴퓨터끼리 데이터를 교환하기에도 알맞습니다.

YAML을 사용하면 배포 절차에서 발생할 수 있는 여러 가지 상황을 꽤 세밀하게 조종할 수 있으므로 배포 설정에 적합합니다.

숨긴 파일 보기

대부분의 운영체제는 .platform처럼 점으로 시작하는 파일이나 폴더를 숨깁니다. 즉 파일 브라우저에서 이런 파일과 폴더를 기본적으로 표시하지 않는다는 뜻입니다. 하지만 프로그래머는 이런 파일도 볼 수 있어야 합니다. 다음은 각 운영체제에서 숨김 파일을 보는 방법입니다.

- 윈도우에서는 탐색기를 열고, **보기** 탭에서 '**표시**' → '**파일 확장명, 숨긴 항목**'을 체크하세요.

- macOS에서는 파인더 창에서 ⌘ + Shift + . 를 누릅니다.

- 우분투 같은 리눅스 컴퓨터에서는 파일 브라우저에서 ctrl + H 를 누르면 됩니다. 이 설정을 영구적으로 유지하려면 노틸러스 같은 파일 브라우저를 열고 세 줄 모양의 옵션 탭을 누른 다음 'Show Hidden Files' 체크박스를 체크하면 됩니다.

.platform.app.yaml 구성 파일

먼저 볼 설정 파일은 배포 절차 전체를 제어하므로 가장 깁니다. 두 부분으로 나눠서 설명하겠습니다. 텍스트 에디터에 직접 입력해도 되고 *https://ehmatthes.github.io/pcc_3e*에서 내려받아도 됩니다.

다음은 .platform.app.yaml의 첫 번째 부분입니다. manage.py와 같은 폴더에 저장하세요.

.platform.app.yaml

```
name: "ll_project" # ❶
type: "python:3.10"

relationships: # ❷
    database: "db:postgresql"

# 웹에 배포할 때 사용할 설정
web: # ❸
    upstream:
        socket_family: unix
    commands:
        start: "gunicorn -w 4 -b unix:$SOCKET ll_project.wsgi:application" # ❹
    locations: # ❺
        "/":
            passthru: true
        "/static":
            root: "static"
            expires: 1h
            allow: true

# 애플리케이션에 필요한 디스크 크기 (MB 단위)
disk: 512 # ❻
```

이 파일을 저장할 때는 파일 이름이 반드시 점으로 시작해야 합니다. 점을 생략하면 platform.sh가 파일을 찾지 못하므로 프로젝트 배포에 실패합니다.

이 시점에서 `.platform.app.yaml`에 대해 완벽히 이해할 필요는 없습니다. 가장 중요한 설정만 강조해서 설명하겠습니다. 파일 맨 앞에는 프로젝트 name을 지정합니다. 프로젝트를 시작할 때 사용한 이름과 마찬가지로 `ll_project`를 지정했습니다(❶). 사용하는 파이썬 버전도 지정해야 합니다. 이 글을 쓰는 시점을 기준으로 필자는 파이썬 3.10을 사용했습니다. *https://docs.platform.sh/languages/python.html*에서 platform.sh가 지원하는 버전 리스트를 확인할 수 있습니다.

`relationships` 섹션은 프로젝트에 필요한 다른 서비스를 정의하는 섹션입니다(❷). 여기에는 포스트그레스 데이터베이스에 관계된 내용만 있습니다. 그 다음은 web 섹션입니다(❸). `commands:start`는 들어오는 요청을 어떻게 처리할지 지정합니다. ❹에서 gunicorn이 요청을 처리하도록 했습니다. 이 설정은 우리가 로컬에서 사용한 `python manage.pyrunserver` 명령을 대체합니다.

`locations`는 들어오는 요청을 어디로 보낼지 지정합니다(❺). 대부분의 요청은 gunicorn을 통해 전달되어야 합니다. gunicorn이 요청을 정확히 어떻게 처리할지는 `urls.py` 파일에서 지정합니다. 정적 파일에 대한 요청은 별도로 처리되며 한 시간에 한 번씩 갱신됩니다. ❻은 platform.sh의 서버에 512MB의 디스크 공간을 요청합니다.

`.platform.app.yaml`의 나머지 부분은 다음과 같습니다.

```
--생략--
disk: 512

# 로컬 읽기/쓰기를 기록합니다
mounts: # ❶
    "logs":
        source: local
        source_path: logs

# 애플리케이션 실행 중에 다양한 지점에서 실행되는 훅
hooks: # ❷
    build: |
        pip install --upgrade pip # ❸
        pip install -r requirements.txt
```

```
        pip install -r requirements_remote.txt

        mkdir logs
        python manage.py collectstatic # ❹
        rm -rf logs
    deploy: | # ❺
        python manage.py migrate
```

❶의 mounts 섹션은 프로젝트에서 데이터를 어느 폴더에 읽고 쓸지 지정합니다. 이 설정에서는 logs/ 폴더를 지정했습니다.

❷의 hooks 섹션은 배포를 진행하는 동안 수행할 작업을 지정합니다. build 섹션은 실무 환경에서 프로젝트를 서비스할 때 필요한 패키지를 설치합니다(❸). ❹의 collectstatic은 프로젝트에 필요한 정적 파일을 한 군데 모아서 더 효율적으로 전송할 수 있게 합니다.

마지막으로 ❺의 deploy 섹션은 프로젝트를 배포할 때마다 마이그레이션을 실행하도록 지정했습니다(업데이트하지 않는 단순한 프로젝트에서는 의미가 없는 설정입니다).

다른 설정 파일은 훨씬 간단합니다. 바로 살펴봅시다.

route.yaml 설정 파일

라우팅routing은 서버에서 요청을 처리할 때 거치는 경로를 말합니다. platform.sh가 받은 요청을 어디로 돌려야 할지 지정해야 합니다.

manage.py를 저장한 폴더에 .platform 서브폴더를 만드세요. 맨 앞에 점을 쓰는 걸 잊지 마세요. 그 안에 다음과 같이 routes.yaml 파일을 만드세요.

.platform/routes.yaml

```
# 각 라우트는 들어오는 URL을 platform.sh가 어떻게 처리할지 지정합니다

"https://{default}/":
    type: upstream
    upstream: "ll_project:http"

"https://www.{default}/":
    type: redirect
    to: "https://{default}/"
```

이 파일은 https://project_url.com, www.project_url.com 같은 사실상 동일한 요청을 똑같이 처리할 수 있게 만듭니다.

services.yaml 설정 파일

마지막 설정 파일은 프로젝트 실행에 필요한 서비스를 지정합니다. routes.yaml과 같은 폴더에 저장하세요.

.platform/services.yaml

```
# 여기 나열한 서비스는 platform.sh의 일부분으로 함께 배포됩니다

db:
    type: postgresql:12
    disk: 1024
```

여기서는 데이터베이스인 포스트그레스 하나만 지정했습니다.

20.2.7 platform.sh를 위한 settings.py 수정하기

settings.py 마지막에 platform.sh를 위한 환경을 추가할 차례입니다. 다음 코드를 추가하세요.

settings.py

```
--생략--
# platform.sh 설정
from platformshconfig import Config # ❶

config = Config()
if config.is_valid_platform(): # ❷
    ALLOWED_HOSTS.append('.platformsh.site') # ❸

    if config.appDir: # ❹
        STATIC_ROOT = Path(config.appDir) / 'static'
    if config.projectEntropy: # ❺
        SECRET_KEY = config.projectEntropy

    if not config.in_build():
```

```
db_settings = config.credentials('database') # ➏
DATABASES = {
    'default': {
        'ENGINE': 'django.db.backends.postgresql',
        'NAME': db_settings['path'],
        'USER': db_settings['username'],
        'PASSWORD': db_settings['password'],
        'HOST': db_settings['host'],
        'PORT': db_settings['port'],
    },
}
```

import 문은 일반적으로 파일 맨 위에 배치하지만, 이런 특수한 경우에는 원격 관련 설정을 한 섹션에 모으는 게 더 좋을 수도 있습니다. ➊에서는 Config에서 원격 서버 설정에 필요한 platformshconfig를 임포트했습니다. config.is_valid_platform() 메서드가 True를 반환할 때만 설정을 수정합니다(➋). 즉, 이 설정은 platform.sh에만 적용됩니다.

➌에서는 platformsh.site로 끝나는 호스트에서만 프로젝트를 서비스하도록 ALLOWED_HOSTS를 수정했습니다. 무료 버전을 사용하는 프로젝트는 모두 이 호스트를 통해 서비스됩니다. ➍에서는 설정을 배포된 애플리케이션의 폴더에서 불러오는 경우에만 STATIC_ROOT를 지정해 정적 파일을 정확히 전송하게 만듭니다. ➎에서는 원격 서버에서 더 안전한 SECRET_KEY를 사용하게 했습니다.

➏은 실무 데이터베이스 설정입니다. 이 설정은 배포 절차가 완료되고 프로젝트를 서비스할 때만 적용됩니다. 이 설정은 모두 platform.sh에서 사용하는 포스트그레스를 Django가 이용할 수 있게 하는 설정입니다.

20.2.8 깃과 프로젝트 파일 추적하기

17장에서 언급했듯 깃은 새 기능을 성공적으로 개발할 때마다 프로젝트 스냅샷을 남길 수 있는 프로그램입니다. 문제가 생기면 잘 동작했던 마지막 스냅샷으로 쉽게 돌아갈 수 있습니다. 이런 스냅샷을 **커밋**이라 부릅니다.

깃을 활용하면 프로젝트가 망가질까 염려할 필요 없이 새 기능을 시도할 수 있습니다. 프로젝트를 실제 서버에 배포할 때는 잘 동작하는 버전인지 반드시 확인해야 합니다. 깃과 버전 관리에 대해서는 부록 D '깃을 활용해 버전 관리하기'를 참고하세요.

깃 설치하기

깃이 컴퓨터에 이미 설치되어 있을 수도 있습니다. 터미널을 열고 **git --version** 명령을 실행해 보세요.

```
(ll_env)learning_log$ git --version
git version 2.30.1 (Apple Git-130)
```

깃이 설치되지 않았다는 메시지가 보이면 부록 D '깃을 활용해 버전 관리하기'를 참고하세요.

깃 수정 내역 추적하기

깃은 누가 프로젝트를 수정했는지 추적하며, 단 한 사람이 관리하는 프로젝트라도 마찬가지로 추적합니다. 이를 위해 깃은 사용자 이름과 이메일을 알아야 합니다. 사용자 이름은 반드시 제공해야 하지만, 연습용 프로젝트에서는 적당한 이메일 주소를 써도 됩니다.

```
(ll_env)learning_log$ git config --global user.name "eric"
(ll_env)learning_log$ git config --global user.email "eric@example.com"
```

이 단계를 누락했다면 처음으로 커밋할 때 사용자 이름을 입력하라는 메시지가 표시될 겁니다.

무시할 파일 지정하기

깃에서 프로젝트의 파일을 모두 추적할 필요는 없으므로 깃이 무시해도 되는 파일을 지정하는 게 좋습니다. manage.py와 같은 폴더에 .gitignore 파일을 만드세요. 파일 이름은 점으로 시작하고 오직 확장자만 있어야 합니다. .gitignore의 코드는 다음과 같습니다.

.gitignore

```
ll_env/
__pycache__/
*.sqlite3
```

ll_env 폴더는 언제든 자동으로 다시 만들 수 있으므로 깃이 무시해도 됩니다. .py 파일을 실행할 때 자동으로 생성된 .pyc 파일들이 들어 있는 __pycache__ 폴더 역시 추적하지 않습니다. 로컬 데이터베이스 파일은 추적하지 않는 게 좋은 습관입니다. 로컬 데이터베이스 파일도 추적하는 경우, 만약 서버에서도 SQLite를 사용한다면 프로젝트를 푸시할 때 실수로 실제 서버의 데이터베이스를 로컬 데이터베이스로 덮어쓸 위험이 있습니다. *.sqlite3의 별(*)은 .sqlite3 확장자로 끝나는 파일을 모두 무시하라는 뜻입니다.

> **NOTE** macOS를 사용한다면 .gitignore 파일에 .DS_Store도 추가하세요. 이 파일은 macOS에서 폴더 설정 정보를 저장하는 파일이며 프로젝트와는 아무 상관도 없습니다.

프로젝트 커밋하기

프로젝트 커밋하는 과정은 먼저 학습 로그에 쓸 깃 저장소를 초기화한 후 필요한 파일을 모두 저장소에 추가하고, 프로젝트의 초기 상태를 커밋하는 순서로 진행합니다. 다음 예제를 보세요.

```
(ll_env)learning_log$ git init # ❶
Initialized empty Git repository in /Users/eric/.../learning_log/.git/
(ll_env)learning_log$ git add . # ❷
(ll_env)learning_log$ git commit -am "Ready for deployment to Platform.sh." # ❸
[main (root-commit) c7ffaad] Ready for deployment to Platform.sh.
 42 files changed, 879 insertions(+)
 create mode 100644 .gitignore
 create mode 100644 .platform.app.yaml
 --생략--
 create mode 100644 requirements_remote.txt
(ll_env)learning_log$ git status # ❹
On branch main
nothing to commit, working tree clean
(ll_env)learning_log$
```

❶은 학습 로그 폴더에서 저장소를 깨끗하게 초기화하는 **git init** 명령입니다. 그리고 **git add .** 명령을 실행했습니다. 이 명령은 무시한 파일을 제외한 모든 파일을 저장소에 추가합니다(❷). (점을 누락하면 안됩니다.) ❸의 **git commit -am "commit message"** 명령의 **-a** 플래그는 이번 커밋에서 변경된 파일을 모두 포함하라는 뜻이고, **-m** 플래그는 로그 메시지를 기록하라는 뜻입니다.

❹의 **git status** 명령 실행 결과는 현재 **main** 브랜치에 있고 현재 작업 상태(워킹 트리)에 문제가 없다는(클린) 뜻입니다. 원격 서버에 프로젝트를 푸시할 때는 항상 이 메시지가 보여야 합니다.

20.2.9 platform.sh에 프로젝트 생성하기

현재 학습 로그 프로젝트는 로컬 컴퓨터에서 정확히 실행되고, 원격 서버를 위한 설정도 마친 상태입니다. 이제 platform.sh CLI를 사용해서 서버에 프로젝트를 생성한 다음 프로젝트를 원격 서버로 푸시하겠습니다.

터미널에서 learning_log/ 폴더에 있는지 다시 한 번 확인한 후 다음 명령을 실행하세요.

```
(ll_env)learning_log$ platform login
Opened URL: http://127.0.0.1:5000
Please use the browser to log in.
--생략--
Do you want to create an SSH configuration file automatically? [Y/n] Y # ❶
```

이 명령어는 브라우저를 엽니다. 브라우저에서 로그인하세요. 로그인이 끝나면 브라우저 탭을 닫아도 됩니다. 터미널로 돌아가세요. SSH 설정 파일을 만들겠냐는 메시지가 표시되면(❶) Y를 눌러야 나중에 원격 서버에 연결할 수 있습니다.

이제 프로젝트를 만듭니다. 표시되는 내용이 아주 많으므로 생성 절차는 구분해서 설명하겠습니다. 먼저 **create** 명령으로 시작합니다.

```
(ll_env)learning_log$ platform create
* Project title (--title)
Default: Untitled Project
> ll_project # ❶

* Region (--region)
The region where the project will be hosted
  --생략--
  [us-3.platform.sh] Moses Lake, United States (AZURE) [514 gC02eq/kWh]
> us-3.platform.sh # ❷
* Plan (--plan)
Default: development
Enter a number to choose:
  [0] development
  --생략--
> 0 # ❸

* Environments (--environments)
The number of environments
```

```
Default: 3
> 3 # ❹

* Storage (--storage)
The amount of storage per environment, in GiB
Default: 5
> 5 # ❺
```

첫 번째 프롬프트는 프로젝트 이름을 묻습니다(❶). ll_project라는 이름을 사용합니다. 다음 질문 ❷는 어느 지역에 위치한 서버를 사용할지 묻는 질문입니다. 가장 가까운 서버를 선택하면 됩니다. 필자가 선택한 서버는 us-3.platform.sh입니다. 나머지 질문은 기본 값을 그대로 쓰면 됩니다. ❸은 자원을 가장 적게 할당받는 개발 서버, ❹는 프로젝트에서 사용할 세 개의 환경, ❺는 프로젝트에 할당될 저장공간인 5GB입니다.

세 가지 질문에 더 응답해야 합니다.

```
Default branch (--default-branch)
The default Git branch name for the project (the production environment)
Default: main
> main # ❶

Git repository detected: /Users/eric/.../learning_log
Set the new project ll_project as the remote for this repository? [Y/n] Y # ❷

The estimated monthly cost of this project is: $10 USD
Are you sure you want to continue? [Y/n] Y # ❸

The Platform.sh Bot is activating your project
```

```
The project is now ready!
```

깃 저장소 하나에 여러 개의 브랜치를 둘 수 있습니다. ❶은 이 프로젝트의 기본 브랜치로 main을 사용할지 묻는 질문입니다. ❷는 로컬 프로젝트 저장소를 원격 저장소와 연결할지 묻는 질문입니다. 마지막으로 ❸은 무료 테스트 기간이 지난 다음에는 이 프로젝트에 매월 10달러가 청구될 거라는 확인 메시지입니다. 신용 카드 정보를 입력하지 않았다면 비용에 대해 걱정할 필요는 없습니다. 신용 카드 정보를 입력하지 않은 상태에서 무료 테스트 기간이 끝나면 platform.sh는 프로젝트를 중지시킵니다.

20.2.10 platform.sh로 푸시하기

마지막 단계는 원격 서버에 코드를 푸시하는 겁니다. 명령은 다음과 같습니다.

```
(ll_env)learning_log$ platform push
Are you sure you want to push to the main (production) branch? [Y/n]  Y # ❶
--생략--
The authenticity of host 'git.us-3.platform.sh (...)' can't be established.
RSA key fingerprint is SHA256:Tvn...7PM
Are you sure you want to continue connecting (yes/no/[fingerprint])?  Y # ❷
Pushing HEAD to the existing environment main
  --생략--
  To git.us-3.platform.sh:3pp3mqcexhlvy.git
  * [new branch]        HEAD -> main
```

platform push 명령을 내리면 ❶에서 다시 한 번 확인합니다. 사이트에 처음 연결하는 경우 ❷와 같이 보안 관련 확인이 다시 표시됩니다. 두 질문 모두 **Y**를 입력하면 아주 많은 내용이 스크롤됩니다. 출력 결과가 너무 길고 복잡해 보일 수 있지만, 만약 문제가 발생할 경우 이 결과를 보고 문제 해결에 도움을 받을 수 있습니다. 이 출력을 요약하면 platform.sh가 필요한 패키지를 설치하고, 정적 파일을 수집하고, 마이그레이션을 적용하고, 프로젝트 **URL**을 설정한다는 내용입니다.

> **NOTE** 혹시 에러가 일어난다면 설정 파일에 오타가 포함되는 등의 사소한 문제일 수 있습니다. 문제를 확인했다면 텍스트 에디터에서 에러를 수정하고 파일을 저장한 다음 **git commit** 명령을 실행하세요. 그런 다음 다시 **platform push**를 실행하면 됩니다.

20.2.11 라이브 프로젝트 열기

푸시가 완료되면 다음과 같이 프로젝트를 열 수 있습니다.

```
(ll_env)learning_log$ platform url
Enter a number to open a URL
  [0] https://main-bvxea6i-wmye2fx7wwqgu.us-3.platformsh.site/
  --생략--
> 0
```

platform url 명령은 프로젝트에 할당된 URL을 나열합니다. 이들은 모두 유효한 URL이며 이 중 하나를 선택할 수 있습니다. URL을 선택하면 프로젝트가 새로운 브라우저 탭에서 열립니다. 이 화면은 로컬에서 실행한 프로젝트와 똑같아 보이지만, 이 URL을 누구에게든 알려주면 그들이 여러분의 프로젝트에 접근해 사용할 수 있다는 점이 다릅니다.

> **NOTE** 무료 테스트 기간 중에는 이따금 페이지를 불러 올 때 지나치게 시간이 걸린다고 느껴질 수 있습니다. 이런 서비스들은 대개 일정 시간 접근이 없었던 자원을 대기 상태로 전환했다가 요청이 들어올 때 재시작하므로, 이 과정에서 평소보다 많은 시간이 필요합니다. 비용을 지불하는 경우 이런 대기 시간이 거의 없습니다.

20.2.12 platform.sh 배포 개선하기

이제 로컬과 마찬가지로 슈퍼유저를 만들어 배포 과정을 개선해 봅시다. 또한 너무 자세한 에러 메시지는 공격자가 서버를 공격하는 단서가 될 수 있으므로, DEBUG 설정을 False로 바꿔서 구체적인 에러 메시지가 표시되지 않게 만들겠습니다.

슈퍼유저 만들기

온라인 프로젝트의 데이터베이스는 설정이 끝났지만, 아직 데이터가 없습니다. 앞에서 예제를 진행하며 만든 사용자는 모두 로컬 버전에만 존재합니다.

프로젝트의 온라인 버전에서 슈퍼유저를 만들기 위해서는 원격 서버에서 SSH(보안 소켓 셸) 세션을 사용해야 합니다. 이 세션에서 실행하는 관리 명령어는 원격 서버에서 실행됩니다.

```
(ll_env)learning_log$ platform environment:ssh

  ___ _      _    __                  _
 | _ \ |__ _| |_ / _|___ _ _ _ __    __| |_
 |  _/ / _` |  _|  _/ _ \ '_| '  \ _(_-< ' \
 |_| |_\__,_|\__|_| \___/_| |_|_|_(_)__/_||_|

  Welcome to Platform.sh.

web@ll_project.0:~$ ls # ❶
accounts  learning_logs  ll_project  logs  manage.py  requirements.txt
    requirements_remote.txt  static
web@ll_project.0:~$ python manage.py createsuperuser # ❷
Username (leave blank to use 'web'): ll_admin_live # ❸
Email address:
Password:
Password (again):
Superuser created successfully.
web@ll_project.0:~$ exit # ❹
logout
Connection to ssh.us-3.platform.sh closed.
(ll_env)learning_log$ # ❺
```

platform environment:ssh를 처음 실행하면 보안 관련 메시지가 다시 나타날 겁니다. 이 메시지가 표시되면 **Y**를 입력합니다. 그러면 원격 터미널 세션에 로그인됩니다.

ssh 명령어를 실행하면 터미널이 원격 서버의 터미널로 동작합니다. ❶을 자세히 보면 **ll_project** 프로젝트와 연결된 **web** 세션임을 나타내도록 프롬프트가 바뀐 게 보입니다. 이제 **ls** 명령을 실행하면 platform.sh 서버에 푸시된 파일이 표시됩니다.

❷는 18장에서 사용한 것과 같은 **createsuperuser** 명령입니다. 이번에 필자는 로컬에서 사용한 것과 다른 관리자 이름인 **ll_admin_live**를 입력했습니다(❸). 원격 터미널 세션에서 할 일을 마치면 ❹와 같이 **exit** 명령을 사용합니다. ❺를 보면 로컬 터미널로 돌아온 게 보입니다.

이제 온라인 애플리케이션의 URL 끝에 **/admin/**을 추가하면 관리자 사이트에 로그인할 수 있습니다. 다른 사람들이 이미 여러분의 프로젝트를 사용하기 시작했다면, 관리자 사이트에서 그들의 모든 데이터에 접근할 수 있습니다. 경각심을 가지고 사용자의 데이터를 잘 관리하면 사용자도 여러분을 계속 신뢰할 겁니다.

프로젝트 보안 문제 해결하기

현재 프로젝트에는 중요한 보안 문제가 하나 있습니다. settings.py의 DEBUG = True 설정은 에러가 일어날 때 자세한 디버그 메시지를 제공합니다. Django의 에러 페이지는 프로젝트를 개발할 때 디버깅에 유용한 정보를 제공하지만, 온라인 서버에서 이 옵션을 활성화하면 공격자가 이를 악용할 수 있습니다.

이 설정이 어떤 문제를 일으킬 수 있는지 직접 확인해 봅시다. 온라인 프로젝트의 홈페이지로 가서 사용자 계정으로 로그인하고 URL 끝에 /topics/999/를 추가해 보세요. 이미 천 개 이상의 주제를 만들지 않았다면 **DoesNotExist at /topics/999/** 메시지가 표시될 겁니다. 그리고 아래로 스크롤하면 프로젝트와 서버에 대한 중요 정보가 대부분 나열됩니다. 사용자에게 이런 정보를 표시하면 안 되고, 공격자에게는 더더욱 이런 정보가 표시되어선 안 됩니다.

온라인 프로젝트 전용인 settings.py에 DEBUG = False 설정을 적용하면 이런 정보가 온라인 사이트에서는 표시되지 않습니다. 이렇게 하면 로컬에서는 유용한 디버깅 정보를 보면서도 온라인에는 표시되지 않습니다.

텍스트 에디터에서 settings.py를 열고 platform.sh 설정을 다음과 같이 변경합니다.

settings.py

```
--생략--
if config.is_valid_platform():
    ALLOWED_HOSTS.append('.platformsh.site')
    DEBUG = False
    --생략--
```

필요한 작업은 이게 전부입니다. 온라인 버전을 설정할 때는 이미 만들었던 설정 파일에서 관련 부분만 변경하면 됩니다.

변경 사항 커밋과 푸시하기

이제 settings.py에서 바뀐 부분을 커밋하고 platform.sh에 푸시해야 합니다. 이 작업의 첫 번째 부분은 다음과 같습니다.

```
(ll_env)learning_log$ git commit -am "Set DEBUG False on live site." # ❶
[main d2ad0f7] Set DEBUG False on live site.
  1 file changed, 1 insertion(+)
(ll_env)learning_log$ git status # ❷
On branch main
nothing to commit, working tree clean
(ll_env)learning_log$
```

❶은 짧지만 뜻이 분명한 커밋 메시지와 함께 git commit 명령어를 실행합니다. -am 플래그
는 깃에게 변경된 파일을 모두 커밋하고 로그를 남기라고 지시합니다. 깃은 파일 한 개가 바뀐
걸 인식하고 이를 저장소에 커밋합니다.

❷에서 git status를 실행하면 지금 main 브랜치에서 작업 중이며 커밋할 내용이 더는 없다
는 응답이 옵니다. 원격 서버에 푸시하기 전에 항상 git status 명령으로 확인하는 버릇을 들
여야 합니다. clean이라는 문구가 보이지 않는다면 변경한 내용 중 일부가 커밋되지 않았다는
뜻이고, 이렇게 놓친 부분은 서버에도 반영되지 않습니다. clean 메시지를 확인하지 못했다면
commit 명령어를 다시 실행하세요. 부록 D '깃을 활용해 버전 관리하기'에 깃을 사용하는 방법
을 좀 더 자세히 설명했으니 참고하세요.

이제 업데이트된 저장소를 platform.sh에 푸시합니다.

```
(ll_env)learning_log$ platform push
Are you sure you want to push to the main (production) branch? [Y/n] Y
Pushing HEAD to the existing environment main
--생략--
  To git.us-3.platform.sh:wmye2fx7wwqgu.git
     fce0206..d2ad0f7  HEAD -> main
(ll_env)learning_log$
```

platform.sh는 저장소가 업데이트된 걸 인식하고 프로젝트를 다시 빌드하면서 바뀐 내용을
모두 반영합니다. 하지만 이 과정에서 데이터베이스를 재구축하지는 않으므로 데이터에는 아
무 영향도 없습니다.

/topics/999/에 다시 방문해 보세요. 서버 에러(500) 메시지가 표시되긴 하지만, 프로젝트나
서버에 관련된 중요 정보는 표시되지 않을 겁니다.

20.2.13 커스텀 에러 페이지 만들기

19장에서는 사용자가 권한이 없는 주제나 항목을 요청했을 때 404 에러를 반환하게 만들었습니다. 조금 전에는 500 서버 에러도 봤습니다. 404 에러는 Django 코드는 잘 동작하지만 사용자가 요청한 개체가 존재하지 않는다는 의미입니다. 500 에러는 서버 기능에 에러가 있다는 뜻입니다. 예를 들어 `views.py`의 함수에 에러가 있으면 이런 메시지가 나타납니다. 현재는 두 상황 모두 Django의 범용 에러 페이지가 표시되지만 학습 로그 스타일에 일치하는 에러 페이지 템플릿을 만들 수 있습니다. 이런 템플릿은 루트 템플릿 폴더에 보관합니다.

커스텀 템플릿 만들기

`learning_log` 폴더에 새 폴더 `templates`를 만들고 그 안에 `404.html` 파일을 만들어야 합니다. 이 파일의 경로는 **learning_log/templates/404.html**입니다. 이 파일의 코드는 다음과 같습니다.

404.html

```
{% extends "learning_logs/base.html" %}

{% block page_header %}
  <h2>The item you requested is not available. (404)</h2>
{% endblock page_header %}
```

이 템플릿은 일반적인 404 에러 페이지와 같은 정보를 제공하지만 스타일은 사이트 전체와 일치합니다.

다음과 같이 500.html 파일도 만듭니다.

500.html

```
{% extends "learning_logs/base.html" %}

{% block page_header %}
  <h2>There has been an internal error. (500)</h2>
{% endblock page_header %}
```

이 파일을 사용하기 위해서는 `settings.py`도 조금 바꿔야 합니다.

```
--생략--
TEMPLATES = [
    {
        'BACKEND': 'django.template.backends.django.DjangoTemplates',
        'DIRS': [BASE_DIR / 'templates'],
        'APP_DIRS': True,
        --생략--
    },
]
--생략--
```

이 설정을 적용하면 Django는 에러 페이지 템플릿, 특정 애플리케이션과 연결되지 않은 템플릿을 루트 템플릿 폴더에서 찾습니다.

platform.sh에 푸시하기

이제 변경 사항을 커밋하고 platform.sh에 푸시할 차례입니다.

```
(ll_env)learning_log$ git add . # ❶
(ll_env)learning_log$ git commit -am "Added custom 404 and 500 error pages." # ❷
 3 files changed, 11 insertions(+), 1 deletion(-)
 create mode 100644 templates/404.html
 create mode 100644 templates/500.html
(ll_env)learning_log$ platform push # ❸
--생략--
  To git.us-3.platform.sh:wmye2fx7wwqgu.git
     d2ad0f7..9f042ef  HEAD -> main
(ll_env)learning_log$
```

프로젝트에 새 파일을 추가했으므로 ❶에서 `git add .` 명령을 실행합니다. 그리고 ❷에서 변경 내용을 커밋하고 ❸에서 업데이트된 프로젝트를 platform.sh에 푸시합니다.

이제 에러 페이지도 사이트의 다른 부분과 마찬가지 스타일로 표시되므로 사용자 경험이 좀 더 개선됩니다.

20.2.14 지속적인 개발하기

이제 학습 로그를 온라인 서버에 푸시했으니 이 프로젝트를 계속 개선할 수도 있고, 다른 프로젝트를 만들어 배포해 볼 수도 있습니다. 이 절차는 아주 일관된 흐름이 있습니다.

먼저 로컬 프로젝트에서 변경하고 테스트합니다. 이 과정에서 파일을 새로 만들었다면 `git add .` 명령으로 새 파일을 깃 저장소에 추가합니다(명령어 마지막의 점을 잊지 마세요). 데이터베이스 마이그레이션이 일어나면 항상 마이그레이션 파일이 생성되므로 이 명령어를 사용해야 합니다.

다음에는 `git commit -am "commit message"` 명령어로 변경 내용을 커밋합니다. 그리고 `platform push` 명령어로 platform.sh에 변경 내용을 푸시합니다. 온라인 프로젝트에 방문해서 의도한 대로 동작하는지 확인해 보세요.

처음에는 이 과정에서 실수하기 쉽습니다. 뭔가 문제가 생기더라도 절망하지 마세요. 의도한대로 동작하지 않으면 수행한 작업을 검토해 실수를 찾아보세요. 실수한 내용을 찾을 수 없거나 찾았더라도 어떻게 수정해야 할지 모르겠다면 부록 C '도움 얻기'를 참고하세요. 다른 사람에게 질문하는 건 부끄러운 일이 아닙니다. 누구나 실수를 하고, 어쩌면 여러분과 똑같은 실수를 하고 도움을 청한 사람이 있을 수도 있습니다. 실수하고, 문제를 겪고, 이를 해결하는 과정을 반복하다 보면 점점 발전해서 유용하면서도 신뢰할 수 있는 프로젝트를 만들 수 있게 되고 다른 사람의 질문에도 대답할 수 있게 될 겁니다.

20.2.15 platform.sh에서 프로젝트 제거하기

프로젝트를 완성했더라도 멈추지 말고 여러 번 실행해서 배포 방법을 완전히 익히길 권합니다. 하지만 한편으로는 배포된 프로젝트를 제거하는 방법도 알아야 합니다. platform.sh에서 무료로 사용할 수 있는 프로젝트 숫자에 제한이 있기도 하고, 연습용 프로젝트로 계정을 복잡하게 만드는 건 좋지 않습니다.

다음과 같이 CLI에서 프로젝트를 제거할 수 있습니다.

```
(ll_env)learning_log$ platform project:delete
```

프로젝트를 제거하는 게 확실한지 묻는 메시지가 표시되고 확인하면 프로젝트가 제거됩니다.

platform create 명령어는 로컬의 깃 저장소에 platform.sh의 원격 저장소에 대한 참조도 만들었습니다. 이 참조는 다음과 같이 제거합니다.

```
(ll_env)learning_log$ git remote
platform
(ll_env)learning_log$ git remote remove platform
```

git remote 명령어는 현재 저장소와 연결된 원격 URL 이름을 나열합니다. git remote remove remote_name 명령어는 로컬 저장소에서 원격 URL을 제거합니다.

*https://console.platform.sh*에서도 프로젝트 관련 자료를 제거할 수 있습니다. 이 페이지에는 활성화된 프로젝트가 모두 나열됩니다. 프로젝트 박스의 점 세 개(...)를 클릭하고 [**Edit Plan**]을 클릭합니다. 페이지 하단의 [**Delete Project**] 버튼을 클릭하면 확인 페이지로 이동하고, 이 페이지에서 제거 절차를 진행할 수 있습니다. CLI로 프로젝트를 제거하는 게 간편하긴 하지만, 선택한 호스트 업체의 인터페이스에도 익숙해지는 게 좋습니다.

> **NOTE** platform.sh에서 프로젝트를 제거해도 프로젝트의 로컬 버전에는 아무 영향도 없습니다. 배포한 프로젝트의 실제 사용자가 아직 없고, 배포 절차를 연습하는 중이라면 platform.sh에서 프로젝트를 제거하고 다시 배포할 수 있습니다. 이 과정에서 문제가 생긴다면 무료 테스트 기간이 끝났거나 무료 버전의 제한에 걸렸기 때문일 수도 있습니다.

연습문제

20-3 온라인 블로그
예전에 만들었던 블로그 프로젝트를 platform.sh에 배포해 보세요. 사용자가 Django의 에러 페이지를 보는 일이 없도록 DEBUG를 False로 설정하는 걸 잊지 마세요.

20-4 학습 로그 확장
학습 로그에 한 가지 기능을 추가하고 변경 내용을 온라인에 푸시합니다. 홈페이지에 프로젝트를 좀 더 자세히 설명하는 것 같은 단순한 변경 내용을 시도하세요. 그리고 사용자가 자신의 주제를 공개로 바꿀 수 있는 것 같은 고급 기능도 추가해 보세요. 이를 위해서는 Topic 모델에 기본 값이 False인 속성 public을 추가해야 하고, new_topic 페이지에는 사용자가 자신의 주제를 공개로 바꿀 수 있는 폼 요소를 추가해야 합니다. 그리고 프로젝트를 마이그레이션하고, views.py를 수정해서 공개된 주제는 인증되지 않은 사용자에게도 표시되게 바꿔야 합니다.

20.3 요약 정리

이 장에서는 부트스트랩 라이브러리와 django-bootstrap5 애플리케이션을 통해 프로젝트에 단순하면서도 전문가 느낌이 나는 스타일을 적용하는 법을 배웠습니다. 부트스트랩을 사용하면 프로젝트를 이용하는 사람이 어떤 장치를 사용하더라도 일관적인 스타일을 제공합니다.

부트스트랩 템플릿에 대해 배웠고, **Navbar static** 템플릿을 써서 학습 로그 스타일을 정했습니다. 점보트론을 사용해서 홈페이지를 돋보이게 하는 방법, 사이트의 모든 페이지에 일관성 있는 스타일을 적용하는 방법도 알아보았습니다.

마지막으로 누구나 프로젝트를 사용할 수 있도록 원격 서버에 배포하는 방법을 배웠습니다. platform.sh 계정을 만들고 배포 과정에 도움이 되는 도구를 몇 가지 설치한 다음, 프로젝트를 깃 저장소에 커밋하고 저장소를 platform.sh의 원격 서버에 푸시했습니다. 그리고 온라인 서버에서 DEBUG = False 설정으로 애플리케이션 보안을 지키는 방법도 배웠습니다. 또한 불가피하게 에러가 발생할 경우에도 사용자 경험을 개선할 수 있는 커스텀 에러 페이지를 만들었습니다.

학습 로그를 완성했으니 이를 바탕으로 여러분 스스로 프로젝트를 만들 수 있을 겁니다. 시작은 단순하게 만들고, 프로젝트가 의도한 대로 동작하는 걸 확인한 뒤 복잡한 기능을 추가하세요. 계속 즐겁게 배우고 멋진 프로젝트를 만들 수 있길 기원합니다!

APPENDIX A

설치와 문제 해결

파이썬은 여러 버전으로 나뉘고 각 운영체제에서 설치하는 방법도 다양합니다. 만약 1장에서 설명한 방법으로 파이썬을 설치할 수 없거나, 현재 설치된 것과 다른 버전의 파이썬을 추가로 설치해야 한다면 이 부록의 내용이 도움이 될 겁니다.

A.1 윈도우에 파이썬 설치하기

1장에서는 *https://python.org*의 공식 설치 파일을 사용해 파이썬을 설치하는 방법을 설명했습니다. 설치 파일을 실행한 뒤 파이썬을 실행할 수 없다면 다음 설명을 읽어 보세요.

A.1.1 py 명령어로 확인하기

최신 파이썬 설치 파일을 실행하고 터미널에서 **python** 명령어를 실행하면 터미널 세션에 파이썬 프롬프트 >>>이 보여야 합니다. 하지만 윈도우가 **python** 명령어를 인식하지 못한다면, 파이썬이 설치되지 않았다고 판단하고 마이크로소프트 스토어를 열거나 '**python**은 인식되지 않은 명령어나 배치 파일 이름입니다' 같은 메시지를 표시할 겁니다. 마이크로소프트 스토어가 열리면 해당 창을 닫으세요. 마이크로소프트에서 운영하는 스토어보다는 *https://python.org*의 공식 파이썬 설치 파일이 더 좋습니다.

가장 단순한 해결책은 **py** 명령어로 확인해 보는 겁니다. 이 명령어는 시스템에 설치된 최신 버전의 파이썬 인터프리터를 실행하는 윈도우 유틸리티입니다. 이 명령어가 문제없이 동작한다면 이 책에서 **python** 또는 **python3** 명령어를 모두 **py**로 바꾸면 됩니다.

A.1.2 파이썬 다시 설치하기

python 명령어가 실행되지 않는 가장 흔한 이유는 설치 과정의 마지막에서 'Add Python to PATH'를 체크하지 않았기 때문입니다. 이는 자주 벌어지는 실수입니다. PATH 변수는 윈도우가 프로그램을 실행할 때 어떤 폴더를 찾아봐야 하는지 정해 놓는 변수입니다. 따라서 'Add Python to PATH'를 체크하지 않으면 윈도우는 파이썬 인터프리터를 어느 폴더에서 찾아야 하는지 알지 못합니다.

이런 상황에서 가장 단순한 해결책은 재설치하는 것입니다. *https://python.org*에서 최신 설치 파일을 내려받아 실행하고, '**Add Python to PATH**'에 체크하는 걸 잊지 마세요.

이미 최신 설치 파일을 가지고 있다면 파일을 다시 실행하고 '**Modify**' 옵션을 선택하세요. 여러 가지 옵션이 표시될 겁니다. 이 화면의 기본 옵션은 그대로 두세요. [**Next**]를 클릭하고, '**Add Python to Environment Variables**' 박스를 체크하세요. 마지막으로 [**Install**]을 클릭합니다. 이렇게 하면 설치 파일이 이미 설치된 파이썬을 인식하고, 파이썬 인터프리터 위치를 PATH 변수에 추가합니다. 현 상태에서 열려 있는 터미널은 모두 파이썬이 추가되지 않은 PATH 변수를 사용하므로, 열려 있는 터미널은 모두 닫으세요. 터미널을 새로 열고 **python**을 입력하면 이제 파이썬 프롬프트 >>>가 보일 겁니다.

A.2 macOS에 파이썬 설치하기

1장에서는 *https://python.org*의 공식 설치 파일을 사용하는 방법을 설명했습니다. 공식 설치 파일은 몇 년째 잘 동작하고 있지만, 몇 가지 문제가 생길 수 있습니다. 간단히 해결되지 않는 문제가 있다면 다음 설명을 참고하세요.

A.2.1 실수로 애플이 배포한 파이썬을 설치하는 경우

컴퓨터에 파이썬이 설치되지 않은 상태에서 python3 명령어를 실행하면 **명령행 개발자 도구**를 설치해야 한다는 메시지가 보일 겁니다. 이 상태에서 가장 좋은 방법은 팝업을 닫고 *https://python.org*에서 설치 파일을 내려받아 다시 설치하는 것입니다.

만약 명령행 개발자 도구를 설치하면 macOS는 개발자 도구와 함께 애플에서 배포하는 파이썬을 설치합니다. 여기서 문제는 애플이 배포하는 파이썬이 일반적으로 공식 파이썬보다 다소 뒤떨어진 버전이라는 겁니다. 물론 애플에서 배포하는 파이썬을 설치했더라도 *https://python.org*에서 공식 설치 파일을 내려받아 실행하면 **python3**가 최신 버전 인터프리터를 실행합니다. 개발자 도구 역시, 설치에 시간이 걸리긴 하지만 설치한다고 문제가 되지는 않습니다. 부록 D '깃을 활용해 버전 관리하기'에서 설명할 깃 관련 도구도 여기 포함됩니다.

A.2.2 구버전 macOS와 파이썬 2

몬터레이(macOS 12) 이전의 구버전 macOS에는 파이썬 2가 기본적으로 설치되어 있습니다. 이런 컴퓨터에서 **python** 명령어를 실행하면 오래된 인터프리터가 실행됩니다. 이런 구형 macOS를 사용한다면 반드시 **python3**를 사용해서 최신 파이썬을 사용해야 합니다.

A.3 리눅스에 파이썬 설치하기

거의 모든 리눅스 시스템에는 기본적으로 파이썬이 포함되어 있습니다. 하지만 운영체제가 파이썬 3.9보다 먼저 출시된 경우에는 최신 버전을 다시 설치해야 합니다. 또한 최신 버전에는 에러 메시지가 개선되는 등 여러 가지 장점이 있으므로 가능하면 최근 버전을 사용하는 게 좋습니다. **apt** 명령어를 인식하는 운영체제에서는 다음 가이드를 참고하세요.

A.3.1 파이썬 패키지 설치하기

다음 명령어는 세 가지 추가 패키지를 설치합니다.

```
$ sudo apt install python3-dev python3-pip python3-venv
```

이 패키지에는 개발자에게 유용한 도구, 이 책에서 프로젝트를 진행할 때 설치한 써드 파티 패키지의 설치를 돕는 도구가 포함됩니다.

A.3.2 파이썬 최신 버전 설치하기

deadsnakes라는 패키지를 설치하면 여러 가지 버전의 파이썬을 설치해 각각 사용할 수 있습니다. 다음 명령어를 입력하세요.

```
$ sudo add-apt-repository ppa:deadsnakes/ppa
$ sudo apt update
$ sudo apt install python3.11
```

이 명령은 컴퓨터에 파이썬 3.11을 설치합니다.

다음 명령어는 터미널 세션에서 파이썬 3.11을 시작합니다.

```
$ python3.11
>>>
```

이렇게 하면 이 책에서 python 명령어 대신 **python3.11**을 사용하면 됩니다. 또한 터미널에서 프로그램을 실행할 때도 이 명령어를 사용할 수 있습니다.

파이썬을 최대한 활용하려면 다음 두 패키지도 함께 설치하세요.

```
$ sudo apt install python3.11-dev python3.11-venv
```

이들 패키지를 설치하면 책 후반부에서 프로젝트를 진행할 때 사용한 써드 파티 패키지를 쉽게 설치하고 사용할 수 있습니다.

> **NOTE** deadsnakes는 활발하게 관리되고 있습니다. 파이썬 최신 버전이 출시되면 python3.11을 최신 버전 번호로 바꿔서 똑같이 실행하면 됩니다.

A.4 사용 중인 파이썬 버전 확인하기

파이썬 실행이나 추가 패키지 설치에 문제가 있는 경우 파이썬 버전을 확인하면 도움이 될 때가 있습니다. 여러 가지 버전을 설치한 상황에서는 현재 어떤 버전을 사용하고 있는지 헷갈릴 수 있습니다.

터미널에서 다음 명령어를 실행하세요.

```
$ python --version
Python 3.11.0
```

이 명령은 python 명령어가 어느 버전을 가리키는지 정확히 보여 줍니다. 단축 버전인 python -V 명령어도 같은 역할을 합니다.

A.5 파이썬 키워드와 내장 함수

파이썬에는 키워드와 내장 함수가 있습니다. 파이썬에서 이름을 정할 때는 키워드와 함수 이름을 염두에 두고 같은 이름을 사용하지 않도록 유의해야 합니다.

다음은 여러분이 덮어쓰지 않도록 유의해야 할 키워드와 내장 함수 이름입니다.

A.5.1 파이썬 키워드

다음 키워드를 변수 이름으로 사용하려 하면 에러가 일어납니다.

False	await	else	import	pass
None	break	except	in	raise
True	class	finally	is	return
and	continue	for	lambda	try
as	def	from	nonlocal	while
assert	del	global	not	with
async	elif	if	or	yield

A.5.2 파이썬 내장 함수

이 글을 쓰는 시점에서는 다음 내장 함수 이름을 사용하더라도 에러가 일어나지 않지만, 이들을 덮어 쓰는 건 피해야 합니다.

abs()	complex()	hash()	min()	slice()
aiter()	delattr()	help()	next()	sorted()
all()	dict()	hex()	object()	staticmethod()
any()	dir()	id()	oct()	str()
anext()	divmod()	input()	open()	sum()
ascii()	enumerate()	int()	ord()	super()
bin()	eval()	isinstance()	pow()	tuple()
bool()	exec()	issubclass()	print()	type()
breakpoint()	filter()	iter()	property()	vars()
bytearray()	float()	len()	range()	zip()
bytes()	format()	list()	repr()	__import__()
callable()	frozenset()	locals()	reversed()	
chr()	getattr()	map()	round()	
classmethod()	globals()	max()	set()	
compile()	hasattr()	memoryview()	setattr()	

텍스트 에디터와 IDE

프로그래머는 일하는 시간 대부분을 코드를 작성하고, 읽고, 수정하는 데 사용합니다. 시간을 효율적으로 사용하기 위해서는 텍스트 에디터나 IDE(통합 개발 환경)의 기능을 익혀야 합니다. 훌륭한 에디터는 코드 구조를 강조 표시하는 것 같은 단순하면서도 필수적인 기능을 제공해 흔히 일어나는 버그를 쉽게 찾을 수 있게 해야 합니다. 그러면서도 지나치게 많은 기능을 제공하거나 사용자에게 기능을 사용하도록 강권해서 사용자를 혼란스럽게 만들지 않습니다. 또한 자동 들여쓰기, 권장되는 행 길이를 표시하는 마커, 자주 사용하는 기능에 대한 단축키를 제공합니다.

통합 개발 환경integrated development environment(IDE)는 대화형 디버거, 코드 검사 같은 여러 가지 도구가 내장된 텍스트 에디터입니다. IDE는 코드를 입력할 때 실시간으로 이를 검사하며, 프로젝트 전체의 구조를 파악하려 합니다. 예를 들어 IDE를 사용하면 함수 이름을 입력할 때 IDE가 함수가 받는 인수를 제안하는 경우도 있습니다. 이런 기능은, 모든 것이 정확히 동작한다는 가정하에, 기능 사용에 익숙해진 고급 사용자에게 매우 유용할 수 있습니다. 하지만 초보자에게는 혼란스러울 수 있고, 문제가 생길 경우 프로젝트의 문제인지 IDE의 버그인지 판단하기 어려울 수도 있습니다.

최근에는 텍스트 에디터와 IDE를 명확히 나누기 어렵습니다. 몇 해 전만 해도 오직 IDE에서만 제공하던 고급 기능을 이제는 텍스트 에디터에서도 제공하는 일이 많습니다. 마찬가지로, 작업 중에 사용자의 혼란을 방지하기 위해 일부 기능을 제한하고 필요할 때만 사용할 수 있도록 설정하는 옵션을 IDE도 제공합니다.

선호하는 에디터나 IDE를 이미 설치했고 익숙하게 사용할 수 있다면 익숙한 도구를 계속 사용하는 게 제일 좋습니다. 새로운 에디터의 사용법을 배우고 기능을 체험해 보는 것도 재미있긴 하지만 꼭 그래야 할 필요는 없습니다.

아직 익숙한 에디터나 IDE가 없다면 다음과 같은 이유로 비주얼 스튜디오 코드를 권합니다.

- 무료이며 오픈 소스 라이선스에 따라 출시됩니다.
- 대부분의 주요 운영체제가 지원합니다.
- 초보자도 사용할 수 있을 만큼 쉬우면서도, 전문 프로그래머도 만족할 만큼 충분한 기능을 제공합니다.
- 설치된 파이썬을 자동으로 찾고, 특별한 준비 과정 없이 에디터에서 프로그램을 실행할 수 있습니다.
- 운영체제의 터미널과 거의 같은 터미널을 제공합니다.
- 파이썬 코드를 작성하고 관리할 때 매우 효율적인 파이썬 관련 애드온을 제공합니다.
- 아주 세세한 부분까지 커스텀이 가능해 원하는 대로 설정할 수 있습니다.

이 부록에서는 비주얼 스튜디오 코드를 설정하는 방법을 설명합니다. 또한 유용한 단축키도 몇 가지 설명합니다. 많은 사람이 오해하지만, 프로그래밍에서는 작업 속도가 아주 중요하지는 않습니다. 하지만 일부 단축키를 외워두면 분명 편리하고 효율적으로 쓸 수 있는 것도 사실입니다.

하지만 비주얼 스튜디오 코드를 사용하기 어려운 독자도 있을 겁니다. 어떤 이유로든 컴퓨터에서 비주얼 스튜디오 코드가 잘 동작하지 않을 수도 있고, 인터페이스가 불편해서 마음에 들지 않을 수도 있습니다. 이런 경우 참고할 만한 대안도 있습니다. 이 부록 뒷부분에서 여러분이 고려해 볼 만한 다른 에디터와 IDE를 간단히 소개합니다.

B.1 비주얼 스튜디오 코드로 효율적으로 작업하기

이미 1장에서 비주얼 스튜디오 코드를 설치하고 파이썬 애드온도 추가했습니다. 이 절에서는 몇 가지 추가 설정과 함께 유용한 단축키를 소개합니다.

B.1.1 비주얼 스튜디오 코드 설정하기

비주얼 스튜디오 코드의 기본 설정을 바꾸는 방법에는 인터페이스를 통해 수정하는 방법도 있고 일부는 설정 파일을 편집해야 합니다. 또한 설정 변경이 비주얼 스튜디오 코드의 전체적인 동작 방식에 영향을 미치는 설정도 있고, 설정 파일이 존재하는 폴더에만 영향을 미치는 설정도 있습니다.

예를 들어, `python_work` 폴더가 있고 이 폴더에 설정 파일이 있다면 해당 설정은 이 폴더와 서브폴더에만 영향을 미칩니다. 일견 번거로워 보일 수 있지만 프로젝트에 따라 설정을 바꿀 수 있다는 장점이 있습니다.

탭과 공백

코드에 탭과 공백을 섞어 쓰면 찾아내기 어려운 문제가 생길 수 있습니다. 파이썬 애드온을 설치한 상태에서 .py 파일 안에서 Tab 을 누르면 비주얼 스튜디오 코드는 공백 네 칸을 삽입합니다. 파이썬 확장이 설치된 상태에서 직접 작성한 코드만 사용한다면 탭과 공백이 섞이는 문제는 거의 발생하지 않습니다.

하지만 비주얼 스튜디오 코드의 설정이 정확하지 않을 수도 있고, 다른 사람이 작성한 파일에 탭과 공백이 혼용된 경우도 있습니다. 탭과 공백 때문에 문제가 발생한다고 의심되면 비주얼 스튜디오 코드 창의 오른쪽 하단에 [**공백:4**] 또는 [**Tab 크기**] 같은 부분을 눌러 보세요. 클릭하면 탭과 공백을 설정하는 드롭다운 메뉴가 나타납니다. 여기서 들여쓰기 기본 값을 설정하고, 파일의 들여쓰기 부분을 전부 탭이나 공백으로 바꿀 수 있습니다.

현재 보고 있는 코드의 들여쓰기가 탭인지 공백인지 잘 구분되지 않는다면 들여쓰기가 포함된 몇 행을 한꺼번에 선택해 보세요. 이렇게 하면 일반적으로는 보이지 않는 공백 문자가 표시됩니다. 공백은 점으로, 탭은 화살표로 표시됩니다.

> **NOTE** 프로그래머들은 대개 탭보다는 공백을 선호합니다. 탭을 사용할 경우 도구에 따라 탭 크기를 다르게 해석할 여지가 있고, 이로 인해 생기는 에러는 찾아내기 정말 어렵습니다.

테마 적용

비주얼 스튜디오 코드는 기본적으로 다크 테마를 사용합니다. 테마를 바꾸고 싶다면 [**파일**] (macOS에서는 화면 맨 위의 [**Code**]) → [**기본 설정**] → [**테마**] 순서로 클릭합니다. 여기서 나타나는 드롭다운 리스트에서 마음에 드는 테마를 고르면 됩니다.

행 길이 표시기

대부분의 에디터에서 행 길이를 나타내는 세로선을 지원합니다. 파이썬에서는 한 행에 79자 이하만 쓸 걸 권합니다.

이 기능을 사용하려면 [**기본 설정**] → [**설정**] 순서로 클릭합니다. '설정 검색' 창이 나타나면 **rulers**를 입력합니다. '**Editor: Rulers**' (다른 곳에서 편집됨)이라는 항목이 보일 겁니다. [**settings.json에서 편집**] 링크를 클릭하세요. 파일이 열리면 다음과 같이 설정을 추가하거나 편집합니다.

settings.json

```
"editor.rulers": [
    80,
]
```

이렇게 하면 메인 윈도우에 80자를 나타내는 세로선이 생깁니다. 세로선은 원하는 만큼 추가할 수 있습니다. 예를 들어 120자 위치에 수직선을 추가하고 싶다면 값을 [80, 120]으로 정하면 됩니다. 수직선이 보이지 않으면 설정 파일을 저장했는지 확인하세요. 일부 운영체제에서는 비주얼 스튜디오 코드를 재시작해야 설정이 적용되는 경우도 있습니다.

출력 단순화

비주얼 스튜디오 코드는 기본적으로 내장 터미널에 프로그램 출력을 표시합니다. 이 결과에는 파일을 실행하는 명령도 포함됩니다. 대개는 명령어까지 확인하는 편이 더 좋지만, 초보자에게는 과도한 정보일 수 있습니다.

출력을 단순화하고 싶다면 비주얼 스튜디오 코드에서 열려 있는 탭을 모두 닫고 비주얼 스튜디오 코드를 종료합니다. 비주얼 스튜디오 코드를 다시 열고, 작업 중인 파이썬 파일이 포함된 폴더를 여세요. 예를 들어 hello_world.py 파일이 저장된 python_work 폴더를 열어 보세요.

[**실행/디버그 아이콘**] (작은 벌레 모양이 있는 삼각형 아이콘)을 클릭한 다음 [**launch.json 파일 만들기**]를 클릭합니다. 대화상자가 나타나면 파이썬을 선택합니다. launch.json 파일이 열리면 내용을 다음과 같이 수정합니다.

launch.json

```
{
    --생략--
    "configurations": [
        {
            --생략--
            "console": "internalConsole",
            "justMyCode": true
        }
    ]
}
```

console 설정을 integratedTerminal에서 internalConsole로 바꾼 겁니다. 파일을 저장한 다음 hello_world.py 같은 .py 파일을 열고 ctrl + F5 를 눌러 실행하세요. 비주얼 스튜디오 코드의 출력 창에서 **[디버그 콘솔]**을 클릭합니다. 이 창에는 프로그램의 출력 결과만 표시되며, 프로그램을 실행할 때마다 갱신됩니다.[1]

> **NOTE** 디버그 콘솔은 읽기 전용이므로 7장에서 소개한 input() 함수는 제대로 동작하지 않습니다. input() 함수가 필요하다면 console 설정을 기본 값인 integratedTerminal로 다시 바꾸거나 앞서 설명했듯이 별도의 터미널에서 실행하면 됩니다.

여러 가지 설정 방법

비주얼 스튜디오 코드는 여러 가지 설정을 제공하므로 보다 효율적으로 사용할 수 있습니다. 어떤 설정이 가능한지 보려면 **[기본 설정]** → **[설정]** 순으로 클릭하세요. **'일반적으로 사용되는 설정'**이라는 리스트가 나타납니다. 관심가는 항목을 선택해 살펴보면 설정을 바꾸는 방법을 익힐

---

1   옮긴이_ 기본 설정으로 파이썬 파일을 실행하면 다음과 같이 복잡한 명령어가 그대로 표시됩니다.

```
(base) kipenzam@SunyongcBookPro ch10 %  /usr/bin/env /usr/local/bin/python3/Users/
kipenzam/.vscode/extensions/ms-python.python-2023.8.0/pythonFiles/lib/python/
debugpy/adapter/../../debugpy/launcher 63344 -- /Users/kipenzam/Library/
CloudStorage/Dropbox/newBot/books/crashCourse/example/ch10/test.py

test

(base) kipenzam@SunyongcBookPro ch10 %
```

기본 설정으로 돌아가고 싶을 때는 이 명령을 실행한 폴더의 서브폴더 .vscode에서 launch.json 파일을 지우면 됩니다.

수 있을 겁니다. 시간을 조금 투자해 비주얼 스튜디오 코드를 더 효율적이고 즐겁게 사용할 수 있는 설정을 찾아보는 것도 좋습니다. 하지만 여기에 너무 몰두해서 파이썬을 뒤로 미루지는 마세요!

B.1.2 비주얼 스튜디오 코드 단축키 익히기

에디터와 IDE는 코드를 작성하고 관리할 때 반복적인 일을 효율적으로 할 수 있게 합니다. 예를 들어 손쉽게 코드 일부분을 들여쓰기 한다거나, 잘라낸 후 붙여넣는 일 없이 위아래로 움직이는 등의 기능입니다.

이 책에서 단축키 전체를 소개하기에는 단축키가 너무 많습니다. 파이썬을 배우면서 도움이 될 만한 몇 가지 단축키만 소개하겠습니다. 비주얼 스튜디오 코드가 아닌 다른 에디터를 선택하더라도, 여기서 소개하는 기능에 해당하는 단축키 정도는 익혀 두길 권합니다.

코드 블록 들여쓰기

코드 블록을 들여 쓰고 싶을 때는 해당 블록을 선택한 다음 ctrl + [](macOS에서는 ⌘ + [])를 누릅니다. 반대로 들여쓰기를 취소할 때는 해당 블록을 선택한 상태에서 ctrl +] (macOS에서는 ⌘ +])를 누릅니다.

코드 블록 주석 처리

코드 블록을 임시로 비활성화할 때는 해당 블록을 주석으로 바꾸면 됩니다. 주석으로 바꿀 부분을 선택하고 ctrl + / (macOS에서는 ⌘ + /)를 누르세요. 주석 처리를 취소할 때는 마찬가지로 선택하고 같은 단축키를 누르면 됩니다.

코드를 위아래로 이동

리팩터링을 하다 보면 코드 블록을 위아래로 이동할 일이 많습니다. 움직일 코드를 선택한 다음 alt + ↑ (macOS에서는 option + ↑)를 누르면 선택한 부분이 한 행씩 위로 올라갑니다. 마찬가지로 아래쪽 화살표를 조합해 블록을 아래로 움직일 수 있습니다.

한 행만 위 아래로 움직일 때는 그 행의 아무 위치나 클릭한 후 단축키를 누르면 됩니다. 행 전체를 선택할 필요는 없습니다.

파일 탐색기 숨기기

비주얼 스튜디오 코드가 제공하는 파일 탐색기는 아주 편리하지만, 작은 화면에서 작업할 때는 공간이 아까울 수도 있습니다. ctrl + B (macOS에서는 ⌘ + B)를 누르면 파일 탐색기를 숨기거나 다시 표시할 수 있습니다.

기타 단축키

에디터를 효율적으로 사용하려면 연습이 필요하고, 여기에 더해 '나는 지금 이런 일을 하고 있다'는 자각이 있으면 더 좋습니다. 에디터를 사용할 때 어떤 일을 반복적으로 하고 있는지 생각해 보세요. 반복적으로 하는 일은 대부분 단축키가 마련되어 있고, 해당 작업의 메뉴 옆에 단축키가 표시되어 있습니다. 키보드에서 마우스로 손을 움직이는 일이 잦다면, 마우스로 손을 움직이지 않아도 되는 단축키를 찾아보세요.

[기본 설정] → [바로 가기 키]를 클릭하면 비주얼 스튜디오 코드의 단축키를 모두 볼 수 있습니다. 검색 막대에서 원하는 단축키를 찾아볼 수도 있고 리스트를 스크롤해 효율적일 것 같은 단축키를 기억해도 됩니다.

다시 말하지만, 중요한 건 여러분이 작성하는 코드입니다. 도구에 너무 많은 시간을 뺏기는 건 좋지 않습니다.

B.2 다른 텍스트 에디터와 IDE

프로그래밍을 하다 보면 다른 사람이 사용하는 다양한 텍스트 에디터에 대해 듣게 될 겁니다. 이들 대부분은 비주얼 스튜디오 코드에서 설명한 수준의 기능을 제공합니다. 다음은 여러분이 들어볼 만한 텍스트 에디터 일부입니다.

B.2.1 IDLE

IDLE은 파이썬에서 기본으로 제공하는 텍스트 에디터입니다. 최신 에디터에 비하면 인터페이스가 그리 직관적이지는 않습니다. 하지만 초보자를 대상으로 하는 책에서 IDLE을 사용하는 경우가 간혹 있으니 알아두는 게 좋습니다.

B.2.2 지니

지니Geany는 단순한 기능을 제공하는 텍스트 에디터이며 별도의 터미널에 출력을 모두 표시하는 게 특징입니다. 지니를 사용하다 보면 터미널 사용에도 익숙해질 수 있습니다. 지니는 미니멀 인터페이스를 지향하지만, 숙련된 프로그래머 중에도 선호하는 사람이 있을 만큼 충분히 강력합니다.

비주얼 스튜디오 코드가 너무 많은 기능을 제공해 오히려 혼란스럽다고 생각한다면 지니를 사용해 보는 것도 좋습니다.

B.2.3 서브라임 텍스트

서브라임 텍스트 Sublime Text 또한 미니멀 인터페이스를 지향하는 텍스트 에디터이며 비주얼 스튜디오 코드가 너무 번거롭다고 느끼는 사람들이 선호하는 대안입니다. 서브라임 텍스트는 정말 깔끔한 인터페이스를 자랑하며, 파일이 아주 큰 경우에도 잘 동작하는 게 특징입니다. 서브라임 텍스트는 사용자의 주의를 뺏지 않는다는 철학을 가지고 만들어졌으므로 코드에만 집중할 수 있습니다.[2]

서브라임 텍스트는 무료 테스트 기간을 아무 제한 없이 제공하지만, 무료나 오픈 소스는 아닙니다. 서브라임 텍스트가 마음에 들어서 본격적으로 사용하기로 했다면 라이선스를 구입하는 게 올바릅니다. 구독 방식이 아니므로 한 번만 요금을 내면 평생 쓸 수 있습니다.

B.2.4 이맥스와 빔

이맥스Emacs와 **빔**Vim은 마우스를 전혀 사용할 필요가 없고, 키보드 역시 손가락을 많이 움직이지 않고도 모든 기능을 사용할 수 있도록 설계됐으므로 숙련된 프로그래머들이 선호하는 에디터입니다. 일단 에디터의 동작 방식에 익숙해지기만 하면 대단히 효율적으로 작업할 수 있지만,

---

2 옮긴이_ 서브라임 텍스트는 찾아 바꾸기에서 정규 표현식을 지원합니다. 예를 들어 작성 중인 문서에 표 1-1, 표 1-2, 표 1-3... 같은 부분이 아주 많은데, 나중에 '표'를 전부 '테이블'로 바꿔야 하는 경우가 생긴다면 간단한 정규 표현식으로 아주 쉽게 바꿀 수 있습니다. 비주얼 스튜디오 코드 역시 찾아 바꾸기에서 정규 표현식을 지원하긴 하지만 서브라임 텍스트만큼 간편하고 강력하지는 않습니다. 또한 독특한 형태의 매크로를 지원하고 매크로에도 단축키를 설정할 수 있어서 익숙해지면 대단히 편리합니다. 역자는 비주얼 스튜디오 코드를 메인 에디터로 사용하고 서브라임 텍스트를 보조 에디터로 사용합니다.

익숙해지는 것 자체가 상당히 어렵다는 단점도 있습니다. 빔은 macOS를 포함해 거의 모든 리눅스 컴퓨터에 기본으로 설치되어 있고, 이맥스와 빔은 터미널 안에서 모든 기능을 사용할 수 있습니다. 이런 특징 때문에 원격 터미널 세션에서 바로 코드를 수정해야 할 때 자주 사용됩니다.

숙련된 프로그래머 중에는 이맥스나 빔을 사용해 보라고 권하는 사람들이 종종 있는데, 나쁜 의도는 아니겠지만 개구리 올챙이 적 모르는 격일 때가 많습니다. 그래도 이런 에디터가 있다는 것 정도는 알아두는 게 좋습니다. 하지만 초보자의 입장에서 코드가 아니라 에디터에 익숙해지는데 시간을 들이는 건 권장할 수 없습니다.

B.2.5 파이참

파이참^{PyCharm}은 파이썬을 염두에 두고 설계된 IDE이므로 파이썬 프로그래머들이 선호합니다. 정식 버전은 유료 구독이 필요하지만, 무료 버전인 커뮤니티 버전도 있고 대부분의 개발자는 무료 버전으로도 충분하다고 생각합니다.

파이참은 기본적으로 각 프로젝트에 대해 격리된 환경을 만들고 그 안에서 동작합니다. 이 방식은 장점이 더 많긴 하지만, 이 독특한 방식을 이해하지 못하면 예상하지 못한 일이 일어날 수도 있습니다.

B.2.6 주피터 노트북

주피터 노트북^{Jupyter Notebook}은 전통적인 텍스트 에디터나 IDE와 달리 블록 단위로 동작하는 웹 애플리케이션입니다. 주피터 노트북은 텍스트 블록을 마크다운 형식으로 렌더링하므로 코드 안에 간단한 서식을 만들 수 있습니다.

주피터 노트북은 원래 과학 애플리케이션에 파이썬을 사용할 수 있도록 설계됐지만, 인기를 끌면서 더 다양한 상황에서 사용할 수 있게 확장됐습니다. 주피터 노트북을 사용하면 .py 파일 안에 제목, 리스트, 링크 등을 넣어 마치 문서처럼 만들 수 있습니다. 모든 코드 블록을 독립적으로 실행할 수 있으므로 테스트하기도 간편합니다. 각 코드 블록이 독립된 출력 영역을 지원하며 필요에 따라 이 기능을 켜고 끌 수 있습니다.

주피터 노트북을 처음 접하면 셀 사이의 상호작용 때문에 혼란스러울 수도 있습니다. 한 셀에서 함수를 정의하면 다른 셀에서도 그 함수를 사용할 수 있습니다. 이런 방식은 대개 유용하지만, 노트북의 동작 방식을 완전히 이해하지 못한 상황에서 노트북이 길어지면 많이 복잡해집니다.

파이썬을 사용해 과학 연구, 또는 데이터 중심의 작업을 진행한다면 결국은 주피터 노트북을 사용하게 될 겁니다.

도움 얻기

누구나 프로그램을 배우면서 어느 시점에는 막히게 됩니다. 따라서 프로그래머에게 가장 중요한 기술 중 하나는 효율적으로 이 벽을 넘는 겁니다. 이 부록은 벽에 부딪혔을 때 도움이 될 수 있는 몇 가지 방법을 설명합니다.

C.1 스스로 해 보기

막혔을 때 가장 먼저 할 일은 상황을 이성적으로 판단하는 겁니다. 다른 사람에게 도움을 청하기 전에 다음 세 가지 질문에 명확하게 답변할 수 있는지 생각하세요.

- 지금 하려고 했던 일은?
- 지금까지 해 본 방법은?
- 그에 따른 결과는?

답변은 구체적일수록 좋습니다. 첫 번째 질문의 경우, "새로 산 윈도우 컴퓨터에 파이썬 최신 버전을 설치하려고 한다." 정도는 되어야 파이썬 커뮤니티의 사람들이 여러분을 도울 수 있습니다. "파이썬 설치가 안 된다." 정도로는 다른 사람의 도움을 얻기 어렵습니다.

두 번째 질문은 여러분이 이미 해 본 일을 다시 하라는 답변을 받는 일이 없게끔 충분히 구체적이어야 합니다. "*https://python.org/downloads*에서 내 컴퓨터에 해당되는 [다운로드] 버튼을 클릭했다. 그리고 설치 파일을 실행했다." 정도는 되어야 합니다. "파이썬 웹사이트에서 내려받았는데 안 된다."는 적절하지 않습니다.

세 번째 질문의 경우 표시된 에러 메시지를 정확히 확인해야 합니다. 이 메시지 자체를 검색하거나 질문할 때 메시지를 첨부하는 게 좋습니다.

다른 사람에게 질문하기 전에 이 세 가지 질문을 생각하기만 해도 뭘 놓쳤는지 스스로 찾아내고 문제를 해결할 수 있을 때가 많습니다. 심지어 이런 과정을 가리키는 **고무 오리 디버깅**rubber duck debugging이라는 명칭도 있습니다. 아무 대답도 하지 않는 고무 오리(또는 여러분이 좋아하는 인형)에게 자신이 처한 상황을 하나씩 얘기하다 보면 스스로 답을 찾을 수 있다는 뜻입니다. 프로그래밍 팀 중에는 '오리에게 물어봐'라는 충고를 쉽게 떠올리도록 사무실에 실제로 고무 오리를 비치하는 팀도 있습니다.

C.1.1 다시 시도하기

처음으로 돌아가서 다시 시도하는 것만으로도 해결되는 문제도 많습니다. 예를 들어 이 책의 예제 중 `for` 루프를 사용하는 예제를 따라 한다고 합시다. 익숙해지기 전에는 `for`가 있는 행 마지막에 있어야 하는 콜론을 잊어버리는 것 같은 단순한 실수를 하곤 합니다. 처음부터 다시 해 보면 생각보다 거짓말처럼 해결되는 경우가 많습니다.

C.1.2 휴식하세요

한 가지 문제 때문에 시간을 많이 보냈다면 잠시 내려놓고 쉬는 게 최선일 때도 많습니다. 오랜 시간 동안 똑같은 일을 하다 보면 우리의 두뇌가 한 방향으로 고정되는 경우가 많습니다. 잠시 쉬면 시야가 넓어지고 새로운 관점에서 문제를 볼 수 있게 됩니다. 오래 쉴 필요도 없습니다. 지금의 사고방식에서 벗어날 수 있을 정도면 충분합니다. 오래 앉아 있었다면 잠시 산책하거나, 물을 한 잔 마시거나, 가벼운 간식을 먹는 신체적 활동을 하면 됩니다.

스트레스를 과하게 느낀다면 일을 미루는 것도 좋은 방법입니다. 하룻밤 푹 자고 나면 문제가 훨씬 쉽게 느껴질 겁니다.

C.1.3 책의 자료를 참고하세요

*https://ehmatthes.github.io/pcc_3e*에 컴퓨터 설정, 각 장에 대한 도움말이 있습니다. 아직 온라인 자료를 읽지 않았다면 도움이 되는 자료가 있는지 확인하세요.

C.2 온라인에서 검색하기

여러분이 겪고 있는 문제를 다른 사람이 이미 겪고, 이에 대해 온라인에 글을 올렸을 가능성이 높습니다. 구체적인 검색어로 요령 있게 검색하면 겪고 있는 문제에 대한 힌트를 발견할 수 있습니다. 예를 들어 새로 산 윈도우 컴퓨터에 파이썬 최신 버전을 설치하다가 문제가 생겼을 경우, [install python windows]로 검색하고 검색 결과를 1년으로 제한한다면 명확한 답을 얻을 가능성이 높습니다.

또한 에러 메시지 자체를 검색하는 것도 아주 유용합니다. 예를 들어 새로 산 윈도우 컴퓨터의 터미널에서 파이썬 프로그램을 실행하려 했는데 다음과 같은 에러가 일어났다고 합시다.

```
> python hello_world.py
Python was not found; run without arguments to install from the Microsoft
  Store...
```

에러 메시지 전체인 'Python was not found; run without arguments to install from the Microsoft Store'를 검색하면 도움이 되는 결과가 있을 겁니다.

프로그래밍 관련 문제를 검색하다 보면 자주 눈에 띄는 사이트가 몇 개 있을 겁니다. 주요 사이트를 간단히 소개하겠습니다.

C.2.1 스택 오버플로우

스택 오버플로우(*https://stackoverflow.com*)는 가장 인기 있는 질문과 답변 사이트이며, 파이썬 관련 질문을 검색하면 항상 첫 번째 페이지에 나오곤 하는 사이트입니다. 누군가가 질문을 올리면 다른 멤버가 답변을 다는 형식입니다. 사용자들은 가장 유용한 응답에 투표할 수 있으므로, 보통 맨 위에 있는 답변이 가장 좋은 답변입니다.

스택 오버플로우가 성장하면서 답변이 점점 다듬어지므로, 대부분의 파이썬 관련 질문에는 명확한 답이 있습니다. 또한 포스트를 업데이트하는 것이 권장되므로 답변 역시 비교적 최신 상태일 때가 많습니다. 이 글을 쓰는 시점을 기준으로 스택 오버플로우에는 2백만 개가 넘는 파이썬 관련 질문과 답이 있습니다.

스택 오버플로우에 질문을 올리기 전에 알아야 할 것이 있습니다. 질문은 간결하게 작성해야 합니다. 문제를 일으키는 코드를 20행 미만으로 정리하고, 이 부록 맨 앞의 세 가지 질문을 포함한다면 누군가는 여러분을 도와주려 할 겁니다. 반면 큰 파일이 여러 개 있는 프로젝트 링크를 올리면 도와줄 사람은 별로 없을 겁니다. 스택 오버플로우에는 질문 요령을 정리한 가이드 *https://stackoverflow.com/help/how-to-ask*도 있습니다. 이 가이드의 제안을 숙지하면 다른 프로그래머 커뮤니티에서도 쉽게 도움을 받을 수 있습니다.

C.2.2 공식 파이썬 문서

*https://docs.python.org*의 공식 파이썬 문서는 초보자를 위한 설명보다는 파이썬의 문서화에 더 중점을 두고 있으므로 초보자가 보기에는 좀 까다로울 수 있습니다. 공식 문서의 예제는 모두 잘 동작하지만 이를 전부 이해하기는 좀 어려울 수도 있습니다. 하지만 검색 결과에 포함된다면 대개는 어떤 힌트라도 찾을 수 있는 경우가 많고, 파이썬에 익숙해지면 익숙해질수록 공식 문서가 유용해질 겁니다.

C.2.3 공식 라이브러리 문서

파이게임, Matplotlib, Django 같은 라이브러리를 사용한다면 이들의 공식 문서도 검색 결과에 자주 포함될 겁니다. 예를 들어 Django를 사용한다면 *https://docs.djangoproject.com*에서 여러 가지 자료를 찾을 수 있습니다. 프로젝트에 필수적인 라이브러리가 있다면 해당 라이브러리의 공식 문서에 익숙해지는 게 좋습니다.

C.2.4 r/learnpython

레딧^{Reddit}은 **서브레딧**이라는 하위 게시판으로 구성되어 있습니다. **r/learnpython** 서브레딧(*https://reddit.com/r/learnpython*)은 아주 활동적이며 친절한 사람들도 많습니다. 이 서브레딧에서 다른 사람의 질문을 읽고 여러분이 직접 질문을 올릴 수도 있습니다. 이런 게시판에서 대화하다 보면 직면한 문제를 여러 가지 관점에서 볼 수 있게 되고, 뜻하지 않은 경험을 쌓을 수 있습니다.

C.2.5 블로그 포스트

많은 프로그래머가 블로그를 운영하고 사용하는 언어에 대한 포스트를 올립니다. 블로그 포스트를 발견하면 날짜를 확인해서 사용하는 파이썬 버전에 적용 가능한지 알아봐야 합니다.

C.3 디스코드

디스코드discord는 온라인 채팅 커뮤니티이며 파이썬 관련 채널도 있습니다.

*https://pythondiscord.com*에 방문해서 오른쪽 상단의 [**디스코드**] 링크를 클릭해 보세요. 계정이 없다면 사용자 이름을 입력하고 안내에 따라 가입하세요.

파이썬 디스코드에 처음 방문했다면 먼저 커뮤니티 규칙에 동의해야 합니다. 동의를 끝내면 관심이 가는 모든 채널에 참여할 수 있습니다. 도움이 필요하다면 파이썬 도움말 채널을 이용하세요.

C.4 슬랙

슬랙slack 역시 온라인 채팅 커뮤니티입니다. 슬랙은 보통 회사 단위로 내부 커뮤니케이션에 사용되지만 공개 그룹도 많이 있습니다. 파이썬 슬랙 그룹은 *https://pyslackers.com*에서 찾을 수 있습니다. 페이지 상단의 [**슬랙**] 링크를 클릭하고 이메일 주소를 입력하면 초대장이 전송됩니다.

파이썬 개발자 워크스페이스에 들어가면 채널 리스트가 표시됩니다. [**채널**]을 클릭한 다음 관심 있는 주제를 선택하세요. **#help**, **#django** 채널을 추천합니다.

APPENDIX D
깃을 활용해 버전 관리하기

버전 관리 소프트웨어를 사용하면 필요할 때마다 프로젝트 스냅샷을 보관할 수 있습니다. 새로운 기능을 구현하는 등 프로젝트에 변경이 필요할 때, 제대로 동작하지 않는다면 스냅샷을 통해 이전 상태를 복구할 수 있습니다.

버전 관리 소프트웨어를 사용하면 실수를 두려워하지 않고 여러 가지 시도를 할 수 있습니다. 스냅샷 복원 기능은 큰 프로젝트일수록 중요하지만, 파일 하나만 사용하는 작은 프로젝트라도 유용하게 쓸 수 있습니다.

이 부록에서는 깃을 설치하고 현재 작업 중인 프로그램의 버전 관리에 사용하는 방법을 설명합니다. 깃은 최근 가장 널리 쓰이는 버전 관리 소프트웨어입니다. 깃의 고급 기능은 대부분 큰 프로젝트에서 협업하는 팀을 위한 것이지만, 혼자 일하는 개발자도 깃의 기본 기능을 이용할 수 있습니다. 깃은 프로젝트의 모든 파일에 대해 변경 내용을 추적하는 방식으로 버전을 관리합니다. 실수하더라도 이전에 저장한 상태로 돌아갈 수 있습니다.

D.1 깃 설치하기

깃은 모든 운영체제에서 실행되지만 설치 방법은 조금씩 다릅니다.

일부 컴퓨터에는 깃이 기본적으로 포함되어 있으며, 여러분이 이미 설치한 패키지에 포함된 경우도 많습니다. 깃을 설치하기 전에 이미 설치되어 있는지 확인하세요. 터미널을 열고 **git --version** 명령을 실행합니다. 버전 번호가 포함된 결과가 나온다면 깃이 이미 설치된 겁니다. 깃을 업데이트하라는 메시지가 나타나면 화면의 지침을 따르면 됩니다.

그런 메시지가 없을 경우, 윈도우나 **macOS**에서는 *https://git-scm.com*에 방문해 설치 파일을 내려받으세요. apt 호환 시스템을 사용하는 리눅스 사용자는 **sudo apt install git** 명령으로 깃을 설치할 수 있습니다.

D.1.1 깃 설정하기

깃은 기본적으로 누가 프로젝트를 수정했는지 추적하며, 단 한 사람이 관리하는 프로젝트라도 마찬가지로 추적합니다. 이를 위해 깃은 사용자 이름과 이메일을 알아야 합니다. 사용자 이름은 반드시 필요하지만, 이메일 주소는 정확하지 않아도 됩니다.

```
$ git config --global user.name "username"
$ git config --global user.email "username@example.com"
```

이 단계를 누락했다면 처음으로 커밋할 때 사용자 이름을 입력하라는 메시지가 표시될 겁니다.

또한 각 프로젝트에서 기본 브랜치의 이름을 정하는 게 좋습니다. 이 브랜치의 이름은 main으로 하겠습니다.

```
$ git config --global init.defaultBranch main
```

이렇게 설정하면 깃으로 관리하는 각 프로젝트가 **main** 브랜치로 시작합니다.

D.2 프로젝트 만들기

프로젝트를 하나 만들어 봅시다. 컴퓨터의 원하는 위치에 **git_practice** 폴더를 만드세요. 이 폴더 안에 간단한 파이썬 프로그램을 만들 겁니다.

hello_git.py

```
print("Hello Git world!")
```

이 프로그램을 통해 깃의 기본 기능을 알아봅시다.

D.3 일부 파일 무시하기

확장자가 **.pyc**인 파일은 **.py** 파일을 실행할 때 자동으로 생성되는 파일이므로 깃에서 추적할 필요는 없습니다. **.pyc** 파일은 **__pycache__** 폴더에 저장됩니다. 깃이 이 폴더를 무시하게 하려면 **.gitignore** 파일을 만듭니다. 파일 이름이 점으로 시작하고, 파일 확장자는 없습니다. 이 파일에 다음 행을 추가하세요.

.gitignore

```
__pycache__/
```

이제 깃은 이 파일을 읽고 이 폴더의 파일은 모두 무시합니다. **.gitignore** 파일을 사용하면 프로젝트를 깔끔하게 유지할 수 있고 작업도 더 쉬워집니다.

숨김 파일(이름이 점으로 시작하는 파일)을 보기 위해 파일 브라우저 설정을 수정해야 할 수도 있습니다. 윈도우 탐색기에서는 [**보기**] → [**표시**] → [**숨긴 항목**]을 클릭합니다. macOS에서는 ⌘ + shift + . 을 누르세요. 리눅스에서는 '숨긴 파일 표시' 설정을 찾아보세요.

> **NOTE** macOS를 사용한다면 .gitignore 파일에 .DS_Store;를 추가하세요. 이 파일은 macOS에서 폴더 정보를 저장하는 숨김 파일이므로 깃에서 관리할 필요가 없습니다.

D.4 저장소 초기화하기

파이썬 파일과 **.gitignore** 파일이 포함된 폴더를 만들었다면 이제 깃 저장소를 초기화할 차례입니다. 터미널에서 이 폴더로 이동한 후 다음 명령어를 실행하세요.

```
git_practice$ git init
Initialized empty Git repository in git_practice/.git/
git_practice$
```

이 메시지는 **git_practice** 폴더에 빈 저장소를 만들었다는 뜻입니다. **저장소**는 깃이 추적하는 파일들입니다. 깃은 **.git** 폴더를 만들어 저장소를 관리합니다. 여러분은 이 폴더의 파일에

손댈 필요가 전혀 없으며, 손대서도 안됩니다. 이 폴더를 제거하면 프로젝트 히스토리가 모두 사라집니다.

D.5 상태 확인하기

가장 먼저 할 일은 프로젝트 상태 확인입니다.

```
git_practice$ git status
On branch main # ❶
No commits yet

Untracked files: # ❷
  (use "git add <file>..." to include in what will be committed)
      .gitignore
      hello_git.py

nothing added to commit but untracked files present (use "git add" to track) # ❸
git_practice$
```

깃에서 **브랜치**branch는 프로젝트의 버전입니다. ❶은 현재 main 브랜치에 있다는 뜻입니다. 프로젝트 상태를 확인할 때는 항상 main 브랜치에 있다는 메시지가 표시되어야 합니다. 그 아래에는 아직 아무 커밋도 없다는 메시지가 보입니다. **커밋**은 프로젝트 스냅샷입니다.

❷는 추적되지 않은 파일이 존재한다는 메시지입니다. 아직 추적할 파일을 지정하지 않았으므로 당연한 일입니다. 또한 ❸은 현재 커밋에 추가되지 않은, 저장소에 추가할 수 있는 파일을 발견했다는 뜻입니다.

D.6 저장소에 파일 추가하기

저장소에 파일을 두 개 추가하고 상태를 다시 확인해 봅시다.

```
git_practice$ git add . # ❶
```

```
git_practice$ git status # ❷
On branch main
No commits yet

Changes to be committed:
  (use "git rm --cached <file>..." to unstage)
      new file:    .gitignore # ❸
      new file:    hello_git.py

git_practice$
```

❶의 git add . 명령어는 아직 추적하지 않고 있으며 .gitignore에서 명시적으로 무시하지도 않은 파일을 모두 저장소에 추가합니다. 이 명령은 커밋을 일으키지 않으며, 추적을 시작하라는 의미입니다. ❷에서 다시 프로젝트 상태를 체크하면, 깃이 커밋해야 하는 변경 내용을 인식했다는 메시지가 나타납니다. ❸의 **new file**은 이 파일이 저장소에 새로 추가된다는 뜻입니다.

D.7 커밋하기

이제 커밋을 시작해 봅시다.

```
git_practice$ git commit -m "Started project." # ❶
[main (root-commit) cea13dd] Started project. # ❷
2 files changed, 5 insertions(+) # ❸
 create mode 100644 .gitignore
 create mode 100644 hello_git.py

git_practice$ git status # ❹
On branch main
nothing to commit, working tree clean

git_practice$
```

❶의 git commit -m " message" 명령어는 프로젝트의 스냅샷을 만듭니다. -m 플래그는 그 다음에 있는 메시지 Started project를 로그에 기록하라는 뜻입니다. ❷는 현재 main 브랜치에 있다는 뜻이고, ❸은 파일 두 개의 변경 내용을 기록했다는 뜻입니다.

❹에서 다시 상태를 확인하면 현재 main 브랜치에 있으며, 작업할 내용이 없다는 메시지가 보입니다. 프로젝트를 커밋할 때마다 이 메시지가 보여야 합니다. 만약 이와 다른 메시지가 나타난다면 주의 깊게 읽으세요. 대개는 커밋 전에 파일 추가를 깜박했을 겁니다.

D.8 로그 확인하기

깃은 커밋 로그를 모두 보관합니다. 로그를 확인해 봅시다.

```
git_practice$ git log
commit cea13ddc51b885d05a410201a54faf20e0d2e246 (HEAD -> main)
Author: eric <eric@example.com>
Date:   Mon Jun 6 19:37:26 2022 -0800

    Started project.
git_practice$
```

깃은 커밋할 때마다 40글자의 고유한 참조 ID를 생성합니다. 이 로그에는 누가, 언제 커밋했으며 메시지는 무엇인지 저장됩니다. 항상 이 정보가 모두 필요한 건 아니므로 깃은 출력을 단순화하는 옵션도 제공합니다.

```
git_practice$ git log --pretty=oneline
cea13ddc51b885d05a410201a54faf20e0d2e246 (HEAD -> main) Started project.
git_practice$
```

--pretty=oneline 플래그는 가장 중요한 두 가지 정보인 커밋 ID와 메시지만 표시합니다.[1]

D.9 두 번째 커밋

버전 관리를 이해하려면 프로젝트를 변경하고 변경 내용을 커밋해야 합니다. hello_git.py 파일을 다음과 같이 수정하세요.

----

1   옮긴이_ online이 아니라 '한 줄'을 뜻하는 oneline입니다.

hello_git.py

```
print("Hello Git world!")
print("Hello everyone.")
```

프로젝트 상태를 확인하면 다음과 같이 깃이 변경을 감지한 걸 볼 수 있습니다.

```
git_practice$ git status
On branch main # ❶
Changes not staged for commit:
  (use "git add <file>..." to update what will be committed)
  (use "git restore <file>..." to discard changes in working directory)
 modified:   hello_git.py # ❷

no changes added to commit (use "git add" and/or "git commit -a") # ❸

git_practice$
```

❶은 현재 어느 브랜치에 있는지 나타냅니다. ❷는 변경된 파일 이름이고, ❸은 변경 내용이 아직 커밋되지 않았다는 뜻입니다. 변경 내용을 커밋하고 상태를 다시 확인해 봅시다.

```
git_practice$ git commit -am "Extended greeting." # ❶
[main 945fa13] Extended greeting.
 1 file changed, 1 insertion(+), 1 deletion(-)

git_practice$ git status # ❷
On branch main
nothing to commit, working tree clean

git_practice$ git log --pretty=oneline # ❸
945fa13af128a266d0114eebb7a3276f7d58ecd2 (HEAD -> main) Extended greeting.
cea13ddc51b885d05a410201a54faf20e0d2e246 Started project.
git_practice$
```

❶에서는 git commit 명령어를 사용하면서 -am 플래그를 추가했습니다. -a 플래그는 변경 내용을 모두 저장소에 커밋하라는 뜻입니다. 커밋 사이에 파일을 새로 만들었다면 git add . 명령을 다시 실행해 새 파일을 모두 추적하게 해야 합니다. -m 플래그는 이미 설명했듯 메시지를 로그에 기록하라는 의미입니다.

이제 ❷에서 다시 프로젝트 상태를 확인하면 작업할 내용이 없다는 메시지가 보입니다. 마지막으로 ❸에서 로그를 확인하면 두 개의 커밋이 보입니다.

D.10 변경 내용 복원하기

이번에는 변경 내용을 취소하고 이전 상태로 돌아가는 방법을 알아봅시다. `hello_git.py`를 다음과 같이 수정합니다.

hello_git.py

```python
print("Hello Git world!")
print("Hello everyone.")

print("Oh no, I broke the project!")
```

이 파일을 저장하고 실행하세요.

깃이 변경 내용을 감지했는지 확인할 수 있습니다.

```
git_practice$ git status
On branch main
Changes not staged for commit:
  (use "git add <file>..." to update what will be committed)
  (use "git restore <file>..." to discard changes in working directory)

    modified:   hello_git.py # 1

no changes added to commit (use "git add" and/or "git commit -a")

git_practice$
```

❶을 보면 깃이 hello_git.py의 변경 내용을 감지한 걸 알 수 있고, 필요하다면 커밋할 수 있습니다. 하지만 이번에는 변경 내용을 커밋하지 않고, 프로젝트가 제대로 동작했던 마지막 커밋으로 돌아가겠습니다. hello_git.py를 직접 수정하지는 않습니다. 마지막에 추가한 행을 제거하거나 실행 취소 기능을 이용하지 않습니다. 터미널 세션에서 다음과 같이 입력하세요.

```
git_practice$ git restore .

git_practice$ git status
On branch main
nothing to commit, working tree clean

git_practice$
```

`git restore filename` 명령어는 원하는 파일 한 개에 대해 마지막 커밋 이후의 변경 내용을 모두 취소합니다. `git restore .` 명령어는 마지막 커밋 이후의 변경 내용을 모두 취소해서 마지막 커밋 상태로 복원합니다.

텍스트 에디터에서 hello_git.py를 확인하면 다음과 같이 이전 버전으로 돌아간 걸 볼 수 있습니다.

```
print("Hello Git world!")
print("Hello everyone.")
```

이 예제는 아주 단순하므로 이전 상태로 돌아가는 게 무의미해 보이겠지만, 파일이 수십 개 포함된 큰 프로젝트에서 명령 하나로 이전 상태로 돌아갈 수 있다고 생각해 보세요. 그때 이 기능은 대단히 유용합니다. 새로운 기능을 구현할 때 마음껏 시도해 볼 수 있고, 의도한 대로 동작하지 않는다면 프로젝트에 아무 영향 없이 이전 상태로 복원할 수 있습니다. 언제 뭘 어떻게 변경했는지 기억했다가 직접 복원할 필요가 없습니다. 깃이 이 모든 작업을 여러분 대신 수행합니다.

> **NOTE** 일부 텍스트 에디터에서는 파일을 다시 불러와야 깃이 복원한 버전이 보일 수도 있습니다.

D.11 이전 커밋 체크아웃하기

참조 ID의 처음 6자를 사용해 checkout 명령을 내려 로그에 기록된 모든 커밋을 살펴볼 수 있습니다. 이전 커밋을 확인하고 최신 상태로 돌아가거나, 최근 변경을 취소하고 이전 커밋으로 돌아갈 수 있습니다.

```
git_practice$ git log --pretty=oneline
945fa13af128a266d0114eebb7a3276f7d58ecd2 (HEAD -> main) Extended greeting.
cea13ddc51b885d05a410201a54faf20e0d2e246 Started project.

git_practice$ git checkout cea13d
Note: switching to 'cea13d'.
```

```
You are in 'detached HEAD' state. You can look around, make experimental # ❶
changes and commit them, and you can discard any commits you make in this
state without impacting any branches by switching back to a branch.
If you want to create a new branch to retain commits you create, you may
do so (now or later) by using -c with the switch command. Example:

  git switch -c <new-branch-name>

Or undo this operation with: # ❷

  git switch -

Turn off this advice by setting config variable advice.detachedHead to false

HEAD is now at cea13d Started project.

git_practice$
```

이전 커밋을 체크하기 위해서는 메인 브랜치를 떠나야 합니다. 이렇게 브랜치에서 떠나는 걸 깃은 'HEAD가 분리^{detach}됐다'라고 표현합니다(❶). **HEAD**는 현재 커밋된 상태를 말합니다. 브랜치(여기서는 main)을 떠났으므로 분리됐다고 표현하는 겁니다.

main 브랜치로 돌아가려면 ❷를 따릅니다.

```
git_practice$ git switch -
Previous HEAD position was cea13d Started project.
Switched to branch 'main'

git_practice$
```

이 명령어는 main 브랜치로 돌아갑니다. 깃의 고급 기능에 익숙하지 않다면, 이전 커밋을 확인하는 동안에는 프로젝트를 수정하지 않는 게 가장 좋습니다. 혼자 진행하는 프로젝트인 경우, 최근 커밋을 모두 취소하고 이전 커밋으로 돌아갈 수 있습니다. main 브랜치에서 다음 명령을 입력합니다.

```
git_practice$ git status # ❶
On branch main
nothing to commit, working directory clean
```

```
git_practice$ git log --pretty=oneline # ❷
945fa13af128a266d0114eebb7a3276f7d58ecd2 (HEAD -> main) Extended greeting.
cea13ddc51b885d05a410201a54faf20e0d2e246 Started project.

git_practice$ git reset --hard cea13d # ❸
HEAD is now at cea13dd Started project.

git_practice$ git status # ❹
On branch main
nothing to commit, working directory clean

git_practice$ git log --pretty=oneline # ❺
cea13ddc51b885d05a410201a54faf20e0d2e246 (HEAD -> main) Started project.

git_practice$
```

❶에서는 다시 상태를 체크해 main 브랜치에 있음을 확인했습니다. ❷에서 로그를 보면 커밋 두 개가 보입니다. ❸에서는 git reset --hard 명령어와 돌아갈 커밋의 참조 ID를 써서 해당 커밋으로 영구히 돌아갑니다. ❹에서 다시 상태를 체크하면 main 브랜치에 있고 커밋할 내용이 없는 게 보입니다. ❺에서 로그를 다시 확인하면 최초의 커밋 하나만 존재하는 걸 알 수 있습니다.

D.12 저장소 제거하기

저장소가 너무 복잡해져서 어떻게 복구해야 할지 모르게 될 때도 있습니다. 이런 경우 부록 C '도움 얻기'를 참조해 누군가에게 질문하는 게 좋습니다. 하지만 방법을 찾을 수 없고 혼자 진행하는 프로젝트라면 .git 폴더를 제거하는 방법도 있습니다. 이렇게 하면 프로젝트 커밋이 모두 제거되므로 이전 상태를 확인할 수 없게 되지만, 현재 상태에는 아무 영향도 없습니다.

파일 브라우저를 열어서 .git 저장소를 제거하거나 명령행에서 해당 명령을 내리면 됩니다. 그리고 저장소를 다시 초기화해서 변경 내용 추적을 시작할 수 있습니다. 터미널에서는 다음과 같이 진행합니다.

```
git_practice$ git status # ❶
On branch main
nothing to commit, working directory clean

git_practice$ rm -rf .git/ # ❷

git_practice$ git status # ❸
fatal: Not a git repository (or any of the parent directories): .git
```

먼저 ❶과 같이 상태를 체크해 변경 내용을 모두 커밋했는지 확인합니다. 그리고 ❷에서 rm
-rf .git/ 명령어로(윈도우에서는 del .git) .git 폴더를 제거합니다. .git 폴더를 제거한
뒤 ❸에서 다시 상태를 체크하면 저장소가 없다는 메시지가 보입니다. 깃이 저장소를 운영하기
위해 필요한 정보는 모두 .git 폴더에 저장되므로, 이를 제거하면 저장소 전체가 제거됩니다.

```
git_practice$ git init # ❹
Initialized empty Git repository in git_practice/.git/

git_practice$ git status # ❺
On branch main

No commits yet

Untracked files:
  (use "git add <file>..." to include in what will be committed)
      .gitignore
      hello_git.py

nothing added to commit but untracked files present (use "git add" to track)

git_practice$ git add . # ❻

git_practice$ git commit -m "Starting over."
[main (root-commit) 14ed9db] Starting over.
 2 files changed, 5 insertions(+)
 create mode 100644 .gitignore
 create mode 100644 hello_git.py

git_practice$ git status # ❼
On branch main
nothing to commit, working tree clean

git_practice$
```

이제 ④에서 `git init`으로 저장소를 다시 시작합니다. ⑤와 같이 상태를 확인하면 첫 번째 커밋을 기다리는 첫 단계로 돌아간 게 보입니다. ⑥에서는 파일을 추가했고, 다음 행에서 다시 커밋했습니다. ⑦에서 상태를 확인하면 다시 `main` 브랜치에 있고 커밋할 내용이 없다는 메시지가 보입니다.

버전 관리를 새롭게 배우려면 연습이 좀 필요한 건 사실이지만, 일단 익숙해지면 절대 이전으로 돌아가고 싶지 않을 겁니다.

배포 문제 해결하기

애플리케이션 배포에 성공하면 아주 만족스럽습니다. 특히, 처음 하는 일이라면 정말 기쁠 겁니다. 하지만 배포 절차는 상당히 까다롭고, 문제가 일어나더라도 찾아서 해결하기 쉽지 않을 때가 많습니다. 이 부록은 최근의 배포 방식을 이해하고, 문제가 생겼을 때 참고할 수 있는 가이드입니다.

이 부록으로도 충분하지 않다면 *https://ehmatthes.github.io/pcc_3e*의 온라인 자료를 참고하세요. 필자가 주기적으로 업데이트하고 있으니 틀림없이 도움이 될 겁니다.

E.1 배포 절차 이해하기

문제 해결을 위해서는 배포 절차가 어떻게 이루어지는지 명확히 파악해야 합니다. **배포**deployment 란 로컬 컴퓨터에서 잘 동작하는 프로젝트를 원격 서버에 복사해서 누구나 인터넷을 통해 접근할 수 있게 만드는 걸 말합니다. 원격 환경은 가상 서버 중 하나이므로, 운영체제가 다른 경우를 포함해서 여러 면에서 일반적인 로컬 컴퓨터와 다릅니다.

프로젝트를 배포, 또는 원격 서버에 **푸시**하는 절차는 다음과 같습니다.

- 데이터센터의 컴퓨터에 가상 서버를 만듭니다.
- 로컬 컴퓨터와 원격 서버 사이에 연결을 수립합니다.
- 프로젝트 코드를 원격 서버에 복사합니다.
- 프로젝트가 의존하는 패키지들을 모두 원격 서버에 설치합니다.
- 데이터베이스를 만들고 마이그레이션을 실행합니다.
- CSS, 자바스크립트 파일, 미디어 파일 등의 정적 파일을 효율적으로 서비스할 수 있는 곳에 복사합니다.

- 들어오는 요청을 처리할 서버를 시작합니다.
- 요청을 처리할 준비가 되면 들어오는 요청을 프로젝트로 라우팅합니다.

절차가 여러 단계이므로 이 중 하나만 실패해도 전체 배포가 실패합니다. 하지만 흐름을 이해하면 어디서 잘못됐는지 찾아내기 쉽습니다. 어디서 잘못됐는지 파악했으면 이를 수정해 다음 시도의 성공 가능성을 높이면 됩니다.

로컬 컴퓨터와 서버의 운영체제가 다르므로, 서버의 운영체제가 무엇인지 알아야 문제를 해결할 방법을 찾을 수 있습니다. 이 글을 쓰는 시점을 기준으로 platform.sh의 기본 원격 서버는 데비안 리눅스입니다. 대부분의 원격 서버는 리눅스를 사용합니다.

E.2 기본적인 문제 해결하기

운영체제에 따라 문제 해결 방식이 달라질 수 있지만 이런 구체적인 단계는 잠시 후 살펴보겠습니다. 먼저 공통적인 문제 해결 절차부터 알아봅시다.

가장 먼저 검토해야 할 자료는 푸시 과정에 출력된 메시지입니다. 배포가 처음이라면 이해하기도 어려운 메시지가 잔뜩 보여서 다소 부담스러울 수 있습니다. 하지만 이 메시지 하나하나를 전부 이해할 필요는 없습니다. 로그 출력을 훑어볼 때는 '어디까지 성공했고 어디서부터 실패했는지' 찾는다는 마음가짐으로 봐야 합니다. 이렇게 할 수 있다면 로컬 프로젝트나 배포 절차 중 어디를 수정해야 하는지도 알 수 있으므로 다음 푸시는 그만큼 더 진행할 수 있습니다.

E.2.1 화면의 제안 검토하기

때때로 푸시하려는 서버에서 명확한 문제 해결 방법을 제안할 때도 있습니다. 예를 들어 다음 메시지는 깃 저장소를 초기화하지 않은 상태에서 platform.sh에 프로젝트를 만들어 푸시하려 할 때 표시되는 메시지입니다.

```
$ platform push
Enter a number to choose a project: # ❶
  [0] ll_project (votohz445ljyg)
```

```
> 0

[RootNotFoundException] # ❷
Project root not found. This can only be run from inside a project
  directory.

To set the project for this Git repository, run: # ❸
  platform project:set-remote [id]
```

프로젝트를 푸시하려고 했지만 로컬 프로젝트와 원격 프로젝트가 연결되지 않은 상황입니다. 따라서 platform.sh CLI는 ❶과 같이 어느 프로젝트에 푸시할지 묻습니다. 프로젝트가 하나 뿐이므로 0을 입력합니다. 하지만 이번에는 ❷와 같이 RootNotFoundException이 일어납니다. 이는 platform.sh가 로컬 프로젝트를 검사할 때 원격 프로젝트와 연결할 방법을 찾기 위해 .git 폴더를 확인하기 때문에 벌어지는 문제입니다. 여기서는 .git 폴더가 없는 상태에서 원격 프로젝트를 만들었기에 이런 문제가 일어났습니다. ❸에서 CLI가 제안하는 방법은 project:set-remote 명령으로 이 로컬 프로젝트와 연결될 원격 프로젝트를 지정하라는 겁니다.

제안을 따라 해 보겠습니다.

```
$ platform project:set-remote votohz445ljyg
Setting the remote project for this repository to: ll_project (votohz445ljyg)

The remote project for this repository is
  now set to: ll_project (votohz445ljyg)
```

앞에서 본 메시지에서는 이 원격 프로젝트의 ID가 votohz4451jyg였습니다. 따라서 이 ID와 함께 제안된 명령을 실행하면 로컬 프로젝트와 원격 프로젝트가 연결됩니다.

다시 푸시해 봅시다.

```
$ platform push
Are you sure you want to push to the main (production) branch? [Y/n] y
Pushing HEAD to the existing environment main
--생략--
```

푸시에 성공했습니다. CLI에서 제안한 방법이 잘 동작한 겁니다.

완전히 이해하지 못한 명령어를 실행할 때는 반드시 주의해야 합니다. 하지만 따라 해도 안전하다고 믿을 수 있는 곳(예를 들어 원격 서버)에서 제안하는 명령은 신뢰하는 게 합리적입니다.

> **NOTE** 컴퓨터에 해를 끼치거나 원격 공격에 노출되게 만드는 명령을 실행하도록 유도하는 공격자들이 있음을 명심하세요. 믿을 수 있는 회사나 조직에서 제공하는 도구의 제안은 믿어도 되지만, 누군지도 모르는 사람의 제안을 따라서는 안됩니다. 원격 연결을 처리할 때는 항상 주의해야 합니다.

E.2.2 로그 검토하기

이미 언급했듯 platform push 같은 명령을 실행할 때 출력되는 로그는 유용하지만, 이해하기 벅차 보일 수 있습니다. 다음 로그는 다른 상황에서 platform push를 실행한 결과입니다. 어디에 문제가 있는지 찾아보세요.

```
--생략--
Collecting soupsieve==2.3.2.post1
  Using cached soupsieve-2.3.2.post1-py3-none-any.whl (37 kB)
Collecting sqlparse==0.4.2
  Using cached sqlparse-0.4.2-py3-none-any.whl (42 kB)
Installing collected packages: platformshconfig, sqlparse,...
Successfully installed Django-4.1 asgiref-3.5.2 beautifulsoup4-4.11.1...
W: ERROR: Could not find a version that satisfies the requirement gunicorrn
W: ERROR: No matching distribution found for gunicorrn

130 static files copied to '/app/static'.

Executing pre-flight checks...
--생략--
```

배포 시도가 실패했을 때는 로그를 살펴보고 경고나 에러로 보이는 부분을 찾아야 합니다. 경고는 자주 나오는 편입니다. 예를 들어 프로젝트가 의존하는 패키지에 중요한 변경이 예정되어 있는 경우, 개발자가 미리 문제를 해결할 수 있도록 정보를 제공할 때도 경고의 형태를 띱니다.

푸시가 성공하더라도 경고는 포함될 수 있습니다. 하지만 에러는 반드시 해결해야 합니다. 위 출력은 platform.sh가 gunicorrn을 설치하지 못했다는 에러입니다. 이는 requirements_remote.txt 파일에 gunicorn이라고 써야 하는데, r을 하나 더 쓴 오타 때문에 생긴 에러입니다. 로그를 보고 문제의 시발점을 한 번에 찾기는 쉽지 않습니다. 특히 한 가지 문제 때문에 다른 문제가 도미노처럼 연쇄적으로 발생하는 경우가 그렇습니다. 이럴 때는 로컬 컴퓨터에서 트레이스백을 읽을 때와 마찬가지로, 첫 번째로 출력된 에러 몇 개와 마지막에 출력된 에러 몇 개에 집중하는 게 좋습니다. 중간에 있는 에러는 대개 서로 의존하는 패키지들이 동작하도록 약속된 환경이 제대로 구비되지 않았음을 서로 알리는 메시지일 때가 많습니다. 즉, 화면에 열 개가 넘는 에러가 보이더라도 보통은 처음 한두 개, 또는 마지막의 한두 개를 해결하면 모두 사라질 때가 많습니다.

에러를 쉽게 찾을 수 있을 때도 있고, 출력을 읽어도 무슨 뜻인지 모를 때도 있을 겁니다. 하지만 로그를 검토하는 것은 확실히 시도할 가치가 있는 일이며, 로그 출력을 검토해 에러를 성공적으로 해결하면 정말 뿌듯한 기분이 듭니다. 로그 출력를 검토하는 데 시간을 투자하면 할수록 직면한 문제를 찾아내는 요령이 늘어날 겁니다.

E.3 운영체제별 문제 해결하기

개발할 때 사용하는 운영체제, 호스트의 운영체제 모두 여러분이 선택할 수 있습니다. 프로젝트 푸시에 사용하는 도구는 이미 여러 해 동안 다듬어진 도구들이며 필요에 따라 프로젝트를 즉석에서 수정하는 것도 가능합니다. 하지만 운영체제에 따라 문제가 조금 생길 수도 있습니다.

CLI 설치는 platform.sh를 통해 배포할 때 가장 어려운 문제 중 하나입니다. 명령은 다음과 같습니다.

```
$ curl -fsS https://platform.sh/cli/installer | php
```

이 명령어는 터미널에서 URL을 통해 원격 리소스를 요청하는 curl 명령입니다. 여기서는 platform.sh에서 CLI 설치 파일을 내려받기 위해 사용했습니다. -fsS는 컬^{curl}의 실행 방식을 지시하는 플래그입니다. f 플래그는 치명적이지 않은 에러 메시지를 가리라는 뜻입니다. 따라서 CLI 설치 파일은 계속 진행할 수만 있다면 별 메시지 없이 명령을 수행합니다. s 플래그도 비슷한 의미로, 중요하지 않은 메시지는 숨기라는 뜻입니다. S 플래그는 명령 자체가 실패할 경우에는 에러 메시지를 표시하라는 뜻입니다. 마지막에 있는 | php는 내려받은 설치 파일을 실행할 때 PHP 인터프리터를 사용하라는 뜻입니다. platform.sh CLI는 PHP를 사용해 작성

됐기 때문입니다.

따라서, 컴퓨터에 platform.sh CLI를 설치하기 위해서는 컬과 PHP가 필요합니다. 또한 CLI를 사용하기 위해서 깃이 필요하고, 배시 명령을 실행할 수 있는 터미널도 필요합니다. **배시**Bash는 대부분의 서버가 지원하는 명령행 언어입니다. 최신 컴퓨터에는 이런 도구를 설치할 공간은 충분합니다.

다음 내용은 운영체제별로 이런 필수 패키지들을 설치하는 안내입니다. 아직 깃을 설치하지 않았다면 부록 D '깃을 활용해 버전 관리하기'를 참고해 설치하고, 여러분의 운영체제에 맞는 부분으로 이동해 계속 읽으세요.

> **NOTE** 여기서부터는 여러 가지 터미널 명령을 사용할 텐데, *https://explainshell.com*에서 명령의 의미를 찾아볼 수 있습니다. 이해가 어려운 명령을 사이트에 입력하면 해당 문서가 자동으로 표시됩니다. platform.sh CLI를 설치할 때 사용한 명령을 테스트해 보세요.

E.3.1 윈도우에서 배포하기

최근 몇 년 사이 윈도우 환경을 다시 주목하는 프로그래머가 늘고 있습니다. 최근의 윈도우는 다른 운영체제의 기능을 상당수 받아들였으므로 사용자가 다양한 방법으로 로컬에서 개발하거나 원격 컴퓨터와 상호작용할 수 있습니다.

윈도우에서 배포할 때 가장 어려운 문제는 윈도우와 리눅스 기반 원격 서버가 명령어를 달리한다는 겁니다. 윈도우에서 제공하는 도구, 언어는 리눅스 컴퓨터의 도구, 언어와 다르므로 윈도우에 배포하려면 서버에서 리눅스 기반 도구를 사용할 수 있어야 합니다.

윈도우용 리눅스 서브시스템

이런 목적으로 널리 쓰이는 해결책 중 하나가 윈도우 위에서 리눅스를 실행하는 WSLWindows Subsystem for Linux입니다. WSL을 설치하면 platform.sh CLI를 마치 리눅스처럼 사용할 수 있습니다. CLI는 자신이 윈도우 위에서 실행된다는 걸 알지 못하고 리눅스와 마찬가지로 동작합니다.

WSL 설치는 두 단계로 나뉩니다. 첫 번째는 WSL 자체를 설치하는 단계이고, 두 번째는 그 위에서 사용할 리눅스 배포본을 선택하는 겁니다. WSL 환경 설정은 이 책에서 설명하기엔 지나치게 방대합니다. WSL에 관심이 있다면 *https://docs.microsoft.com/en-us/windows/wsl/about*을 참고하세요. WSL 설치가 끝나면 리눅스 관련 가이드를 그대로 따라 할 수 있습니다.

깃 배시

깃 배시는 배시를 지원하는 윈도우 터미널입니다. 이를 통해 윈도우에서 배포가 가능합니다. *https://git-scm.com*에서 설치 파일을 내려받아 깃을 설치하면 깃 배시도 함께 설치됩니다. 이 방법으로 윈도우에서 배포할 수는 있지만 WSL보다는 좀 더 복잡합니다. 깃 배시를 사용하면 몇 가지 단계에서는 기본 터미널을 사용하고, 또 다른 몇 단계에서는 깃 배시를 써야 합니다.

가장 먼저 PHP를 설치해야 합니다. PHP 하나만 설치할 수도 있고, 개발자들이 PHP와 함께 사용하곤 하는 몇 가지 패키지를 묶어 놓은 **XAMPP**를 설치할 수도 있습니다. *https://apachefriends.org*에서 윈도우용 XAMPP를 내려받을 수 있습니다. 설치 파일을 실행하세요. 이 과정에서 사용자 계정 컨트롤(UAC) 관련 경고가 표시되면 [**확인**]을 클릭하세요. 모든 옵션은 기본 값으로 두면 됩니다.

설치 파일 실행이 완료되면 Path 변수에 PHP 설치 위치를 추가해야 합니다. 시작 메뉴에서 **path**를 입력하고 [**시스템 환경 변수 편집**] → [**환경 변수**]를 클릭합니다. [**Path**] → [**편집**]을 클릭하세요. [**새로 만들기**]를 클릭합니다. XAMPP 설치 파일을 실행할 때 기본 값대로 실행했다면 **C:\xampp\php**를 입력하고 [**확인**]을 클릭합니다. 여기까지 했으면 아직 열려 있는 시스템 대화 상자를 모두 닫습니다.

이제 platform.sh CLI를 설치할 수 있습니다. 이를 위해서는 윈도우 터미널을 관리자 권한으로 실행해야 합니다. 시작 메뉴에서 **cmd**를 입력하고 [**관리자 권한으로 실행**]을 클릭합니다. 터미널이 나타나면 다음 명령어를 입력합니다.

```
> curl -fsS https://platform.sh/cli/installer | php
```

이렇게 하면 앞에서 설명한 대로 platform.sh CLI가 설치됩니다.

이제 깃 배시를 사용할 수 있습니다. 시작 메뉴에서 **git bash**를 입력해 실행하면 터미널이 나타납니다. 이 터미널에서는 **ls** 같은 리눅스 기반 명령어도 실행할 수 있고, **dir** 같은 윈도우

기반 명령어도 실행할 수 있습니다. **platform list** 명령을 실행하면 platform.sh **CLI**에서 사용할 수 있는 명령어가 모두 표시될 겁니다. 이제부터는 깃 배시 터미널에서 platform.sh **CLI**를 정상적으로 사용할 수 있습니다.

E.3.2 macOS에서 배포하기

macOS는 리눅스가 아니지만 비슷한 원칙을 바탕으로 개발됐습니다. 배포 관점에서 이 말의 의미는 macOS의 명령어와 작업 절차 상당수가 원격 서버와 비슷하다는 뜻입니다. 하지만 완전한 리눅스는 아니므로 몇 가지 도구를 설치해야 합니다. 작업을 진행하다가 **명령행 개발자 도구**를 설치하라는 메시지가 표시되면 [승인]을 클릭해 설치하세요.

macOS에서 배포할 때 가장 어려운 부분은 아마 PHP 설치를 확인하는 부분일 겁니다. php 명령어를 찾을 수 없다는 메시지가 표시되면 PHP를 설치해야 합니다. PHP를 설치하는 가장 쉬운 방법은 패키지 관리자인 **홈브류**Homebrew를 통하는 방법입니다. 홈브류는 프로그래머들이 널리 사용하는 패키지 대부분을 관리할 수 있습니다. 아직 홈브류를 설치하지 않았다면 *https://brew.sh*에 방문해 가이드를 따르세요.

홈브류 설치가 끝나면 다음 명령어로 PHP를 설치합니다.

```
$ brew install php
```

이 명령이 완료되려면 시간이 좀 걸릴 수도 있습니다. 완료된 후에는 platform.sh CLI를 성공적으로 설치할 수 있습니다.

E.3.3 리눅스에서 배포하기

대부분의 원격 서버는 리눅스 기반이므로 platform.sh CLI를 별 어려움 없이 설치하고 사용할 수 있습니다. 우분투를 새로 설치한 컴퓨터에 CLI를 설치하려고 하면 다음과 같이 어떤 패키지가 필요한지 정확히 알려줍니다.

```
$ curl -fsS https://platform.sh/cli/installer | php
Command 'curl' not found, but can be installed with:
```

```
sudo apt install curl
Command 'php' not found, but can be installed with:
sudo apt install php-cli
```

실제 출력 결과에는 몇 가지 다른 패키지와 버전 정보가 포함될 수도 있습니다. 다음 명령어는 컬, PHP를 한 번에 설치합니다.

```
$ sudo apt install curl php-cli
```

이 명령어를 실행하고 나면 platform.sh CLI 설치 명령이 잘 실행될 겁니다. 우분투 환경은 대부분의 리눅스 기반 서버 환경과 비슷하므로 터미널 사용법을 익히면 원격 환경에서도 거의 그대로 사용할 수 있습니다.

E.4 다른 배포 방식

platform.sh가 별로 마음에 들지 않는다면 다른 방법도 많이 있습니다. 일부 서비스는 20장에서 설명한 것과 비슷하게 동작하며, 일부는 많이 다른 방식을 사용하는 경우도 있습니다.

- platform.sh는 CLI에서 행한 작업을 브라우저에서 행할 수도 있습니다. 터미널보다 브라우저가 친숙하다면 이런 방식으로 작업해도 무방합니다.

- 다양한 서비스에서 CLI와 브라우저 기반 접근 방식을 모두 제공합니다. 심지어 브라우저 안에서 동작하는 터미널을 제공하므로 컴퓨터에는 아무것도 설치할 필요가 없는 경우도 있습니다.

- 여러분의 프로젝트를 깃허브 같은 코드 호스팅 사이트로 푸시한 다음, 깃허브 저장소와 연결하는 방식으로 동작하는 서비스도 있습니다. 호스트가 깃허브에서 여러분의 코드를 추출하므로 직접 호스트에 푸시할 필요가 없습니다. platform.sh도 이런 방식 역시 지원합니다.

- 여러분이 선택할 수 있는 여러 가지 방법을 제시하는 서비스도 있습니다. 일반적으로 이런 서비스를 이용하려면 배포 절차와 함께 원격 서버에 대한 지식이 더 많이 필요합니다. 아마존 웹 서비스(AWS), 마이크로소프트 애저Azure 등이 이런 서비스에 포함됩니다. 또한 이런 서비스는 요금을 여러 방면에서 부과하므로 실제 비용을 산출하는 것도 까다로운 편입니다.

- 개인 가상 서버(VPS)를 사용하는 사람도 많습니다. 이 방식은 원격 컴퓨터처럼 동작하는 가상 서버를 임대하고, 그 서버에 로그인한 다음 필요한 패키지 설치나 연결 설정 등을 모두 직접 처리해야 합니다.

기술이 발전하면서 새로운 호스팅 서비스와 접근 방식이 주기적으로 등장합니다. 가장 마음에 드는 서비스를 찾고 배포 방식에 익숙해지기 위해서는 시간이 좀 필요할 겁니다. 서비스 공급자의 방식이 여러분과 잘 맞는지 확인하려면 프로젝트를 일정 기간 진행해야 합니다. 완벽한 호스팅 서비스는 없습니다. 현재 이용하는 서비스가 프로젝트와 잘 어울리는지 자주 평가해야 합니다.

마지막으로 한 가지 조언을 드리겠습니다. 프로젝트가 아주 안정적으로 동작하고 수백만 명의 사용자에게 동시에 서비스할 수 있다면서 여러분이 감당하기 어려울 만큼 복잡한 배포 방식을 쓰는 서비스를 권하는 사람도 있을 겁니다. 많은 프로그래머가 이런 광고에 솔깃해 적지 않은 시간과 돈, 열정을 들여 복잡한 배포 전략을 구축하지만, 정작 그 프로젝트를 사용하는 사람은 몇 명 되지도 않을 때가 많습니다. 대부분의 Django 프로젝트는 적은 비용과 간단한 호스팅 플랜으로도 분당 수천 건의 요청을 문제 없이 처리할 수 있습니다. 여러분의 프로젝트가 분당 수천 건의 트래픽을 발생시키지 못한다면, IT 공룡 같은 대기업들이나 사용할 법한 인프라 구조에 투자할 필요가 없습니다. 최소 수준의 서비스에서도 잘 동작하는 배포 방식을 찾는 데 시간을 들이는 게 현명합니다.

배포는 좀 까다로울 수 있지만, 프로젝트가 잘 동작하면 아주 만족스러운 경험이 될 겁니다. 도전을 즐기세요. 다시 말하지만, 필요할 때 도움을 요청하는 건 부끄러운 일이 아닙니다.

ㄱ

가상 환경   502

값   54

개발 서버   506

객체   227

객체 지향 프로그래밍 (OOP)   227

경로   260

계단식 제거   515

고무 오리 디버깅   630

공백   61

권한   511

그레이디언트   424

기본 값   199

ㄴ

나머지 연산자   177

네임스페이스   526

논리 에러   99

ㄷ

다대일 관계   514

단위 테스트   295

덧붙임   79

데이터 분석   413

데이터 시각화   413

데코레이터   307, 562

독스트링   194

동등 연산자   122

들여쓰기 에러   98

딕셔너리   145

ㄹ

라우팅   595

라이브러리   260

랜덤 워크   426

로컬 호스트   506

루프   93

루프 블록   96

리스트   75, 146

리스트 그룹   586

리스트 내포   106

리팩터링   285

ㅁ

마이그레이션   505

마진   582

매개변수   195

메서드   59, 229

메서드 체인   262

명령 프롬프트   41, 174

명령행 개발자 도구   43

명세   501

모델   509

모듈   193

문법 강조   54

문법 에러   64

문자열   58, 146

ㅂ

바디   194

반환 값   202

배시   654

배포   649

변수   54

보조 메서드   327

부동 소수점   67

부모 클래스　239
부트스트랩　573
분리　644
불리언 값　128
불리언 표현식　128
불변　114
불일치 연산자　124
뷰 함수　520
브랜치　638

(ㅅ)

사이트 간 요청 위조　541
상대 경로　262
상속　239
상수　70
서브클래스　241
서피스　318
선택자　578
세트　161
셀　517
속성　229
슈퍼유저　511
슈퍼클래스　241
스택　82
슬라이스　108
써드 파티 패키지　292

(ㅇ)

안티앨리어싱　383
애플리케이션 프로그래밍 인터페이스
　　(API)　479
어서션　296
예외　259, 270

외래 키　515
웹 서버 게이트웨이 인터페이스　505
웹 프레임워크　501
위젯　543
위치 인수　196
유효성 검사　538
이름 에러　56
이벤트　318
이벤트 루프　318
인덱스　76
인덱스 에러　91
인수　195
인스턴스　227
인스턴스화　227
임포트　218
입력　173

(ㅈ)

자식 클래스　239
저장소　480
전체 커버리지　295
절대 경로　262
점보트론　582
조건 테스트　122
종료 값　180
주석　71
주시　318
중첩　163
지시자　307

(ㅊ)

충돌　366

ㅋ

카멜 표기법(낙타 표기법)   257

커밋   480

컬러맵   424

쿼리셋   518

클래스   227

키-값 쌍   146

키워드 인수   196

ㅌ

테스트 케이스   295

템플릿   520

템플릿 태그   526

통합 개발 환경 (IDE)   619

툴팁   491

튜플   114

트레이스   494

트레이스백   48, 56, 270

ㅍ

파이썬 개선 제안 (PEP)   117

파이썬 표준 라이브러리   256

파이썬의 선   72

판다스   437

패딩   582

포스트그레스   592

폴백   135

폼   538

플래그   182

플레이스홀더   206

ㅎ

함수   193

함수 정의   193

함수 호출   194

합성   243

형식 지정자   400

호출   193

홈브류   656

히스토그램   440

가 타

API 호출   479

f-문자열   60

HTML 엔티티   583

URL 패턴   520

WSL   654

A

absolute path   262

anti-aliasing   383

API call   479

append   79

application programming interface
(API)   479

argument   195

assertion   296

attribute   229

B

Bash   654

body   194

boolean expression   128

boolean value   128

Bootstrap   573

branch   638

C

call   193

CamelCase   257

cascading delete   515

catch-all   135

child class   239

class   227

collision   366

colormap   424

command line developer tools   43

Command Prompt   41, 174

comment   71

commit   480

composition   243

conditional test   122

constant   70

cross-site request forgery   541

D

data analysis   413

data visualization   413

decorator   307, 562

default value   199

deployment   649

detach   644

development server   506

dictionary   145

directive   307

docstring   194

E

equality operator   122

event   318

event loop   318

exception   259, 270

F

f-strings   60

flag   182

floating point   67

foreign key   515

form   538

format specifier   400

full coverage   295

function   193

function call   194

function definition   193

G

gradient   424

H

helper method   327

histogram   440

Homebrew   656

HTML entity   583

I

immutable   114

import   218

indentation error   98

index   76

index error   91

inequality operator   124

inheritance   239

input   173

instance   227

instantiation   227

integrated development environment
   (IDE)   619

J

jumbotron   582

K

key−value pairs   146

keyword argument   196

L

library   260

list   75, 146

list comprehension   106

list group   586

listen   318

local host   506

logical error   99

loop   93

loop block   96

M

many−to−one relationship   514

margin   582

method   59, 229

method chain   262

migration   505

model   509

module   193

modulo operator   177

N

name error   56

namespace   526

nesting   163

O

object   227

object−oriented programming (OOP)   227

P

padding   582

pandas   437

parameter   195

parent class   239

path   260

placeholder   206

positional argument   196

Postgres   592

privilege   511

Python Enhancement Proposal (PEP)   117

Python standard library   256

Q

queryset   518

quit value   180

R

random walk   426

refactoring   285

relative path   262

repository   480

return value   202

routing   595

rubber duck debugging   630

S

selector   578
set   161
shell   517
slice   108
spec   501
stack   82
string   58, 146
subclass   241
superclass   241
superuser   511
surface   318
syntax error   64
syntax highlighting   54

T

template   520
template tag   526
test case   295
The Zen of Python   72
third-party package   292
tooltip   491
trace   494
traceback   48, 56, 270
tuple   114

U

unit test   295
URL pattern   520

V

validate   538
value   54
variable   54
view function   520
virtual environment   502

W

web framework   501
web server gateway interface   505
whitespace   61
widget   543
Windows Subsystem for Linux   654

Y

YAML   592